A PSICOLOGIA DA SAÚDE NA PRÁTICA

TEORIA E PRÁTICA

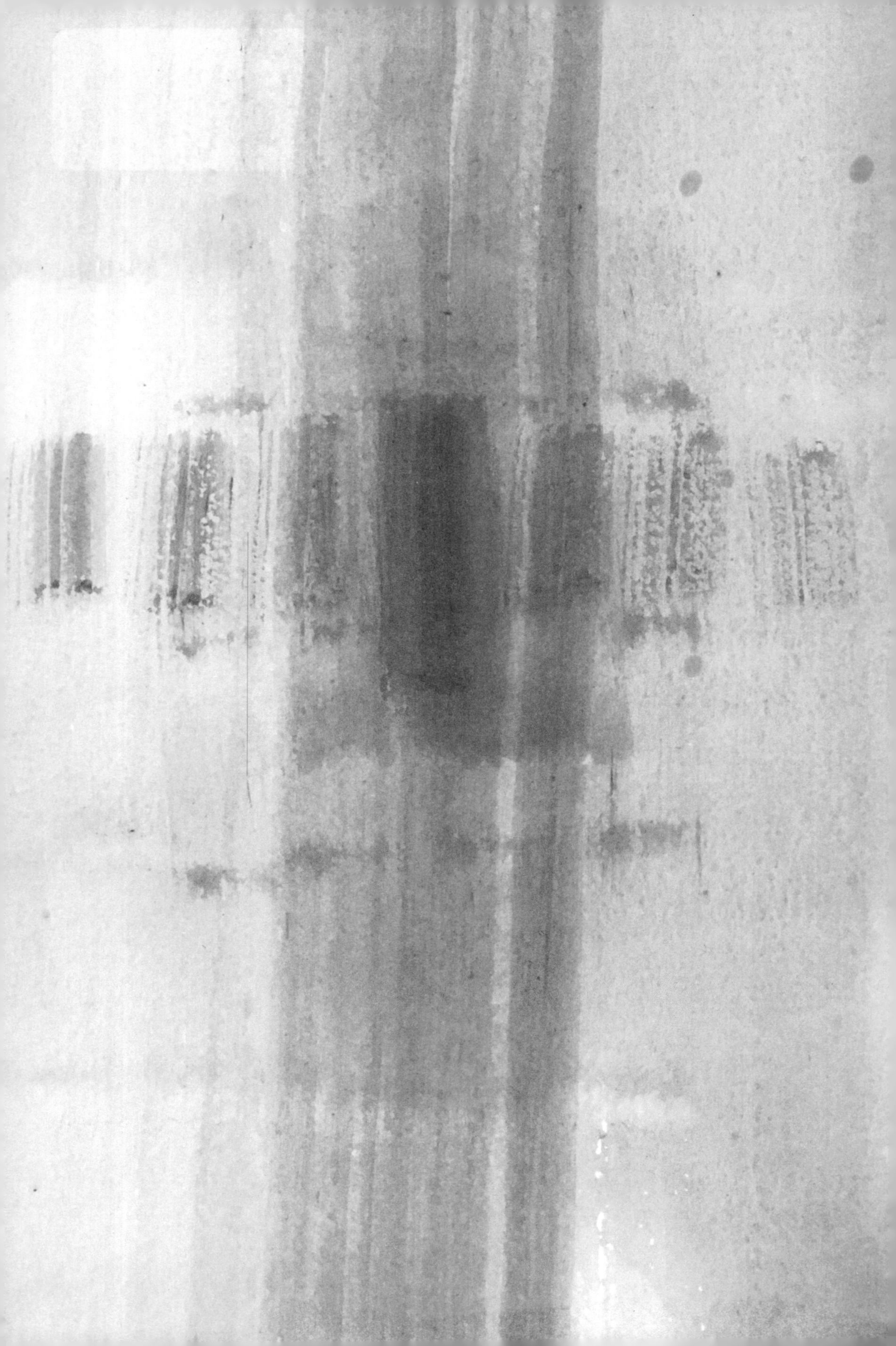

A PSICOLOGIA DA SAÚDE NA PRÁTICA

TEORIA E PRÁTICA

VALDEMAR AUGUSTO ANGERAMI (ORG.)

Afonso Henrique Iwata Yamanari
Analu Zimermann
André Luis Sales da Costa
André Luiz Machado das Neves
Bruno Gonçalves
Claudia Rodríguez Ramírez
Cleide da Silva Basgal
Daniela Ribeiro Schneider
Dante Marcello Claramonte Gallian
David Sergio Hornblas
Érica Enéas Rodrigues
Eunice Moreira Fernandes Miranda
Fabíola Langaro
Fernanda Tabita Zeidan de Souza
Ícaro Juan Rodrigues Pessoa
Imacolada Marino Gonçalves
Jorge A. Grau Abalo
José Carlos Riechelmann
Klaudia Yared Sadala
Leanndru Guilherme Pires Reis Sussmann
Luiz José Veríssimo
Marcela Alves Silva
Marco A. Portela
Margarita Chacón Roger
Maria da Glória G. Gimenes
Mariana Costa Brasil Pimentel
Mauro Fraga Paiva
Miguel Mahfoud
Orestes Diniz Neto
Priscila Ferreira de Oliveira
Quetie Mariano Monteiro
Sebastião Benício da Costa Neto
Sueli Guerreiro
Sylvia Mara Pires de Freitas
Thiago Rodrigues de Paula
Yadira Grau Valdés

Artesã

A psicologia da saúde na prática: teoria e prática

1ª edição

COORDENAÇÃO EDITORIAL
Karol Oliveira

DIREÇÃO DE ARTE
Tiago Rabello

REVISÃO
Adalberto Nunes Pereira Filho
Gehilde Reis Paula de Moura
Leila Maria Rodrigues
Lourdes Nascimento
Michel Gannam

CAPA
Karol Oliveira

IMAGEM DE CAPA
Evandro Angerami

PROJETO GRÁFICO E DIAGRAMAÇÃO
Conrado Esteves

P974

A psicologia da saúde na prática : teoria e prática / organizador: Valdemar Augusto Angerami . – Belo Horizonte : Artesã, 2019.

516 p. ; 24 cm.

ISBN: 978-85-7074-009-0

1. Psicologia clínica da saúde. 2. Psicologia comunitária. 3. Oncologia. 4. Sexologia. 5. Medicina Psicossomática. I. Angerami, Valdemar Augusto, 1950-.

CDU 616.89

Catalogação: Aline M. Sima CRB-6/2645

IMPRESSO NO BRASIL
Printed in Brazil

ARTESÃ EDITORA LTDA.
Site: www.artesaeditora.com.br
E-mail: contato@artesaeditora.com.br
Belo Horizonte/MG

Para

Ricardo Werner Sebastiani

Um dos principais baluartes da Psicologia da Saúde em nossa América ferida e combalida...

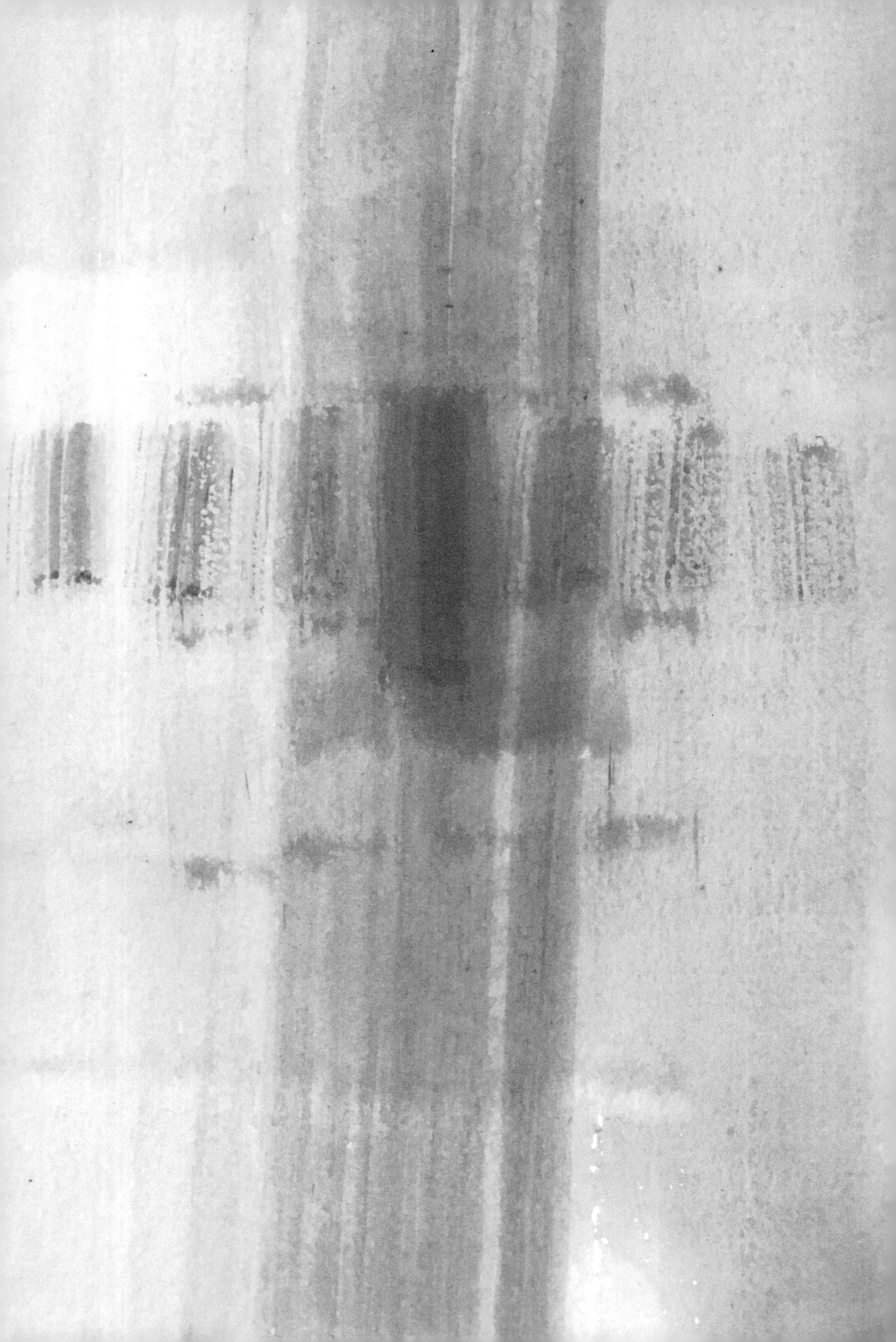

SUMÁRIO

APRESENTAÇÃO

Valdemar Augusto Angerami

Da chicotada só esquece quem açoita...
(Sabedoria cigana)

De volta para casa numa madrugada quente de primavera. Observo o contorno das montanhas clareadas pelo luamento, espetáculo que a repetição não cansa. Observo a Constelação de Pégaso brilhando no firmamento. Ela é a primavera exultante no céu. Madrugada de ardor por uma nova vida sem a pecha da desigualdade vibra como nunca no coração. E um livro sobre Psicologia da Saúde sendo idealizado e enfeixado com o que existe de mais arrojado na vanguarda das discussões temáticas da área.

Uma grande euforia e excitação apoderam-se de mim e levam-me a articular em detalhes os pormenores desta obra. Obra que foi idealizada para suprir a demanda dos profissionais da saúde que buscam subsídios para suas práticas a partir de obras que descrevam a realidade brasileira, e dessa vez também a de Cuba, país com grande galhardia na área da saúde, com tantos ensinamentos a serem partilhados. E isso em que pese o brutal cerceamento à sua dignidade capitaneado pelos EUA. Boicote econômico que se reveste de assassinato, e que transforma os cubanos em mártires, tamanha a dificuldade que enfrentam diante de coisas muitas vezes comezinhas para outras nações.

Um livro concebido com a ousadia de ser a maior referência teórica e prática em Psicologia da Saúde. Certamente o será, tal a robustez dos trabalhos exibidos e que são colocados nas mãos do leitor. Trabalhos instigantes que estão a exigir novas posturas do profissional da saúde, e não apenas da psicologia. E verdadeiramente tivemos que deixar de lado qualquer traço de humildade na concepção de obra de tamanha envergadura. Decididamente, o que existe de mais arrojado na área está presente neste livro. Trabalhos que romperam barreiras; que desafiaram limites teóricos. E que igualmente se tornarão balizamentos para todos que sobre este livro ousem se debruçar.

Um novo livro. A emoção de mais uma grande conquista na área da Psicologia da Saúde. Mais uma emoção partilhada com os nossos seguidores. Com os sonhadores como nós que acreditam e fazem crer que um dia teremos uma sociedade mais justa, digna e fraterna.

Serra da Cantareira, numa madrugada azulada de primavera...

CAPÍTULO 1

Psicologia da saúde. Novas buscas conceituais...

Valdemar Augusto Angerami

Para
Cléo, a minha Anjinha de olhos
da cor de uma manhã azul de Inverno...

Ao se tomar uma criança pela mão para
que atravesse a vida, a levamos ao
encontro do luamento...
(SABEDORIA CIGANA)

1. Palavras iniciais

Dentre as diferentes ousadias que já empreitei em minha vida profissional, certamente uma das mais notórias foi a classificação da psicologia da saúde[1] para a realidade brasileira. Contrariando autores internacionais e que eram consagrados na área, teci uma classificação genuinamente brasileira. Evidentemente, fui alvo das mais inusitadas críticas que poderiam ser desferidas à minha pessoa, críticas que punham em credibilidade minha própria reputação profissional porque era por demais ousadia estabelecer uma nova conceituação diante daquelas realizadas por autores estrangeiros.

Mas as coisas, felizmente, não seguem o roteiro estabelecido pelos notórios acadêmicos que não aceitam escritos sobre a psicologia na realidade brasileira. E dessa maneira, depois de muitos embates, o que temos hoje é a prevalência dessa classificação tanto nas lides acadêmicas como, e principalmente, nas áreas de intervenção propriamente ditas da psicologia da saúde. Com todo o respeito a esses autores, a nossa classificação teria que prevalecer, pois ela foi construída a partir da nossa realidade, do choro gemido e pungente do povo brasileiro diante do

[1] *O resignificado da prática clínica e suas implicações na realidade da saúde.* Angerami, V.A. In: *Psicologia da Saúde. Um novo significado para a prática clínica.* São Paulo: Cengage Learning, 2000.

sofrimento espraiado em sua realidade, consequentemente distante da realidade desses autores, predominantemente americanos e cubanos. Autores esses que durante muito tempo serviram também de referência aos nossos estudos e escritos.

Entretanto, a realidade brasileira imprimiu grande inquietação à minha alma desassossegada e uma nova conceituação, então, foi erigida e tornou-se referência a tantas pessoas e profissionais que estudam os meandros da psicologia da saúde.

E depois de quase duas décadas da incursão de reclassificação teórica da psicologia da saúde, eis que novamente surgiu a necessidade de uma atualização conceitual que fizesse jus às mudanças sociais ocorridas desde então. Esse detalhamento por si implica que novos aspectos teóricos se efetivem a partir das mudanças ocorridas em nosso tecido social cada vez mais esgarçado pela desigualdade social, a qual se espraiou pelo mundo e de modo muito contundente em nossa realidade brasileira. Uma conceituação que mais do que nunca espelha os anseios de uma nova formatação social em que a dignidade humana não seja apenas tangenciamento teórico e sim uma realidade almejada e buscada incansavelmente. Trata-se de uma compreensão que não pode ficar refém de teorizações enfeixadas em conservadorismo atroz, o qual agrilhoa novas formas de abordagem de intervenção da psicologia em nossa realidade social.

Temos a pretensão de nos colocarmos como artífices na construção de novas propostas de intervenção da psicologia em nosso país, nessa realidade encravada pelo ranger dos dentes derivado da exploração mercantilista de que somos vítimas e que nos impõe toda a sorte de sofrimento, desde privações materiais básicas de subsistência até imposições em nossa subjetivação, a qual determina a aceitação passiva da nossa sujeição moral, intelectual, cultural e até mesmo da nossa dignidade mais íntima e pessoal.

E se temos como real e verdadeira a possibilidade de transformação de nossa realidade social formada por tanta desigualdade, certamente essa mudança se inicia com a transformação da nossa subjetivação, da nossa condição pessoal em direção a algo libertário e que seja verdadeiramente transformador. Embora na atualidade o psicólogo esteja presente nos CAPS, NASFS, CREAS[2], CONSULTÓRIOS DE RUA[3], e até mesmo nas principais universidades do país, ainda existe uma preocupação com demandas sociais, sendo assim, cada vez mais premente a necessidade da construção de uma psicologia distante dessa condição autofágica que a caracteriza atualmente. Essa autofagia faz com que muitos psicólogos tenham sua atuação profissional voltada apenas, e tão somente, a outros psicólogos. Não

[2] CAPS – Centro de Atenção Psicossocial; NASF – Núcleo Ampliado de Saúde da Família; CREAS – Centro de Referência Especializada de Assistência Social.

[3] Embora a presença do psicólogo nesses contextos de atenção à saúde seja pertinente e admirável, ainda temos uma dificuldade muito grande quando o paciente atendido nessas unidades necessita de psicoterapia, pois não temos uma rede específica de acolhimento para esse fim.

estamos aqui negando a necessidade de se fazer psicoterapia e supervisão dos atendimentos realizados, contudo essa imposição dos professores para que os alunos façam psicoterapia, supervisão, grupos de estudos e outras atividades na formação acadêmica, principalmente com esses mesmos professores, é no mínimo acintosa. Há ainda muitos professores que continuam a dar aula em universidades particulares submetendo-se a uma baixa remuneração apenas e tão somente para terem os próprios alunos como pacientes em seus consultórios.Na atualidade em que se encontra as redes sociais, a proliferação de cursos de todos os matizes, direcionados para psicólogos recém-formados e que os orienta desde o início em suas práticas clínicas até mesmo a como realizar a divulgação de seus trabalhos, ganha ares de incredulidade e inconformismo de todos aqueles que desejam caminhos promissores para a psicologia.

Uma psicologia da saúde conceituada em nosso Brasil, país tão ensanguentado pela miséria que se espraia em nossos cantos e rincões, das crianças sem escola e sem qualquer formação de dignidade humana, das crianças descalças a esmolar não apenas a subsistência, mas até mesmo a própria vida, não pode ser construída em bases teóricas, não pode ficar presa à Viena do final do século XIX, e nem tampouco aos construtos teóricos erigidos na Califórnia.

Talvez, para isso, seja necessária nossa própria transformação em sujeitos de nossas vidas, que acreditemos na construção de uma nova subjetivação, a qual possa nos impelir, inclusive, para o fortalecimento de nossas convicções rumo à construção de uma sociedade mais justa, digna e fraterna. Algo talvez muito difícil de ser concebido, pois nossa subjetivação está muito depreciada para se acreditar em algo de superação.

Não acreditamos sequer minimamente em nossas condições de brasilidade; jamais temos como real e verdadeiro algo brasileiro que possa ser superior ao que nos é imposto de outras realidades sociais, seja na produção acadêmica e científica, seja ainda em produtos meramente destinados ao consumo de nosso cotidiano. Nossa subjetivação foi forjada para que nos consideremos pessoas inferiores diante daquilo que a nós é imposto de outras realidades sociais.

Para se aproximar da nossa realidade, a psicologia precisará fazer uma empreitada e dar uma guinada como fez a medicina no sentido de buscar subsídios em realidades próximas a nossa e distantes dos principais centros dos chamados países ricos. Assim, temos, por exemplo, a medicina sanitarista que cuidando dos aspectos básicos, os quais envolvem os cuidados sanitários, trabalha na frente preventiva principalmente das chamadas doenças tropicais, ou seja, algo genuinamente imanente à nossa realidade e que abrange cuidados a uma gama infindável de pessoas desvalidas e combalidas que em geral não têm acesso aos cuidados básicos mínimos e necessários disponíveis nos grandes centros urbanos.

O sonho de uma psicologia que se aproxime da verdadeira necessidade da nossa população e que perca sua condição autofágica, expandindo seus tentáculos para outras áreas de abrangência e intervenção; que tenha em seu bojo teórico a presença do sangue indígena impiedosamente derramado pela imposição da desigualdade capitalista, a qual no seu afã expansionista não mede sacrifícios e dor; que considere a diferença de gêneros sem qualquer enquadre engendrado no final do século XIX em Viena, afinal já estamos simplesmente no século XXI e a população LGBTQ, assim como os heterossexuais, precisam de acolhimento contemporâneo para suas dores e angústias; que apresente a mulher como um ser igualitário e que necessita de dignidade e não simplesmente de delírios interpretativos de uma suposta inveja do pênis masculino; que alcance uma compreensão de nossas crianças longe de epistemologias genéticas, as quais não sabem o significado do que seja criança sem escola e sem qualquer proteção social; que tenha uma significação da angústia, da depressão e do desespero humano a partir da maneira como vidas são lançadas ao raio da desesperança pela brutalidade desse capitalismo selvagem que ceifa tantas vidas em seu desatino competitivo; que, ao gerar desigualdade, estabeleça maneiras infindáveis de sofrimentos emocionais; que entenda a brutalidade gerada pelo desemprego e a violência derivada dessa calamidade social, a qual repercute emocionalmente em tantas vidas; que alcance a alma humana tão dilacerada pela imposição de um consumismo desvairado e indefensável, de modo não apenas a acolhê-la, mas também, e principalmente, de mostrar possíveis atalhos e sendas a serem percorridas diante de tantos desatinos; que considere a brutal condição de humilhação imposta à negritude, bem como a outras etnias como algo a ser enfrentado sem devaneios, que apelem a questões de dificuldades frente à autoridade constituída ou de possíveis traumas de infância; em que os mártires que tombam em defesa dos combalidos e oprimidos não sejam tratados simplesmente como suicidas e portadores de alguma patologia psíquica em razão de seu inconformismo e de suas lutas; que considere os ensinamentos da chamada cultura popular como fonte de conhecimento para se alcançar a verdadeira compreensão da condição humana; em que a espiritualidade e a religiosidade de nossa população mais simples não sejam consideradas alterações de consciência a partir de possíveis desatinos psíquicos, e sim uma manifestação genuína de pessoas simples que buscam esperança para suas vidas por meio da fé religiosa.

É por essa construção que sonhamos, com uma nova psicologia, uma nova manhã azul diante do céu acinzentado de nossa realidade social. Sonhamos com uma psicologia que possa ser instrumento de transformação social e não apenas diletantismo de uma elite que se propõe a fazer análise como apenas mais um detalhe de seu requinte de luxo e poder; dos sonhos de uma sociedade, mais justa e fraterna, que contempla o acolhimento ao desesperado em todas suas instâncias e não apenas àquelas camadas da população que dispõe de recursos materiais, porque o amanhã implica em sonhos de transformação, sonhos libertários o que significa dizer que o imbricamento de superação determinada a partir da própria subjetivação é algo que não pode ser cerceado por condições financeiras e sociais.

No momento em que se degusta uma garrafa de vinho juntamente com nacos de queijo embebido em molho de azeite e ervas não existem atrocidades sociais em nosso cenário imaginário. Tudo que se quer é saborear o vinho e fazer um hiato diante das desigualdades e violências que assolam o mundo. Nesse instante, é como se o vinho derramado na boca aceitasse apenas a presença do queijo em sua companhia e jamais de qualquer outro elemento e questionamento que não fosse de paz e harmonia. E se esse ato tiver ao fundo uma música de Mozart com toda sua magnitude e esplendor e o estalar da madeira no fogo da lareira, fica mais fácil de acreditar por alguns minutos e horas que o mundo está pulsando vida e dignidade e que as desigualdades tão pontuadas e assinaladas em nossos textos são apenas e tão somente delírios de um autor desavisado e desinformado. O vinho e o queijo diante da lareira ao som da música de Mozart nada mais é do que um requinte onírico a fortalecer a alma para o enfrentamento de tantos desatinos surgidos em nossas lutas e buscas sociais, de como a esperança precisa ser resgatada no seio das transformações sociais e de como a psicologia precisa se tornar instrumento libertário saindo de sua condição alienadora e alienante.

Escrevemos anteriormente[4] que não são as cãs de nossos cabelos brancos que nos envelhecem, e sim quando deixamos morrer nossos sonhos e ideais, e isso certamente se configura não apenas como uma realidade a ser buscada em devaneios, mas principalmente para não deixarmos esmorecer essa centelha de esperança que anima tantos que ainda buscam nossos textos e nos seguem nessa caminhada, ao mesmo tempo árdua, porém verdadeiramente muito prazerosa.

E se é verdadeira a asserção de que em alguns momentos tudo que se quer da vida é um bom vinho, um punhado de azeitonas chilenas e um saboroso pão italiano acompanhado de um azeite precioso, igualmente é fato que o sonho maior dessa vida é acreditar que em algum dia, não muito distante, não existam crianças fora da escola a esmolar por comida, por dignidade e vida. Sonho, devaneio, ilusão, não importa, a vida é feita de grandes criações erigidas no imaginário e que, por fim, se tornam realidade.

Uma nova psicologia, uma nova esperança, um ideário de sonhos a embalar as manhãs azuis de Inverno rumo a horizontes promissores verdadeiramente libertários, onde não exista lugar para colocações que nos desviem de nossas verves sonhadoras, e, repita-se mais uma vez, por uma sociedade mais justa, digna e fraterna.

2. Em busca de novas formatações conceituais

Vamos definir Psicologia da Saúde para a realidade brasileira da seguinte forma:

[4] Angerami, V.A., *O tédio na adolescência,* Campinas: Editora Papirus, 1998.

Psicologia da Saúde é o conjunto de enfeixamentos teóricos erigidos a partir da realidade brasileira e que se propõe a acolher pessoas em situação de fragilidade emocional determinadas por patologias orgânicas; pessoas desvalidas e combalidas em termos sociais; pessoas em situação de realidade institucional e com trabalhos envolvendo comunidades diversas. Seu corpo investigativo terá abrangência multiteórica e se propõe ao acolhimento do brasileiro, esse ser humano tão intrínseco dentro de suas circunstâncias e especificidades. Ele terá ainda uma abrangência e compreensão sobre as minorias socialmente excluídas para que elas tenham na psicologia um amparo que lhes é negado socialmente. Seu instrumental de atuação envolverá o manejo de detalhamentos enfeixados a partir da realidade social brasileira, e, a partir disso, se erguerá uma nova concepção de intervenção teórica e prática. Um corpo teórico a envolver os avanços obtidos nas áreas educacionais, saúde pública e também as conquistas derivadas dos estudos de trabalhos envolvendo saúde e mente.

Sobre esses tentáculos, iremos apresentar as diversas áreas de atuação e abrangência da Psicologia da Saúde. Verdadeiramente, trata-se de uma definição conceitual incompleta e que certamente será expandida na medida em que a própria sociedade se transformar rumo a novos horizontes e perspectivas.

2.1. Psicologia Hospitalar

Embora pudesse ser mencionada no item *institucional,* preferimos inserir a psicologia hospitalar como um item próprio, pois de seus constitutivos surgem diversas outras derivações. Trata-se de uma prática, como o próprio nome define, em que a psicologia se insere na instituição hospitalar, a qual nesse universo também se multiplica em diversidades a partir das patologias atendidas.

Assim, temos a psicologia hospitalar voltada para o câncer, para a cardiologia, ginecologia, dentre tantas especialidades contempladas por essa intervenção. Há várias patologias abrangidas que muitas vezes vamos encontrar denominações bastante específicas e com muita predominância. Em seguida, vamos descrever e refletir sobre as principais intervenções na área da psicologia hospitalar, um importante tentáculo da psicologia da saúde:

2.1.1. Psicologia Hospitalar Aplicada à Oncologia

Trata-se da psicologia hospitalar aplicada aos casos envolvendo a oncologia. Na atualidade, os hospitais de referência aos casos de oncologia em suas especialidades nas principais cidades brasileiras têm em seu quadro profissionais que prestam serviços de psicologia e são bastante desenvolvidos e sensíveis para o acolhimento de pessoas portadoras de câncer. Sem dúvida, esse auxílio é um grande avanço no enfrentamento das mazelas provocadas pelo câncer, pois o fortalecimento emocional do paciente traz melhores condições para esse embate.

Pacientes emocionalmente arrasados pela própria implicação dos estigmas presentes na doença encontram no acolhimento propiciado pela psicologia um verdadeiro balsamo aos seus sofrimentos. Essa é uma das vertentes da psicologia hospitalar mais contemplada por pesquisas e publicações.

De nossa parte, temos duas publicações que são referências na área[5] e mesmo em outros livros nossos que abordam a psicologia hospitalar[6] há capítulos descrevendo trabalhos na área da oncologia. Há também em nosso livro sobre Psicologia da Saúde[7] um destaque para a atuação do psicólogo na área da oncologia.

2.1.2. Psicologia Hospitalar Aplicada aos Casos de Tentativas de Suicídio

A minha trajetória profissional, no âmbito hospitalar, iniciou-se por meio da minha inserção em um grupo que atendia pessoas vítimas de tentativas de suicídio e que eram atendidas no Pronto Socorro do Instituto Central do Hospital das Clínicas da Faculdade de Medicina da USP – Universidade de São Paulo.

Esse trabalho tornou-se referência junto a esse tipo de paciente e sua proposta teórica de intervenção acabou sendo adotada por inúmeros hospitais no Brasil e mundo afora. O próprio Conselho Regional de Psicologia registrou esse pioneirismo por meio de uma entrevista[8] em que enfatiza que foi a partir desse trabalho que a intervenção junto às pessoas envolvidas com a temática de suicídio passou a fazer parte da psicologia, pois até então era restrita apenas e tão somente à psiquiatria.

E no tocante a livros, essas atividades estão presentes em diversas publicações[9] e igualmente são referências a todos aqueles que se interessam em debruçar-se sobre a temática. Na atualidade, temos uma gama muito grande de hospitais que acolhem as pessoas vítimas de tentativa de suicídio, bem como apresentam serviços de acolhimento a esses pacientes. A grande maioria segue esse modelo de intervenção teórica sistematizada e preconizada por esse grupo do qual eu fazia parte.

[5] *Psicologia e câncer*, Angerami, V.A., e Gaspar, C. K. (orgs.). São Paulo: Pearson Learning, 2013; *O Câncer diante da psicologia*, Angerami, V.A., e Gaspar, C. K. (orgs.) São Paulo: Pearson Learning, 2016.

[6] *Psicologia Hospitalar. Teoria e Prática*, Angerami, V.A., (org.) São Paulo: Cengage Learning, 2018; *O doente, a psicologia e o hospital*, Angerami, V.A., (org.) São Paulo: Cengage Learning, 2015; *E a psicologia entrou no hospital,* Angerami, V.A. (org.) Belo Horizonte: Artesã Editora, 2017.

[7] *Psicologia da saúde. Um novo significado para a prática clínica.* Angerami, V.A., (org.) São Paulo: Cengage Learning, 2018.

[8] Disponível em: <http://www.crpsp.org.br/portal/comunicacao/jornal_crp/110/frames/fr_entrevista.aspx>. Acesso em: 18 out. 2018.

[9] *Psicologia Hospitalar. A Prática do Psicólogo no Contexto Hospitalar*, Angerami, V.A., (org.), São Paulo: Traço Editora, 1984; Psicologia Hospitalar.}Teoria e Prática, op. cit.; *O Câncer Diante da Psicologia*, op. cit. *A Ética na Saúde*, Angerami, V.A., (org.) São Paulo: Editora Pioneira, 1997; *Suicídio. Uma Alternativa à Vida*, Angerami, V.A., Belo Horizonte, 2017; *Sobre o Suicídio. A Psicoterapia Diante da Autodestruição*, Angerami, V.A., (org.) Belo Horizonte, 2018. *E a Psicologia Entrou no Hospital*, op. cit.

2.1.3. Psícologia Hospitalar Aplicada aos Casos de Luto e Tanatologia

Nas últimas décadas, houve um avanço significativo no tocante ao acolhimento de familiares de pessoas que morriam, tanto por doenças crônicas, após longos períodos de internação e sofrimento, como também em situações de catástrofes e mesmo mortes inesperadas, provocadas por acidentes, suicídio entre outros. E foi criado, então, todo um aparato instrumental e teórico para cada formatação de luto.

Assim, há abordagens distintas para os casos de familiares de suicidas, de pacientes oncológicos, dentre outros. Aqui também há um derivativo da psicologia hospitalar que se expande para áreas exteriores ao hospital e se enfeixa com atendimentos cujos inícios ocorrem, na quase totalidade das vezes, dentro do contexto hospitalar, a fim de ganharem sequencialmente novos e fascinantes contornos.

Na realidade brasileira, os estudos e as intervenções aos casos de luto, e mesmo de situações de emergência, tem em Maria Helena Franco[10] uma de suas grandes proeminências na realização de cursos, publicações e intervenções. Há ainda um derivativo bastante significativo no tocante ao luto que é o surgimento da Tanatologia, com publicações e pesquisas bastante específicas.

A palavra Tanatologia provém de *Thanatos* = morte e *Logos* = estudo, ou seja, o estudo da morte e do morrer, especialmente em seus aspectos psicológicos e sociais. Na mitologia grega, *Thanatos* era um personagem que aparecia em inúmeros mitos e lendas. Filho de Nix (a Noite) e Érebo (a Escuridão) e irmão gêmeo de Hipnos (o sono), ele habitava os Campos Elíseos (o paraíso do país de Hades, o mundo dos mortos). *Thanatos* é a personificação, do deus da Morte. Assim, a Tanatologia é a ciência da vida e da morte que visa entender o processo do morrer e do luto, e, simultaneamente, humanizar o atendimento aos que estão sofrendo perdas graves, podendo contribuir dessa forma na melhor qualificação dos profissionais que se interessam pelos cuidados paliativos, procedimento descrito anteriormente.

A sistematização desses estudos e procedimentos surge principalmente com os estudos da eminente psiquiatra Elizabeth Kubler Ross, e com o lançamento da sua principal obra *Sobre a Morte e o Morrer*[11]. A partir desse fato, existiu uma movimentação muito grande em nível mundial em busca do entendimento desses aspectos teóricos envolvendo o paciente que se vê diante da morte. No Brasil, os avanços na área se devem principalmente aos estudos e publicações da saudosa Wilma G. Torres[12], emérita pesquisadora com diversos trabalhos e livros sobre o

[10] Dentre sua obra destacamos *A Intervenção Psicológica Em Emergências,* Franco, M.H., São Paulo: Summus Editorial, 2015 e *Vida e Morte: Laços da Existência*, Campinas, Franco, M.H., Carvalho, M.M.; Kovacs, M.H., Carvalho, V., Campinas: Editora Livro Pleno, 1995.

[11] Kubler Ross, E., *Sobre a Morte e o Morrer.* São Paulo: Editora Martins Fontes, 1992.

[12] Dentre sua obra destacamos: *A Criança Diante da Morte,* São Paulo: Casa do Psicólogo, 1999.

tema e, na atualidade, aos trabalhos de Maria Julia Kovacs[13] igualmente eminente notória pesquisadora e com publicações bastante relevantes na área. Nesse livro, há o capítulo[14] de Maria da Glória Gimenes que aborda o trabalho de preparação do paciente em sua passagem para a morte.

2.1.4. Psicologia Hospitalar Aplicada aos Cuidados Paliativos

Nos últimos anos, surgiu um movimento bastante consistente no tocante ao quesito de cuidados paliativos destinados àqueles pacientes que não apresentam mais condições de restabelecimento orgânico e que se encontram em estágios de terminalidade. Assim, construiu-se toda uma teórica e prática para o acolhimento desse paciente, a fim de que ele tivesse dignidade em sua condição vital independentemente da vida que se esvaia diante da terminalidade de sua doença. Há aqui também uma especificidade de procedimentos que se iniciam em quase sua totalidade no âmbito hospitalar e se expandem para outros ambientes e cenários. Nesse livro, temos o capítulo[15] de André Luis Sales da Costa que aborda a intervenção do psicólogo no âmbito de cuidados paliativos.

2.1.5. Psicologia Hospitalar Aplicada à Cardiologia

Trata-se da Psicologia Hospitalar envolvida com os casos de patologias inerentes à cardiologia. Na medida em que muitas patologias cardiológicas têm imbricamento bastante sensível com questões emocionais e de estresse, a psicologia certamente pode contribuir de maneira significativa para o restabelecimento desse paciente. Os principais centros de tratamentos em cardiologia apresentam serviços de psicologia em seu quadro, a fim de ajudar no enfrentamento dessas situações com significativos traços emocionais em suas ocorrências. A intervenção da psicologia na área da cardiologia é bastante intensa, com inúmeras publicações, tendo Belkiss Romano como uma de suas grandes baluartes. Dentre suas publicações, podemos destacar *A Psicologia Aplicada à Cardiologia*[16].

2.1.6. Psicologia Hospitalar Aplicada ao Tabagismo

Praticamente imbricada com as unidades de cardiologia, principalmente pelas anomalias provocadas pelo tabagismo no sistema cardiovascular, hoje há vários programas destinados ao combate e à prevenção ao tabagismo. Temos então, um importante adereço da psicologia na medida em que, além da dependência

[13] Dentre suas principais publicações, podemos citar: *Morte e Desenvolvimento Humano*, São Paulo, Casa do Psicólogo, 2001; *Educação Para a Morte,* São Paulo: Casa do Psicólogo, 2001.

[14] Capítulo 11.

[15] Capítulo 19.

[16] *A Psicologia Aplicada à Cardiologia.* Romano, B. São Paulo: Editora Pioneira, 1991;

física que aniquila com a saúde do paciente, há toda uma condição psíquica no tabagismo por causa dos hábitos e pela presença do cigarro na vida desse paciente. Se considerarmos o número de vidas ceifadas pelo tabagismo, temos a psicologia empreitando num importante trabalho de prevenção e mesmo de atendimento a esses casos. Seguramente, com o avanço da consciência dos malefícios provocados pelo tabagismo, a psicologia terá papel muito importante principalmente na área de prevenção. Em nosso livro *A Psicoterapia Diante Da Drogadicção*[17], descrevemos o trabalho do psicólogo junto às unidades de cardiologia para o trabalho com a questão do tabagismo.

2.1.7. Psicologia Hospitalar Aplicada à Ginecologia e Obstetrícia

Trata-se da psicologia hospitalar envolvida com patologias ginecológicas e também com casos de obstetrícia, em especial envolvendo trabalhos relacionados ao período de gestação, com acompanhamento psicológico nessa fase tão importante na vida das mulheres. Nas situações de patologias ginecológicas, a intervenção ocorre geralmente em níveis ambulatoriais ou mesmo de internação, ocorrendo quase sempre na realidade hospitalar. Nos casos de intervenções junto à gestantes, há trabalhos efetivados em âmbito de consultório ou mesmo ambulatoriais, mas que não necessariamente ocorrem na instituição hospitalar.

Com a consciência cada vez mais premente da necessidade de acompanhamento psicológico no período de gestação, a psicologia da saúde cumpre uma de suas performances mais eficazes. E temos nesse quesito uma variada subdivisão em razão das especificidades da área. Então, encontraremos atendimentos focados em várias de suas especificidades assim como endometriose, histerectomia, dentre outras.

2.1.8. Psicologia Aplicada à Geriatria

Trata-se de uma modalidade agregada ao tratamento direcionado aos idosos. Ocorre tanto em âmbito hospitalar como em consultório e ambulatório. Mas, de modo geral, esses tratamentos em sua quase totalidade têm início na realidade hospitalar. Nesse aspecto, a psicologia cumpre um determinante bastante abrangente na medida em que o idoso, além dos aspectos que envolvem sua condição de envelhecimento orgânico, traz consigo muitos questionamentos sobre a própria vida, o que implica, muitas vezes, em sofrimento emocional acentuado. Nesse setor, há um grande número de profissionais da saúde especializados em gerontologia e que interage com o geriatra no sentido de acolher esse tipo de paciente. O psicólogo é um desses profissionais que contribui significativamente no campo da subjetivação. Nesse livro, temos o capítulo[18] de Miguel Mahfoud, Marcela

[17] *A Psicoterapia Diante Da Drogadicção*. Angerami, V.A. São Paulo: Cengage Learning, 2018.

[18] Capítulo 02.

Alves Silva e Orestes Diniz Neto que aborda questões pertinentes ao idoso em suas questões vitais.

2.1.9. Psicologia Hospitalar Na Clínica de Dor

Muitos hospitais de referência acadêmica e de pesquisa médica criaram nos últimos tempos as chamadas Clínicas de Dor. Essas clínicas consistem na criação de espaços multidisciplinares para acolhimento de pessoas que apresentam queixas frequentes dos mais variados tipos de dor e que, embora muitas vezes apresentando sintomatologias específicas de determinadas patologias, tem diante de si exames clínicos e laboratoriais que nada constatam. São pessoas que se queixam dos mais variados tipos de dores, mas que não apresentam qualquer vestígio clínico constatando a existência de alguma patologia específica a justificar tais dores. Essas clínicas surgem na tentativa de compreender como essas dores acontecem uma vez que as patologias inexistem. Cada vez mais frequentes, essas clínicas se utilizam da multidisciplinaridade para acolher e acompanhar os pacientes em sua recuperação e superação.

A psicologia hospitalar cumpre papel de destaque na medida em que instrumentaliza a visão da subjetivação no bojo dessas equipes na tentativa de abarcar os detalhamentos desses quadros incompreensíveis de dor à luz dos instrumentos tradicionais da medicina. Temos em nosso livro intitulado *Psicossomática e a Psicologia da Dor*[19], a descrição de diversos trabalhos efetivados nessa área envolvendo diferentes aspectos da subjetivação da dor.

2.1.10. Psicologia Hospitalar Aplicada ao Atendimento Domiciliar

Aqui há uma forma de intervenção clínica que, como o próprio nome define, se dá no domicílio do paciente por causa de sua falta de mobilidade. Trata-se de um procedimento, na quase totalidade das vezes, iniciado no âmbito hospitalar e que posteriormente se expandiu para essa configuração domiciliar. Nesse quesito também houve toda uma construção e configuração teórica e prática como base para essa prática. Assim como para outras tantas especificações da psicologia hospitalar, essa também caminha a passos largos para se configurar como uma grande alternativa de acolhimento ao paciente prostrado e imóvel em seu domicílio. Em nosso livro *Novos Rumos Na Psicologia da Saúde*[20], temos um capítulo da Maria Cecília Roth[21] em que ela fala sobre o trabalho de atendimento domiciliar detalhado nos vários aspectos de seu desenvolvimento.

[19] *Psicossomática e a Psicologia da Dor*, Angerami, V.A., (org.). São Paulo, Cengage Learning, 20014.

[20] *Novos Rumos na Psicologia da Saúde*, Angerami, V.A., (org.). São Paulo: Thomson Learning, 2002.

[21] *Atendimento Psicológico Domiciliar*, Roth, M.C. In: *Novos Rumos Na Psicologia da Saúde*, op. cit.

2.1.11. Psicologia Hospitalar Aplicada aos Casos de Disfunção Sexual

Nos últimos tempos, surgiram com bastante vigor trabalhos que priorizam a intervenção junto a pessoas que apresentam disfunção sexual. Certamente, é uma forma de se voltar para o sofrimento de tantas pessoas que estavam sem a devida atenção nesse quesito.

Quando observamos esse trabalho em hospitais públicos tivemos, então, um dos temas contemporâneos mais polêmicos e de abrangência cada vez mais necessária sendo contemplado na realidade hospitalar e, principalmente, voltado para uma população sem acesso a clínicas particulares. Com o avanço desses atendimentos, houve a concomitância da publicação de inúmeros trabalhos e livros que abordassem essa temática, trazendo instrumental teórico para a intervenção prática. Nesse livro, temos os capítulos de José Carlos Riechelmann[22] e o de Quetie Mariano Monteiro e Imacolada Marino Gonçalves[23] que abordam trabalhos efetivados na rede hospitalar diante de casos de disfunção sexual.

2.1.12. Psicologia Hospitalar Diante de Desafios Contemporâneos

Certamente, essa classificação sempre estará incompleta, pois o universo de intervenção da psicologia hospitalar, além de amplo, atinge uma gama muito grande de derivações que, como afluentes de um grande rio a desaguar no mar, se estende pela sociedade. Citamos aquelas áreas que consideramos mais relevantes e que possuem maiores ramificações, o que não significa que não existam excelentes trabalhos voltados à *Endocrinologia,* à *Gastroenterologia,* à *Cirurgia Bariátrica,* à *Cirurgia Plástica,* dentre outros tantos trabalhos relevantes que existem na psicologia hospitalar. Há um grande aporte para as questões emocionais dessas temáticas e respectivas patologias.

3. Psicologia da Saúde Diante dos Novos Construtos Teóricos – Psicossomática, Psiconeuroimunologia, Neuropsicologia

Avanços teóricos em busca de uma nova compreensão das diferentes patologias e suas manifestações no psiquismo humano ocorrem continuamente. Nesse sentido, a psicologia da saúde se abre para acolher essas diferentes manifestações que buscam subsídios para seu embasamento conceitual.

Dessa maneira, nos diferentes campos dessas inovações teóricas a psicologia da saúde, além de incorporar tais tendências aos seus sustentáculos, mostra-se como sendo o cenário para a conflagração das pesquisas a embasar seus postulados. A psicologia da saúde amolda e acopla tais inovações mantendo-se na vanguarda dos estudos e das intervenções teóricas da atualidade.

22 Capítulo 06.

23 Capítulo 07.

Em seguida, vamos descrever e refletir essas tendências teóricas que fazem parte dos tentáculos da psicologia da saúde:

3.1. Psicossomática

Riechelmann[24] define que a psicossomática é ao mesmo tempo filosofia – porque define um conceito de ser humano – e ciência, que tem como objeto os mecanismos de interação entre as dimensões mental e corporal da pessoa. Essa é uma definição clássica, mas já está ampliada, também, para a dimensão contextual (relacional ou sociocultural), ou seja, o estudo como fato corporal está integrado no fato psíquico que, por sua vez, está integrado no fato relacional ambiental. Esta integração biopsicossocial é o objeto da ciência psicossomática[25]. De muita relevância na atualidade, a psicossomática conta com uma gama muito grande de publicações, dando constitutivo teórico a seus constitutivos conceituais.

3.2. Psiconeuroimunologia

Vasconcellos[26] considera importante salientar que o termo imunologia não diz respeito apenas àqueles temas descritos classicamente como imunológicos, por isso é que não estudamos apenas cânceres, alergias, doenças autoimunes, vírus, bactérias e similares. O sistema imunológico está, atualmente, tão intimamente ligado ao sistema nervoso que não podemos mais nos referir apenas a um ou a outro, na mesma medida em que não existe um espaço separado do tempo – daí ser mais correto utilizar a expressão espaço-tempo. Assim, é mais prudente denominar esse sistema neuroimunológico[27]. Embora relevante, a psiconeuroimunologia não tem uma gama significativa de publicações, sendo que suas inserções estão, na maioria das vezes, em publicações de psicologia da saúde.

3.3. Neuropsicologia

A neuropsicologia se mostra como uma tentativa de estabelecer uma interface da psicologia com funções e manifestações cerebrais no comportamento humano. Na atualidade, a neuropsicologia tem apresentado uma série muito intensa de pesquisas e publicações no afã de embasar suas asserções. Assim como a psiconeuroimunologia,

[24] Riechelmann, J.C. *Medicina psicossomática e a psicologia da saúde: veredas interdisciplinares em busca do elo perdido*. In: *Psicologia da Saúde. Um novo significado para a prática clínica*, op. cit.

[25] IBID. op. cit.

[26] Vasconcellos, E.G. *Psiconeuroimunologia:* Uma história para o futuro. In: *Psicologia da Saúde. Um novo significado para a prática clínica*, op. cit.

[27] IBID. op.cit.

a neuropsicologia é toda sedimentada em princípios organicistas e tenta fazer crer que toda a conduta humana pode ser acoplada apenas no registro das funções cerebrais e neurológicas, deixando os aspectos subjetivos e emocionais a plano meramente secundário. Sua inclusão no rol dos tentáculos da psicologia da saúde se deve muito mais ao número de pessoas que estão aderindo a esse construto teórico nos mais diversos atendimentos do que a qualquer outra razão ou mesmo relevância nas pesquisas da área. O número crescente de pesquisas e publicações atesta sua penetração nos mais diferentes segmentos da psicologia e com inserções nas diferentes intervenções do psicólogo na área da saúde.

4. Psicologia da Saúde nas UBS – Unidades Básicas de Saúde

Assim como fizemos com o quesito psicologia hospitalar, preferimos destacar as Unidades Básicas de Saúde separadamente do enquadre *Institucional,* também por suas diversas especificidades. Unidas Básicas de Saúde ou UBS é a designação adotada desde 2007 no Brasil, sendo que tais unidades desempenham as mesmas funções dos antigos Postos de Saúde, sendo tal denominação gradativamente substituída por Unidade Básica de Saúde.

A Unidade Básica de Saúde é responsável pelos atendimentos de rotina, como consultas com clínico geral, tratamentos, vacinação, pré-natal, atendimento odontológico e acompanhamento de hipertensos e diabéticos. Trata-se da porta de entrada do usuário no Sistema Único de Saúde (SUS). **A UBS é dividida da seguinte maneira:**

- UBS I: abriga, no mínimo, uma equipe de Saúde da Família.
- UBS II: abriga, no mínimo, duas equipes de Saúde da Família.
- UBS III abriga, no mínimo, três equipes de Atenção Básica.
- UBS IV: abriga, no mínimo, quatro equipes de Atenção Básica.

Atualmente, essas unidades passaram por transformações e foram adquirindo característica e especificidades com variações bem peculiares. Dentro dessas especificidades há as Unidades de Pronto Atendimento, também chamadas de UPA, que prestam atendimentos intermediários entre as UBS e as urgências hospitalares. Hoje tanto nas UBSs como nas UPAs encontramos a presença do psicólogo da saúde exercendo papel de relevância no enfeixamento das questões emocionais do paciente com suas patologias predominantemente orgânicas.

Existe uma quantidade muito grande de psicólogos atuando nessas áreas e produzindo uma série de trabalhos acadêmicos e outras publicações, inclusive, presentes ao longo desse livro. A inserção do psicólogo nesse contexto certamente caminha para um ideal mais amplo de levar a psicologia para outros contextos além de sua formatação clássica de consultório, inclusive, a levar seus tentáculos para uma amplitude maior de abrangência social, alcançando até mesmo pessoas que não têm acesso, na quase totalidade das vezes, aos consultórios e clínicas privadas de psicologia.

Aqui a psicologia tem a oportunidade de se inserir no atendimento à saúde mental de parcela significativa da população sem condições de acesso a outras realidades. Verdadeiramente, ela precisa se recriar teoricamente para que sua intervenção seja plena de êxito e consoante com essa realidade. E se é fato que nos últimos tempos exista toda uma mobilização nas lides acadêmicas rumo a esses novos horizontes, igualmente se faz necessária toda uma compreensão com novos vieses teóricos para que essa realidade possa ser apreendida em toda a sua abrangência e especificidade.

5. Psicologia da Saúde nos Caps – Centro de Atenção Psicossocial

Pelos mesmos critérios já mencionados não inserimos os Caps no item *Institucional*. Os Caps surgiram na esteira da criação dos hospitais dia em substituição aos manicômios que tiveram suas portas fechadas por ação capitaneada pelo Movimento de Luta Anti Manicomial com a participação de diversos segmentos da sociedade. A proposta inicial do Caps era de acolhimento às pessoas em situação de sofrimento psíquico. Face principalmente à falta de atendimento à população em geral que necessitava de atendimento em diversas áreas de saúde mental como drogadicção, distúrbios de aprendizagem entre outros, os Caps foram expandindo sua abrangência e hoje pode-se dizer que atendem a diversas patologias e nem sempre imbricadas com saúde mental.

Os Caps, até mesmo pelos vínculos de sua origem, sofrem contínua reflexão sobre seus objetivos e os caminhos que estão trilhando na atualidade. Seus propósitos originais, sua atual formatação e perspectivas, enfim, tudo é constantemente avaliado até porque um de seus princípios era o de prestar também uma atenção primária à população integrando ações preventivas e curativas especificamente em saúde mental.

Sequencialmente, os Caps também se tornaram desaguadouro para os casos de drogadicção e, conjuntamente com os casos de sofrimento psíquicos, suas equipes também tiveram que se instrumentalizar para o atendimento a esses pacientes. Igualmente nesse espaço, há um número muito grande de psicólogos exercendo suas atividades em plena consonância com os objetivos primeiros dos Caps.

Intervenções em multidisciplinaridade profissional, além da partilha de conhecimentos para atuações junto à comunidade em que o Caps esteja localizado se tornaram rotina na atividade do psicólogo e isso faz dele um profissional de muita relevância nessa área de abrangência. A inserção do psicólogo no Caps, mais do que apenas em uma área de atuação, mostra acima de tudo a psicologia se tornando parte da realidade eminentemente brasileira, inclusive, com a criação de instrumental adequado para tal.

Na medida em que o Caps surgiu como sendo uma alternativa aos manicômios asilares, ele teve em sua estrutura uma visão voltada para a questão da saúde mental em consonância com outras manifestações imbricadas com a saúde total do paciente. Assim, desde aspectos que envolvam a realidade sanitária, as condições de salubridade entre tantos outros itens inerentes e imprescindíveis para a saúde total do paciente, tudo envolve a participação do profissional de psicologia em consonância com outros profissionais da saúde, visando sempre uma abordagem mais ampla e totalitária nos aspectos referentes à saúde humana.

No livro *Angústia e Psicoterapia*[28], temos o capítulo *O Psicólogo Diante Da Política De Saúde*[29], de Paulo Ribeiro Filho que aborda a intervenção do psicólogo na realidade do Caps. Nesse livro, temos os capítulos de Bruno Gonçalves[30], de Thiago Rodrigues de Paula e de Leanndru Guilherme Pires Reis Sussman[31] que também abordam a atuação do psicólogo no contexto do Caps.

6. Psicologia da Saúde no NASF – Núcleo Ampliado de Saúde da Família

O NASF é uma equipe composta por profissionais de diferentes áreas de conhecimento, os quais devem atuar de maneira integrada, apoiando os profissionais das equipes de saúde da família, das equipes de atenção básica para populações específicas, compartilhando as práticas e saberes em saúde nos territórios sob responsabilidade destas equipes.

Criado com o objetivo de ampliar a abrangência e o escopo das ações da atenção básica, bem como sua resolubilidade, o NASF deve contribuir para a integralidade do cuidado aos usuários do SUS, principalmente por intermédio da ampliação da clínica, auxiliando no aumento da capacidade de análise e de intervenção sobre problemas e necessidades de saúde, tanto em termos clínicos, quanto sanitários e ambientais dentro dos territórios.

Nesse contexto, o psicólogo se insere na equipe multidisciplinar e tem condições de efetivar uma atuação em consonância não apenas com novos modelos teóricos de intervenção, mas principalmente com algo inerente à realidade brasileira, afinal o NASF foi criado a partir da necessidade de uma ampliação aos cuidados de saúde para uma parcela significativa da população brasileira carente de recursos sócio econômicos.

7. Psicologia da Saúde no CREAS – Centro de Referência Especializado em Assistência Social

O Centro de Referência Especializado de Assistência Social (Creas) é uma unidade pública da política de Assistência Social onde são atendidas famílias e pessoas que estão em situação de risco social ou tiveram seus direitos violados.

[28] *Angústia e Psicoterapia, Angerami*, V.A.,(org.). São Paulo: Pearson Learning, 2014.

[29] *O Psicólogo Diante Da Política De Saúde*, Ribeiro, P. F. In: *Angústia e Psicoterapia,* op. cit.

[30] Capítulo 10.

[31] Capítulo 05.

A unidade deve, obrigatoriamente, ofertar o Serviço de Proteção e Atendimento Especializado a Famílias e Indivíduos (PAEFI), podendo oferecer outros serviços como a Abordagem Social e Serviço para Pessoas com Deficiência, Idosas e suas famílias, além do serviço de Medidas Socioeducativas em Meio Aberto.

O Creas orienta e encaminha os cidadãos para os serviços da assistência social ou demais serviços públicos existentes no município e também oferece informações, orientação jurídica, apoio à família, apoio no acesso à documentação pessoal, além de estimular a mobilização comunitária. São atendidas famílias e indivíduos em situação de risco pessoal e social, com violação de direitos como: violência física, psicológica e negligência; violência sexual; afastamento do convívio familiar devido à aplicação de medida de proteção; situação de rua; abandono; trabalho infantil; discriminação por orientação sexual e/ou raça/etnia; descumprimento de condicionalidades do Programa Bolsa Família em decorrência de violação de direitos; cumprimento de medidas socioeducativas em meio aberto de liberdade assistida e de prestação de serviços à comunidade por adolescentes, entre outras. Nessas unidades, o trabalho do psicólogo se dá em inserção multidisciplinar junto a outros profissionais da saúde e também da área de Direito, uma vez que envolve aspectos da sócio reinserção por meio de liberdade assistida. Mais uma das formas de intervenção do psicólogo em que seu arsenal teórico precisa estar adequado a uma realidade construída especificamente em termos de brasilidade.

8. Psicologia da Saúde nos Atendimentos a Pessoas em Situação de Rua

Já citamos os trabalhos que se destinam a pessoas em situação de rua, sendo que alguns, inclusive, são denominados *Consultórios de Rua*. No entanto, existem alguns trabalhos de *Consultórios de Rua* que se destinam ao atendimento de pessoas com baixa renda econômica, mas que não vivem necessariamente nas ruas.

Assim, muitos desses consultórios têm suas atividades concentradas em horários específicos, estabelecidos geralmente em praças públicas, onde são realizados atendimentos a pessoas sem acesso a consultórios particulares. Esses atendimentos seguem os moldes de atendimentos de consultórios particulares, entretanto a diferença é que se efetivam em locais públicos.

Existem também vários outros trabalhos destinados a pessoas em situação de rua, a pessoas que vivem nas ruas e que pelas mais variadas razões foram desalojadas de suas casas e atividades e se encontram lançadas nas calçadas das ruas das grandes cidades. E face à grande desigualdade social imposta pelo neoliberalismo de nossa sociedade, a qual a cada dia exclui impiedosamente inúmeras pessoas de suas condições de vida, a realidade das pessoas em situação de rua se torna cada vez mais numerosa e dramática.

No livro *Sobre o Suicídio. A Psicoterapia Diante da Autodestruição*[32], temos o capítulo *Pessoas em Situação de Rua e a Autodestruição Imposta Pela Exclusão Social*[33] de Sueli Guerreiro. No presente livro, temos também um capítulo de Sueli Guerreiro que descreve o trabalho com pessoas em situação de rua.

9. Psicologia da Saúde Diante da Drogadicção

Na atualidade, frente ao grande avanço da drogadicção na vida contemporânea, houve todo um direcionamento teórico e instrumental para o acolhimento das pessoas envoltas na ingestão excessiva de drogas. Vimos a existência do tratamento desenvolvido em várias unidades hospitalares voltado ao tabagismo, droga lícita que mata 200 vezes mais que todas as drogas juntas[34] e que desperta grande atenção nas lides da saúde pelo seu teor de destrutividade.

Hoje, há todo um arsenal voltado para a compreensão e intervenção do profissional da saúde tanto para as drogas lícitas, como o álcool e o tabaco, sendo essas as mais destrutivas, quanto para as ilícitas, igualmente destrutivas, mas seguramente muito aquém daquelas legalizadas.

Por isso, desde as intervenções ambulatoriais até aquelas realizadas em clínicas especializadas e particulares, há a presença ativa do psicólogo igualmente inserido em trabalho multidisciplinar juntamente com outros profissionais da saúde para o acolhimento desse tipo de paciente. Nesses casos, há um campo de intervenção em que o conhecimento das condições emocionais presentes na ingestão de drogas se torna algo bastante pertinente e de muita premência da atuação do psicólogo. Nessa realidade, temos pareado com a destrutividade causada pelas drogas o prazer igualmente presente em sua ingestão. A desconstrução desse binômio tem na atuação do psicólogo algo de muita relevância, pois sua principal contribuição é justamente a de mostrar que nesse ato de alto teor destrutivo também está presente o componente do prazer propiciado por sua ingestão com suas inerentes alterações de consciência e da própria realidade existencial do usuário. O drogadicto tem no psicólogo o escopo de compreensão necessário para que o tratamento possa fazer o enfeixamento das questões orgânicas com questões de dependência emocional. E na medida em que a drogadicção, muitas vezes, é abordada de forma policialesca, a visão mais humanizada do psicólogo vem trazendo, inclusive, a questão do prazer presente na drogadicção, podendo apresentar novos contornos no enfrentamento desses questionamentos, envolvendo tanto o usuário como sua família.

[32] *Sobre o Suicídio. A Psicoterapia Diante da Autodestruição.* Belo Horizonte: Artesã Editora, 2018.

[33] *Pessoas em Situação de Rua e a Autodestruição Imposta Pela Exclusão Social*, Guerreiro, S. In: *Sobre o Suicídio. A Psicoterapia Diante da Autodestruição,* op. cit.

[34] Angerami, V.A., *A Psicoterapia Diante da Drogadicção.* São Paulo: Cengage Learning, 2018.

Certamente, face ao grande avanço das drogas em nosso tecido social, mais que nunca, faz-se necessária uma compreensão que possa contemplar as multifacetas da drogadicção para um acolhimento ao usuário e para um enfrentamento às suas mazelas de destruição.

Abordando o tema de drogadicção temos os livros *A Psicoterapia Diante da Drogadicção*[35] e *Desespero e Flagelo Humano. Parêmias da Cracolândia*[36].

10. Psicologia Ambiental

Dissemos em texto anterior[37] que é nesse campo, talvez, em que reside grande parte da preocupação dos estudiosos da saúde em geral e, particularmente, voltada também à saúde mental. Assim, busca-se um melhor redimensionamento das condições de vida de uma pessoa, visando alcançar seu bem-estar físico e social.

Psicologia ambiental é o estudo sistematizado de como o meio ambiente influencia e dirige o comportamento individual. Inclui fatores como territorialidade e espaço pessoal, projeto ergonômico e os atributos físicos dos ambientes arredores. É, por assim dizer, um novo atalho encontrado pela psicologia no sentido de dimensionar as diversas variáveis necessárias na busca por melhores condições da saúde. Aqui talvez encontre-se um dos pontos que certamente servirá de parâmetro para a prática da psicologia da saúde, na medida em que essa tem um grande compromisso com a historicidade da pessoa, e, portanto, incluem-se aí as condições de sua realidade ambiental.

É necessário refletir as consequências da construção do *habitat* da pessoa, incluindo a destruição do ecossistema, fator este que, sem dúvidas, é responsável por um sem número de mazelas e sofrimentos provocados por enchentes e outras catástrofes climáticas, que nada mais são do que consequências da irresponsabilidade humana em sua fúria em desmatar e destruir o ambiente sem limites. Se tomarmos como exemplo as tragédias anunciadas em cada início de verão, em que se dão inúmeros deslizamentos nas principais cidades, temos um aspecto contundente dessa questão. Ao ser realizada a ocupação de um determinado morro, por exemplo, a primeira coisa a se fazer é o total desmatamento do local sem a menor preocupação com as consequências, como o fato de que justamente o que mantém a terra firme e evita possíveis deslizamentos em caso de chuvas é justamente a vegetação. Resultado: quando chove, o morro ocupado irregularmente e sem qualquer vegetação de proteção apresenta deslizamento de

[35] *A Psicoterapia Diante da Drogadicção*, op. cit.

[36] *Desespero e Flagelo Humano. Parêmias da Cracolândia*, Angerami, V.A. Belo Horizonte: Artesã Editora, 2017.

[37] *O Resignificado da prática clínica e suas implicações na realidade da saúde*. In: *Psicologia da Saúde. Um novo significado para a prática clínica*, op. cit.

terra muito feroz, que leva consigo construções frágeis, as quais igualmente não apresentam alicerces seguros na forma como foram erigidos.

Os aspectos educacionais sobre o meio ambiente e seus desdobramentos deveriam ser prioridade das autoridades de saúde para que tais tragédias fossem evitadas, algo que em princípio seria possível se tais detalhamentos fossem observados. Teríamos ainda muitos outros exemplos a serem citados de como a questão ambiental afeta a vida humana tal o imbricamento desses aspectos. Estamos enfatizando a questão dos deslizamentos provocados pelos desmatamentos nos morros das grandes cidades por ser algo observável e cenário de tragédias que ceifam milhares de vidas ano após ano sem qualquer estancamento das autoridades responsáveis por isso.

Outro aspecto de grande teor destrutivo nas grandes cidades na atualidade é o conjunto de males provocados pela poluição ambiental, seja em níveis de contaminação de resíduos lançados na atmosfera, seja a contaminação alimentar provocada por agrotóxicos e que é ingerida pela população sem qualquer defesa para tal. Trata-se de atos destrutivos gerados pela ação humana desfiando condições de morte para tantas outras pessoas.

Outro exemplo trágico dessas citações são as queimadas de cana de açúcar no interior de muitas regiões brasileiras em que as fuligens são lançadas na atmosfera e depois absorvida pela população das circunvizinhanças por meio do sistema respiratório. O resultado é um número incalculável de cânceres em decorrência dessas queimadas. Humanos agindo em busca de lucros descomunais e sem qualquer respeito à própria vida humana. Temos, então, a derivação de inúmeras patologias que serão atendidas nas unidades de saúde já especificadas e o paciente terá toda uma equipe de saúde para abordar e considerar a totalidade das variáveis que envolvem o seu adoecimento. Nessa área, a intervenção da psicologia será de vital importância tanto pelos aspectos envolvendo o acolhimento propriamente dito a esse paciente, como também na prestação de informações e esclarecimentos sobre a necessidade da preservação ambiental para a própria preservação humana.

11. Psicologia da Saúde Voltada à Realidade Institucional

Nesse item, vamos concentrar diversas unidades institucionais que apresentam especificidades diferentes entre si.

11.1. Instituição Asilar

Vamos encontrar aqui trabalhos realizados dos mais diferentes tipos de asilos. Há asilos voltados à infância, a idosos e a pessoas com deficiências físicas. De modo geral, asilos são sinônimos de sofrimento face ao constitutivo que trazem sobre si, ou seja, de serem depositários de pessoas rejeitadas em seus contextos familiares e sociais.

11.2. Asilo Infantil

Uma criança que vive em um asilo infantil traz consigo o fardo de não possuir uma família que pudesse abrigá-la e orientá-la pela vida e vive a situação asilar que é algo que soa como um confinamento, uma espécie de condenação social por sua condição sóciofamiliar. Os asilos infantis, em quase sua totalidade, são mantidos por entidades religiosas que tentam suprir a carência do Estado nesse quesito e prestam assim, não apenas acolhimento emocional e o suprimento das condições básicas necessária para a subsistência dessas crianças, como também, tentam propiciam educação formal necessária para seu desenvolvimento social.

As crianças educadas em asilos, pela própria condição de precariedade de recursos materiais e humanos, acabam apresentando índices muito baixos de desenvolvimento cognitivo com repercussão em sua condição emocional. Dessa forma, a atuação do psicólogo nesse contexto é de extrema valia, tanto para o acolhimento da criança em si, como também para a orientação dos demais profissionais envolvidos nessa atividade.

Na medida em que o psicólogo estuda as diversas fases de desenvolvimento infantil, ele se apresenta plenamente habilitado a intervir na realidade institucional da criança e fazer com que sua subjetivação seja considerada em total amplitude. A atividade do psicólogo se reveste de grande importância, pois pode ajudar a suprir as carências emocionais e o consequente sofrimento derivado dessa realidade institucional.

11.3. Asilo de Idosos

Tal qual na realidade dos asilos infantis, os asilos destinados a idosos trazem em seu bojo uma grande carga de sofrimento emocional em razão da exclusão social a qual esse contingente também é vitimado.

Em nosso livro *Solidão. A Ausência do Outro*[38], temos um capítulo intitulado *Solidão e Velhice*[39], que traz a experiência de um asilo para idoso em que o sofrimento dessa fase da vida é detalhado em suas diferentes configurações. Também no livro *Suicídio. Uma Alternativa à Vida. Fragmentos de Psicoterapia Existencial*[40], há o detalhamento de um caso de tentativa de suicídio de um idoso ocorrido em um asilo.

[38] *Solidão. A Ausência Do Outro*. Angerami, V.A. Belo Horizonte: Artesã Editora, 2017.

[39] IBID. op. cit.

[40] *Suicídio. Uma Alternativa à Vida. Fragmentos de Psicoterapia Existencial*. Angerami, V.A. Belo Horizonte: Artesã Editora, 2017.

Na condição asilar voltada a idosos, o que vamos encontrar, em sua quase totalidade, são pessoas que foram colocadas nessa realidade pela própria família, a qual se vê sem condições de cuidar de seus idosos em casos de doenças crônicas, ou ainda, que não se dispõe a cuidar daqueles que durante boa arte da vida foram seus cuidadores, seja pelas atribulações da própria vida, seja ainda pela intolerância diante dos cuidados exigidos e necessários para essas pessoas.

Há então um teor de sofrimento extremado, pois essas pessoas quase sempre se sentem atiradas em um depósito humano para que não atrapalhem a vida de seus familiares. Esse sentimento torna a própria realidade asilar muito dolorida e com alternâncias incontáveis dos mais diferentes tipos de sofrimentos. Nesse contexto, o trabalho do psicólogo é primordial, pois acolhe essa pessoa que se encontra desesperançada e tenta mostrar a ela novos horizontes para essa vida encarquilhada em sofrimento e dor.

E assim como nos trabalhos direcionados à geriatria e que já foram citados aqui, o psicólogo irá atuar com pessoas voltadas para a compreensão do idoso a partir dos estudos e avanços da literatura especializada com base nessa realidade.

11.4. Instituição Penal

No quesito instituição penal, vamos encontrar derivativos bem precisos e que estabelecem limites sobre suas abrangências. Assim, teremos os institutos penais para menores infratores; institutos penais para adultos infratores e os manicômios judiciários, como o próprio nome define, para pessoas infratoras e que apresentam indícios de sofrimento psíquico.

Nessas realidades, o trabalho do psicólogo é fundamental para o estabelecimento de uma compreensão sobre a subjetivação dessa pessoa infratora. Assim, desde laudos de avaliação emocional, até trabalhos junto a essas pessoas, uma gama muito grande de atividades é desenvolvida nessa realidade. Em nosso livro *Psicoterapia Fenomenológico Existencial*[41], temos o capítulo escrito por Érica Eneas Rodrigues denominado *A Psicologia no Sistema Penal*[42], em que ela descreve sua atividade nesse contexto. Ela também está no presente livro[43] relatando mais experiências e reflexões da realidade prisional.

11.5. Instituições Filantrópicas, Religiosas e Organizações Não Governamentais

Nesse item, vamos encontrar diferentes instituições voltadas para as mais diversas realidades, sempre buscando o acolhimento de pessoas que, pelas mais

[41] *Psicoterapia Fenomenológico Existencial*, Angerami, V.A., (org.). Belo Horizonte: Artesã Editora, 2017.

[42] *A Psicologia no Sistema Penal*. Rodrigues, E.E., In: *Psicoterapia Fenomenológico Existencial,* op. cit.

[43] Capítulo 21.

diferentes razões, estejam em situação de carência emocional, econômica, social e de saúde.

11.5.1.- Instituições Filantrópicas

Há instituições que se dedicam à prática da filantropia, que se voltam ao amor ao próximo e não possuem vínculos religiosos. Assim, há desde entidades que prestam atendimentos a pessoas que se encontram desesperadas diante da vida, a entidades que atendam aos mais desfavorecidos e que são portadores de deficiências físicas.

Existem exemplos estupendos de entidades que se dedicam ao acolhimento de pessoas desesperançadas, tais como a Porta da Esperança, a Porta Aberta, a CVV– Centro de Valorização da Vida, dentre tantas outras que se colocam a estudar e treinar pessoas para acolherem o desesperançado, aquele que perdeu o sentido da própria vida. Em nosso livro *Suicídio. Uma Alternativa à Vida*[44] há em detalhes os maravilhosos trabalhos desenvolvidos por essas entidades.

Para o atendimento de pessoas desfavorecidas e que se apresentam como portadoras de deficiências físicas há a rede das APAES, a qual se mostra não apenas na vanguarda do atendimento à criança excepcional, como ainda traz dados de pesquisas e publicações que são de referências na área. Nessas entidades, o trabalho do psicólogo sempre será de relevância uma vez nos atendimentos ele traz à luz questões de subjetivação que sempre se mostram em detalhes, muitas vezes obscuros. E fazendo parte da equipe multidisciplinar, certamente o psicólogo contribuirá para que as atividades atinjam sua plenitude.

Ao nominarmos as entidades acima citadas, evidentemente corremos o risco de sermos injustos e indelicados com centenas de entidades filantrópicas que prestam serviços de excelência no acolhimento ao desassistido e combalido em geral. Contudo, citamos algumas somente para termos como exemplo, sem qualquer intenção de desmerecer as demais.

11.5.2 – Instituição Religiosa

O que diferencia as instituições religiosas das filantrópicas é justamente sua filiação a uma determinada religião. De resto, seu objetivo de atuação é igualmente acolher o desamparado e igualmente ter amor ao próximo. E na medida em que são vinculadas a uma religião, na quase totalidade das vezes, de suas ações também derivam aspectos doutrinários de sua filosofia religiosa.

Assim, o atendimento realizado em uma entidade espírita, por exemplo, terá subliminarmente a doutrina espírita a balizar o atendimento realizado. Da mesma forma se for uma entidade católica, evangélica ou de qualquer religião a

[44] *Suicídio. Uma Alternativa à Vida. Fragmentos de Psicoterapia Existencial*, op.cit.

que queira arrolar. As entidades religiosas sempre preconizam sua atuação a partir de seus postulados religiosos. As entidades cristãs, as que se mostram mais próximas à nossa realidade, por exemplo, trazem no bojo de sua atuação o princípio caritativo apresentado por Cristo aos seus seguidores.

O trabalho do psicólogo em entidades religiosas precisa ser ainda mais sensível para não ser cravado pelos valores religiosos da entidade. O profissional de psicologia não pode trazer princípios religiosos para as suas intervenções, e esse cuidado precisa ser redobrado em especial quando se trata de atividade exercida em entidade religiosa.

Respeitamos todas as crenças religiosas e a condição ontológica de o ser humano buscar o Sagrado para dar sentido à sua vida, mas apenas preconizamos que a intervenção do psicólogo não seja determinada por qualquer princípio religioso, ainda que sua área de atuação seja uma entidade religiosa. De maneira concisa, há o fato de que para falar sobre religião haverá os teólogos, padres, pastores e todos aqueles que de alguma maneira se debruçam sobre a religiosidade com instrumental próprio para isso, que não é o caso do psicólogo. O nosso instrumental de intervenção é a análise pormenorizada dos aspectos emocionais que envolvem a realidade de uma determinada pessoa e todas as suas implicações de inserção social e familiar e é sobre isso que deve ser direcionada nossa intervenção.

Assim como as entidades filantrópicas, as religiosas desenvolvem trabalhos relevantes principalmente naqueles rincões em que a presença do Estado deixa totalmente a desejar. Trata-se de um trabalho importante e que merece toda nossa consideração e admiração.

11.5.3. Organizações Não Governamentais

Desde algumas décadas, houve o surgimento das chamadas Organizações Não Governamentais (ONGs) que, quase na sua totalidade, recebem subsídios governamentais, ou então, de entidades estrangeiras que financiam projetos filantrópicos e atuam igualmente em áreas carentes em que o Estado está ausente. A diferença dessas para as entidades filantrópicas é que suas atividades são voltadas para diversos segmentos sociais que nem sempre estão no rol daquelas definidas como combalidas e carentes de recursos socioeconômicos.

Dessa forma, vamos encontrar desde ONGs destinadas à reciclagem de lixo, até trabalhos bastante diversificados, mas que necessariamente não são destinados a pessoas carentes de recursos socioeconômicos. Temos trabalhos voltados a realidades diversas como educação à distância, ou ainda, configurações digitais para cidades interioranas, dentre tantas atividades desenvolvidas pelas ONGs ao redor do país.

Nesse sentido, a atuação do psicólogo terá que ser derivada da própria atividade da ONG em que sua inserção se dará. E novamente, junto com outros profissionais, o psicólogo poderá enfeixar atividades voltadas para determinantes de subjetivação e realizar a inserção dessa pessoa em seu contexto social e familiar.

Evidentemente que essa atuação deverá ser norteada em total consonância com os objetivos da ONG em que esse profissional de psicologia estará inserido. Tantas e tão variadas ONGs denotam trabalhos e atitudes específicas que certamente se distanciam entre si de modo abismoso, por isso a intervenção do psicólogo deverá ser crivada de acordo com as características específicas da entidade alvo de sua atuação.

De toda maneira, as ONGs são espaços em que a presença do psicólogo está se fazendo marcante pela própria determinação de seu trabalho ao trazer à baila aspectos presentes nessas atividades e que não são perceptíveis aos demais membros das equipes.

12. Psicologia da Saúde nas Comunidades

Em trabalho anterior[45], citamos que o raio de ação de uma intervenção abrangendo trabalho comunitário é bastante amplo, na medida em que contempla os diversos segmentos sociais carentes à espera de todo tipo de trabalho e atuação. O trabalho comunitário pode ser definido como sendo aquele que melhora a vida das pessoas pertencentes a uma determinada comunidade. E, nesse sentido, comunidade será definida como um conglomerado de qualidades concretas e abstratas que sejam comuns a um conjunto de pessoas.

Por sua própria definição temos, então, uma variável muito intensa de conglomerados que são definidos como comunidades e que estão necessitando dos mais diferentes tipos de procedimentos e intervenções. Temos então, trabalhos psicológicos sendo realizados em comunidades ribeirinhas, agrestes, favelas, bairros e em outras tantas que se torna impossível arrolar todas. E novamente encontramos a atuação do psicólogo de acordo com a especificidade de cada comunidade.

Temos como verdadeiro o fato de que nossa vida sempre se processa em níveis comunitários, por isso é igualmente verdadeiro entender que os detalhamentos da psicologia na comunidade estão relacionados a compreender vertentes mais amplas de nossas condições de vida.

13. Por uma Nova Psicologia em um Mundo em Transformação...

Ao propormos uma nova concepção conceitual aos pilares da psicologia, vamos ao encontro das vozes que clamam por essa mudança. Vozes que pedem uma psicologia verdadeiramente humana e que tenha as cores da nossa brasilidade.

Vamos aqui tecer os principais pontos para essa asserção, os principais ponteamentos que a nova psicologia precisará apresentar para responder aos anseios

[45] *O Ressignificado da Prática Clínica e Suas Implicações na Realidade da Saúde*, op. cit.

de uma população que sofre na alma as consequências da brutal desigualdade da nossa sociedade tão sofrida e tão esmaecida de decepções e desilusões.

13.1. Estruturação Teórica

Não se trata simplesmente de negar as principais teorias de personalidade em voga na psicologia atual. Apenas insistimos que o psicólogo da saúde deve considerar a inserção da pessoa, alvo de suas teorias, em sua realidade social. Sua historicidade deve ser considerada, inclusive, respeitando diferenças e nuances regionais. O ideal é o afastamento radical de teorias deterministas que explicam a condição humana de maneira universal sem respeitar suas historicidades e sua inserção social.

Como simples exemplo, podemos fazer referência ao que seria discutir questões de sexualidade em um grande centro urbano como São Paulo e ter essa mesma discussão em uma pequena cidade do interior brasileiro, principalmente dos rincões mais distantes. Certamente, as diferenças de recepção e compreensão serão significativamente abismosas.

Não podemos insistir com teorias criadas no final do século XIX e início do século XX, em Viena, ou ainda com teorias criadas com base na realidade estadunidense, principalmente a teoria rogeriana que transpassa de maneira abjeta e subliminar a ideologia estadunidense, e que explica a condição humana sem qualquer distinção da inserção dessa pessoa em sua realidade social. Não podemos ficar reproduzindo teorias que não consideram a especificidade de nossa realidade social, nem tampouco as nuances das diferentes pessoas nos diferentes constitutivos sociais.

A criação de um instrumental teórico para intervenção do psicólogo na realidade brasileira implica em efetivar as condições de abrangência que considerem a própria limitação de recursos socioeconômicos de nossa sociedade. Não é possível a constatação de que ainda existam muitos psicólogos inseridos nas unidades de saúde pública que simplesmente vociferam teorias criadas na Viena dos séculos passados ou na realidade estadunidense sem qualquer tangenciamento com nossa realidade brasileira. Talvez, pela própria condição de alienação presente em muitas teorias de psicologia, felizmente, são raros os profissionais que insistem em exibir em seu instrumental de intervenção teorias rogerianas, junguianas, heideggerianas, dentre outras igualmente alienantes, ou mesmo a conjunção entre elas. E se essas teorias estiverem presentes em algum trabalho de contundência social em nossa realidade brasileira, principalmente junto a pessoas em total condição de exclusão social, certamente são as exceções que confirmam as regras.

No tocante à psicanálise, vamos encontrar pareado, à sua formatação de alienação e à adequação social, muitos trabalhos de vanguarda que são embasados em suas fundamentações teóricas, o que evidencia que ela se permite a determinadas configurações ideológicas. Faz-se necessária a criação de teorias que contemplem em seus enunciados não apenas aspectos psicológicos, mas que apresentem igualmente constitutivos econômicos e sociais. Sem essas pilastras, jamais sairemos das teorias deterministas que isolam a pessoa de sua realidade social e econômica. Teorias harmoniosas com a realidade das pessoas pretendem descrever e analisar.

Talvez, a longa tradição de teorias deterministas que explicam a condição humana sem qualquer contextualização seja responsável pela dificuldade observada nas lides da psicologia em conseguir ampliar esse horizonte tão restrito de análise e observação. E ainda que se considere a necessidade humana e parte inextricável de sua ontologia de tentar explicar de qualquer maneira seus constitutivos de vida, ainda assim, é minimamente necessária uma adequação dessa pessoa a ser analisada à inserção social.

Esse determinismo encontrado nas principais teorias da psicologia também se faz presente em outras áreas do conhecimento, as quais se propõe a refletir sobre a condição humana. Assim, vamos encontrar seus vestígios na Filosofia, Economia, História, Sociologia e dentre as várias correntes que estudam a vida humana. E de maneira concisa podemos afirmar sem qualquer margem de erro que todo e qualquer enunciado que não contemple a inserção humana em sua realidade social estará fadada ao fracasso. Isso, embora seja de uma obviedade assombrosa, não é seguido minimamente na grande maioria das teorias dessas áreas.

Dessa forma, estudamos nas lides da psicologia diversas construções teóricas sobre a condição humana criadas em outras realidades sociais, as quais transpomos para a nossa sociedade sem qualquer forma mínima de balizamento desse ato, ao mesmo tempo ingênuo e nefasto para toda e qualquer tentativa de construção da nossa própria teorização. Veja um simples exemplo para ilustrar essa disparidade.

Piaget, célebre pensador suíço, criou toda uma concepção teórica para o desenvolvimento infantil muito utilizada, inclusive, na área da educação, e que denominou de Epistemologia Genética. Em seu enunciado, Piaget estabelece quatro fatores como sendo responsáveis pelo desenvolvimento do intelecto infantil: o fator biológico, particularmente o crescimento orgânico, que implica dizer consistência vitamínica e proteica; a maturação do sistema nervoso, por meio do exercício e da experiência física adquiridos na ação empreendida sobre objetos; as interações sociais, que se dão basicamente por meio da linguagem e da educação; e o fator de equilíbrio das ações, isso tudo enfeixado para o seu desenvolvimento cognitivo.

Agora, vamos trazer esse enunciado para a nossa realidade, realidade que ainda apresenta lamentavelmente muitas crianças sem acesso à escolaridade e tantas outras crianças que têm na escolaridade não apenas a possibilidade de aprendizado como também de alimentação devido à carência socioeconômica da família. Assim, a epistemologia genética proposta por Piaget em sua realidade suíça está totalmente sem fundamentação em nossa realidade social em que pese a genialidade de suas ideias. No entanto, e ainda assim, vamos encontrar inúmeras escolas das periferias de nossas cidades adotando esse modelo teórico sem qualquer questionamento sobre a sua falta de vinculação e abrangência à sua realidade.

Frisemos aqui, pois nunca é demais repetir, que não estamos questionando a genialidade de qualquer um dos grandes teóricos que ilustram os estudos em psicologia. Apenas fazemos ressalva a simples transposição do seu pensamento de maneira linear para a nossa realidade sem qualquer questionamento dessa condição. Isso pode ser constato quando se vê as publicações e os estudos em sexologia ainda sendo embasados nos escritos de Freud concebidos nos séculos passados. Isso em que pese os inúmeros avanços da área e as incontáveis transformações vividas pelas sociedades contemporâneas no tocante à sexualidade.

Freud considera que na atividade sexual do ser humano existem diferentes práticas sexuais, ou seja, a sexualidade das pessoas ditas normais apresenta uma série de exemplos que não estariam voltados diretamente aos órgãos genitais e ao ato de reproduzir, práticas que não podem ser tratadas como doenças porque é da natureza humana, mesmo o próprio aspecto perverso. Ele apresentou o conceito de pulsão, cujo objetivo é a busca pelo prazer, pela satisfação, logo, certas condutas consideradas perversas se o instinto for tomado como referencial, deixam de sê-lo ao ser tomado como referência a pulsão. Segundo o autor, a perversão é uma condição humana em busca do prazer, e todo sujeito humano é perverso quando se afasta de sua condição de sexualidade básica, o que pode gerar um estado significativo de sofrimento. Na atualidade, definir sexo oral, por exemplo, como possível perversão é algo tão descontextualizado como se apontar charretes puxadas a cavalo como sendo uma forma moderna de transporte, ou como, em plena era da informática e notebooks fascinantes se falar em modernas máquinas de escrever. Enfim...

E se, por exemplo, tomarmos a realidade brasileira, apenas apresentando um pequeno fragmento dela como ilustração, citando as pessoas transexuais que, além do próprio preconceito e violência que incidem sobre si, ainda apresentam uma série de dificuldades tanto para obter empregos, como para se deslocarem nos meios de transportes públicos usais, dentre outras tantas, teremos a contextualização do que seria necessário para teorizar em nosso âmbito social. Essa ação também seria necessária para todos os estratos sociais que compõe nossa sociedade. A generalização que se faz das principais teorias, englobando todos os segmentos sociais é, no mínimo, um dos grandes erros que se comete na tentativa de compreender a condição humana. Seguramente, somos uma realidade bastante diferente e com complexidades além das condições simplistas que muitas teorias exibem em seus enunciados.

Em outro e dramático exemplo, podemos citar pessoas em situação de rua lançadas às raias do desespero nas principais cidades do país. Desde muitos anos, trabalho com pessoas nessa condição e uma das coisas que sempre me intrigou foi a constatação de que a situação de miséria extremada em que se encontram pareada essas pessoas a todo tipo de privação legada à suas vidas, faz com que elas tenham uma regressão contínua de sua condição humana e se aproximem de comportamentos exibidos por animais de outras espécies. Afinal, o fato de se alimentarem com sobras de alimentos, e apenas para citar um dos fragmentos de sua precária condição, seja de restaurantes ou da busca em lixos seletivos, faz com que a compreensão de seu comportamento seja feita única e tão somente pela apreensão dessa condição, sem qualquer outro adereço escrito em outra realidade social. Essas pessoas são lançadas a uma condição tão desumana, devido à brutal exclusão social de que são vitimas, que toda e qualquer tentativa de compreensão da suas condutas tenha que necessariamente abarcar essa condição.

13.2. Estrutura de uma nova concepção epistemológica em psicologia da saúde

Se existe a necessidade da construção de novos constitutivos teóricos para a criação de teorias que caminhem ao encontro da nossa realidade social, o paradigma indispensável para essa efetivação é a configuração de uma nova proposta epistemológica de análise da nossa condição humana para esse contexto.

Mora[46] define epistemologia como sendo um termo introduzido à filosofia para designar a teoria do conhecimento científico ou para elucidar problemas relativos ao conhecimento cujos principais exemplos eram extraídos das ciências. Nós temos que epistemologia pode ser definida como sendo uma reflexão geral em torna da natureza, etapas e limites do conhecimento humano, especialmente nas relações que se estabelecem entre o sujeito que indaga sobre a reflexão e o objeto inerte, ou seja, as duas polaridades tradicionais e que estão presentes nos processos cognitivos. Seria a sedimentação de uma teoria do conhecimento ampla que abarca as diversas variáveis presentes em uma determinada ocorrência ou fenômeno.

Temos também que epistemologia pode ser compreendida como o estudo dos postulados, das conclusões e dos métodos dos diferentes ramos do saber científico ou das teorias e práticas em geral, avaliadas em sua propriedade cognitiva, ou ainda descritas em suas trajetórias evolutivas, seus paradigmas estruturais e suas relações com a sociedade e a ciência, contemplando principalmente a historicidade do estudo proposto.

De modo conciso, para construirmos uma nova modalidade de compreensão das variáveis presentes no âmbito de intervenção da psicologia da saúde, precisaremos ter muito claro que o primeiro item a ser considerado é a nossa historicidade. A partir daí, poderemos erigir toda uma compreensão filosófica, metodológica sobre a condição humana que se queira abarcar.

46 Mora, J. F. *Dicionário de Filosofia*. São Paulo: Editora Martins Fontes, 2001.

A questão cognitiva das pessoas presentes em nossa realidade brasileira tem características e especificidades tão peculiares que são inerentes apenas e tão somente a elas. Não podemos, por exemplo, partir de estudos realizados no Sul do país, com populações caiçaras, e extrapolá-los para pessoas desse mesmo segmento, mas que vivam no Nordeste. Embora pertencentes ao mesmo país, e face à sua dimensão continental, praticamente temos desde o universo semântico até outras questões básicas populações totalmente diferentes que parecem exibir pessoas de nacionalidades diferentes.

A epistemologia de uma nova psicologia da saúde erigida na realidade brasileira teria que contemplar diversas configurações estruturais para poder abarcar tantas e tamanhas diferenças presentes em nossa população. E não se trata apenas de diferenças conceituais ou de algo que se resolva apenas com o tratamento de questões semânticas, mas ao contrário, estamos diante de problemas estruturais da formação desse constitutivo humano tão variado e repleto de tantas diferenças significativas.

Somos frutos de nossa historicidade e tal fator, por si, é determinante das diversas configurações que a nossa própria cognição irá adquirir, seja em termos culturais propriamente ditos; seja nas diferentes características impostas pelas diversificadas regiões do país, sendo elas gastronômicas, semânticas; ou mesmo nos hábitos peculiares que fazem de cada região um universo único e sem repetição. E mesmo as diferenças sociais e econômicas de cada região do país fazem com que a compreensão de suas características seja algo verdadeiramente genuíno e a despender esforço totalitário para que não se perca qualquer nuance dessa compreensão.

Vivemos em um momento em que até mesmo a medicina, com seus conceitos fisiológicos que descrevem as pessoas igualitariamente, passa por um severo revisionismo, a fim de conseguir abarcar as diferentes nuances de uma determinada patologia em diferentes populações com suas especificidades. Na psicologia, não podemos ficar em uma análise genérica e determinista. Urge a criação de estruturas epistemológicas para a compreensão da condição humana respeitada em suas características pessoais e, principalmente, para o respeito à sua historicidade. A persistir esse distanciamento da análise de uma determinada pessoa de seu contexto social, de sua historicidade, estaremos fadados a repetir teorias que simplesmente excluem a essência humana em seus constitutivos mais básicos.

A psicologia da saúde está a exigir um severo revisionismo das teorias existentes para que se possa erigir uma nova epistemologia, em que a teoria do conhecimento seja ampla e contemple as diversas variáveis presentes na vida humana. Não é mais possível que com tantos avanços sociais e tecnológicos não tenhamos conseguido construir novas teorias para a compreensão humana que não as formuladas nos séculos passados. Não é crível que ainda percamos a essência humana em teorias deterministas, as quais sequer consideram nem mesmo as condições sociais e econômicas de uma determinada pessoa. A nossa realidade social tão caótica, com tantas pessoas atiradas a mais extremada pobreza, em função da brutal exclusão social em que vivemos, não pode, simplesmente, ser analisada com base em teorias do conhecimento que não contemplem essa característica.

Essa proposta epistemológica para ser vincada necessita de inicialmente fazer parte do sonho de uma sociedade mais justa, digna e fraterna, e tal premissa nunca é demais repetir. Talvez dessa posição surja igualmente uma proposta teórica, cuja transformação da nossa realidade social tenha na psicologia um de seus instrumentos de ação e até mesmo liderança rumo a novos tentáculos sociais, e por assim dizer, humanos. Fazemos parte da transformação social que ocorre no mundo e não há como nos furtarmos desse compromisso. Infelizmente, ao contrário de tudo isso, há na atualidade a psicologia a serviço do quietismo e do conformismo diante de tantas injustiças e atrocidades sociais, e isso precisa ser modificado, pois corremos o risco de perdermos nosso lugar no avanço das conquistas e transformações sociais.

A nova epistemologia que abarcará as reflexões e conquistas dessa nova psicologia da saúde irá contemplar todos os segmentos do conhecimento que se propõe a compreender a condição humana nesses novos tempos de mudanças e transformações sociais. E que a psicologia possa se colocar em lugar de destaque e vanguarda na compreensão da condição humana contemporânea, tirando-se da situação alienante e alienada em que se encontra atualmente.

A própria fragmentação da vida contemporânea refletindo direto na área da saúde, com suas múltiplas configurações de especialidades, afasta a integração dos diversos segmentos envolvidos em sua prática, tanto na fase curativa como na preventiva. Há vários especialistas encaminhando pacientes para diversas análises com seus congêneres e, muitas vezes, sem uma adequação para que esses encaminhamentos prossigam de maneira harmoniosa em relação aos verdadeiros interesses desse paciente.

Há, então, situações em que o paciente precisa voltar incontáveis vezes a uma determinada unidade de saúde para a realização de inúmeros procedimentos sem um balizamento e uma adequação que considere, minimamente, até mesmo a dificuldade de locomoção entre seu domicílio e a unidade de saúde em que está sendo realizado o atendimento. Se considerarmos que, além do transtorno do deslocamento em si, há ainda o custo do transporte público que muitas vezes pesa no orçamento doméstico desse paciente, temos a configuração da real necessidade da efetivação de um novo modelo de intervenção teórico e prático para uma psicologia da saúde que verdadeiramente atenda aos nossos propósitos e, principalmente, aos anseios da população por um atendimento mais digno, por assim dizer, mais humano. Ao falarmos sobre o custo de transporte público, certamente estamos nos referindo a uma população específica de centros urbanos com essas características, sem com isso excluir aquela população de outros centros, em que os meios de transporte são bem mais precários. Esses são alguns dos cenários que mostram de maneira cristalina a necessidade da criação de novos paradigmas epistemológicos e da compreensão e intervenção de uma nova psicologia da saúde.

13. 3. *Uma nova concepção em saúde mental*

Diante dessas premissas, faz-se necessário o enfeixamento de um cabedal teórico que possa servir de ferramenta de intervenção em nossa realidade social sem desconsiderar suas especificidades, e também, sem perdermos de vista que o nosso foco é a saúde mental das pessoas focadas em nossa análise.

Saúde mental, vista como um nível de qualidade de vida emocional, é a ausência de sofrimento psíquico. Saúde mental que será ampliada em seu leque de análise a partir da contextualização da pessoa analisada em sua realidade social, e também, em sua historicidade.

A criação de novos construtos para se analisar a condição emocional e mental de uma pessoa deve passar necessariamente por uma inserção em sua realidade de vida, uma compreensão que considere as mazelas provocadas, muitas vezes, pela miséria econômica, ou mesmo, o sofrimento advindo pela insuportabilidade de se presenciar tantos desmandos e injustiças sociais.

Colocamos em texto anterior[47] que a miséria é um dos maiores determinantes a provocar os mais diferentes tipos de sofrimentos psíquicos e que verdadeiramente seria um grande antídoto na prevenção em saúde mental atacar a miserabilidade a que muitas pessoas estão expostas nos mais distantes rincões desse país. Talvez fosse mesmo necessária a criação de novos paradigmas conceituas e o afastamento de vez das famosas entidades nosológicas presentes nos DSM[48], que não apenas estão distantes da nossa realidade como, inclusive, se mostram anacrônicas na definição e conceituação das doenças que incidem na definição de sofrimento psíquico.

Um exemplo bastante instigante desse cenário é na atualidade o enquadre de muitas crianças no quadro de hiperatividade. Paradoxalmente, na França não existem crianças hiperativas e a razão é simples. Na França, o manual diagnóstico não é o DSM-V e a hiperatividade não consta no quadro de suas entidades nosológicas. Surreal e ao mesmo tempo capaz de permitir uma inferência da inadequação de outras tantas entidades nosológicas criadas em uma realidade muito diferente da nossa e que, no entanto, enquadram pessoas indistintamente sem qualquer apreço aos cuidados mínimos necessários para essa tentativa de compreensão.

[47] Angerami, V.A.

[48] O Manual de Diagnóstico e Estatístico de Transtornos Mentais 5ª edição, ou DSM-V é um manual diagnóstico e estatístico feito pela Associação Americana de Psiquiatria para definir como é feito o diagnóstico de transtornos mentais. É muito utilizado por psicólogos, médicos, terapeutas ocupacionais e outros profissionais da saúde. A versão atualizada saiu em maio de 2013 e substituiu o DSM-IV criado em 1994 e revisado em 2000. Desde o DESM-I criado em 1952, esse manual tem sido uma das bases de diagnósticos de saúde mental mais usada no mundo.

Mas para uma mudança desse calibre, a psicologia teria que estar conjuminada com a psiquiatria e outras áreas da saúde que igualmente desejam uma transformação radical nesses enquadres de entidades nosológicas disponíveis atualmente. Além das forças conservadoras em suas áreas, elas teriam que se dispor também a enfrentar as multinacionais laboratoriais, que não apenas possuem medicamentos específicos para as atuais entidades nosológicas, como ainda criam novos quadros de sofrimento psíquico para atender à demanda de prescrição de novos medicamentos.

O próprio avanço de forças como a do Movimento de Luta Antimanicomial, agregadora das mais variadas frentes multiprofissionais e multiteóricas, é um exemplo de que mudanças se processam ainda que sorrateiramente, mas de modo consistente e irreversível. Uma nova psicologia da saúde precisa ir ao encontro dessas forças para uma reestruturação dos conceitos vigentes em saúde mental, a fim de que outros paradigmas sejam construídos nessa nova sedimentação teórica e prática. Um novo mundo e uma nova consciência a exigir uma nova psicologia da saúde. Uma psicologia mais dinâmica para compreender o sofrimento psíquico sem as amarras impostas pelo determinismo estadunidense, o qual é repetido e sequenciado sem qualquer questionamento de suas abrangências.

Verdadeiramente, insisto que não estou colocando em xeque aqui o brilhantismo de nenhum dos grandes autores que ilustram nossos estudos e nossas trajetórias profissionais, ao contrário, sempre que possível temos que enaltecê-los. Porém, a questão é que, igualmente, temos que propiciar as condições favoráveis para que novas teorias do conhecimento com novas epistemologias de compreensão da condição humana de nossa realidade se viabilizem. E para o surgimento dessas novas concepções, faz-se necessária uma nova empreitada com a construção de teorias que tenham alicerces edificados em nossa realidade social. Somente assim, teremos condições de criar uma epistemologia de abrangência ampla para os tentáculos da nova psicologia da saúde, a qual surgirá em resposta a esses desafios.

A construção de um novo paradigma de compreensão do sofrimento psíquico calcado em nossa realidade necessita inicialmente de uma fé inquebrantável em nossas realizações e, principalmente, em nossa condição cultural e intelectual. Existem muitos trabalhos maravilhosos espalhados pelos rincões do nosso país que simplesmente são desconhecidos, pois não são publicados e nem sequer apresentados em congressos e eventos da área. Há, então, a junção da falta do hábito da escrita com uma incredulidade quanto à relevância dos trabalhos desenvolvidos.

Ao percorrer os cantões desse país, nos deparamos com trabalhos incríveis desenvolvidos e totalmente sedimentados em nossa realidade social e econômica. No entanto, como se fosse algo clandestino e ilegal, eles são mantidos praticamente no ostracismo como se não pudessem ser mostrados, em especial, por destoarem das teorias dos grandes autores consagrados da psicologia. É como se tivéssemos vergonha de uma atuação genuinamente nossa por não apresentar quase nenhuma similaridade com os grandes teóricos de psicologia.

Nós vivemos em um país cujo povo foi humilhado e obrigado a viver séculos de colonização contínua, sem intermitência, sofrendo a cada novo colonizador, e isso, de maneira fecunda, se incrusta em nossos seres e nos impede de acreditar em nossas próprias potencialidades. Por isso, pensar em uma teoria do conhecimento sem as amarras impostas por essa colonização é algo que urge ser efetivada, em que pese as dificuldades que isso representa.

Crer que somos os artífices de uma nova psicologia é algo possível de se tornar real, basta que tenhamos a fé inquebrantável. Nunca é demais repetir, em nossos próprios trabalhos a maneira como solidificamos o acolhimento humano a tantos desesperados que se encontram atirados às raias da brutal exclusão social de nossa realidade. Uma psicologia totalmente fundamentada nesse viés de detalhamento de brasilidade encontrado em nossos rincões, desde os mais distantes, até aqueles situados nos grandes centros urbanos.

Novas conceituações de sofrimento psíquico em nossa realidade só serão possíveis quando acreditarmos que nossa apreensão da realidade diz mais do que as tantas teorias, principalmente as estadunidenses, que nos são impingidas indiscriminadamente sem qualquer resistência. Então, poderemos citar um catálogo de entidades nosológicas com traços e nuances de nossa brasilidade. E aqui reside a grande barreira a ser suplantada: a de que somos capazes de criar uma nova psicologia da saúde que atenda principalmente às necessidades teóricas de compreensão da nossa realidade. Uma teoria do conhecimento dinâmica que venha enfeixar os nossos detalhamentos sociais sem nos levar perder a confluência em nossos dados de realidade.

Nesse aspecto, a questão principal, além da citada descrença em nossa própria capacidade de conceituar algo novo, é, ainda, a total alienação que vinca a psicologia a alicerces excludentes em uma repetição de teorias que nada dizem à grande maioria da população a que, em princípio, ela se destina a acolher. Amarras teóricas que nos agrilhoam em sustentáculos de repetição insana sobre a compreensão humana totalmente disforme e distante daquilo que observamos em nossa realidade cotidiana. Repetimos e propagamos teorias deterministas como se estivéssemos a compreender nossa realidade, quando, de fato, talvez, nem mesmo o teor desses enunciados teóricos nos sejam claros e pertinentes.

Uma nova psicologia da saúde precisa não apenas criar novos paradigmas de compreensão da condição humana, mas se asseverar da necessidade de que nossa realidade precisa ser apreendida a partir mesmo da própria condição apurada e detalhista que ela exibe. A religiosidade do povo brasileiro, por exemplo, precisa ser conceituada e articulada a partir de suas manifestações e não de teorias concebidas distante dessa realidade. Definir essas manifestações como patológicas igual acontece com frequência é, no mínimo, uma total desvinculação dessa característica tão peculiar de boa parte da nossa população, e por assim dizer, a negação de algo transmitido por meio da ancestralidade dessas pessoas, e, inclusive, que faz parte da ontologia humana, ou seja, a sua busca pelo Sagrado ao procurar entender os meandros de sua significação e mesmo de seu constitutivo.

Seguimos caminhos completamente díspares em relação às teorizações importadas de outros grandes centros mundiais. No entanto, a cada vez que se tenta inovar com a proposição de novos modelos teóricos de intervenção em nossa realidade, o medo de enfrentar as nossas concepções, diante das teorias dos grandes pensadores, é algo que paralisa completamente toda e qualquer iniciativa nesse sentido. Na verdade, por mais brilhantes que possam ser essas teorias, elas não contemplam a realidade em que vivemos, ou melhor, sequer tangenciam nossos valores, nem tampouco a dimensão humana de nossa população. Conceber entidades nosológicas a partir da nossa realidade é algo que possivelmente determine uma psicologia da saúde indo ao encontro da verdadeira necessidade de acolhimento emocional dessa população tão sofrida que se espraia em nossos mais distantes rincões. E o que temos de mais dinâmico nessa proposta de uma nova remodelação de compreensão em saúde mental é justamente poder acolher a desesperança de acordo com os preceitos que abarcam o significado do desespero dessas pessoas em sua realidade e inserção de historicidade. A compreensão da realidade social é o determinante que irá trazer a amplitude necessária para que os detalhamentos de um diagnóstico não se percam em reducionismo de mera e vã digressão teórica sem fundamentação com o próprio constitutivo de vida dessas pessoas diagnosticadas.

13.4 – Atuação voltada para a prevenção em saúde mental

De modo quase que absoluto, os programas de saúde mental voltados para a população se organizam em conceitos de doença. Inclusive, não existe a consideração entre o conceito de doença, algo estruturado em termos mentais, e o adoecimento, algo envolto na própria experiência de vida. Dessa maneira, o conceito de doença é empregado em nome do adoecimento concreto, e assim supõe a possibilidade de efetivar práticas concretas que se representam como capazes de responder às suas demandas de intervenção.

Existe ainda a necessidade de se estabelecer limites bastante precisos entre prevenção e promoção da saúde, pois do contrário caminharemos de modo titubeante diante de nossos anseios e objetivos.

Prevenção é algo que estabelece procedimentos bem específicos para evitar o surgimento de determinadas patologias, e as campanhas contra o câncer são bem elucidativas nesse sentido. Então, desde a pregação de mudanças de hábitos alimentares, estilo de vida e ataque a determinados hábitos considerados cancerígenos, como o tabagismo, temos toda uma campanha voltada para a suposta prevenção do câncer. Há ainda a propagação de exames periódicos para que a doença seja minimamente prevenida ou, ao menos, detectada em seu início, situação em que seu combate é considerado mais eficaz.

Da mesma maneira, existe divulgação de campanhas para que a população se vacine contra doenças viróticas, as quais são prevenidas somente por meio da vacinação, e fique imune a elas. Igualmente, há campanhas de prevenção contra doenças venéreas por meio de extensa campanha midiática de informação e educação sobre mudança de hábitos e costumes, além do incentivo ao uso de preservativos.

Em todos os casos citados, e diante de outras tantas patologias e epidemias, há diante de nossos olhos incidências que podem ser objetivadas a partir de sinais exteriores fixos e que são objetivados por um conjunto bem consistente de sintomas e determinantes epidemiológicos.

Entretanto, quando se fala em saúde mental, e analogamente ao sofrimento psíquico, estamos diante de questões subjetivas e que, muitas vezes, não apresentam sinais exteriores fixos que denotem sua presença ou ocorrência. Como citamos, diante da possibilidade de uma epidemia de febre amarela, por exemplo, localizado o agente infectante e tendo a existência da vacina que previna sua ocorrência, a prevenção é basicamente muito simples. Mas quando falamos em saúde mental, não temos claro como seriam os procedimentos a serem efetivados para que essa prevenção seja implantada de modo efetivo. Existem vários procedimentos que adotados fazem com que a pessoa tenha uma saúde mental plena, contudo ainda assim estamos diante de questões subjetivas em que a própria conceituação poderá variar de acordo com as pessoas envolvidas.

13.4.1 – Promoção em saúde

Ao falarmos em promoção de saúde, temos que considerar a saúde em toda sua amplitude e não apenas em detalhes fragmentados como tem se tornado a regra hoje em dia. A promoção da saúde implica em uma pessoa ter sua vida em situações de plenitude, com condições dignas de moradia, saneamento básico, mobilidade urbana, educação, ter unidades de saúde para acolhimento com programas preventivos e outros quesitos que se façam necessário para uma qualidade de vida plena e irrestrita.

13.4.2 – Promoção de saúde mental

Por outro lado, falar em promoção de saúde mental implica na concepção de atividades não apenas curativas, mas também naquelas que levem o bem-estar às pessoas envolvidas nessa ação. Assim, atividades culturais como bibliotecas, teatro, música, dança e tantas outras poderão ser implementadas para que as pessoas possam interagir com diferentes pessoas, e assim, evitar um quadro imenso de sofrimento psíquico que resulta do isolamento pessoal e da ausência de convivência social.

Outra atividade que também poderá ser incrementada para a promoção de saúde mental é a propagação de que as pessoas podem e devem recorrer ao profissional de saúde mental não apenas em situações de sofrimentos psíquicos, mas também para o balizamento de situações de enfrentamentos de vida, e assim trabalhar na promoção da saúde mental, evitando o sofrimento psíquico. Situações, por exemplo, de luto, separações conjugais, conflitos familiares dentre outras tantas em que a busca por acolhimento psicológico poderá trazer grande alívio.

Em termos específicos de saúde mental, há o Setembro Amarelo que aborda temas de prevenção contra o suicídio e o Janeiro Branco que fala de questões pertinentes à saúde mental, movimentos que trazem a questão do sofrimento psíquico à luz das discussões contemporâneas e de seus possíveis enfrentamentos.

Apesar dos discursos em saúde pública tentarem redirecionar as práticas em saúde com a ideia de promoção da saúde, ainda estamos longe desse princípio, até porque, como já citado, trabalhamos com conceitos estanques de doença mental. A intervenção preventiva significa, antes de qualquer outro balizamento, um redirecionamento para a qualidade de vida das pessoas, incluindo não apenas suas necessidades básicas de subsistência, mas também situações de lazer e atividades culturais e sociais. A saúde mental não pode estar desvinculada das condições de vida dessas pessoas alvos das atenções da saúde.

Uma das dificuldades de se acoplar conceitos de intervenção teórica a essa prática em saúde mental é estabelecer inicialmente que tanto a saúde como o adoecimento são formas pelas quais a vida humana se manifesta. Corresponde a experiências singulares e subjetivas que não podem ser reduzidas a conceitos teóricos estanques correndo o risco de perder a magnitude de suas ocorrências.

Mas se por um lado não temos como acoplar esse sofrimento psíquico a conceitos teóricos, por outro é por intermédio da palavra que na quase totalidade das vezes a pessoa em sofrimento se manifesta. E assim também se dá a intervenção do profissional da saúde: por meio da palavra. O sofrimento psíquico se manifesta no campo da subjetivação da pessoa e não pode colidir frontalmente com conceitos que se distanciam dessa realidade exposta em sofrimento e dor.

Os atuais conceitos teóricos em saúde mental não contemplam o significado mais amplo presente no sofrimento psíquico e no adoecimento. A saúde plena contempla diversos aspectos, como citamos anteriormente, que não podem ser reduzidos a conceitos meramente científicos. Será preciso uma psicologia da saúde aberta a díspares conceitos de saúde proferidos por diferentes pessoas ao relatarem suas doenças e sofrimentos. Algo que seja vivo, pulsante, tão real como a própria vida humana em suas diferentes configurações.

14. Considerações Complementares

Ao final dos nossos trabalhos, tornou-se lugar comum a colocação de que não chegamos a lugar nenhum e tampouco esgotamos a possibilidade de discussões sobre a temática. No entanto, cada vez mais tenho a sensação de que cada vez menos alcançamos o tangenciamento mínimo para o esboço de reflexões que avancem em nossas propostas de uma nova psicologia. Uma psicologia verdadeiramente brasileira que seja determinante para a construção de uma sociedade mais justa, digna e fraterna. São necessárias tais colocações que mostrem com veemência que esse trabalho não é conclusivo pelo número imensurável de pessoas que seguem nossos escritos, tomando-os como verdades absolutas. E não são! Apenas tartamudeiam em busca de sendas para a construção de uma nova realidade em psicologia no Brasil. Caminhamos com os pés rachados em feridas tantas as adversidades com as quais nos deparamos. Mas são desafios que enfrentamos e jamais esmorecemos diante de suas intempestividades. Temos o vermelho da paixão na alma e não temos real a possibilidade de esmorecimento diante das dificuldades surgidas nessa trajetória.

Verdadeiramente, continuamos sonhadores nesse ideal, pois em que pese nossa determinação é o crescimento da desigualdade social que ceifa impiedosamente a cada segundo milhares de vidas. Falamos em psicologia da saúde como um ideal supremo a ser alcançado por um punhado de sonhadores que igualmente acreditam na construção de construtos teóricos feitos a partir de nossa realidade social. A psicologia da saúde, na medida em que se imbrica com o trabalho multi e interdisciplinar, sempre está na vanguarda das principais atividades na área da saúde, e isso traz uma responsabilidade de que seu instrumental seja constantemente atualizado para fazer frente a essas diversas interlocuções.

Somos inspiração para sorver detalhes das transformações sociais que nos impelem a novas sendas em nossa trajetória e expiração para lançarmos novas ideias, questionamentos, reflexões e, acima de tudo, criticidade a tantas atrocidades provocadas pela brutal desigualdade social de nossa realidade. Somos sístoles expandindo conhecimento e dúvidas a tantos que nos seguem nessa busca desvairada da construção de uma nova realidade teórica em psicologia; retração ao nos resguardarmos da imposição de teorias distantes de nossa realidade e que nos são impostas indiscriminadamente e sem qualquer critério adaptativo. Somos ousadia no enfrentamento dos construtos teóricos que não permitem qualquer mudança em seus constitutivos e nos impõem realidades teóricas completamente disformes da nossa condição social e econômica; prudência para nos atermos a descrever e construir uma base teórica condizente com a nossa realidade, mas a partir dela e somente dela. Essas são razões para trilharmos por caminhos em que as palmilhas de nossos pés deixem marcas a tantos que ousem nos seguir por essas fendas; paixão em acreditar que os nossos escritos estão sedimentando a nova psicologia de um novo tempo, de um novo país, de um Brasil soberano sem imposições colonialistas.

Uma psicologia da saúde que contemple o amanhecer de um novo tempo em que a esperança brote no sorriso de cada criança amparada e cuidada em seus caminhos e sonhos. Uma psicologia da saúde que possa compreender os aspectos de imbricamento presentes em nossa realidade social, e assim podermos saber das pessoas de nosso entorno, pessoas sofridas, combalidas e que distam dos centros urbanos em que as grandes teorias da psicologia foram concebidas. Uma psicologia da saúde instituída por nós, construída com nossos sonhos em meio aos escombros da nossa sociedade combalida e totalmente quedada em sofrimento e dor.

Referências

ANGERAMI, V.A. *A Psicoterapia Diante da Drogadicção*. São Paulo: Cengage Learning, 2017.

ANGERAMI, V.A. *Desespero e Flagelo Humano. Parêmias da Cracolândia*. Belo Horizonte: Artesã Editora, 2017.

ANGERAMI, V.A. Entrevista ao Jornal do CRP. Disponível em: <http://www.crpsp.org.br/portal/comunicacao/jornal_crp/110/frames/fr_entrevista.aspx>. Acesso em: 18 out. 2018.

ANGERAMI, V.A. O resignificado da prática clínica e suas implicações na realidade da saúde. In: *Psicologia da Saúde. Um novo significado para a prática clínica*. ANGERAMI, V.A. (org.). São Paulo: Cengage Learning, 2017.

ANGERAMI, V.A. *O tédio na adolescência*. Campinas: Editora Papirus, 1998.

ANGERAMI, V.A. *Sobre o Suicídio. Uma Alternativa à Vida. Fragmentos de Psicoterapia Existencial*. Belo Horizonte: Artesã Editora.

ANGERAMI, V.A. *Solidão. A Ausência do Outro*. Belo Horizonte: Artesã Editora, 2017.

ANGERAMI, V.A.; GASPAR, C.K. (orgs.). *O câncer diante da psicologia*. São Paulo: Pearson Learning, 2013.

ANGERAMI, V.A.; Gaspar, C. K. (orgs.). *Psicologia e câncer*. São Paulo: Pearson Learning, 2013.

ANGERAMI, V.A (org.). *A Ética na Saúde*. São Paulo: Editora Pioneira, 1988.

ANGERAMI, V.A. (org.) *Angústia e Psicoterapia*. São Paulo: Pearson Learning, 2014.

ANGERAMI, V.A. (org.). *E a psicologia entrou no hospital*. Belo Horizonte: Artesã Editora, 2017.

ANGERAMI, V.A. (org.). *O doente, a psicologia e o hospital*. São Paulo: Cengage Learning, 2015.

ANGERAMI, V.A. (org.). *Psicologia Hospitalar. A Atuação do Psicólogo no Contexto Hospitalar*. São Paulo: Traço Editora, 1988.

ANGERAMI, V.A. (org.). *Psicologia Hospitalar. Teoria e prática*. São Paulo: Cengage Learning, 2018.

ANGERAMI, V.A. (org.). *Psicossomática e a Psicologia da Dor*. São Paulo: Cengage Learning, 2017.

ANGERAMI, V.A. (org.). *Psicoterapia Fenomenológico Existencial*. Belo Horizonte: Artesã Editora, 2018.

ANGERAMI, V.A. (org.). *Sobre o Suicídio. A Psicoterapia Diante da Autodestruição*. Belo Horizonte: Artesã Editora, 2018.

FRANCO, M.H. *Intervenção Psicológica Em Emergências*. São Paulo: Summus Editorial, 2015.

FRANCO, M.H.; CARVALHO, M.M.; KOVACS, M.J.; CARVALHO, V. *Vida e Morte: Laços da Existência*. Campinas: Editora Livro Pleno, 1995.

GUERREIRO, S. Pessoas em Situação de Rua e a Autodestruição Imposta Pela Exclusão Social. In: *Sobre o Suicídio. A Psicoterapia Diante da Destruição,* ANGERAMI, V.A. (org.). Belo Horizonte: Artesã Editora, 2018.

KOVACS, M. J. *Educação Para a Morte*. São Paulo: Casa do Psicólogo, 2001.

KOVACS, M. J. *Morte e Desenvolvimento Humano*. São Paulo: Casa do Psicólogo, 2001.

KUBLER-ROSS, E. *Sobre a Morte e o Morrer*. São Paulo: Editora Martins Fontes, 1992.

MORA, J. F. *Dicionário de Filosofia*. São Paulo: Editora Martins Fontes, 2001.

RIBEIRO, P.F. O Psicólogo Diante da Política de Saúde. In: *Angústia e Psicoterapia*, ANGERAMI, V.A. (org.). São Paulo: Pearson Learning, 2014.

RIECHELMANN, J.C. Medicina psicossomática e a psicologia da saúde: veredas interdisciplinares em busca do elo perdido. In: *Psicologia da Saúde. Um novo significado para a prática clínica*, ANGERAMI, V.A. (org.). São Paulo: Cengage Learning, 2017.

RODRIGUES, E.E. A Psicologia no Sistema Penal. In: *Psicoterapia Fenomenológico Existencial,* ANGERAMI, V.A. (org.). Belo Horizonte: Artesã Editora, 2017.

ROMANO, B. *A Psicologia Aplicada à Cardiologia*. São Paulo: Editora Pioneira, 1999.

ROTH, M.C. Atendimento Psicológico Domiciliar. In: *Novos Rumos na Psicologia da Saúde,* ANGERAMI, V.A. (org.). São Paulo: Thomson Learning, 2002.

TORRES, G.W. *A Criança Diante da Morte*. São Paulo: Casa do Psicólogo, 1999.

VASCONCELLOS, E.G. Psiconeuroimunologia: Uma história para o futuro. In: *Psicologia da Saúde. Um novo significado para a prática clínica*, ANGERAMI, V.A. (org.). São Paulo: Cengage Learning, 2017.

CAPÍTULO 2

Legitimar a memória autobiográfica do idoso: escuta clínica da subjetividade ameaçada

Marcela Alves Silva
Orestes Diniz Neto
Miguel Mahfoud

Introdução

A portaria que institui a Política Nacional de Saúde da Pessoa Idosa define que "o conceito de saúde para o indivíduo idoso se traduz mais pela sua condição de autonomia e independência que pela presença ou ausência de doença orgânica" (Brasil, 2006). Assim, considerando as especificidades e desafios próprios da velhice, de que forma os psicólogos podem contribuir para a autonomia da pessoa idosa?

Além de destino biológico humano, a velhice é uma categoria social, contingente, pois cada sociedade a vive de forma própria. O advento da sociedade industrial prejudicou a velhice: rejeitou o velho, que, perdendo força de trabalho, não mais produz ou reproduz. Se o artesão, outrora, ganhava experiência ao longo dos anos e se tornava mestre do ofício, o trabalhador operário que precisa repetir gestos com rapidez e precisão é descartado quando a idade avança (Bosi, 2015; Angerami, 2017). "Quando se vive o primado da mercadoria sobre o homem, a idade engendra desvalorização" (Bosi, 2015, p. 78).

Há, atualmente, consenso moral de que se deve respeitar o idoso, que tem direitos garantidos por leis, por seu estatuto próprio (desde 2003 no Brasil), e que faz parte das políticas públicas e reformas do SUS. Não obstante, esse respeito pode se restringir à tolerância sem ouvidos. Se o velho cede lugar ao jovem, seus conselhos são dispensados e seu lugar vai se tornando apassivado. É comum, inclusive, não se discutir com o idoso, não confrontar suas opiniões e negar a ele o caráter da alteridade e o diálogo sincero (Bosi, 2015). Nesse caso encontram-se principalmente os idosos que perderam a capacidade laborativa.

Como, então, dar ouvidos ao idoso?

Bosi debruça-se sobre a importância da memória autobiográfica para os idosos e sobre a importância de sua memória para a sociedade. A criança recebe o passado não só pelos dados da história escrita, mas pela história vivida pelas pessoas idosas que fazem parte da sua socialização: "É graças a essa 'outra socialização', à qual a Psicologia tem dado pouca atenção, que não estranhamos as regiões do passado: ruas, casas, móveis, roupas antigas, histórias, maneira de falar e de se comportar de outros tempos" (Bosi, 2015, p. 74). Para a autora, dispensar o idoso de nos transmitir sua experiência – que inclui aconselhar, educar e prever – é negar seu lugar social, e isso é prejudicial tanto para ele quanto para todos nós; e certo modo de contar histórias caiu em desuso porque decaiu justamente a arte de trocar experiências: na sociedade da informação, a busca pela sabedoria vem sendo substituída pela opinião. Bosi resgata, então, a importância do ato de narrar, de ouvir do velho o que lhe sucedeu.

Na prática clínica ambulatorial, é nítida a importância da presença do psicólogo em ouvir o idoso a respeito de sua história, testemunho da vida vivida.

Memória autobiográfica e elaboração da experiência

Tendo sua origem no livro *Confissões*, de Agostinho de Hipona, no século IV, a autobiografia como gênero literário aparece assim definida só no século XVIII, e, grosso modo, diz respeito à descrição (*grafa*) da vida (*bios*) de um indivíduo, escrita por ele mesmo (*auto*) (Massimi, 2011). Por uma perspectiva fenomenológica, Binswanger toma a autobiografia "como relato da história pessoal em que o autor, ao realizar a narrativa escrita, elabora suas vivências: a autobiografia acontece na medida em que diante destas vivências o autor assume um posicionamento" (Binswanger, 2007,[1] citado por Massimi, 2011, p. 13). Nessa direção, no cenário da autobiografia – no caso da redação escrita em que o autor relata retrospectivamente sua história como em quaisquer outros relatos autobiográficos –, podemos ter acesso à elaboração da experiência e apreender a subjetividade: o foco é colher, na narrativa, as vivências do sujeito sendo elaboradas e apreender as estruturas daquelas vivências, identificando seu foco de sentido mais estruturante (Ales Bello, 2017).

A experiência tem sido revalorizada pela fenomenologia por sua valência de conhecimento (Mahfoud; Massimi, 2008; Mahfoud, 2016). A experiência apresenta problemas para a teoria se apropriar e esta não faz seu percurso só com sua lógica própria, mas busca responder com certa amplitude questões que são apresentadas em vivências pontuais (Husserl, 2008).

> A experiência no processo de conhecimento é a modalidade unitária em que o mundo da vida é apreensível. O dado da experiência no mundo da vida é o pressuposto seja do conhecimento científico, seja

[1] BINSWANGER, L. *Per un'antropologia fenomenologica*. Trad. E. Filippini. Milano: Feltrinelli, 2007. (Original publicado em 1955).

do conhecimento prático do homem no dia a dia. O mundo já dado na experiência – mundo indeterminado cujo horizonte está sempre aberto ao desconhecido – é o horizonte sempre presente de todo conhecimento e nele não existe nenhuma idealidade. (Massimi; Mahfoud, 2007, p. 27)

No Brasil, estudos que articulam autobiografia e Psicologia têm sido realizados pelos professores Miguel Mahfoud (UFMG), em trabalhos como "Elaboração da experiência ontológica em Albert Schweitzer: análise fenomenológica de uma autobiografia" (Leite; Mahfoud, 2015), "A relação pessoa e cultura em uma comunidade tradicional de Minas Gerais a partir de um relato autobiográfico" (Carvalho; Mahfoud, 2013); Marina Massimi (USP), "Narrativas autobiográficas nas cartas de jovens jesuítas do século XVII ao século XX" (Massimi, 2014), "A fonte autobiográfica como recurso para a apreensão do processo de elaboração da experiência na história dos saberes psicológicos" (Massimi, 2011); Ana Cecília de Sousa Bastos (UFBA) e Elaine Pedreira Rabinovich (UCSal), com trabalhos como "Narrativas autobiográficas e sua matéria: construções, rupturas e transições" (Bastos *et al.*, 2016), "Autoetnografia colaborativa e investigação autobiográfica: a casa, os silêncios e os pertencimentos familiares" (Rabinovich *et al.*, 2016). A pesquisa realizada por Ecléa Bosi (2015) publicada em seu livro *Memória e sociedade: lembranças de velhos* destaca-se nesse contexto por apreender a importância do narrar-se na velhice.

Psicoterapia com idosos

Quando se fala em psicoterapia com idosos, é preciso desafiar a ideia freudiana do início do século XX de que falta às pessoas mais velhas "plasticidade dos processos anímicos de que depende a terapia" (Freud, 1996, p. 250). Com o envelhecimento populacional e o progresso social vivido por alguns países, o número de olhares voltados a essa parcela da população, que passou a englobar cada vez mais sujeitos ativos e saudáveis, aumentou e trouxe transformações. Os idosos não são os mesmos da época de Freud e a atenção da Psicologia vem se adequando à nova realidade, ainda que de forma lenta (Neri, 2004).

O paradigma que funda a Psicologia do envelhecimento é o de desenvolvimento ao longo da vida (*lifespan*), o qual pressupõe que desenvolvimento e envelhecimento são processos correlatos e que, ainda que existam limitações de origem biológica, os aspectos psicológicos se mantêm no idoso e, num ambiente cultural favorável, continuam a se desenvolver (Neri, 2004).

Os idosos estão sujeitos a situações e problemas por que passam pessoas de todas as idades, os quais requerem técnicas e intervenções que podem oferecer os psicólogos sem formação direcionada. Em contrapartida, têm especificidades e desafios próprios da fase de vida que exigem do profissional aprimoramento de sua prática. O *Guidelines for a Psychological Practice with Older Adults*, da *American*

Psychological Association (APA), ganhou em 2014 uma nova versão, justificada pelo crescimento das pesquisas e das práticas em Psicologia do envelhecimento, e oferece uma série de diretrizes que confluem para o aprimoramento do psicólogo, a busca por compreender os vários processos (cognitivos, psicológicos, sociais) que perpassam e constituem o sujeito que envelhece.

Se as pessoas continuam se desenvolvendo na velhice, psicoterapia nessa fase da vida faz sentido, se tomarmos o espaço terapêutico como um ambiente favorável para o crescimento pessoal.

Diversas abordagens teóricas vêm trazendo contribuições para o campo, de modo que passa a ser viável discutir a relação terapêutica – sob variadas concepções – como possibilidade de testemunho da autobiografia da pessoa idosa e de sua elaboração das experiências de vida.

Há pesquisas que apontam a possibilidade e a efetividade de atendimentos de idosos pela perspectiva da psicanálise. Segundo Brasil *et al.* (2013), a análise é oportunidade de restabelecer o encontro do idoso com seu desejo, uma vez que ele precisa ser olhado como sujeito desejante.

Alguns pesquisam a eficácia de intervenções psicológicas para diminuir a sintomatologia depressiva nos idosos. Segundo Sharpe *et al.* (2012), é a terapia cognitivo-comportamental (TCC) a mais estudada no que diz respeito ao enfrentamento da depressão no fim da vida. Um desdobramento dessa abordagem terapêutica, a Terapia de Solução de Problemas, também se mostra eficaz no tratamento da depressão em idosos (Arean, 2012; Sharpe *et al.*, 2012; Simon; Cordás; Bottino, 2015). Enquanto a primeira foca na ativação comportamental e em reestruturar e desafiar crenças que estão associadas ao humor deprimido, a segunda se concentra em lidar com os problemas relacionados à vida diária e mudar cognições negativas por meio de atividades dirigidas (Sharpe *et al.*, 2012). Intervenções objetivas também são encontradas no chamado tratamento para o "luto complicado" em idosos, que possui fases que incluem revisar a experiência de luto do paciente, fazer um diário de monitoramento do luto, realizar uma sessão conjunta com um outro significativo, ter uma conversa imaginária com o falecido, entre outros (Shear *et al.*, 2014).

Contrapondo-se à TCC quanto a desafiar crenças do paciente, Petkus e Wetherell (2013) apontam a importância de uma abordagem de aceitação e compromisso na terapia com idosos: o fator primário para a psicopatologia seria a inflexibilidade psíquica, incapacidade de se conectar com valores no presente por uma evitação experiencial ou fusão cognitiva. Uma abordagem que ajude idosos a focar nos recursos que eles têm no momento pode ser mais benéfica do que levá-los a mudar crenças a respeito de suas perdas ou incapacidades. Na terapia de aceitação e compromisso, tem-se o objetivo de ajudar o paciente a reconhecer que evitar experiências aversivas gera mais dificuldades a ele, tentando aumentar a capacidade de entrar em contato com emoções ou experiências desagradáveis.

Já na Terapia Interpessoal – modelo de terapia breve – diminuir sintomas depressivos dos pacientes é o principal objetivo, fundamentando-se nas contribuições de Adolf Meyer, Harry Stack Sullivan e John Bowlby, respectivamente, da Psicologia Social, Psiquiatria Interpessoal e teoria do apego. As relações interpessoais são vistas como elemento central para a manutenção e também para a remediação de sintomas depressivos. Bransford e Choi (2012) apontam que a Terapia Interpessoal, tendo foco psicoeducativo, sendo mais indicada para casos de depressão aguda ou reativa do que para depressão crônica, seria apropriada para indivíduos idosos.

A importância da memória autobiográfica para os idosos em psicoterapia

A memória autobiográfica tem grande importância para os idosos, funcionando como aliada para o processo psicoterápico.

Dourado, Sousa e Santos (2012), pela psicanálise, consideram a clínica psicológica com idosos como a clínica do luto, pois as perdas que eles sofrem trazem essa vivência de forma radical, não somente quando alguém morre, mas no declínio do próprio corpo, nas perdas biológicas ou na aposentadoria, por exemplo. O luto é tomado como um processo ativo de retirada de investimentos libidinais no objeto tido como perdido, e as lembranças, caras aos idosos, são formas de ligações possíveis com o objeto. A psicoterapia pode ajudar o idoso no processo de elaboração do passado e na possibilidade de abrir-se a novos objetos de investimento. Na velhice, esse trabalho é mais penoso, pois os objetos não se oferecem tão de imediato, pessoas significativas da mesma geração do idoso podem já ter falecido e os mais jovens podem não compartilhar de sua linguagem e visão de mundo. As lembranças, aqui, têm funções importantes, pois servem como balanço de vida, uma revisão que busca preencher vazios; o lembrado, uma vez re-significado e atualizado, abre a possibilidade de planos futuros: "Quando há desistência do próprio passado, o idoso defronta-se com um vazio que o impossibilita de encontrar recursos próprios para a elaboração de seus lutos e perdas" (Dourado; Sousa; Santos, 2012, p. 98).

O processo de luto bem-sucedido culminaria no deslocamento da libido, que se vinculando a objetos mais duradouros que o ego (gerações futuras, obras deixadas, crenças etc.), pode evitar o reconhecimento da morte como castração radical, particularmente importante na psicoterapia com idosos devido à frequente necessidade da própria "história interna", segundo Altman (2011). A psicanálise, então, poderia auxiliar a reparar a chamada "posição depressiva" e integrar as experiências de vida, trazendo à tona "um objeto coerente no lugar de um objeto interno fragmentado" (Altman, 2011, p. 200).

A importância do recordar vem sendo enfatizada por diversas propostas de psicoterapias com idosos. A logoterapia geriátrica aplica a pacientes idosos os fundamentos apresentados por Viktor Frankl: a busca por sentido é o mais elementar anseio do ser humano, força motriz de suas experiências. Enfatiza-se não só o passado lembrado, mas o significado existencial do sofrimento e da tragédia na vida como testemunhos vivos da coragem e dignidade humanas (Morgan, 2012).

A potência da memória autobiográfica para os idosos, associada ao perdão e à gratidão, é enfatizada por Ramírez *et al.* (2014). A memória autobiográfica pode ser terapeuticamente potencializada com a gratidão e o perdão porque a primeira ajuda a focar nos acontecimentos bons e o segundo auxilia na transformação da amargura em memórias neutras ou positivas. As memórias autobiográficas gerais dizem respeito a acontecimentos que ocorreram por longos períodos, com duração de pelo menos mais de um dia, ou acontecimentos repetitivos e similares; e as específicas dizem de momentos únicos que duram minutos ou horas. Os autores identificaram uma estrutura no lembrar: as pessoas comumente utilizam as memórias gerais como passos para se chegar às memórias específicas, e pessoas deprimidas têm muita dificuldade de passar das primeiras às outras.

A importância de se recordar a vida também é apontada na teoria psicanalítica winnicottiana, e a materialidade vem mediar a comunicação entre psicoterapeuta e paciente. No caso de atendimento a idosos, mesmo em grupo, a materialidade pode fornecer condições para o gesto espontâneo, para que o paciente possa agir de forma criativa sobre o mundo: fotos e objetos significativos podem facilitar o processo de lembrar, de uma maneira não apenas focada nas perdas, mas aumentando gradualmente a capacidade de valorizar os ganhos e reafirmar a autoestima (Gil, 2010).

Ainda que recordar o passado não seja exclusividade dos idosos, pessoas dessa faixa etária podem se beneficiar muito do processo, principalmente no que concerne à resolução de conflitos. A reminiscência progride à medida que o sujeito envelhece devido à aproximação biológica e psicológica da morte, e as recordações podem servir à reconstrução do autoconceito, ameaçado nessa fase da vida (Gonçalves; Albuquerque; Martín, 2012). Os benefícios da recordação para os idosos levaram o psiquiatra Robert Butler (1963) a criar técnica de intervenção terapêutica (de base psicodinâmica) para explorar esses benefícios: a estratégia de evocação guiada dos acontecimentos passados como busca de integridade do ego.

As intervenções da psicoterapia de reminiscência podem ser utilizadas em quadros não patológicos e patológicos. No primeiro caso, pode ser útil para adaptação em fases de transição, o aumento da autoestima e a satisfação com a vida (Gonçalves; Albuquerque; Martín, 2012). Em se tratando de quadros psicopatológicos, algumas intervenções em grupo se propõem a diminuir a sintomatologia depressiva de idosos abordando temas como família, carreira, perdas etc., beneficiados pela identificação e senso de pertença dos participantes (Chen; Li; Li, 2012; Zhou *et al.*, 2012; Song *et al.*, 2014).

Preschl *et al.* (2012) reconhecem três tipos de intervenção com reminiscências: reminiscências simples, não estruturadas; revisão de vida, mais integrativa e estruturada, focada no desenvolvimento da vida; e a psicoterapia de revisão de vida. Na terapia de revisão de vida, busca-se o equilíbrio entre reminiscências positivas e negativas, com o objetivo de obter uma visão coerente sobre a vida vivida.

A reminiscência como terapia não é somente recordar experiências passadas, mas um processo estruturado de reflexão, busca de resolução de conflitos e de significado na vida de alguém (Chen; Li; Li, 2012).

Dessa forma, faz-se necessária uma relação terapêutica que favoreça esse percurso. O psiquiatra Butler (2002) considerava que a estratégia preconizada por ele poderia gerar resultados negativos como ruminação, depressão, ansiedade e até ideação suicida, se não bem conduzida (Gonçalves; Albuquerque; Martín, 2008).

Baseando-nos na importância da relação como facilitadora de um processo caro aos idosos, vejamos contribuições da Psicologia Social e da Sociologia pertinentes ao nosso tema.

Memórias de velhos: a necessidade de um outro

A memória de velhos tomada na interseção entre indivíduo e cultura é objeto de Ecléa Bosi (2015), em *Memória e sociedade: lembranças de velhos*, considerada obra-prima da Psicologia Social (Oliveira, 2008).

Contrariando a noção de Henri Bergson de que o passado se conserva tal como foi, de forma independente, e de que toda lembrança encontra-se em estado latente, Bosi propõe as concepções de Maurice Halbwachs (2004), sociólogo e psicólogo social, que valoriza as ideias durkheimianas sobre as relações dinâmicas entre as classificações mentais e sociais. Halbwachs ressalta que o passado não é revivido, na lembrança, mas reconhecido e reconstruído; e define a memória como trabalho, atrelada aos quadros sociais, mostrando que a memória individual é, sempre, memória coletiva. Esquecer algo se refere a todo um período da vida, nos fala o autor, é "perder contato com aqueles que então nos rodeavam" (Halbwachs, 2011, p. 37).

O passado não existe "tal como foi" porque nos lembramos com nosso eu atual, pelo crivo de nossas representações, hábitos e relações do presente. Recordar é reconstruir. É também reconhecer, por passar novamente aos nossos olhos algo com o qual já nos deparamos. Todo esse processo depende da inserção em um grupo, não é solitário (Schmidt; Mahfoud, 1993).

> Não é suficiente reconstituir peça por peça a imagem de um acontecimento do passado para se obter uma lembrança. É necessário que esta reconstrução se opere a partir de dados ou de noções comuns que encontram tanto no nosso espírito como no dos outros, porque elas passam incessantemente desses para aquele e reciprocamente, o que

> só é possível se fizeram e continuam a fazer parte de uma sociedade. (Halbwachs, 2011, p. 39)

Halbwachs aponta que, se nos lembramos, é porque a vida atual desencadeia – também pela presença dos outros – o processo de elaboração da memória. E, ainda, para que a semente de rememoração não permaneça uma imagem fragmentada, desconectada, vaga e evanescente, mas chegue a se tornar uma lembrança viva, faz-se necessário o apego afetivo a uma comunidade do passado vivido ou do presente.

> Para que nossa memória se auxilie com a dos outros, não basta que eles tragam seus depoimentos: é necessário ainda que ela não tenha cessado de concordar com suas memórias e que haja bastante pontos de contato entre uma e as outras para que a lembrança que nos recordam possa ser reconstruída sobre um fundamento comum. (Halbwachs, 2011, p. 38)

Em se tratando da memória para os velhos, sempre trazendo à tona a função social do trabalho da memória, Halbwachs a diferencia da dos adultos: se os últimos recordam o passado como contemplação ou evocação carregada de certa nostalgia, momentos fugidios da rotina, os idosos têm o trabalho da memória como ocupação da substância de sua vida. Quanto mais distante da vida laborativa e da função de produzir, no presente, mais próximo está o sujeito da função do lembrar, de ser sustentação da memória da família, da cidade, da sociedade (Bosi, 2015).

Portanto, é possível pensar no psicólogo clínico como um outro que testemunha a história, que pode ajudar a desencadear o trabalho de elaboração da memória. Não se trata de ser um receptor das lembranças que o idoso já tem dentro de si em estado latente, mas de ser, no lugar de testemunha, coparticipante da reconstrução de seu passado. Uma vez que – como vimos referido a terapia de reminiscência – recordar o vivido pode ajudar a resolver conflitos, o idoso, no presente, precisa de alguma relação que o ajude a reler o passado com recursos novos. Não se trata, portanto, de simplesmente buscar localizar o conflito como ocorreu (o que, seguindo Halbwachs, seria impossível), mas de tê-lo num pano de fundo hoje de modo que se torne suportável de ser lembrado e passível de ser ressignificado.

O caráter social da memória e a necessidade da comunidade afetiva para que o idoso chegue a lembranças vivas e não somente mantenha dados abstratos e fragmentados de sua história podem incrementar a concepção supracitada de Altman (2011) quanto à necessidade, na pessoa idosa, de uma história integrada. E com Halbwachs (2004, 2011) vemos a impossibilidade de essa integração ocorrer na pessoa sozinha. A terapia, tomada como relação significativa, quando sintonizada à busca que a pessoa traz, pode ajudar na construção viva do presente e favorecer que o idoso viva as relações do passado potencializando as referências que ele já carrega. Altman também pontua que, para a pessoa idosa, manter vínculos afetivos favorece que seu aparelho psíquico continue em atividade. Ao convidar o idoso a falar de si, o convocamos a sair de uma posição que pode ser frequentemente ensimesmada e se abrir para alguém em quem pode investir.

A representação social da velhice

Uma vez que a memória nunca é exclusivamente individual, podemos tomar a memória do indivíduo "como convergência de diferentes influências sociais e como uma forma particular de articulação das mesmas" (Schmidt; Mahfoud, 1993, p. 291). De modo análogo, a memória coletiva é o trabalho que determinado grupo social realiza, com quadros sociais comuns alimentados pelas lembranças de cada um (Halbwachs, 2004, 2011).

A memória individual é formada no coletivo, mas é também possibilidade de resistência à tirania possível desse coletivo. A elaboração pessoal pode ser testemunho capaz de fazer frente a imagens produzidas coletivamente (Schmidt; Mahfoud, 1993).

Ao atendermos uma pessoa idosa na clínica, estamos diante de alguém que faz parte de certo extrato social. A velhice, como vimos, não se trata apenas de um destino biológico humano, mas carrega representações e olhares diversos de acordo com seus quadros sociais que a delimitam, com as características culturais da classe e dos grupos vitais em que está inserida. Assim, o modo como estamos presentes para o idoso pode ser reforçador de imagens que desconsiderem sua singularidade ou lhe dar condição de voz própria. A pessoa idosa não se limita a ser idosa; por ser pessoa, extrapola sempre as delimitações com que a pensamos em sua vida.

Fala-se sobre a velhice, fantasia-se sobre ela. São atribuídos estereótipos de inutilidade, desvitalização e feiura (Altman, 2011), como também pode ser considerada como "a melhor idade". Assim, obedecem à lógica de produção e centralidade do trabalho (Bosi, 2015): o idoso é visto como não tendo serventia ou tendo tempo para fazer o que quiser.

O idoso pode correr o risco de se identificar com as representações sociais negativas da velhice; e inclusive o psicólogo pode esperar pouco do processo, ou, no outro extremo, ater-se à expectativa de que ele atinja um ideal de velhice bem vivida (Altman, 2011). Se ouvir do idoso sua história pode ajudá-lo a integrar suas experiências, isso o é no ritmo e dentro da perspectiva do paciente; caso contrário, corre-se o risco de apoiarmo-nos em uma visão romantizada do passado ou do futuro, desconsiderando a experiência idiossincrática que o idoso tem.

Mesmo diminuir a sintomatologia depressiva nos idosos deve ser levado em conta na singularidade de cada caso, pois, conforme afirma Gil (2010), vivências depressivas na velhice podem ser resultado de processos emocionais saudáveis. O luto também pode ser diferenciado como processo saudável ou patológico, e a tristeza pode ser fonte de elaboração da experiência do sujeito. Situações extremas podem levar à liberdade e maturidade, e o sofrimento faz parte de uma vida rica: sofrimento não fechado sobre si mesmo traz uma tensão necessária à apreensão dos valores da vida (Frankl, 2011).

Se não existe "a velhice", mas "velhices" (Altman, 2011), isso se dá graças à singularidade dos sujeitos que envelhecem. Singularidade que, como vimos, não existe apartada de seu contexto histórico e social, mas que imprime novidade ao contexto e ajuda a formá-lo. Nessa interseção, e respeitando tal complexidade, a escuta clínica pode ser de grande valia.

A dimensão relacional da socialização

Desconsiderar a história de vida do idoso é negar seu lugar social, e, ao mesmo tempo, reforçar imagens sociais da velhice pode abafar a singularidade do sujeito: faz-se necessário adentrar a permeabilidade da relação pessoa/sociedade. Assim como a memória, por mais pessoal que seja, é constituída e convocada na relação com outros, também a subjetividade pode ser problematizada nesses termos.

O problema do processo de socialização abre a questão das formas de conexão entre indivíduo e sociedade e da influência do campo social na formação da pessoa humana.

A tradição vigente sobre o tema, com os teóricos Mead, Habermas e Parsons, dá pouca atenção à dimensão relacional do processo de socialização (Archer, 2015): se tomarmos a teoria do "outro generalizado" de Mead, ou o "sistema central de valores" de Parsons, ou ainda a "comunidade de comunicação universal" de Habermas, "nenhuma delas lida com as relações humanas e seus efeitos" (Archer, 2015, p. 125). Obviamente, seus conceitos passam por elas, mas reduzindo os agentes a receptores: "a geração parental seria mera executora da normatividade da sociedade e os membros da próxima geração seus absorvedores passivos" (Archer, 2015, p. 125).

A autora afirma que é necessário, hoje, reconceituar a socialização. As conceituações tradicionais não resolveram o problema levantado por Durkheim, a saber, como conciliar a crescente e rápida diferenciação social e a individuação que também continua rápida e intensa. Além disso, não cabe mais tomar a socialização como um processo passivo de internalização da normatividade da sociedade, porque há um declínio das autoridades – fonte de normatividade.

O termo "reflexividade relacional" surge com Archer (2015) para repensar a socialização, que passa a ser vista como "um processo ativo de engajamento com o mundo" (Archer, 2015, p. 125). Os jovens, que recebem as – cada vez mais – múltiplas e mistas mensagens de seus "socializadores", precisam fazer uma seleção dessas mensagens para moldar um modo de vida e formar um senso de identidade. A reflexividade relacional seria, então, o que lhes permitiria "fazer escolhas pessoalmente significativas entre as mensagens misturadas que recebem e alcançar alguma governança sobre a trajetória futura de suas próprias vidas" (Archer, 2015, p. 127). A autora afirma que selecionar os interesses próprios dentre aqueles que nos são oferecidos passa pelo critério de saber afirmar aquilo com o que nos importamos verdadeiramente, para além de gostos ou desejos fortuitos. Esse processo de discernimento, que vai sendo formado, e que não acontece sempre de maneira fácil ou clara, depende dos relacionamentos reais em que estamos inseridos. Reflexividade e relação, portanto, devem ser tomadas juntas, o que endossa o sujeito como agente ativo (que é quem reflete, escolhe e discerne), mas que precisa estar em relação para fazer um percurso próprio significativo. Processo pessoal e processo relacional são indissociáveis: "ter um interesse implica em um relacionamento e ter interesses plurais envolvem relações plurais" (Archer, 2015, p. 138).

Podemos, assim, aprofundar a compreensão do drama que pode ser vivenciado pelo idoso se ele é apartado do convívio social e a importância de considerarmos e ouvirmos sua palavra para que a própria substância de sua vida ganhe consistência e ele possa se apropriar do caminho singular que percorreu e ainda tem por percorrer.

A escuta clínica enquanto acompanhar a pessoa

A fala expressa o encontro – sua intencionalidade é sempre comunicativa (Augras, 1996).

> Na situação do encontro em psicologia clínica, o elemento de informação para fins de diagnóstico é precisamente a fala do cliente, em todas as suas manifestações. A situação da fala supõe duas vertentes: fala-se e ouve-se. Em ambos os casos, testemunha-se. O registro feito pelo psicólogo da fala do cliente [...] é o material básico que fundamenta a compreensão do "caso". É a materialização do encontro, o testemunho da situação. (Augras, 1996, p. 82)

A clínica psicológica, ambiente em que a fala é levada muito a sério, pode ser o lugar de escuta do sujeito que envelhece, para além dos enquadres de sua categoria social: tomamos o idoso como sujeito livre.

> A liberdade é, antes de mais nada, capacidade de uma *percepção* da realidade não inculcada, capacidade de uma percepção que nasça "desde dentro", determinada por algo que pré-ocupa o eu: aquele conjunto de exigências e evidências que constituem o rosto original do eu, a estrutura da natureza humana. Tal percepção institui uma *comparação* entre aquilo no qual o eu se embate e aquilo que o constitui originalmente. É esta comparação que dá ao homem a possibilidade de buscar a satisfação. (Giussani, 1993, p. 224)

Saber o sentido, o motivo e o critério com os quais fomos dotados ao nascer nos ajuda a ir além da instintividade, das reações. No contato com a realidade, quando comparamos o que encontramos com o que pede a nossa experiência elementar,[2] formulamos o que Giussani (1993, p. 225) chama de *primeiro juízo*, primeiro fator da liberdade, no qual afeto e razão estão juntos. A liberdade acontece, portanto, quando esse juízo mostra que a realidade corresponde ao próprio coração, às exigências fundamentais por amor, justiça, beleza, verdade. Essa primeira percepção, porém, precisa ser desenvolvida: "o *juízo* é fruto de um trabalho – o mais decisivo trabalho do homem" (Giussani, 1993, p. 225). O ato de comparação precisa ser retomado continuamente, não é uma imediatez. Desse juízo nasce o terceiro fator da liberdade, que é a *criatividade*. "A criatividade verdadeira não é uma exuberância imaginativa, mas consiste no abraçar e plasmar a realidade segundo o ímpeto último e original do coração, isto é, segundo o juízo" (Giussani, 1993, p. 226). Essa é a identidade da pessoa, que lhe permite ir além do estipulado pelo poder – e é ela que precisa ser forjada.

Tal processo, no entanto, não é solitário.

> O emergir do homem, a reconquista da identidade, é possível não por um raciocínio, por uma autorreflexão, mas *somente* por um *encontro:* o encontro com uma realidade humana viva. É embatendo-me numa realidade humana nova que descubro a mim mesmo, entrevejo a possibilidade de uma mudança. (Giussani, 1993, p. 227–228, itálicos no original do autor)

A clínica psicológica, como espaço próprio e destinado a ouvir o sujeito, pode ser, então, ocasião para que o constante trabalho de formular juízos sobre a própria vida não se perca, caso o psicólogo esteja atento para esse processo.

> Acompanhar a pessoa em vista de sua formação significa dar atenção à resposta que ela dá à busca que encontra em si mesma, que respostas dá às propostas que encontra, que resposta dá aos vínculos pessoais e às relações sociais que se estabelecem, de modo a evidenciar a constituição do próprio eu e a contribuição à constituição do mundo que dele advém, num processo contínuo de descoberta da própria originalidade. (Mahfoud, 2012, p. 122)

O psicólogo clínico como profissional da escuta – atento para não reduzir o sujeito a nenhum recorte, sintonizado com a busca por correspondência que é propriamente humana – pode oferecer um espaço de acompanhamento que ajude o idoso a apropriar-se de si mesmo.

[2] "O ímpeto original com o qual o ser humano se lança na realidade procurando identificar-se com ela por meio da realização de um projeto que imprima à própria realidade a imagem ideal que o estimula interiormente" (GIUSSANI, 2005, p. 27). Cf. também Mahfoud (2012): "Experiência elementar em psicologia: aprendendo a reconhecer".

O respeito à tradição

Quando lemos as histórias de vida colhidas por Ecléa Bosi (2015) em seu trabalho, ficamos conhecendo um pouco daquelas pessoas, ao mesmo tempo que conhecemos um pouco da cidade de São Paulo de outros tempos. O estranho vai se tornando familiar à medida que o texto avança: superando a dicotomia entre o individual e o social, sujeito e cidade se descortinam.

> Um mundo social que possui uma riqueza e uma diversidade que não conhecemos pode chegar-nos pela memória dos velhos. Momentos desse mundo perdido podem ser compreendidos por quem não os viveu e até humanizar o presente. A conversa evocativa de um velho é sempre uma experiência profunda: repassada de nostalgia, revolta, resignação pelo desfiguramento das paisagens caras, pela desaparição de entes amados, é semelhante a uma obra de arte. Para quem sabe ouvi-la, é desalienadora, pois contrasta a riqueza e a potencialidade do homem criador de cultura com a mísera figura do consumidor atual. (Bosi, 2015, p. 82)

O idoso que nos chega ao atendimento psicológico viveu transformações ao longo da vida, e isso não se deu apenas no nível individual, mas no mundo que o circunda. Dessa forma, quando afirmamos ser possível valorizar os recursos e referências pessoais do paciente – novamente fazendo menção aos quadros sociais da memória que nos trouxe Halbwachs (2004, 2011) e a revisão do processo de socialização de Archer (2015) –, temos em vista referências pessoalmente enraizadas em um mundo cultural e comunitário.

A memória coletiva encontra seu lugar na tradição, "quadro mais amplo onde seus conteúdos se atualizam e se articulam entre si" (Schmidt; Mahfoud, 1993, p. 293). A tradição é um tipo de herança que se conserva em seus aspectos estruturais, mas se modifica de acordo com as solicitações do presente (Lisboa; Mahfoud, 2015). Saber-se pertencente a um quadro mais amplo, possuir vinculação a grupos que sobrevive às mudanças por meio do imaterial transmitido, mesmo que esses grupos não estejam mais fisicamente presentes, pode ajudar o sujeito idoso a enfrentar o mundo que muda rapidamente. Não se trata da tradição entendida como formas engessadas de tomar as experiências, que não dão lugar ao novo, mas que, ao contrário, apreendida como valor que resiste ao tempo, pode agregar o novo em si.

A tradição, como estrutura de valores e significados dentro da qual a criança nasce, funciona como hipótese explicativa da realidade, o que, para a formação de uma pessoa, é imprescindível (Giussani, 2004). Assim, a educação, como introdução à realidade total, precisa de uma ideia de significado que se apresente consistente, mais perene que o indivíduo. É a partir das tradições com as quais é munida que a pessoa pode criticar inclusive as próprias tradições, na comparação livre com o que se apresenta no presente (Sani, 2009). A novidade, para ser vivida como tal, é sempre comparação com o que permanece, caso contrário seria dissolução.

Não é raro encontrarmos, na fala do idoso, a comparação entre o que se viveu no passado e o que se vive hoje, referindo-se a mudanças em vários níveis: individual, na cidade, no mundo. Dar legitimidade à tradição ou tradições que o idoso carrega pode ser importante no processo de integração do passado do qual temos tratado. Passado que, sendo do idoso, é também de uma cultura a qual pertenceu, e que, se continua pertencendo, pode ajudá-lo a não se sentir estrangeiro solitário na cidade, no mundo que se modificaram.

É fundamental trazer esse tema para o âmbito da clínica psicológica com idosos para que o psicólogo, como aquele que supostamente detém um saber sobre o paciente, não ocupe esse lugar sob a forma de um saber substitutivo daquele que culturalmente o paciente traz.

Considerações finais

Realizar atendimentos psicológicos nos serviços de saúde destinados à pessoa idosa nos coloca diante de desafios aos quais devemos responder. A Psicologia se aprimora e se constrói em movimentos de confronto contínuo entre prática e teoria, em sociedades e sujeitos que mudam, em busca por compreender fenômenos que, em última instância, sempre conservam aspectos que nos escapam, justificando que o movimento não cesse. É o encontro com o idoso que nos diz que sim, é possível atender essa população, e é do encontro com ele que nasce a necessidade de se questionar os limites e possibilidades do seu atendimento clínico em Psicologia.

As diversas abordagens teóricas da Psicologia debruçam-se sobre a prática com idosos, muitas delas levantando a importância da memória autobiográfica. O idoso que surge a nós, antes de dizer qualquer coisa, já nos fala que é sobrevivente de tudo de bom e ruim que lhe sucedeu, do drama que a vida é, e a experiência e a literatura têm nos mostrado que dar legitimidade à sua história é terapêutico e potente.

Paul Ricoeur, relatando o acompanhamento que Maurice Halbwachs teve em seu momento final de vida no campo de concentração nazista, narra a experiência de perceber que a pessoa *vive* até a morte:

> O olhar que vê o agonizante como ainda vivo, como apelando para os recursos mais profundos da vida, como carregado pela emergência do Essencial em sua vivência de vivo-ainda, é um outro olhar. É o olhar da compaixão, e não do espectador que se antecipa ao já-morto. (RICOEUR, 2012, p. 15)

Diversos campos apropriam-se do tema da memória. Quando tomada pela perspectiva da Psicologia Social, ela deixa de estar fechada no sujeito para fazer parte do sujeito e seu meio. Na memória que convoca o outro, a interseção com a Psicologia Clínica faz-se possível, se for tomada como vínculo afetivo que pode ajudar na reconstrução conjunta do passado vivido e na elaboração do presente.

Referências

ALES BELLO, A. *Introdução à fenomenologia*. Tradução de M. Mahfoud e J. T. Garcia. Belo Horizonte: Spes, 2017.

ALTMAN, M. O envelhecimento à luz da psicanálise. *Jornal de Psicanálise*, v. 44, n. 80, p. 193-206, 2011. Disponível em: <http://pepsic.bvsalud.org/scielo.php?script=sci_arttext&pid=S0103-58352011000100016&lng=pt&nrm=iso>. Acesso em: 15 nov. 2016.

AMERICAN PSYCHOLOGICAL ASSOCIATION. Guidelines for psychological practice with older adults. *American Psychologist*, v. 69, n. 1, p. 34-65, 2014. DOI: 10.1037/a0035063.

ANGERAMI, V. *Suicídio: uma alternativa à vida: fragmentos de psicoterapia existencial*. Belo Horizonte: Ed. Artesã, 2017.

ARCHER, M. S. Socialization as Relational Reflexivity. In: DONATI, P.; ARCHER, M. S. *The Relational Subject*. Cambridge: Cambridge University Press, 2015. p. 123-154.

AREAN, P. A. Psychotherapy for Late-Life Depression: What Works, What Doesn't, and Practical Tips. *Psychiatric Times*, v. 29, n. 8, p. 35-35, 2012. Disponível em: <http://www.psychiatrictimes.com/geriatric-psychiatry/psychotherapy-late-life-depression>. Acesso em: 15 nov. 2016.

AUGRAS, M. *O ser da compreensão: fenomenologia da situação de psicodiagnóstico*. Petrópolis: Vozes, 1996.

BASTOS, A. C. S. *et al*. Narrativas autobiográficas e sua matéria: construções, rupturas e transições. In: RABINOVICH, E. P. *et al*. (Org.). *Autoetnografia colaborativa e investigação autobiográfica: a casa, os silêncios e os pertencimentos familiares*. Curitiba: Juruá, 2016. p. 61-72.

BOSI, E. *Memória e Sociedade: lembranças de velhos*. 18. ed. São Paulo: Companhia das Letras, 2015.

BRANSFORD, C. L.; CHOI, S. Using Interpersonal Psychotherapy to Reduce Depression among Home-Bound Elders. *Best Practices in Mental Health*, v. 8, n. 1, p. 1-15, 2012. Disponível em: <http://link-periodicos-capes-gov-br.ez27.periodicos.capes.gov.br/sfxlcl41?frbrVersion=4&ctx_ver=Z39.88-04&ctx_enc=info:ofi/enc:UTF-8&ctx_tim=2016-11-23T09%3A08%3A57IST&url_ver=Z39.88-2004&url_ctx_fmt=infofi/fmt:kev:mtx:ctx&rfr_id=info:sid>. Acesso em: 15 nov. 2016.

BRASIL. Portaria nº 2.528 de 19 de outubro de 2006. Disponível em: <http://bvsms.saude.gov.br/bvs/saudelegis/gm/2006/prt2528_19_10_2006.html>. Acesso em: 15 nov. 2016.

BRASIL, K. T. R. *et al.* A clínica do envelhecimento: desafios e reflexões para prática psicológica com idosos. *Aletheia*, n. 40, p. 120-133, 2013. Disponível em: <http://pepsic.bvsalud.org/scielo.php?script=sci_arttext&pid=S1413-03942013000100011>. Acesso em: 16 nov. 2016.

BUTLER, R. N. Life review: An interpretation of reminiscence in aged. *Psychiatry*, v.26, n.1, p. 65-76, 1963.

CARVALHO, E. V. M.; MAHFOUD, M. A relação pessoa e cultura em uma comunidade tradicional de Minas Gerais a partir de um relato autobiográfico. *Caderno de Resumos: I Seminário Mineiro de Psicologia Cultural* [s.n.]., 2013.

CHEN, T.; LI, H.; LI, J. The Effects of Reminiscence Therapy on Depressive Symptoms of Chinese Elderly: Study Protocol of a Randomized Controlled Trial. *BMC Psychiatry*, v. 12, n. 189, 2012. Disponível em: <http://doi.org/10.1186/1471-244X-12-189>.

DOURADO, M. C. N.; SOUSA, M. F. B.; SANTOS, R. L. Ensinando psicoterapia com idosos: desafios e impasses. *Revista Brasileira de Psicoterapia*, v. 14, n. 1, p. 92-102, 2012. Disponível em: <http://rbp.celg.org.br/detalhe_artigo.asp?id=84>. Acesso em: 16 nov. 2016.

FERREIRA, H. G.; LIMA, D. M. X.; ZERBINATTI, R. Atendimento psicoterapêutico cognitivo-comportamental em grupo para idosos depressivos: um relato de experiência. *Revista da Spagesp*, v. 13, n, 2, p. 86-101, 2012. Disponível em: <http://pepsic.bvsalud.org/scielo.php?script=sci_arttext&pid=S1677-29702012000200010&lng=pt&tlng=pt>. Acesso em: 14 nov. 2016

FRANKL, V. E. *Fundamentos antropológicos da psicoterapia*. Tradução de R. Bittencourt. Rio de Janeiro: Zahar, 2011.

FREUD, S. Sobre a psicoterapia. *Edição Standard brasileira das obras psicológicas completas de Sigmund Freud*. v. 7. Rio de Janeiro: Imago, 1996. p. 241-254.

GATTI, A. *et al.* Pesquisa qualitativa: grupo focal e intervenções psicológicas com idosos. *Psicologia: Ciência e Profissão*, v. 35, n. 1, p. 20-39, 2015. Disponível em: <https://dx.doi.org/10.1590/1982-3703002382013>.

GIL, C. A. *Recordação e transicionalidade: a oficina de cartas, fotografias e lembranças como intervenção psicoterapêutica grupal com idosos*. Tese (Doutorado) – Instituto de Psicologia da Universidade de São Paulo, São Paulo, 2010. Disponível em: <www.teses.usp.br/teses/disponiveis/47/47133/tde-20012011-111211>. Acesso em: 16 nov. 2016.

GIUSSANI, L. Incontro all'umano. In: GIUSSANI, L. *Un avvenimento di vita cioè una storia: itinerario di quindici anni concepiti e vissuti*. Roma: Il Sabato, 1993. p. 219-235.

GIUSSANI, L. *Educar é um risco: como criação de personalidade e de história*. Tradução de N. Oliveira e F. Tremolada. Bauru-SP: Edusc, 2004.

GONÇALVES, D. C.; ALBUQUERQUE, P. B.; MARTÍN, I. (2012). Reminiscência enquanto ferramenta de trabalho com idosos: vantagens e limitações. *Análise Psicológica*, v. 26, n. 1, p. 101-110, 2012. Disponível em: <http://www.scielo.mec.pt/pdf/aps/v26n1/v26n1a08.pdf>. Acesso em: 16 nov. 2016.

HALBWACHS, M. *Los marcos sociales de la memoria*. Tradução de M. A. Baeza e M. Mujica. Rubí, Espanha: Anthropos, 2004.

HALBWACHS, M. *A memória coletiva*. 2. ed. Tradução de L. T. Benoir. São Paulo: Centauro, 2011.

HUSSERL, E. *A crise das ciências europeias e a fenomenologia transcendental: uma introdução à filosofia fenomenológica*. Tradução de D. F. Ferrer. Lisboa: Centro de Filosofia da Universidade de Lisboa, 2008.

KORTE, J. *et al.* Reminiscence and Adaptation to Critical Life Events in Older Adults with Mild to Moderate Depressive Symptoms. *Aging & Mental Health*, v. 15, n. 5, p. 638-646, 2011. Disponível em: <http://link-periodicos-capes-gov-br.ez27.periodicos.capes.gov.br/sfxlcl41?frbrVersion=9&ctx_ver=Z39.88-2004&ctx_enc=info:ofi/enc:UTF-8&ctx_tim=2016-11-23T09%3A17%3A15IST&url_ver=Z39.88-2004&url_ctx_fmt=infofi/fmt:kev:mtx:ctx&rfr_id=info:sid>. Acesso em: 16 nov. 2016.

KORTE, J. *et al.* Cost-Effectiveness of Life-Review for Older Adults with Moderate Depressive Symptomatology: A Pragmatic Randomized Controlled Trial. *Journal of Aging Studies*, n. 34, p. 146-154, 2015. Disponível em: <http://www.sciencedirect.com/science/article/pii/S0890406515000225>. Acesso em: 16 nov. 2016.

LATORRE, J. *et al.* Life Review Based on Remembering Specific Positive Events in Active Aging. *Journal of Aging and Health*, v. 27, n. 1, p. 140-157, 2015. Disponível em: <http://jah.sagepub.com/content/27/1/140.full.pdf>. Acesso em: 15 nov. 2016.

LEITE, R. V.; MAHFOUD, M. Elaboração da experiência ontológica em Albert Schweitzer: análise fenomenológica de uma autobiografia. *Memorandum*, n. 28, p. 184-205, 2015. Disponível em: <https://seer.ufmg.br/index.php/memorandum/article/view/6320/4798>. Acesso em: 25 jul. 2017.

LIMA, T. C. S. de; MIOTO, R. C. T., Procedimentos metodológicos na construção do conhecimento científico: a pesquisa bibliográfica. *Revista Katálysis*, v. 10, n. esp., p. 37-45, 2007. Disponível em: <http://dx.doi.org/10.1590/S1414-49802007000300004>.

LISBOA, C. P.; MAHFOUD, M. Renovando a tradição: o caso da Cavalhada Mirim na comunidade de Morro Vermelho. *Memorandum*, n. 29, p. 112-132, 2015. Disponível em: <https://seer.ufmg.br/index.php/memorandum/article/view/6299/4778>. Acesso em: 25 jul. 2017,

LOBO, B. *et al.* Terapia cognitivo-comportamental em grupo para idosos com sintomas de ansiedade e depressão: resultados preliminares. *Psicologia: Teoria e Prática*, v. 14, n. 2, p. 116-125, 2012. Disponível em: <http://pepsic.bvsalud.org/scielo.php?script=sci_arttext&pid=S1516-36872012000200010&lng=pt&tlng=pt>. Acesso em: 14 nov. 2016.

MAHFOUD, M. *Experiência elementar em psicologia: aprendendo a reconhecer.* Brasília: Universa, Belo Horizonte: Artesã, 2012.

MAHFOUD, M. A estruturação da experiência segundo Luigi Giussani. *Estudos de Psicologia*, v. 33, n. 3, p. 395-401, 2016. Disponível em: <http://dx.doi.org/10.1590/1982-02752016000300003>.

MAHFOUD, M.; MASSIMI, M. A pessoa como sujeito da experiência: contribuições da fenomenologia. *Memorandum*, n. 14, p. 52-61, 2008. Disponível em: <http://www.fafich.ufmg.br/~memorandum/a14/mahfoudmassimi02.pdf>. Acesso em: 15 nov. 2016.

MASSIMI, M. A fonte autobiográfica como recurso para a apreensão do processo de elaboração da experiência na história dos saberes psicológicos. *Memorandum*, n. 20, p. 11-30, 2011. Disponível em: <http://www.fafich.ufmg.br/memorandum/a20/massimi05>. Acesso em: 15 nov. 2016.

MASSIMI, M. Narrativas autobiográficas nas cartas de jovens jesuítas do século XVII ao século XX. *Mnemosine*, n. 10, p. 23-63, 2014.

MASSIMI, M.; MAHFOUD, M. A pessoa como sujeito da experiência: um percurso na história dos saberes psicológicos. *Memorandum*, n. 13, p. 16-31, 2007. Disponível em: <http://www.fafich.ufmg.br/~memorandum/a13/massimimahfoud01.pdf>. Acesso em: 15 nov. 2016.

MORGAN, J. H. Geriatric Logotherapy: Exploring the Psychotherapeutics of Memory in Treating the Elderly. *Psychological Thought*, v. 5, n. 2, p. 99-105, 2012. Disponível em.: <http://citeseerx.ist.psu.edu/viewdoc/download?doi=10.1.1.299.6798&rep=rep1&type=pdf>. Acesso em: 16 nov. 2016.

NERI, A. L. Contribuições da Psicologia ao estudo e à intervenção no campo da velhice. *Revista Brasileira de Ciências do Envelhecimento Humano*, v. 1, n. 1, p. 69-80, 2004. Disponível em: <http://seer.upf.br/index.php/rbceh/article/view/46>. Acesso em: 16 nov. 2016.

OLIVEIRA, P. S. Memória e sociedade: ciência poética e referência de humanismo. *Psicologia USP*, v. 19, n. 1, p. 51-58, 2008. Disponível em: <https://dx.doi.org/10.1590/S0103-65642008000100002>.

PAYMAN, V. Psychotherapeutic Treatments in Late Life. *Current Opinion in Psychiatry*, v. 24, n. 6, p. 484-488, 2011. Disponível em: <http://link-periodicos-capes-gov-br.ez27.periodicos.capes.gov.br/sfxlcl41?frbrVersion=6&ctx_ver=Z39.88-2004&ctx_enc=info:ofi/enc:UTF-8&ctx_tim=2016-11-23T09%3A27%3A27IST&url_ver=Z39.88-2004&url_ctx_fmt=infofi/

fmt:kev:mtx:ctx&rfr_id=info:sid/primo.exlibrisgroup.com:primo3-Article-medline&rft_val_fmt=info:ofi>. Acesso em: 16 nov. 2016.

PETKUS, A. J.; WETHERELL, J. L. Acceptance and Commitment Therapy with Older Adults: Rationale and Considerations. *Cognitive and behavioral practice*, v. 20, n. 1, p. 47-56, 2013. Disponível em: <https://www.ncbi.nlm.nih.gov/pmc/articles/PMC4795910/>. Acesso em: 16 nov. 2016.

PLOTKIN, D. A. Older Adults and Psychoanalytic Treatment: it's about Time. *Psychodynamic Psychiatry*, v. 42, n. 1, p. 23-50, 2014. Doi:10.1521/pdps.2014.42.1.23.

PRADO, A. *Miserere*. Rio de Janeiro: Record, 2013.

PRESCHL, B. *et al.* Life-Review Therapy with Computer Supplements for Depression in the Elderly: a Randomized Controlled Trial. *Aging & Mental Health*, v. 16, n. 8, p. 964-974, 2012. Disponível em: <https://www.ncbi.nlm.nih.gov/pubmed/22788983>. Acesso em: 16 nov. 2016.

RABINOVICH, E. P. *et al.* (Org.). *Autoetnografia colaborativa e investigação autobiográfica: a casa, os silêncios e os pertencimentos familiares*. Curitiba: Juruá, 2016.

RAMÍREZ, E. *et al.* A Program of Positive Intervention in the Elderly: Memories, Gratitude and Forgiveness. *Aging & Mental Health*, v. 18, n. 4, p. 463-470, 2014. Disponível em: <https://www.ncbi.nlm.nih.gov/pubmed/24229346>. Acesso em: 16 nov. 2016.

RICOEUR, P. *Vivo até a morte: seguido de fragmentos*. Tradução de E. Brandão. São Paulo: Martins Fontes, 2012.

SANI, R. L'educazione tra rischio e libertà. In: CHIOSSO, G. (Org.). *Sperare nell'uomo: Giussani, Morin, MacIntyre e la questione educativa*. Torino (Itália): Società Editrice Internazionale, 2009. p. 5-27.

SCHMIDT, M. L. S.; MAHFOUD, M. Halbwachs: memória coletiva e experiência. *Psicologia USP*, v. 4, n. 1-2, p. 285-298, 1993. Disponível em: <http://dx.doi.org/10.1590/S1678-51771993000100013>.

SHARPE, L. *et al.* Problem-Solving Versus Cognitive Restructuring of Medically Ill Seniors with Depression (PROMISE-D Trial): Study Protocol and Design. *BMC Psychiatry*, v. 12, n. 207, 2012. DOI: 10.1186/1471-244X-12-207.

SHEAR, M. K. *et al.* Treatment of Complicated Grief in Elderly Persons: a Randomized Clinical Trial, 2014. Disponível em: <http://jamanetwork.com/journals/jamapsychiatry/fullarticle/1910337?resultClick=3&version=meter%20at%20null&module=meter-Links&pgtype=article&contentId=&mediaId=&referrer=&priority=true&action=click&contentCollection=meter-links-click>. Acesso em: 15 nov. 2016.

SIMON, S. S.; CORDÁS, T. A.; BOTTINO, C. M. C. Cognitive Behavioral Therapies in Older Adults with Depression and Cognitive Deficits: a Systematic

Review. *International Journal of Geriatric Psychiatry*, v. 30, n. 3, p. 223-233, 2015. Disponível em: <http://onlinelibrary.wiley.com/doi/10.1002/gps.4239/full>. Acesso em: 16 nov. 2016.

SONG, D. *et al.* Effects of Group Reminiscence on Elderly Depression: A Meta-Analysis. *International Journal of Nursing Sciences*, v. 1, n. 4, p. 416-422, 2014. Disponível em: <http://www.sciencedirect.com/science/article/pii/S2352013214000945>. Acesso em: 16 nov. 2016.

SUPIANO, K. P. Efficacy of Complicated Grief Therapy in Older Adults. *Evidence Based Mental Health*, v. 18, n. 3, 2015. Disponível em: <http://ebmh.bmj.com/content/18/3/90.full>. Acesso em: 16 nov. 2016.

ZHOU, W. *et al.* The Effects of Group Reminiscence Therapy on Depression, Self-Esteem, and Affect Balance of Chinese Community-Dwelling Elderly. *Archives of Gerontology and Geriatrics*, v. 54, n. 3, p. 440-447, 2012. Disponível em: <https://www.ncbi.nlm.nih.gov/pubmed/22206591>. Acesso em: 16 nov. 2016.

CAPÍTULO 3

Consultório de rua
Atendimento às pessoas em situação de rua. Uma aproximação do conceito de vontade

Sueli Guerreiro

Introdução

> *NÃO: Não quero nada. Já disse que não quero nada. ...*
> *Não me tragam estéticas! Não me falem em moral! ...*
> *Se têm a verdade, guardem-na!*
> *Queriam-me casado, fútil, quotidiano e tributável?*
> (CAMPOS, Álvaro de [Heterônimo de Fernando Pessoa].
> *Lisboa revistada. In: Poemas.)*

Paixão, paixão e paixão.

Com amor e paixão, com compaixão.

A etimologia da palavra compaixão traduz o fazer de um psicólogo de rua e isso seria o que minha percepção pode alcançar. Coo-paixão, colaborar com o sofrimento do outro, cooparticipação e um com-par-tilhar. E seria um sentimento desprovido de qualquer tipo de culpa e de qualquer necessidade de suscitar dependência no outro.

Compaixão como expressão do *Cuidado.*

> A compaixão não é um sentimento menor de "piedade" para com quem sofre. Não é passiva, mas altamente ativa. Com-paixão, como a filologia latina da palavra o sugere, e é a capacidade de com-par-tilhar a paixao do outro e com o outro. (BOFF, 2014, p. 147)

Ocorreu por inquietar-me, compreender o conceito vontade e ainda a sua relação com o *Cuidado, o cuidar-se.* E isso somente sendo possível na relação com o outro. Porque seria a vontade um dos fatores determinantes do grau de engajamento de quem procura ajuda.

Ora, se para a fenomenologia existencial o homem não tem uma essência, quais seriam as possibilidades de ressignificar a condição à que se submete, suponho que as acredita reduzidas, somadas a um sentimento de abandono, e de uma falta de sentido da vida e de uma existência paralisada. A vontade como emoção, sentimento ou motivação? Referir-me a vontade e o *Cuidado*, no sentido ôntico, seria apressado e enganoso. Seria conceitual.

Boff (2014, p. 50) propõe um entendimento do *Cuidado* a partir da fábula-mito de Higino.[1] Tomo-o como norteador, para identificar quando verdadeiramente estou incentivando o *Cuidado*.

Oferece-nos uma definição de *Cuidado* como sendo *aquela força originante que continuamente faz surgir o ser humano* (p. 117). Fala de uma superação necessária a nossa civilização, *superar o modo-de-ser-trabalho-produção-dominação*. Para isso precisaríamos resgatar o Cuidado: "Para isso o ser humano precisa voltar-se sobre si mesmo e descobrir seu modo-de-ser-cuidado" (Boff, 2014, p. 114).

1. O início

Uma busca por identificar respostas novas, sempre para questões que persistem. As pessoas em situação de rua apresentam as mais diversas e inimagináveis necessidades. Acredito em um projeto de compartilhamento entre os mais diversos profissionais e políticas públicas com gestões eficientes, mas a realidade é outra. Ser psicólogo de rua, uma vivência que traz muitas indagações. Deparamos com

[1] "Certo dia, ao atravessar um rio, Cuidado viu um pequeno pedaço de barro. Logo teve uma ideia inspirada. Tomou um pouco de barro e começou a dar-lhe forma. Enquanto contemplava o que havia feito, apareceu Júpiter.

Cuidado pediu-lhe que soprasse espírito nele. O que Júpiter fez de bom grado.

Quando, porém, Cuidado quis dar um nome à criatura que havia moldado, Júpiter o proibiu. Exigiu que fosse imposto o seu nome.

Enquanto Júpiter e Cuidado discutiam, surgiu, de repente, a Terra. Quis também ela conferir o seu nome à criatura, pois fora feita de barro, material do corpo da Terra. Originou-se então uma discussão generalizada.

De comum acordo pediram a Saturno que funcionasse como árbitro. Este tomou a seguinte decisão que pareceu justa:

'Você, Júpiter, deu-lhe o espírito; receberá, pois, de volta este espírito por ocasião da morte dessa criatura.

Você, Terra, deu-lhe o corpo; receberá, portanto, também de volta o seu corpo quando essa criatura morrer.

Mas como você, Cuidado, foi quem, por primeiro, moldou a criatura, ficará sob seus cuidados enquanto ela viver.

E uma vez que entre vocês há acalorada discussão acerca do nome, decido eu: esta criatura será chamada Homem, isto é, feita de *humus*, que significa terra fértil'" (BOFF, 2014, p. 50).

demandas das mais diversas. Um paciente em sofrimento psíquico intenso ou drogadictos, situação de miséria e fome, claro que dentre muitas outras demandas.

Olhar as demandas das pessoas em situação de rua seria atentarmo-nos para suas especificidades. Exige uma postura que seja condizente com o momento da sociedade. Angerami (2003, p. 95) alerta-nos de forma muito mais ampla e primorosa sobre esta necessidade:

> Em uma sociedade em que os valores se transformam de modo cada vez mais vertiginoso, não há como tentar compreender a condição humana a partir de teorias estanques e que não apresentam a própria evolução dos fatos. Se a verdade é a subjetividade e a realidade é a nossa constituição senso-perceptiva, então não há como enredar a condição humana, a não ser através desses princípios.

2. Técnicas

Um musicista entende que o excesso de técnica poderia desumanizar a música, que seria bom que o músico sentisse o momento apropriado e que deveria vir da alma.

> Ao aceitarmos o paciente enquanto fenômeno único, alguém cujas especificidades igualmente são únicas e que tampouco se repetem, estaremos abrindo a nossa própria senso-percepção para o levarmos a horizontes muito mais amplos e promissores em sua vida. (Angerami, 2003, p. 94)

Ser psicólogo de pessoas em situação de rua é estar preparado para lidar com a possibilidade de o encontro ser, apenas por instantes, instante-terapia, com uma aproximação-afastamento, com o não planejamento. E sempre ter como premissa que o conceito não vem antes do indivíduo. E deixar-se conduzir pelo paciente.

Na maioria das vezes prosseguirmos somente por indicação, um indica o outro. Existe um código de confiança entre eles, a maioria conhece um ao outro, e faz indicação. Em algumas situações só me foi permitido com uma troca de olhares. Um caso de troca de olhares rendeu-me anos de convívio com o "Pai" (vou chamá-lo assim porque andava com cinco crianças numa espécie de carroça que puxava pela Avenida Paulista, na região central da cidade de São Paulo). A demanda da pessoa em situação de rua pode ser desde as necessidades básicas até a angústia de viver.

Se pensarmos para além das necessidades básicas e observarmos que existem pessoas que estão na rua, o que poderia ser pensado só poderia ser a partir de suas demandas. E, ao contrário do que se observa no senso comum, cada um tem a sua.

> Não apresentamos como válidas propostas de realização pessoal e profissional que não sejam aquelas trazidas por ele, como também não temos

como definir o que é certo e errado nas buscas empreitadas pelo paciente, sendo que temos apenas o papel de ajudá-lo em suas reflexões para tais conceituações, se forem realmente necessárias. (Angerami, 2003, p. 103)

3. O cenário, o *setting terapêutico*. Um pouco do nosso trabalho nas ruas...

Quando caminho pela Avenida Paulista – refiro-me a esta avenida por ser conhecida mundialmente, um dos cartões postais do país, e também por se tratar do *setting terapêutico*, local de experiências diárias e de anos ininterruptos –, observo a complexidade e as dissonâncias de comportamentos típicas de um centro urbano. Pessoas apressadas para o trabalho; moradores dos prédios levando seus cachorros para fazerem o seu exercício diário; algumas pessoas fazendo exercícios matinais. Uma paisagem conhecida por todos nós. Neste cenário, pego-me por um instante, segundos, parada na calçada, observando a naturalidade com que a maioria das pessoas caminha, tropeça e pragueja por entre as camas de papelões.

4. O Roberto[2] e seus amigos. Relatos de vidas vividas nas ruas

Há pouco mais de uma década, dedico-me ao atendimento psicológico a pessoas em situação de rua. Apresento aqui um recorte e breves relatos dessas experiências.

Saía do consultório por volta das 22 horas, na maioria dos dias e depois de muitos atendimentos. Atendia pacientes encaminhados por convênios, nunca deixei de atender aos convênios médicos, e o número de pacientes é sempre alto, em média de 40 pacientes por semana. Ao sair naquele dia, parei em frente a algumas pessoas deitadas no chão, em cima de papelões, na porta do prédio. Sabemos que não teriam permissão para entrar no prédio – não sejamos inocentes –, pois poderiam estar sujos e drogados. Fui interpelada, pois estavam ali há dias, e sempre os cumprimentava; convidaram-me para sentar e chamaram-me de doutora – talvez porque me viram saindo do prédio, com alguns livros. Apresentei-me como psicóloga.

Eram cinco homens, com histórias de dor e miséria humana.

Procurava ouvir e não perguntar muito. Estar ali, nada mais. Aceitar cada um como fenômeno único.

Ouvir, ouvir e ouvir foi o que pude efetivar, porque tinham muito a me oferecer. E estar preparada para um encontro.

Assisti-los? Já tinham especialistas demais em seus encalços.

Cada um tinha sua história, única.

[2] Os nomes são fictícios.

Mário, um artista, desenhava, aparentava uns 50 anos, negro. Contou-me que entrou numa crise existencial profunda. Embrenhou-se no meio de uma mata (nunca perguntei qual, pareceu-me irrelevante, apesar da curiosidade). Sua crise culminou num alcoolismo severo, e em situação de rua. Recentemente, encontrei-o e estava morando num quarto, onde pagava aluguel, e disse viver de sua arte.

Ricardo, o namorador, aparentava ter 25 anos, negro, vivia apanhando da namorada ciumenta. E era o protegido do grupo.

Tiago, *personal trainer*, loiro e de olhos claros. Aparentava ter 40 anos. Mencionou ter sido *personal trainer* de uma apresentadora famosa. Filho de pais de classe média, tinha a característica de proteger os outros. Ao ser servida por ele em um copo plástico (dos de café) com um pouco de vinho, continuava a me falar de sua história, sob o olhar confuso do segurança do prédio, em pé ao nosso lado.

Disse que recebera um telefonema de sua irmã, engenheira, avisando que seu pai arrumou uma clínica para ele e que viria buscá-lo no dia seguinte. O que não aconteceu. Descreveu-se como revolucionário que fazia ocupações em prédios na região da Avenida Paulista para moradia dos amigos. Apresentou-me o Roberto, aproximou-nos enquanto contava das incursões em albergues da prefeitura que faziam juntos. Disse com asco, e buscou a afirmação do Tiago enquanto falava no intuito, pareceu-me, de reforçar as suas sensações. Descreveu: "Chegamos lá e tinha muita merda no chão!... Tínhamos apenas um bilhete de transporte público, olhamos um para o outro e saímos correndo dali". Entreolharam-se e riram da memória da tragédia.

O Roberto. Aparentava 40 anos, mas tinha 24 anos, moreno claro e olhos azuis. Muito inteligente e sensível. Usuário de álcool e crack. Disse ter sido professor de capoeira. Tinha uma irmã que trabalhava como cuidadora de uma senhora e morava a poucos quarteirões dali. Depois de minutos de dispersão e brincadeiras do grupo, continuou, disse que havia passado por muitas internações, seis, sem resultados reconhecidos por ele.

Nesse dia, esqueci meu guarda-chuva com eles, guardaram-no. No dia seguinte, entregaram-me.

As primeiras semanas seguiram com conversas. Com horário marcado sempre às 22 horas. Falavam como tinha sido o dia. Discutiam entre si.

Um dia, foi aniversario do Roberto. A recepcionista da clínica onde tinha meu consultório, a Pâmela, que também partilhava a vivência com o grupo, trouxe um bolo. Comemoramos. A irmã dele ligou desejando feliz aniversário.

O Pai, o da troca de olhares, acima citado, apareceu e fomos apresentados. Aparentava 30 anos, negro. Ele tinha uma espécie de carroça. Aparecia sempre por volta das 23 horas e ia embora logo, pois tinha seus filhos para cuidar. Sempre me falava sobre a importância de ir à igreja cristã, evangelizava-me sempre.

Semanas se passaram. O Renato, o *personal trainer*, o cuidador do grupo, pediu para conversar. Disse estar angustiado com o grupo, porque estavam discutindo muito, e que estava procurando um prédio da região para ocupação. Falou de suas angústias na vida e que não queria ir para a clínica de recuperação, e disse que era usuário de crack. Explicou que preferia ficar como estava.

Algumas semanas depois, o Roberto (o professor de capoeira) veio conversar. Sempre às 22 horas, reservávamos um tempo para conversar.

Alguns meses depois, disse ter conseguido um emprego, num quiosque que vendia pastel e água de coco que ficava a 100 metros do consultório. Conhecia todos os projetos sociais da Prefeitura de São Paulo. Foi morar num albergue que era propriedade de uma igreja, não se adaptou. Voltou às ruas. Em seguida, a irmã o internou; depois de três semanas, fugiu. Alguns meses depois, arrumou uma namorada. Foram morar juntos. Separaram-se por motivo de agressão dele. Perdeu o emprego, segundo o empregador por ter *personalidade forte*. Voltou às ruas. A irmã procurou-me pedindo que o encontrasse. Um dia o encontrei a caminho de uma entrevista de emprego. Contou-me que estava morando próximo dali, em uma ocupação. E pediu para ir até lá quando pudesse.

Um dia apareci. Havia dois policiais na porta, cumprimentei-os e entrei. Como conhecia Tiago e era convidada do Roberto, tive autorização para entrar. Somente o Tiago e sua esposa estavam. Mostraram o lugar. Ele se esforçou para tirar uma cadeira do quarto dele para que eu pudesse sentar. A intenção era colocar a cadeira num espaço aberto próximo à lavanderia, mas não conseguiu. Ficamos sentados no chão molhado, cheio de barro. Conversamos por duas horas. Contou-me sobre seus empregos, sua vida. Contou que trabalhou em grandes magazines, lojas de vendas de móveis. Sempre apresentava os moradores que passavam por nós durante nossa conversa. Enquanto conversávamos, observava aquelas pessoas amontoadas em um pequeno espaço, tudo era comunitário, o tanque de lavar roupas, o banheiro. O balde de uma das lavadeiras era uma caixa de isopor.

Fui convidada para voltar outro dia. Combinamos. Voltei na semana seguinte. Um dia falou de sua angústia por quase ter sido preso por tráfico de drogas, disse que Deus o ajudou e não foi preso porque a prisão estava com excesso de lotação. Dois dias depois encontrei o Tiago na rua e ele disse que se desentendera com o Roberto, e não autorizou a sua volta para a ocupação. Voltei à ocupação por meses. Um dia cheguei e não tinha ninguém, a polícia invadiu e tirou todos os moradores de lá. Encontrei o Tiago dias depois, mangueando – termo característico de pessoas em situação de rua e que significa pedir. Pedia comida e dinheiro, próximo ao meu consultório. Voltou à condição de pessoa em situação de rua. Conversamos. Combinamos de nos encontrar embaixo do prédio do MASP. Sempre aparecia e conversávamos sobre suas angústias. Um dia ligou para sua irmã e escutei: "Estou aqui com uma psicóloga". Desligou e disse que a irmã era engenheira e morava em outro estado.

Não encontrei o Roberto por meses.

Um dia, encontrei-o no MASP. Ele falou sobre a irmã. Disse que ela o estava procurando. E ele pediu que eu conseguisse que ele fosse para o sul do país encontrar a ex-mulher e o filho de sete anos, e para se internar numa clínica que ele conhecia. Conversei com sua irmã e ela preparou uma mala com roupas e material de higiene pessoal. Combinamos com ele; no dia, ele não apareceu. Uma semana depois, encontrei-o. Ele disse: "Vocês queriam me despachar tão rápido assim, para tão longe?". Conversamos. Disse que andava pelas ruas do bairro, agoniado.

Falou que gostaria de se tratar, mas não concordava com os métodos das clínicas de internação, e descreveu-me esses métodos e também explicou por que saía delas. Sugeri que fosse a um órgão da prefeitura de atendimento, concordou. Marcamos de nos encontrar ali no final da tarde, quando ele estivesse por ali, ele não gostava de regras, mas me comprometi em estar ali num dia específico da semana.

Não o vi por meses.

Um dia o encontrei novamente no vão do MASP, chamado assim por moradores de São Paulo por se tratar de um espaço grande, abaixo do prédio do MASP. Conversamos e caminhamos juntos até meu consultório. No caminho me disse: "Você não se importa com o olhar das pessoas, por você estar caminhando comigo?" Respondi que não. Pedi para me enganchar em seu braço e caminhamos até o meu consultório.

Nos dias que se seguiram, sempre que passava por lá não o encontrava.

Sempre que eu ficava no MASP, as pessoas em situação de rua se aproximavam para conversar. E sempre me identificava como psicóloga. Ouvia muitas histórias, histórias de desemprego, na maioria das vezes.

Um dia cheguei ao MASP e havia um novo grupo próximo de onde o Roberto sempre ficava. Sentei-me no chão, estrategicamente próxima do grupo. Observaram-me. Até que um me disse: "Parece que você estava procurando alguém, me lembra minha mãe quando me procurava". Aproximei-me. Era um grupo de homens e mulheres, oito pessoas em situação de rua. Cumprimentei a todos. Um disse, surpreso: "Ela pega na mão da gente". Fiquei com eles um tempo e voltei para o lugar onde estava sentada antes. Sempre dizia que era psicóloga e que estaria disponível se quisessem conversar. Encontrei-os outros dias em que lá estive. Um foi ajudante de cozinha em um restaurante renomado próximo dali. Histórias... Histórias de desemprego eram a maioria delas.

Algumas semanas depois a irmã do Roberto me procurou, dizendo que a mãe viria para São Paulo e pediu que eu intermediasse e promovesse o encontro. A mãe veio, encontraram-se, um momento de emoção, segundo a fala da mãe dias depois em meu consultório. A mãe e a irmã vieram ao meu consultório. A mãe contou-me sobre sua vida e a do filho. Falou que se casou cinco vezes e que tivera um filho de cada casamento. Falou o quanto se sentia culpada pela situação do filho. Intervi dizendo que a culpa é da condição humana e que avocar mais culpa não seria uma boa escolha. A mãe voltou para a Paraíba. A irmã partiria em dias para Paulo Afonso, no estado da Bahia. E em poucos dias a irmã voltou ao consultório para despedir-se. Pediu que eu ficasse responsável pelo seu irmão, deixou-me seu contato e uma mala com roupas e os documentos dele. Contou que o pai do Roberto falecera e perguntou se eu podia avisá-lo.

Fui procurar o Roberto e não o encontrei.

Deixava recado com as outras pessoas em situação de rua e um deles pegou meu contato. Este pediu para conversar sobre sua vida nas ruas e me convidou para assistir a uma reunião numa igreja, disse que gostaria que eu fosse com ele. Senti que ficou intrigado por não ter sugerido nada, não ter oferecido nada. Então ele mesmo decidiu me oferecer algo. Um dia desses, enviou-me um áudio que continha os gritos das pessoas ao presenciarem um suicídio. Um homem pulou do vão do MASP. Um homem que morava na Cracolândia,[3] um espaço criado por usuários de crack, no centro da cidade de São Paulo. Um espaço protegido pela GCM[4] e PM.[5] Havia sido expulso de lá, naquele dia, por uma intervenção higienista da prefeitura de São Paulo. Respondi e fui procurá-lo. Conversamos e ele me agradeceu. Marcamos outros encontros.

Um dia, passando pelo vão do MASP, encontrei o Roberto e conversamos por horas. Falou que apareceu no noticiário da televisão naqueles dias, contou que o filmaram pulando telhados na fuga em decorrência da intervenção da GCM e de outros aparatos da Prefeitura de São Paulo no intuito de expulsar as quase duas mil pessoas que moravam na Cracolândia. Falou sobre sua experiência no *Fluxo da Cracolândia*.[6] Descreveu, também, com detalhes, cada espaço que lá existia, disse que não queria mais voltar para lá, por estar mais tranquilo agora. Falou que estava ficando no centro da cidade, na Praça das Bandeiras. Acompanhou-me até o consultório. Sumiu por meses. Um dia estava sentado próximo ao meu consultório e disse que gostaria que lhe entregasse sua certidão de nascimento. Marcamos. Não apareceu.

Duas semanas depois, encontramo-nos e me disse que ficara horas em frente ao meu consultório, mas não apareci. Voltou ao vão do MASP. Conseguiu um colchão e roupas num albergue. Em um dos encontros, brincou sobre a densidade do colchão que conseguira, e disse que era um colchão muito bom. Ele era organizado, tudo muito limpo também.

Meses depois, quando passava pelo MASP, encontrei o Roberto. Estava muito frio. Nesse dia ele estava muito sujo, mostrou-me sua ferida no pé. Disse que foi a um hospital e que o atenderam tão mal que preferiu ir embora. Ele disse:

[3] Para uma melhor compreensão sobre a Cracolândia, indico a leitura do livro Angerami, *Desespero e flagelo humano, parêmias da Cracolândia* (2017).

[4] Guarda Civil Metropolitana.

[5] Polícia Militar.

[6] Fluxo é o espaço em que transitam apenas as pessoas que vivem na Cracolândia, e basicamente só circula por lá quem eles permitem.

"Você não se importa de te verem comigo?" Enquanto falava, beijava muito minhas mãos. Falamos sobre como foi para ele a vinda de sua mãe e a saudade de sua irmã. Acompanhou-me ao consultório.

Angerami, ao diferenciar caridade de solidariedade, citando Merleau-Ponty, mostra-nos:

> [...] o sensível me restitui aquilo que lhe emprestei, mas é dele mesmo que eu o obtivera. Eu que contemplo o céu azul, não sou diante dele um sujeito acósmico, não possuo em pensamento, não desdobro diante dele uma ideia de azul, que me daria seu segredo; abandono-me a ele, enveredo-me nesse mistério. É dizer que, nessa contemplação, me torno o próprio céu que se mistura a mim, recolhe-se e põe-se a existir para si. Então minha totalidade se torna esse azul ilimitado. Esses fragmentos tornam a solidariedade algo que se funde ao nosso corpo em filigranas, que se desdobram para se fundirem em nossas vidas, diante daquilo que existe com nossa presença. (Angerami, 2017, p. 44)

Recentemente o encontrei a poucos metros do meu consultório. Comia farelo de bolo, senti que ficou envergonhado ao me ver. Estava indo para o consultório e combinei de voltar em uma hora. Na volta não o encontrei.

Foi quando conheci a Iara, que estava em situação de rua, próxima a ele. Perguntei se sabia para onde ele havia ido e ela me disse que só o vira descer rua abaixo. Falou que não gostou dele porque lhe fez uma pergunta idiota: "Me perguntou se estava bem, você acredita? E nem respondi, você acha? Que babaca. E poderia até responder que sim. Estou bem sim, na rua, com fome, com frio e bem."

Não citaria seu endereço, pois fixou moradia ali por tempo indeterminado. Há alguns meses passo por ali e assisto à sua luta por estabelecer seu espaço, luta com destreza. Embaixo da pequena laje de um estabelecimento, fez sua estada nesses últimos meses. Ela é despachada, sempre com um sorriso largo no rosto, seduz a maioria dos que passam por ali. Iara é transexual e negra. Conversa com todos os comerciantes e moradores ao redor.

À noite, nesse mesmo dia, passei para perguntar sobre o Roberto. A Iara me responde: "Vou usar crack também, assim as pessoas vão cuidar de mim também. Sabe, eu não uso essas coisas pesadas". Disse que ficaria disponível e, se quisesse, poderia me encontrar no espaço embaixo do prédio do MASP; estava lá às terças, durante a tarde toda, ou passaria ali todos os dias e, se quisesse conversar, era só falar. E afastei-me, pois ela estava conversando com algumas pessoas. Quando me despedi e me afastei, olhei para trás e senti que Iara tinha algo de muito forte, apesar de ter demonstrado a sua fragilidade. Por um instante, senti o que era ser Iara, o papelão duro, o frio a chuva fina.

Recentemente Iara me chamou e conversamos longamente. Disse que iria se casar em breve. Disse que decidiu arrumar um emprego, catar papelão nas ruas, por não querer mais ficar pedindo ajuda para as pessoas. Passei a ver um carrinho para transportar papelão, sempre cheio, próximo a sua barraca, quando passo por lá. Arrumou uma barraca de acampar e todos os dias cuida da casa com capricho. Às vezes, quando passo a caminho do trabalho, ela me chama e conversamos. Estamos criando um relacionamento de carinho e cuidado.

5. Vontade e estigma[7]

Ser psicólogo de rua é ficar no ponto de interseção entre um psicólogo social e psicólogo clínico. No dia a dia podem surgir preocupações com relação ao indivíduo ou com seu entorno. Há muito conteúdo para pesquisa.

No fazer vão surgindo indagações e as respostas aparecem nesta interação.

O conceito de vontade, por exemplo. A vontade das pessoas em situação de rua que são usuárias de drogas de aderir a um tratamento. A vontade tornou-se um critério importante, e isso não seria uma nova forma de estigmatização? Estigmatizamos, rotulamos e excluímos. Delegar ao usuário toda e qualquer responsabilidade pelo sucesso ou não de todas as intervenções pensadas e executadas? Então se ele tiver vontade, vontade de aderir ao programa pensado para ele, tudo correrá bem? Adianto: dificilmente irão procurar ajuda oferecida, estatísticas comprovariam isso. Riem dos aparatos higienistas e precários da maioria dos projetos municipais e estaduais.

Pessoas em situação de rua, drogados *versus* projetos e políticas públicas na sua grande maioria higienistas, com a possibilidade de internações compulsórias. Por certo projetos, em sua grande maioria, fadados ao fracasso. A tragédia continua ainda hoje. Qual seria o parâmetro para se medir e definir a vontade? Se fosse possível, seria tão individual? Os instrumentos seriam mesmo capazes de medir algo? Poderíamos criar instrumentos para medir a angústia, o tédio, a solidão, a tristeza, o descontentamento ou a desilusão?

A vontade só poderia ser individual, no sentido de se pensar no tempo do indivíduo. São tratados – indivíduos em situação de rua – como causa do problema, não como consequência de problemas sociais, econômicos, políticos; tornam-se vítimas de exclusão social. Nessa lógica, precisam ser expulsos do convívio social, tratados como únicos responsáveis por sua situação, por sua falta de *força de vontade* – e a falta de vontade ser a principal causa de os projetos idealizados não darem certo.

Assevera Angerami que pessoas em situação de rua:

> [...] insistem em sobreviver, apesar de toda a exclusão de que são vítimas. De uma vida que pulsa e tenta se tornar realidade, em que se pese fazerem parte de uma sociedade, onde o neoliberalismo apenas aceita aqueles que sobrevivem aos seus critérios de meritocracia. (Angerami, 2017, p. 65)

[7] No sentido proposto por Goffman (1988).

Um usuário de crack, disse: "Você poderia ir comigo neste bar?" E apontou para o bar. "Peço que não me dê dinheiro, pois usaria crack imediatamente e preciso comer". Fomos ao bar e comeu. Contou que vivia em albergues da prefeitura e que fora internado inúmeras vezes. Não o vi mais.

O Pai, citado acima, há algumas semanas nos encontramos, muito próximo ao meu novo consultório, agora mais no meio da Avenida Paulista.

Contou que decidira aceitar um cômodo, cedido por um projeto da Prefeitura de São Paulo. Contou que os hotéis do centro de São Paulo, cedidos para este projeto, estavam com superlotações, e este cômodo foi lhe oferecido em alternativa. Falou que fazia já alguns meses que recebera o benefício da prefeitura e que só agora decidira aceitar, ter vontade de ir, pois entendera que seus filhos precisariam estudar. A vontade demorou um tempo para chegar e a motivação também.

Nesse momento, chegaram algumas mulheres interessadas nos lindos filhotes de cachorros que ele levava. Escutei sua resposta:

"Não vendo cachorros, já foram doados."

A jovem senhora insistiu: "Pago quanto você quiser!"

Respondeu: "Desculpe! Não vendo!"

Ela agradeceu e se foi.

Virou-se para mim e continuou, disse que sentiria muitas saudades dos anos que viveu ali.

Abraçamo-nos e ele disse-me ao pé de ouvido: "Obrigada por tudo!"

Este é o paciente que a terapia foi só com muitas trocas de olhares ao longo dos últimos anos. Neste momento, entendi que estive interferindo, intervindo em sua existência. Perguntou se poderia *olhar* por seu pai e duas irmãs que ficavam numa praça próxima. Respondi que sim. Já não o vejo há um tempo.

Parêmia o Santo Demônio em ação[8]

Valdemar Augusto Angerami

O Santo Demônio não é um ser de chifres e rabo comprido. Ele tem formas humanas e se traveste de diferentes situações. Quando você vota e referenda seu voto nos políticos do PSDB que propagam a violência contra pessoas indefesas e combalidas, você está se colocando como devoto de sua Santidade o Demônio; quando você vota e referenda seu voto nos políticos do PT em nome dessa farsa que é a distribuição de migalhas para os famintos, você está se colocando ao lado de uma das mais perversas conquistas de sua Santidade o Demônio, a orgia financeira dos bancos e do grande capital; quando você diz que em política você prefere distância e imparcialidade, simplesmente repete o que mais o Santo

[8] Gentilmente cedida pelo autor.

Demônio deseja ouvir, ou seja, a conivência com toda a perversidade da nossa desigualdade social; ao dizer que as pessoas da Cracolândia lá se encontram por uma escolha pessoal, e não pela brutal excludência de nossa realidade social, você está entoando um dos cânticos preferidos do Santo Demônio. Ao rezar pedindo proteção a Deus, veja antes se você também não está fazendo escolhas que o colocam nos caminhos de sua Suprema Santidade, o Demônio. Não adianta orar a Deus e proferir que bandido bom é bandido morto; que pobre é um estorvo a infestar nossos caminhos. Cuidado! Não adianta ser contra o aborto e defender pena de morte. Vejo gente que se diz lúcida, e que, no entanto, não consegue perceber sua participação na exclusão social de tantas pessoas jogadas à margem do caminho. O Santo Demônio se manifesta em filigranas, em ações que muitas vezes passam por caritativas. Paz e bem!

Referências

ANGERAMI, V. A. *Psicoterapia e subjetivação.* Uma análise de fenomenologia, emoção e percepção. São Paulo: Pioneira Thomson Learning, 2003.

ANGERAMI, V. A. *Desespero e flagelo humano, parêmias da Cracolândia.* Belo Horizonte: Artesã, 2017.

BOFF, L. *Saber cuidar; ética do humano* – compaixão pela terra. Petrópolis: Vozes, 2014.

GOFFMAN, E. *Estigma.* Notas sobre a manipulação deteriorada. Rio de Janeiro: LCT, 1988.

CAPÍTULO 4

A relação do uso de psicoativos e o suicídio com o trabalho: reflexões segundo o existencialismo de Sartre

Afonso Henrique Iwata Yamanari
Sylvia Mara Pires de Freitas

Introdução

A veiculação nos noticiários televisivos e nas redes sociais sobre o uso de psicoativos[1] e do suicídio de trabalhadores relacionados ao seu contexto de trabalho parece ter aumentado nos últimos anos. No contexto acadêmico observa-se que a veiculação desses fenômenos, realizadas por produções científicas, tem mostrado a preponderância do viés quantitativo como método para compreendê-los. A preocupação de seus autores com a frequência com que eles ocorrem, por conseguinte, informa-nos a negligência da complexidade com que se implica a relação do trabalhador e o mundo laboral.

Consideramos oportuno recorrer à filosofia existencialista de Jean-Paul Sartre como base para a reflexão sobre o uso de psicoativos e o suicídio no contexto laboral, por nela encontrarmos o incentivo à compreensão do enredamento que envolve a realidade humana. De modo diferente às pesquisas mencionadas, a abordagem existencialista compromete a constituição do sujeito trabalhador com a sua situação de trabalho e esta com aquele. Indivíduo/indivíduo, indivíduo/

1 A Organização Mundial da Saúde (2004) considera substâncias psicoativas as que "[...] têm a capacidade de alterar a consciência, a disposição e os pensamentos" (p. 7). Neste capítulo, fruto de parte da Pesquisa de Iniciação Científica (PIC), intitulada "O ser trabalhador e a relação entre o uso de álcool, drogas, suicídio e trabalho", respectivamente realizada e orientada pelo autor e pela autora, do Departamento de Psicologia da Universidade Estadual de Maringá, Paraná, entre os anos de 2016 e 2017, abordaremos o uso dessas substâncias, como o tabaco, o álcool, as substâncias ilícitas (cocaína, heroína, canabis (maconha) e demais estimulantes anfetamínicos) em sua totalidade. Não entraremos em detalhes sobre as características particulares de cada uma destas substâncias, uma vez que nosso interesse é partir do efeito comum de todas – a alteração da consciência, e, desta prerrogativa, discutir sua mediação entre trabalhador e mundo do trabalho.

coletivo, indivíduo/grupo, indivíduo/materialidade, desta maneira, edificam-se de modo simultâneo, e julga, de igual importância, compreender as mediações que os conectam.

Ao contrário da amplitude de produções científicas que tratam quantitativamente os fenômenos mencionados, é ínfimo o número das que correlacionam ao contexto do trabalho o uso dos psicoativos e o suicídio pelo viés do existencialismo sartriano. A escassez dessas produções nos aponta para a necessidade de contribuirmos com a construção de conhecimentos que se nega a compreender a realidade humana expurgando o homem de seu contexto sociomaterial. Especialmente recusa-se a tratar o aumento do uso de psicoativos e do número de suicídios de trabalhadores, contribuindo com a produção da cultura de culpabilização do indivíduo, por conseguinte, inocentando os processos socioeconômicos que produziram condições de trabalho adversas à saúde mental do trabalhador.

1. A psicologia, o trabalho, o uso de psicoativos e o suicídio: o que nos dizem alguns estudos

A Psicologia brasileira insere-se no contexto do trabalho herdando conhecimentos e práticas de outras disciplinas, tais como a Administração, a Medicina, a Pedagogia e a Engenharia. Na primeira metade do século XX, incrementava-se no Brasil o processo de industrialização, havendo o interesse dos que detinham o poder de adequar os trabalhadores oriundos do trabalho agrícola ao trabalho fabril. Nesse sentido, era referente à Psicologia o vínculo do labor permeado por atividades como a análise e descrição de cargos, recrutamento e seleção, treinamento de pessoal e orientação vocacional e profissional. Tais práticas, compreendidas em uma sociedade industrial emergente, corroboraram para que a Psicologia, no âmbito do trabalho, visasse à subjetividade 'fora da vida' do trabalhador, devendo seu modo de ser no mundo do trabalho 'modelado' por preceitos que coadunavam com as necessidades apontadas pelo mercado. Esse campo de atuação do psicólogo foi denominado como Psicologia Industrial (Freitas, 2009).

Segundo essa autora (2002, 2009), nos anos 1970, estudos evidenciaram que a estrutura das organizações afetava diretamente a eficiência dos trabalhadores. Predicava-se que os esforços dos psicólogos deveriam incidir sobre esses para que os conflitos fossem amenizados, facultando o êxito do processo produtivo. Os 'ventos' da globalização acenavam para a necessidade de o psicólogo ampliar sua compreensão sobre relação trabalhador/função, considerando-se que estas passam a ser mediadas por processos culturais, políticos, sociais e econômicos internacionais, aumentando a sua complexidade.

Mesmo com a ampliação do foco do psicólogo, mantinha-se o objetivo 'harmonizante' pela regulação da endogenia organizacional com a do mundo globalizado.

O paradigma sistêmico oportunizou uma nova denominação para a área de atuação do psicólogo no contexto do trabalho – a de Psicologia Organizacional.

No entanto, por volta do início da década de 1980, no Brasil, psicólogos de viés crítico denunciaram que os saberes e fazeres da Psicologia Industrial e da Organizacional apenas atendiam aos interesses das classes hegemônicas, e que os trabalhadores eram silenciados e estavam adoecendo. Apontavam, portanto, a necessidade de jogar luz à subjetividade, de modo a desconstruir práticas reificantes, desumanizadoras. Inaugura-se, então, uma nova etapa da Psicologia que empreende seus saberes e fazeres de maneira crítica ao modo nefasto com que a centralidade do trabalho vinha (e ainda vem) impactando a saúde do trabalhador. Essa nova etapa foi denominada como Psicologia do Trabalho (Freitas, 2002; 2009).

Nessa nova fase/face, psicólogos que atuam no contexto do trabalho começam a construir alicerces teórico-práticos críticos no próprio campo da Psicologia. Diálogos com outras disciplinas, que abarcam a complexidade da relação homem-trabalho, contribuem com eles nessa empreitada. A Psicologia do Trabalho, contudo, continua dividindo espaço com os saberes e fazeres das fases/faces anteriores; porém, seu intento é o de desconstruir o lugar de subjugo dado ao trabalhador até então. Intenta compreender, principalmente, a constituição do sujeito, considerando-se a importância do trabalho para sua edificação e ao processo saúde/doença.

Os novos empreendimentos dos psicólogos possibilitaram uma visão diferenciada frente às constantes demandas que aparecem no âmbito do trabalho. Estudos apoiados na "Psicanálise, (na) Psicossociologia, (na) Psicologia Social Clínica, (na) Psicodinâmica do Trabalho, (na) Clínica da Atividade, (na) Ergonomia e também (na) Filosofia e (na) Antropologia" (Bendassolli; Soboll, 2011, p. 60) articulam a vivência do trabalhador com o mundo sociomaterial, considerando a relação entre a subjetividade e objetividade.

A respeito do contexto social que a Psicologia do trabalho se deparou e vem intervindo, é o de uma sociedade em ligeira transição. O mundo contemporâneo, marcadamente influenciado pela globalização, como dissemos, trouxe consigo mudanças políticas, econômicas, sociais e culturais que, de maneira direta e/ou indireta, influenciaram a vida dos trabalhadores. No âmbito organizacional essas mudanças foram drásticas. Em meados dos anos 1990, tendo como finalidade os métodos de produção mais eficazes, um amplo movimento de reestruturação organizacional foi realizado mediante reengenharias. Tinham como finalidade enxugar planilhas de custos por meio do uso intensivo de tecnologia, do fechamento de unidades e fábricas, de processos de fusões, aquisições, terceirizações e parcerias (Freitas, 2011).

No decorrer desse processo foram intensificados os ambientes de trabalho 'tóxicos' e escasseando as condições promotoras de qualidade de vida dos trabalhadores. Frente à imposição da reestruturação produtiva por parte das organizações, as profissões e carreiras tornaram-se meras atividades comerciais; a relação com os colegas deu espaço à individualidade; com a constante concorrência imposta como necessária, o trabalho passou a ser estritamente relacionado às metas a serem cumpridas; o abuso de autoridade se tornou inegável, sendo reportados recorrentes casos de assédio moral (Freitas, 2011).

Essas e outras condições foram e são fundamentais para que se possa compreender o comprometimento da saúde do trabalhador que se presencia na contemporaneidade. Ademais, além do adoecimento psicofísico dos que convivem em ambientes de trabalho nocivos, Netto (2011) evidencia a implicação dessas condições de trabalho atuais com a ideação suicida dos trabalhadores e com a sua concretização. Enfatiza que esses fenômenos contradizem o trabalho como o pilar central na vida das pessoas, sendo, portanto, responsável pela sua humanização. Alerta, ainda, que com a reestruturação organizacional o trabalho pode desumanizar, 'bestializar' e fazer o homem perecer. Nesse sentido, muitos dos suicídios presenciados nas organizações não foram cometidos

> intencionalmente [...] por sujeitos conscientes de si e de sua condição humana, ao contrário, foram mortes impostas por outros sujeitos que em geral não os reconhecem como iguais, como pares, como humanos, mas os veem como peças, descartáveis e facilmente substituíveis. Muitos desses homens e mulheres não se mataram, mas foram mortos, não se suicidaram, mas foram suicidados pela sociedade [...] (Netto, 2011, p. 157)

Sauaya e Cohen (2011) denunciam que as novas estruturas organizacionais produzem

> individualismo, ruptura do laço social, competitividade desenvolvida no território da rivalidade fraterna, quebra de referentes protetores ou reivindicativos e fundamentalmente apropriação da vida. [...] (e que) quando o sentido da vida é desapropriado pela organização do trabalho, produz-se o que chamamos de suicídio laboral ou indução ao suicídio. (p. 166; 165)

Complementam que a compreensão do fenômeno suicídio está primeiramente ligada às compreensões 'congeladas' que o perfilam, como aquelas que atribuem sua causa aos antecedentes familiares, à psicopatologia preexistente, à imitação, ao contágio. Acrescentamos que apreensões acríticas e a-históricas, ao desprender o fenômeno suicídio do trabalho, afirmam que a subjetividade do trabalhador é construída somente por suas relações familiares, por aprendizagem ou mesmo definidas geneticamente.

Na mesma direção, os autores Dejours e Bègue, citados por Souza e Souza (2010), constataram que em uma indústria francesa, após começar sua reestruturação produtiva em 1997, ocorreram vários casos de suicídio no âmbito organizacional.

Outro trabalho que merece destaque é o estudo de caso realizado por Santos e Siqueira (2011). Os autores, por intermédio do discurso do irmão de um bancário que cometeu suicídio, tentam traçar a relação entre o ato de se matar e a vida que o sujeito levava dentro do banco. A intenção dos autores, por este viés, não é achar um nexo causal que leve ao suicídio, mas levantar a suspeita das relações que conduzam a tal ato e as formas contemporâneas de organização do trabalho. Para eles, o tema suicídio é "demasiadamente complexo para correlações lineares do tipo causa e efeito" (p. 72).

Santos e Siqueira (2011) mencionam que, comparando com as bibliografias brasileiras, o suicídio é mais retratado nas estrangeiras, com incidência do paradigma quantitativo. Para esses autores, o que falta nesses estudos "[...] é a racionalização filosófica completa e cabal do ato em si, ato esse intimamente relacionado à natureza humana" (p. 72-73).

Outra questão que parece ser pouco abordada no mundo do trabalho por psicólogos é o uso de psicoativos relacionado ao suicídio. Sobre essa relação, a Organização Internacional do Trabalho (OIT), em pesquisa datada de 2003, indica que de 20% a 25% dos acidentes de trabalho no mundo envolvem pessoas intoxicadas que se machucam a si mesmas e a outros. O Brasil, segundo as estatísticas da OIT, está entre os cinco primeiros países em número de acidentes de trabalho. Os tratados que abordam essa temática, entretanto, retratam o uso de psicoativos como um problema organizacional a ser vencido, pois parece que a preocupação é a deste uso ser um fator 'que compromete a produtividade'.

Vale ressaltar a crítica de Bastos e Gondim (2010) ao artigo "Tentativas de Suicídios de Bancários no Contexto das Reestruturações Produtivas", de autoria de Santos, Siqueira e Mendes (2010). Segundo Bastos e Gondim, houve, nas duas últimas décadas, o crescimento de estudos que contemplam a relação trabalho e saúde e, principalmente, entre trabalho e saúde mental dos trabalhadores. A pesquisa de Santos *et al.* visou à relação entre a reestruturação produtiva e o suicídio. Seus autores, ao elaborarem as estratégias metodológicas, fizeram-nas, segundo Bastos e Gondim, ignorando outras variáveis presentes nesta relação, como fatores sociais, individuais, organizacionais etc., resultando em nexos causais que empobrecem a compreensão dessa relação. Eles argumentam que este viés não considera a subjetividade dos sujeitos, ignorando, portanto, a maneira como cada pessoa apreende o mundo. Acrescentam, ainda, que esta relação por mais que existente, não pode ser entendida por uma única via, de maneira causal.

Ratificando a crítica realizada por Bastos e Gondim (2010), podemos estendê-la a outras pesquisas que simplificam a complexidade do fenômeno trabalho e saúde/doença. Temos, como outro exemplo, a extensa pesquisa bibliográfica, de cunho qualitativo, realizada pelos pesquisadores, Gonçalves, Ponce e Leyton (2015), em várias partes do mundo, inclusive no Brasil. Nesta, concluem que há uma estreita relação entre o álcool e o suicídio pela presença da alcoolemia positiva,[2] em média, em um terço dos indivíduos que se suicidaram. Em outras palavras, foi

[2] Alcoolemia diz respeito à concentração de álcool na corrente sanguínea igual ou superior a 0,6 g/l de sangue (ADURA *et al.*, 2008).

detectado álcool no organismo de, pelo menos, um terço dos corpos que foram acometidos à análise toxicológica. Além disso, estes autores concluem que "quanto maior o consumo de álcool, maior a prevalência de comportamentos suicidas" (p. 12). Isso se deve ao fato, segundo eles, do álcool prejudicar o juízo crítico e o autocontrole, além da tendência à perda da inibição, tornando quem o consome mais impulsivo e 'irresponsável' [sic], podendo se autolesionar e desencadear comportamentos suicidas. Podemos observar que os pesquisadores chegam a uma 'verdade' por uma metodologia que desconsidera o contexto sociomaterial que as pessoas pesquisadas estavam inseridas, e no qual se produziu a necessidade do uso do álcool.

Pela mesma senda de raciocínio, temos um estudo realizado por Sinagawa *et al.*, em 2008, que tinha como objetivo investigar as ocorrências de suicídio sob efeito de álcool na região metropolitana de São Paulo. A conclusão a que chegaram foi a presença de álcool em mais de um terço das vítimas analisadas, sugerindo que os suicídios, daquela época na grande São Paulo, foram cometidos quando o suicida estava sob o efeito da substância. Esses autores também ressaltam que, salvo a cocaína e outras substâncias que são detectáveis em análises toxicológicas rotineiras, outras drogas podem passar despercebidas nessas análises, o que prejudica o estudo relacional das demais drogas e o suicídio.

Rocha (2013) cita a denúncia de Karam sobre a relação entre drogas e suicídio em ambientes ruins de trabalho. A pesquisadora comenta que "algumas pessoas recorrem ao álcool para silenciar esse barulho interno e anestesiar a consciência. Já o suicídio também começa a preocupar o Brasil, mas infelizmente aqui não é tão estudado como lá fora" (s.p.).

O que se percebe, voltamos a ratificar, é a carência de estudos críticos, principalmente no viés do existencialismo sartriano, que visam a entender o contexto em que o trabalhador está inserido, isto é, sua condição como trabalhador e a relação dessa condição com o uso de psicoativos e o suicídio. Parece-nos que a relação entre esses temas é comumente estudada em contextos alhures ao trabalho, inclusive o suicídio, com inclinação às análises que tendem a descontextualizar o indivíduo da sua condição de Ser trabalhador, como mencionamos.

No que tangencia os estudos em relação às drogas, concordamos com Camon (2003) quando o autor afirma que antes de julgar o uso, e atribuir às drogas relações deterministas, deve-se, primeiramente, "entender o sentido da busca e da razão significante da droga" (p. 2).

Ora, se comumente o trabalho exige dedicação de maior parte das horas diárias das pessoas, tanto o ambiente laboral quanto a atividade do trabalhador influenciam sobremaneira em sua constituição como sujeito, por isso a importância para a Psicologia do Trabalho de estudos que relacionam o ambiente de trabalho com o uso de psicoativos e o suicídio.

Concordamos com a afirmação de Santos e Siqueira (2011) quando alertam para a predominância de pesquisas quantitativas sobre a relação suicídio e trabalho;

também nos afinamos com a assertiva de Gonçalves, Ponce e Leyton (2015) e de Karam (*apud* Rocha, 2013) a respeito do inegável vínculo, por exemplo, entre o suicídio e substâncias psicoativas. No entanto, igualmente consideramos importante entender que o movimento dialético do trabalhador com seu contexto de trabalho compreende sua relação com todo o campo sociomaterial circundante, devendo nos precaver de conclusões que coloquem o trabalhador como o único responsável pela situação que se encontra.

Para Sartre (2005), de uma maneira geral, a pessoa nasce sem um fundamento de Ser, sendo este construído conforme constrói sua existência na relação dialética que estabelece com o mundo, como mencionamos. Este, no que lhe concerne, é o campo sociomaterial que lhe impõe limites à sua busca pelo Ser e que medeia suas relações. Dessa maneira, sua existência é construída sempre na tensão com um mundo que ele não é, mas que depende dele para construir seu Ser de acordo com as saídas que escolhe para lidar com as necessidades apreendidas nas situações em que se insere.

Como é na relação com o trabalho que as pessoas tendem a passar maior parte das horas de seu cotidiano, a busca pelo Ser trabalhador é deveras significativa na constituição do sujeito. Em face de pesquisas que revelam que esta relação vem adoecendo o trabalhador e algumas correlacionarem ao trabalho o uso de psicoativos e o suicídio, é que consideramos importante contribuir com os estudos da Psicologia do trabalho sobre a saúde do trabalhador pelo viés do existencialismo sartriano.

2. A noção sartriana de constituição do sujeito, sofrimento psíquico e possíveis correlações com o trabalho

Em *O Ser e o Nada*, Sartre (2005) realiza um ensaio de ontologia fenomenológica. Nessa obra, ele nos informa sobre como o indivíduo constitui-se como sujeito. Na *Crítica da Razão Dialética* (2002), Sartre insere o sujeito na História como sendo o construtor desta e também construído por ela. Pelo raciocínio dialético, mostra-nos que mesmo as produções humanas sendo abundantes, não serão suficientes para atender a necessidade de todos, e será agindo sobre o campo sociomaterial historicamente construído, que o indivíduo poderá pelo trabalho – como livre práxis que age sobre o mundo e o modifica –, realizar novas produções que satisfaçam suas necessidades, ou mesmo escolher atender às demandas de um futuro preconizado pela História.

Neste último caso, a alienação da práxis em projetos alheios é preocupação de Sartre por limitar a liberdade de Ser do indivíduo. Com o evento do capitalismo, pelo qual os meios e modos de produção, bem como o produto do trabalho dos indivíduos são apropriados pelos que detêm o capital, o Ser do trabalhador passa a ser definido 'fora de sua vida', e prescritos os meios, modos e produtos que atenderão às suas necessidades, que, paradoxalmente também se encontram definidas. Dessa forma, o 'Ser' trabalhador encontra-se comprometido e alienado ao campo sócio-histórico.

Esse acontecimento de dimensão histórica e coletiva no mundo do trabalho nos informa também que seus encaminhamentos ampliaram sobremaneira o número de trabalhadores adoecidos psicofisicamente, e muitos recorrendo a substâncias psicoativas para conseguirem sobreviver nesta realidade; contudo, outros não logram outras saídas senão o suicídio.

A seguir buscamos traçar uma breve exposição do pensamento de Sartre para auxiliar na compreensão de nossas reflexões.

2.1. A ontologia do ser e do nada

Sartre (2005) começa sua obra *O Ser e o Nada,* publicada em 1943, contextualizando a filosofia que primordialmente o influenciou e que a superou: a fenomenologia de Husserl. Este filósofo e matemático visou a romper com alguns paradigmas existentes em sua época, como nas ciências humanas, em geral. O primeiro paradigma rompido foi o dualismo sujeito e mundo, e suas consequências, como a ideia de interno e externo, de essência e aparência, e de ato e a potência. Para os fenomenólogos, segundo Sartre, "As aparições que manifestam o existente não são interiores nem exteriores: equivalem-se entre si, remetem todas as outras aparições e nenhuma é privilegiada" (p. 15). Ou seja, o fenômeno é aquilo que aparece, que se mostra, e não há nada por detrás dele, como, por exemplo, algo oculto ou uma essência.

Sartre (2005) exemplifica a negação desses dualismos a partir do escritor francês Marcel Proust. Para ele seria um engano chamar Proust de gênio com a crença de que o escritor tinha uma essência 'por detrás', quer dizer, que ele era uma potência singular para criar suas obras literárias; ao contrário, as obras de Proust seriam o conjunto das manifestações do próprio escritor. Isso significa que, não existindo a separação entre ato e potência, tudo estaria no ato; de tal forma "A aparência não esconde a essência, mas a revela: ela é a essência" (p. 16).

Apesar de convergir com o método fenomenológico, Sartre faz críticas a alguns posicionamentos de Husserl justamente por este desviar desse método. Este apontamento fica explícito em *O Ser e o Nada*, mas principalmente em sua outra obra, *A transcendência do Ego,* escrita em 1936, pouco depois que iniciou seus estudos sobre a Fenomenologia de Husserl. Segundo Sartre (1994), a saída de Husserl para compreender a relação do Ser com o fenômeno, foi recorrer a um "Eu unificador e individualizante" (p. 47). Para Sartre a existência de um Eu transcendental se opõe ao método fenomenológico que Husserl tinha traçado até então, pois voltaria ao idealismo, recorrendo a uma essência humana, um Eu provido de consciência.

Sartre (1994) não nega que exista um Eu (Ego, *Self*), mas afirma que "[...] o Ego não está na consciência nem formal nem materialmente: ele está fora, no mundo; é um ser do mundo, tal como o Ego de outrem" (p. 43). Nesse sentido, cabe à intencionalidade, caráter fundamental da consciência, este papel de unificação atribuído ao Ego por Husserl, pois para Sartre não há essência que precede o Eu.

Para tornar compreensível o que foi dito até aqui, há a necessidade de pontuar qual é a concepção de sujeito para Sartre, e como este se relaciona com o mundo. O autor não se preocupou em tentar compreender a origem humana. O ponto de partida deste filósofo é o de como o homem se mostra nas suas infinitas manifestações, ou seja, na maneira como age de acordo com sua relação com mundo.

Cabe aqui retomar que Sartre (2005), assim como Husserl, entende a consciência de maneira posicional. Isso quer dizer que a consciência será sempre consciência *de* e *para* alguma coisa. É a consciência o ponto de partida que Sartre estabelece para compreender, além da relação entre o ser e o mundo, o modo como o sujeito se constitui enquanto ser Para-si, isto é, enquanto consciência (de) si. Este termo será explicado adiante.

Segundo Sartre (2005), "a consciência não se produz como exemplar singular de uma possibilidade abstrata, mas que, surgindo no bojo do ser, cria e sustenta sua essência, quer dizer, a ordenação sintética de suas possibilidades" (p. 26). Ou seja, não havendo essência humana, o indivíduo terá que fazer sua própria essência, e fará isso a partir da consciência.

A consciência que 'desliza' para fora de si, quer dizer, a subjetividade que vai ao encontro da objetividade, pode negar o absoluto da objetividade. Esta, portanto, é qualidade exclusiva do Ser humano, cuja condição é de ser 'consciência de', diferente dos demais seres cuja condição é de serem Em-si. Sartre (2005) explica esta condição dos objetos, por não possuírem

> um *dentro* que se oponha a um *fora* e seja análogo a um juízo, uma lei, uma consciência de si. O Em-si não tem segredo: é maciço. Em certo sentido, podemos designá-lo como síntese. Mas a mais indissolúvel de todas: síntese de si consigo mesmo. Resulta, evidentemente, que o ser está isolado em seu ser e não mantém relação alguma com o que não é. [...] É o que é; significa que, por si mesmo, sequer poderia não ser o que é; vimos, com efeito, que não implicava nenhuma negação. É plena positividade. (p. 39, grifos do autor)

Dito isso, falta retomar e estabelecer o ser Para-si, isto é, a consciência. De modo a traçar a concepção de sujeito, Sartre (2005) pontua inicialmente a gratuidade da vida. Segundo ele, a existência é contingente. Refutando as teorias religiosas como também a existência de um Deus que antecederia a existência humana sendo, portanto, a sua causa, o filósofo afirma a contingência da vida no sentido desta não ser necessária, o que significa que nada antecede a vida humana para determiná-la.

Não havendo um Ser que sentencie a existência, exceto necessidade dos próprios homens de Ser, esses não podem se identificar consigo mesmos, de 'si a si', como se tivessem uma essência como os seres Em-si. Fala-nos Perdigão (1995) que

> O ser rege-se pela identidade de si a si, sem relação interna possível. Sendo algo que se auto-ignora, não tem consciência. A consciência, ao contrário, é essa propriedade que o Ser não possui de pensar sobre as coisas, exprimir juízos sobre elas, interrogar a respeito delas e de si mesmo, colocando em questão o seu próprio ser. (p. 38)

Enquanto os seres Em-si são positividades, maciços, plenos, os homens, ao contrário, carecem dessa qualidade, sendo caracterizados pela negatividade, pelo nada. Este 'nada' possibilita o sujeito de negar sua própria negatividade, e por isso poder criar sua essência. Também pode negá-la, escolhendo outra. Em razão desse entendimento é que Sartre (2005) coloca que "A liberdade humana precede a essência do homem e torna-a possível: a essência do ser humano acha-se em suspenso na liberdade. Logo, aquilo que chamamos liberdade não pode se diferenciar do ser da 'realidade humana'" (p. 68).

Sartre (2005) pontua que, concomitantemente com a liberdade, condição ontológica do homem (ser Para-si), haverá também a angústia, pois o homem terá que se eleger em um mundo de possibilidades. A liberdade a que Sartre se refere é a liberdade de eleição e não de obtenção, haja vista reportá-la ao momento da escolha. A conquista não dependerá somente de sua vontade, uma vez que vive num mundo com outros homens livres mediados pela materialidade. Ambos, os outros e o campo material, podem se colocar à liberdade alheia como empecilho à conquista. A propósito, a liberdade só faz sentido em um mundo contingente, pois, como coloca Sartre (2005), o homem só é livre em situação.

Escolhas significam imaginar, no presente, um futuro que supere o passado. Entender esse movimento da consciência requer compreender a noção de temporalidade e projeto para Sartre. Sobre a primeira, Sartre (2005) fala das três dimensões temporais: passado, presente e futuro. O passado é o modo como o Para-si se relaciona com o que ele não é, mas igualmente sem deixar de sê-lo, isto é, "[...] é na medida em que *sou* meu passado que posso não sê-lo; é inclusive esta necessidade de ser meu passado o único fundamento possível do fato de que não o sou" (p. 170, grifo do autor). Assim sendo, é a íntima relação do homem com a sua história, com o que ele é, mas igualmente, já não o sendo mais.

O futuro, na filosofia existencial, é o que representa a parcela mais significante, pois "[...] é pela realidade humana que o futuro chega ao mundo" (SARTRE, 2005, p. 178). Ele exemplifica com a lua cheia que, enquanto materialidade (Em-si), não é o futuro da lua crescente, a lua crescente é simplesmente o que é, e só pode ser vista como possibilidade de lua cheia por intermédio da realidade humana que a significa desta forma, enquanto uma potência. Isso quer dizer que o único ser capaz de vislumbrar um futuro é o homem, pois é o único ser também "cujo ser está constituído por um vir-a-ser de seu ser" (p. 178). À vista disso, o futuro é a possibilidade do homem, como ser Para-si, se relacionar com o que ele ainda não é vislumbrando uma possibilidade de ser. E desta mesma maneira pode se relacionar com um mundo possível.

Sartre (2005) afirma que o presente é uma representação que une o passado e o futuro. É uma representação que une seu passado (sua história) e seu futuro (aquilo que almeja ser, sem propriamente ainda ser). Enquanto presente, nas palavras deste filósofo, o ser é fuga, pois "não é o que é (passado) e é o que não é (futuro)" (p. 177). Por isso o Para-si é considerado o 'ser das lonjuras' – não se encontra no passado, já que não é mais, nem no futuro, porquanto como projeto ainda não se concretizou.

Como o passado do homem é também considerado a sua essência, nada pode acontecer que seja relevante para mudar a condição do mesmo. Então, o que interessa para a filosofia existencialista é o futuro, que nos remete à noção de projeto e tudo o que o permeia. Sartre (2005) afirma que os atos humanos estão sempre visando a ultrapassar o presente rumo a um futuro porvir que também o explica, ou seja, o projeto visa a um futuro a ser alcançado, e este só poderá se concretizar por meio de ações.

> É preciso entender por *atos* toda atividade sintética da pessoa, ou seja, toda disposição de meios com vistas a fins, não na medida que o Para-si é suas possibilidades, mas na medida que o ato representa a síntese psíquica transcendente que o Para-si deve viver, [...] o ato como ser psíquico representa uma existência transcendente e a face objetiva da relação entre o Para-si e o mundo. (SARTRE, 2005, p. 222, grifo do autor)

Por essa colocação, Sartre (2005) nos fala que é por meio da ação, do agir no mundo que o sujeito, além de superar sua própria condição, igualmente cria sua essência. Sendo o ato a relação objetiva do sujeito em relação à materialidade circundante.

2.2. A constituição do sujeito

Diferentemente do conceito de trabalho contemporâneo e assalariado que se conhece hoje – trabalho central na vida dos seres humanos –, Sartre em seu livro *Crítica da Razão Dialética* (2002) possibilita, dentre outras coisas, uma visão acerca do conceito da práxis individual e da sua importância no contexto coletivo. Sendo assim, em *O Ser e o Nada* o autor constrói seu pensamento a partir da dimensão ontológica do ser e do nada, dando importância à dimensão existencial e subjetiva do indivíduo, para depois, na *Crítica*, compreendê-lo no contexto social e histórico.

Retomando o que foi dito até então, o ser humano sempre estará em busca de sua totalidade, apreendida na filosofia existencial como pura positividade. A condição de plenitude, entretanto, jamais será alcançada, pois, carecendo de uma essência, o sujeito para buscá-la terá que negar continuamente a sua condição de desprovimento de Ser. Dessa forma, é o próprio homem que forja sua condição ontológica pelo projeto de 'plenificar-se'. É 'uma paixão inútil', como Sartre (2005) definiu o homem, visto que não alcançará a identidade de 'coisa', de Em-si.

Ele (2002) menciona que a primeira relação entre o indivíduo e o mundo – a busca por um Ser – aparece mediante sua necessidade de se alimentar para sobreviver. Diz-nos que "A necessidade é negação de negação na medida em que ela se denuncia como uma falta no interior do organismo, é positividade na medida em que, por seu intermédio, a totalidade orgânica tende a conservar-se como tal" (p. 196). Isso quer dizer que existe uma totalidade orgânica no sujeito que tende a se preservar a partir da necessidade, caso contrário, o sujeito padeceria.

Essa necessidade, portanto, precisa ser negada, por exemplo, a fome. Esta é chamada por Sartre (2002) de *primeira contradição* "uma vez que o orgânico depende em seu ser, diretamente (oxigênio) ou indiretamente (alimentos), do ser inorganizado e que, reciprocamente, o controle das reações impõe ao inorgânico um estatuto biológico" (p. 196-197). Em outras palavras, o sujeito pela *necessidade* experiencia pela primeira vez o inorgânico como não sendo ele, mas também como possibilidade para satisfazer o que lhe falta, isto é, de preencher sua falta, de totalizar-se. Nas palavras do autor: "É a partir do campo total que a necessidade procura as possibilidades de ser satisfeita; e é a totalização que descobrirá na totalidade passiva seu próprio ser material como abundância ou escassez" (p. 197).

Posto isso, o sujeito por meio da práxis, que é sua ação no mundo, visa a superar os limites que lhe foram impostos pela condição ontológica e que acabara de ser consciente pela necessidade. Vale ressaltar o conceito de temporalidade discutido anteriormente, pois a práxis só é possível pela temporalidade que também só pode ser apreendida pelo sujeito. Nas palavras de Sartre (2002),

> A necessidade como negação da negação é o próprio organismo vivendo-se no futuro através das desordens presentes como a sua possibilidade própria e, por conseguinte, como a possibilidade de sua própria impossibilidade; e a práxis, antes de tudo, nada mais é do que a relação do organismo como fim exterior e futuro com o organismo presente como totalidade ameaçada; é a função exteriorizada. (p. 198)

Resumindo, Sartre (2002) afirma que a função orgânica, a necessidade e a práxis estão "rigorosamente ligadas por uma ordem dialética" (p. 198), isso quer dizer que há um organismo no sujeito que necessita ser preservado – o corpo biológico que necessita de, como dito anteriormente, alimento, oxigênio. Entretanto, o "ser vivo não pode preservar a não ser renovando-se" (p. 198), e para suprir as necessidades de seu ser orgânico, o sujeito terá que agir no mundo, e fará isso pela práxis, visando, por meio dos projetos, fins futuros. Sartre denomina este primeiro trabalho humano como práxis original, e o afirma como "contradição profunda entre a ordem do inorgânico e a do orgânico, ambas presentes em cada indivíduo" (p. 205).

Essa relação, segundo ele, é uma relação inteiramente dialética, e a necessidade básica que os intermedeia nada mais é do que uma restauração do organismo. A práxis, que sempre visa a uma finalidade, vai ter o ambiente inorgânico como meio para este objetivo, passando a existirem organizações sintéticas do conjunto rumo a um fim, por exemplo, se há fome e uma maçã a ser colhida, há um conjunto de ações que precisam ser executadas no campo material para que se possa alcançar este fim (saciar a fome).

O autor (2002) afirma que mesmo nos moldes contemporâneos do trabalho, podendo ser citado o da ação do indivíduo isolado, ou até mesmo dos graus mais abstratos das ciências, ainda haveria a dialética como "forma elementar e completa de uma lei de desenvolvimento e de um esquema de inteligibilidade" (p. 206).

É nesse sentido também que aparece o conceito de trabalho, entendido aqui não como ofício ou profissão assalariada ou remunerada, mas como a forma primeira de satisfazer a necessidade orgânica que o homem realiza agindo sob o mundo concreto. Segundo Perdigão (1995), essa relação do homem primitivo com o mundo, entendendo o trabalho como meio para satisfazer a sua necessidade básica da alimentação é, de fato, uma totalização-em-curso, isto é, projeto.

O trabalho como livre práxis, contudo, foi institucionalizado. A práxis virou processo quando os meios e modos de produzir a vida, e os produtos das ações dos trabalhadores foram apropriados pelos que incorporaram o capitalismo, e com este apoderamento, o Ser das necessidades passa também a ser definido alhures a sua vida. Eis como o trabalhador percebe seu Ser 'comprometido' nas relações sociais com e no trabalho, e a condição de alienação de sua práxis livre pode levá-lo a se complicar psicologicamente.

2.3. O sofrimento psíquico

Schneider (2011) em seu livro *Sartre e a psicologia clínica* convida-nos a pensar, dentre outras coisas, as contribuições da filosofia existencialista sartriana sobre o tema Psicopatologia, podendo este ser uma abertura para compreender o sofrimento psíquico do trabalhador.

A autora afirma que o primeiro passo para compreender a relação entre a psicopatologia e o adoecimento psíquico é entender a diferença entre a consciência e o sujeito (ou ego). Retomando o que foi dito anteriormente, a consciência é vazia, translúcida, e se faz componente indispensável para a compreensão do sujeito, pois a consciência é a própria possibilidade da existência deste. É a consciência, em sua qualidade posicional de algo, a responsável pela relação dialética com o mundo, e consequentemente, para a possibilidade do ser humano se fazer sujeito enquanto ser Para-si que, por meio do 'nada' que o separa de si, cria sua essência na relação com a materialidade concreta (Schneider, 2011).

Prossegue esta autora (2011) colocando que o ego ou *personalidade* é, como dito, a essência que será construída a partir da relação da consciência com o mundo concreto, é "a unificação do corpo/consciência em direção a um fim – o projeto de ser" (p. 220). Contrariamente à consciência, o ego é 'opaco', resultado da relação dialética entre o Para-si e a materialidade, que acontece em um nível antropológico e psicológico, diferentemente da dimensão ontológica da consciência.

Colocada esta diferenciação, alguns apontamentos podem ser feitos, segundo esta autora. A consciência não adoece, pois ela é "pura relação às coisas, puro nada, pura diafaneidade" (p. 220). Neste sentido, a possibilidade do adoecimento se encontra no sujeito. Assim sendo, *o adoecimento deve ser entendido a partir da relação do sujeito com o mundo e de suas consequências.*

A autora (2011) também menciona a diferenciação entre consciência e sujeito, elucidando o contraponto do existencialismo sartriano com a psicanálise e a psiquiatria clássicas, que entendem as psicopatologias relacionadas aos transtornos mentais. Isso quer dizer que estas teorias, principalmente a psicanálise clássica, concebem a psicopatologia de forma reducionista, como se fossem causadas por um mau funcionamento do aparelho psíquico, entendida por essa perspectiva como 'mente', seja em sua representação psicológica ou orgânica, ou seja, o cérebro. Com a intenção de superar essa visão, Sartre nega o 'mentalismo' – este que individualiza o sofrimento psíquico, atribuindo a causa a um mau funcionamento da mente ou dos distúrbios de ordens neurofisiológicas, descontextualizadas das vivências do sujeito e suas relações sociais.

Por conseguinte, assevera Schneider (2011), que a psicopatologia não deve ser entendida a partir da consciência, pois esta não adoece. Tampouco se deve relacionar o sofrimento psíquico com problemas existenciais, estes que são comuns e que perpassam a vida humana, como, por exemplo, a morte de um familiar, conflitos nos relacionamentos, e dificuldades cotidianas no trabalho. Esses problemas não necessariamente comprometem a personalidade do sujeito. Entretanto, se caso complicações, sejam de quais ordens forem, transtornem a constituição da personalidade, neste caso é considerado um problema psicológico. Vale ressaltar então, que a psicopatologia tem um estreito vínculo com o sofrimento psíquico, considerando este, complicação à personalidade.

Assim sendo, a complicação psicológica, denominação que a autora usa para substituir o termo 'doença mental', é entendida como

> Um 'acidente' nessa trajetória; está, portanto, intimamente ligada à trama das relações materiais, sociais, sociológicas, como por exemplo, as relações sociais viciadas; as famílias serializadas, que não conseguiram um tecimento efetivo entre seus membros, experimentando uma confusão afetiva (pois o que define as relações são somente os afetos, sem o respeito

> aos projetos individuais e sem a consolidação de um projeto comum); as situações de opressão material, social, no trabalho, etc., que também podem levar o sujeito ao sofrimento psíquico. (Schneider, 2011, p. 222)

A complicação psicológica e o sofrimento psíquico têm íntima relação com o campo sociomaterial no qual o sujeito se insere, devendo ser considerados, então, o período histórico, a cultura, as relações sociais etc., que intermedeiam a vida do sujeito e são variáveis a serem consideradas no que tangencia, por exemplo, o uso de psicoativos e do suicídio relacionados ao contexto do trabalho. A complicação é algo concreto, vivenciado pelo sujeito e que, de alguma forma, leva-o a experimentar uma 'contradição de ser', tendo em conta "A realidade lhe apresenta(r) diferentes possibilidades, e seja qual for o lado para o qual se dirigir, seu ser está comprometido" (Schneider, 2011, p. 224).

3. A noção de morte para o existencialismo sartriano

A 'morte' é um tema bastante discutido na filosofia desde sua tradição grega. Sartre (2005) foi um filósofo da liberdade, e enquanto discorria a respeito dos possíveis limites para esta, o último limite ao qual dedicou seus esforços, foi justamente em relação à morte. Diferentemente, entretanto, de outros autores, Sartre a encara como um absurdo, justamente por não fazer parte da vida, sendo também completamente oposta a ela. Apesar dessa concepção, Sartre não descarta a possibilidade de falarmos a respeito dos projetos que permeiam esse tema. Tentaremos explicitar melhor o que ele queria dizer.

Para introduzir o tema 'morte' na teoria existencialista sartriana é preciso, como fez o próprio autor no livro *O Ser e o Nada*, retomar o conceito de liberdade. Segundo Sartre (2005), as argumentações que contestam a noção de liberdade da sua filosofia existencialista, estão limitadas pelos determinismos. Nesse sentido, essas refutações apontam a impotência existencialista, alegando que o sujeito ainda é limitado pela classe econômica a qual pertence, pela nação, pela família etc. Pontuarão até a dificuldade em contornar os apetites e hábitos. Sobre a valoração do determinismo sobre a liberdade, Sartre (2005) alega que,

> Bem mais do que parece "fazer-se", o homem parece "ser feito" pelo clima e a terra, a raça e a classe, a língua, a história da coletividade da qual participa, a hereditariedade, as circunstâncias individuais de sua infância, os hábitos adquiridos, os grandes e pequenos acontecimentos de sua vida. (p. 593)

Ele contesta essas afirmações pelo coeficiente de adversidade pontuado anteriormente, como a classe econômica, a cultura, a família etc., que só se apresenta como tal em vista a um fim, isso quer dizer que uma montanha somente será um impedimento se planejo chegar ao outro lado dela e o único caminho possível é escalando a montanha. Da mesma forma, essas adversidades só se apresentarão como um impedimento à liberdade caso vise a um fim que as transpasse. Os temas atuais debatidos – o machismo, o racismo, a homofobia etc. –, apresentam-se como adversidades aos que não aceitam a existência em tais condições. Dessa forma, as limitações não são da liberdade enquanto condição ontológica, e sim frente aos meus projetos em relação ao mundo.

Outro argumento usado pelo senso comum, e que é contraposto por Sartre (2005), é a confusão entre a liberdade de obtenção e de eleição. Sartre afirma que o conceito popular de 'liberdade' é um "produto de circunstâncias históricas, políticas e morais" (p. 595), e que está vinculado a ideia de obter os fins escolhidos; entretanto, o conceito da filosofia existencialista acerca da liberdade está na autonomia de escolher. Para Sartre, o foco não é necessariamente a obtenção daquilo que o sujeito escolhe para si, como mencionamos, mas *ter a possibilidade de escolher.* Um exemplo usado pelo autor, e que elucida o que foi dito até então, é pensar na condição de um prisioneiro em uma cela. Este não vai ser livre para sair de lá apenas porque deseja, porém é sempre livre para tentar escapar daquela situação.

Cabe então a pergunta: haveria um limite à liberdade, por exemplo, a morte? Para discutir este fenômeno sob a ótica do existencialismo sartriano, deve-se primeiramente compreender sua noção para Sartre. Ele usa como referência para a discussão sobre a morte, o pensamento de Heidegger. Segundo este autor, a morte tem um papel essencial na vida do sujeito, pois é o fundamento do processo de individualização, e consequentemente, do processo de personificação. Heidegger, segundo Sartre (2005), confere a importância da morte, uma vez que esta seria um fenômeno único que só pode ser projetada pelo sujeito, o que a caracteriza como a única coisa que "ninguém pode fazer por mim", e é a partir desta possibilidade última que o "'Dasein' terá acesso à existência autêntica e irá desgarrar-se da banalidade cotidiana para alcançar a unicidade insubstituível da pessoa" (p. 654).

Entretanto, Sartre discorda deste pensamento heideggeriano e o descreve como gratuito, pois afirma que todas as experiências são únicas – pela própria condição ontológica da consciência. A autenticidade não está na maneira como projeto e idealizo a morte, pois toda apreensão se dá de maneira única – se amo, sou eu quem ama, se me comprometo, sou eu quem o faz, se projeto a morte, sou eu quem a projeta. Destarte,

> [...] não há qualquer virtude personalizadora (*personnalisante*) que seja peculiar à minha morte. Muito pelo contrário, a morte só se torna *minha* morte caso me coloque já na perspectiva da subjetividade: é minha subjetividade, definida pelo Cogito pré-reflexivo, que faz de minha morte algo subjetivo insubstituível. (Sartre, 2005, p. 655, grifo do autor)

Outro ponto que Sartre (2005) discute, e que contrapõe o pensamento de Heidegger, é a ideia de esperar a morte. Segundo Sartre, seria necessário entender ao menos os dois significados possíveis que o verbo 'esperar' possui nessa sentença. Para facilitar o pensamento ele distingue 'esperar' de 'expectar'. Esperar estaria relacionado aos acontecimentos determinados, que dependem de outros processos determinados para acontecer, por exemplo, espero o ônibus que me leva do terminal à universidade, e está previsto para chegar a dez minutos. Nesse sentido, sei do caminho que o ônibus percorre, e sei que a qualquer momento pode chegar, entretanto, por mais que ocorra um acidente que retarde sua chegada, ainda assim o processo pelo qual aguardo a chegada do ônibus continua em andamento. O 'esperar' possui um sistema de relação fechado, e por mais que existam suas variáveis, continua um projeto esperado.

Utilizando o mesmo exemplo, espero o ônibus que vai me levar à faculdade e estou na expectativa de encontrar alguém que eu conheça neste ônibus para não me sentar só. Sartre (2005) dirá que a morte se aproxima mais da expectativa do encontro do que da espera do ônibus, pois "Pertence à categoria do impedimento imprevisto, inesperado, que se deve sempre levar em conta, conservando seu caráter específico de inesperado, mas que não podemos esperar, posto que se perde por si mesmo no indeterminado" (p. 656).

Não podendo ser esperada, a morte se apresenta como um acaso, uma facticidade semelhante à vida. Assim, a morte como

> perpétua aparição do acaso no âmago de meus projetos não pode ser captada como minha possibilidade, mas sim, ao contrário, *como nadificação de todas as minhas possibilidades*, nadificação essa que já não mais faz parte de minhas possibilidades. Logo, a morte não é minha possibilidade de não mais realizar presença no mundo, mas uma nadificação sempre possível de meus possíveis e que está fora de meus possíveis. (SARTRE, 2005, p. 658, grifos nossos)

Sartre (2005) passa então a analisar a morte por outro ângulo – o da significação. O autor pontua que a realidade humana é significante, e está circunscrita igualmente na temporalidade. Isso quer dizer que o sujeito se constrói escolhendo-se rumo a um futuro que ainda não é, ou seja, nadificando-se; e nesta relação, o sujeito significa sua própria vida atribuindo valor a ela. Assim sendo, como o valor e a significação dizem respeito à subjetividade, a um sujeito que se elege, a morte não poderia atribuir sentido à vida justamente por não aparecer no fundamento da liberdade, passando então, a tirar da vida toda sua significação.

Nas palavras do autor,

> a morte jamais é aquilo que dá à vida seu sentido: pelo contrário, é aquilo que, por princípio suprime da vida toda significação. Se temos de morrer, nossa vida carece de sentido, porque seus problemas não recebem qualquer solução e a própria significação dos problemas permanece indeterminada. (SARTRE, 2005, p. 661)

Constatando que o sujeito sempre se lança ao futuro rumo a um porvir, o suicídio, por este viés, seria um absurdo, já que seria um porvir que se recusa a si mesmo. Em outras palavras, o suicídio para o existencialismo é contraditório, em razão de esta teoria conceber um sujeito que sempre exige um depois, que sempre estará buscando um futuro. Nesse sentido, 'buscar a morte' contraria a concepção sartriana de sujeito, pois seria a escolha de não mais escolher e igualmente de não mais existir (Sartre, 2005).

Faz-se importante ressaltar que o "[...] projeto rumo a *uma* morte é compreensível (suicídio, martírio, heroísmo)" (Sartre, 2005, p. 662, grifos do autor), uma vez que está inserida em um contexto, e não visa propriamente à morte. O projeto rumo à morte enquanto possibilidade indeterminada de não mais realizar presença no mundo, entretanto, é concebido como ilógico, em razão de ser um projeto que aniquilaria todos os outros projetos. "Assim, a morte não poderia ser minha possibilidade própria; não poderia sequer ser uma de minhas possibilidades" (Sartre, 2005, p. 662).

A conclusão a que o autor chega é a de que a morte, assim como a vida, é contingente, não necessária, e que escapa, por princípio, ao sujeito, pois pertence à facticidade. À vista disso, não se poderia descobrir a morte, nem esperá-la, nem fazer alguma coisa a respeito, já que se revela como irrevelável. Sartre (2005), deste modo, responde a nossa pergunta: seria a morte o limite da liberdade? "Muito pelo contrário: parece-nos que a morte, ao revelar-se a nós tal como é, nos libera de sua pretensa coerção. É o que ficará mais claro por pouco que meditemos a respeito" (p. 669).

4. Níveis e modos de ser da consciência

Vale ressaltar algumas considerações feitas anteriormente. Tem-se que a filosofia existencialista de Sartre segue o entendimento de Husserl no que diz respeito a consciência, isso quer dizer que esta será sempre consciência de alguma coisa, e é, portanto, posicional a um objeto. O que precisa ser entendido são os níveis de consciência e seus diferentes modos de apreender o mundo.

Uma das formas de ser da consciência é a percepção. Esta é a relação da consciência com um objeto concreto, presente, existente. A consciência apreende o objeto na sua forma e em seu contexto, sendo um objeto com forma e sobre um fundo, como diz a Psicologia da *Gestalt*. Sendo assim, "as propriedades dos objetos definem suas possibilidades de percepção" (Schneider, 2010, p. 77), por exemplo, um cubo com seis faces, pelas propriedades materiais dele, só se poderá enxergar três faces por vez, pois há limites impostos pela própria materialidade que tem de ser respeitada. Por mais que se queira, não se pode pela percepção apreender os seis lados do cubo, pois esta é a maneira como tal objeto se apresenta à consciência.

A imaginação é outra forma que a consciência se faz consciência de e para algo. Ao contrário da consciência perceptiva, a imaginante é a relação da consciência com um objeto ausente ou inexistente. É uma relação de outra ordem que a consciência estabelece com o mundo, pois não necessariamente obedece às suas propriedades materiais. Outro aspecto deste modo de ser da consciência é a capacidade de situar o objeto em uma ordem mágica, como dizia Sartre, ou uma ordem virtual como propõe Schneider (2010) na tentativa de atualizar o termo. Sendo assim, "o objeto imaginário não é nada mais do que a consciência que se tem dele, não se pode observá-lo em suas propriedades materiais" (p. 77).

Além dos modos de ser da consciência mencionados, ela também se difere em graus, existindo em primeiro e segundo grau. A de primeiro grau, ou consciência irreflexiva, como denominou Sartre, seria a consciência que é posicional do objeto, mas não posiciona a si mesmo. Este grau de consciência é imediato e espontâneo. Já a consciência de segundo grau, ou consciência reflexiva, posiciona a si mesma, portanto, posicionará a consciência irreflexiva como objeto, podendo como o próprio nome sugere, refletir sobre 'si' (SCHNEIDER, 2010).

O estágio da consciência irreflexiva ocorre pelo modo como apreendemos o mundo na maior parte do tempo, por exemplo, quando estou observando uma paisagem, não penso em mim mesmo admirando uma paisagem, fico imerso no objeto ao qual minha consciência visa sem atribuir valor, mantendo apenas uma relação de presença ao objeto. Em outras palavras, "Quando imagino, percebo, ou reflito não criticamente sobre algo, encontro-me tão absorvido no objeto, que não há espaço para o posicionamento *sobre* o *eu*" (SCHNEIDER, 2010, p. 79, grifos da autora).

Entretanto, se depois de algum tempo alguém me pergunta o que eu estava fazendo, terei que posicionar a mim mesmo enquanto um objeto, assim sendo, posiciono a consciência irreflexiva que tive enquanto observava a paisagem, e me coloco como objeto para mim mesmo, respondendo então que estava apreciando a paisagem. Este movimento que tive que fazer é característico da consciência de segundo grau, que torna a consciência irreflexiva um objeto reflexivo, dando também a possibilidade de julgar, valorar a mesma.

Schneider (2010) pontua a relação dos psicoativos com o imaginário na teoria de Sartre. A imaginação possui características singulares, como possibilitar o sujeito de tornar presente um objeto ausente (por exemplo, o ônibus que eu espero e ainda não chegou), e até mesmo inexistente (imaginar um monstro de dez cabeças, colorido e com várias caudas). Como dissemos, o objeto que a consciência visa na imaginação é irreal – não necessariamente tem de obedecer aos objetos reais, próprios da materialidade. Neste sentido, o espaço e tempo são igualmente irreais, sendo uma possibilidade na imaginação, como, por exemplo, voar, atravessar paredes, escalar montanhas etc. Um acontecimento que poderia durar uma vida, na imaginação pode durar segundos, posso imaginar a vida toda de um sujeito desde seu nascimento até a sua morte.

Schneider (2010) menciona que Sartre, ao fazer tais considerações acerca da imaginação, também afirmou que ela é

> uma consciência de primeiro grau, isto é, irrefletida, posicional de seu objeto, não posicional de si, e muito menos posicional do eu. É, dessa forma, espontânea; ou seja, enquanto ocorre não me posiciono sobre meus atos. Portanto, na imaginação encontro-me inteiramente absorvido pela situação imaginária. Será preciso uma consciência de segundo grau para que me posicione e julgue o que ocorreu. (p. 81)

Posto isso, outra consideração importante que a autora (2010, 2011) faz é a diferenciação entre imaginação e o imaginário. A imaginação, como dito, é um dos modos como a consciência se relaciona com o mundo, ou seja, é consequência da condição ontológica da consciência em ser abertura ao mundo. Já o imaginário é o produto desta relação, sendo um processo sociológico e antropológico. Neste sentido, o imaginário, segundo Schneider (2010), será a relação do sujeito com o objeto em imagem e perpassará a história de relação do sujeito, o valor e a função que tal objeto exerce, bem como os elementos da materialidade que sustentam o objeto em imagem. Apresenta-se como uma formação da síntese de diferentes aspectos em relação ao imaginário.

Em outras palavras, mesmo quando imagino um objeto irreal, por exemplo, um monstro de dez cabeças, colorido e com várias caudas, devo ter conhecimento do que seja cabeça, cor, forma, da relação afetiva minha com este ser etc. Isso quer dizer que a relação do imaginário possui um estreito vínculo com o real, com a história do sujeito e a forma como ele apreende e significa o mundo.

Como pontua Schneider (2010)

> As alucinações dos psicóticos vêm carregadas de saberes degradados e de elementos afetivos, ligados a sua história real de vida e a sua condição de afetabilidade frente à situação em que está inserido. Ninguém consegue imaginar algo totalmente novo, sem se valer de elementos da realidade, de alguma relação afetiva com o objeto. (p. 82).

Cabe agora compreender com que fins o imaginário pode se apresentar para o sujeito. Schneider (2010) considera que a função do imaginário está em superar uma situação dada,

> Uma vez que o sujeito não suporta mais viver dentro da relação com a realidade, passando a utilizar de forma espontânea (portanto, absorvida no objeto imaginário e não posicional de si) a imaginação para aniquilar a realidade em suas experimentações emocionais. (p. 85).

Sendo assim, o imaginário apresenta-se como uma atitude do sujeito em relação ao mundo, sendo uma possibilidade do sujeito de negá-lo, bem como transcendê-lo a um futuro (a algo que ele ainda não é), ou ao passado (algo que ele já foi). A relação do sujeito com esse contexto vai depender de seu histórico e a maneira como apreende o objeto imaginado, podendo ser experimentado tanto prazer, quanto medo. É importante ressaltar que o imaginário pode ser estimulado de diversas maneiras, inclusive por meio do uso de substâncias psicoativas (Schneider, 2010).

5. O uso de psicoativos e o ato suicida como alternativas para superação de relações nocivas com o trabalho

Zygmunt Bauman (2001) foi um sociólogo polonês que se dedicou ao estudo das mudanças no cenário político, econômico e social da contemporaneidade. Ele chamou a atenção para a efemeridade dos acontecimentos produzidos pela centralidade da economia na vida das pessoas. Essa inconstância produzida pelo mercado atinge algumas Instituições, como a família, a igreja, o Estado, enfraquecendo suas tradições e introduzindo a ideologia de consumo em sua interioridade.

A estrutura do trabalho contemporâneo revela a lógica do eixo econômico ao exigir que os trabalhadores executem suas funções e tarefas com rapidez e eficiência. Os produtos de suas práxis, que compõem o campo material, tornam-se rapidamente obsoletos, e 'ordenam' que os trabalhadores lidem com eles fortuitamente. Sartre (2002) nos fala que as relações interpessoais são mediadas pelo campo material, por conseguinte, o estatuto 'provisório' do campo material é frágil para criar solidez nas relações. Acrescenta-se a este cenário a escassez de oferta de trabalho comparado à procura, que faz do outro um adversário em potencial.

Schneider, Strelow e Levy (2017) ratificam esses acontecimentos citando, respectivamente, MacRae e Schneider. Apontam a influência no modo de produção relacionada ao novo formato da sociedade caracterizada pela "descartabilidade, a instantaneidade, o efêmero, o prazer imediato" que "imperam na atualidade e se refletem no modo de ser dos sujeitos e nas suas relações com as coisas, com o tempo, com os outros" (p. 213). Nesse sentido, afirmam que os psicoativos, por suas características das vivências momentâneas, se encaixam numa sociedade que segue o mesmo modelo.

Teixeira (2017) acrescenta que algumas tendências dessa mudança social acelerada, como, por exemplo, o

> individualismo excessivo, com desvalorização da intervenção comunitária e da cidadania, associado a uma fragmentação social na qual domina uma perda da coesão social, da estabilidade e das dinâmicas de solidariedade; a invasão tecnológica dos espaço de trabalho e das relações sociais, que modificou a comunicação interpessoal, aumentou a relação com o trabalho e reduziu progressivamente o espaço para o imaginário pessoal; este vai sendo cada vez mais preenchido pelo imaginário vendido pelo

> mercado indutor de consumismo, que está associado ao capitalismo neoliberal; a fragilidade social crescente e ligada ao aumento da pobreza, da precariedade laboral, e a níveis insustentáveis de desemprego, bem como a cada vez maiores pressões sobre a eficácia pessoal e o desempenho; o desenvolvimento de relações virtuais, designadamente nas redes ditas 'sociais', com redução do estar-com outros nos espaços públicos; a medicalização dos acontecimentos de vida, com pressão para o consumo de medicamentos face a qualquer dificuldade ou problema com o existir; uma vitimização individual crescente, de quem não é 'doente' é 'vítima', com omissão da vitimização coletiva associada ao aumento das desigualdades, da exploração e da exclusão social; por último, a insensibilidade e apatia face às injustiças, às desigualdades sociais, à violência e à guerra, atitudes disseminadas em muito segmentos da nossa sociedade. [...] inspira modos de ser vazios, supérfluos e serializados. (p. 237-238.)

Ampliemos a relação apontada por Schneider (2010) e Schneider, Strelow e Levy (2017) entre a consciência imaginante e o uso de psicoativos, ressaltando também outro modo de ser da consciência – a consciência emocionada. Como Sartre (2006) coloca em seu livro *Esboço para uma teoria das emoções*, a consciência emocionada é primeiramente uma consciência irrefletida, neste sentido, duas coisas ficam explícitas: que a consciência emocionada em um primeiro momento não é posicional de si, e também segue a própria estrutura da consciência, sendo consciência *de* alguma coisa.

Isso quer dizer que posso refletir sobre as emoções, ou seja, posicionar a emoção sob a perspectiva da consciência reflexiva, mas Sartre (2006) afirma que primeiramente vivencio a emoção como consciência irreflexiva. Assim sendo, posso em um segundo momento me perceber com medo, ou com raiva, entretanto, primeiramente as vivencio, sou a raiva, sou o medo. Outro ponto importante que o autor ressalta é que a consciência emocionada terá sempre relação com algo que a faz emocionar, segundo o autor,

> É evidente que o homem que tem medo, tem medo de alguma coisa. Mesmo se é uma daquelas angústias indefinidas que sentimos na escuridão, numa passagem sinistra e deserta etc., é ainda de certos aspectos da noite, do mundo, que temos medo. E, sem dúvida, todos os psicólogos notaram que a emoção é desencadeada por uma percepção, uma representação-sinal etc. Mas parece, segundo eles, que a emoção se afasta em seguida do objeto para se absorver nela mesma. Não é preciso refletir muito para compreender, ao contrário, que a emoção retorna a todo instante ao objeto e dele se alimenta. (Sartre, 2006, p. 56, grifos do autor)

Sartre (2006) chega à conclusão de que a emoção "é uma transformação do mundo" (p. 62). Sua função é a de mudar o valor das coisas, ou melhor, ressignificá-las. Esse autor pontua que frente às situações que exigem respostas as quais não se consegue lidar, a consciência transforma-se, para com isso transformar a maneira como apreende a situação, os objetos.

Vale ressaltar que a consciência não muda o objeto em si, apenas o apreende de outra maneira. O exemplo que o autor nos fornece, e ilustra o que foi dito, é do sujeito que tenta pegar um cacho de uvas, e após esticar o braço e não conseguir alcançá-las, ele sacode os ombros e afirma estarem verdes demais. Isso quer dizer que, pelo sujeito não conseguir alcançar as uvas, ele as valora de outra forma; se antes as uvas eram maduras e próprias para o consumo, na impossibilidade de obtê-las, ele muda sua qualidade para 'uvas que não estão prontas para o consumo' (Sartre, 2006).

Outra reflexão realizada por Sartre (2006), é que a emoção "é acompanhada de crença" (p. 74). Resumidamente, frente a um obstáculo, algum impedimento ou alguma situação inesperada, a consciência emocionada assume novas qualidades para os objetos, passando a apreender o mundo sob uma nova perspectiva. O diferencial, portanto, é que o sujeito acredita nos novos valores atribuídos aos objetos. Isso explica a dificuldade de parar de se emocionar, pois "a emoção é sofrida. Não se pode sair dela à vontade, ela se esgota espontaneamente, mas não podemos interrompê-la" (p. 74).

As substâncias psicoativas, ao alterarem a maneira como a consciência apreende o mundo, operam como mediadores (químicos) entre o sujeito e o mundo – um terceiro elemento que medeia esta relação como qualquer outro produto que compõem o campo da materialidade, com suas respectivas finalidades. Vejamos como podemos melhor compreender esse processo de mediação na relação homem-trabalho.

Vimos que, a princípio, o ser humano começou a modificar a natureza escolhendo livremente como iria suprir suas necessidades orgânicas. Pela sua livre práxis – que Sartre também denomina como trabalho – foi transformando o espaço que se inseria produzindo instrumentos e ferramentas. O mundo material por ele produzido volta-se a ele exigindo que aliene sua práxis nos fins para os quais foram criados – o que Sartre (2002) denomina como contrafinalidade da matéria –, bem como passa a mediar suas relações e ser mediado por elas. O trabalho, porém – como livre práxis – passa a ser organizado socialmente, sendo distribuídas funções e tarefas.

A organização social do trabalho, ao temporalizar-se na história, é expropriada dos trabalhadores e institucionalizada. As funções e tarefas, criadas e distribuídas livremente no interior dos grupos sociais e com anuência de todos que o compõem, produzem uma estrutura a partir de práxis livres que visam um objetivo comum. Quando, portanto, essas funções e tarefas são apreendidas por terceiros excluídos a eles e a eles retornam como determinação, impõe-lhes que as experiências sejam alienadas, agora, a um campo material no qual não se identificam como seus autores. Isto significa que do sujeito é retirado o sentido de sua práxis. Ademais, a liberdade anterior pela qual decidia e agia como orientar sua práxis ao futuro para atender suas necessidades, cada vez mais encontra limites na expansão do campo material construído sob a égide das determinações de produção para o consumo.

Expropriado do sentido de seu trabalho, este perde o sentido para ele. Outro sentido de trabalho, então, torna-se central em sua vida. Não mais aquele pelo qual pode se reconhecer 'senhor' de suas ações, mas o que lhe desvela a negação deste reconhecimento, e isto pode acarretar-lhe complicações psicológicas. Segundo Sartre (2002), todas as experiências acontecem alienadas ao campo da materialidade, considerando-se a relação direta entre o indivíduo e este campo que lhe impõe a sua impotência, sua fixidez. O sofrimento do trabalhador, contudo, pode ocorrer quando o seu trabalho é alienado pela mediação de instrumentos de controle que lhe são opressivos, obstruindo sua realização como trabalhador.

Sartre (2002) menciona, no entanto, que o campo da materialidade, como campo exterior a um indivíduo e grupo, é insuficiente para gerar reciprocidades entre as pessoas. Considerando-se que mesmo que esse campo ajunte as pessoas num espaço físico comum, sua condição é a de que o sujeito se relacione com ele (campo material) e não com os outros. Com isto, acrescenta-se à condição mencionada, a execução do trabalho de maneira solitária.

A mediação do trabalhador com o contexto do trabalho, realizada pela materialidade, também não é suficiente para torná-lo 'pleno'. Lembremos o que falamos sobre o homem ser carente de Ser. À vista disso, o trabalhador sempre apreenderá da positividade que compõem o campo material do seu contexto de trabalho, alguma escassez que se apresentará para ele como sua necessidade. O problema, acreditamos, reside também na temporalização com que o trabalho é instituído. O *modus operandi* é interiorizado e naturalizado. Apreendido irreflexivamente, o trabalhador pode acreditar no Ser das necessidades e na 'melhor' maneira de obtê-lo, conforme o que lhe é prescrito. Seu sofrimento produzido nesta relação, porém, pode ser uma vivência sobre a qual não tenha consciência reflexiva.

Nesta senda, os psicoativos como produtos que compõem o campo da materialidade e que medeiam as relações interpessoais e do trabalhador com esse, como dissemos, são produtos de consumo que enriquecem vários segmentos do mercado, e que prenunciam um futuro mais aprazível na relação com a situação atual de sofrimento. O meio pelo qual o 'futuro-felicidade' será alcançado é pela alteração do modo de ser da consciência. Solução que altera o estado da consciência imaginante e emotiva, transformando, magicamente, para os trabalhadores que os consomem, a sua relação com e no trabalho em condições mais suportáveis. Como a maneira de ser da consciência com o uso dos psicoativos não altera a condição em si, mas o modo que o trabalhador as visa, como mencionamos, as condições de trabalho continuam as mesmas e debilitando a saúde do trabalhador.

A dificuldade de se ter consciência reflexiva de um contexto de trabalho nocivo, mas tendo-se consciência da necessidade de se permanecer nele, pode aumentar o sofrimento psíquico e a busca pelos psicoativos como meio de amenizá-lo.

Quando seu uso (como síntese entre o sofrimento e sua atenuação) perdura, pode ocorrer, por exemplo, a compulsão ao uso para amenizar a ansiedade e angústia.

A complexidade dessas sofridas relações com o trabalho e os meios de superá-la pelos psicoativos, nos revela a contradição do seu uso que reside no seio da respectiva relação. Vejamos. Os psicoativos são produtos de trabalho humano que contêm os fins para os quais foram criados – a alteração da consciência. Fabricados pelo trabalho alienado, socializados e comercializados, enriquecem os que produzem os ambientes nocivos em que são fabricados por outros (os trabalhadores) que os consumem para amenizar o sofrimento edificado na relação com e nesse ambiente de trabalho. Podemos agora compreender o quanto devemos ser cuidadosos com estudos que dicotomizam esta relação, negando sua complexidade.

O ato suicida, por seu turno, pode se revelar como um encaminhamento dado pelo trabalhador à sua relação com a condição perniciosa de trabalho, em que esse não identifica outras possibilidades de transcender esta condição, senão dizimá-la pelo meio que ainda se percebe livre para se projetar. Podendo ter tentado outras alternativas que fracassaram, o ato suicida, infelizmente, é compreendido como a sua única (e última) possibilidade de exercer o comando de sua vida. Contraditoriamente, a possibilidade de superação da situação que lhe proporciona sofrimento, exige o extermínio das demais possibilidades. Ratifica Teixeira (2017) que "parte significativa do sofrimento e mal-estar existencial, das crises pessoais e estados psicopatológicos relaciona-se com situações opressivas muito delas associadas à exploração, à competição no trabalho, à violência e discriminação" (p. 241). Deparamo-nos, assim, com o paradoxo do mundo do trabalho. Este, que só se edifica pelas ações dos trabalhadores, opera sobre eles, dizimando-os.

Considerações finais

Análises quantitativas são importantes pelo poder impactante dos dados informados sobre o fenômeno, mas, ao deixarem obscura a complexidade dessa relação dialética, podem induzir intervenções de profissionais de Psicologia que visem somente a uma das partes envolvidas – que geralmente é a dimensão intimista, privada do trabalhador. Este encaminhamento espelha o raciocínio formal, que opera no mundo por silogismos – por uma 'linha reta', deduzindo que 'se o uso de psicoativos e o ato de suicídio é praticado pelo trabalhador, a verdade é que o problema está nele', negando a dimensão social e pública do problema.

O mundo do trabalho, contudo, desvela aparatos sociomateriais e ideológicos cada vez mais intensos na obstrução da liberdade do trabalhador. Compromete seu Ser ao instituir as necessidades, os meios e os produtos que as 'satisfarão'. A alienação das experiências, cada vez mais ampliada, orientada e vigiada, dificulta a tomada de consciência reflexiva do trabalhador sobre como apreende sua relação com esse contexto. E na senda da irreflexibilidade, o trabalhador cumplicia-se com as condições que o aviltam.

Posto que o projeto de Ser do trabalhador é construído no enfrentamento com o mundo do trabalho (com outros trabalhadores, os poderes, a organização social instituída etc.), o psicólogo existencialista, como evidencia Teixeira (2017), ao buscar compreender o projeto de ser de uma pessoa, oportuniza que ela o confronte e não se conforme com ele, o concebendo como determinista de sua existência.

À vista do trabalho do psicólogo existencialista, o uso de psicoativos e o projeto do ato suicida como escolhas, respectivamente, como meio de enfrentamento às condições de trabalho e pelo fim de suas possibilidades, devem ser trabalhados adentrando-se no cerne da contradição da relação trabalhador-contexto laboral para entender sua complexidade e auxiliar o trabalhador na tomada de consciência reflexiva crítica sobre como se edifica na relação com a mesma. Nem o trabalhador, nem o contexto do seu trabalho, tampouco o psicólogo, seriam fins. Todos estão envolvidos no mesmo processo relacional complexo, que deve ser entendido dialeticamente.

Como aclara Teixeira (2017), quando há 'redefinição' pelo sujeito de seu projeto, ocorre, dialeticamente, a interiorização dessa mudança pelo contexto de seu trabalho, e compromete esse contexto na reorientação da relação. Mesmo que haja a necessidade desse contexto em conservá-la de acordo com os fins institucionais e, por conseguinte, optar pela demissão do trabalhador ou por empregar outras vias de resistência à sua mudança, o trabalhador terá melhores condições para se investir de poder na luta contra a opressão, inclusive mediar a reciprocidade de outros trabalhadores que se encontram na mesma condição de sofrimento, e assim se fortalecerem por ações comuns que visam esse enfrentamento.

Por fim, cabe lembrar duas colocações que podem auxiliar o trabalho do psicoterapeuta existencialista, inclusive quando tem à sua presença a temática abordada neste capítulo. A primeira é a de Teixeira (2017) quando assevera que "fazer psicoterapia é fazer política" (p. 239); a segunda é de Beauvoir (2009), ao contar que "Em 1944, Sartre pensava que toda situação podia ser transcendida por um movimento subjetivo; sabia, em 1951, que as circunstâncias por vezes nos roubam nossa transcendência; contra elas, não há salvação individual possível, mas apenas luta coletiva" (p.186). À vista delas, cabe lembrar que não há neutralidade no trabalho do psicólogo existencialista, e que também precisará, em determinadas situações, reconhecer seus limites de atuação e trabalhar junto com outros profissionais para que fortaleçam as condições de prevenção e promoção da saúde mental do trabalhador.

Referências

ADURA F. E. *et al.* Alcoolemia e direção veicular segura. *Rev. Assoc. Med. Bras.*, São Paulo, v. 54, n. 5, set./out. 2008, p. 383-385. Disponível em: <http://www.scielo.br/scielo.php?script=sci_arttext&pid=S0104-42302008000500006>. Acesso em: 23 ago. 2016.

ANGERAMI V. A. *A psicoterapia diante da drogadicção*. São Paulo: Thomson, 2003.

BASTOS, A. V. B; GONDIM, S. M. G. Réplica 1 – suicídio e trabalho: problemas conceituais e metodológicos que cercam a investigação dessa relação. *RAC*, Curitiba, v. 14, n. 5, set.-out. 2010, p. 939-948. Disponível em: <http://repositorio.ufba.br/ri/handle/ri/2536>. Acesso em: 26 ago 2016.

BAUMAN, Z. *Modernidade líquida*. Rio de Janeiro: Jorge Zahar, 2001.

BEAUVOIR, S. de. *A força das coisas*. Tradução de M. H. F. Martins. 2. ed. Rio de Janeiro: Nova Fronteira, 2009.

BENDASSOLLI, P. F.; SOBOLL, L. A. P. Clínicas do trabalho: filiações, premissas e desafios. *Cadernos de Psicologia Social do Trabalho*, v. 14, n. 1, p. 59-72, 2011. Disponível em: <http://pepsic.bvsalud.org/pdf/cpst/v14n1/v14n1a06.pdf>. Acesso em: 20 ago. 2016.

FREITAS, M. E. de. Suicídio, um problema organizacional. *Gv-executivo*, v. 10, n. 1, p. 54-57, jan.-jun. 2011. Disponível em: <http://bibliotecadigital.fgv.br/ojs/index.php/gvexecutivo/article/viewFile/22948/21715>. Acesso em: 17 ago. 2016.

FREITAS, S. M. P. de. *A Psicologia no contexto do trabalho: uma análise dos saberes e dos fazeres*. Dissertação (Mestrado) – Programa de Pós-graduação em Psicologia Social e da Personalidade, Pontifícia Universidade Católica do Rio Grande do Sul, RS, 2002.

FREITAS, S. M. P. de. Psicólogo do trabalho no mundo das práxis capitalista: reflexões fenomenológico-existenciais. *Rev. abordagem gestalt.*, Goiânia, v. 15, n. 2, p. 157-168, dez. 2009. Disponível em: <http://pepsic.bvsalud.org/scielo.php?script=sci_arttext&pid=S1809-68672009000200012>. Acesso em: 17 ago.2016.

GONÇALVES, R. E. M.; PONCE, J. de. C.; LEYTON, V. Uso de álcool e suicídio. *Saúde, Ética & Justiça*. v. 20, n. 1, p. 9-14, 2015. Disponível em: <http://www.revistas.usp.br/sej/article/download/102818/101107>. Acesso em: 22 ago. 2016.

NETTO, N. M. A morte proibida do trabalhador: análise histórico-social das relações entre suicídio e trabalho. In: BARRETOS, M.; NETTO, N. M.; PEREIRA, L. B. *Do assédio moral à morte de si, significados sociais do suicídio no trabalho*. São Paulo: Gráfica e Editora Matsunaga, 2011. p. 123-161.

ORGANIZAÇÃO INTERNACIONAL DO TRABALHO. Problemas ligados ao álcool e a drogas no local de trabalho. Uma evolução para a prevenção. Tradução de L. Pinto. Genebra: *Bureau* Internacional do Trabalho, set. 2003. Disponível em: <http://www.ilo.org/public/portugue/region/eurpro/lisbon/pdf/pub_problemas.pdf>. Acesso em: 23 ago 2016.

ORGANIZAÇÃO MUNDIAL DA SAÚDE. Neurociência de consumo e dependência a substâncias psicoativas: resumo. Genebra, 2004. Disponível em: <http://www.who.int/substance_abuse/publications/en/Neuroscience_P.pdf>. Acesso em: 23 ago. 2016.

PERDIGÃO, P. *Existência & liberdade*: uma introdução à filosofia de Sartre. Porto Alegre: L&PM, 1995.

ROCHA, O. *Péssimas condições de trabalho podem levar ao uso de drogas e suicídio*. (En) Cena: a saúde mental em movimento. Ceulp/Ulbra, Palmas/TO, 2013. Disponível em: <http://ulbra-to.br/encena/2013/11/13/Pessimas-condicoes-de-trabalho-podem-levar-ao-uso-de-drogas-e-suicidios>. Acesso em: 25 ago. 2016.

SANTOS, M. A. F.; SIQUEIRA, M. V. S. Considerações sobre trabalho e suicídio: um estudo de caso. *Rev. Bras. Saúde Ocup*, São Paulo, v. 36, n. 123, p. 71-83, 2011. Disponível em: <http://www.scielo.br/pdf/rbso/v36n123/a07v36n123.pdf>. Acesso em: 19 ago. 2016.

SARTRE, J-P. *A transcendência do ego*. São Paulo: Colibri, 1994.

SARTRE, J-P. *Crítica da razão dialética*. Rio de Janeiro: DP&A, 2002.

SARTRE, J-P. *Esboço para uma teoria das emoções*. Porto Alegre: L&PM, 2006.

SARTRE, J-P. *O ser e o nada*: ensaio de ontologia fenomenológica. 20. ed. Petrópolis: Vozes, 2005.

SAUAYA, D.; COHEN, E. O enigma do suicídio no mundo do trabalhador. In: BARRETOS, M.; NETTO, N. M.; PEREIRA, L. B. *Do assédio moral à morte de si, significados sociais do suicídio no trabalho*. São Paulo: Matsunaga, 2011. p. 163-174.

SCHNEIDER, D. R. *Sartre e a psicologia clínica*. Florianópolis: Ed. UFSC, 2011.

SCHNEIDER, D. R.; ANTUNES, L. A função imaginária no uso de substâncias psicoativas: contribuições de Jean-Paul Sartre. *Rev. NUFEN*, São Paulo , v. 2, n. 1, p. 66-91, jun. 2010. Disponível em: <http://pepsic.bvsalud.org/scielo.php?script=sci_arttext&pid=S2175-25912010000100005&lng=pt&nrm=iso>. Acesso em: 02 set. 2016.

SCHNEIDER, D.R; STRELOW, M.; LEVY, V. L. dos S. Um olhar existencialista sobre o uso problemático de drogas. In: CASTRO, F. G. de; SCHNEIDER, D. R.; BORIS, G. D. J. B. (Org.). J.-P. *Sartre e os desafios à psicologia contemporânea*. Rio de Janeiro: Via Verita, 2017. p. 209-236.

SERVIÇO SOCIAL DA INDÚSTRIA (SESI). Dados sobre o uso de álcool e outras drogas no trabalho. 2013. Disponível em: <http://www.sesipr.org.br/cuide-se-mais/alcool-e-outras-drogas/dados-sobre-o-uso-de-alcool-e-outras-drogas-no-trabalho-1-23999-216358.shtml>. Acesso em: 19 ago. 2016.

SINAGAWA, D. M. *et al*. Uso de álcool por vítimas de morte violenta no Estado de São Paulo. *Saúde, Ética & Justiça*, v. 13, n. 2, p. 65-71, 2008. Disponível em: <http://www.revistas.usp.br/sej/article/view/44590>. Acesso em: 21 ago. 2016.

SOUZA, P. C. Z. de; SOUZA, A. M. R. Z. de. Suicídio e trabalho: o que fazer?. *Cad. Saúde Pública*, Rio de Janeiro, v. 26, n. 12, p. 2422-2423, dez. 2010. Disponível em:<http://www.scielo.br/scielo.php?script=sci_arttext&pid=S0102-311X2010001200023&lng=en&nrm=iso>. Acesso em: 18 ago. 2016.

TEIXEIRA, J. A. C. Ser psicoterapeuta existencialista é fazer política. In: CASTRO, F. G. de; SCHNEIDER, D. R.; BORIS, G. D. J. B. (Org.). *J.-P. Sartre e os desafios à psicologia contemporânea*. Rio de Janeiro: Via Verita, 2017. p. 237-243.

CAPÍTULO 5

Grupo reflexivo para homens autores de violência: uma experiência da saúde pública na zona norte do Município de São Paulo

Leanndru Guilherme Pires Reis Sussmann
Thiago Rodrigues de Paula

Iniciar um grupo para homens autores de violência com o intuito de prevenir reincidência, já logo ao primeiro momento não parece tarefa simples. Fazer isso na área da saúde e em rede é tarefa mais árdua ainda. Apesar de parecer claro quantas complicações vinham pela frente, nem de longe conseguimos estimar essa dificuldade. Os motivos são muitos e abrangem desde a captação dos participantes do grupo até a proteção de todos envolvidos (vítimas, autores da violência e profissionais que atuam no caso). Além dessas, elegemos como dificuldade mais significativa a seguinte: não estávamos falando só sobre homens autores de violência, tampouco sobre uma condição criada pela desigualdade social ou impulsionada pelo uso de álcool e outras drogas, estávamos (e ainda estamos) lidando com homens, que, como nós, foram criados em uma cultura que estimula o uso da violência e que pouco exorta a refletir sobre sua legitimidade. Fica cada vez mais claro que olhar para esses homens é olhar para NÓS homens (Billand, 2016).

Atuamos como psicólogos clínicos de Unidades Básicas de Saúde (UBS) da zona norte do município de São Paulo e com nossa prática ampliamos o contato com diversas formas de violência e suas consequências para as que sofrem diretamente, para a sociedade em que estão inseridas e também para os autores dessas ações. É nítida a naturalização de algumas formas de violência na sociedade. Essa nitidez aparece desde a infância, percebemos por meio das inúmeras queixas de crianças com comportamento agressivo, em casa ou na escola, quando estas chegam à UBS.

Começamos a nos indagar por que crianças de cinco anos ou menos já se relacionam de forma tão violenta e por que nos meninos esses comportamentos se evidenciam. Seria simples aceitarmos a resposta biologicista em que a agressividade deriva de condição biológica e instintiva inerente ao masculino e que não foi devidamente podada e modificada por meios coercitivos. Porém deixaríamos de refletir e identificar que esse comportamento agressivo é ensinado e, muitas vezes, reforçado com, por exemplo, o pretexto de defesa valendo-se de frases como "se alguém mexer com você, não deixa barato.", "vai apanhar que nem bobo? Bate nele também", "ele pegou o brinquedo de você pega dele de volta", ou até ameaça "se apanhar na rua/escola vai apanhar de novo em casa". Também nas crianças é perceptível outros processos de construção da masculinidade por meio da negação do feminino "você é tão fraco que parece mulherzinha", "ihh ele chuta que nem menininha", "vai chorar? É menininha agora?". Ou seja, muitas vezes estamos alimentando uma cultura que não permite o contato com suas limitações, com o não controle do outro, que coloca a feminilidade como algo inferior e que, quando o sujeito não corresponde a esses ideais de masculinidade ou sua masculinidade é confrontada, a resposta possível é a violência, o "controle" físico da situação problema (Lima; Buchele; Climaco, 2008; Mistura, 2015). Além da negação do feminino, nas falas das próprias crianças já se torna evidente outros processos de construção do que é ser homem por meio de negações (Kaufman, 1987; Nader; Caminoti, 2014; Silva, 2014): não chorar, não demonstrar sentimentos, não ser fraco, não ser perdedor, não ser covarde, não ser passivo nas relações e também pelas afirmações: ser provedor, ser mantenedor de relações sexuais (nessa idade embora a relação sexual seja trazida de maneira tímida essa questão aparece tanto em movimentos/brincadeiras sexuais como "a sarrada" quanto nas suas falas sobre as relações com as colegas), ser dominador, ser agressivo (tanto fisicamente quanto em suas atitudes), ser líder, ser detentor de dinheiro/emprego. Processo esse que justifica e é reforçado pela separação de papéis sociais, brincadeiras e lugares: provedor *x* dona de casa, rosa *x* azul, vôlei *x* futebol, casinha *x* super-herói, conter-se *x* ser expansivo (em gestos e modos corporais) contrastando com não falar de sentimentos *x* ser emotiva.

Essa construção social da masculinidade começa no útero (a partir do conhecimento do sexo do bebê) e continua operando e sendo reforçada até o fim da vida. O processo de subjetivação que constrói o masculino e o feminino dificilmente é percebido por nós que somos sujeitados a ele e, assim sendo, dá espaço a uma naturalização dessas formas de existir. Essa construção social, sua naturalização e as frustrações decorrentes das mudanças ou não conformação aos estereótipos de gênero são algumas causas da violência de gênero.

É lugar comum entender que a violência racial é aquela praticada em decorrência da diferença de cor, a violência homofóbica a praticada por diferença na orientação sexual. Seguindo a mesma linha de raciocínio, fica claro que a violência de gênero é aquela praticada exclusivamente por diferença de gênero. Em outras palavras, as mulheres sofrem agressão exclusivamente por serem mulheres e o outro, por motivos variados, agride por ser de outro gênero. Conforme nos aprofundávamos nas questões da masculinidade hegemônica reconhecíamos em nós os efeitos desse processo. Mais e mais percebemos nossa agressividade, nossa dificuldade em falar de fraquezas, nossos conflitos, impaciência, impulsividade, descuido com a saúde e outras tantas características. Foi particularmente impressionante perceber que, mesmo após anos de reflexão e desconstrução dessa cultura em nós, ainda há muito a desconstruir, é como se houvesse uma produção rizomática tão extensa que é impossível refletir sobre todas as ramificações que essa cultura produz.

Com essas inquietações e conhecendo projetos que trabalhavam violência de gênero pela ótica da mulher tais como: Grupos terapêuticos; educativos; de apoio; de geração de renda etc. começamos a aprofundar os estudos[1] e encontramos aqueles que pensavam a construção do masculino e trabalhavam com homens autores de violência. Entramos em contato com grupo realizado pela ONG Coletivo Feminista de Sexualidade e Saúde no qual descobrimos grupo reflexivo[2] realizado há mais de 10 anos iniciado por Leandro Feitosa Andrade e Sérgio Buarque e também entramos em contato com Jan Billand, um aluno doutorando que acompanhou o grupo. Este último, principalmente, nos ajudou muito a compreender o que estamos fazendo. Iniciamos o grupo em fevereiro deste ano, mas o projeto começou a ser realizado no final de 2016.

Nutridos por essas fontes e cada vez mais ávidos por construir um grupo reflexivo para autores de violência, iniciamos o planejamento e com isso surgiu uma série de questões: Como captamos os homens? Com quais equipamentos poderíamos firmar parcerias para encaminhá-los ao grupo? Haveria o interesse desses homens em participar? Essas questões surgiram devido à percepção de que a maior parte do público que procura equipamentos da área da saúde e/ou assistência social são as mulheres vítimas de agressões. Como convidar o parceiro (ou ex-parceiro) para participar do grupo sem expor ao risco de novo ato de violência contra aquela mulher?

Pensando nisso definimos alguns critérios, acordados com os equipamentos, para o encaminhamento do homem: Quando o contato ocorre por intermédio da mulher é necessário que o homem saiba que a (ex) parceira está sendo acompanhada e ainda, esta necessita autorizar o contato com o parceiro, com o intuito de não expô-la a nova agressão; O homem não pode fazer um uso abusivo de álcool ou outras drogas; Não possuir histórico de homicídio; Não possuir transtorno mental grave. Esses três últimos critérios são utilizados pelo grupo reflexivo realizado pelo Coletivo Feminista de Sexualidade e Saúde. Decidimos utilizá-los devido à relevância do trabalho já realizado e por ser a construção de um projeto

1 Não há estudos de violência que relacionam os dados dos casais. Os estudos encontrados não analisam os dados da vítima e do autor de agressão em relação, analisam somente o perfil de ambos separados.

2 O Coletivo Feminista de Sexualidade e Saúde não é o único equipamento a realizar esse trabalho. Outras ONGs e alguns equipamentos ligados ao sistema jurídico também realizam. Porém, nenhum desses equipamentos é da área da saúde pública.

piloto. Além desses critérios e, por ser a UBS um espaço em que os integrantes das famílias que residem no mesmo endereço são atendidos todos pela mesma equipe, decidimos que, a princípio, o grupo seria realizado em outro espaço. Entramos em contato com biblioteca pública da região e acordamos que o grupo aconteceria lá. A divulgação do local foi realizada somente aos profissionais dos equipamentos da assistência social e da saúde e para os homens convidados, evitando o estigma para os integrantes do grupo.

Com o projeto escrito, procuramos a coordenadoria da saúde mental da região em que trabalhamos e propusemos o grupo. Ao ser aprovado iniciamos o contato com a rede para efetivá-lo. Começava nosso maior e contínuo desafio, a captação desses homens. Decidimos no primeiro momento falar com as UBS da região, equipamentos de assistência social e uma ONG (NCCV – Casa Mariás) que atendem às mulheres que sofreram violência. Nessas visitas, trazendo um tema ainda pouco discutido, só reforçamos a ideia de que as questões de gênero perpassam a todos. Colhemos histórias de pessoas que trabalham com essa população e que sofrem ou sofreram violência e também alguns que reproduziam ou se viam inseridos em situações em que temiam fazer o uso desta.

Consideramos representativa uma dessas experiências. Estávamos em um equipamento em que alguns coordenadores eram homens. Durante a nossa conversa, um deles diz que está com dificuldades no relacionamento conjugal e brinca "logo vou ser eu a ir no grupo, porque olha, as vezes é difícil". O outro coordenador, instigado por nossa proposta de abrir um grupo para homens, repete uma frase comumente ouvida nesses grupos, a de que "deveria existir a lei 'João da Penha' porque, hoje em dia, dá medo de fazer qualquer coisa". Consideramos essas falas expressivas das dificuldades de lidar com aquilo que sai do controle na relação, em que a resposta possível e plausível aos desentendimentos é a violência além da falta de espaços onde os homens podem se abrir e suas inquietações possam ser acolhidas. É importante considerarmos que tal fala vem de profissionais de um equipamento que lida com as consequências das diversas formas de violência em seu cotidiano, salientando que a prática reflexiva dessa questão não é tarefa simples, muito menos comum e perpassa homens e mulheres de todos os ambientes e classes sociais. Além disso, demonstra também a importância de criar espaços de fala para esses homens que ainda tentam lidar com essas questões sozinhos. Nesse caso específico, o humor foi usado de forma a expressar algum sentimento que o incomodava, deixando evidente outra construção social da masculinidade: a dificuldade de falar de seus próprios sentimentos de forma clara. Sendo assim, muitas vezes os homens usam subterfúgios para falar de si, o humor, a bebida, atitudes autodestrutivas e a raiva. Percebemos nesse caminho em busca de parcerias, na auto-observação e no grupo que a raiva é um dos poucos sentimentos que são permitidos ao homem expressar. Muitas vezes a raiva expressa as alegrias, as tristezas e as frustrações e, outras tantas vezes, essa expressão culmina em violência.

Fazer rede, parcerias e construir o grupo é um processo contínuo. Esse processo nos levou a ampliar os contatos para o âmbito jurídico. Nossa região está situada na área de abrangência de três fóruns: Butantã, Santana e Tatuapé. Alegrou-nos o encontro com a Vara de Violência Doméstica do fórum Butantã. Fomos acolhidos e, após reunião com a equipe técnica e com a juíza, iniciamos grupo de estudos e trocas de experiências muito gratificantes para nós. A equipe relatou que já haviam realizado um grupo dentro do Fórum e que planejavam realizar outros. No fórum de Santana, encontramos um pouco mais de resistência e ainda estamos tentando consolidar a parceria. No fórum do Tatuapé ainda não conseguimos contato. Insistimos nesses contatos por dois motivos. Primeiro, a exemplo do Coletivo Feminista de Sexualidade, a captação por esse meio se mostra mais eficaz e protege ainda mais a mulher. Segundo, acreditamos que esse contato jurídico-saúde possa ser um encontro potente e promotor de mudanças duradouras nos processos de violência e, por isso, seguimos insistindo, dentro dos limites de cada setor, para que a rede se amplie e una essas áreas.

Os primeiros encontros foram três homens de dez que chamamos. Nesse primeiro grupo a intenção era acolher, ouvir, entender as demandas que eles traziam e pensar em ações que pudessem problematizar as angústias e o papel que a masculinidade possuía nessa relação. Os integrantes, apreensivos no início, ao romperem a resistência demonstraram dificuldades em parar de falar sobre suas questões. O grupo, que estava programado para ter uma hora e meia, acabou se estendendo e mesmo assim não esgotou os assuntos trazidos para aquela sessão. Essa atitude reforça o que foi percebido no episódio exposto anteriormente com os coordenadores de um dos equipamentos. Expõe novamente a necessidade de se expressar, de falar sobre seus afetos e a necessidade de um espaço acolhedor para isso. Achamos importante ressaltar que acolher não é concordar ou reforçar pré-conceitos e atitudes violentas, mas ouvir sem julgamentos e problematizar o sofrimento, mantendo uma postura ética e de afirmação da vida. Embora o assunto não tenha se esgotado, não retornaram todos os integrantes nos próximos encontros, não sabemos qual processo os levou a não voltar, e eles também não deram justificativas no contato telefônico, dizendo que até tinham interesse, mas não apareceram mais nos grupos.

Um integrante permaneceu no grupo por 14 encontros e utilizaremos sua participação de maneira a pensar no alcance e nos limites desse grupo. Possuía uma história de machismo e violência muito forte na família. Relata que desde o final de sua infância tenta se diferenciar de seus pais e de seus irmãos por perceber que a imagem que os mesmos tinham em sua pequena cidade natal era muito negativa. Essa imagem que sua família possuía o marcava e em todas as suas relações o estigma o acompanhava. Mesmo as mulheres da família, na sua concepção, reforçavam a misoginia contida no âmbito doméstico. Esse relato é comum a muitos homens, tenham eles praticado violência ou não. Sentia muito incômodo com a imagem que sua família tinha perante a comunidade que viviam, lutou para se diferenciar dos seus entes, porém havia/há muito aspectos promotores de violência em sua formação. Foi possível observar a dificuldade em trabalharmos questões tão enraizadas e fortemente nutridas. Uma das consequências desse processo de subjetivação misógino era o ciúme exacerbado e a dificuldade em lidar com a possibilidade da esposa "trocá-lo" por outro homem. Tais questões estavam carregadas não só com medo de perder a companheira, mas de não ter sido "homem o suficiente" para que ela não precise de outro e por fazê-lo entrar em contato com a frustração de não resolver a angústia da necessidade de se diferenciar dos familiares. Mas as dificuldades produzidas por essa subjetivação não se restringiam somente aos relacionamentos amorosos, o medo da exposição de si, do risco de mostrar seus sentimentos é tão assustador que o compeliu a criar uma barreira também nas relações de amizade. Essa barreira se mostrava tanto na ausência de amizades como na dificuldade de conversar, mesmo com seus colegas de trabalho. Esse comportamento, segundo ele, pode ter sido a causa de algumas demissões e dificuldades em manter-se em alguns empregos. No grupo esse comportamento evidenciava-se no cumprimentar sempre com o braço esticado, rígido, delimitando a distância para com o outro. Após problematizarmos essas questões, inclusive trabalhando sua relação conosco, ele aos poucos foi se permitindo aceitar a aproximação. Em sua última participação no grupo, a despedida foi com um forte abraço, pedido por ele, o que consideramos um dos pequenos sucessos da intervenção.

Outra relação que era prejudicada por essa construção cultural à qual ele foi sujeitado, era na relação com sua filha adolescente. Todas as atitudes da filha que lembrassem, mesmo que remotamente, as atitudes de sua família de origem o deixavam irritado. Essa incompreensão ocasionava brigas e o distanciamento dos dois, sendo que por vezes ficavam semanas sem se falar. Ao trazer toda a construção à qual ele foi submetido e ao propor um olhar mais empático em relação à filha, ele nos conta de uma mudança de postura em relação a ela e, pelo menos até o final do grupo, estavam próximos e com um diálogo mais franco. Mesmo que a violência ainda não houvesse sido extinta foi perceptível que algum processo reflexivo havia sido iniciado. Sua fala teve uma importante mudança de qualidade; no início trazia muito mais a falta de controle e buscava alguma resposta química (problema neurológico ou mesmo um remédio que o ajudasse a se controlar), no decorrer do grupo ele foi saindo dessa posição e buscando outras formas de lidar com o problema, problematiza a relação e trazia suas frustrações e angústias aos encontros.

Além desse caso que teve seus pequenos sucessos, embora não tenha atingido seu principal objetivo, consideramos que, na questão da criação de rede para o atendimento aos autores de violência, existiram alguns êxitos:

1 – Conseguimos contato com outros colaboradores que também tinham interesse no tema. Além de funcionários de outras complexidades (CAPS, gerentes, coordenadores, supervisores), os funcionários da Vara de Violência do fórum todos se comprometeram a mensalmente realizar um grupo de estudos e discussão de caso. Experiência essa que tem se mostrado produtiva e mobilizadora e que conta com o apoio de outros facilitadores que,por vezes, participam do grupo como o Leandro Feitosa do Coletivo Feminista de Sexualidade e Saúde e o Jan Billand.

2 – Em conjunto pensamos em ações mais amplas com o intuito não só de prevenir reincidência da violência trabalhando com os autores, mas promover igualdade de gênero com intuito de permitir que as relações sejam mais igualitárias e pacíficas. Nós e um parceiro, Renato Rodrigues de Almeida, também funcionário do mesmo distrito, começamos a pensar e contatar equipamentos da região nos quais poderíamos fazer ações de saúde com a questão do gênero. Renato nos convidou para, juntos, visitarmos grupo de adolescentes feito por ele para problematizar essa questão. Também entramos em contato com uma escola de samba e estamos articulando as ações que poderemos realizar lá. E por último, a convite de outra participante do grupo, iremos em mais uma escola trabalhar a questão de violência de gênero com os professores. Até agora, essas são as ações a que demos início, mas continuaremos procurando outros espaços para isso.

3 – Aumentamos a sensibilidade para essas questões nos grupos já existentes nas UBS. Com essas questões sempre sendo abordadas, percebemos como o machismo permeia e aparece em todas as ações e atendimentos que fazemos. E nos diversos grupos já existentes nas unidades (crianças, adolescentes, idosos, relaxamento, roda de conversa etc.) começamos a abordar o tema com os participantes e problematizar o machismo existente em homens e mulheres.

4 – Conseguimos mobilizar a rede para refletir sobre o tema. Ao conversar com outros profissionais sobre o que estamos iniciando muitas reflexões sobre os processos de subjetivação próprios e as relações que possuíam com a violência emergiram. Em um encontro que visa a capacitar os funcionários para lidar com todos os tipos de violência o tema foi abordado duas vezes, uma por nós e outra pelo Leandro Feitosa.

Apesar desses êxitos, continuamos enfrentando as dificuldades e pensando em novas maneiras de melhorar a captação do grupo. Com a percepção que até os colaboradores têm dificuldade de lidar com o tema da violência e, principalmente, com o autor desta, criamos uma abordagem direcionada ao homem diretamente. Produzimos cartazes a serem afixados e panfletos a serem distribuídos que convidem os homens à participação no grupo. Os cartazes foram criados pensando nas queixas que os homens trazem ao grupo, o que estes consideram dificuldades no encontro com as mulheres. Usamos frases e situações comumente trazidas por eles tais como "tá difícil conversar?", "ciúmes?", "perde o controle?", "ela me deixa com muita raiva", "ela não me entende", "fico com muita raiva". No cartaz oferecemos duas formas de contato, um e-mail com orientações e a possibilidade de conversar com algum funcionário da UBS de referência. O próprio homem entraria em contato conosco. Além disso, procuramos mais espaços e parcerias em que possamos fazer, não só prevenção da violência, mas promoção da cultura de paz por meio da igualdade de gênero.

O processo de construção do grupo reflexivo está em seu início, propondo-nos o desafio de construir rede, de levar as discussões de gênero e suas relações ao território em que atuamos. É de extrema relevância refletirmos sobre a construção cultural a qual estamos submetidos, afinal, o cuidado a vítima de violência é fundamental, porém se não cuidarmos do autor de violência, tal prática agressiva poderá se repetir naquela ou em outras relações que ele tiver.

Segundo o Mapa da Violência (Waiselfisz, 2015), duas em cada três pessoas que buscaram atenção médica por violência são mulheres, correspondendo a 405 mulheres por dia no ano de 2014. Sendo familiares, parceiros ou ex-parceiros os autores de agressão em 67,2% dos casos notificados.[3] Esse número correspondente à taxa de atendimento de 8,3 vítimas de violência doméstica para cada 10 mil da população feminina brasileira. A violência física está em primeiro lugar nos atendimentos presente em 48,7% das notificações, seguidas por violência psicológica (23%) e violência sexual (11,9%). Em relação ao local da agressão, para violências não letais, a residência corresponde a 71,9% dos casos femininos, sendo o local mais frequente em todas as faixas etárias. No caso das agressões sofridas pelos homens, a rua é o local mais frequente em 50,4% dos casos, nas faixas etárias dos 12 aos 30 anos (adolescente e jovem). A taxa de reincidência nos atendimentos femininos é de 49,2% (nas mulheres adultas 54,1%), já nos atendimentos ao público masculino é de 30,5%.[3] O que indica que a violência contra a mulher é mais repetitiva e sistemática que a dos homens. A violência é um fator importante para a saúde pública, não podemos desconsiderar a incidência e prevalência da violência contra a mulher em todo o território nacional. Por ser a violência contra mulher perpetrada principalmente por familiares, parceiros ou ex-parceiros, dá-se a importância do trabalho com homens, buscando, por meio da problematização da cultura machista, cessar a violência.

A desigualdade de gênero é uma construção social que causa sofrimento para ambos os gêneros. Trabalhar com os homens não significa desconsiderar os privilégios que esse possui na atual hierarquia relacionada aos gêneros. Entender o sofrimento deles não é inverter as posições vitimizando os homens e muito menos culpando as mulheres. Olhar para os homens é tentar lidar com o problema de forma global; ouvir, acolher não é concordar, mas sim o primeiro passo para problematização e abertura para mudança.

[3] Dados obtidos a partir da Ficha de Notificação do Sistema de Informação de Agravos de Notificação (SINAN).

Referências

BILLAND, J. S. J. *Como dialogar com homens autores de violência contra mulheres?* Etnografia de um grupo reflexivo. Tese (Doutorado) – Programa Medicina Preventiva, Faculdade de Medicina da Universidade de São Paulo,. São Paulo, 2016.

COUTO, M. T.; SCHRAIBER, L. B. Representações da violência de gênero para homens e perspectivas para a prevenção e promoção da saúde. In: GOMES, R. (Org.). *Saúde do homem em debate.* Rio de Janeiro: Ed. Fiocruz, 2011. p.. 175- 199.

KAUFMAN, M. The construction of masculinity and the traid of men´s violence. In: KAUFMAN, M. (Ed). *Beyond Patriarchy*: Essays on Pleasure, Power, and Change. Toronto: Oxford University Press, 1987.

LIMA, D. C.; BUCHELE, F. Revisão crítica sobre o atendimento a homens autores de violência doméstica e familiar contra as mulheres. *Physis*, Rio de Janeiro, v. 21, n. 2, p. 721-743, 2011.Disponível em: <http://www.scielo.br/scielo.php?script=sci_arttext&pid=S0103-73312011000200020&lng=en&nrm=iso>. Acesso em: 1° out. 2017.

LIMA, D. C.; BUCHELE, F.; CLIMACO, D. A. Homens, gênero e violência contra a mulher. *Revista Saúde Sociedade*, São Paulo, v. 17, n. 2, p. 69-81, 2008.

MISTURA, T. F. *Vivência de homens autores de violência contra a mulher em Grupo Reflexivo*: memórias e significados presentes. Dissertação (Mestrado) – Programa Saúde, Ciclos de Vida e Condições Sociais, Faculdade de Saúde Pública da Universidade de São Paulo, São Paulo, 2015.

NADER, M. B.; CAMINOTI, J. M. Gênero e poder: a construção da masculinidade e o exercício do poder na esfera doméstica. In: ENCONTRO REGIONAL DE HISTÓRIA DA ANPUH-RIO: SABERES E PRÁTICAS CIENTÍFICAS, 16. Rio de Janeiro-RJ, 2014.

SILVA, J. R. T. *Masculinidade e violência*: formação da identidade masculina e compreensão da violência praticada pelo homem. In: REDOR, 18. Universidade Federal Rural de Pernambuco, Recife-PE, 2014.

SILVA, S. G. *A crise da masculinidade*: uma crítica à identidade de gênero e à literatura masculinista. *Psicologia Ciência Profissões*, Brasília, v. 26, n. 1, p. 118-131, mar. 2006.

WAISELFISZ, J. J. *Mapa da violência*: homicídio de mulheres no Brasil. Flacso Brasil, Brasilia-DF, 2015.

WHITEHEAD, S. M. *Men and masculinities*: key themes and new directions. Cambridge, UK: Polity Press, 2002. 278 p.

Sofrimento cigano...

Valdemar Augusto Angerami

Pés calejados... Rachados em ferimentos...
Sofrimento, tormento e desalento...
Em busca de um chão para ter paz...
A busca incessante de dignidade diante de tanta atrocidade...
Superação diante de tanta perseguição e humilhação...
Sem canto nas quinas da vida...
De vida retorcida de tão sofrida...

De um povo que vagueia com a alma que incendeia...
Da música inebriante, envolvente, eloquente...
Do violino que acirra as melodias fascinantes...
Melodias de amor, dor e muita cor...
Cor que tinge a alma de todos que a escutam...
E cintila esperança de momentos de ardor...

Andar e vaguear pelos sonhos... Da alma em ardência...
E do amor de forte incandescência... De grande abrasamento...
De olhar penetrante, instigante e que brilham ardor...
Ardor de um mundo sem sofrimento e dor...

Serra da Cantareira, numa tarde azul de Inverno...

CAPÍTULO 6

Trabalhando a sexualidade no contexto da saúde pública

José Carlos Riechelmann

Introdução

O Hospital Municipal Maternidade-Escola de Vila Nova Cachoeirinha "Dr. Mário de Moraes Altenfelder Silva" é uma unidade da Secretaria de Saúde da Prefeitura Municipal de São Paulo voltada ao atendimento da população feminina da periferia norte da cidade exclusivamente nas áreas de ginecologia, obstetrícia e perinatologia, as duas últimas priorizando a gestação de alto risco. Oferece atendimento secundário em ginecologia, composto por ambulatório de subespecialidades e procedimentos cirúrgicos. Em obstetrícia e neonatologia, presta assistência secundária, composta por assistência ao parto de baixo e médio risco e enfermarias de alojamento conjunto mãe-bebê, mas destaca-se no sistema de saúde por oferecer também assistência terciária nessas especialidades, por meio do pré-natal de alto risco, casa da gestante de alto risco, assistência ao parto de alto risco, UTI materna e UTI neonatal, num dos maiores berçários do Brasil, com mais de cem leitos e mil metros quadrados de área.

Apesar de ser uma unidade hospitalar preparada para dar resposta às mais complexas demandas obstétricas e neonatais, bem como à maioria das demandas ginecológicas, historicamente sempre foi praticamente nula sua capacidade de resposta a um dos tipos mais frequentes de queixas na assistência à saúde da mulher: as queixas sexuais. Era interessante observar como parecia que a sexualidade não encontrava espaço em nenhum dos onze mil metros quadrados de um hospital que foi construído e dedicado exclusivamente à saúde da mulher, da gestante e do recém-nascido. Na verdade, era claro que o hospital não era dedicado à saúde integral da mulher, mas sim limitado à assistência à saúde reprodutiva, deixando à margem a saúde sexual, como se reprodução e sexualidade não fossem faces indissociáveis de uma mesma moeda: a feminilidade.

Estávamos em plena década dos anos 1980, com a AIDS invadindo dramaticamente a vida das pessoas, das unidades de saúde e dos meios de comunicação social. Ao mesmo tempo, as mulheres estavam consolidando seus espaços fora do lar, competindo no mercado de trabalho e reivindicando também seu direito ao prazer sexual.

Pela inexistência de uma estrutura organizacional que acolhesse as mulheres com sofrimentos na área sexual, nenhum dos serviços existentes no hospital se reconhecia nem mesmo minimamente responsável por lidar com a questão. A também histórica insuficiência de conhecimentos sobre sexualidade nos programas de formação de especialistas em ginecologia e obstetrícia levava a quase totalidade dos médicos a ignorar ou evitar abordar tecnicamente as frequentes queixas sexuais das pacientes. A falta de clareza sobre o papel do médico, especialmente do ginecologista, no trato com as questões sexuais das pacientes levou à criação de uma cultura institucional que identificava as queixas sexuais como "distúrbios de natureza psíquica" e, como de hábito, caberia aos profissionais do serviço de psicologia cuidar dessas pessoas.

Ora, para os psicólogos do hospital, treinados que eram em escuta qualificada, ficava também claro que muitas pacientes pouco se beneficiariam de um atendimento exclusivamente psicológico, pois questões que pareciam fortemente orgânicas, talvez hormonais, frequentemente afloravam nas histórias de sofrimento. Logo, cada vez mais claro estava que a questão do sofrimento na esfera da sexualidade demandava uma equipe multiprofissional que, de modo especial, pudesse se articular num trabalho de natureza interdisciplinar.

Por ser o serviço de psicologia hospitalar o endereço final da quase totalidade de mulheres com queixas sexuais, foi justamente uma psicóloga e psicanalista (Maria Salete Rodrigues) que, acompanhada de uma assistente social (Sueli Shreier), realizou os primeiros movimentos de criação do Serviço de Atenção à Sexualidade (SASEX). Logo, este foi gradativamente assumindo seu formato definitivo, após a incorporação, sequencialmente, do médico sexologista (José Carlos Riechelmann), da enfermeira (Olga Aparecida Fortunato) e, posteriormente, de dois ginecologistas (Solly Bercovici e Jorge Ignacio Rubin).

O objetivo deste capítulo é relatar a experiência vivida na tarefa de criar e desenvolver o SASEX naquele ambiente hospitalar da saúde pública. Serão relatadas ainda, de forma sumária, as repercussões observadas no âmbito da instituição, da própria equipe de saúde e da clientela.

Pressupostos básicos

Todo pioneirismo tem seu preço, que é a impossibilidade de correr o risco de caminhar por caminhos desconhecidos, sem a preciosa ajuda dos mapas feitos pelos antecessores. Quando não há antecessores, também não há mapas. Então o que resta é tomar coragem e começar a caminhar. Claro que, mesmo sem mapas, não podemos abrir mão de pelo menos uma bússola que nos ajude a evitar os piores abismos. E essa bússola a encontramos nos postulados teóricos dos pensadores que antes de nós já tinham se debruçado sobre os estudos em sexualidade humana.

Adotamos alguns pressupostos teóricos como base filosófico-ideológica do SASEX desde o início, de certo modo já ensaiando uma definição de uma área de intersecção entre as diversas formações profissionais e pessoais dos membros da equipe.

Nossos pressupostos foram:

- o conceito de ser humano como unidade sociopsicossomática (ou biopsicossocial) dinâmica, no qual os fenômenos biológicos, emocionais e das relações interpessoais estão em constante interação na construção de cada momento da vida (Rodrigues, 1988);
- o conceito de sexualidade como uma das dimensões da humanidade da pessoa e, portanto, algo que resulta da interação das forças biológicas, emocionais e das relações interpessoais;
- o conceito de saúde adotada pela Organização Mundial de Saúde (OMS), definida como o bem-estar físico, mental e social do indivíduo;
- decorrente do anterior, o conceito de assistência integral à saúde da mulher, a orientação atual do pensamento ginecológico em nosso meio e o objetivo básico das instituições públicas de saúde;
- o conceito, também decorrente dos anteriores, de que o estudo e o trabalho com sexualidade humana são atividades interdisciplinares por excelência, exigindo intercâmbio e integração de profissionais de diferentes formações;
- o conceito de doença como resultado, num dado momento da biografia do paciente e da conjunção de fatos biológicos, emocionais e das relações interpessoais (fatores sócio-econômico-político-culturais) (Riechelmann, 1988);
- o conceito de que sexualidade e cultura não se dissociam jamais, o que desaconselha o "transplante" puro e simples de técnicas de um país para outro, de uma região para outra (num mesmo país inclusive), bem como aponta para a necessidade de desenvolver técnicas adequadas à clientela de cada instituição;
- o conceito de equipe interdisciplinar (Japiassu, 1976), na qual a relação com a cliente é estabelecida por um profissional que, pelo alto grau de intercâmbio e interação com os demais membros da equipe, funciona como um agente, verdadeiro "porta-voz" desta equipe como um todo. Esta função de "porta-voz" de um pensamento construído coletivamente diferencia o trabalho interdisciplinar do multiprofissional. Multiprofissional é a estrutura organizacional, e interdisciplinar é sua forma de funcionar;

- O conceito de que, em instituições públicas de saúde, é desejável a criação de formas de trabalhos que promovam uma correlação eficiente entre a quantidade e a boa qualidade dos atendimentos.

Objetivos

Desde sua criação o SASEX teve como objetivos a assistência, a pesquisa e o ensino na área da sexualidade humana, de modo especial quanto à sexualidade feminina, devido às características da instituição à qual pertence.

Tomamos como objetivos assistenciais os seguintes:

- propiciar condições que favoreçam à clientela vivenciar com a maior plenitude possível a sexualidade;
- proporcionar ajuda interdisciplinar efetiva para resolução de dificuldades sexuais;
- oferecer tratamento específico para as portadoras de disfunções sexuais;
- contribuir para a assistência integrada e integral à saúde da mulher na instituição, oferecendo subsídios técnicos aos demais setores da Maternidade-Escola.

Os objetivos científicos foram no sentido de produzir estudos interdisciplinares, de cooperar com os demais setores da Maternidade-Escola na produção de estudos clínicos e/ou cirúrgicos que envolvam aspectos relativos à sexualidade e de realizar intercâmbio teórico e técnico com outros estudiosos e programas em sexualidade humana.

Os objetivos pedagógicos foram os de servir como campo de estágio para os médicos-residentes de ginecologia e obstetrícia da Maternidade-Escola e de servir como referência de treinamento e/ou reciclagem para a rede pública de saúde, aproximando esses profissionais do enfoque interdisciplinar da sexualidade.

Metodologia

Como decorrência de seus pressupostos básicos, a equipe do SASEX entendeu que era mais adequado adotar a perspectiva teórica baseada no método compreensivo.

Wilhelm Dilthey (1833-1911), filósofo alemão, estabeleceu uma útil distinção entre explicação (*Erklaren*) e compreensão (*Verstehen*). O modo explicativo caracteriza as ciências naturais (ciências exatas), que buscam estabelecer uma relação precisa definida de causa-efeito entre dois fenômenos. O método compreensivo caracteriza as ciências humanas que procuram extrair dos fatos humanos o seu sentido ou significado.

As ciências exatas procuram obter dados mensuráveis a partir da observação visual de um experimento, em busca de uma regularidade estatística que permita a formulação de uma lei ou regra de caráter matemático.

As ciências humanas, ao contrário, objetivam a apreensão da experiência vivida (vivência), utilizam a percepção direta dos fatos, procurando atingir não uma generalidade de caráter matemático, mas sim descrições qualitativas de tipos e formas básicos de experiências de vida.

O grande sucesso das ciências exatas, principalmente a partir da Revolução Industrial, no século XIX, levou pensadores como Hume, Comte e Durkheim a usar o método científico explicativo para o estudo dos fatos humanos, caracterizando um movimento científico chamado positivismo. Hoje vemos o pensamento positivista conduzindo grande massa de pesquisas nas áreas médicas. Quanto à sexualidade, é esse o método aplicado a estudos que tentam estabelecer valores normais (regularidades estatísticas), por exemplo, quanto à frequência de relações sexuais, duração da ereção peniana, graus de apetite sexual etc.

Em oposição ao pensamento positivista no estudo das coisas humanas, pensadores como Wildelband e Dilthey estabeleceram que fatos humanos são fenômenos peculiares e exigem método científico próprio para seu estudo. Tal metodologia deve levar em conta que o conhecimento dos fenômenos naturais é o conhecimento de algo externo ao homem, enquanto o objetivo de uma ciência humana é conhecer a própria experiência humana. É este o "pensamento compreensivo" (Riechelmann, 1988; Tragtemberg, 1980).

A partir dessa distinção entre experiências externa e interna e da observação dos pressupostos do SASEX, já citados, pode-se entender nossa preferência pelo método científico compreensivo.

É importante assinalar que a distinção entre metodologia compreensiva e explicativa não é estanque. Cabe também, na atividade do SASEX, a observação de regularidades na repetição de certas experiências nas histórias das pacientes, não com a intenção de buscar uma base matemática para proclamar relação causa-efeito, mas sim com o objetivo de compreender as articulações de fatos concomitantes que desenham a rede na qual a cliente está inserida.

A compreensão dessa "rede de vivências articuladas" da paciente em estudo é uma construção coletiva que tem lugar nas reuniões técnicas semanais da equipe interdisciplinar, tendo como instrumentos intelectuais de trabalho os referenciais teóricos e técnicos dos membros da equipe, a saber, parâmetros técnicos da psicologia, tocoginecologia, enfermagem e serviço social, junto aos referenciais teóricos da medicina biológica, medicina psicossomática, medicina social, sexologia, psicologia, psicanálise e Teoria de Grupos de Pichon-Rivière (1986).

Protocolo do atendimento

A cliente chega à Maternidade-Escola espontaneamente e por encaminhamento de Unidades Básicas de Saúde e/ou ambulatórios de saúde mental da região. Também há aquelas que procuram o pronto-socorro do hospital manifestando as mais diversas queixas e, se nessa ocasião ficarem evidentes as queixas sexuais, ocorre o encaminhamento ao SASEX.

Por fidelidade ao pressuposto de assistência integral à saúde da mulher, evita-se o acesso direto e indiscriminado ao SASEX. Têm acesso direto apenas as clientes provenientes da rede básica de saúde que já passaram por avaliação médica na unidade de origem. Caso contrário, a via de acesso institucional é sempre o ambulatório geral da Clínica Ginecológica. Nessa etapa preliminar, a paciente é incluída no programa de prevenção e tratamento das ginecopatias. Durante a avaliação médica é possível identificar prováveis origens e/ou fatores agravantes de dificuldades sexuais, mormente aquelas derivadas de malformações, tumores e inflamações do aparelho genital. Nesses casos, a orientação terapêutica já ocorre no ambulatório ginecológico, buscando-se o trabalho conjunto de ginecologista e membros do SASEX no seguimento dessas pacientes.

O SASEX, propriamente dito, é formado por dois níveis de atendimento.

O Nível I é o atendimento coletivo, em que se dá o trabalho com grupos de sexualidade. Concomitantemente ao desenvolvimento do grupo, realizamos entrevistas individuais (uma com cada cliente) e reuniões técnicas semanais de equipe. Esse primeiro nível se encerra logo após o término do trabalho com o grupo, por meio da realização da segunda entrevista individual, chamada entrevista devolutiva.

As metas atingidas por este nível são:

- absorver o máximo possível da clientela encaminhada, maximizando a produtividade do serviço mediante atendimento coletivo;
- promover a troca de experiências entre as clientes no grupo, o que, por si só, já tem efeito terapêutico na medida em que modifica o isolamento sociocultural e favorecer a informação, a desmistificação, a reflexão, a integração e a reapropriação em relação à sexualidade;
- esclarecer e especificar a necessidade de ajuda grupal e individual (diagnóstico e triagem);
- devolver à paciente a compreensão da equipe a seu respeito e encaminhar a continuidade do tratamento, quando necessário.

O Grupo de Sexualidade é a porta de entrada do SASEX. Após a avaliação e conduta no ambulatório ginecológico, as pacientes são agendadas para o grupo, que admite no máximo vinte pessoas. O grupo é fechado, de modo que as pacientes que chegam após seu início são agendadas para o grupo seguinte. Cada grupo dura um total de oito semanas, reunindo-se uma vez por semana para uma sessão de noventa minutos.

No início da primeira sessão expõem-se o funcionamento do serviço e a proposta de trabalho, ficando estabelecido um "contrato grupal".

A opção pelo método compreensivo nos leva a técnicas de trabalho o menos diretivas possível. A tentativa de captar os significados contidos nas vivências da sexualidade das clientes não tem sucesso com o uso de técnicas diretivas, como, por exemplo, aulas, treinamentos, cursos etc., cujos conteúdos são definidos *a priori*, antes do contato com as pacientes. Optamos por oferecer às clientes um espaço de liberdade, franqueza e ausência de julgamentos morais, com profissionais dispostos a ouvir, formular uma compreensão em conjunto com os demais membros da equipe e intervir segundo essa compreensão interdisciplinar.

O foco do trabalho grupal é aquilo que emerge espontaneamente do grupo. Considerando que todas as pacientes do grupo, sem exceção, são portadoras de queixas sexuais, não tem havido grandes dificuldades em ajudar as pacientes a estabelecerem correlações entre o emergente grupal e a sexualidade. Mesmo quando aquilo que emerge do grupo aparentemente não é uma questão sexual, em geral está contido num foco mais amplo de trabalho a que os autores se propõem: auxiliar a reflexão sobre como o grupo e cada uma no grupo administra o prazer *lato sensu*, o prazer na vida, não estritamente o prazer genital.

As intervenções do profissional no grupo podem ter caráter facilitador da comunicação, informativo ou terapêutico, dependendo da demanda grupal e da questão em foco.

Cada grupo conta com o trabalho de dois profissionais: um coordenador e um observador. Os demais profissionais ocupam-se das entrevistas individuais.

A entrevista individual inicial ocorre com cada paciente do grupo, logo nas primeiras semanas do funcionamento deste, e tem por objetivo estabelecer um canal de comunicação franca e sem julgamentos, em condições de privacidade que permitam a exposição da cliente da forma mais tranquila e confiável, a fim de aprofundar a investigação de cada caso. Nessa oportunidade é utilizado o prontuário do SASEX como instrumento de sistematização dos dados colhidos na entrevista. Informações sobre esse prontuário se encontram mais adiante.

Após o término de cada sessão semanal do grupo, tem início imediato a Reunião Técnica Interdisciplinar, que dura duas horas. Na primeira hora o observador do grupo relata a sessão recém-terminada e ocorre o debate entre os diferentes profissionais da equipe, buscando-se a compreensão da dinâmica grupal da sexualidade, que preferimos chamar de "dimensão horizontal" da sexualidade (Pichon-Rivière, 1986). Na segunda hora da reunião são lidos e discutidos os prontuários individuais, em busca da compreensão da "dimensão vertical" da sexualidade em cada paciente.

Após o término do trabalho grupal (oitava semana), ocorre a segunda entrevista individual, ou entrevista devolutiva. Nessa ocasião, paciente e profissional avaliam os resultados do atendimento de Nível I e ocorre a alta ou o encaminhamento adequado a cada caso. A alta sempre ocorre de comum acordo entre profissional e cliente.

Nas reuniões técnicas e entrevistas devolutivas ocorrem o processo de diagnóstico específico, inclusive sexológico, e a triagem. Essa triagem objetiva diferenciar as clientes que já receberem ajuda suficiente por meio do Nível I daquelas que necessitam de novas etapas de tratamento.

O processo de triagem continua para esse último contingente, com o objetivo de discriminar as pacientes que podem se beneficiar dos procedimentos do Nível II do SASEX daquelas que necessitam formas outras de ajuda não disponíveis no serviço.

O Nível II do SASEX é formado pelo ambulatório de sexologia médica e terapia sexual, e por atendimentos específicos da psicóloga, da assistente social e da enfermeira.

O ambulatório de sexologia médica e terapia sexual recebe os pacientes triados do Nível I, cujos casos foram julgados passíveis de benefícios com essa modalidade de ajuda. O trabalho nesse ambulatório é específico do médico sexologista, e é realizado preferencialmente com o casal, não se excluindo os atendimentos individuais. A compreensão e a intervenção terapêutica seguem orientação da medicina psicossomática, de base psicodinâmica, utilizando-se também os referenciais técnicos de terapia sexual (Masters, 1985; Kaplan, 1977).

Os atendimentos específicos de psicologia do SASEX objetivam aquelas pacientes que, no Nível I, julgamos poderem se beneficiar de um trabalho de sensibilização para uma psicoterapia global e mais profunda posteriormente. A psicóloga realiza reflexão conjunta com a paciente, durante um pequeno e variável número de sessões individuais, a respeito do encaminhamento para psicoterapia. Esta é realizada em ambulatórios de saúde mental da região, visto que o setor de saúde mental da Maternidade-Escola não se dispõe a realizá-la em virtude das características específicas da instituição.

Exemplos de atendimentos de psicologia são os casos em que a paciente chega ao hospital com a crença firme e inabalável de que a dificuldade sexual se resolverá apenas por cirurgia vaginal (perineoplastia). Após avaliação ginecológica e procedimento do Nível I do SASEX, fica evidente para a equipe, mas geralmente não para a paciente, que a cirurgia é desnecessária e o sintoma sexual é apenas a parte visível de profundos conflitos emocionais ou interpessoais. A reflexão conjunta com a psicóloga pode ajudar a cliente a perceber tal situação existencial e decidir-se por aceitar (ou não) o encaminhamento para psicoterapia individual ou de casal, conforme o caso.

Quanto aos atendimentos específicos da assistente social e da enfermeira no Nível II do SASEX, apontam para a possibilidade de aprofundamento do trabalho com sexualidade pelas vertentes da informação, educação em saúde e aspectos sociopoliticoculturais, esta última especialmente quanto às questões do direito ao prazer e das relações entre poder e prazer, em especial nas relações de gênero.

Consequências do SASEX para a instituição

A criação e o desenvolvimento de um serviço de sexualidade dentro da Maternidade-Escola revelaram algumas ambiguidades do comportamento institucional, com alternância de movimentos de incentivo e de confronto.

Os movimentos de incentivo ao SASEX parecem manter ligação com a necessidade médico-institucional de ter alguma resposta a dar àquelas pacientes que chegam à consulta médica com queixas sexuais. É fato notório que, infelizmente, a formação do profissional médico em nosso meio não inclui um adequado treinamento para lidar com a cliente como um todo, incluindo o processo emocional que acompanha o biológico, bem como com as questões da sexualidade. Parece que a existência de um SASEX fornece certo alívio àquela necessidade institucional.

Além disso, ou talvez como decorrência disso, o SASEX foi anexado ao sistema de ensino no hospital, passando a ser campo de estágio regular no programa de residência médica em ginecologia-obstetrícia, além da inclusão de temas de sexualidade e sexologia médica no calendário de aulas teóricas para os residentes.

O médico residente é inserido no SASEX como observador no grupo de sexualidade e participa das reuniões técnicas da equipe, onde o que foi observado é discutido. Nas aulas teóricas são trabalhados temas de fisiologia, patologia e psicologia sexuais, sempre numa abordagem integrada que enfatiza a natureza interdisciplinar do estudo da sexualidade. Nessas atividades o médico residente interage obrigatoriamente com os profissionais da equipe, em especial com a psicóloga, tendo a oportunidade de livrar-se dos preconceitos e descobrir o prazer intelectual da interação interdisciplinar.

Consideramos essas atividades fundamentais na formação do tocoginecologista, pois, afinal de contas, é fato que o aparelho genital feminino está envolvido muito mais tempo nas atividades eróticas do que na reprodutiva durante o tempo de vida da mulher de nossa época. Daí ser incoerente a formação de "especialistas em aparelho genital" que ignorem conhecimentos básicos sobre a função erótica, que, junto com a função excretora, são as que mais ocupam o aparelho objeto da especialidade.

A instituição também realiza, por intermédio do SASEX, o objetivo de ser um centro de referência para a rede pública de saúde de São Paulo, na medida em que a equipe realizou atividades didáticas básicas e de reciclagem na área de sexualidade para profissionais de outras unidades de saúde do município.

Os movimentos de confronto da instituição com o SASEX parecem estar associados mais diretamente com a política de administração dos serviços de saúde de nosso país, que prestigia a quantidade de atendimentos como meta, por vezes em detrimento da qualidade.

É evidente que o padrão de produtividade do antigo Conselho Consultivo de Administração de Saúde Previdenciária (CONASP-INAMPS), que preconizava quinze minutos de atendimento para cada paciente, é impraticável no atendimento a queixas sexuais.

Temos adotado no SASEX o parâmetro de cinquenta minutos para cada sessão individual ou de casal. O atendimento coletivo do grupo de sexualidade parcialmente compensa o número de atendimentos por período de trabalho.

Com o transcorrer do tempo, temos observado que os aspectos favoráveis da integração com a instituição têm superado os menos favoráveis.

Consequências do SASEX para a equipe multiprofissional

A equipe interdisciplinar do SASEX funciona em dinâmica de grupo operativo (Pichon-Rivière, 1986), ou seja, nenhum dos membros ocupa o papel de líder, chefe ou coordenador. O líder do grupo é a tarefa e os profissionais atuam em conjunto visando cada qual satisfazer as solicitações dessa tarefa, exposta nos objetivos do SASEX.

Tal forma de trabalho tem se mostrado intelectualmente muito enriquecedora para os membros da equipe, tanto na dimensão individual quanto na dimensão da equipe como um todo, mas é importante enfatizar que tal enriquecimento intelectual é fruto de esforços conjuntos de longa data, contando-se nesse período inúmeros momentos penosos que exigiram de todos uma boa dose de paciência consigo mesmo e com os outros.

As etapas iniciais de articulação da equipe cumpriram a regra, ou seja, o surgimento de repetidos conflitos derivados da visão preconceituosa e estereotipada que cada profissional costuma ter a respeito daqueles de diferente formação. O conflito, já histórico, entre médicos e demais profissionais da saúde, expresso em disputas intelectuais de autoridade, espaço e poder, foi vivido intensamente no início, muitas vezes de forma inconsciente.

Dada a proposta de trabalho com a sexualidade, não escapamos também dos conflitos relativos às diferenças de sexo entre os componentes da equipe, às vezes expressos, por exemplo, por episódios de preocupação grupal com o equilíbrio numérico entre os gêneros na equipe.

Ao longo do tempo e depois de inúmeros confrontos interprofissionais, a equipe pôde chegar ao conhecimento prático de que o trabalho interdisciplinar não obriga de forma alguma que os diferentes profissionais envolvidos abandonem suas respectivas identidades profissionais, muito menos que passem a exercer um papel específico de outro membro da equipe. Pelo contrário, cada um atua segundo os parâmetros teóricos e técnicos de sua formação específica, mas, ao atuar, encontra-se enriquecido pela visão dos demais e portador de uma compreensão construída não por si isoladamente, mas também por si durante a interação com os outros.

Um passo de importância fundamental, talvez até indispensável, para o desenvolvimento produtivo da equipe foi a demanda que a psicóloga e a assistente social apresentaram no sentido de agregar ao trabalho uma profissional (Maria Juliana T. de Oliveira Costa) especializada na função de supervisão de grupos operativos (Pichon-Rivière, 1986), para que prestasse supervisão à equipe do SASEX.

A supervisora não é membro da equipe e não tem contato com a clientela. Sua clientela é a própria equipe do SASEX e sua função é estar presente nas reuniões técnicas semanais a fim de identificar e apontar para a equipe as atitudes inconscientes e os conflitos implícitos que perturbam a comunicação cooperativa entre os profissionais, impedindo a realização dos objetivos. Ao dar-se conta desses fatores, a equipe tem a possibilidade de elaborar alguma resolução para o entrave e desenvolver seu trabalho com menor tensão e, portanto, com maior "tesão".

Durante as reuniões técnicas, a supervisão também auxilia muito para a compreensão das eventuais dificuldades que possam estar ocorrendo nas relações profissional-pacientes. O trabalho com a sexualidade das clientes com certa frequência mobiliza limites da personalidade e da própria sexualidade dos profissionais, independentemente destes terem ou não passado por processo psicoterapêutico pessoal durante suas respectivas formações técnicas. Nesses momentos, a supervisão abre possibilidades de percepção do impasse, o que ajuda a aumentar a eficiência da relação com a clientela.

Duas outras condições contribuíram de modo especial para a formação do caráter interdisciplinar do SASEX: a confecção de um prontuário interdisciplinar e o rodízio na coordenação e observação dos grupos.

Uma análise detalhada da estrutura e da validade do prontuário do SASEX foge do escopo deste capítulo. Cabe relatar aqui apenas que, dos primeiros atendimentos realizados ainda na fase experimental do serviço, colecionamos vários relatos livres e espontâneos de pacientes usuários da Maternidade-Escola a respeito de suas vivências sexuais.

O estudo desses relatos nos apontou alguns dados relevantes na nossa população-alvo, que deveriam constar de um futuro prontuário. No devido momento da fase experimental do serviço, nos propusemos a montar o prontuário buscando as seguintes metas:

- utilidade não só para o registro clínico, mas também para futuras avaliações e pesquisas;
- utilidade específica para cada um dos diferentes profissionais da equipe;
- utilidade para favorecer uma compreensão integrada da vivência sexual da cliente;
- adequação às características próprias da população usuária da Maternidade-Escola.

De posse dos dados obtidos dos relatos espontâneos, anteriormente citados, e tendo em vista as metas descritas, buscamos inspiração na ficha de registro usada pelo Centro de Sexologia de Brasília – DF (CESEX), no *Manual feminino-masculino de investigação sexual* (Fucs, 1985) e nas obras de Kaplan (1977) e de Munjack e colaboradores (1984). Esse trabalho, de criação de um instrumento específico de registro e pesquisa interdisciplinares, foi de grande valia para a integração dos diferentes profissionais da equipe num plano mais concreto.

Ao longo do tempo, o prontuário tem sido modificado e aperfeiçoado conforme a experiência de trabalho vai se acumulando, de modo que todos e qualquer um dos membros da equipe dele se utiliza com igual eficiência.Tem-se conseguido o treinamento para a utilização cada vez mais produtiva do prontuário interdisciplinar, ao longo do tempo, principalmente por meio do rodízio na coordenação e na observação dos grupos de sexualidade. A cada novo grupo, as funções de coordenação, a observação e a entrevista individual são rodiziadas entre os membros da equipe, de modo que cada um dos autores foi observado e observou cada um dos outros no exercício dos atendimentos. Os relatos dessas observações foram discutidos na reunião técnica semanal, com a presença da supervisão. Desse modo, cada profissional adquire uma boa noção do valor que cada um dos demais dá aos dados do prontuário, bem como das diversas abordagens possíveis de um mesmo registro.

Consequências do SASEX para a clientela

Foge à finalidade deste capítulo uma discussão mais detalhada dos critérios de melhora e de alta adotados pelo serviço, bem como dados estatísticos da distribuição da clientela em categorias, antes e após passarem pelo SASEX. Relataremos aqui algumas reações da clientela à estrutura do programa.

Os atendimentos específicos do Nível II têm trazido questionamento a determinadas concepções preconceituosas, vigentes em instituições públicas de saúde, acerca de comportamentos das pacientes.

Um dos mais frequentes preconceitos, que é a concepção de que seria infrutífero o tratamento sexológico das mulheres, porque os maridos não mudam ou não estão disponíveis a colaborar, com frequência não se confirma. Temos observado disponibilidade dos parceiros em comparecer às sessões de terapia sexual, principalmente os mais jovens. Mesmo quando há recusa masculina em participar da terapia sexual, o parceiro geralmente acaba sendo envolvido de alguma forma pelo processo terapêutico da mulher. À medida que esta começa a movimentar seus conteúdos emocionais e culturais, o parceiro é obrigado a enfrentar um processo de adaptação às novidades da companheira.

Em relação às condições socioeconomicoculturais, por vezes ouvimos a hipótese de que pacientes pobres não se beneficiariam de atendimentos de sexualidade em virtude das péssimas condições de moradia ou então devido à dominação por um parceiro agressivo que a trata como objeto sexual. Temos observado que a sexualidade de pacientes muito pobres tende a ser uma "sexualidade pobre", não em termos quantitativos, mas sim no sentido qualitativo de alternativas e possibilidades de desfrutar prazer. Durante o trabalho com essa população, temos nos gratificado com as manifestações do potencial de mudanças e crescimentos frequentemente demonstrados, seja na atitude de isolar duas camas de um quarto único com uma cortina salvadora da privacidade do casal, seja na decisão de investir seu tempo num processo psicoterapêutico, ou então a atitude de exigir do parceiro aquele diálogo que nunca ocorreu nos vários anos de casamento.

Quanto aos atendimentos do Nível I, consideramos que os grupos de sexualidade têm sido um passo de valor fundamental no trabalho com a sexualidade da população, apesar das criteriosas ponderações de Silva e colaboradores (1984), que optaram pela assistência exclusivamente individual e de casais como ponto de início de seu programa no Rio de Janeiro.

A experiência nos aponta duas vertentes de reflexão, uma quanto à clientela e outra quanto à equipe, mas evidencia como principal o imbricamento dessas duas vertentes.

Observamos que o momento da sessão grupal por si só já é terapêutico e, na sua finalização, podemos ter algumas melhoras e altas. Cremos que isso ocorre em função da ruptura do isolamento sociocultural no qual as pacientes se encontravam. A frase: "Só de saber que não sou a única com este problema já me sinto melhor", dita espontaneamente por praticamente todas as pessoas atendidas até hoje, e frequentemente nas sessões iniciais, esclarece o quanto o assunto sexo continua a ser um segredo que não pode ser comentado, apesar da tão festejada liberação sexual.

Observamos que muitas pacientes nos chegam compreendendo sua sexualidade por meio da negação dela – a dita "frigidez" –, na medida em que a sexualidade idealizada as impede de constatar como é na realidade sua própria experiência com seu corpo, seu homem e seu prazer.

A socialização dessa dificuldade, vivenciada no grupo, exerce uma força de ajuda intensa no sentido de perceber que não são pessoas "anormais" ou "estragadas", como consta de suas fantasias, e este é o ponto-chave para o entendimento e a reapropriação da própria sexualidade.

Apesar de restrita a oito sessões de noventa minutos cada, a experiência grupal é o catalisador de um processo emocional que ocupa a paciente diariamente, por dois meses, para além do horário das sessões e para além do término do grupo. Processo este que frequentemente se encontrava "adormecido" (ou potencial) e que, ao ser despertado, pode reverter no questionamento de todo um modo de portar-se perante a vida, o homem e o prazer.

O grupo é o momento potencial de falar o nunca dito, ouvir, pensar e agir, não enquanto final, mas sim início de um contínuo abrir novos caminhos.

Esse falar, pensar, agir são também assuntos do âmbito da equipe interdisciplinar, que se depara também com seus impedimentos e dificuldades, principalmente quando seu objeto de estudo toca sua própria individualidade, fato inevitável se o assunto for sexualidade humana.

Este é o "encontro das águas": os profissionais no seu trabalho e as pacientes na sua busca de ajuda acabam formando um todo durante a duração do grupo e, frequentemente, a compreensão do que se passa com as pacientes atravessa a compreensão do que se passa com a equipe momento a momento.

Enfim, nosso trabalho nos tem ensinado que o caminho para compreender a pessoa e sua sexualidade não admite neutralidade nem impunidade para quem caminha.

Referências

FUCS, G. B. *Manual feminino-masculino de investigação sexual*. São Paulo: Nobel, 1985.

JAPIASSU, H. F. *Interdisciplinaridade e patologia do saber*. Rio de Janeiro: Imago, 1976. p. 71-76.

KAPLAN, H. S. *A nova terapia do sexo*. 4. ed. Rio de Janeiro: Nova Fronteira, 1977.

MASTERS, W. H.; JOHNSON, V. E. *A inadequação sexual humana*. São Paulo: Roca, 1985.

MUNJACK, D. J. *et al*. *Sexologia, diagnóstico e tratamento*. Rio de Janeiro: Atheneu, 1984.

PICHON-RIVIÈRE, E. *O processo grupal*. 2. ed. São Paulo: Martins Fontes, 1986.

RIECHELMANN, J. C. Abordagem sociopsicossomática em ginecologia. In: RODRIGUES, A. L. (Coord.). *Temas de medicina psicossomática*. São Paulo: Roche, 1988. fasc. 5, p. 11-23.

RODRIGUES, A. L. Conceito atual de medicina psicossomática. In: RODRIGUES, A. L. (Coord.). *Temas de medicina psicossomática*. São Paulo: Roche, 1988. fasc. 1, p. 12-22.

SILVA, A. C. *et al*. SESAC: um programa de educação e de terapia sexual. *Femina*, p. 241-246, mar. 1984.

TRAGTEMBERG, M. *et* al. Weber, vida e obra. In: WEBER, M. *Textos selecionados*. 2. ed. São Paulo: Abril, 1980. p. VI-XXII. (Os Pensadores).

CAPÍTULO 7

A abordagem da disfunção sexual no contexto da saúde

Imacolada Marino Gonçalves
Quetie Mariano Monteiro

Este capítulo pretende discorrer sobre a importância de abordar a sexualidade nos centros de saúde. Sexualidade é um termo amplo, que abrange inúmeros fatores e dificilmente se encaixa em uma definição única e absoluta. Não é ligado exclusivamente ao corpo, o corpo é pensado, representado e passível de leituras diferenciadas de acordo com o contexto social; é reflexo da sociedade e não pode ser concebido apenas por processos exclusivamente biológicos, instrumentais ou estéticos no comportamento humano. A saúde física e psíquica depende de como nos relacionamos com o mundo e da forma com que nosso ser reage à realidade.

A cultura é produto da formação dos grupamentos humanos que se organizam socialmente e compartilham da mesma história e da mesma visão de mundo daí derivada, determinando uma "cosmovisão" bem como formas individuais e coletivas de atuar sobre o mundo. Exerce influência importante sobre o desenvolvimento humano, as atitudes e os valores individuais, sendo apontada como um dos principais determinantes da sexualidade, o sexo também sofre importante influência cultural. Por muito tempo, o sexo tinha apenas finalidade reprodutiva e esse comportamento vigorou no Ocidente até o final do século XIX, portanto todos os tipos de práticas sexuais que desviavam dessa finalidade eram considerados anormais, até mesmo a masturbação e a homossexualidade.

Freud foi um dos pioneiros que rompeu com esse conceito, ao afirmar que o sexo não tinha somente a função reprodutiva, pois ia além dos órgãos sexuais (Freud, 1905).

Desde a Grécia antiga até o final do século XIX, a investigação da sexualidade esteve sempre atrelada à fisiologia e à reprodução. Esse fato ficou historicamente tão enraizado que ainda hoje é impossível falar em sexualidade sem considerar essa correlação (Loyola, 2003).

Os estudos sobre a sexualidade nunca foram considerados importantes, apenas nas últimas décadas vêm sendo vistos como um tema merecedor de atenção por um ramo da ciência (Cavalcanti, 2012) Masters e Johnson (1984) publicaram seu trabalho caracterizando o ciclo da resposta sexual. Essa teoria demonstrava que a resposta sexual humana, comum a ambos os gêneros, era constituída por quatro fases: excitação, platô, orgasmo e resolução. Preconizaram, por meio de estudos científicos inovadores, que a resposta sexual humana provinha de estímulos sexuais internos, os pensamentos e as fantasias, e externos, desencadeados pelos sentidos humanos, tato, olfato, audição, gustação e visão.

Kaplan (1977) incluiu o desejo à resposta sexual criada por Master e Johnson, transformando-a em desejo, excitação, orgasmo e resolução. Sua teoria levantou a possibilidade de que a resposta sexual excedia a questão fisiológica e que o desejo se originava de uma sensação mais subjetiva.

A partir da associação entre os modelos de Master e Johnson (1984) e de Kaplan (1977), estabeleceram-se critérios diagnósticos para os transtornos da sexualidade, que foram revistos na última edição do Manual Diagnóstico e Estatístico de Transtornos Mentais (*American Psychiatric Association*), que definiu a resposta sexual saudável como um conjunto de etapas sucessivas sem anormalidades: desejo, excitação, orgasmo e resolução. A partir daí caracterizaram-se as disfunções sexuais, entendidas como um excesso, falta, desconforto e/ou dor na expressão do ciclo da resposta sexual, afetando uma ou mais fases. Quanto mais precocemente esse ciclo for comprometido, maior prejuízo acarretará à resposta sexual, e mais complexo será o quadro clínico e respectivo prognóstico e tratamento (Abdo, 2004).

Os estudos mostram que há uma alta prevalência de disfunções sexuais femininas (20% a 40%) das mulheres com idade de 18 a 59 anos, entretanto, elas são pouco diagnosticadas e têm recebido menor atenção em relação às disfunções masculinas e aspectos psicológicos e fisiológicos da disfunção sexual feminina.

Abordagem das queixas sexuais no atendimento à saúde

O cuidado integral à saúde, numa ótica ampliada, considera os aspectos biológicos, psíquicos, culturais, socioeconômicos, espirituais, ambientais e, ainda, a influência e determinação desses aspectos sobre o processo da saúde/doença de cada indivíduo, auxiliando sobremaneira os profissionais da saúde a aliar recursos diversos para o cuidado.

A sexualidade, um dos indicadores de qualidade de vida, influencia a saúde física e mental, pensamentos, sentimentos, ações e integrações. Saúde sexual é a relação dos aspectos sociais, somáticos, intelectuais e emocionais que influenciam positivamente a personalidade e a capacidade de comunicação interpessoal. Se a saúde é um direito humano fundamental, a saúde sexual assim também deve ser considerada.

A sexualidade é dinâmica e mutável com o tempo, espaço e grupo social, sendo constituída de fatores internos, como afetividade, intelecto, cognição e emoção, e de fatores externos, como área geográfica, religião, sistema econômico, hábitos e costumes, ambiente social e cultural. É a expressão global da personalidade, e mesmo variando entre culturas e indivíduos, deve ser entendida como parte integrante da história global da mulher, constituindo-se em aspecto humano que não pode ser separado dos outros aspectos da vida.

A abordagem da sexualidade faz parte do entendimento biopsicossocial do indivíduo, é parte integrante da saúde, qualidade de vida e bem-estar geral do ser humano. Ela reflete todo um patrimônio biológico de experiências do desenvolvimento sexual, de características da personalidade e da avaliação que o indivíduo faz de si próprio.

Dessa forma destacamos a importância, cada vez mais imperiosa, dos profissionais da saúde aprofundarem seus conhecimentos no estudo e orientação terapêutica da sexualidade humana e seus transtornos, bem como desenvolver habilidades no sentido de aperfeiçoar o manejo clínico, considerando a abordagem interdisciplinar que essa área de atuação exige.

Seguindo por esse caminho, seremos nós, profissionais da saúde, capazes de promover ações preventivas, intervenções orientadas e melhoria da qualidade de vida. Poderemos, também, favorecer a tomada de decisão de nossos clientes, dentro de um modelo de saúde menos fragmentado e voltado para a promoção de um novo modelo de atenção à saúde sexual.

Ciclo de resposta sexual

A resposta sexual humana constitui-se da reação de todo o corpo frente à estímulo erótico suficiente ou adequado, caracterizando-se por reações fisiológicas, essencialmente de vasocongestão superficial e profunda e miotonia generalizada, sobretudo pélvica.

O ciclo sexual é organizado por componentes distintos ou fases em sequência, sendo que cada fase tem sua própria neurofisiologia, havendo, no entanto, um órgão central comum, o cérebro, coordenador e integrador das diversas fases. A resposta sexual é delicada, e pode facilmente ser interrompida por afetos negativos ou por conflitos e inibições de ordem física ou psicológica.

Na análise de qualquer disfunção sexual, é importante o entendimento minucioso do ciclo da resposta sexual normal, bem como a compreensão de que os distúrbios orgânicos e psíquicos estão intimamente relacionados.

Assim, a fisiologia da resposta sexual humana é constituída como sendo a resposta do organismo frente a estímulos eróticos, caracterizados por modificações anatômicas e fisiológicas, acompanhadas de representações emocionais. Os estímulos podem ser visuais, olfativos, auditivos, tácteis, fantasias ou cognitivo-eróticos. Na nossa cultura, os homens são mais sensíveis aos estímulos visuais, voltados ao formato do corpo feminino, enquanto as mulheres são mais sensíveis aos estímulos tácteis, carícias e beijos.

Os estímulos sexuais podem ser somáticos ou psicológicos; entretanto, seja qual for o estímulo, este se torna efetivo dependendo de sua frequência, intensidade e duração, e sua resposta se efetua tendo sempre como base dois fenômenos fisiológicos fundamentais: vasocongestão e miotonia.

O Manual Diagnóstico e Estatístico de Transtornos Mentais – DSM-5 (American Psychiatric Association, 2014) e a Classificação Internacional de Doenças (CID-10), da Organização Mundial da Saúde (OMS, 1993), consideram a resposta sexual humana na associação entre os modelos de Masters e Johnson (1984) e Kaplan (1977), enfatizando que a resposta sexual consiste em uma sequência temporal e coordenada de um conjunto de quatro etapas que envolvem componentes psicológicos e somáticos: desejo, excitação, orgasmo e resolução.

1. Desejo: consiste em desejo e fantasia de ter atividade sexual. É impulso produzido pela estimulação de um sistema neural específico constituído pelo sistema límbico, alguns núcleos hipotalâmicos e a região pré-óptica hipofisária; quando ativado, sente-se vontade, motivação sexual; porém, quando ele se encontra bloqueado por qualquer fator, como medo, raiva, dor, não ocorre o desejo sexual. É a chamada fase "encoberta" do ciclo sexual, por não evidenciar alterações vasocongestivas ou miotônicas, como ocorre nas demais fases da resposta sexual.
2. Excitação: sentimentos subjetivos de entusiasmo ou excitamento sexual e alterações fisiológicas concomitantes. As principais alterações genitais, decorrentes de vasocongestão pélvica, caracterizam-se por tumescência e ereção peniana, enquanto na mulher são a lubrificação e a expansão vaginal e turgescência da genitália externa.
3. Orgasmo: clímax do prazer sexual, com liberação da tensão e contração rítmica dos músculos do períneo e órgãos reprodutores. No homem, existe a sensação de inevitabilidade ejaculatória, seguida de ejaculação de sêmen. Na mulher, ocorrem contrações rítmicas de frações de segundos da plataforma orgásmica, a qual é constituída por uma base de tecido ingurgitado, estreitando a entrada da vagina. Em ambos os gêneros, a característica objetiva marcante é a miotonia, enquanto a característica subjetiva é a sensação de prazer intenso.
4. Resolução: sensação de relaxamento muscular e bem-estar geral. Durante essa fase, os homens são fisiologicamente refratários a outra ereção e orgasmo por um período variável de tempo, havendo relação inversamente proporcional à idade. Em contrapartida, as mulheres podem ser capazes de responder a uma estimulação adicional quase que imediatamente.

Em 2011, Basson apresentou uma nova alternativa à resposta sexual feminina, considerando a sequência do modelo tradicional tetrafásico aplicável às mulheres no início de seu relacionamento sexual. Enfatizou que as mulheres valorizam mais a intimidade do que propriamente a estimulação física. Muitas iniciam o ato sexual com neutralidade, sem suficiente entusiasmo e interesse, desejando apenas aproximação física e carinho; quando isso ocorre, experimentam satisfação emocional, tornando-se disponíveis para o sexo.

Em 2004, a autora supracitada, com base na argumentação de que frequentemente a excitação precede o desejo, sugeriu um modelo circular para o ciclo de resposta sexual feminino, em que a ausência inicial do desejo (despertar sexual, pensamento, fantasia) no ciclo tradicional de resposta sexual não caracteriza disfunção. As mulheres podem iniciar o ato sexual sem consciência do desejo e, após período de estimulação erótica adequada, experimentam uma sensação de excitação subjetiva que vai aumentando gradativamente até experimentarem o desejo. Assim, a excitação conduz ao desejo e à ação voluntária de receber e fornecer estímulos adicionais.

A disfunção sexual pode ser entendida como síndrome clínica, transitória ou permanente, caracterizada por queixas ou sintomas sexuais que resultam em insatisfação sexual, decorrendo de bloqueio parcial ou total da resposta psicofisiológica evidenciada no desejo, na excitação e no orgasmo. A mulher pode experimentar também a dificuldade, ou mesmo a impossibilidade da penetração vaginal, nos casos de dor gênito-pélvica.

A disfunção sexual feminina constitui problema multidimensional, uma vez que abrange fatores biológicos, psicológicos e interpessoais, que tendem a aumentar conforme a idade e apresentam elevadas taxas de prevalência na população (25% a 63%), constituindo importante problema de saúde, com repercussões significativas na qualidade de vida. As mais frequentes disfunções sexuais femininas são: falta de desejo sexual e disfunção orgástica.

A classificação proposta pela OMS (1993), da CID-10, caracteriza a resposta sexual como um processo psicossomático. Ambos os processos, psicológico e somático, estão geralmente envolvidos na causa de disfunção sexual, sendo esta definida como: "os vários modos em que o indivíduo é incapaz de participar da relação sexual como ele desejaria", seja por falta de interesse, falta de prazer, por falha das respostas fisiológicas necessárias para a interação sexual efetiva (ereção), ou ainda por incapacidade de controlar ou experimentar o orgasmo. O diagnóstico é clínico e baseado na anamnese e exame ginecológico.

Diversos fatores podem ser considerados para indicar os aspectos etiológicos associados com a disfunção:

- fatores orgânicos: aplicam-se quando processos genitais patológicos, de natureza genética, inflamatória, neoplásica ou traumática, podem interferir na resposta sexual por provocarem dor ou impedirem o coito.

As afecções sistêmicas, agudas ou crônicas, quando não compensadas ou não bem tratadas, comumente associam-se a disfunções sexuais. São particularmente relevantes as afecções do sistema nervoso central (levando aos estados depressivos), à diabete, à hipertensão arterial, às cardiopatias e aos processos degenerativos e imobilizantes.

- fatores psicológicos: aplicam-se quando existem bloqueios emocionais, recentes ou remotos, sem causas orgânicas, que impedem a boa performance sexual, resultando frequentemente em inadequações sexuais caracterizadas pela desarmonia com a própria pessoa ou com o parceiro.
- fatores combinados: aplicam-se quando ocorrem fatores psicológicos que supostamente desempenham papel no início, na gravidade, na exacerbação ou na manutenção da disfunção sexual e existe uma condição médica geral ou uso de medicamento concomitante.

O DSM-5, com a nova classificação objetivou a inclusão, reformulação e exclusão de diagnósticos, fornecendo uma fonte segura e cientificamente embasada para aplicação em pesquisas e na prática clínica. Nesse manual encontramos um número maior de transtornos classificados, devido á maior especialização (tendência já seguida pelo DSM IV e DSM IV TR). Do ponto de vista estrutural, o DSM5 rompeu com o modelo multiaxial introduzido desde o DSM III.

Dessa forma encontramos no manual os seguintes critérios classificatórios: Disfunções sexuais"; Transtornos parafílicos e "Disforia de gênero.

Disfunções sexuais:

- Todos os transtornos de disfunções sexuais exigem pelo menos seis meses de duração:
- Transtorno de interesse/excitação sexual feminino;
- Vaginismo e dispareunia – Transtorno da dor gênito-pélvica/penetração;
- Transtorno da aversão sexual (removido);
- Especificadores: ao longo da vida *versus* adquirido e generalizado *versus* situacional;
- Características associadas: fatores da parceria, do relacionamento, de vulnerabilidade, culturais e religiosos e fatores médicos;
- Ejaculação retardada;
- Transtorno erétil;
- Transtorno do orgasmo feminino;
- Transtorno do interesse/ da excitação feminino;
- Transtorno da dor gênito-pélvica/penetração;
- Transtorno do desejo sexual masculino hipoativo;
- Ejaculação prematura (precoce);
- Disfunção sexual induzida por substância/medicamentos;
- Outra Disfunção sexual especificada;

- Disfunção sexual não especificada:
  - *Subtipos*: Indicam o início, contexto, fatores etiológicos associados com as disfunções *sexuais*, um dos seguintes subtipos podem ser usados para indicar a natureza do início da disfunção sexual:
  - *tipo ao longo da vida (primária)*: está presente desde o início das experiências sexuais;
  - *tipo adquirido (secundária)*: desenvolve-se apenas após um período de funcionamento normal;
  - *tipo generalizado*: disfunção sexual que não se limitam a certo tipo de estimulação ou parceiro;
  - *tipo situacional*: a disfunção sexual ocorre somente com certos tipos de estimulação, situações ou parceiros.

Embora na maior parte dos casos, as disfunções ocorram durante a atividade sexual com um parceiro, em alguns casos pode ser apropriado identificar disfunções que ocorrem durante a masturbação.

Modelo de atendimento a pacientes com disfunção sexual em uma instituição de saúde pública

Atender mulheres com queixas sexuais encaminhadas dos diversos setores do hospital e de outras unidades de saúde.

Tratar mulheres e/ou casais com disfunções sexuais e/ou inadequações sexuais, após triagem e diagnóstico da disfunção sexual.

Atendimento ambulatorial:

- Terapia sexual individual;
- Terapia sexual em grupo;
- Terapia sexual de casal.

1. Atendimento à pacientes internadas (interconsulta);
2. Cursos de pós-graduação em Educação, Saúde e Terapia Sexual e atualização em Sexologia;
3. Treinamento multiprofissional para facilitar a atenção às disfunções sexuais, a condução dos atendimentos no sistema Plisset e o encaminhamento das disfunções para o ambulatório especializado;
4. Ação educativa: para pacientes e para agentes comunitários;
5. Pesquisa científica.

São utilizados como metodologia de trabalho:
Avaliação clínica e subsidiária:

– Entrevista Sexológica (Anexo):

- Anamnese médica;
- Anamnese psicológica;
- Diagnóstico: clínico, ginecológico, psicológico e sexual;
- Planejamento terapêutico: individual, casal e grupo.

– Avaliação ginecológica:

- Exame físico;
- Exames complementares: hemograma, glicose, TSH, T4livre, prolactina, testosterona livre;
- Mulheres acima de 40 anos: além dos exames acima, podem ser solicitados perfil lipídico, FSH, LH, estradiol, mamografia, USG transvaginal;
- Mulheres portadoras de cromossomopatias e malformações congênitas: são solicitados exames pertinentes a cada caso, como vaginograma, urografia excretora, pesquisa genética (cariótipo), sulfato de dehidroepiandrosterona, 17 alfa OH progesterona etc.

Procedimentos Terapêuticos

– São baseados na terapia comportamental cognitiva;
– Tratamento medicamentoso ou cirúrgico somente será realizado quando houver causas orgânicas;
– Terapia de casal;
– Psicoterapia;
– Terapia Sexual.

Esta última consiste no emprego de técnicas da terapia sexual comportamental cognitiva, associada a questões emocionais envolvidas com a queixa principal. As funções do terapeuta são de ordem didática, ativa e diretiva (Cavalcanti; Cavalcanti, 2012).

Técnicas gerais utilizadas:

– Entrevista terapêutica;
– Relaxamento;
– Dessensibilização sistemática;
– Técnica do espelho;
– Treinamento assertivo;
– Reestruturação cognitiva;
– Parada do pensamento;
– Distração cognitiva;

–Autoverbalização emotiva;
–Técnicas de controle encoberto.

Técnicas específicas utilizadas:
–Exercícios de Kegel;
–Pornografia;
–Autofocagem;
–Dessensibilização masturbatória;
–Treino e partilha das fantasias;
–Recondicionamento do orgasmo;
–Dilatação vaginal;
–Focagem das sensações;
–*Stop-start*;
–*Squeeze*;
–Desbloqueio ejaculatório;
–Programas de autoterapia;
–Estimulação repetida;
–Coito não exigente;
–Manobra de ponte.

Anexo
Ficha de triagem

Setor de Sexologia

1- Identificação

Nome:

Idade:

Data de nascimento:

Profissão:

Naturalidade:

Religião:

Registro:

Estado civil:

Instrução:

Procedência:

Etnia:

2 -Queixa e duração:

3 – História Sexual

Qualificação: como, onde, quando e com quem ocorre.

Evolução: quando iniciou, como evoluiu, agravamento, remissões, repercussões, tratamento sem sucesso.

Avaliação subjetiva: qual seria a causa, o que facilitou o problema, o que mantém?

Já sofreu algum tipo de violência sexual? Qual, quando, com quem?

4 – Dados complementares

Antecedentes Pessoais:

Antecedentes Familiares:

Antecedentes Obstétricos:

Antecedentes Menstruais:

5 – Situação social

Descontentamento em relação à:

Família

Trabalho

Habitação

Parceria

Situação financeira

Amizades

Transportes

Renda familiar

Tempo Livre

Lazer

6 – Vida Sexual

Início (quando, onde, com quem, como foi?)

Repercussões:

Frequência:

Libido:

Excitação:

Orgasmo:

Identidade de gênero:

Educação:

Anticoncepção:

Número de parceiros:

7 – Sensibilidade

Classifique de forma positiva (+) negativa (-) ou neutra (0) as colocações:

Próprio corpo ( )

Órgãos genitais ( )

Masturbação ( )

Sexo oral ( )

Sexo anal ( )

Coito/penetração ( )

Fantasias sexuais ( )

Desejo sexual ( )

Lubrificação vaginal ( )

Orgasmo ( )

Mudanças de posições/relações ( )

Literatura erótica/pornografia ( )

8 – Aspectos sexuais de preferências

Atividade Sexual	Vaginal	Oral	Anal	Masturbação	Carícias	Fantasias
Experiência						
Prática						
Aceitação						
Satisfação						

9 – Exame físico geral, ginecológico e exames complementares

Peso:

Altura:

P.A.:

Pulso:

FR:

T:

IMC:

CA:

Tipo morfológico:

Exame Geral:

Mamas:

Abdômen:

OGE:

Especular:

Toque:

Exames subsidiários:

10 – Diagnóstico

Sexual:

Ginecológico:

Clínico:

Psicológico:

11 – Planejamento terapêutico das áreas de personalidade

Áreas de personalidade	Variáveis identificadas/ relevantes	Graus de relevância	Procedimentos
Processos orgânicos			
Cognições			
Falhas de comunicação			

12 – Avaliação

( ) Satisfatório

( ) Insatisfatório

Fonte: Entrevista utilizada no Setor de Sexologia. Centro de Referência da Saúde da Mulher do Hospital Peróla Byington, São Paulo, 2018.

Referências

ABDO, C. H. N. Ciclo da resposta sexual: menos de meio século de evolução de um conceito. *Rev. Diagn. Tratamento*, v. 10, n. 4, p. 220-222, 2005.

ABDO, C. H. N. Desempenho difícil, satisfação impossível. In: ABDO, C. H. N. *Descobrimento do Brasil*: para curiosos e estudiosos. São Paulo: Summus, 2004. p. 89-100.

ABDO, C. H. N. *Estudo da vida sexual do brasileiro*. São Paulo: Bregantini, 2004.

ABDO, C. H. N.; FLEURY, H. J. Aspectos diagnósticos e terapêuticos das disfunções sexuais femininas. *Rev. Psiquiatr. Clin.*, São Paulo, 33, p. 162-167, 2006.

ABDO, C. H. N.; OLIVEIRA JUNIOR, W. M. O ginecologista brasileiro frente às queixas sexuais femininas: um estudo preliminar. *RBM Rev. Bras. Med.*, v. 59, n. 3, p. 179-86.

AMERICAN PSYCHIATRIC ASSOCIATION. *DSM-5*: Manual Diagnóstico e Estatístico de Transtornos Mentais. 5. ed. Porto Alegre: Artmed, 2014.

BASSON, R.; SCHULTZ, W. W. Sexual sequelae of general medical disorders. *Lancet*, v. 369, n. 9559, p. 409-24, 2007.

CAVALCANTI, R.; CAVALCANTI, M. *Tratamento clínico das inadequações sexuais*. São Paulo: Roca, 2012.

ETIENNE, M. A.; WAITMAN, M. C. *Disfunções sexuais femininas*. São Paulo: LMP, 2006.

FOUCAULT, M. *História da sexualidade 1*: a vontade de saber. 14. ed. Rio de Janeiro: Graal, 2001. (Biblioteca de Filosofia e História das Ciências, v. 15)

FREUD, S. *Três ensaios sobre a teoria da sexualidade*. Rio de Janeiro: Imago, 1905. (Edição standard brasileira das obras psicológicas completas de Sigmund Freud, 7)

GONÇALVES, N. A abordagem da sexualidade na consulta ginecológica. In: ETIENE, M. A.; WAITMAN, M. C. *Disfunções sexuais femininas*: a fisioterapia como recurso terapêutico. São Paulo: LMP, 2006. p. 153-156.

GONÇALVES, N. Disfunções sexuais. In: PIATO, S. *Terapêutica endócrina em ginecologia*. São Paulo: Artes Médicas, 2005. p. 193-198.

GONÇALVES, N. Distúrbios ginecológicos e sexualidade. In: PIATO, S. *Tratado de ginecologia*. São Paulo: Artes Médicas, 2002. p. 944-947.

KAPLAN, H. S. A natureza e as causas das disfunções sexuais. In: ___. *Manual ilustrado de terapia sexual*. São Paulo: Manole, 1978. p. 11-16.

KAPLAN, H. S. Hypoactive sexual desire. *J. Sex. Marital Ther.*, 3, p. 3-9, 1977.

KINSEY, A. C.; POMEROY, W. B.; MARTIN, C. E. *Sexual behavior in the human female*. Philadelphia: W.B. Saunders, 1953.

LOPES, G. P.; CLARO, J. A.; RODRIGUES JR., O. M. Disfunções sexuais femininas. *Int Braz J Urol*, 29, supl. 4, p. 29-34, 2003.

LOYOLA, M. A. Sexualidade e medicina: a revolução do século XX. *Cad Saúde Pública* [periódico on line], n. 19, p. 875-884, 2003. Disponível em: <http://scielo.br/pdf/csp/v19n4/16839a.pdf>. Acesso em: 10 nov. 2010.

MASTERS, W. H.; JOHNSON, V. E. *A resposta sexual humana*. São Paulo: Roca, 1984.

OMS – ORGANIZAÇÃO MUNDIAL DA SAÚDE. *Classificação de transtornos mentais e de comportamento da CID 10*. Porto Alegre: Artes Médicas, 1993.

TOZO I. M. *et al.* Disfunção sexual feminina: a importância do conhecimento e do diagnóstico pelo ginecologista. *Arq. Med. Hosp. Fac. Cienc. Med. Santa Casa São Paulo*, v. 52, n. 3, p. 94-99, 2007.

TOZO, I. M. *et al.* Avaliação da sexualidade em mulheres submetidas à histerectomia para tratamento do leiomioma uterino. *Rev. Bras. Ginecol. Obstet.*, Rio de Janeiro, v. 31, n. 10, p. 503-507, out. 2009.

VITIELLO, N. O ginecologista e a sexualidade. *Revista Brasileira de Sexualidade Humana*, v. 4, n. 2, p. 137-153, 1993.

CAPÍTULO 8

Existência dissociação e psicoterapia

Marco A. Portela

> *A dissociação é uma das noções mais preciosas da psiquiatria clínica e uma das mais indispensáveis de adquirir na experiência concreta.*
> (A. Porot)

Introdução

Este artigo está baseado em dois fatos simples: 1) de que a vida, a existência é polaridade e terá sempre um movimento pendular. É o que denomino dialética da existência. O mito do eterno retorno (Eliade, 1981), a roda de nascimento e morte dos budistas (*samsara*), o ciclo de reincorrência da psicologia transpessoal (Weil, 1977), ou a compulsão à repetição e o ciclo de autossabotagem (Rosner; Hermes, 2010), na psicanálise são exemplos; 2) de que a vida é normativa (Canguilhem, 1978), ou seja, a cada momento cria novos contextos e situações às quais temos que nos adaptar, às vezes tendo que lançar mão de todos nossos recursos.

> Para um ser vivo, o fato de reagir a uma doença ou lesão traduz um fato fundamental: é que a vida não é indiferente às condições nas quais ela é possível, que a vida é polaridade e por isso mesmo, posição inconsciente de valor, em resumo, que a vida é, de fato, uma atividade normativa. (Canguilhem, 1978, p. 96)

É a normatividade da vida que nos lança nos espaços da dor e do prazer, do ódio e do amor, da saúde e da doença. Ser normativo é saber lidar com "jogo de cintura", com os altos e baixos da vida. É ser resiliente.

Essa ideia da vida como polaridade e normatividade é compartilhada pelo pensamento existencialista em que os conceitos em geral se apresentam em pares:

essência/existência, ontológico/ôntico, limites/possibilidades, liberdade/determinismo, ser/não ser, existência autêntica/inautêntica, nascimento/morte, ódio/amor, eu-tu/eu-isso, eu/mundo. Muitos conceitos na psiquiatria e na psicologia também vêm em pares: normal/patológico, familiaridade/estranheza, orientado/desorientado, depressão/mania, consciente/inconsciente, consciência obnublada/vigil, figura/fundo. Notem que esses não são valores absolutos, mas sim relativos um ao outro.

Neste artigo, vou repensar o conceito de dissociação e refletir sobre a condição da existência e o fato de não sermos, ou não termos, uma visão ou vivência integral e totalizante do ser, ou do eu. O fato de termos pontos cegos, regiões ocultas dentro de nós, às quais não temos acesso em condições normais, de que também não temos consciência integral do ambiente a nossa volta, faz com que nossa percepção do mundo seja parcial e incompleta e, por extensão, nossa interpretação vai ser limitada e restrita. Portanto, a dissociação é intrínseca à existência.

A primeira parte é mais densa e técnica. Vou trilhar um longo caminho para pensar e definir dissociação, seguindo, a princípio, os manuais modernos e depois buscando aprofundar o conceito a partir de autores que a veem como algo a mais ou além do sintoma.

Na segunda parte vou relacionar dissociação e existência. A dissociação está na raiz de nossa vivência parcial do mundo e da dialética da existência, ou seja, no fato de sermos lançados pela vida nas situações mais inóspitas e desconhecidas e de termos que nos adaptar ora à dor, ora ao prazer, ora à saúde, ora à doença, ora à alegria ora à tristeza. Na terceira parte apresento uma reflexão sobre o impacto disso na prática psicoterápica.

1. Dissociação

Uma vez fechado o diagnóstico de esquizofrenia,
importante, se não mais que saber que o enfermo
é esquizofrênico, é ver até que ponto que ele não o é.
(E. Minkowski)

Dissociação é um conceito controverso. Não existem dúvidas quanto à evidência do fenômeno, porém existem dificuldades para defini-lo, delimita-lo, circunscreve-lo. É um conceito volátil e, ao longo da história da psiquiatria, foi usado para designar diversos sintomas e entidades clínicas, pelos pioneiros da psiquiatria e psicopatologia para também designar um sintoma ou traço da psicose, especificamente da esquizofrenia (Minkowski, Bleuler, Ey). Aos poucos foi se deslocando e englobando ainda os sintomas neuróticos.

Atualmente o termo é usado de forma mais restrita, especificamente para denominar quadros de fundo neurótico que englobam um leque de sintomas e dão título a todo um capítulo dos manuais contemporâneos, ou seja, o capítulo dos "Transtornos Dissociativos" (CID-10, DSM-V). Interessante observar como o significado do termo se modifica de acordo com a época e com a orientação teórico-técnica.

Porém, apesar dessa dispersão, algumas características e significados do conceito são comuns à maioria dos autores e persistiram ao longo do tempo. É como o fio de Ariadne, que ajudou a guiar Teseu para fora do labirinto após a luta com o Minotauro. Vamos seguir esse fio. A psiquiatria está recheada, repleta de termos, noções e conceitos que, em suma, tem o mesmo sentido, fazem fronteira, se confundem e/ou estão ligados – se não diretamente, pelo menos indiretamente – ao conceito de dissociação. Termos como despersonalização, desrealização, *Spaltung*, *Spliting*, autismo, desagrageção, fragmentação, confusão, desorientação, obnubilação, esquizoidismo, enfim, a lista é imensa. A dissociação está implícita em várias teorias da personalidade e em conceitos pares como inconsciente/consciente na psicanálise e a dinâmica figura/fundo na gestalterapia.

Enquanto fenômeno psíquico, é usada há tempos de forma terapêutica, ou seja, é colocada a serviço da cura, do equilíbrio, da homeostase. As técnicas da livre associação, cadeira vazia, algumas técnicas grupalistas como o psicodrama, a hipnose e muitas outras técnicas se utilizam de alguma forma da dissociação, ou seja, do fato de não sermos ou não termos uma consciência integral, global, de todos os nossos processos psíquicos, nossa relação com as pessoas, as coisas e o mundo. O fato de termos pontos cegos dentro de nós, de não sermos um – uma totalidade –, mas muitos. O eu é legião.

O termo, no entanto, não é usado por todos os estudiosos, de forma que, em minha busca, pesquisei e incluí também termos correlacionados como estranheza e despersonalização. Optei, primeiro, por definir os termos a partir dos manuais atuais (DSM-V, 2014; CID-10, 1993), dos dicionários técnicos de psiquiatria, psicologia e psicanálise, bem como por autores clássicos e conhecidos do passado (Jaspers, 2005; Ey; Bernard; Brisset, s.d.) e do presente (Dalgarrondo, 2008), para chegar à visão existencial fenomenológica da dissociação (Laing, 1963; Minkowski, 1960) e articular, então, com a psicoterapia.

Cabral e Nick (s.d.) assim definem dissociação:

> separação da personalidade, como um todo, de um padrão mais ou menos complexo de processos psicológicos que podem passar então a funcionar independentemente do resto da personalidade. A parte separada, assim retirada ao controle consciente e voluntário da pessoa, comporta-se como outra pessoa. A reação dissociativa é um mecanismo de defesa neurótico e suas formas mais comuns são: (a) a dupla personalidade: Dr. Jekill e Mr. Hyde; (b) a amnésia; (c) a fuga; e (d) o sonambulismo. Em todas essas formas se verifica uma segmentação de parte das experiências, atividades ou vivências do indivíduo, parte essa que é segregada da corrente principal da vida. (Cabral; Nick, s.d., p. 93)

Definem ainda despersonalização como "perda da identidade do ego" (p. 86).

Jaspers (2005) diferencia estranheza, despersonalização e dissociação. Quanto à estranheza, o autor a contrapõe à familiaridade e a situa nas alterações da percepção. "Trata-se, por conseguinte, de distúrbio no processo de percepção, que não atinge nem os elementos da sensação, nem a apreensão do significado nem o juízo sobre a percepção" (Jaspers, 2005, p. 81). À medida que o distúrbio se agrava, até mesmo o juízo vai se comprometer, o paciente tem que se tocar pra ver se existe realmente, ou seja, fazer o teste da realidade. Até que nos quadros mais graves "não se pode nem mesmo falar de juízo [...] e já não podem chegar a nenhuma reflexão crítica" (Jaspers, 2005, p. 81-82).

Quanto à despersonalização e dissociação, Jaspers as localiza nos distúrbios da consciência do eu, que, para ele, possui quatro características formais: 1) sentimento de atividade; 2) consciência da unidade do eu; 3) consciência da identidade do eu; e 4) consciência do eu em oposição ao exterior. Portanto, são sintomas que podem aparecer em vários quadros psicopatológicos e nos quadros mais graves e agudos principalmente de características esquizofreneiformes.

Laplanche e Pontalis definem dissociação como "clivagem do eu" (*Spaltung*):

> Freud usou o termo para designar o fato de o homem, sob um ou outro aspecto, se dividir em si mesmo, observado por Janet, Breuer e Freud na histeria. *Spaltung* portanto designa a divisão intrapsíquica. Bleuler utiliza o termo para designar a esquizofrenia. Em toda a psicose, mesmo na mais profunda, se pode encontrar a existência de duas atitudes psíquicas: ...uma que conta com a realidade, a atitude normal, e outra que, sob a influência das pulsões, desliga o ego da realidade. (Laplanche; Pontalis, 1985, p. 103)

Para Chemana (1995), a clivagem do eu é inseparável da recusa da realidade. Esse mecanismo é encontrado, além do fetichismo, na psicose.

O DSM-V (2014) assim define os termos, que aparecem principalmente nos transtornos dissociativos, mas também psicóticos e somatoformes:

> Despersonalização: Uma alteração na percepção ou experiência de si mesmo, de modo que há o sentimento de estar distanciado, como se fosse um observador externo dos próprios processos mentais, corpo ou ações (p. ex., sentir-se como em um sonho). Desrealização: Sentimento de estar distanciado, como se fosse um observador externo, do ambiente ao seu redor (p. ex., as pessoas podem parecer desconhecidas ou mecânicas). Dissociação: A cisão de grupos de conteúdos mentais da percepção consciente. É um mecanismo central dos transtornos dissociativos. O termo também é usado para descrever a separação de uma ideia do seu significado emocional e do afeto, conforme visto no afeto inadequado na esquizofrenia. (DSM-V, 2014, p. 821-822)

O DSM-V elenca vários transtornos dissociativos: "de identidade, amnésia dissociativa, transtorno de despersonalização/desrealização, outro transtorno dissociativo especificado e transtorno dissociativo não especificado" (DSM-V, 2014, p. 291).

Na CID-10 (1993), o termo histeria ou neurose histérica foi substituído pelo termo dissociativo, que, como no DSM-V, é usado de forma pontual, para síndromes ou transtornos bem específicos. Os transtornos dissociativos agrupam quadros como amnésia dissociativa, fuga, estupor, transe e possessão, convulsões, anestesia e perda sensorial, transtornos motores, mistos e outros não especificados.

A CID-10 (1993) diferencia dissociação de despersonalização, englobando este último num leque de transtornos.

> Transtornos dissociativos: O tema comum é uma perda parcial ou completa da integração normal entre memória, consciência de identidade e sensações imediatas e controle dos movimentos corporais... são presumivelmente psicogênicos em origem, estando intimamente associados no tempo a eventos traumáticos, problemas insolúveis e intoleráveis ou relacionamentos perturbados. A despersonalização e a desrealização não se incluem aqui, visto que somente aspectos limitados da identidade pessoal são usualmente afetados e não há perda associada de desempenho em termos de sensações, memórias ou movimentos. (CID-10, 1993, p. 149-150)
>
> Síndrome de despersonalização/desrealização: Transtorno no qual o paciente queixa-se de que sua atividade mental, seu corpo e/ou seu ambiente estão alterados em sua qualidade, para tornarem-se irreais, remotos ou automatizados... Comumente, os fenômenos de despersonalização-desrealização ocorrem no contexto de doenças depressivas, transtorno fóbico e transtorno obsessivo-compulsivo. Pode ocorrer em indivíduos mentalmente saudáveis em estado de fadiga, privação sensorial, intoxicações alucinógenas ou como um fenômeno hipnagógico/hipnopômpico. (CID-10, 1993, p. 168-169)

Ey, Bernard e Brisset usam pouco a palavra dissociação e, ao contrário dos manuais modernos, não usam como um conceito: "[...] entretanto – porém raramente – a neurose histérica 'encaminha-se mal' e este é o caso principalmente dos histéricos que se dissociam e caem na desagregação esquizofrênica" (Ey; Bernard; Brisset, s.d., p. 483). O conceito aparece como fazendo parte da vivência delirante esquizofrênica ou psicótica. Esses autores usam os conceitos de despersonalização e estranheza e falam desta última como uma "experiência delirante primária":

> alteração profunda da experiência sensível [...] geralmente angustiante, com pressentimentos de catástrofe eminente, composta de ilusões (alterações perceptivas), intuições (roubam-me o pensamento), o mundo

> interior está perturbado, sensações cenestésicas alteradas. O sentimento de estranheza é devido ao caráter inefável da experiência. Ele está "preso" em geral com uma experiência parcial da morbidade daquilo que ele experimenta. (Ey; Bernard; Brisset, s.d., p. 483)

Portanto, há o sentimento de angústia e estranheza e ainda um resíduo de consciência, de que há algo errado. A estranheza evolui para o sentimento de despersonalização em que a dissociação se aprofunda e os restos de consciência ainda existentes começam a se perder, o sujeito é engolfado (Laing, 1963) na e pela experiência. "A síndrome da despersonalização, de fato, é especialmente frequente e importante na evolução destas psicoses" (Ey; Bernard; Brisset, s.d., p. 483). Ey, Bernard e Brisset afirmam ainda que a experiência de despersonalização é encontrada fora da esquizofrenia e da histeria, em "certas intoxicações" e quadros psicóticos agudos.

Dalgalarrondo (2008, p. 323) usa o termo também para descrever o que denomina "histeria de dissociação", em que podem ocorrer pseudocrises epilépticas e com frequência rebaixamento e afunilamento da consciência. Também inclui no termo fugas e amnésias histéricas, bem como fenômenos ligados à senso-percepção, como ilusões e pseudoalucinações. Fala da dissociação como uma estratégia defensiva do inconsciente para lidar com a ansiedade intensa. Ora, toda despersonalização/desrealização implica um certo grau maior ou menor de dissociação. São termos próximos, sempre associados, dois lados da mesma moeda.

O autor inclui a ocorrência de despersonalização nas crises intensas de ansiedade, nas crises de pânico, nas psicoses tóxicas por alucinógenos, nos episódios agudos de esquizofrenia e em formas graves de depressão, ou seja, abarcou também quase todo o leque nosográfico da psiquiatria.

Para Porot (1967), psiquiatra espanhol, o termo dissociação designa

> a ruptura da unidade psíquica. Pode se manifestar de muitas maneiras e traduz a desarmonia, inadequação entre a ideia, a atitude e o conteúdo afetivo experimentados num dado momento. A dissociação, por si mesma, é um processo que mina a personalidade. Tomando a definição de Bleuler (*Spaltung*), em essência, é um defeito de integração sintética dos componentes dinâmicos normalmente criadores da noção de eu ou o não reconhecimento de certos componentes primordiais da personalidade. Processo de dissolução psíquica com alienação do eu de seus componentes e de sua autoconsciência. Assim definida, a dissociação é realmente o processo mais importante da alienação mental. *Por tudo isto, a dissociação é uma das noções mais preciosas da psiquiatria clínica e uma das mais indispensáveis de adquirir na experiência concreta.* (Porot, 1967, p. 201, grifo meu)

Porot eleva o conceito a uma categoria fundamental para a clínica psiquiátrica e que, aliado aos conceitos de estranheza e despersonalização, vai se expressar "de diversas formas, desde sintomas neuróticos até quadros mais regredidos esquizofrênicos" (Porot, 1967, p. 193).

Minkowski (1960) dá um passo a mais, define dissociação como um dos traços básicos do esquizoide e, fiel ao pensamento existencial, contrapõe este ao conceito de sintonia. Esquizoidismo e sintonia são elevados a princípios:

> O termo sintonia traduz de uma maneira muito mais precisa o caráter essencial do esquizoidismo. Por isso Bleuler lhe há dado preferência. O esquizoidismo e a sintonia se transformaram em duas funções ou, como diz Bleuler, dois princípios vitais, cujo jogo recíproco regula nossa atitude com respeito aos acontecimentos, às pessoas e aos objetos circundantes. Unem-se em proporções variáveis e determinam assim o aspecto particular de cada indivíduo [...] o esquizoidismo e a sintonia se colocam, então, entre esses traços de caráter dando a cada um cor particular e determinando toda a maneira de ser do indivíduo com relação ao ambiente. (Minkowski, 1960, p. 30-32, tradução minha)

Os conceitos de esquizoidia e sintonia levam em conta a dramaticidade da vida, a eterna antítese eu-mundo, e se estendem às pessoas ditas normais.

> A maneira de o indivíduo abordar essas antíteses, de integrá-las em sua vida, constitui um dos traços mais essenciais de sua evolução pessoal [...] mas há mais. O esquizoidismo e a sintonia não possuem caráter especificamente mórbido. Os achamos nos indivíduos normais. São, como diz Bleuler, dois princípios vitais... *O máximo de sintonia se acha assim no domínio do normal, enquanto o máximo de esquizoidismo parece que deve ser buscado no domínio do patológico.* (Minkowski, 1960, p. 38-48, grifo do autor, tradução minha)

Para Minkowski sintonia seria a capacidade de fazer *link* com o ambiente e fluir, de contextualização, de compreender seus semelhantes, de condoer-se de suas misérias, de compartilhar de suas alegrias, de sentir-se um com eles, podemos dizer que no adoecimento há uma sintonia deformada em relação ao sintônico normal. "Uma vez fechado o diagnóstico de esquizofrenia, importante, se não mais que saber que o enfermo é esquizofrênico, é ver até que ponto que ele não o é" (Minkowski, 1960, p. 50, tradução minha).

Após toda essa explanação sobre dissociação, várias coisas se concluem. O fenômeno é reconhecido por todos os autores, mas com base na orientação teórico-técnica. Alguns autores, ao definirem dissociação, ficam à beira do sintoma, ou seja, restringem-se aos sinais e evidências como os próprios manuais DSM-V e CID-10. Outros se aventuram a buscar explicações mais profundas para o fenômeno, tentando entendê-lo como um mecanismo de defesa inconsciente, ligado ao funcionamento ou dinâmica do aparelho psíquico (Ey, Chemana, Laplanche).

Outros vão além e buscam ver o fenômeno como intrínseco à existência (Bleuler, Porot, Minkowski, Laing, Jaspers).

Chegamos a um ponto interessante de nossas definições, em que a dissociação (ou o esquizoidismo, ou o sentimento de estranheza) já não é apenas um sintoma ou um mecanismo de defesa, mas é um princípio intrínseco à existência e que não se encontra só. Faz par e polo oposto ao que Minkowski denomina sintonia, ao que Jaspers chama de sentimento de familiaridade, ou seja, o sentimento de uma vivência integrada do eu, não só consigo mesmo, mas na vivência corporal e com o mundo circundante.

Aqui encontramos o caminho para conceber a dissociação como algo que faz parte da existência, que não diz respeito somente à dimensão do patológico, mas também às pessoas ditas normais, que faz parte da normatividade da vida. Trata-se da dialética da existência.

2. A dialética da existência

Neurose é a forma de evitar o não ser, evitando o ser.
(Paul Tillich)

No princípio era o vazio absoluto, o vácuo, o nada, o zero, hipótese primeva. E "Deus criou o céu e a terra. A terra porém estava informe e vazia e as trevas cobriam a face do abismo... E Deus disse: exista a luz. E a luz existiu. E Deus viu que a luz era boa; e separou a luz das trevas" (*Gênesis*, 1:1,2,3,4). Hipoteticamente, essa foi a primeira dissociação, a primeira diferenciação. O princípio de tudo, onde o um se fez dois. A unidade absoluta se desmembrou. Esse momento mítico, e por que não dizer místico, se repete a cada nascimento de um ser humano, e a contradição e o paradoxo existencial que se iniciam irão acompanhá-lo ao longo de toda sua aventura na terra.

O nada, o zero, a escuridão, o vazio é o *não ser* (QUADRO 1), ou seja, o desconhecido, o misterioso, o ameaçador, a dor, a loucura, a morte. O todo, o um, a luz, o pleno é o *ser*, ou seja, a plenitude, a totalidade, a integração. Zero e um são dois extremos, duas hipóteses ou possibilidades apenas. A existência se desenrola entre esses dois extremos, que se alternam *ad infinitum*. O zero, o vazio, gera dor e angústia, mina nossa força vital; o todo, o um, é nutritivo ao ser, a integração gera prazer, satisfação, sentimento de realização e plenitude.

A existência é o espaço da dualidade, do dois, do *vir-a-ser*. Portanto, é aqui que nossa história começa. O dois é a unidade básica de comunicação, inaugura a diferença, a polaridade e, portanto, o movimento, a evolução e a involução, o belo e o feio, o amor e o ódio, o dia e a noite, a saúde e a doença. Uma vez sob o julgo da dualidade, não há mais retorno, resta a recordação saudosista do paraíso perdido, ou seja, da unidade um dia vivida e o desejo de retorno à plenitude, tão buscada de tantas formas.

Quadro 1 – Instâncias da existência

0 – **Não-ser**, vazio, nada;
1 – **Ser**, unidade, pleno, completude;
2 – **Vir-a-ser**, dualidade, incompletude, falta, desejo;
3 – **Ser-no-mundo**;
4 – **O mundo**.

Fonte: Autor

Em contrapartida, a vivência da dualidade aos poucos vai abrindo fendas, rachaduras e abismos entre eu e o outro, eu e o mundo. Ser dois também é ser falta, é ter um oco dentro de si, um vazio. Esse vazio interno é um vazio de sentido e é vivido na existência sob a forma de angústia, existencial ou mesmo patológica. É esse vazio que nos causa angústia e no faz desejar preenchê-lo. Desejo, portanto, é antes de tudo fruto do vazio, do nada, da falta de sentido, do não ser, e é desejo de retorno à plenitude, ao um, em que não há falta, a unidade absoluta.

Vida é polaridade, existência é polaridade. A lei da dualidade ou da polaridade é inexorável. A vida oscila eternamente entre polos e creio que a única palavra que não tem antônimo é vida, pois, o contrário de morte, é nascimento, e ambos fazem parte da vida. Existência é vida que se sabe viva e, em meio ao nascer e ao morrer, será arremessada de um lado para o outro entre saúde e doença, amor e ódio, trabalho e repouso, alegria e tristeza, prazer e dor, certezas e dúvidas, sanidade e loucura.

Portanto, o espaço da existência se dá entre dois polos, dois extremos. Oscilamos eternamente entre zero e um, ora predomina o ser, ora o não ser, ora a saúde, ora a doença, a dor e o prazer.

Quadro 2 – Dialética da existência I

Ser (um) ________________________________ **Não-ser** (zero)

Vir-a-ser (dois)

Fonte: Autor

Somos ser e não ser, integrados em uma totalidade. Somos o dois, um vir-a-ser, oscilando eternamente entre o um e o zero. Buscamos o ser incansavelmente e encontramos o não ser inexoravelmente. Hoje, a grande questão, como também o grande desafio que se coloca ante o ser humano, não é mais "ser *ou* não-ser", mas "ser *e* não-ser".

Quadro 3 – Dialética da existência II

Ser	Não-ser
Sentido	Sem sentido
Vida	Morte
Pleno	Vazio
Prazer	Dor
Segurança ontológica básica (LAING, 1963)	Insegurança ontológica básica
Saúde	Doença

Fonte: Autor

2.1 Existência e dissociação

Chegamos ao ponto em que é possível articular ambos os conceitos. Lembremos Minkowski (1960, p. 48, grifo do autor, tradução minha): "*O máximo de sintonia se acha assim no domínio do normal, enquanto o máximo de esquizoidismo parece que deve ser buscado no domínio do patológico*". Sem querer, neste momento, relativizar o que é normal e patológico (como o fez Canguilhem, 1978), o importante aqui é como Minkowski coloca os conceitos como dois polos ou extremos de um contínuo.

Outra questão que se coloca em boa parte dos autores pesquisados é que há uma graduação nos quadros clínicos. Vemos em Jaspers (2005) que o sentimento de estranheza, que Ey, Bernard e Brisset (s.d.) denominam "experiência primária delirante", é um distúrbio ligado à percepção, pois ainda resta um juízo, uma consciência ou autoconsciência de que algo está errado.

Porém, à medida que a percepção distorcida ou dissociada persiste, o sujeito começa a questionar e testar a realidade tocando, falando, repetindo gestos a fim de comprová-la ou não. Até que o próprio juízo é comprometido e o sujeito é engolfado, engolido pela experiência e evoluindo para o quadro de despersonalização, o que, para Jaspers (2005), é um distúrbio da consciência do eu, que se fragmenta e dissocia na sua vivência de unidade, integridade, identidade e/ou na sua relação com o ambiente e as pessoas.

Esse tipo de vivência é encontrado em quadros psicóticos, esquizofrênicos, de ansiedade, de pânico, depressivos, principalmente nas depressões moderadas e graves, nos transtornos dissociativos, até mesmo nos quadros somatoformes, em que a dissociação vai acontecer em relação à própria vivência corporal. Mas essa vivência é encontrada também em pessoas normais que tem alguma experiência emocional intensa, uma perda importante, um trauma, uma doença.

No entanto, ainda há certa confusão de termos, conceitos e definições que vou tentar organizar. Entende-se por dissociação, nessa concepção, uma ruptura consigo mesmo, com o corpo e/ou com o ambiente ou mundo em qualquer grau. A estranheza, ou a "experiência delirante primária" (Ey; Bernard; Brisset, s.d.), a despersonalização, a fragmentação e a dissolução do eu são como graus de dissociação (FIGURA 1).

Como dito anteriormente, na estranheza ainda há uma certa autocrítica, o sujeito percebe que tem algo errado e busca se organizar. Na despersonalização já se perdeu a autocrítica e aumenta o grau de dissociação. Um dos critérios mais eficientes para avaliar o grau de dissociação é o comportamento contextualizado, ou a capacidade de contextualização. Quanto mais descontextualizado, maior a dissociação, até levar à fragmentação.

A dissolução do eu é uma hipótese, e podemos equipará-la à morte. Porém, um desmaio ante uma crise de ansiedade extrema é um mecanismo de defesa inconsciente e organísmico que podemos também equiparar a esse momento de dissolução. É comum o paciente sedado após o quadro de delírium acordar bem, sintônico, e em geral sem a recordação do ocorrido.

Notem que, em ambas as extremidades, inclui-se a dissolução. Afinal, o eu só existe em relação ao outro e ao mundo, enquanto existir o eu haverá dualidade. Atingir a plenitude do ser significa também a dissolução do eu, a saída da dualidade e o retorno à unidade. Isso é apenas uma hipótese, o *samadhi* dos hindus e o nirvana dos budistas são estados de consciência ampliada que correspondem a esse retorno à unidade perdida na noite dos tempos.

Seguindo o mesmo raciocínio, a noite "escura da alma" de São João da Cruz, poeta e místico espanhol do século XVI, pode ser entendida como uma vivência extrema do não-ser, de vazio, solidão e desamparo. Os termos dissociação e sintonia existem em função de o ser humano, em sua essência, se constituir em um ser-com o outro, um ser-no-mundo. Portanto, constituímo-nos a partir da relação com o outro e o mundo.

O mundo e o eu são uma unidade e continuidade um do outro. É o que Minkowski (1960) denomina "contato vital com a realidade". Esse contato pode ser mais sintônico, integrativo, nutritivo, ou mais esquizotímico, dissociado. Qualquer alteração no ambiente, no corpo, na nossa percepção ou juízo pode elevar o grau de dissociação e comprometer nosso contato vital com a realidade.

No entanto, nem integração nem dissociação jamais são completas, os extremos não existem. Por mais integrados que, num dado momento, estejamos com o ambiente, com as pessoas ou consigo próprio, sempre haverá uma área cega, inconsciente, que está além ou aquém de nossa consciência e, portanto, sempre haverá algum grau de dissociação. Em contrapartida, por mais dissociado que o sujeito esteja, sempre haverá algo que ainda o liga à realidade, mesmo que pequeno e frágil, ali ainda haverá algum grau de integração.

Por isso Minkowski (1960) diz que tão importante quanto saber que o sujeito é esquizofrênico é saber até que ponto ele não o é. Ou seja, a dissociação que ele apresenta tem quais aspectos e até que ponto compromete seu contato vital com a realidade.

Figura 1 – Dialética da existência III

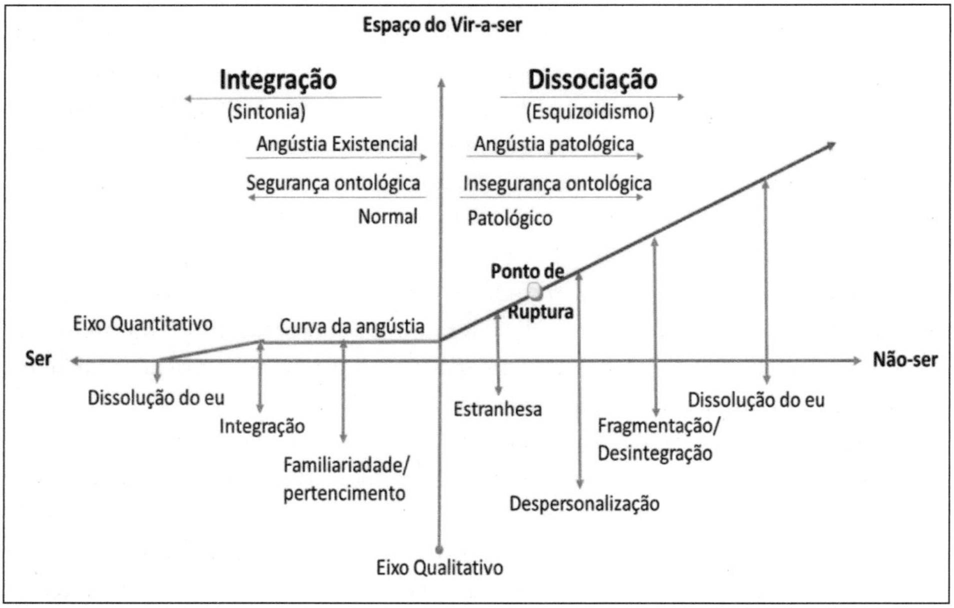

Fonte: Autor

Podemos definir dissociação, portanto, como um fenômeno humano, intrínseco à existência, que consiste em uma "desarmonia, inadequação entre a ideia, a atitude e o conteúdo afetivo experimentados num dado momento" (Porot, 1967, p. 201), bem como uma inadequação na relação com o corpo e o ambiente. Essa vivência é encontrada em pessoas ditas normais e nos quadros de adoecimento, porém, nesses últimos, ela se intensifica, levando a sintomas e transtornos psicológicos.

Dissociação aqui é sinônimo de esquizoidismo e, no outro polo deste contínuo, a integração é sinônimo de sintonia (FIGURA 1). São dois lados da mesma moeda. Um não exclui o outro. As circunstâncias do nascimento e os vínculos que esse novo organismo vão constituir com o ambiente e pessoas podem levá-lo ao que Laing (1963) denominou duas posições existenciais básicas, que podemos também chamar de estruturas existenciais, que são: a estrutura existencial básica de segurança ontológica e de insegurança ontológica.

Na primeira, o sujeito se sente encarnado, ancorado no corpo, coexistindo com o outro em um espaço e vivendo a linearidade do tempo. Em circunstâncias normais, sua existência, identidade e personalidade nunca são postos em dúvida. Sente-se "real, vivo, diferenciado do resto do mundo [...]; possuidor de uma estabilidade, importância, autenticidade e merecimento internos [...]. Assim, ele apresenta uma essência firme de segurança ontológica" (Laing, 1963, p. 46). Essa pessoa, em momentos de ansiedade tensão e estresse, pode entrar em quadros sintomáticos e dissociativos, mas tem todos os recursos e estrutura para elaborar a situação, superar e retornar ao modo sintônico.

Porém, o sujeito cuja estrutura ontológica é de insegurança já não se sente tão real e vivo, nem tão encarnado no corpo e distinto do resto do mundo,

> de modo que sua identidade e autonomia estão sempre em dúvida. Pode faltar-lhe a experiência de sua própria continuidade temporal. Pode não possuir um sentido predominante da consistência ou coesão pessoais [...] É inevitável, sem dúvida, que o indivíduo cuja experiência de si é de tal ordem não possa estar "seguro" ou estar seguro "em si" [...] a pessoa ontologicamente insegura se mostra preocupada antes em preservar-se que em satisfazer-se. As circunstâncias normais da vida ameaçam seu baixo limiar de segurança. (Laing, 1963, p. 46-47)

Aqui se podem incluir os portadores dos chamados transtornos de personalidade. Conclui-se que todos nós passamos por momentos de perdas, tensão, ansiedade e muitas vezes ultrapassamos o nosso limiar de segurança, isto é, o ponto de ruptura, e fazemos sintomas. "Na verdade, estamos a apenas alguns graus de experiências dessa natureza. Basta uma febre leve, e todo o mundo pode começar a ter um aspecto perseguidor, chocante" (Laing, 1963, p. 51). Nesse eixo horizontal, quanto mais o sujeito for imbuído de uma estrutura de segurança ontológica, mais ele terá recursos para integrar as experiências traumáticas, sejam de que ordem for, a seu *self* consciente e superá-las.

Quanto maior a angústia, a dissociação e o componente de insegurança ontológica na personalidade, menos recursos terá o sujeito, mais seus atos serão ditados pelos processos inconscientes e mais arcaicos serão os mecanismos de defesa acionados, de natureza psicótica, esquizoparanoide (Pichón-Rivière, 2005). Quanto menores a angústia, a dissociação e o sentimento de insegurança ontológica, mais evoluídos e eficazes serão os mecanismos de defesa, de natureza neurótica, mais adaptativos e integrativos.

Importante ressaltar que Laing se refere às vivências mais extremas ou sintomáticas no eixo horizontal (FIGURA 1). Em meio aos extremos da integração e dissociação temos uma infinidade de tons intermediários e um oscilar natural entre os polos. Somos ou temos os dois, porém, sempre em cada momento com o predomínio de um ou outro tom no comportamento e no mundo. Esse tom e todo o colorido de sua sintomática se dão no eixo vertical que está o sujeito com sua história, seus valores e crenças, sua singularidade, inserido em um mundo concreto que o envolve em situações mais diversas.

As dissociações podem ser classificadas de diversas formas que não vamos aprofundar neste texto, mas apenas elencar:

- quanto à etiologia:
  - trauma físico ou psíquico;
  - perdas importantes;
  - ingestão de álcool e/ou drogas;
  - adoecimento psíquico;
  - tensão ou estresse prolongado;
  - processos fisiológicos como o sono.

- quanto à incidência, ou seja, em qual dimensão do ser a dissociação vai predominar:
  - valores e crenças;
  - representações/pensamentos;
  - afetos/desejos;
  - corpo/corporalidade;
  - mundo (ambiente, relações interpessoais).
  - quanto ao grau de comprometimento em seu contato vital com a realidade:
  - sintonia deformada;
  - estranheza/despertencimento;
  - despersonalização/desrealização;
  - fragmentação ou desintegração;
  - dissolução.

Em relação às funções psíquicas, todas são alteradas e comprometidas de uma maneira ou outra, em um grau ou outro. Porém, é a natureza do sintoma e do adoecimento que determinará aquelas que serão mais afetadas.

À medida que o sentimento de estranheza vai se intensificando, assim como a dissociação e a angústia, torna-se cada vez mais difícil a elaboração da experiência. O sujeito começa a questionar e a fazer testes de realidade, seus esforços para entender o que está acontecendo, reorganizar a realidade e voltar à homeostase fracassam, e suas defesas e recursos vão se exaurindo e já não se mostram suficientes. Surgem então as incongruências e descontextualizações em seu comportamento, os primeiros sinais de despersonalização, até que o sujeito chega a seu limite, no ponto de ruptura, ele rompe com a realidade, ponto este que é subjetivo, singular. Cada um tem seu limiar de segurança ontológica, como diria Laing (1963).

É somente em seu comportamento, na relação com o mundo e com as pessoas que é possível perceber e avaliar o grau e o tipo de dissociação. O sujeito é sempre afetado como um todo, em todas as suas dimensões, porém, pode incidir mais em um aspecto ou outro, sempre de acordo com a natureza do transtorno. O tipo de dissociação gerada por uma depressão grave é muito diferente de uma causada por uma crise de pânico ou um quadro psicótico.

3. Existência, dissociação e psicoterapia

Chegamos ao ponto em que podemos transpor esse esquema para a prática da psicoterapia. Antes de qualquer coisa, fica claro que o processo psicoterápico vai trabalhar as dissociações, em qualquer nível que ela se apresentar. Importante frisar também que todas as psicoterapias irão trabalhar nessa direção, ou seja, integrativa. Cada uma com seus postulados e técnicas.

Vou refletir acerca das psicoterapias de caráter existencial partindo de seu postulado básico, ou seja, aquele que diz que a construção de um vínculo positivo, de confiança, segurança, telemático (Weil, 1967), e por que não dizer de amor (Boss, 1981; Seguin, 1963), é a base, o fundamento de todo o processo psicoterápico. É a relação que cura (Yalom, 2006; May, 1961). Primeiro vem a relação, depois a técnica, que, como comentado em outro artigo (Portela, 2013), ainda é um tema tabu entre os psicoterapeutas existencialistas.

Ao se referir à relação como base do processo psicoterápico, não se fala de qualquer tipo de relação, mas aquela que Buber (1960) denomina eu/tu, ou seja, uma relação de pessoa a pessoa, autêntica, de confiança, telemática, e que Buber contrapõe à relação eu/isso, de caráter instrumental, de uso, de objeto. Vamos colocar esses dois tipos de relação no nosso contínuo (FIGURA 1) eu/tu no polo da integração e eu/isso no da dissociação. São dois lados da mesma moeda. Sempre na relação com o outro e o mundo estarão presentes ambas as relações.

> De forma que são dois os tipos de vínculos possíveis na relação profissional/cliente, um telemático e outro instrumental. Ambos ocorrem simultaneamente no aqui e agora e em via de mão dupla, do cliente para o profissional e vice-versa. (Portela, 2014, p. 125)

Conclui-se que não existe uma relação que é somente instrumental ou somente pessoa/pessoa, os extremos não existem. A questão é qual tipo de relação predomina na vida do sujeito e em cada momento; e qual tipo está predominando no aqui e no agora da sessão e do processo psicoterápico como um todo.

Contudo, temos que derrubar dois mitos importantes cultivados por muitos na psicoterapia existencial. O primeiro diz respeito à crença de que toda relação instrumental é negativa, generalizante e despersonalizante. As relações no nosso dia a dia são predominantemente instrumentais e funcionais. Nossa relação com o padeiro, o taxista, o farmacêutico são exemplos; sequer necessitamos saber seu nome, basta que cumpram bem sua missão e papel e nós também – a recíproca é verdadeira. Até mesmo a relação com nossos entes queridos é predominantemente instrumental, alternado, lógico, por momentos às vezes profundos de encontro eu/tu.

> A despersonalização é uma técnica universalmente empregada como meio de tratar com o próximo, quando este se torna por demais enfadonho e perturbador. Não nos permitimos mais reagir aos sentimentos desse próximo [...]. A despersonalização parcial de outros é praticada em larga escala na vida cotidiana, e encarada como normal, embora não muito desejável. A maioria das relações se baseia numa certa tendência parcial de despersonalização. (Laing, 1963, p. 51-52)

Fica claro que Laing, neste ponto de seu livro *O eu dividido*, não se refere à despersonalização enquanto sintoma dissociativo somente, mas a uma forma de se relacionar intrínseca à existência, que Buber denomina eu/isso, funcional, de uso. No dia a dia, são normais e necessárias para o bom andamento das coisas e fazem parte, juntamente com as relações pessoa/pessoa, da dialética da existência. O que não pode são essas relações predominarem na vida da pessoa, e/ou serem usadas de forma ideológica criando e mantendo relações hierarquizadas de poder e dominação.

Portanto, as relações instrumentais são normais, necessárias e autênticas se for uma manifestação saudável, contextualizada e a serviço do crescimento. Tornam-se negativas e despersonalizantes quando deixam de ser naturais e normativas e se tornam enrijecidas, robotizadas e empobrecidas, podendo chegar até mesmo ao sintoma. Não só despersonalizamos parcialmente os outros nas relações corriqueiras, como somos também despersonalizados e sequer refletimos sobre isto, posto serem comportamentos considerados normais.

A maior parte das pessoas tem uma estrutura básica de segurança ontológica, o que lhes confere recursos para lidar de forma saudável com essas relações funcionais ou despersonalizantes que fazem parte de nossa rotina. Lógico que todas essas relações têm seu lado eu/tu, pessoa/pessoa. Esse tempero é regulado em cada relação, em cada contexto.

Mas algumas pessoas têm uma estrutura existencial de insegurança ontológica, o que torna seu limiar de segurança baixo e mais frágil ante essas relações funcionais ou despersonalizantes. E, como defesa, tendem a despersonalizar os outros e a si. Um paciente com diagnóstico de esquizofrenia paranoide em crise, internado no HPS devido a um tiro na perna, em um determinado ponto dos atendimentos volta-se pra mim e diz: "já não preciso mais de seus atendimentos e nem de medicamentos, depois do acidente vejo tudo com clareza, você está dispensado", e virou para parede, recusando a partir daí os psicofármacos. A dissociação pode chegar a tal ponto que o psicótico cria um sistema de falso eu (Laing, 1963), usado como intermediário entre ele – seu ser mais autêntico – e os outros.

O primeiro mito, portanto, dicotomiza os dois tipos de relação e diz que as relações instrumentais são despersonalizantes e negativas. Pois bem, um dos impactos desse mito no processo psicoterapêutico é esse preconceito ou resistência de alguns colegas em relação à técnica ou a manejos técnicos. Porém, vimos que, ao contrário, as relações instrumentais fazem parte intrínseca das relações humanas e estão em geral a serviço da ordem e do crescimento. Quanto ao segundo mito, este diz respeito diretamente ao *setting* terapêutico, que vamos ver a seguir.

3.1. Dialética do encontro psicoterápico

O segundo mito que temos que derrubar é o da relação autêntica e espontânea entre terapeuta e cliente. De acordo com o exposto, fica evidente que não é possível uma relação completamente autêntica, mesmo porque nenhuma relação o é. Durante todo o processo psicoterápico, haverá sempre uma alternância entre relação funcional e autêntica, com predominância, hora de uma hora de outra.

Figura 2 – Dialética do encontro psicoterapêutico

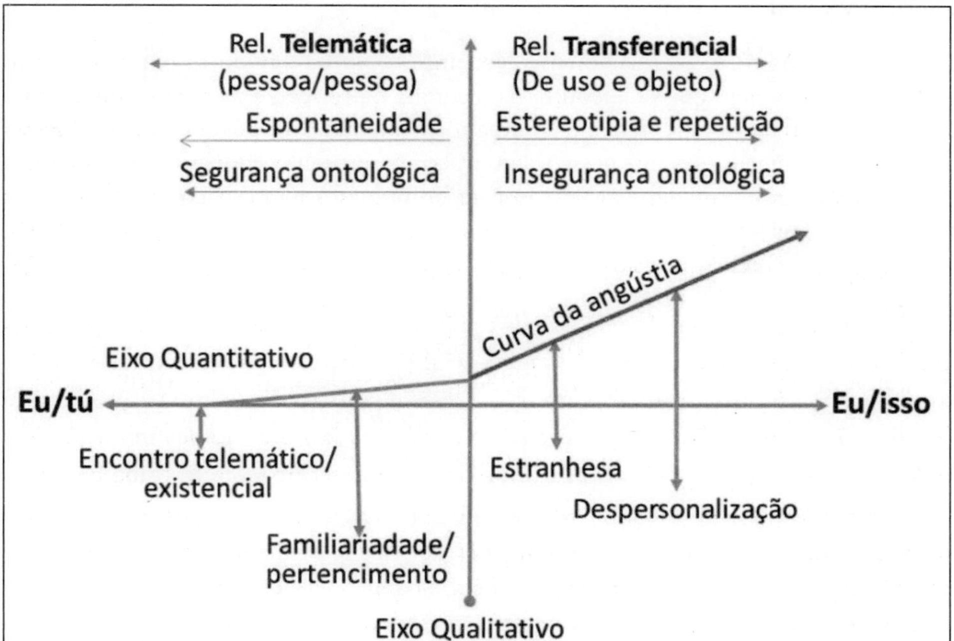

Fonte: Autor

Sem dúvida, no início predomina a relação funcional. Afinal, cliente e terapeuta não se conhecem e tudo começa com uma pessoa em sofrimento e adoecimento mental que procura um profissional formado e treinado para atendê-lo em suas demandas. Há um acordo tácito, inclusive de honorários.

Papéis, lugares e tarefas bem distintas. Acontecem momentos de espontaneidade, mas no início do processo terapêutico vai predominar a relação instrumental, de caráter transferencial, com as defesas mais acirradas e sintomáticas. É um momento delicado.

Para quebrar essas primeiras defesas o terapeuta deve, dentre várias tarefas, manejar com muito cuidado o vínculo com o cliente a fim de quebrar o mais rápido possível essas resistências iniciais, afrouxar as defesas e ao mesmo tempo construir um vínculo telemático de segurança e confiança, para que o sujeito seja mais espontâneo. Em resumo, deve o terapeuta atuar neste eixo do encontro ou do vínculo (FIGURA 2), de forma que a relação seja um pouco menos instrumental e um pouco mais espontânea e telemática.

Esse manejo se dá por meio de uma técnica relacional (Portela, 2013) que Yalom (2006) denominou manejo da transparência e transferência que permite ao terapeuta fazer com que o sujeito integre a seu *self* consciente, ou seja, torne-se consciente de seus padrões repetitivos, defensivos e transferências que o limitam em suas relações e projetos. Ao mesmo tempo que valorize e amplie os momentos telemáticos em que há um afrouxamento das defesas e o cliente se torna mais espontâneo e aberto ao processo.

> As técnicas relacionais recebem este nome devido se constituir num manejo que se encontra na fronteira da relação e da técnica ou de uma relação espontânea e de uma instrumental. Isto possibilita ao terapeuta ser ele mesmo, pessoa, autêntico, congruente, empático e ao mesmo tempo manejar algum aspecto do processo terapêutico [...] as técnicas relacionais são sutis em sua aplicação e o próprio cliente muitas vezes não percebe que estamos fazendo algum manejo. (Portela, 2014, p. 126)

Portanto, as técnicas relacionais tem um componente forte de relação telemática. De forma que, além do manejo de algum aspecto da relação terapêutica, ainda permitem um afrouxamento das defesas e construção de uma atmosfera de confiança e segurança para que o cliente expresse mais espontaneamente seu ser e permita que conteúdos mais profundos possam emergir e serem trabalhados.

O manejo técnico que aqui denomino transparência e transferência vai atuar principalmente no eixo do encontro eu-tu/eu-isso (FIGURA 2). Trata-se de regular até que ponto o terapeuta se vela, se oculta, para facilitar o jogo transferencial; e até que ponto ele se revela para facilitar o encontro existencial e ampliar os momentos espontâneos e telemáticos. Sempre haverá algo de espontâneo no meio das relações padronizadas e estereotipadas de nossos clientes. Temos que ficar atentos para os momentos em que esse algo se revela e procurar expandi-lo com uma atitude de receptividade e reciprocidade.

> É um engodo pensar que se mostramos ou expomos algo de nós, isto irá impedir a transferência, a prática clínica já mostrou o contrário. Temos

> que regular e manejar com cada cliente até que ponto me mostro ou me oculto [...] A clínica é soberana. (Portela, 2013, p. 172)

Isto sempre pensando no cliente e no sucesso do processo psicoterápico que, nesse início, vem acrescido de um nível de angústia em geral elevado, humor rebaixado e um contexto complexo e intrincado. A fim de trabalhar a angústia, outra técnica relacional fundamental na psicoterapia é a função continente (Zimerman, 2000), que vai regular o nível de angústia que circula na relação terapêutica. Esse manejo vai atuar no eixo da integração/dissociação, mantendo a angústia do *setting* num nível que o cliente dê conta de elaborar sem fazer sintoma.

> É sabido que pouca angústia torna a terapia improdutiva, mas, por outro lado, um nível elevado de angústia estanca a palavra e também torna o processo improdutivo [...] Quanto mais angústia, mais continente devemos ser, quanto menos, mais podemos deixar nosso cliente fazer suas associações livremente. (Portela, 2013, p. 172)

Manejar o nível de angústia por meio da função continente e trabalhar os vínculos pela alternância entre momentos de abertura e espontaneidade (transparência) de ambos (terapeuta/cliente) e momentos de tensão e resistência (transferência), entre outras tantas, são duas das tarefas mais importantes para o psicoterapeuta, não só no início como ao longo de todo o processo terapêutico.

Trata-se da técnica, do manejo técnico, da relação funcional sendo usada de forma construtiva, a serviço da integração e da construção de uma relação mais espontânea. Aliada às técnicas relacionais, podemos usar ainda as técnicas que denomino direcionais – psicodramáticas, cadeira vazia, e outras – que exigem um conhecimento e manejo mais cuidadoso, pois são técnicas que permitem destampar a caixa-preta do inconsciente de forma muito rápida e eficaz (Portela, 2013).

Enfim, a dissociação como fenômeno humano é trabalhada na psicoterapia de várias formas. Padrões inconscientes se tornam conscientes. Partes de nós dissociadas se reintegram. Torno-me mais consciente de meus processos e integro comportamentos novos e mais satisfatórios, enriquecendo meu repertório experiencial e existencial. Toda psicoterapia é necessariamente integrativa.

Conclusão

O tema dissociação pode ser abordado sob diversos aspectos, que vão de um sinal ou sintoma, para um quadro psiquiátrico, passando por estratégia de defesa do aparelho psíquico, chegando à essência da própria existência. E com diversos enfoques ou fundamentações, como o biológico, as neurociências, o enfoque médico, psiquiátrico, inclusive existencial, como aqui abordo. Espero que esta construção que ora estou erguendo seja compartilhada e enriquecida por outros colegas ávidos por algo novo no *front*.

Neste artigo procurei refletir sobre a dissociação sem, no entanto, pretender fechar questões, mas somente trazer reflexões advindas de minha prática clínica particular e hospitalar e que considero profícuas. Esses conceitos pares, como a dissociação/integração e a relação telemática/transferencial, são extraídos da prática clínica, são pragmáticos, podem ser observados e manejados em psicoterapia, sem que comprometa a relação ou o Eros terapêutico. Ao contrário, se bem manejados, facilitam o processo terapêutico e a construção de um vínculo espontâneo e telemático. A rigor, todas as psicoterapias trabalham as dissociações e têm caráter integrativo.

A dissociação é um fenômeno humano complexo, é interna e externa a nós, está na essência e na existência, da vida como um todo e de cada momento em que temos que eleger um foco, fazer figura e deixar parcial ou totalmente outros estímulos em segundo plano, no fundo experiencial. Ainda bem que a dissociação faz par com a integração. Juntas são o sim e o não, o tudo e o nada, o alfa e o ômega.

Afinal, a integração implica integrar a dissociação, ou seja, aprender a lidar com aquela parte de nós mais obscura, elementar, aprender a lidar com o vazio e a falta de sentido. Por fim, integrar significa unir ser e não-ser em um eu maior e realizar a experiência eu sou, pois o que seria da plenitude se não houvesse a falta, o que seria do amor se não fosse a dor.

Referências

BOSS, M. *Angústica, culpa e libertação*. São Paulo: Duas Cidades, 1981.

BUBER, M. *Yo y tú*. Buenos Aires: Galatea Nueva Visión, 1960.

CABRAL, A.; NICK E. *Dicionário técnico de psicologia*. São Paulo: Cultrix, [s.d.].

CANGUILHEM, G. *O normal e o patológico*. Rio de Janeiro: Forense Universitária, 1978.

CHEMANA, R. (Org.). *Dicionário de psicanálise*. Porto Alegre: Artes Médicas, 1995.

CLASSIFICAÇÃO de transtornos mentais e de comportamento da CID-10: descrições clínicas e diretrizes diagnósticas. Coord. OMS. Porto Alegre: Artes Médicas, 1993.

DALGALARRONDO, P. *Psicopatologia e semiologia dos transtornos mentais*. 2. ed. Porto Alegre: [s.n.], 2008.

ELIADE, M. *O mito do eterno retorno*. São Paulo: Martins Fontes, 1981.

EY, H.; BERNARD, P.; BRISSET, C. *Manual de psiquiatria*. 5. ed. Rio de Janeiro: Masson, [s.d.].

JASPERS, K. *Psicopatologia geral*. São Paulo: Atheneu, 2005. v. 1.

LAING, R. D. *O eu dividido.* Rio de Janeiro: Zahar Editores, 1963.

LAPLANCHE, J.; PONTALIS J.-B. *Vocabulário da psicanálise.* 8. ed. São Paulo: Martins Fontes, 1985.

MANUAL diagnóstico e estatístico de transtornos mentais: DSM-5. 5. ed. Porto Alegre: Artmed, 2014.

MAY, R. (Org.). *Psicologia existencial.* Buenos Aires: Paidós, 1961.

MINKOWSKI, E. *La esquizofrenia*: psicopatologia de los esquizóides y de los equizofrenicos. Buenos Aires: Paidós, 1960.

PICHÓN-RIVIÉRE, E. *O processo grupal.* 7. ed. São Paulo: Martins Fontes, 2005.

POROT, A. *Dicionário de psiquiatria.* Barcelona: Labor, 1967.

PORTELA, M. A técnica na psicoterapia existencial. In: CONGRESSO INTERNACIONAL DE PSICOLOGIA EXISTENCIAL – CONFERÊNCIAS, 1., 2013. Belo Horizonte. *Anais...* Belo Horizonte: FEAD, 2013.

PORTELA, M. Acolhimento: estratégia ou função? In: GIOVANETTI, J. P. (Org.). *Fenomenologia e psicoterapia.* Belo Horizonte: FEAD, 2014.

ROSNER S.; HERMES P. *O ciclo da autossabotagem.* 8. ed. Rio de Janeiro: Best Seller, 2010.

SEGUIN, C. A. *Amor y psicoterapia.* Buenos Aires: Paidós, 1963.

WEIL, P. *Fronteiras da evolução e da morte.* Rio de Janeiro: Vozes, 1977.

WEIL, P. *Psicodrama.* Rio de Janeiro: CEPA, 1967.

YALOM, I. D.; LESZCZ, M. *Psicoterapia de grupo*: teoria e prática. Porto Alegre: 2006.

ZIMERMAN, D. *Fundamentos básicos das grupoterapias.* 2. ed. Porto Alegre: Artmed, 2000.

CAPÍTULO 9

Psicoeducação e a interconsulta psicológica como possibilidade de intervenção na Atenção Básica em Saúde da Família na região norte

Ícaro Juan Rodrigues Pessoa
Cleide da Silva Basgal
Fernanda Tabita Zeidan de Souza

Introdução

O Sistema Único de Saúde (SUS) é um sistema de serviço assistencial da saúde articulado que integra a atuação em rede na área da saúde, buscando, por meio da atuação eficaz e necessária no processo saúde e doença, ter como responsabilidade coordenar e articular ações promocionais e de prevenção, com a cura e a reabilitação. Portanto, para Paulin e Luzio (2009), o SUS compreende um conjunto organizado e articulado de serviços e ações de saúde e aglutina as organizações públicas de saúde existentes nos âmbitos municipal, estadual e nacional, além dos serviços privados de saúde que o integram funcionalmente para a prestação de serviços aos usuários do sistema, de forma complementar, quando contratados ou conveniados para tal fim.

Para incrementar o atendimento à saúde, Martins (2010), em seus estudos, estabelece os seguintes princípios em relação à saúde: acesso universal e igualitário; provimento das ações e dos serviços por meio de rede regionalizada e hierarquizada, integrados em sistema único; descentralização, com direção única em cada esfera de governo; atendimento integral, com prioridade para as atividades preventivas, como, por exemplo, de vacinação; participação da comunidade na gestão, fiscalização e acompanhamento das ações e dos serviços de saúde; participação da iniciativa privada na assistência à saúde. Não basta apenas ter diretrizes referentes à saúde, antes de tudo é preciso ter ações. Essas ações e os serviços devem ser de relevância pública, cabendo ao poder público regulamentar o acesso da população aos serviços do SUS.

A Política Nacional de Humanização (PNH) preconiza que os serviços prestados pelo SUS tenham suas ações pautadas em princípios como transversalidade, integralidade, gestão participativa, protagonismo dos sujeitos. Visa a um trabalho conjunto entre a rede de serviços, gestores e profissionais da saúde, juntamente com a atuação dos usuários, sempre levando em conta a intersubjetividade envolvida no processo de atenção, criando um ambiente propício para promoção e prevenção à saúde e de cuidados cada vez mais dignos e humanos. Uma das políticas de saúde abordadas neste trabalho é a que se refere à Atenção Básica em Saúde que especifica as formas de intervenção, além de traçar uma estratégia de como se vai trabalhar com uma demanda específica. O Programa de Saúde da Família (PSF) se constitui como uma proposta para mudança do processo de trabalho na atenção básica no Brasil, com o objetivo de qualificar a assistência à saúde da população com base nas diretrizes do Sistema Único de Saúde: descentralização, integralidade e controle social.

Para Mello (2008), uma das dificuldades apontada pelos estudos feitos no Brasil em relação aos serviços saúde é a má formação de profissionais que atuam na área, como, por exemplo: má formação técnica, biológica e positivista, sendo que ela afirma que existem vários autores no campo da psicologia que poderiam sanar tais problemas. Portanto, é imprescindível entender a dimensão do contexto em que o ser humano está inserido, remetendo à concepção adotada pela Organização Mundial de Saúde (OMS) a este: como um ser biopsicosociocultural e espiritual.

Para tanto, é de fundamental importância o conhecimento acerca da Psicologia da Saúde, em que essa passa a delimitar seu modo de compreensão dos fenômenos relacionados ao processo de saúde e doença. Trata-se de uma disciplina ou campo de especialização da psicologia que aplica seus princípios, técnicas e conhecimento científicos para avaliar, diagnosticar, tratar, modificar, prevenir os problemas físicos ou mentais advindos de fatores biológicos, comportamentais e sociais relacionados aos processos de saúde e doença (Benevides, 2005).

A Psicologia da Saúde é uma área que objetiva e busca investigar como fatores comportamentais, emocionais, familiares, físicos, sociais afetam cada pessoa em suas diversas interações com cada ambiente e como o processo de saúde e doença é visto e sentido de forma individual em cada relação estabelecida em suas interações. Para Straub (2005), a Psicologia da Saúde preocupa-se com os aspectos psicológicos da saúde no decorrer da vida de um indivíduo. Seus objetivos específicos são promover a saúde, prevenir e tratar doenças, investigar o papel dos fatores comportamentais e sociais na doença e avaliar e aperfeiçoar a formulação de políticas e serviços de saúde para todas as pessoas. Preocupa-se com os aspectos psicológicos da saúde no decorrer da vida de um indivíduo. Seus objetivos específicos são promover a saúde, prevenir e tratar doenças, investigar o papel de fatores comportamentais e sociais na doença e avaliar e aperfeiçoar a formulação de políticas e serviços de saúde para todas as pessoas.

No contexto existente da Unidade Básica de Saúde da Família, onde a pesquisa foi realizada, existem diferentes grupos, de modo que os usuários são atendidos por vários programas que contemplam essa unidade, possibilitando dessa maneira o desenvolvimento da psicoeducação, bem como da interconsulta psicológica, com intervenções breves, propiciando a promoção em saúde para que haja melhora da qualidade de vida, pois se faz necessário repassar o conhecimento acerca da influência da doença no convalescimento físico, bem como sua função para o adoecimento psicológico.

Por meio de relatos da equipe multiprofissional, foi percebida pela equipe de estágio a necessidade de um trabalho que seja voltado a intervenções necessárias às demandas existentes, que possa contribuir para que o usuário perceba sua subjetividade, bem como seus comportamentos, mas que retome o sentido de como cada ser humano se reconhece frente a um processo de adoecimento físico.

A pesquisa teve como objetivo geral investigar através da interconsulta psicológica e da psicoeducação a autoestima e a qualidade de vida no processo de saúde e de doença, tendo como objetivos específicos propiciar pela psicoeducação o conhecimento sobre a área da psicologia, bem como os aspectos psicológicos presentes no acometimento de doenças orgânicas; favorecer pela interconsulta psicológica uma reflexão acerca de como as pessoas se sentem em relação aos sentimentos apresentados no momento da espera pelo atendimento; fortalecer, por meio das práticas desenvolvidas durante o estágio pela equipe, a importância da atuação da psicologia junto aos serviços existentes na Unidade Básica de Saúde.

Psicologia da Saúde

De acordo com Benevides (2005), o SUS nasce como movimento, conhecido como Reforma Sanitária, na luta contra a ditadura militar e em prol da democracia, da garantia dos direitos do homem.

Dimenstein (1998, p. 62) postula alguns pressupostos básicos, como

> - Concepção ampliada de saúde, entendida numa perspectiva de articulação de políticas sociais e econômicas; – Saúde como direito de cidadania e dever do Estado; – Instituição de um Sistema Único de Saúde que tem como princípios fundamentais a universalidade, a integralidade das ações, a descentralização e hierarquização dos serviços de saúde; – Participação popular e controle social dos serviços públicos de saúde aliado a outros movimentos sociais.

A conquista dos direitos sociais tem sido sempre resultado do poder de luta do povo, dos trabalhadores e movimentos sociais, e nunca uma dádiva do Estado como alguns governos querem colocar. Nos anos 1970/1980, quando também se organizou, em nível internacional a grande onda neoliberal, o SUS foi, sem dúvida, o movimento que se firmou como resistência à privatização da saúde. Resistir à privatização, da saúde, da vida foi tarefa para muitos, é tarefa para todos nós, tendo em vista que a saúde nunca ocupou lugar central nos gastos públicos. Cabe a nós, psicólogos, decidir com que movimento nos aliamos, quais movimentos inventamos, quais intercessões fazemos entre a psicologia e o SUS, entre a psicologia e as políticas públicas.

Quais as interfaces da psicologia como campo de saber e, mais precisamente, dos psicólogos enquanto trabalhadores, com o Sistema Único de Saúde? Diante dessa pergunta, pode-se refletir criticamente como refere Benevides (2005, p. 23):

> A pista que segui que indicava a fundação da psicologia assentada na separação entre a macro e a micropolítica, abre-se, então, em alguns desvios que tomarei como princípios éticos que, acredito, possam contribuir para o debate sobre as interfaces da Psicologia com o Aqui, a interface da Psicologia com o SUS se dá pela certeza de que o processo de se inventar é imediatamente invenção de mundo e vice-versa. – Princípio da transversalidade: a Psicologia, tal como qualquer outro campo de saber/ poder não explica nada. É ela mesma que deve ser explicada e isto só se dá numa relação de intercessão com outros saberes/poderes/ disciplinas. É na relação entre saberes que a invenção acontece, é no limite de seus poderes que os saberes têm o que contribuir para um outro mundo possível, para uma outra saúde possível. A contribuição da Psicologia no SUS pode estar justamente no entrecruzamento do exercício destes três princípios.

No Brasil a inserção do psicólogo no campo da saúde pública é emergente no cenário brasileiro. Dimenstein (1998, p. 56) destaca os seguintes fatores como pontos críticos para aumentar a entrada do psicólogo nos serviços públicos de saúde:

> - o contexto das políticas públicas de saúde do final dos anos de 1970 e em toda a década de 1980, particularmente a repercussão no setor de recursos humanos; – a diminuição de busca aos consultórios de psicologia por parte da população, causada por seu empobrecimento, a partir dos anos de 1980; – o movimento da própria categoria com o objetivo de redefinir a função social da psicologia na sociedade; – a difusão da psicanálise e a psicologização da sociedade.

Atuação do psicólogo na Unidade Básica de Saúde

A inserção do psicólogo na saúde pública aconteceu a princípio pela saúde mental e foi através da Reforma Psiquiátrica que entrou nos centros de saúde. Tem uma proposta diferente da clínica clássica, o psicólogo pode frequentar a casa do paciente e intervém de forma diretiva, para além da somente escuta. O papel do psicólogo na Unidade Básica de Saúde articula com sua prática clínica de uma maneira modificada, tendo aspecto assistencialista e uma possível atuação sanitária (prevenção e promoção de saúde). Lo Bianco *et al.* (1994 *apud* Lima, 2005) ressaltam que a inserção do psicólogo na rede básica de saúde deveria atentar para os seguintes aspectos: a) ênfase no planejamento e execução de ações com base em demandas coletivas; b) atenção às especificidades trazidas pela "pulverização" de problemas específicos de saúde trazidos pela população; c) a necessidade de lidar com contingentes maiores de indivíduos, levando a priorizar estratégias grupais e focais para lidar com os problemas trazidos pela população; d) o fato de ter contato direto com as condições concretas de vida do segmento populacional não privilegiado economicamente da sociedade, poder checar seus conceitos universalizantes de psiquismo; e) percepção de que a concepção de "clínica psicológica" pode abarcar ações de baixa complexidade, não a restringindo às ações psicoterápicas especializadas, mas buscando incluir práticas preventivas e voltadas à promoção da saúde. Archanjo (2012) afirma que os psicólogos devem ser orientados na Unidade Básica de Saúde a realizarem serviços em função de resolver um conjunto de necessidades básicas de saúde, que incluíam ações clínicas (prevendo diagnóstico e tratamento) e sanitárias (prevenção e promoção à saúde) e incorporam especialidade médicas e de outras profissões em práticas assistenciais diversas, estabelecendo um trabalho coletivo em saúde através de equipes multiprofissionais.

A Unidade Básica de Saúde é um espaço adequado para se desenvolver um cuidado mais global e que permite atuar na dimensão subjetiva das práticas em saúde, impedindo a coisificação do paciente e de suas necessidades inteiramente biológica, olhando o indivíduo com um ser construído sócio-historicamente e que possui aspectos psicológicos de acordo com seu contexto. Lima (2005) diz que a atuação psicológica coletiva é o processo contextual de identificação de demandas, de planejamento e de execução de necessidades de atendimento psicológico socioeconômica e culturalmente orientado, desvencilhando da atuação clínica tradicional e limitada para esse contexto de saúde pública. O profissional que tem seu trabalho voltado no enquadre grupal e na ampliação dos recursos técnicos para a intervenção, de cunho mais preventivo e de promoção de saúde, apresenta uma atuação psicológica coletiva adequada na assistência primária.

Lima (2005) destaca alguns aspectos importantes na atuação do psicólogo na Unidade Básica de Saúde como identificar os problemas que requerem atenção prioritária na comunidade; propor ações de saúde em parceria, mediante participação da comunidade, oferecendo procedimentos terapêuticos diversos; executar atividades a partir de temas significativos para o mundo do adolescente e do perfil socioeconômico e epidemiológico do público-alvo; tornar a Unidade Básica de Saúde um local de referência para o adolescente. Desse modo, a atuação psicológica coletiva reafirma a importância da subjetividade e dos aspectos psicossociais e culturais envolvidos no processo de saúde-doença-cuidado e aumenta a possibilidade de os psicólogos proporem intervenções práticas individuais ou grupais congruentes com os objetivos dos níveis de assistência à saúde.

Psicoeducação

A psicoeducação é uma forma de ensinar os usuários dos serviços de saúde buscarem utilizar técnicas, bem como dispor de possibilidades de interação dinâmicas para repassar informações sobre as doenças, suas formas de tratamento e propiciar uma interação necessária para que o processo de adesão ao tratamento possa ser vivenciado.

A psicoeducação, de acordo com Tursi-Braga (2014), oferece diferentes intervenções com o objetivo de aumentar o tempo de remissão da doença, aumentar a adesão ao tratamento medicamentoso, lidar com fatores estressantes para o paciente e aumentar as habilidades de comunicação e resolução de problemas desses pacientes. Além disso, caracteriza-se por informar aspectos importantes do diagnóstico ao paciente que abrangem a etiologia, prognóstico, curso da doença, ensinar o paciente e seus familiares sobre como identificar os sinais de uma crise e a necessidade da adesão ao tratamento para remissão de sintomas seja por intervenção medicamentosa e/ou psicossocial, necessidade de instalar hábitos saudáveis e regulares no estilo de vida (sono, alimentação, atividade física, uso de substâncias), bem como lidar com a estigmatização, dúvidas, medos e mitos relacionados a sua doença. A psicoeducação permite que o paciente seja capaz de compreender as diferenças entre as suas características pessoais e as características do transtorno psicológico (Figueiredo *et al.*, 2009, p. 17).

Contribui consequentemente para uma melhor qualidade de vida, pelo fato de desmitificar concepções errôneas acerca da doença, e pode ser elaborada individualmente ou em grupos, por diferentes profissionais de saúde.

A interconsulta psicológica

Segundo Gazotti e Prebianchi (2014), a interconsulta psicológica auxilia profissionais da psicologia e de outras áreas na identificação e tratamento de pacientes com problemas psiquiátricos ou psicossociais, situações emergentes e intermediar a relação entre os envolvidos na situação (equipe de saúde, pacientes e familiares), facilitando a comunicação, a cooperação e ressignificação de problemas disfuncionais. Nesse sentido, a presente pesquisa se propõe a apresentar intervenções no contexto existente da Unidade Básica de Saúde da Família/Floresta, onde existem vários grupos, de modo que os pacientes são atendidos por programas que contemplam essa unidade, haja vista que o público busca serviços odontológicos, consultas médicas, bem como procedimentos de enfermagem.

A pesquisa tem como objetivo geral investigar, através da interconsulta psicológica e da psicoeducação, como se apresenta qualidade de vida no processo de saúde e doença. Verificou-se a importância do profissional da psicologia na área de saúde e no contexto social, a realidade remete às diversas psicopatologias existentes e como cada pessoa se comporta diante de qualquer situação que seja desconhecida e propicie comportar-se de forma ansiosa. Portanto, foi possível identificar que a interconsulta psicológica e a psicoeducação foram aparatos técnicos que possibilitaram evidenciar comportamentos disfuncionais, assim como sensibilizar os pacientes atendidos a buscarem o processo psicoterápico.

Metodologia

A pesquisa foi realizada em uma Unidade Básica de Saúde da Família situada em Santarém/Pará, implantada pela prefeitura de Santarém em 6 de setembro de 2012. O prédio da Unidade Básica de Saúde/Floresta contém uma sala de fisioterapia, uma sala de pronto atendimento, uma sala de educação em saúde e reuniões, dois consultórios de enfermagem e PCCU (exame relacionado ao colo uterino), uma sala de imunização, uma farmácia, três consultórios médicos, três consultórios odontológicos, uma sala de teste do pezinho, uma sala de esterilização, quatro banheiros, uma sala de expurgo e uma copa.

Com início em 26 de setembro e término em 25 de novembro de 2016, o estágio na Unidade Básica de Saúde teve duração de 120 horas e ocorreu de segunda a quinta-feira, no horário de 14 às 18 horas.

O método utilizado para intervenção foi a realização de psicoeducação, abordando vários temas pertinentes no que se refere à psicologia e à realidade do contexto de Unidade Básica de Saúde. Além disso, pensou-se em desenvolver dinâmicas com o objetivo de fortalecer o vínculo entre o público-alvo e a equipe de estágio. Outra forma de intervenção foi a entrega de panfletos aos usuários, proporcionando informações acerca da psicologia e a concretização de oficinas de elaboração de cartazes ou demais materiais após a discussão de temas abordados em palestras realizadas pelos estagiários.

Os instrumentos foram: Ficha de Interconsulta Psicológica (FIP), desenvolvida pela equipe de estágio, na qual continha informações sobre o perfil sociodemográfico, história familiar, social e clínica do usuário; Escala SUDS, a qual é empregada para comunicar o nível de ansiedade experimentada de forma subjetiva; e Escala de Ansiedade Beck adaptada.

Resultados e discussão

Diante dos resultados, foi identificado que, dos 15 pacientes entrevistados, 10% eram homens em sua maioria com idade de 18 a 56 anos. A avaliação de grau de escolaridade constatou-se que a metade (50%) dos pacientes possui o ensino médio completo e incompleto (10%). Dentre os entrevistados, 5% eram casados e 5% solteiros, com renda familiar de 1 a 2 salários mínimos. Vinte por cento coabitam com três ou mais pessoas.

O perfil sociodemográfico dos pacientes indica que a metade possui ensino médio completo e apenas uma parcela ensino médio incompleto, sendo que apresentam renda de 1 a 2 salários mínimos, coabitam com três ou mais pessoas em suas residências. A psicoeducação contribuiu para o estreitamento de vínculos por meio das verbalizações realizadas no contexto de sala de espera. Nesse sentido, as intervenções buscaram atender as necessidades próprias de cada usuário do momento da escuta individual, de acordo com a sua maneira singular de interpretar o adoecer e o tratamento.

A utilização de métodos específicos, como a interconsulta e os instrumentos avaliativos, possibilitou a investigação do estado emocional do usuário, assim como espaço para intervenções focalizadas no fortalecimento dos recursos de enfrentamento caracterizado, em parte, por esclarecimentos pertinentes a cada situação em sua singularidade.

Esses recursos foram cruciais para a delimitação dos focos do acompanhamento psicológico, tendo em vista que as informações obtidas através dos instrumentos utilizados foram significativas para a determinação de plano de intervenção que favorecesse a mudança de comportamentos que influenciassem diretamente na qualidade de vida do usuário e sua família. Portanto, foi possível identificar que a interconsulta psicológica e a psicoeducação foram aparatos técnicos que possibilitaram evidenciar comportamentos disfuncionais, assim como sensibilizar os sujeitos atendidos a entenderem bem como buscarem o processo psicoterápico.

Considerações finais

As ações da psicologia relacionadas à área da saúde são: 1) de observar os aspectos éticos que permeiam a dinâmica das relações nas instituições de saúde e a prática do profissional psicólogo, 2) de propor e realizar atividades com equipes multiprofissionais, interdisciplinares, respeitando o saber de cada ciência e desenvolvendo relacionamento dinâmico e interativo com os diversos profissionais que compõem a equipe de saúde; 3) construção de práticas psicológicas norteadas pela visão biopsicossocial do sujeito, compreendendo a relação dinâmica entre o processo saúde e doença, como também as relacionadas às particularidades regionais; 4) de realizar atendimento individual e em conjunto com a equipe multiprofissional, fornecendo orientações e apoio psicológico ao usuário e familiares do serviço de saúde; 5) de fornecer atenção humanizada aos usuários do serviço e aos profissionais de saúde, buscando propor práticas mais saudáveis nos vários níveis de gestão em saúde; 6) de realizar entrevista psicológica, com escuta e qualificada, identificando o processo que permeia o adoecimento e propor intervenções apropriadas a cada contexto; 7) de identificar sinais e sintomas de psicopatologia; e 8) de encaminhar os usuários do serviço de saúde para o outro profissional, quando necessário.

Diante disso, as ações da equipe de psicologia são relevantes nesse sentido, pois possibilita a integração da equipe de saúde bem como com a comunidade, além de viabilizar a promoção em saúde, haja vista que cada vez mais a sociedade perpassa por processos de adoecimentos orgânicos, mas que, em função do diagnóstico que se dá na atenção primária e básica em alguns casos, se fazem necessários a orientação e o auxílio do profissional da psicologia.

Referências

ARCHANJO, A. A atuação dos psicólogos em unidade básica de saúde na cidade de São Paulo. *Saúde e Sociedade*, São Paulo, v. 21, n. 2, p. 351-363, 2012.

BENEVIDES, R. A psicologia e o sistema único de saúde: quais interfaces? *Psicologia e Sociedade*, Universidade Federal Fluminense, v. 17, n. 2, p. 21-25, maio/ago. 2005.

DIMENSTEIN, M. O psicólogo nas unidades básicas de saúde: desafios para a formação e atuação profissionais. *Estudo de Psicologia*, v. 3, n. 1, p. 53-81, 1998.

FIGUEIREDO, A. L. *et al.* O uso da psicoeducação no tratamento do transtorno bipolar. *Rev. Bras. de Ter. Comp. Cogn.*, Campinas, v. XI, n. 1, p. 15-24, 2009.

GAZOTTI, T. de C.; PREBIANCHI, H. B. Caracterização da interconsulta psicológica em um hospital geral. *Revista Psicologia: Teoria e Prática*, São Paulo, v. 16, n. 1, p. 18-30, jan.-abr. 2014.

GORAYEB, R. A prática da psicologia hospitalar. In: MARINHO, M. L.; CABALLO, V. E. *Psicologia clínica e da saúde*. Granada: UEL, 2001. p. 263-278.

GORAYEB, R. Psicologia da saúde no Brasil. *Revista Psicologia: Teoria e Pesquisa*, São Paulo, v. 26, n. esp., p. 115-122, 2010.

LIMA, M. Atuação psicológica coletiva: uma trajetória profissional em unidade básica de saúde. *Psicologia em Estudo*, Maringá, v. 10, n. 3, p. 431-440, set./dez. 2005.

MARTINS, S. P. *Direito da seguridade social*. 29. ed. São Paulo: Atlas, 2010.

MELLO, I. M. *Humanização da assistência hospitalar no Brasil*. São Paulo: [s.n.], 2008. Disponível em: <http://www. hcnet. Usp. Br/humaniza/ pdf/livro/livro_dra_inaia _humanização_nos_hospitais_do_brasil.Pdf>. Acesso em: 7 set. 2017.

PAULIN, T.; LUZIO, C. A. A psicologia na saúde pública: desafios para atuação e formação profissional. *Revista de Psicologia da Unesp*, São Paulo, v. 8, n. 2, 2009.

STRAUB, R. O. *Psicologia da saúde*. Tradução de Ronaldo Cataldo Costa. Porto Alegre: Artmed, 2005.

TURSI-BRAGA, M. de F. de S. *Eficácia da psicoeducação para pacientes com depressão unipolar*. 137 f. Dissertação (Mestrado em Ciências) – Faculdade de Medicina de Ribeirão Preto, Universidade de São Paulo, São Paulo, 2014.

CAPÍTULO 10

Relato de uma experiência no tratamento psicológico de prevenção ao suicídio no Centro de Atenção Psicossocial (CAPS)

Bruno Gonçalves

Apresentação

A Psicologia, especialmente as teorias fenomenológicas, demonstram certa preocupação com o que vem ocorrendo com o homem contemporâneo, que parece condicionado por uma sociedade mecanicista que dá grande valor à massa em detrimento do indivíduo. Presenciamos uma época em que as ações são pautadas em nome do coletivo, da massa, do consumo desenfreado. A coisificação do homem da qual descreve Heidegger leva-o ao isolamento social que culmina muitas vezes em um sentimento de completo afastamento de seu verdadeiro ser; a alienação de que muitos falam pode decorrer dessa atmosfera de impessoalidade e indiferenciação. O indivíduo carece de identidade própria, assim não pode experienciar sua própria existência. Se o indivíduo é incapaz de sentir seu próprio mundo interior, é igualmente incapaz de sentir o mundo interno do outro; como esperar então que este indivíduo estabeleça relações sociais significativas. Por fim, desenvolver um senso de identidade e ampliar seu mundo de experiências torna-se quase impossível. A Psicologia Existencial aborda justamente esse tema e é impulsionada a compreender e "cuidar" desse homem.

Na Psicologia Existencial o homem não é mais compreendido em termos de uma teoria, mas sim de uma elucidação total da existência. Essa abordagem alia-se ao método fenomenológico na tentativa de compreender o homem em sua individualidade, pois acredita ser mais eficiente tratar os pacientes por meio do caráter individual de suas experiências. É uma área da Psicologia dedicada à exploração e investigação de questões existenciais, não se limitando às questões em si, como faz a filosofia, mas também às implicações dessas questões sobre o indivíduo. No entanto, tal abordagem ainda é pouco teorizada, talvez pelo fato de ser uma área de investigação relativamente recente ou justamente pelo fato de refutar conceitos teóricos abstratos e categorias nosológicas; contudo, na Psicoterapia Existencial são encontradas poucas publicações sobre o tema. O psicólogo que se sente atraído por essa vertente tem poucos subsídios em que possa basear seu trabalho e na tentativa de esclarecer acerca das experiências sociais de isolamento e alienação pode incorrer no perigo de também se isolar.

O psicólogo argentino José Bleger ilustra o problema do isolamento profissional do psicólogo, este recomenda que *os psicólogos não trabalhem isolados para não cair em estereotipia,* ele também enfatiza que *o isolamento profissional acaba apenas por encobrir as dificuldades com a onipotência* (Bleger, 2003). Entretanto, esse trabalho é o reconhecimento de dificuldades e uma tentativa de estabelecer ligações com outros profissionais para fugir desse isolamento.

O texto relata o trabalho realizado em um Cento de Atenção Psicossocial (CAPS) do interior paulista, assim, remetendo ao título deste livro, descreve a atuação do psicólogo no contexto da saúde. Trata-se do relato de experiências no tratamento psicológico de pacientes com comportamento suicida e tem como objetivo trazer à tona alguns temas de inegável relevância que afetam as pessoas em seu cotidiano, aborda questões como a automutilação de jovens e adolescentes, tentativas de suicídio, falta de sentido existencial e angústia de pacientes e profissionais. Sobretudo discorre sobre temas inerentes à existência humana e, para isso, nada mais justificável que utilização de um modelo fenomenológico existencial para abordar o assunto.

Dito isso, não espere dados estatísticos, modelos estruturados, postulados teóricos com definições e conceituações. Haja vista que a Psicologia Existencial deve sua origem e desenvolvimento à tentativa de obter uma nova compreensão acerca da psicopatologia e psicoterapia. Como ciência, a psicologia e a psicoterapia estão, sem dúvida, preocupadas com o "homem", não primariamente com o homem mentalmente *doente*, e sim com *o homem em si mesmo* (Binswanger; Boss, 1979). O estudo fundamenta-se na descrição de um caso clínico, mas não se trata somente de um relato de caso na concepção tradicional, pois, ao se falar sobre uma existência, é necessário discorrer sobre a percepção de uma segunda existência diante desta primeira, ou seja, é impossível, ao se descrever uma pessoa, que não se conheça também daquele que dela fala. Assim, quero demonstrar que o texto também aborda as vivências do terapeuta, reflete sobre sua postura profissional e os valores de seu trabalho diante das intervenções junto à clientela, incluindo suas angústias, medos e alegrias. Contudo, busca-se, de alguma forma, contribuir com subsídios e enriquecer a experiência de outros.

O trabalho do psicólogo no CAPS

Dez, quinze ou vinte anos atrás, era impensável que um manicômio pudesse ser destruído. O importante é que demonstramos que o impossível tornou-se possível (Basaglia,

2000). Essas são palavras de Franco Basaglia ditas no Brasil em 1979, mas uma década antes o psiquiatra italiano, principal expoente da reforma psiquiátrica no mundo, já falava sobre a necessidade urgente de acabar com os hospitais psiquiátricos, estes que, originalmente, deveriam ser lugares para o tratamento, acabaram paradoxalmente se transformando em espaços para a completa aniquilação da individualidade do paciente.

No mundo, e principalmente na Itália, a Reforma Psiquiátrica foi amplamente influenciada pela filosofia existencialista; Basaglia, por sua vez, foi fortemente influenciado pelas obras de Sartre, Minkowski, Husserl, Heidegger e Merleau-Ponty chegando a um ponto de se autodenominar como "fenomenólogo". Tal influência pode ser facilmente observada em suas ideias. Para Basaglia (2000), de um lado há a ciência ideológica, envolvida na busca da gênese de uma doença que reconhece "incompreensível"; e do outro lado há um paciente que, por ser supostamente incompreendido, foi oprimido, humilhado, destruído pela organização que, em vez de agir sobre ele com o papel de protetor e lhe proporcionar tratamento, tem contribuído para a gradual e muitas vezes irreversível desintegração de sua identidade. O que fica imediatamente aparente é que o paciente não existe (mesmo que ele seja o sujeito do propósito da instituição), ele está em um papel passivo que o codifica e o elimina.

Se a doença mental é, por sua própria origem, perda de individualidade e liberdade, no asilo o doente encontra nada além de um lugar onde será definitivamente perdido, sujeito à doença e ao ritmo do hospital. No entanto, não basta apenas fechar os hospitais psiquiátricos, é necessário ainda cuidar das pessoas acometidas por transtornos mentais. A "institucionalização" precisa ser superada pela ressocialização da pessoa. É nesse panorama que surge o CAPS – alternativa que irá substituir o modelo de atenção centralizado na assistência hospitalar psiquiátrica. Trata-se de um novo modelo que tem o papel de fazer a articulação da rede comunitária de atendimento em saúde mental e os usuários. Nota-se que o termo "paciente" passa a ser substituído por "usuário", pois se busca a participação ativa da pessoa com transtorno mental em detrimento da passividade praticada no modelo anterior.

Os Centros de Atenção Psicossocial (CAPS) são instituições destinadas a acolher pessoas com sofrimento psíquico grave e persistente, estimulando sua integração social e familiar, apoiando-os em suas iniciativas de busca da autonomia. Apresenta como característica principal a busca da integração dos usuários a um ambiente social e cultural concreto, designado como seu território, o espaço da cidade onde se desenvolve a vida cotidiana de usuários e familiares, promovendo sua reabilitação psicossocial (Conselho Federal de Psicologia, 2013). Os CAPSs são as principais estruturas de atendimento psicossocial decorrentes da reforma psiquiátrica que visa à substituição dos leitos em hospitais psiquiátricos, hospícios e manicômios.

O CAPS busca superar o modelo hospitalocêntrico há tanto enraizado na "cultura" das instituições e das pessoas que trabalham com saúde, pois enquanto houver a permanência de um modelo de atenção centrado na figura do médico todas as ideias que sustentam o CAPS ficarão belissimamente intactas no "papel" e, então, impraticáveis. Não se trata apenas de uma discussão teórica acadêmica, vemos cada vez mais que a mudança consiste não só na quebra de paradigma conceitual, mas também na busca de novos valores éticos e ideológicos para abordar o tema da saúde mental.

Um grande crítico da Psiquiatria tradicional, Ronald Laing, precursor do que chamamos de Antipsiquiatria, vai dizer que *a psiquiatria havia despersonalizado a relação entre o médico e o paciente ao fingir que não era uma pessoa, mas sim sua* doença (Thompsom, 2013). Contudo, o novo modelo busca romper com essa visão ao tratar da pessoa em sofrimento, pois é assim que elas chegam ao CAPS, sem qualquer projeto de vida, estão à mercê dos outros, sem a menor implicação pessoal.

O CAPS não trata as doenças mentais, mas dá atenção aos aspectos psíquicos e sociais das pessoas. Toda pessoa tem uma vida futura, uma vida familiar, um mundo cultural, além de uma vida no trabalho. Essa mesma pessoa possui um corpo, uma autoimagem, um mundo inconsciente e, muitas vezes, uma dimensão transcendente, e assim por diante. A lista é tão grande quanto à complexidade e a criatividade de cada vida. Um sofrimento considerável pode surgir se esta pessoa for privada de qualquer uma ou de vários desses aspectos e, ao ignorar isso, o profissional de saúde deixa de abordar uma importante causa de sofrimento (Ministério da Saúde, 2013). Nesse aspecto o CAPS tem como preceito fundamental ajudar o usuário a recuperar os espaços não protegidos, mas socialmente passíveis à produção de sentidos novos, substituindo as relações tutelares pelas relações contratuais, especialmente em aspectos relativos à moradia, ao trabalho, à família e à criatividade (Conselho Federal de Psicologia, 2013). Para isso o CAPS conta com o trabalho de profissionais de diversas áreas que inclui o psicólogo.

O caso Anne: o mundo de uma adolescente

Havia luz, porém não falo da luz do sol, da luz do fim do túnel tampouco da "luz divina"; era luz de led mesmo. Uma luminária grande com vários leds estava instalada na parte mais alta do galpão. A sua volta havia uma teia de aranha, na qual dava pra ver duas aranhas, mas não posso garantir que não houvesse mais, apenas vi duas. Era noite e não havia outras lâmpadas acessas, assim, num raio de muitos metros, a luz do led era o único ponto de claridade do local. Todos os insetos voadores que ali havia eram atraídos para lá. Não sei o porquê, mas de fato os insetos são atraídos pela luz. Não sei nem mesmo por que estou falando disso e duvido que seja pertinente ao texto; não se trata de uma fábula, mas de algo que

vi. Mas enfim, um inseto se aproximou da teia, uma abelha mais especificamente, e tão logo encostou na trama ficou presa à teia e isso me chamou a atenção. Estava subindo a escada e me detive para contemplar a "cena". Vi a abelha se debatendo. Debateu-se tanto que conseguiu se desvencilhar da teia e voou, porém ficou pouco no ar, de tão "desnorteada", logo voltou em direção à teia. Talvez isso tenha chamado ainda mais minha atenção. Será que ela não percebeu que havia se livrado, que estava livre, por que diabos ela voltou à teia logo em seguida? Decidi que realmente eu não entendo nada de insetos. Entretanto, desta vez a abelha se enrolou literalmente, e cada vez que tentava sair, mais ficava grudada à teia. O impressionante foi que nesse tempo, enquanto a abelha lutava, uma das aranhas se retirou em direção oposta enquanto a outra ficou paradinha, imóvel na teia. Estranho, porque esperava que a aranha fosse até a abelha e lhe aplicasse um "golpe" de veneno, mas não; esta ficou ali sem mover uma pata sequer. Talvez essa não fosse das venenosas, pensei. Mas, também não entendo nada de aranha! Então fiquei pensando, o que poderia estar sentindo naquele momento a abelha presa a uma teia de aranha com seu fim inevitavelmente próximo? Será que ela sequer percebia que seu fim estava próximo? Caso percebesse, o que estaria sentindo? Medo? Angústia? Arrependimento por ter voltado à teia depois de conseguir se desvencilhar? Suposições, só suposições é o que posso fazer, e poderia ficar o dia todo nisso, mas na verdade nada disso me interessa, tenho meus próprios medos e angústias pra dar conta e também sei que meu fim é inevitável, talvez não tão depressa quanto o da abelha, mas inevitável, e, isso sim me interessa, pois é o Meu fim, a Minha angústia, os Meus medos; minhas coisas humanas. Contudo, não entendo nem de abelhas nem de aranhas, mas sou homem e nada do que é humano me deveria ser estranho.

É difícil imaginar uma abelha sentindo angústia ou arrependimento, da mesma forma a maioria de nós não anda todos os dias se questionando sobre a existência, pelo contrário, nós apenas passamos o tempo simplesmente existindo; vivemos e convivemos, mas, para quase todos, haverá momentos em nossas vidas quando o significado das coisas parecem não mais explicá-las, geralmente esses momentos são precedidos por alguma tragédia: a separação daqueles que amamos, mudança brusca em nossas rotinas ou mesmo o confronto inevitável com a morte. Provavelmente a abelha pressentisse o perigo, mas daí dizer que ela tinha consciência da morte iminente, talvez seja ir longe demais. Uma abelha é o que é, o mesmo ocorre com a aranha que não pode decidir deixar de tecer teias e começar a tecer ninhos com a vegetação.

Possivelmente, o homem seja o único animal que tem consciência da própria finitude, porém uma questão se faz necessária: *estamos* nós no caminho certo para a ***essência*** *do homem quando distinguimos o homem, e enquanto o distinguimos como ser vivo, entre outros, da planta, do animal e de Deus* (Heidegger, 2005)*?* Mas, afinal o homem possui uma essência? A palavra Essência que destaco é etimologicamente definida assim: *Natureza íntima das coisas; aquilo que faz que uma coisa seja o que é, ou lhe dá a aparência dominante; aquilo que constitui a natureza de um objeto* (Angerami, 2018). Assim, uma pergunta frequente não só na filosofia, como na vida diária consiste em questionar acerca do que é o homem.

Se a questão principal consiste em conhecer a essência, a essência do homem, de mim e de você, primeiro precisamos existir, quem não existe não pode ser. Primeiro vem a Existência e ela implica estar no mundo. Estando no mundo, existindo; construímos o que somos, incluindo o Mundo. Mesmo que o mundo já esteja ali antes mesmo de eu existir, pois, a partir de quando sou lançado no mundo, só vai existir o mundo que eu percebo ou sinto. Pode parecer confuso e contraditório, mas trata-se de uma maneira de conhecer a essência das coisas e do homem, relacionando-se com elas por meio da percepção e da sensação, pois somente por meio delas o homem apreende o mundo. Assim, a percepção é nosso primeiro contato com as coisas, já que estando no mundo sem ideia pré-concebida, o que nos afeta mais é a percepção que temos das coisas, não o pensamento elaborado. Ao contrário dos cientistas que veem a contribuição da percepção como uma forma precária de conhecimento, achando necessário corrigi-la por meio da reflexão, propomos um método de acessar a realidade (a essência das coisas) de forma direta e esperamos que isso nos traga um conhecimento tão ou mais autêntico que o conhecimento adquirido pelo pensamento reflexivo. A isso chamamos método fenomenológico do qual derivam a Psicologia e a Psicoterapia Fenomenológica Existencial.

A Psicologia, além da Filosofia, é a área do conhecimento que aborda as questões do ser, questão caríssima aos psicólogos que são impulsionados a compreender o homem em situação, porém como já foi citado, o homem não tem uma essência *a priori*; o que torna a tarefa ainda mais difícil. O homem não é uma aranha na qual um zoólogo pode tecer considerações generalista a partir de um exemplar, tampouco é uma maçã na qual o senso comum costuma dizer que *ao conhecer uma, conhece todas*. Nós, seres humanos, "*somos o que escolhemos ser*", ou poderia dizer também que "*somos quem podemos ser*". Ambas as afirmações são válidas e não excludentes, pois oscilamos entre dois polos: liberdade e limitação. Entretanto, já dissemos três características acerca do homem, são elas: a ausência de essência ou de propósito, a liberdade e a limitação. Não temos um propósito definido; somos livres para escolher o que quisermos, ao mesmo tempo somos limitados por essas escolhas. Em resumo, um absurdo, essa é a sensação que nossa condição humana proporciona.

Com o absurdo vem o sofrimento. Todos nós sofremos de um certo nível de ansiedade quando nos confrontamos com questões fundamentais. Esse sofrimento é comum a todos, mesmo que alguns se mostrem mais expostos que outros. É aí que surge a psicoterapia e o psicoterapeuta, não somente para aliviar o sofrimento do ser humano, mas para auxiliar no processo de dar sentido à vida.

Quando ainda estava na graduação via muitos professores descreverem o Psicoterapeuta como o profissional do futuro, da mesma forma outras pessoas, fora do meio acadêmico, também atribuíam essa aura messiânica à Psicologia. Por minha vez, sempre desconfiei. Mesmo que haja um aumento de pessoas acometidas por psicopatologias, mesmo que a demanda psicológica venha aumentando exponencialmente nas últimas décadas devido à vida contemporânea que se mostra assustadora e opressora, isso ainda não seria suficiente para que a Psicologia emergisse naturalmente para dar conta das angústias das pessoas, pois os efeitos colaterais do neoliberalismo e do consumismo desenfreado ainda será um paliativo mais acessível que a Psicologia. Quero dizer que para cada nova psicopatologia, do Transtorno de Burnout à Dependência de Redes Sociais, sempre aparecerão alternativas para tratá-las prometendo alívio ou até mesmo a cura de maneira fácil e rápida, pois o mesmo meio que adoece também vende a "cura", oferece "pílulas" e *workshops* de autoajuda, "reprogramação neural" e "conversão da sexualidade". A Psicologia, por sua vez, somente terá seu espaço se lutar por ele, isso implica não ceder a pressões por respostas rápidas ou recorrer a alternativas em psicologismos infundados. Antes de tudo a Psicologia deve se opor a uma *psicologia alienante e alienada.*

O trabalho do psicólogo no CAPS, diferentemente da atuação em consultório, enfatiza a dimensão social buscando o envolvimento do usuário com a comunidade e o desenvolvimento de sua subjetividade e participação em atividades diversas. Assim, o conhecimento necessário ao profissional transcende ao conhecimento de abordagens ou teorias. Entretanto, o trabalho do psicólogo do CAPS é tão desafiador quanto o trabalho de qualquer psicólogo e deve ser construído dia a dia, pois não há precedentes e existem poucas normas e parâmetros nos quais os profissionais possam se balizar, talvez por isso esse trabalho se mostra tão exuberante e cheio de possibilidades.

Na atuação profissional, o psicólogo do CAPS procede de modo semelhante a outros psicólogos que atuam no contexto da saúde, ou seja, realiza psicoterapia individual e grupal, com a diferença de ter um envolvimento maior de outras disciplinas, afastando-o do isolamento profissional. A Psicoterapia, independentemente de sua orientação teórica, *tem como principais objetivos levar o paciente ao autoconhecimento, ao autocrescimento e à cura de determinados sintomas. O enfeixamento desses objetivos, ou ainda de algum deles isoladamente, desde que leve esse paciente a um processo pleno de libertação existencial, é, por assim dizer, o ideal que norteia o processo psicoterápico* (ANGERAMI, 2010).

A nossa identidade é algo que temos, não é algo que somos. O conceito de "essência", extremamente caro aos existencialistas, refere-se à pergunta "o que é algo"; deste modo, usamos caracteres externos para descrever um objeto assim como usamos normalmente as funções desempenhadas, o status social, o status familiar, o tempo de vida e outras definições para descrever uma pessoa. Mas para não cair no viés essencialista, devemos ressaltar com veemência que qualquer definição ou descrição trata-se de um estado, algo circundante no tempo, e que a Existência de uma pessoa é algo completamente dinâmico em que as essências são construídas e desconstruídas. Assim, em vez de apresentar formalmente a paciente Anne, descreverei no decorrer do texto seus relatos e minhas impressões acerca dela e espero que assim cada leitor possa ter suas próprias impressões do fenômeno.

A primeira consulta: o psicólogo, a mãe e a filha

Os indivíduos chegam ao CAPS, na maioria das vezes, de forma espontânea, porém esse não é o caso de Anne, essa veio acompanhada da mãe que relatou ser encaminhada pelo médico clínico geral. Anne é o nome fictício que usarei para denominá-la, também peço que não veja com estranheza o fato de referi-la como "paciente" em vez de usuária ou cliente, isso se deve mais por preferência pessoal que orientação ideológica, mesmo porque, "Paciente" é o estado que Anne assume perante o serviço de saúde, de forma alguma define o que ela é. Novamente enfatizo que os "papéis" que assumimos determinam nossa realidade, não o que somos.

No primeiro contato comigo, Anne se mostra retraída e um tanto inibida, fala muito pouco, nunca de modo espontâneo, limita-se a responder brevemente minhas perguntas, parece estar contrariada, não "coagida", mas dá a impressão de que não quisesse estar ali "expondo sua vida" a um psicólogo. A mãe me parece também "reservada" como a filha, me olha desconfiada, entretanto descreve os motivos que as levara ao CAPS. Fala que a filha é bastante tímida, apresenta dificuldades em se relacionar com os colegas da escola e excessiva preocupação com sua aparência. Relata também a recusa da filha em participar das aulas de Ciência que tratam do assunto de reprodução humana. Por fim a mãe descreve um episódio em que Anne é agredida por uma "colega" da escola. Nesse ponto a mãe demonstra ter algumas dúvidas acerca do fato, e mesmo a própria paciente, apesar do visível sofrimento, também demonstra confusão e esquecimento ao relatar o episódio.

A mãe demostra receio com o fato de a filha se isolar em seu quarto e evitar contatos sociais, preferir atividades individuais e ter poucos amigos. A mãe queixa-se também desses poucos amigos, preocupa-se que eles podem influenciar negativamente a filha, pois, segundo ela, os mesmos se vestem estranhamente e ouvem música estranha. Nesse momento procuro enfatizar que nossa sociedade supervaloriza alguns aspectos da personalidade em detrimento de outros. Os aspectos valorizados são justamente os que descrevem a pessoa extrovertida, porém acabam por esquecer que existem outras maneiras de ser, que introvertidos e tímidos podem ser escritores talentosos, cientistas, executivos e grandes estrategistas, pois tais áreas se adequam ao seu relativo isolamento.

No segundo encontro, a mãe de Anne mostra-se muito mais preocupada que na primeira ocasião, relata desta vez que presenciou a filha "se cortando" e que ao averiguar, constatou que esse comportamento se repetia há meses, inferia que a automutilação era uma reação decorrente dos episódios de *bulling* que a filha sofreu na escola. No entanto, Anne ainda se mantinha "fechada", impenetrável às minhas investidas em tentar entrar em seu mundo, e ajudá-la.

A psicoterapia é uma relação fabricada cujo objetivo é alcançar uma intimidade incomum com outra pessoa (Thompsom, 2013), levando em consideração que na psicoterapia existe um grande paradoxo: de um lado temos alguém que busca tratar de seus problemas relacionais com outras pessoas, do outro temos alguém com outros problemas de relação, assim é como se *o coxo conduzisse o cego* (Thompsom, 2013). Na psicoterapia é a relação que "cura", mais do que a fala, mas para que isso ocorra, a relação de confiança entre o psicoterapeuta e o paciente é condição necessária. O paciente é visto como um ser humano em busca do significado, questionando a vida, a morte, o bem e o mal. A ênfase está no aqui e agora, no concreto, nas emoções e nos atos. O trabalho do psicoterapeuta, por sua vez, é estar aberto para receber a subjetividade do outro, ele está lá para ver as coisas como elas são para o paciente e aceitá-las, assim a confiança se constitui por meio da reciprocidade.

Epicuro (2007) dizia que *não é tanto a ajuda de nossos amigos que nos ajuda, mas nossa confiança nessa ajuda.* A construção do relacionamento é primordial no processo terapêutico e essencial na criação de um clima de confiança mútua. É fundamental a confiança do paciente no terapeuta, assim como confiança do terapeuta nas habilidades e nos recursos do paciente. No entanto, quando se trata de uma criança ou uma adolescente como Anne, a relação de confiança também deve ser estabelecida com a família do paciente.

Nos primeiros momentos, a mãe de Anne era quem mais necessitava de cuidado e, se "cuidar" é estar preocupado com o outro: as preocupações da mãe da paciente despertaram minhas preocupações. Diante do sofrimento dos filhos, muitos pais se perguntam: "Onde foi que erramos?". A culpa é o sentimento dominante, os pais sofrem tanto quanto os filhos por se verem impotentes nessas situações. Talvez numa tentativa de atenuar o sentimento de culpa, os pais de Anne tentaram reduzir a explicação do fenômeno, buscando associar os atos de automutilação ao afastamento da adolescente da religião. "Essa tristeza é ação do demônio", "você precisa voltar a frequentar a igreja" eram as alegações que a adolescente dizia ouvir com frequência dos pais.

O psicólogo no contexto da saúde, e principalmente na sua atuação no CAPS, deve levar em consideração o meio social que implica a família da pessoa em sofrimento; portanto, é necessário respeitar os valores e escolha do sistema familiar, mesmo que eles não correspondam aos seus próprios valores. Cada família é singular e tem suas próprias regras, o que é importante para a família é imaginar que mudanças podem ser possíveis.

Automutilação: a dor física e a dor de existir

Anne diz que há meses desfere cortes a sua pele. Sua família só percebeu nos últimos dias. Os cortes, na maioria das vezes, não eram profundos e marcavam os antebraços e as coxas, ficavam cobertos pela calça e escondidos sob as mangas das blusas. O último corte no punho feito com uma lâmina de apontador foi impossível de manter-se despercebido pois dele jorrou muito sangue a ponto de Anne não conseguir estancar; não que ela tenha tentado deter o sangramento, na verdade Anne só observou o sangue escorrer. Ao descrever o episódio era perceptível certo fascínio, também foi a primeira vez que a vi sorrir; um pequeníssimo sorriso no canto da boca que durou um milésimo de segundo.

Não dói? Perguntei. A resposta foi: Já acostumei. Então dói! Retorqui. E por que continua a se cortar? Outras perguntas vieram na sequência, mas nem toda maiêutica socrática foi suficiente para conduzir Anne à reflexão. Foram algumas sessões em que predominou o niilismo. Anne, em meio à apatia e desesperança, apenas dava de ombros, dizia que tanto faz isso ou aquilo, dor ou prazer, viver ou morrer. Por minha vez decidi retomar aquele ínfimo instante de prazer esboçado por um sorriso, percebido enquanto Anne descrevia o jorrar pulsante de sua veia. [...] *Há ocasiões em que utilizamos um bem como se fosse um mal e, ao contrário, um mal como se fosse um bem* (Epicuro de Samos, 2007). O segundo caso podia justificar o comportamento de Anne.

No entanto, não conseguia perceber que Anne sentisse prazer ao se cortar, o que via era certa satisfação em sentir seu próprio corpo, mesmo que esse sentir implicasse dor, pois certas formas de autolesão também seguem a necessidade de estimulação e o desejo de percepção corporal. Na automutilação, muitas vezes observamos que o corpo é usado como um meio de expressão, uma forma de comunicar os sentimentos, *o corpo assume uma função de substituição à expressão verbal* (Sachsse, 2002).

Anne relatava ter sofrido abusos físicos e psicológicos de uma colega de escola, no entanto, não conseguia se expressar em relação à natureza dos abusos, tinha até mesmo dificuldades em recordar com precisão a época do ocorrido, a situação ou a frequência, referia-se como se algo a impedisse de lembrar. Muitas vezes após a experiência de dor fisica e ou psíquica não conseguimos refletir sobre os próprios sentimentos. Anne pareceu ter desenvolvido estratégias as quais pode recorrer em uma crise, assim as dificuldades de expressão são superadas pelas marcas infligidas na própria pele. A relação com o próprio corpo é caracterizada pela rejeição, desvalorização e hostilidade, como se o próprio corpo estivesse em grande parte separado do eu.

Arrisco-me a dizer que de tão "machucada", humilhada e envergonhada, Anne usava suas feridas para falar por ela, para dor voz a sua dor interior, mostrando-as abertamente. Dessa forma, a automutilação não aparece como uma doença em si, mas como um sintoma de que algo não vai bem, surge como a expressão da dor existencial.

A *automutilação é apenas um subconjunto do comportamento de autoagressão ou "comportamento autodestrutivo" e sua gravidade está relacionada à gravidade da desordem de existência da pessoa* (Sachsse, 2002). Anne viera a se cortar ainda por diversas vezes, dizia que ajudava a aplacar o sofrimento.

No entanto, muitas pessoas atribuem as automutilações e mesmo a tentativa de suicídio à tentativa de chamar a atenção, como se o adolescente quisesse ser notado. É claro que é fácil refutar essa possibilidade a fim de afirmarmos a gravidade de tais atos, porém numa compreensão fenomenológica acerca da possibilidade de o adolescente tentar fazer-se notado não implica diminuir a gravidade do ato, tampouco trata-se de abordar o assunto de maneira rasa ou superficial, então devemos também admitir e levar em consideração tal possibilidade. O mais importante é compreender o porquê um adolescente recorreria a um ato tão drástico a fim de afirmar sua presença; assim devemos antes admitir que a autoagressão consiste em um gesto de existência e todos os ataques contra si mesmos, todas as atitudes violentas e destrutivas respondem a uma decepção que é compatível com uma vontade muito forte de existir de outra maneira. Assim, se alguém se corta para chamar a atenção: ou possui estratégias pouco adaptativas e pouquíssima habilidade de socialização ou a afirmação de sua existência tornou-se tão difícil que foi preciso recorrer a um ato de extrema violência para que pudesse ser visto. Em ambos os casos é necessária uma compreensão para que se possa tratar.

A tristeza e a raiva: a dor que não pode ser repartida

A gravidade do comportamento autodestrutivo está relacionada à gravidade da desordem de uma pessoa, muitas vezes a dor lateja tanto abertamente quanto secretamente. E, não sendo possível dirigir sua agressão contra o mundo externo, que originalmente desencadeou o sofrimento, a paciente dirigia suas agressões e sentimentos de culpa para dentro de si, lutava consigo mesma e contra seu corpo. Porém, contra esse processo "reativo," comumente as pessoas recorriam à "Vingança" como forma de atenuar a dor; mas devemos lembrar que a paciente já não tinha mais contato com as agressoras, pois havia mudado de escola, assim Anne não podia devolver e nem mesmo reparar o ocorrido. Nietzsche é o primeiro filósofo a dar uma função psicológica à vingança. Dizia: *O espírito de vingança, meus amigos, tal foi até hoje a melhor reflexão dos homens; e onde-quer-que houvesse dor, deve sempre ter havido castigo. "Castigo": assim se chama a si mesma a vingança: com uma palavra enganadora finge uma consciência limpa* (Nietzsche, 1999).

A dor quando repartida, diminui! Assim fala o Zaratustra de Nietzsche, e dizia também que: *vale mais fazer o mal do que pensar mesquinhamente.* Porém, a situação de Anne era justamente a oposta, ela falava de uma agressão que não podia ser devolvida, não havia justiça e tampouco podia se vingar. Nesse ponto, recordo de "*Memórias do Subsolo*" (Dostoiévski, 2000), em que o personagem descreve o "*homem de pensamento*" que, ao contrário do que se espera do homem normal, em virtude de sua *consciência hipertrofiada,* responde a uma ofensa acumulando em torno de si, além da torpeza inicial, uma infinidade de outras torpezas, na forma de interrogações e dúvidas; assim, coberto de zombarias, ofendido e machucado, passa a reviver constantemente o episódio de sua ofensa, até os derradeiros e vergonhosos pormenores. Muitos poderiam denominar esse quadro como sendo "Estresse Pós Traumático" ou qualquer outra psicopatologia decorrida de uma situação angustiante;por minha vez, prefiro me fixar na dor, no rancor, na raiva contida para compreender a situação de Anne.

É nítido que tudo o que a Anne quer é dar vazão a sua raiva e, na ausência da agressora, ela dirige a raiva para si mesma, pois se sente culpada, mas a culpa não se restringe a agressão sofrida, Anne sente culpa por não corresponder às expectativas dos outros e, principalmente, às exigências que faz a si mesma. A experiência de se cortar age como a liberação dos sentimentos, que ocorrem no caso de Anne quando esta se depara em situações de solidão, ou estados de profunda tristeza. *O comportamento autodestrutivo tem diferentes significados e funções. Pode servir de autocuidado, como válvula de pressão interna, como antidepressivo, ou como uma espécie de autocontrole* (Sachsse, 2002), relatam os especialistas.

Novamente enfatizo que a raiva é a expressão da impotência contra o fato, contra o que não pode ser mudado. Nietzsche dizia que a vontade não pode querer para trás, ela não pode aniquilar o tempo, e o desejo do tempo é a sua mais solitária aflição. O fato, o *"Assim foi": eis como se chama o ranger de dentes e a mais solitária aflição da vontade* (Nietzsche, 1999).[2] A sua raiva concentrada é o tempo não retroceder; "o que foi": *assim se chama a pedra que a vontade não pode remover.* Ao passo que Nietzsche faz elogios à vontade e diz que o querer liberta, ao mesmo tempo o filósofo alerta sobre o quão nocivo é "querer para trás", pois dessa forma a vontade *torna-se maléfica; e vinga-se em tudo que é capaz de sofrer, de não poder voltar para trás* (Nietzsche, 1999). Instala-se nessa pessoa o "ruminar", o pensamento latejante que retorna todo momento. Exemplificado nas próprias palavras de Anne: "[...] **não paro de pensar no que me fizeram, sinto muita raiva, como eu deixei que fizessem aquilo comigo?...**"

Começar a pensar é começar a ser minado. A sociedade não tem muito a ver com esses começos. O verme se acha no coração do homem (Camus, 2012). Aqui cito Albert Camus para demonstrar o quão perniciosos são tais pensamentos.

A comunicação: abertura ao mundo da paciente

"O que fazer com o que fizeram de nós" (Sartre, 2000), nisso consiste a liberdade segundo Sartre, pois se não é possível ser responsável pela ação do outro, pelo

menos o pensamento de Sartre nos leva a questionar como eu sou responsável por minhas ações e emoções. Se Anne não pôde controlar a ocorrência dos eventos traumáticos os quais sofreu, ela é pelo menos responsável pelos pensamentos que surgiram dele e responsável por continuar a ruminar tais pensamentos. O trabalho terapêutico só é possível quando o paciente compreende que as causas de seu infortúnio não estão fora de si, aí ele está pronto para se questionar.

Mas, a tomada de consciência da implicação em seus atos muitas vezes não é suficiente. É necessário ir além, e nisso o psicoterapeuta possui um papel fundamental que consiste em ajudar o paciente a entender sua filosofia de vida, quanto ela pode ser irracional e quanto ela pode limitar sua existência. Isso só se torna possível com a "entrada no mundo" da paciente, para isso não há outra solução além de trabalhar com ela em sua vida diária, que implica entender quem são as pessoas de sua rede de apoio, sua família, seus amigos, seus interesses e recursos. Em suma, a atuação do psicólogo no CAPS consiste na identificação de o modo do sujeito atuar na vida, estabelecer relações e constituir sua experiência subjetiva e, a partir daí, responder as necessidades de cada pessoa com intervenções específicas, criando com ela um projeto terapêutico individualizado (Conselho Federal de Psicologia, 2013).

Somente conhecendo o modo de ser da pessoa que sofre é possível indicar uma mudança, pois não se trata de uma mudança qualquer e muito menos "mudar por mudar". Parmênides dizia que *não era possível nenhuma verdadeira transformação. Uma coisa só se pode transformar naquilo que já é* (Gaarder, 1999).

"O mundo à minha volta parece estar afundando", dizia Anne. De fato ela sofria, sentia-se isolada, quase que invisível para os colegas; em relação aos pais sentia-se reprimida; na escola e agora até mesmo nos serviços de saúde era conhecida como a "menina que se corta". Tais aspectos de sua existência eram enfatizados e mostravam-se tão acentuados que não era possível ver outros.

No entanto, só quem sente, sofre. De acordo com o filósofo David Hume (Gaarder, 1999), *todos os homens têm sensibilidade para o bem-estar dos outros e, portanto, uma capacidade de compaixão; assim, são os nossos sentimentos quem determina aquilo que dizemos, fazemos ou pensamos.* Com isso quero demonstrar que o viés da sensibilidade consiste em que: sendo sensível ao que sofre, acabamos por sofrer também. Anne deixava isso claro quando me relatava as discussões com o pai acerca do "papel" da mulher ou se sensibilizava com uma colega que passava por dificuldades financeiras e não tinha o que comer. Em resumo, era alguém inconformado com as "dores do mundo", que não via sentido na vida, sua percepção sobre o mundo era atravessada pela tristeza que sentia. E, devemos ressaltar que a percepção de alguém que está triste muitas vezes não é confiável e não condiz com a realidade. Pode-se dizer que coisas pequenas tornam-se muito maiores. Uma simples discussão, uma contrariedade qualquer pode ser suficiente para que a pessoa mergulhe em profunda tristeza e se desespere completamente. Hermann Hesse recomenda que deveríamos aprender a não fazer julgamentos se o mundo é bom ou mau, e desistir da singular pretensão de tentar melhorá-lo, pois muitas vezes o mundo foi insultado como sendo mau, porque aquele que o insultava dormira mal ou comera demais.

Ao ver-se impedida de se relacionar com os colegas a pessoa acaba por perder a capacidade de interagir, a capacidade de afetar e ser afetada e, por fim, a capacidade de falar do que sente. Uma interpretação estritamente freudiana colocaria em questão a "fase edipiana" do desenvolvimento da sexualidade. Mas, de um ponto de vista merleau-pontiano (Merleau-Ponty, 1999), o que ficou interrompida na paciente não é apenas a existência sexual; são, mais geralmente, as relações com o outro, das quais a fala é o veículo. A recusa de Anne em se expressar representa então uma recusa da coexistência, assim como o fato de "se cortar" é o meio de aplacar o sofrimento psíquico causado por uma humilhação.

Assim como preconiza Viktor Frankl (Frankl, 1979): como uma espécie de primeiro apoio em tais casos, parece necessário mostrar ao jovem que o desespero deles a respeito de uma aparente falta de sentido da vida não é um motivo de vergonha, mas, pelo contrário, motivo de orgulho. É uma descoberta humana, porque é um privilégio do homem não admitir *a priori* que a vida tenha um significado, mas, antes de tudo, ousar questionar esse significado. Assim, um objetivo terapêutico consistia em demonstrar para Anne toda sua coragem em não apenas se contentar em buscar um significado, mas desafiar o sentido da vida. Porém, a tarefa não é nada fácil quando estamos diante de alguém que diz não ter vontade de viver, alguém cujos acontecimentos não afetavam mais como afetavam aos outros; não que afetassem menos ou mais, é possível, porém que *o mundo de sua experiência não mais venha a ser partilhado com os outros* (Laing, 1979).

O suicídio: um alguém que não quer mais viver

Anne era alguém que buscava um significado para sua existência, questionando a vida, a morte, o bem e o mal. Nos últimos dias se alimentava mal, revelava dormir pouco, não se importava mais com seu longo cabelo, faltava à escola, não falava com ningúem na rua, pois tinha aversão ao contato social e, como dizia ter poucos amigos, tampouco não saía de casa. Por fim dizia não ter mais vontade de viver porque se sentia um estorvo para os pais, essa era sua explicação para o isolamento, mostra-se impenetrável em seus pensamentos. O psiquiatra Ronald Laing descreve pessoas que são incapazes de aceitar convictamente a identidade real, viva, autônoma de si mesmo e dos outros, estes terão então que buscar meios para tentar ser real, ou manter a si mesmos; preservar sua identidade torna-se um grande esforço, pois sempre estará em perigo de perder a si próprio. E, o que para a maioria constitui acontecimentos corriqueiros, nos quais mal se repara por não ter significado especial, talvez se torne profundamente significativo para manutenção da identidade dessa pessoa, ou mesmo ameaçá-la de não existência (Laing, 1979).

Anne oscilava entre a apatia e a raiva, por vezes podia até notar pequena melhora no estado de humor, mas eram apenas instantes nos quais conseguia triunfar contra os estados mórbidos que a arrastavam para profunda tristeza. Por essa época já não se mutilava, pois havia feito um espécie de "promessa" a mãe. Entretanto, nem mesmo isso era suficiente para apontar uma melhora no quadro, pelo contrário, percebia um retorno gradativo ao isolamento, nem mesmo os antidepressivos receitados pelo psiquiatra já não surtiam efeito. Anne voltou a "se fechar", falava muito pouco. Nesse momento, o terapeuta era quem falava, argumentava, explicava, apontava, fazia de tudo para estabelecer novamente o diálogo, pois sentia que naquele caso o silêncio não era nada terapêutico, não era nem mesmo constrangedor, era um silêncio de um relógio trabalhando, era o silêncio de quem tramava algo.

Instalou novamente o "pensar". *Começar a pensar é começar a ser minado. Não se pode desejar palavra mais exata* (CAMUS, 2012). Esse pensamento que chamo de ruminação difere de outros pensamentos como o imaginativo ou o pensamento dedutivo. Ruminar não tem nada de bom, é uma espécie de pensamento latejante que não te abandona, porém muitas vezes passam despercebidos aos olhos do indivíduo, porque ele pensa que está pensando, mas a ruminação em nada se assemelha com a reflexão, é algo repetitivo, circular, sem significado e, por último, estéril. Novamente me recordo de Nietzsche (1999), que dizia que é melhor fazer uma maldade do que pensar "ruimente", pois o pensamento ruminante surge justamente diante da impotência da ação.

Entretanto, uma recaída abala mais o terapeuta que o paciente, e não adianta dizer que o psicólogo deve-se precaver, deve aprender a não se afetar com a recaída, deve fazer o "caminho de volta", da empatia e diversas outras coisas que se falam na graduação; de fato, não vejo utilidade em aprender a não se afetar; pelo contrário, meus afetos são meus instrumentos de trabalho e se tiver que abrir mão deles eu seria o mesmo que um lavrador sem enxada. Prefiro encarar a recaída como algo humano e tentar não sucumbir com a decepção, pois *nada que é humano não me é estranho* (TERENCIO, 1992).

Quando finalmente falou, desta vez ocorreu de modo diferente, não apenas se comunicou ou interagiu, mas falou de seus planos, disse estar decidida a dar fim a vida e que estava estudando maneiras não dolorosas de morrer, falou que estava pesquisando na internet sobre enforcamento e ingestão de tóxicos. A forca estava descartada dizia, restava saber o que ingerir; essas eram suas pesquisas e tratava com uma naturalidade espantosa, tal qual uma adolescente que pesquisa para fazer um trabalho escolar.

O suicídio sempre foi tratado somente como um fenômeno social, essa foi a ideia difundida por Émile Durkheim (DURKHEIM, 2000), mas este apenas queria demonstrar que todas as ações são sociais e que o cunho social esta presente em todos os atos humanos. Ao invés disso, Albert Camus trata do assunto de outra forma, dando ênfase à *relação entre o pensamento individual e o suicídio*. Para Camus (2012), *um gesto como este se prepara no silêncio do coração, da mesma forma que uma grande obra. O próprio homem o ignora. Uma tarde ele dá um tiro ou um mergulho*. Nesse sentido, era urgente dar voz ao silêncio de seu coração. Anne não conseguia se expressar, talvez por não confiar naqueles que se propunham a escutar, talvez porque queria manter oculta sua "obra".

A maioria dos gestos suicidas são tentativas de acabar com o sofrimento, "pôr fim a essa vida", dizem os adolescentes, e qualquer tentativa de negar o ato ou descaracterizá-lo parece ser nociva. Recordo de um paciente que me corrigiu enfaticamente quando mencionei suas duas tentativas de suicídio; este interrompeu imediatamente sua reflexão para ressaltar que na verdade eram três tentativas e que eu havia me enganado mencionando apenas duas. Nesse caso, entendi que ao diminuir a quantidade das tentativas de suicídio foi interpretado pelo paciente como uma tentativa de diminuir o sofrimento que ele sentia.

Quando o indivíduo busca o suicídio como alternativa para os devaneios e sofrimentos existenciais, esse alguém padece emocionalmente em níveis sequer suportáveis. Valdemar Angerami revela que nesses casos duas palavras tornam-se frequentes: Desespero e Imprevisibilidade.

Imprevisibilidade indica a incapacidade de prever como uma pessoa irá reagir em uma determinada situação. Nos casos de suicídio, a imprevisibilidade mostra ser infrutífera qualquer tentativa de traçar um perfil da pessoa prestes a cometer suicídio. Muitas vezes um fato cotidiano, sem importância aos olhos dos outros, pode ser o suficiente para que a pessoa decida por "se matar". É claro, que nesses casos devemos considerar o outro componente que se refere à alteração da percepção ocasionada pelo desespero.

A percepção de alguém que está muito triste muitas vezes não é confiável e não condiz com a realidade, pode-se dizer que coisas pequenas tornam-se muito maiores. Uma simples discussão, uma contrariedade qualquer pode ser suficiente para que a pessoa mergulhada em profunda tristeza se desespere completamente. Talvez por isso recomenda-se não "desafiar" uma pessoa que cogita cometer suicídio. Para Camus, o que desencadeia a crise é quase sempre incontrolável. *Os jornais falam frequentemente de "profundos desgostos" ou de "doença incurável". Essas explicações são válidas. Mas seria preciso saber se no mesmo dia um amigo do desesperado não lhe falou em tom indiferente*. Este é o culpado, não o amigo em si, mas uma percepção distorcida da realidade. Pois *isso pode ser o suficiente para precipitar todos os rancores e todos os aborrecimentos ainda em suspensão*.

Anne descrevia o olhar dos "outros" como um olhar opressor, dizia que as pessoas a olhavam como alguém que não prestasse para nada, relatava até mesmo que seu próprio pai dizia isso. Diante da veemência das palavras cheguei até mesmo ao ponto de cogitar se seu pai não seria mesmo como o pai de *Georg Bendeman* do conto *O Veredito de Franz Kafka* (2011). Mas não se trata disso, nota-se que a percepção é que está distorcida, talvez o mesmo tenha acontecido com o personagem do conto de Kafka. Georg aparentemente normal, depois que uma discussão com o pai que o critica, acusa-o de ser uma pessoa diabólica e finalmente condena-o a se afogar no rio. Ele corre e se lança da ponte no rio dizendo em voz baixa, ao se jogar, que sempre amou os pais.

A Psicoterapia: da compreensão à retomada

O psicólogo ajuda a promover novas possibilidades existenciais, na medida em que trabalha com o cliente a transformação de seu projeto, o cliente não é corresponsável pelo trabalho desenvolvido, mas, mais que isso, é o principal responsável, o protagonista, o autor de seu projeto enquanto o terapeuta age como um parceiro ativo no trabalho de compreensão (Lopes, 2013), porém é óbvio que nos casos de tentativa de suicídio o paciente não se mostra apto a decidir sobre questões relevantes, tampouco demonstra recursos para dirigir sua vida, ou para fazer escolhas. E mesmo havendo casos em que a pessoa invoque seu "direito ao suicídio", a premissa básica da negação suicida é que qualquer suicídio é patológico: mesmo que a intenção seja expressa em termos aparentemente lógicos ou a pessoa demonstre ter ideias coerentes, não é parte de uma lógica da vida, mas em uma patologia: em uma lógica de sofrimento.

Nesses casos, Angerami (2017) recomenda que alguém em quem o paciente confie assuma o "controle" da vida desta pessoa que está em risco de suicídio. Pois, na impossibilidade do paciente em reconhecer o que é bom para ela ou de dirigir suas decisões, toda ação relevante deve ser levada e discutida com o outro quem detém o controle. Entretanto, há caso em que a única pessoa que a paciente se permite uma abertura é o próprio psicoterapeuta. Assim, o psicólogo mesmo correndo o risco de ser extremamente diretivo, deve além de se manter aberto a fala do paciente, mostrar a este novas possibilidades existenciais e, em certos casos, impedi-lo de agir precipitadamente.

Tratar de casos de tentativa de suicídio é uma experiência extremamente difícil na qual é suscitada muita angústia no psicólogo. Deparamo-nos com situações em que nenhum acadêmico imaginaria quando idealiza efetivamente uma atividade no contexto da saúde. Thompson (2013) *se pergunta o quão ferido uma pessoa deve ser para querer passar todo o seu tempo profissional na companhia de pessoas que estão obcecadas com seus problemas,* por isso é importante que o psicólogo cuide de sua própria saúde mental.

No caso de Anne, tornei-me disponível a sua demanda e em contrapartida pedi para que esta fosse completamente honesta comigo. A partir daí conduzi uma tentativa de investigação dos seus pensamentos e sentimentos para avaliar o risco atual de uma nova tentativa de dar fim à vida. Tentei demonstrar que quando uma pessoa cogita não mais existir, ou seja, tenta encontrar a solução para os seus problemas recorrendo a uma alternativa extremamente drástica como o suicídio, qualquer outra alternativa pode antes ser tentada, ou seja, que formas diferentes de pensar, sentir ou agir valiam a pena ser vivenciadas.

Outro aspecto que favoreceu a retomada de Anne foi o apoio familiar. Diante da admissão da tentativa de suicídio, a mãe de Anne reconheceu a gravidade do ato e se mostrou capaz de aceitar a realidade do sofrimento da adolescente. Tais fatores mostraram-se importantes nas alterações da dinâmica familiar. Um reconhecimento adequado dos afetos e da gravidade potencial do gesto pelos pais permite um trabalho de elaboração no adolescente e uma transformação progressiva das interações familiares. Além do "pacto de não se mutilar" já mencionado acima, Anne reforça-o e ainda promete à mãe cessar as tentativas de suicídio. Mãe e filha conseguiram a partir daí estabelecer um contato mais estreito.

O suicídio é sentido pela pessoa como única solução para situação em que se encontra, justamente porque nesse momento as "defesas" desta pessoa se encontram fragilizadas, tornando-a particularmente vulnerável. Nesse momento há uma forte tendência para soluções rápidas e impulsivas. Nessas situações, quando o psicoterapeuta identifica que o desejo do paciente em conhecer a si mesmo começa a enfraquecer, ou quando o paciente mostra-se "bloqueado" às reflexões, e isso ocorre por vezes, o terapeuta permite-se propor sua perspectiva em relação ao paciente, apontando novas direções.

Os familiares ou pessoas que amam o paciente devem estar extremamente atentos à impulsividade. Devemos ressaltar, a pessoa em profundo sofrimento tem sua liberdade restringida, e mesmo que os atos pareçam deliberados, em última análise, são impulsionados pelo desespero. O termo impulsividade refere-se às dificuldades que uma pessoa experimenta ao se controlar, conduz regularmente a atos violentos, que podem, por sua vez, levar a consequências indesejáveis. O impulso de cometer suicídio pode ser transitório e durar apenas alguns minutos, recomenda-se que a pessoa seja contida nesse tempo, até que se acalme e volte a ordenar os pensamentos.

Camus (2012) afirma que *no apego de um homem à vida há alguma coisa de mais forte que todas as misérias do mundo. O julgamento do corpo vale tanto quanto o do espírito e o corpo recua ante o aniquilamento.* Tal ideia me faz refletir sobre as formas utilizadas pelas pessoas para dar fim as suas vidas. No geral, escolhe-se uma forma abrupta na qual não há chances para o corpo reagir ou mesmo impedir o aniquilamento. Com isso não quero propor uma cisão conceitual entre corpo e mente, mas quero dizer que a vontade de não mais existir não costuma prescindir por muito tempo quando em conflito com o "instinto de sobrevivência". Por exemplo, uma pessoa mesmo com uma ideia fixa e com a pretensão de não recuar no seu ato, ainda dificilmente conseguiria cometer suicídio por afogamento, caso essa pessoa saiba nadar. Não quero dizer que não existam casos de suicídio por afogamento, mas estes são muito raros, com isso presumo que mesmo que a pessoa tente o suicídio nessas condições, o corpo reagiria à condição de perigo e tentaria manter-se vivo. O mesmo não pode ocorrer quando o suicídio é realizado por uma forca ou quando uma arma de fogo é usada.

A vontade de não mais existir revela-se como patologia da existência e não uma condição do ser. Nesse ponto, pretendo trazer à reflexão as bases do pensamento existencialista, então remeto a Sartre quando este diz que *a existência precede a essência*, querendo dizer que primeiro existimos, somos lançados no mundo, para só depois construirmos o que somos. O ser é uma constante construção que pode ser definida como: hoje sou assim, mas amanhã posso ser de outra maneira. Na mesma direção, Heidegger vai dizer que a existência é um atributo exclusivamente humano, só o homem existe e tudo o resto é; a mesa é; a aranha é, mas não existe por que não pode deixar de ser. Desse modo, devemos entender que a existência humana é construída a cada instante, ao passo que é projetada para o futuro, possui também um aspecto histórico, pois toma o passado como constituinte. Assim sendo, a vontade de não mais existir apresenta-se diante da desesperança do futuro ou mesmo a angústia de reviver o sofrimento do passado, isso explicaria a intenção de abreviar a vida. Assim, quem tenta o suicídio é aquele que pensa ter fracassado no seu projeto de ser, alguém a quem o passado tornou-se doloroso e o futuro desanimador.

Contudo, tal visão torna-se extremamente otimista quando se ainda está vivo, pois, estando vivo, o indivíduo pode construir um novo projeto de vida, pode ressignificar o passado, planejar o futuro e, por último, pode voltar a sonhar. Quanto ao psicoterapeuta, este pode ser um companheiro nessa jornada.

Referências

ANGERAMI, V. A. *Psicologia Hospitalar – Teoria e Prática.* 2. ed. rev. e ampl. Cengage, 2010.

ANGERAMI, V. A. *Psicoterapia Existencial. Noções Básicas.* Belo Horizonte: Artesã, 2018.

ANGERAMI, V. A. *Suicídio: Uma alternativa a Vida – fragmentos de psicoterapia existencial.* Belo Horizonte: Artesã, 2017.

BASAGLIA, F. *Che cos'e la psichiatria?.* Guilio Einaudi, 2000 [1973].

BINSWANGER, L; BOSS, M. Análise Existencial e Análise do Dasein. In: MILLON, T. *Teorias da psicopatologia e personalidade.* Rio de Janeiro: Interamericana, 1979.

BLEGER, J. *Temas de Psicologia: Entrevista e Grupos.* São Paulo: Martins Fontes, 2003.

CAMUS, A. *O mito de Sísifo – ensaio sobre o absurdo.* Rio de Janeiro: BestBolso, 2012.

CONSELHO FEDERAL DE PSICOLOGIA. *Referências Técnicas para Atuação de Psicólogas(os) no CAPS – Centro de Atenção Psicossocial*. Brasília: CFP, 2013.

DOSTOIÉVSKI, F. *Memórias de Subsolo*. São Paulo: Ed. 34, 2000.

DURKHEIM, E. *O Suicídio*. São Paulo: Martins Fontes, 2000.

EPICURO DE SAMOS. *Carta sobre a felicidade*. CEFA e Portal Brasileiro da Filosófia, 2007.

FRANKL, V. E. A falta de sentido da vida: um desafio para o psicólogo. In: MILLON, T. *Teorias da psicopatologia e personalidade*. Rio de Janeiro: Interamericana, 1979.

GAARDER, J. *O mundo de Sofia. Uma Aventura na Filosofia.* **São Paulo:** Companhia das Letras, 1999.

HEIDEGGER, M. *Carta sobre o humanismo*. São Paulo: Centauro, 2005.

KAFKA, F. O Veredicto. In: *Essencial Franz Kafka*. São Paulo: Companhia das Letras, 2011.

LAING, R. Insegurança ontológica. In: MILLON, T. *Teorias da psicopatologia e personalidade*. Rio de Janeiro: Interamericana, 1979.

LOPES, S. A. *Psicodiagnóstico Interventivo: Evolução de Uma Prática*. São Paulo: Cortez, 2013.

MERLEAU-PONTY, M. *A Fenomenologia da Percepção*. São Paulo: Martins Fontes, 1999.

MINISTÉRIO DA SAÚDE. *Saúde Mental – Caderno de Atenção Básica 34*. Brasília, 2013.

NIETZSCHE, F. W. *Assim Falou Zaratustra*. São Paulo: Martin Claret, 1999.

SACHSSE, U. *Selbstverletzendes Verhalten*. Göttingen: Vandenhoeck & Ruprecht, 2002.

SARTRE, J. P. *Saint Genet: Ator e Martir*. Petrópolis: Vozes, 2000. TERENCIO. *O Atormentador de Si Mesmo – peça teatral*. [Século 2 a.C.]

TERENCIO. *O homem que se puniu a si mesmo*. Trad. Walter de Medeiros. Coimbra: Instituto de Estudos Clássicos, 1992.

THOMPSOM, M. G. R. D. *Laing & Anti-Psychopathology: The Myth of Mental Illness Redux*. Adapted from a presentation given today at the "R.D. Laing in the 21st Century" symposium, at Wagner College in Staten Island, NY, 2013.

CAPÍTULO 11

A atuação do psicólogo no contexto da transição entre a vida e a morte

Maria da Glória G. Gimenes

O controle de uma doença grave nem sempre é possível, embora seja incontestável o avanço fármaco-tecnológico, ocorrido na medicina nos últimos anos. Diante da impossibilidade da reversibilidade da doença, pacientes, familiares e equipe multiprofissional se deparam com a triste realidade da morte e esta é, sem dúvida, a etapa mais difícil do desenrolar da doença.

A medicina paliativa é a área voltada ao cuidado de pacientes na fase terminal da doença. Entretanto, ampliando o conceito da medicina paliativa, que restringe seu foco de atenção ao alívio de sintomas físicos, a filosofia dos cuidados paliativos implica disponibilizar atendimento às necessidades físicas, emocionais e espirituais do paciente fora da possibilidade de cura.

Trata-se, na verdade, de inversão total de expectativa curativa, por parte da equipe de saúde, familiares e do próprio paciente, por uma expectativa reconfortante, caracterizada por um bem estar total, que possibilite ao paciente morrer em paz (Maciel, 2002; Gimenes, 2003).

Hoje, é amplamente reconhecida, inclusive pela Organização Mundial da Saúde (OMS), a multiplicidade de aspectos físicos, emocionais, sociais e espirituais a serem abordados em cuidados paliativos.

Apresentamos aqui, a proposta de um modelo psicoespiritual a ser utilizado para facilitar a transição de pacientes entre a vida e a morte. Antes de apresentarmos essa proposta, enumeraremos, de forma sucinta, a trajetória de abordagens tanto espiritualistas quanto psicológicas no que se refere ao morrer em paz, portanto, morrer com dignidade.

Finalmente serão apresentados alguns dos principais desafios a serem enfrentados pelos psicólogos da saúde que atuam na transição entre a vida e a morte.

A morte na perspectiva espiritual

Segundo uma perspectiva espiritual, a vida é contínua e eterna, e a morte pode ser vista como a porta de transição que leva de uma forma de vida à outra, ou do término de uma fase do viver ao início de mais uma fase dessas vidas. Esta é tão natural quanto o nascimento.

Num certo sentido, nascer e morrer são a mesma coisa, dando ensejo um e outro à renovação e à continuidade da vida.

A maioria das religiões e escolas espiritualistas sustenta como ensinamento básico o conceito de imortalidade e indestrutibilidade da alma humana, independentemente das idiossincrasias e particularidades de seus credos e ritos.

Em relação à morte, todas afirmam que, para uma pessoa aceitá-la e vivenciá-la sem medo, é necessária a manutenção de um vínculo entre sua alma e o *Eu Superior, no momento da morte do corpo físico.* A manutenção desse vínculo é produto de um processo denominado, ao longo da história, de *morte consciente,* conforme o conceito abaixo:

Morrer ou tornar-se espírito, conscientemente, é enfrentar a morte clínica sem a perda de continuidade da consciência (GOLDBERG, 1997, p. 22).

O conceito de morte consciente não é recente, tampouco se trata de modismo. Os antigos, incluindo Pitágoras, Platão, Plotino, Krishna, Buda, os cristãos gnósticos, os druidas do mundo celta e os hierofantes das antigas escolas do Egito, da Grécia, de Roma, da Pérsia e da China, todos sustentavam a doutrina da morte consciente.

Técnicas de morte consciente foram registradas no *De Ars Moriendi* (HENEZEL; YVES-LELOUP, 1999) e outros tratados medievais semelhantes, tal como no manual órfico denominado *A descida ao Hades,* e em outros guias para preparação da pessoa na morte física: no *Pretakhanda do Garuda Purana,* hindu, no *De Coeloet de Inferno,* de Swedenbörg, no *De Inferno*, de Ruscas e em várias outras obras escatológicas antigas e modernas (GOLDBERG, 1997).

O *livro egípcio dos mortos* (Capítulo 20) é o primeiro guia conhecido de pós-morte remontando a 1300 A.C. Seu título em egípcio original era *Saindo à Luz.* Textos como o *Bardo Thödol* ou *O livro tibetano dos mortos,* como é mais conhecido no Ocidente, por sua vez, visam a orientar os processos de pensamento durante as etapas transicionais de vida, morte e renascimento.

Esse texto, *O livro egípcio dos mortos*, que vem servindo de guia desde o século VIII D.C., tem como objetivo primordial auxiliar a pessoa morrendo a se identificar com o Absoluto e, assim, eliminar os temores da morte e efetuar uma transição ou passagem tranquila.

Para que isso acontecesse, acreditava-se que a pessoa precisava ser ajudada a perceber que tudo aquilo a que estava exposta, frente a seu contexto físico, social e emocional de morte não passava de reflexo de seu próprio conteúdo mental consciente e subconsciente; e em nenhuma ilusão criada pela mente poderia ter força sobre ela, quando conhece sua origem espiritual e é capaz de reconhecê-la.

Nesse sentido, podemos concluir que diferentes tradições já representavam os primórdios de uma natureza psicoespiritual. Além disso, também postulavam que uma pessoa pode assistir outra nessa transição ou passagem. A *Fatiha*, muçulmana, a *Prestashraddha*, do hinduísmo e a *Missa Réquiem* do catolicismo também são exemplos de tentativa de morte consciente.

A morte na perspectiva da psicologia

Embora a palavra Psicologia seja constituída pelo prefixo grego *psique*, que significa alma e o sufixo *logos* que significa estudo, a alma, e, por conseguinte, a transcendência, contrariando a sintaxe, e salvo poucas exceções, nunca é discutida na psicologia moderna. A mente ou a personalidade é discutida, claro, mas a alma como entidade possivelmente imortal, a sede das emoções sutis e inclinações para Deus é colocada de lado.

Paralelamente, os materialistas existentes entre nós negam que exista algo como alma, garantindo que a personalidade é apenas o epifenômeno da atividade de um corpo físico que, ao extinguir-se leva com ela toda vida. Na verdade, ao assumir essa posição, a maioria das abordagens psicológicas passa a refletir a posição da sociedade tecnológica que vem privilegiando o conhecimento racional, em detrimento ao conhecimento intuitivo, essencial impondo a ciência à espiritualidade.

Uma das poucas exceções na psicologia moderna para a regra de que a alma não existe, e que a palavra alma não é científica, encontra-se na Psicologia de Jung. De fato, ao referir-se a algo chamado alma, e ao afirmar que esta tem afinidade com Deus, Jung fala como um filósofo hindu, grego, ou cristão da antiguidade falava (Glynn, 1999).

O constrangimento científico pode ser o responsável por muitos de nós, profissionais da saúde, termos evitado abordar nossa atuação também sob uma ótica espiritual.

Acreditando que o Universo é formado apenas por realidade material e que sem o organismo físico não pode haver mente, nem consciência, não podendo, portanto, existir vida após a morte, a Psicologia moderna frente à impossibilidade de uma prova objetiva em questões relativas à consciência e ao espírito, manteve distância e evitou posicionar-se frente ao tema.

Rompendo o silêncio e a indiferença da Psicologia quanto à morte, Elisabeth Kübler-Ross lança em 1969 seu livro *On death and dying* em que apresenta as fases de ajustamento emocional da pessoa frente à própria morte.

Essas etapas apresentadas como negação, revolta, barganha, tristeza preparatória e aceitação foram entendidas como momentos referenciais específicos da pessoa frente à morte.

Embora pudéssemos argumentar que se tratava de atitudes, de estratégias de enfrentamento selecionadas pela pessoa a partir de sua avaliação frente ao seu contexto específico de morte (Gimenes, 2001a), essas etapas, ou respostas de enfrentamento, são abordadas apenas sob a ótica emocional.

Indiscutivelmente, a Dra. Kübler-Ross tem o mérito de ter aberto caminhos para que outros estudiosos do tema se pronunciassem a respeito, ou que fossem resgatados conceitos existencialistas que permitissem integrar conceitos psicológicos com outros espiritualistas.

Esse é o caso, por exemplo, do conceito de inconsciente que, ampliado por Frankl (2001), passa a incluir elementos espirituais além dos elementos instintivos propostos por Freud.

Esse conceito assim reformulado aponta para a existência de uma espiritualidade consciente com Deus; portanto, uma relação com o transcendente, a qual é imanente a todos nós, embora muitas vezes não se manifeste.

Assim, essa premissa nos leva a concluir que sempre haverá uma ligação intencional embora inconsciente com Deus.

De acordo com essa posição, nada seria menos ético do que negar à pessoa, frente à morte, a possibilidade de conhecer sua essência espiritual, o que, de fato, viabiliza a experiência de qualidade de vida na transição para a morte do corpo físico.

É importante ressaltar que estudiosos do tema que passaram a usar conceitos também espiritualistas e consideram, portanto, a transcendência, não associam, em geral, a ideologias religiosas. E, quando o fazem, propõem uma definição de religião englobando todos os subsídios para a compreensão da relação entre a crença sobre o sagrado e a forma de enfrentamento diante de situações críticas, como é o caso de um processo de luto e morte (Gimenes, 2003).

Vários autores esboçam uma integração entre conceitos psicológicos e espiritualistas, com implicações para assistência ao paciente com doença avançada (Grof; Halifax, 1972; Leshan, 1974; Saldanha, 1997; Cole, 1999; Henezel; Leloup, 1999; Epstein, 2001; Macieira, 2001; Elias; Giglio, 2002; Lukas, 2002).

Entretanto, vale a pena retomar nossa pioneira Dra. Elisabeth Kübler-Ross que, ao reavaliar sua experiência ao longo dos anos, com paciente com doença avançada, afirma que passou também a considerar o *morrer* sob uma ótica espiritualista, "morrer é como mudar de uma casa para outra mais bonita" (Kübler-Ross, 1997).

Assumindo uma perspectiva também espiritual, a Dra. Kübler-Ross apresenta em seu livro, *On life after death* [*A morte: um amanhecer*], três etapas que caracterizam a vivência de morte, incluindo o pós-morte, delineadas a partir de suas inúmeras pesquisas com adultos e crianças que tiveram a experiência de quase morte.

A primeira delas refere-se ao abandono do corpo físico e é caracterizada por inúmeras sensações físicas. A segunda etapa diz respeito ao funcionamento da pessoa apenas com sua energia psíquica, sem o corpo físico. Essa etapa caracteriza-se por: percepção do contexto em que a morte física ocorreu; percepção de voltar a ter um corpo e uma saúde perfeita; percepção de que tempo e espaço não existe; reencontro com pessoas queridas, já falecidas; sensação de que a morte é apenas uma transição; sensação da presença de elementos do mundo físico, tais como flutuar por um túnel, travessia de um portal etc.; sensação de inundação de luz branca extremamente brilhante.

A terceira etapa descreve o envolvimento na luz branca, representando a presença de Deus, um Ser Superior, ou o que se queira chamar. Caracteriza-se, ainda, por: maior consciência da primeira e segunda etapa; lembrança de todos os atos, sentimentos pensamentos e consequências perante a vida; reconhecimento do amor incondicional de Deus; responsabilidade por seu próprio destino; reconhecimento de tudo que lhe aconteceu em vida, como oportunidade de crescimento (Kübler-Ross, 1997).

Embora os céticos insistam em considerar tais experiências como alucinações, muitas vezes causadas pelo uso de opioides, as experiências de quase morte (EQMs) constituem a melhor evidência científica da sobrevivência da alma para além da morte física do corpo (Kübler-Ross, 1997; Godberg, 1997; Atwater, 1998).

Ainda que existam descrições de experiências de quase morte, esse termo foi cunhado pelo Dr. Raymond Moody em seu livro precursor, *Life after Life*, em 1975.

Partilhando em detalhes em seu livro *A morte: um amanhecer* seus relatos de pesquisa com pacientes à beira da morte, a Dra. Kübler-Ross (1997) afirma: "creio realmente que todos os seres humanos são compostos de um corpo físico, um corpo emocional e um corpo espiritual [...] todos esses níveis de existência são verdadeiros, reais e estão à disposição de todos os seres humanos" (p. 85).

Em suma, nossa pioneira, ao final de sua carreira, ao propor etapas espirituais além das emocionais já propostas, deixa-nos como inestimável legado mais do que a compreensão de etapas, vislumbrando, portanto, a possibilidade da compreensão psicoespiritual da morte, de forma integrada e sistematizada. Acima de tudo, restaura o lugar que a psicologia, em seus primórdios, se propôs a ocupar, ou seja, o de fornecer subsídios para que a pessoa (corpo-alma) possa nascer, crescer e morrer em paz.

A morte na perspectiva psicoespiritual

Para a Psicologia, os momentos agônicos caracterizam-se pela luta entre o *ego*, apegado às suas memórias, para sustentar sua existência (identidade) e o *Eu Superior* que quer libertar-se.

Aspectos psicológicos e emocionais precisam ser abordados para minimizar o medo frente ao desconhecido, a perda de identidade e o apego à existência prestes a terminar.

A ajuda psicológica deve trabalhar situações não resolvidas que podem causar culpas e arrependimentos, como também facilitar o fechamento de contextos mal resolvidos, situações inacabadas e dores emocionais relacionadas ao apego à existência presente. A dor da despedida de amigos, familiares e o abandono de conquistas profissionais e afetivas realizadas, também precisam ser objeto de intervenção para que uma passagem serena possa ocorrer.

Em contrapartida, estão presentes aspectos de natureza espiritual, desde a pergunta que um agonizante pode fazer – "Existe vida após a morte?", "Caso exista, o que eu vou encontrar?", até perguntas como: – "Quem é Deus?", "Como serei julgado?", "Para onde irei?".

A abordagem espiritual focaliza as questões referentes à transcendência e ao sofrimento espiritual comumente presente.

O sofrimento espiritual é caracterizado pela perda de sentido, perda da esperança, pela ruptura do sistema de fé (raiva de Deus, sentimentos de abandono, traição), e questionamentos – Por que isso está acontecendo comigo?

Pode estar ainda presente, o medo da punição de Deus e a necessidade de reconciliação com Ele e a ânsia por Seu perdão (Gimenes, 2017b).

O alívio do sofrimento espiritual está relacionado ao desenvolvimento de uma espiritualidade saudável, uma vez que esta funciona como facilitadora para busca de significado na vida e na morte, percepção de controle, conforto espiritual e intimidade com Deus.

Caso isso não seja possível, na transição entre a vida e a morte, no mínimo, é fundamental que sejam abordadas as principais questões de natureza espiritual que estejam causando ansiedade e comprometendo o bem estar emocional do paciente.

O objetivo central do trabalho espiritual na passagem entre a vida e a morte é resgatar a identidade da pessoa com sua essência transcendente. Ou seja, facilitar que a relação inconsciente imanente com o transcendente possa emergir na transição entre a vida e a morte (Gimenes, 2017a).

A professora Dra. Maria Margarida de Carvalho sugere que, no caso de o paciente não acreditar em qualquer modalidade de espiritualidade e vida após a vida, o melhor a fazer é demonstrar empatia, compaixão e amorosidade.

Assim, a intervenção mais apropriada é o oferecimento sincero de amor e de respeito, ajudando-o a relembrar de tudo de bom e feliz que foi vivido.

Em meu entender, isso poderá ajudar a despertar na pessoa o sentimento de gratidão capaz de minimizar a apreensão ou até mesmo o sentimento de raiva frente à proximidade do final desta vida.

Nos momentos anteriores à morte, três áreas de atuação são essenciais: a) tecnologia medicamentosa para garantir o conforto físico; b) tecnologia psicológica para garantir o conforto emocional; c)tecnologia espiritual para garantir o conforto espiritual da pessoa em processo de passagem (Gimenes, 2001b).

Portanto, fica evidente a importância de se delinear um modelo sistematizado para intervenção com essa população, apresentando, ainda, técnicas que possam ser aplicadas por diferentes profissionais que compõem uma equipe multiprofissional em cuidados paliativos (Gimenes, 2017a).

O objetivo de tal modelo seria minimizar, assim, o sofrimento psicológico, espiritual e físico ao longo do processo da passagem entre a vida e a morte e facilitar a elaboração de luto antecipatório tanto dos pacientes, quanto dos familiares e equipe de saúde.

As etapas do processo da passagem entre a vida e a morte

A palavra passagem, comumente usada para denominar o período da transição entre a vida e a morte, refere se especificamente ao intervalo de tempo em que se processa a deterioração do corpo, cujo término levará à morte física.

A passagem entre a vida e a morte pode ser entendida como um processo constituído por etapas distintas em que a pessoa enfrenta desafios físicos, psicológicos e espirituais característicos de cada uma.

Aspectos emocionais e espirituais permeiam o processo, do início ao fim. Sentimentos e emoções muitas vezes conflitantes e ameaçadores, são alternados com sentimentos de alívio, desapego e gratidão pela vida que está prestes a chegar ao fim.

Estratégias psicoespirituais são aquelas delineadas com o objetivo de se alcançar tanto resultados psicológicos quanto espirituais, que possibilitem uma transição para a outra vida, de forma serena e confortável.

Os objetivos a serem alcançados no processo da passagem assim como as estratégias psicoespirituais delineadas consideram as necessidades específicas da pessoa auxiliada.

As atitudes do facilitador, ou seja, do auxiliar de passagem, seja este profissional da saúde ou não profissional, são comportamentos que expressam o acolhimento da dor do outro, sem julgamento ou recriminação por atos cometidos durante a vida que se encerra. Essas atitudes devem refletir comportamentos que demonstrem empatia, firmeza com a verdade, confiança na resolução agônica, crença no amparo divino e universal, tranquilidade, compaixão e amorosidade.

Para a melhor compreensão do desempenho do não profissional da saúde junto a pacientes na transição entre a vida e a morte, como também para um detalhamento de técnicas de intervenção psicoespiritual, recomenda se o capítulo – O Modelo Psicoespiritual na Passagem entre a Vida e a Morte do livro *Cuidados Paliativos: Um Modelo Integrativo na Transição entre a Vida e a Morte* (Gimenes; Carvalho; Pinheiro, 2017).

A atitude amorosa do auxiliar de passagem é importante porque favorece uma atmosfera positiva, leve e segura, uma vez que esta se contrapõe ao clima denso, geralmente constituído por pensamentos e sentimentos de medo, ansiedade e apego da pessoa diante de sua morte.

Para que intervenções pertinentes sejam planejadas é necessário compreender o contexto que a passagem ocorre, os objetivos, tanto de natureza psicológica quanto espiritual que se pretende alcançar, como também as atitudes do auxiliar de passagem que facilitem o sucesso das estratégias escolhidas.

Vale ressaltar que estratégias de diferentes modalidades podem ser utilizadas.

Assim, técnicas cognitivas como, por exemplo, imagens que despertem confiança e segurança podem ser utilizadas. Além disso, o uso de metáforas como pequenas histórias, parábolas bíblicas e outras também podem ser usadas.

Outra modalidade de intervenção refere-se a técnicas artísticas em geral, como, por exemplo, a arteterapia com desenhos, aquarelas e a utilização de argila para a expressão de pensamentos e sentimentos.

A música e diferentes modalidades sonoras, também podem ser utilizadas com sucesso com pessoas sensíveis a sons e que possam responder positivamente a eles.

Técnicas corporais, como toque terapêutico e a calatonia, como também técnicas de revitalização energética como o Reiki e a técnica Mãos Sem Fronteira podem ser empregadas, desde que a pessoa em processo da passagem não tenha dificuldades em ser tocada.

Para que os interessados compreendam essas técnicas e as utilizem com segurança na transição entre a vida e a morte, o seu detalhamento pode e deve ser revisto (Gimenes; Carvalho; Pinheiro, 2017).

Ainda cabe esclarecer que as diversas etapas não acontecem de forma linear, com prazo determinado para sua resolução.

Embora cada etapa da passagem tenha suas próprias peculiaridades, não necessariamente as características da etapa anterior deixarão de estar presentes na próxima etapa. Por exemplo, o medo, ainda que com diferentes intensidades, pode estar presente em todas as etapas.

Além disso, nem todas as pessoas no processo da passagem entre a vida e a morte alcançarão todos os resultados desejados, propostos pelo auxiliar da passagem.

A figura a seguir representa uma boa síntese dos aspectos que devem ser considerados quando se deseja utilizar um modelo sistematizado de natureza psicoespiritual (Gimenes, 2017a).

Figura 1 – Síntese do Modelo Psicoespiritual

Fonte: Gimenes, 2017a.

A primeira etapa é caracterizada pelo contexto da agonia e do sofrimento quando a pessoa entra em contato com a irreversibilidade da doença. Os objetivos da intervenção psicoespiritual nessa etapa são minimizar o medo, trabalhar o apego, facilitar a resolução de pendências, trabalhar o luto antecipatório e facilitar que a pessoa entre em contato com os sentimentos mais profundos.

Os quadros 1, 2 e 3 sintetizam o contexto, as estratégias de intervenção, as atitudes do auxiliar bem como os resultados psicológicos e espirituais esperados durante o atendimento psicoespiritual na transição entre a vida e a morte.

Quadro 1 – Primeira etapa da transição entre a vida e a morte

	CONTEXTO	OBJETIVO	ATITUDE DO AUXILIAR	TÉCNICAS	RESULTADOS ESPERADOS	
					PSICOLÓGICOS	ESPIRITUAIS
ETAPA 1	Agonia	* Minimizar o medo * Trabalhar o apego * Facilitar resolução de pendências * Trabalhar ludo antecipatório * Facilitar o contato com os sentimentos	* Compreensão/ empatia * Amorosidade * Compaixão * Firmeza com a verdade * Confiança na resolução agônica * Crença no amparo de um Ser Superior * Tranquilidade	* Relaxamento * Visualização * Artísticas * Musicais e sonoras * Corporais * Energéticas * Verbais Todas devem focalizar: *Medo *Expectativas adiante da passagem *Crenças e valores	* Bem-estar *Minimizar mal estar físico * Maximizar tranquilidade do sono * Reduzir ansiedade e depressão * Iniciar o aparecimento de sentimento de confiança	* Reconhecer ajuda/ proteção espiritual * Começar a entrar em contato com o auxílio psicoespiritual

Fonte: A autora.

A próxima etapa enfoca a retrospectiva de momentos significativos da vida que se encerra e a percepção da pessoa frente às suas ações e atos realizados, ou seja, acontece um autojulgamento.

Os objetivos do trabalho psicoespiritual são minimizar a culpa, a vergonha, o medo, a ansiedade, entrar mais em contato com o sentimento de confiança, ressignificar o conceito de justiça divina, entrar em contato com o amparo e proteção espiritual e, por fim, iniciar o reconhecimento da presença amorosa de Deus ou do sagrado, em todos os momentos de sua vida.

Quadro 2 – Segunda etapa da transição entre a vida e a morte

	CONTEXTO	OBJETIVO	ATITUDE DO AUXILIAR	TÉCNICAS	RESULTADOS ESPERADOS	
					PSICOLÓGICOS	ESPIRITUAIS
ETAPA 2	Autojulgamento	* Minimizar: a culpa, a vergonha, o medo e a apreensão * Entrar em contato com o sentimento de confiança * Ressignificar o conceito de julgamento Divino * Iniciar o reconhecimento de uma presença amorosa em todos os momentos de sua vida *Entrar em contato com o amparo/proteção de um Ser Superior	* Transmitir compaixão * Compromisso com a verdade * Apoio Incondicional * Confiança na proteção de um Ser Superior, Deus, Universo	* Relaxamento * Visualização * Artísticas * Musicais e sonoras * Corporais * Energéticas * Verbais Todas devem focalizar: * Mágoas * Experiências de perdão * Experiências com o amor de um Ser Superior.	* Resolução da culpa * Redução do medo ou da ansiedade e dos conflitos * Maior tranquilidade	* Entrar em contato com o perdão * Aumentar a confiança em um Ser Superior * Experimentar apoio e proteção espiritual * Desejo de adoração e louvor

Fonte: A autora.

O contexto da terceira etapa refere-se à entrega quando a pessoa admite a iminência de sua própria morte.

Os objetivos nessa etapa são maximizar a confiança no amparo universal ou de Deus, facilitar a "entrega" e entrar em contato com o sentimento de Amor – Divino, universal.

Não se trata apenas da desistência em se debater contra a morte e evitar o prolongamento do sofrimento, mas, principalmente, em reconhecer e assumir que é hora de partir, deixar esta vida.

Quadro 3 – Terceira etapa da transição entre a vida e a morte

	CONTEXTO	OBJETIVO	ATITUDE DO AUXILIAR	TÉCNICAS	RESULTADOS ESPERADOS	
					PSICOLÓGICOS	ESPIRITUAIS
ETAPA 3	Entrega	* Maximizar a confiança no amparo universal * Facilitar a entrega * Entrar em contato com sentimento de amor do Ser Superior	* Segurança e confiança na resolução do processo * Compaixão * Amorosidade * Gratidão pela oportunidade de facilitar a passagem * Gratidão por sua própria vida	* Relaxamento * Visualização * Artísticas * Musicais e sonoras * Corporais * Energéticas * Verbais Todas devem focalizar: * A entrega *Reviver o melhor da vida	* Acolher a própria imperfeição * Autocompaixão * Tranquilidade * Minimização da dor da finitude * Renunciar totalmente ao controle do ego * Sentir-se parte de um Todo Maior	* Sentir-se: – Apoiado – Aceito – Amparado - Protegido por um Ser Superior, Universo * Dar graças pela vida * Entregar-se

Fonte: A autora.

Para que cada uma dessas etapas se desenrole de forma tranquila é importante que atenda aos seguintes requisitos: a pessoa diante da morte não focaliza apenas suas dores, entrega-se ao universo, minimiza o medo do desconhecido, para de temer que algum mal aconteça, troca sentimentos de pânico por confiança e gratidão e acredita que Deus ou um Ser Superior dela se compadece, e está pronto para recebê-la.

Além disso, não se mostra atormentada por qualquer tipo de pendências, sejam essas de natureza emocional, social, financeira, familiar ou espiritual.

Desafios da atuação profissional na transição entre a vida e a morte

O profissional da saúde que se propõe a atuar junto a pacientes na transição entre a vida e a morte enfrenta diversos desafios. Para que a atuação seja efetiva é importante que requisitos tanto pessoais quanto teórico-conceituais e práticos sejam atendidos.

Em termos de desafios pessoais é fundamental que o profissional se prepare para lidar com diferentes sentimentos evocados durante seu trabalho na fase terminal da doença.

Sentimentos negativos, tais como, tristeza, ansiedade, medo da própria morte, culpa pelo desempenho realizado e frustração são frequentemente verbalizados. Entretanto, sentimentos positivos, tais como, satisfação pela delicadeza do contexto do trabalho realizado, satisfação por ter podido ajudar o paciente e a família num momento tão difícil, gratificação pelo aprendizado alcançado tanto em termos emocionais, teórico-práticos e muitas vezes espirituais, também podem ser identificados durante esse trabalho.

Finalmente, um profundo sentimento de gratidão pela oportunidade desse crescimento pessoal, espiritual e profissional frequentemente emerge ao final.

Diante de toda essa gama de sentimentos evocados, diferentes estratégias de enfrentamento devem e podem ser utilizadas.

A efetividade dessas estratégias de enfrentamento está diretamente relacionada ao seu impacto na qualidade de vida do profissional, como também à eficácia das intervenções realizadas.

Estratégias de enfrentamento ineficientes causam um impacto negativo tanto no bem-estar do profissional quanto no sucesso do trabalho realizado. Além disso, o impacto de estratégias de enfrentamento ineficientes leva à exaustão laboral, Síndrome de Burnout que, por sua vez, leva à exaustão emocional, à despersonalização e à baixa realização do trabalho.

A capacitação do profissional da saúde implica, portanto, a preparação para que possam ser enfrentados tanto desafios pessoais quanto teórico-práticos que subsidiem as intervenções a serem utilizadas.

Desafios teóricos e práticos implicam primeiramente a ressignificação do que é sucesso a ser alcançado a partir do trabalho realizado na passagem entre a vida e a morte. Nesse sentido, o profissional da saúde precisa considerar um bom resultado aquele que facilita o bem-estar emocional e/ou espiritual do paciente. Além disso, é importante que o profissional seja capacitado para realizar escolhas difíceis e tomar decisões, na maioria das vezes, pressionado pela complexidade presente no processo do morrer.

A aquisição de uma visão geral de diferentes abordagens que integram a área da psicologia e a da espiritualidade é primordial para fornecer embasamento teórico e prático, o que habilitará o profissional a administrar diferentes técnicas de intervenção eficientes, de natureza psicoespiritual.

Outro grande desafio refere-se à necessidade do desenvolvimento da capacidade de reflexão do profissional sobre a própria fé, próprias crenças e atitudes que podem influenciar diretamente o sucesso de suas práticas.

Em termos de desafios pessoais é fundamental que o profissional da saúde enfrente os medos frente à própria finitude.

Também, é importante que possa refletir e avaliar a forma como tem lidado com as próprias perdas ao longo da vida, e refletir como tem lidado com mágoas, perdão e autoperdão.

Cabe ressaltar que o desenvolvimento de habilidades de enfrentamento e habilidades de comunicação é fundamental para que os objetivos a serem atingidos com o trabalho realizado com o paciente, familiares e equipe de saúde sejam plenamente atingidos (Araújo; Silva, 2012).

Considerações finais

O modelo psicoespiritual, para a intervenção na transição entre a vida e a morte, sustenta a concepção de que na passagem estão presente aspectos emocionais como medo, abandono, solidão, culpa, vergonha, raiva e revolta.

Por outro lado, aspectos espirituais que se referem a questões relativas à transcendência e ao sofrimento espiritual comumente presente também precisam ser abordados.

O objetivo central da intervenção de natureza psicológica é facilitar o desapego da vida que se encerra e promover tranquilidade e bem-estar emocional da pessoa entre a vida e a morte.

A intervenção de natureza espiritual, por sua vez, focaliza questões referentes à transcendência e procura trazer à consciência a intenção inconsciente de relacionar-se com Deus ou com o Ser Superior, facilitando assim a conexão com o sagrado.

Justifica-se, portanto, a necessidade da utilização de um modelo de natureza psicoespiritual de intervenção.

O desconhecimento da viabilidade da utilização desse modelo com suas respectivas técnicas de intervenção é a principal causa da pouca demanda do atendimento psicológico no contexto de saúde na transição entre a vida e a morte.

Ainda existe desconhecimento por parte da população geral e até mesmo entre alguns profissionais da saúde do que a Psicologia pode fazer pelo bem-estar do paciente nessa fase da doença. Perguntas como: Por que intervir junto a pacientes quando a morte é de fato real e irreversível? Nesse caso, qual o benefício que a intervenção psicológica acarretaria, uma vez que a morte não é uma simples imaginação do paciente? Sendo esta um fato real e capaz de abalar a estabilidade emocional daqueles que a estão enfrentando não seria aceitável virem à tona sentimentos de tristeza, depressão e ansiedade? Então, por que intervir?

Muitas outras perguntas são acrescentadas quando a palavra espiritualidade é adicionada. Pois, na maior parte das vezes, entende-se que a necessidade de intervenção espiritual é suprida pela intervenção realizada por um padre, pastor ou outro representante formal de uma determinada crença.

A pergunta correta a ser feita e respondida seria: Para que realizar uma intervenção de natureza psicoespiritual na transição entre a vida e morte.

Ao responder a essa pergunta, a ênfase deve ser dada ao bem-estar e à explicação de que estados depressivos e de ansiedade poderiam ser significantemente melhorados quando questões emocionais e espirituais forem simultaneamente abordadas. Ficará, então, esclarecido o objetivo central da intervenção psicoespiritual.

Portanto, para facilitar a compreensão do trabalho, os objetivos devem ser explicados detalhadamente. Além disso, também é importante que sejam relatados os resultados positivos demonstrados na literatura de cuidados paliativos, quando é realizado um trabalho de natureza psicoespiritual para confortar pacientes e familiares. Dessa forma, a possibilidade de aumentar a demanda do trabalho do Psicólogo no contexto da saúde de forma particular na transição entre a vida e a morte seria maximizada.

Diante da complexidade da utilização do modelo psicoespiritual, é importante que o psicólogo que atua nessa fase da doença reconheça seus próprios limites e avalie sua motivação para o autocuidado emocional, físico e espiritual.

Finalmente, é essencial que aqueles que escolherem atuar junto a pacientes frente à iminência da morte avaliem a forma como tem vivido, saibam quem é e principalmente, sejam capaz de acolher sua própria imperfeição.

Acima de tudo, é importante que não desistam de seus sonhos, sigam em frente e a aprendam a viver melhor!

Referências

ARAÚJO, M. M. T.; SILVA, M. J. P. Estratégias de comunicação utilizadas por profissionais de saúde na atenção à pacientes sob cuidados paliativos. *Rev Esc Enferm USP*, v. 46, n. 3, p. 626-32, 2012.

ATWATER, P. M. H. *Muito além da luz*. Rio de Janeiro, 1998.

BREITBART, W. Spirituality and meaning in supportive care: spirituality-and meaning-centered group psychotherapy interventions in advanced cancer. *Supportive Care in Cancer*, v. 10, n. 4, p. 272-280, 2002.

COLE, R. *Missão de amor* – a jornada de um médico e seus pacientes por um caminho de libertação e luz. São Paulo: Gente, 1999.

DICIONÁRIO AURÉLIO. Disponível em: <https://dicionariodoaurelio.com/passagem>. Acesso em: 08 mar. 2016.

ELIAS, M; GIGLIO, J. Intervenção psicoterapêutica na área de cuidados paliativos para re-significar a dor simbólica da morte de pacientes terminais através de relaxamento mental, imagens mentais e espiritualidade. *Revista Psicologia Clínica*, v. 29, n. 3, p. 116-129, 2002.

EPSTEIN, G. *Curar para a imortalidade*. Campinas: Livro Pleno, 2001.

FRANKL, V. E. *A presença ignorada de Deus*. Petrópolis: Vozes, 2001.

GIMENES, M. G. G. A teoria do enfrentamento e suas implicações para sucessos e insucessos em psico-oncologia. In: GIMENES, M. G. G.; FÁVERO, M. H. *A mulher e o câncer*. Campinas: Livro Pleno, 2001a.

GIMENES, M. G. G. *A Passagem*: um desafio ao amor. São Paulo: Portallis, 2001b.

GIMENES, M. G. G. Espiritualidade e Luto. In: PEREIRA FRANCO, M. H. *Uma jornada sobre o luto*: a morte e o luto sob diferentes olhares. Campinas: Livro Pleno, 2001c. p. 55-64.

GIMENES, M. G. G. A Passagem entre a vida e a morte: uma perspectiva psicoespiritual em cuidados paliativos domiciliares. *O Mundo da Saúde*, São Paulo, v. 27, n. 1, jan./mar. 2003.

GIMENES, M. G. G. O modelo psicoespiritual para facilitar a passagem entre a vida e a morte. In: GIMENES, M. G. G.; CARVALHO, M. M. M. S.; PINHEIRO, T. B. P. *Cuidados Paliativos*: um modelo integrativo na transição entre a vida e a morte. São Paulo: República Literária Eirelli, 2017a.

GIMENES, M. G. G. A passagem entre a vida e a morte: uma experiência de desapego. In: BIFULCO, V. A.; CAPONERO, R. *Cuidados paliativos*: um olhar sobre as práticas e as necessidades atuais. São Paulo: Manole, 2017b.

GIMENES, M. G. G.; CARVALHO, M. M. M. S.; PINHEIRO, T. B. P. *Cuidados Paliativos*: um modelo integrativo na transição entre a vida e a morte. São Paulo: Editora República Literária Eirelli, 2017.

GLYNN, P. *Deus a evidência:* a reconciliação entre a fé e a razão do mundo atual. São Paulo: Madras, 1999.

GOLDBERG, B. *Uma tranqüila transição*: a arte da morte consciente e a libertação da alma. São Paulo: Pensamento, 1997.

GONÇALVES, F. A.; VALENTE, S.; GIMENES, M. G. G. A passagem entre a vida e a morte: um relato de intervenção psicoespiritual. Pôster apresentado no VII Congresso Brasileiro de Psico-Oncologia, realizado durante o XVI Congresso Brasileiro de Cancerologia e XIII Congresso Brasileiro de Oncologia Clínica em São Paulo, 2003.

GROF; HALIFAX. *The human encounter with death*. Nova Iorque: Dutton, 1972.

HENNEZEL, M.; YVES-LELOUP, J. *A arte de morrer*: tradições religiosas e espiritualidade humanista diante da morte na atualidade. Rio de Janeiro: Vozes, 1999.

KÜBLER-ROSS, E. *A morte*: um amanhecer. São Paulo: Pensamento, 1997.

LESHAN, L. *The médium, the mystic and the physicist*. Nova Iorque: Viking Press, 1974.

LUKAS, E. *Psicologia espiritual*: fontes de uma vida plena de sentido. São Paulo: Paulus, 2002.

MACIEIRA, R. C. *O sentido da vida na experiência de morte*. São Paulo: Casa do Psicólogo, 2001.

MACIEL, M. G. S. Definição e princípios. In: OLIVEIRA, R. A. *Cuidado paliativo*. São Paulo: Cremesp, 2008. p. 15-32.

MACIEL, M. G. S. Final da vida: definições e recomendações. In: SEMINÁRIO DE CUIDADOS PALIATIVOS, 4., 2002. São Paulo: Associação Brasileira de Cuidados Paliativos, 2002.

SALDANHA, V. *A psicoterapia transpessoal*. São Paulo: Komedi, 1997.

Lusco-fusco

Marcela Alves Silva

Meu corpo é convocado e responde
dobro os joelhos sem dor
tenho dentes que quebram torresmos
e a saliva não erra seu destino:
Sou jovem.
Mesmo com tamanha oportunidade
e com os rumores de que rouba-me isso a morte
Desperdiço sábados,
preocupo-me com muitas opiniões.
Sem falar no receio
de não ter filhos,
de falar a verdade
de ir antes de realizar
Aquela grande coisa.
Procuro seus olhos baixos
profundos como a terra:
É velho.
O que em mim é etéreo, ânsia,
em ti encarnou.
Sem falar nada, diz que suportou
a rapidez com que as crianças crescem,
os longos minutos dos velórios.
Não há dignidade maior
do que sobreviver ao que se vive
E ser aquilo que antes foi promessa.
Por mais que queiramos,
seu conselho não me salva,
meu consolo não te alcança
não se encara o que não é
ninguém pisa fora do próprio caminho.
Ah! Se nos despíssemos de nossas idades,
do peso do tempo que encurva as colunas,
flutuaríamos
Se nos fitássemos
na mesma altura dos olhos
que o puro agora permite
cairíamos em um riso eterno,

constrangidos ao perceber no outro
o mesmo medo infantil
de quando a mãe se ausenta
e parece que não volta mais
Brindaríamos ao instante
Esqueceríamos o quanto dói
Amar uma vida que nos escapa
Mas estamos fincados no chão
e esse excesso de realidade
nunca deixa
de nos lembrar

CAPÍTULO 12

Vozes que não falam, falas que não calam: algumas reflexões sobre psicologia e saúde no contexto atual

Mauro Fraga Paiva

Vivemos em uma época conservadora e acredito que é tentador para os conservadores argumentar: "por que você está pedindo mudanças ou igualdade, quando o que temos agora são reflexos do estado natural da natureza humana?"
(Stephen Jay Gould)

Quando o querido Angerami me pediu um capítulo para este livro, eu desde o início tive vontade de escrever algo um pouco diferente do convencional, tentando fugir do enquadramento acadêmico repleto de citações e dados para o leitor se municiar deles para pesquisas, referências, etc. Preferi optar por um texto reflexivo e crítico, que, no fundo, é um desabafo também, para falar de uma série de questões que venho observando ao longo dos últimos anos no meio da Psicologia da Saúde (ou Psicologia Hospitalar como se sacramentou como campo de especialização no Brasil, ainda que isso gere uma série de polêmicas) e que vem progressivamente aumentando a minha preocupação, principalmente quanto à formação e aos profissionais que estamos preparando para atuar na área. Aliás, é preciso uma profunda e imediata reflexão quanto a que área da Saúde, principalmente da Saúde Pública, é esta que está se articulando (ou que restará) para os próximos anos com o desmonte do Estado de bem-estar social proposto pela Constituição de 1988, fruto da luta dos trabalhadores e usuários de saúde nas décadas de 1970 e 1980 e que o governo golpista de Michel Temer vem esfacelando com propostas privatistas e absolutamente absurdas para um país com as desigualdades socioeconômicas como o nosso.

Nós, psicólogos do campo da saúde, precisamos nos posicionar para defender a saúde pública, para defender o nosso espaço de atuação e, mais ainda, para defender o direito de atendimento da população brasileira, sobretudo da população mais carente que depende iminentemente dos atendimentos no SUS, em todos os níveis de atendimento – primário, secundário, terciário e quaternário.

Para além deste debate político-estrutural que acho fundamental, a discussão mais premente, que não é nova, mas que não se esgota, é que profissional queremos na ponta do atendimento em saúde?! Que nossa formação acadêmica é falha, muitas vezes quase nula para esta tarefa, já sabemos, e este é um fato já discutido por vários autores de longa data em artigos e livros.[1] Além da mudança curricular não acompanhar a necessidade que temos de formação, temos ainda os vários conflitos internos do campo da psicologia que quando não se dão pelas diferenças teórico-filosóficas das diferentes perspectivas terapêuticas se dão pelas diferenças de inserção do psicólogo nas diferentes especialidades. De uma forma ou de outra parece que estamos sempre com algum "conflito interno de classe" e carecemos de uma unidade e até mesmo de uma certa identidade profissional,[2] o que nos traz uma série de dificuldades enquanto classe de trabalho frente a outras classes.

Um dos problemas disso, a meu ver, é que reproduzimos isso enquanto formadores uma boa parte do tempo e criamos um círculo vicioso que não cessa. Incutimos desde a graduação a ideia alienante em nossos futuros profissionais de que esta ou aquela "corrente terapêutica" é a ÚNICA que é boa, no melhor estilo "fora da fé não há salvação". Ao longo dos anos de formação fomos criando vários guetos conceituais dentro da clínica e das especialidades em que o conhecimento clínico está presente. Ao invés de estimularmos o diálogo entre as diferentes perspectivas teóricas e clínicas e assim criarmos entendimento e pontes de conhecimento gerando identificação e coesão no campo da psicologia, optamos por fomentar a diferença estimulando a dissenção, o atomismo e uma grande perda de coesão no campo entre os diferentes profissionais.

Outro reflexo disso é o rebatimento para os atendimentos clínicos, especificamente dentro do campo da saúde.[3] Parece haver uma necessidade quase narcísica de uma boa parte dos profissionais de destilar conhecimento teórico bruto sobre quem se atende. Muitas vezes se privilegia a discussão teórico-conceitual sobre a situação de um paciente em detrimento daquilo que de fato é mais importante em um atendimento em saúde – o próprio paciente, ou melhor, a própria pessoa que está sendo atendida. Acabamos muitas vezes incorrendo no mesmo erro de outros saberes que criticamos tanto: olhamos para sinais e sintomas, buscamos patologias, escutamos as narrativas de sofrimento e esquecemos as pessoas, a riqueza

[1] Obras do próprio Angerami remetem a esta questão, bem como de Mary Jane Spink e de Ana Maria Jacó-Vilela.

[2] Curioso pensarmos que muitos psicólogos se auto designam muito mais pela sua formação clínica do que como psicólogos mesmo – Psicanalistas, *Gestalt*-terapeutas, Terapeutas Cognitivos ou Existenciais etc..., de alguma forma isso por si só já cria muitas vezes alguma barreira no diálogo com seus supostos pares.

[3] Não que na clínica do consultório privado isso não ocorra ou não seja importante, mas é que na perspectiva de um atendimento hospitalar, ou ambulatorial ou numa visita domiciliar isso me parece imprescindível.

de cada subjetividade ali presente, porque muitas vezes estamos mais preocupados em enquadrar este outro dentro da nossa lente teórica do que em autenticamente e despojadamente escutar e se colocar disponível àquela pessoa que está diante de nós. Queremos muito mais racionalizar o discurso daquela pessoa para traduzir de alguma forma o que é dito em algumas sentenças teóricas, do que sentirmos autenticamente o que está sendo dito e contatarmos emocionalmente aquela pessoa, respondendo emocionalmente também.[4] Pergunto-me sempre se isso também não é uma forma de despersonalização da pessoa. Mais sutil, mais refinada talvez, mas, ainda assim, dessubjetivante ou despersonalizante. Já não chamamos a pessoa pela sua doença, pelo seu órgão doente ou pelo número do seu leito, mas ainda estamos focados na tentativa de enquadrá-la dentro de uma série de categorias *a priori* e de certo modo começamos a atuar com ela a partir dessas categorias. Não que isso não seja importante, mas nos atendimentos em saúde em que lidamos muitas vezes com a emergência da urgência, a atuação pontual e circunscrita à situação específica é muitas vezes a única possibilidade de intervenção que teremos naquele caso e tentar interpretar ou teorizar certas coisas nessas horas pode nos tomar um tempo precioso, em qualquer nível de atendimento. Vejo muito isso acontecer nas supervisões de estágio ou de especialização. Muitas vezes os alunos chegam mais preocupados em narrar os atendimentos sob uma perspectiva de enquadramento teórico, pontuando que o paciente falou isso ou aquilo e então ele podia estar *assim ou assado*, tentando sempre interpretar o outro sem sequer prestar atenção neste outro em primeiro lugar, em quem ele é. Em que contexto ele se insere, qual a sua condição familiar, qual a sua realidade socioeconômica, qual a sua cultura familiar, sua cultura religiosa, quais as perspectivas dessa pessoa a partir daquele momento, o que ela está deixando lá fora, enfim quem é aquela pessoa. Muito mais importante neste momento do que focar no enquadramento teórico é desvendar este outro que está a sua frente, é enxergar sob o véu diáfano do sofrimento a pessoa que ali se esconde, na maioria das vezes fragilizada e autenticamente confusa com o seu momento de ruptura existencial.

Outro aspecto que me preocupa é um outro processo de dessubjetivação ou despersonalização pouco trabalhado na literatura, este referente ao próprio profissional de saúde. Submetidos a uma rotina absurdamente pesada, com baixos salários, más condições de trabalho, ambientes de cobrança e alta competitividade, com progressivo abandono de família e vida social, assistimos progressiva e passivamente à depauperização psíquica e emocional desses profissionais. Precisamos pensar na criação de redes de apoio para os profissionais de saúde, e a psicologia

[4] Na verdade, acredito que alguns psicoterapeutas têm receio disso por acharem que fazer isso é se envolver emocionalmente. Vale lembrar que se conhecer e se trabalhar são compromissos essenciais de um profissional sério e a forma segura de poder transitar pelo universo do outro, sabendo distinguir o que é seu e o que é dele e qual o limite do que podemos e devemos trabalhar.

pode e deve assumir um papel de preponderância nesse sentido. Impressiona-me muito ainda a falta de acolhimento e de cuidado entre os diversos profissionais do campo e entre os próprios psicólogos. Como podemos pensar em criar as melhores condições de atendimento a nossos pacientes se não temos isso entre nós profissionais? "Casa de ferreiro, espeto de pau", e colocaremos nosso trabalho em xeque constantemente. É fundamental repensar esta integração dessas equipes de saúde, na qual o acolhimento, a solidariedade, o cuidado e o respeito estejam, sobretudo, presentes entre os próprios profissionais. Acredito que somente assim conseguiremos criar uma melhor unidade no suporte autêntico àqueles que estão sob nossos cuidados.

Retomando a perspectiva de pensarmos um atendimento focado na pessoa, este fica ameaçado também quando vemos o crescente surgimento de várias outras subespecialidades a partir de doenças específicas ou de especialidades médicas distintas dentro da Psicologia da Saúde. Algumas dessas subespecialidades são reconhecidas como campo já há bastante tempo, como a Psico-Oncologia, e são áreas com pesquisas sérias e com importantes contribuições para a nossa área. Mas acho preocupante o crescimento dessas áreas sem o devido cuidado e sem a devida crítica em relação à dimensão que muitas delas tentam dar para a relação da pessoa com a doença e, mais ainda, de como a psicologia se insere neste contexto.

Começamos a ver essas subespecialidades surgirem como se houvesse um saber psicológico sobre uma doença específica deixando o humano de lado, surgindo assim uma Psiconefrologia, uma Psicocardiologia, uma Psiconeurologia, uma Psicoendocrinologia e assim por diante. Isso já seria um absurdo epistemológico, mas é mais grave quando pensamos o quanto isso nos afasta do mais importante para a Psicologia: a pessoa! Deixamos de lado a subjetividade da pessoa e elegemos a objetividade da doença, tal qual a Medicina. Só que não somos Medicina!!! Eu me questiono sempre se isso não faz parte de uma tentativa de identificação ou de validação metodológica da psicologia. Aquela velha história de que temos que ser uma ciência dura, de que precisamos ser Ciência com C maiúsculo – Foulcault e outros já "resolveram" esta questão há algum tempo e ainda tem gente preocupada com isso, mas faz parte. Ou então se isso é uma tentativa de uma certa "Medicalização" da psicologia, uma tentativa direta de tornar a psicologia um saber mais médico, mais uma tentativa de "colonização" de saberes como já ocorreu com a Biologia em relação à psicologia.[5]

Enfim, se essas subespecialidades fossem disciplinas médicas isso seria menos grave, pois pelo menos teríamos aí uma certa coerência epistemológica e metodológica dentro da perspectiva médica de tentar categorizar sintomas psíquicos

5 Quanto a isso minha dissertação de mestrado trata do tema. PAIVA, M. F. *Somos quem podemos Ser ou somos quem devemos Ser?!* Uma análise crítica do "novo" pensamento da Psicologia Evolucionária. Dissertação (Mestrado em Saúde Coletiva) – IMS/UERJ, Rio de Janeiro,, 2004.

universais para doenças específicas, etc., mas dentro do campo da psicologia isso me soa um tanto absurdo. Por mais que as doenças produzam uma sintomatologia parecida cada pessoa adoece de uma forma muito específica, relacionando-se com a doença, com o adoecer, com as possibilidades frente ao risco de morte ou de lesões de uma forma extremamente particular. Cada pessoa reage de acordo com a sua condição existencial até aquele momento, cada um absorve essas questões de acordo com uma certa "musculatura emocional/existencial" que desenvolveu no decorrer da vida. Logo, não faz sentido falar de um perfil psicológico específico para esta ou aquela doença, pois não existe um doente igual ao outro, não existem dois cardiopatas iguais ou dois pacientes oncológicos iguais. Na verdade questiono se o termo cardiopata realmente se adequa para nos referirmos aos pacientes da cardiologia. Trabalhando com atendimento psicológico em cardiologia há quase 20 anos tenho a certeza de que a riqueza subjetiva das pessoas que atendi até hoje é tamanha que reduzi-las a este lugar comum e diminuto de cardiopatas é negar o valor de suas histórias, de suas coragens, de suas vitórias e, sobretudo, de suas vidas. E negar isso é colocar em xeque uma série de valores sociais e éticos que lutamos muito em nossa sociedade para conquistar e que não podemos abrir mão gratuitamente. São posicionamentos que parecem ingênuos e até acredito que a maioria das pessoas que os cumprem realmente o fazem sem ter a real noção do alcance dessas questões, por isso esse tipo de reflexão crítica é importante, para eliminarmos essa ingenuidade genuína de muitos atores sociais.

Sempre que vejo esse tipo de enquadramento reducionista e determinista me lembro de três autores queridos que me acompanharam no mestrado e no doutorado: Gould, Lewontin e Rose foram alguns dos fundadores na década de 1970 do movimento da ciência radical. Eles acreditavam que se fazia necessária uma demarcação de oposição às formas opressivas geradas a partir de qualquer ideologia determinista na ciência, reconhecendo assim que uma ciência crítica (vamos estender aqui a todos os saberes críticos) é parte integrante da luta para a criação de uma sociedade mais justa e digna para todos nós, e que deve ter o compromisso social de ajudar a impedir a propagação de ideias que coloquem a formação dessa sociedade em xeque.

Acredito que a Psicologia da Saúde especificamente, e a Psicologia no geral, não fogem a essa questão. Como um saber crítico, devemos ter no mínimo o cuidado e a responsabilidade de atentarmos para essas questões, ainda mais porque atravessamos tempos difíceis, de grande desprestígio, descrença e desesperança nos poderes legalmente constituídos e nas Instituições no Brasil. Vivemos o radicalismo de uma cultura permeada pelo medo, pela ansiedade, em que qualquer meio começa a justificar os fins, que nem sempre têm na ética e na compaixão suas instâncias reguladoras. Argumentos assim vendem a ilusão do conformismo e decretam, de certa forma, a morte do nosso livre arbítrio. É preciso muito cuidado.

Não poderia fechar este capítulo sem voltar rapidamente a algumas questões que levantei no início do texto. Ainda mais sendo professor da Universidade do Estado do Rio de Janeiro (UERJ) e defendendo esta postura pró-ativa do psicólogo enquanto um ator social, sinto-me na obrigação de denunciar o desmonte que a educação e a saúde do Rio de Janeiro estão sofrendo. Não bastasse o absurdo e a ilegalidade do não pagamento dos salários com atrasos de 4 meses e o último agora de 2 meses, sem pagamento do décimo-terceiro salário, férias e sem garantias mínimas de trabalho como limpeza, segurança e infraestrutura, ainda temos agora o risco de fechamento do Hospital Universitário Pedro Ernesto da UERJ, um dos maiores em atendimentos na zona norte da cidade com várias especialidades e várias clínicas cirúrgicas. Hoje, com muito orgulho, sou professor de Psicologia na Faculdade de Medicina da UERJ, trabalho e leciono dentro do hospital na disciplina de Psicologia Médica, mas convivo ali dentro há mais de 20 anos, desde a minha graduação quando comecei meu primeiro estágio na Cirurgia Cardíaca. É aterrador e desolador ver um hospital que sempre foi vibrante, cheio de vida, preenchendo os vários espaços da dor e da morte, minguando e se esfacelando frente à crise provocada pelo descaso e pelo roubo de sucessivos ladrões que ocuparam a cadeira de Governador do Estado. Sofremos nós, profissionais de educação e de saúde, mas mais ainda sofre a população que perde a excelência do atendimento do HUPE, sofrem nossos alunos com as precárias condições de manutenção das aulas, retardando seu tempo de formação acadêmica e, especificamente, alunos das áreas da saúde vão progressivamente vendo seu grande palco de ensino cerrar as cortinas. Especificamente no campo da Saúde a psicologia tem grande atuação no HUPE e na Policlínica Piquet Carneiro. Temos estágios de Graduação em psicologia e Residência em Psicologia pelo Instituto de Psicologia, temos o Serviço de Psicologia Médica e Saúde Mental e a nossa Especialização em Psicologia Médica e da Saúde ligada a nossa disciplina além de mais algumas outras profissionais de psicologia trabalhando de forma independente em alguns outros setores. É um grande campo de atuação, formação, estudo e pesquisa em Psicologia da Saúde que temos na UERJ e no HUPE e que não podemos deixar se perder. Por isso chamo a atenção de todos para o que está acontecendo hoje no Rio de Janeiro, na UERJ e no HUPE mais especificamente, porque muito além de um campo de atuação, pesquisa e desenvolvimento da psicologia é um campo de atendimento de excelência da população carioca que está sendo esfacelado no que tudo leva a crer seja um grande projeto de privatização da educação superior e da saúde começando pelo Rio de Janeiro e chegando a outros estados em seguida, coordenado pelo governo federal presidido pelo Sr. Michel Temer. Seria o fim do SUS, o fim da Universidade Pública e o fim da garantia de mais alguns direitos assegurados na nossa Constituição de 1988. Cabe a nós não nos calarmos nesta hora.

Psicologia da Saúde também é lutar pela cidadania e pelo direito de garantia de cidadania das pessoas, ajudando a criar uma sociedade melhor, mais justa e mais igualitária. Não nos esqueçamos disso!!! A UERJ resiste e, mais do que ela, o povo do Rio de Janeiro, mesmo desmotivado, resiste! O Brasil resiste! Mas acho que é hora de voltarmos a sonhar e a pensar em um Brasil não apenas de resistência, mas de existência, e nisso, como profissionais e mais ainda como cidadãos, temos a obrigação de não fugirmos a esta luta.

Referências

ANGERAMI, V. A. *Psicologia Hospitalar.* São Paulo: Pioneira, 1996.

BASTOS, R. L. Psicologia, Micro-rupturas e Subjetividades. *E-papers*, Rio de Janeiro, 2003.

BOURDIEU, P. *Os usos sociais da ciência: por uma sociologia clínica do campo científico.* São Paulo: UNESP, 2003.

CAMARGO JR., K. R. *A propagação do conhecimento médico: o caso da Genética.* Projeto de Pesquisa, CNPq/IMS/UERJ. Rio de Janeiro, RJ, 2004.

CAMARGO JR., K. R. *Biomedicina, Saber & Ciência: uma abordagem crítica.* São Paulo: Hucitec, 2003.

CAMPOS, F. C. B. (Org.). *Psicologia e saúde.* São Paulo: Hucitec, 1996.

CANGUILHEM, G. *Ideologia e racionalidade nas ciências da vida.* Lisboa: Edições 70, 1977.

CASTRO, E. K. de; BORNHOLDT, E. *Psicologia da saúde x psicologia hospitalar: definições e possibilidades de inserção profissional.* Brasília: Psicologia Ciência e Profissão, 2004.

FOUCAULT, M. *Microfísica do poder.* Tradução de Roberto Machado. Rio de Janeiro: Graal, 1979.

JACO-VILELA, A. M.; DEGANI-CARNEIRO, F. Da clínica privada às instituições: uma trajetória do psicólogo em suas relações com a saúde. In: REZENDE, M. M.; HELENO, M. G. V. (Org.). *Psicologia e promoção de saúde em cenários contemporâneos.* São Paulo: Vetor, 2012. p. 17-40.

KIRMAYER, L.; YOUNG, A. *Evolution, Mind and Psychology.* Quebec: Faculty of Arts/Department of Anthropology McGill, 2001.

LEWONTIN, R. *Biologia como ideologia* – A Doutrina do DNA. Ribeirão Preto: FUNPEC, 2001.

LUZ, M. As Novas formas de saúde coletiva: práticas, representações e valores culturais na sociedade contemporânea. In: LUZ, M. *Novos saberes e práticas em saúde coletiva: estudo sobre racionalidades médicas e atividades corporais.* São Paulo: Hucitec, 2003. p. 87-133.

LUZ, M. *Natural, racional, social: razão médica e racionalidade científica moderna.* Rio de Janeiro, 1988.

PAIVA, M. F. *Somos quem podemos Ser ou somos quem devemos Ser?! Uma análise crítica do "novo" pensamento da Psicologia Evolucionária.* Dissertação (Mestrado em Saúde Coletiva) – IMS/UERJ, Rio de Janeiro, 2004.

PAIVA, M. F.; CAMARGO JR., K. R. "Dê a César o que é de César" e a Biologia o que é da Biologia: uma breve crítica à Biologia como Ideologia e a Psicologia Evolucionária. *Revista Ciência & Saúde Coletiva,* v. 8, supl. 2 – ABRASCO – Saúde, Justiça, Cidadania – VII Congresso Brasileiro de Saúde Coletiva – Livro de Resumos II, 2003.

ROSE S.; APPIGNANESI, L. *Para uma Nova Ciência.* Lisboa: Gradiva, 1989.

SPINK, M. J. *A psicologia em diálogo com o SUS: prática profissional e produção acadêmica.* São Paulo: Casa do Psicólogo, 2007.

SPINK, M. J. *Práticas discursivas e produção de sentidos no cotidiano: aproximações teóricas e metodológicas.* São Paulo: Cortez, 2000.

CAPÍTULO 13

A psicologia no espaço prisional: relato de uma experiência

Analu Zimermann

Este capítulo tem como base a descrição de minhas vivências e experiências como psicóloga no sistema penitenciário, ambiente tão paradoxal que desperta medo e repulsa em uns, fascínio e curiosidade em outros, mas que nunca passa despercebido por ninguém. Prova disso é o grande número de notícias envolvendo crimes, rebeliões e fugas, com as quais somos bombardeados diariamente pela mídia, além dos debates diários em torno de assuntos sobre segurança pública.

Minha trajetória como psicóloga do sistema penitenciário iniciou-se no ano de 2008, após aprovação em concurso público, em uma penitenciária industrial masculina, de regime fechado, localizada no interior do Estado do Paraná. Como nunca tinha estado em um ambiente prisional, a imagem que me vinha à cabeça era a de um local com pessoas amontoadas, com as mãos para fora das celas, como vemos nas imagens da televisão. Para minha surpresa, em meu primeiro dia de trabalho, deparei-me com um local limpo e organizado, com celas vazias, uma vez que os presos estavam fora delas ocupando seu tempo trabalhando ou estudando no interior da unidade. Lá permaneci durante os meus primeiros anos de ingresso no sistema penitenciário e foi uma experiência única, uma vez que via na prática algo muito próximo de como o sistema penitenciário deveria funcionar, com todas as assistências previstas em lei. Após alguns anos, assumi o novo desafio de trabalhar com mulheres privadas de liberdade. É sobre essa experiência que vou me ater neste capítulo, relatando o trabalho desenvolvido por mim com as mulheres que cumprem pena em uma penitenciária de segurança máxima na Região Metropolitana de Curitiba, Paraná.

Durante esses anos, sempre pensei e repensei minha prática, questionei-me sobre qual o papel da prisão, também sobre o papel do psicólogo naquele ambiente tão intrigante, revelador das mazelas humanas, local onde a sociedade "esconde" o que tem de ruim. Conforme Sá (2007), por intermédio da prisão, a sociedade se "purifica" e se livra de todos os seus males. Nesse sentido, o criminoso passa a ser um concentrado de todos os males da sociedade, que tem necessidade de puni-lo, pois assim estará expulsando o que tem de ruim dentro dela, separando o mundo dos bons (cidadãos justos e honestos) dos maus (os bandidos). Nesse contexto, é necessário que o profissional da psicologia repense sua prática, com o intuito de oferecer um tratamento digno, mesmo em um ambiente tão desfavorável.

Os assuntos envolvendo o sistema penitenciário comumente são tratados de forma sensacionalista pelas vias midiáticas, causando revolta na população e dificultando um debate mais sério sobre políticas públicas. A bibliografia sobre o assunto também é escassa, o que frequentemente encontramos são trabalhos nos quais estudiosos fazem alguns "recortes" da realidade prisional, que muitas vezes não condizem com a prática vivenciada no local. Ou são relatos extremamente romantizados sobre a criminalidade, ou descrições do sistema penitenciário como o verdadeiro "caos", sendo nós, servidores do sistema, os "algozes" da sociedade. Assim são produzidas teses, trabalhos, páginas e páginas para chegar a uma conclusão: "o sistema penitenciário não recupera ninguém", conclusão esta já batida, repetitiva e que não traz proposta alguma nem para a sociedade, nem para a população carcerária, muito menos para a administração pública. Conforme Angerami (2017, p. 23):

> O saber acadêmico e sua abrangência na área do conhecimento humano, desde muito, deixou de ser totalidade, para ser mera especulação. E, embora a academia tonou-se uma espécie de religião moderna, com seus doutores transformados em sumos sacerdotes, ainda assim, suas asserções são cada vez mais colocadas, no mínimo, em dúvidas e questionamentos.

Conforme dados do Ministério da Justiça, no ano de 2014, o Brasil possuía a quarta maior população carcerária do mundo, somando cerca de 607.731 pessoas privadas de liberdade, perdendo apenas para os Estados Unidos, China e Rússia. Esse número é alarmante, considerando a crise que o sistema carcerário brasileiro enfrenta, com cadeias superlotadas, instalações precárias, falta de pessoal, dentre outros problemas que colaboram para que a violação dos Direitos Humanos seja uma constante nesse ambiente, além de propiciar que o cumprimento do que está previsto na Lei de Execução Penal seja uma realidade cada vez mais distante, uma vez que o aumento da população carcerária não foi acompanhado pela ampliação do número de vagas ou por melhorias nas condições de encarceramento.

No que se compete ao encarceramento feminino, a situação torna-se ainda mais preocupante, uma vez que, conforme números oficiais do Ministério da Justiça – INFOPEN MULHERES – MJ,[1] a população penitenciária feminina subiu

[1] Importante lembrar que este foi um estudo inédito, o primeiro levantamento de dados divulgado sobre a população carcerária feminina, sendo que o lançamento do INFOPEN MULHERES alia-se à primeira meta da Política Nacional de Atenção às Mulheres em Situação de Privação de Liberdade e

de 5.601 para 37.380 detentas entre 2000 e 2014, o que significa um crescimento de 567% em 15 anos, taxa esta bem superior ao crescimento da população geral carcerária, que foi de 119% no mesmo período. Na comparação com outros países, o Brasil representa a quinta maior população carcerária feminina, ficando atrás de Estados Unidos (205.400 detentas), China (103.766), Rússia (53.304) e Tailândia (44.751), problema agravado quando consideramos as questões de gênero, uma vez que as instituições prisionais não foram "pensadas" para a população feminina.

As mulheres privadas de liberdade

Para o Estado e a sociedade, parece que são somente 440.000 homens e nenhuma mulher nas prisões do país. Só que, uma vez por mês, aproximadamente 28.000 desses presos menstruam. Às vezes, alguns deles engravidam.
(Cerneka, 2009)

Por muito tempo, o baixo índice de criminalidade cometido por mulheres contribuiu decisivamente para que o Estado não se preocupasse com a situação do encarceramento feminino. Foi a partir de 1920, com o aumento do número de mulheres delinquentes, que o Estado passou, pouco a pouco, a exercer uma maior autoridade sobre as mulheres presas.

Conforme estudo de Andrade (2011), os primeiros registros de centros de detenção femininos datam do século XVII, quando se tem notícia do primeiro presídio feminino, denominado The Spinhuis, em Amsterdam, na Holanda, no ano de 1645. Considerada uma instituição modelo, que abrigava mulheres pobres, criminosas, bêbadas e prostitutas, bem como "meninas mal comportadas que não obedeciam a seus pais e maridos", essa uma casa de correção era voltada ao trabalho na indústria têxtil. A Inglaterra copiou esse mesmo modelo. Em 1835, foi criada a primeira penitenciária feminina, em Nova York, nos Estados Unidos, sendo a única do gênero até 1970. Após esse período, foram inaugurados reformatórios que visavam inserir nas presas comportamentos e posturas femininas, também hábitos domésticos. A mesma autora cita que, naquela época, existiam dúvidas em relação ao modelo ideal de aprisionamento feminino, porém um de seus principais objetivos era o de despertar nas mulheres os "sentimentos femininos de orgulho doméstico aprendendo na prisão posturas e comportamentos considerados femininos, chegando ao ponto de, em alguns presídios, como o do estado de Indiana,

Egressas do Sistema Prisional -PNAMPE, instituída por meio da Portaria Interministerial nº 210/14, pelo Ministério da Justiça e Secretaria de Políticas para as Mulheres, que prevê a criação e reformulação de bancos de dados em âmbito estadual e nacional sobre o sistema prisional.

EUA, a simulação de ambientes domésticos, com as detentas vestidas com roupas cinturadas e comendo em mesas enfeitadas, com o intuito de "treiná-las" para tarefas de dona de casa, objetivando sua reinserção social.

No Brasil, as primeiras instituições prisionais para mulheres foram o Instituto Feminino de Readaptação Social em Porto Alegre, em1939, o Presídio de Mulheres em São Paulo e a Penitenciária de Mulheres em Bangu, ambos inaugurados em 1942. Porém, foi apenas após a aprovação da Lei de Execução Penal em 1984 (Lei nº 7.210/84), que foi assegurado às mulheres o recolhimento em ambientes próprios. No ano de 2009, duas modificações inseridas nessa lei pelas Leis nº 11.942/09 e nº 12.121/09 trouxeram conquistas às mulheres privadas de liberdade, dentre elas a determinação de que os estabelecimentos penais destinados a mulheres sejam dotados de berçários para que as internas possam cuidar de seus filhos. Ademais, o artigo 89 da Lei de Execução Penal dispõe que a penitenciária deverá também ser dotada de uma ala para gestante e parturiente e de creche que abrigue crianças de seis meses até sete anos.

Mesmo tendo essas garantias previstas em lei, ao se observar as estruturas das unidades femininas, fica claro o fato de que estas não foram "pensadas" para as mulheres, mas sim feitas para os homens e "adaptadas" para mulheres; muitas apresentando problemas de higiene, ventilação, superlotação, dentre outros. Cerneka (2009) aponta que para responder às necessidades femininas na prisão, é preciso muito mais que pintar os muros de rosa, desenvolver concursos de Miss Penitenciária, dizer que a mulher é mais emocional ou fazer "adequações aos moldes gambiarra", é necessário se pensar realmente em políticas públicas que atendam às necessidades femininas.

A prática do psicólogo na unidade penal

Buscar-se-á neste tópico demonstrar como se dá o trabalho do psicólogo em uma unidade penal, mas antes se faz necessário contextualizar o cenário em que o trabalho ocorre.

A Penitenciária Feminina do Paraná, localizada no Complexo Penitenciário de Piraquara, é uma unidade penal de segurança máxima, fundada em 13 de maio de 1970, que custodia presas condenadas, porém, pela falta de locais próprios, abriga também presas provisórias. Com capacidade de 370 vagas, quando este artigo foi escrito, a unidade não estava com sua capacidade máxima preenchida, ou seja, não havia superlotação. A penitenciária abrigava, ainda, nove presas gestantes e três crianças (já chegou a 40), sendo que, em cumprimento à determinação da Lei de Execução Penal, a penitenciária feminina dispõe de uma creche própria, onde as gestantes, bebês e suas mães permanecem durante o dia.

O acesso às unidades penais é um complicador à parte. Construído na região metropolitana de Curitiba, área de difícil acesso que se dá por vias secundárias, não asfaltadas, com densa vegetação em seu entorno, o complexo penitenciário de Piraquara abriga cerca de sete unidades penais, sendo apenas uma feminina.

Quanto ao acesso ao interior da unidade penal, nós servidores do sistema penitenciário, sem exceção (inclusive direção da unidade) passamos diariamente por um controle rígido, cuja sequência é: após fazer o registro de entrada, nossos pertences são revistados e passados em um aparelho de raio X. Após essa primeira conferência, passamos por uma porta com detector de metais. Cada vez que um servidor passa pelo portão de entrada da unidade, passa por esse procedimento novamente, o que exige que adentremos ao recinto com pouquíssimos pertences, apenas o essencial para a execução do trabalho. Também com o tempo vamos adaptando nosso vestuário para indumentárias que contenham o mínimo de metal possível (botões de jaquetas, calças etc.) a fim de otimizar o tempo e facilitar nossa passagem pelos detectores de metal. Qualquer tipo de eletrônico é terminantemente proibido no interior da unidade, ou seja, nessa dinâmica, nós servidores permanecemos cerca de 8 horas do dia sem contato algum com o mundo externo, no caso dos agentes penitenciários, quando trabalham em regime de escala, chegam a ficar até 24 horas sem esse contato. Costumo brincar que desligo o celular e passo pelo portal para outro mundo. A sensação é essa. Cabe ressaltar que tais medidas são adotadas visando a segurança do local, com o objetivo de impedir que materiais não permitidos e substâncias entorpecentes adentrem a unidade penal.

Já em relação ao trabalho do psicólogo, assim como o trabalho dos demais profissionais, este se dá conforme o previsto na Lei de Execução Penal e no Estatuto Penitenciário do Estado do Paraná, sendo que foi esta mesma Lei que institui o Conselho Disciplinar (CD) e a Comissão Técnica de Classificação (CTC), o que exigiu dos estabelecimentos penais a formação de uma equipe com um psicólogo em sua composição:

> Art. 5° Os condenados serão classificados, segundo os seus antecedentes e personalidade, para orientar a individualização da execução penal.
>
> Art. 6º A classificação será feita por Comissão Técnica de Classificação que elaborará o programa individualizador da pena privativa de liberdade adequada ao condenado ou preso provisório.
>
> Art. 7° A Comissão Técnica de Classificação, existente em cada estabelecimento, será presidida pelo diretor e composta, no mínimo, por 2 (dois) chefes de serviço, 1 (um) psiquiatra, 1 (um) psicólogo e 1 (um) assistente social, quando se tratar de condenado à pena privativa de liberdade. (Lei nº 7.210, de 1984)

Quando o preso recebe tratamento digno, obedecendo as assistências previstas em lei, respeitando as necessidades básicas como: alojamento adequado, alimentação, vestuário, materiais de higiene, acesso aos atendimentos técnicos etc, ele está recebendo o Tratamento Penal.

Além disso, a Lei de Execução Penal prevê, em seu art. 10, as assistências ao preso, que visam prevenir o crime e orientar o retorno à sociedade (finalidade preventiva da pena) e, em seu artigo 11, aborda as áreas nas quais o preso deve receber assistência: saúde, jurídica, educacional, social, religiosa e material. Porém a falta de atendimentos técnicos tem se tornado um grave problema nas unidades penais. Apesar de a lei prever a atuação de pessoal técnico nas unidades penais (psicólogos, assistentes sociais, médicos) essa não é a realidade da maioria dos estabelecimentos penais, o que prejudica o processo de tratamento penal.

Conforme Oliveira e Alves (2014), a ausência de políticas criminais que possibilitem a individualização da pena, bem como o oferecimento de todas as assistências preconizadas em nossa Constituição Federal, na Lei de Execução Penal e nas Regras Mínimas de Direito do Preso, faz com que os sujeitos sejam tão somente encarcerados e amontoados nas prisões. E, assim, o ambiente que deveria prepará-los para uma sadia convivência social, afasta-os do meio familiar e apresenta-lhes a um novo grupo de pessoas, cujo maior liame é o antecedente delito e a atual situação de miséria e desengano em que se encontram.

Vivenciando o cárcere

Mas quem são essas mulheres? Do que elas gostam, o que fazem para suportar a situação do cárcere? O que as fez chegar até ali e o que faziam antes? Essas são perguntas comuns que permeiam a curiosidade das pessoas, quando falo sobre meu trabalho no sistema penitenciário.

Sem dúvida a maior angústia das mulheres em situação de cárcere é o sentimento de "abandono" e a saudade da família. Lembro-me de um atendimento em que a presa me disse "doutora, não tem lugar para mim nesse mundo não... minha família nunca respondeu uma carta minha, nunca procurou saber de mim, maldito mês de julho que foi o mês que eu nasci", demonstrando sua angústia, seu desespero, seu sentimento de abandono. Conforme nos coloca Angerami (2017, p. 58), "a solidão corrói a alma humana, de maneira impiedosa e contínua".

Nas unidades masculinas é comum se ver longas filas de visitantes, estes portando sacolas abarrotadas de mantimentos e produtos de higiene, pessoas que chegam de madrugada para conseguir um bom lugar na fila e poder ficar mais tempo com seus familiares, muitas vezes após fazerem longas e cansativas viagens. Nas unidades femininas, esse quadro muda drasticamente, pois pouquíssimas recebem visitas e quando recebem é de forma eventual, cenário muito diferente das unidades masculinas. Muitos explicam esse contraste pelo fato de que, enquanto os homens recebem a visita de suas esposas e companheiras, no caso das mulheres, seus esposos ou companheiros, quando os tinham, encontram-se presos, ou romperam o relacionamento quando elas foram presas. Mas e os demais familiares dessa mulher? Seus pais, irmãos, amigos, onde se encontram? Já ouvi, durante os atendimentos, casos de presas cujas mães viajavam para unidades situadas no interior do estado para visitar seus filhos homens mas não se deslocavam até a penitenciária feminina para visitá-las. Esse fenômeno certamente merece um estudo mais profundo, porém, ao que parece, as mães são mais complacentes com os filhos homens, já para as mulheres fica o estigma de que "ao invés de estar fazendo coisa errada, deveria estar cuidando da casa e dos filhos, agora que aguente", como já ouvi em alguns contatos com familiares.

Na Penitenciária Feminina do Paraná, atualmente cerca de 85% das presas possuem filhos menores de 12 anos, os quais geralmente encontram-se sob os cuidados de terceiros, ficando estes à mercê da boa ação de pessoas próximas, na maioria das vezes vizinhos, familiares, amigos, os quais nem sempre têm disposição para os levarem nas visitas, ou instituições de abrigo, o que gera nelas um sentimento de impotência e desespero por não saberem se seus filhos estão sendo bem cuidados ou com quem estão, pois não tiveram tempo hábil para delegar à alguém essa função.

Também não é raro relatarem que a última vez em que viram seus filhos foi no momento da prisão, quando estes estavam presentes vendo sua mãe ser algemada e levada pela polícia. Durante os atendimentos psicológicos, as detentas trazem com muita frequência o medo de não serem reconhecidas pelos filhos quando saírem da prisão, principalmente quando as crianças ainda estavam nos primeiros anos de vida.

A solidão talvez seja o sentimento mais frequentemente relatado pelas presas nos atendimentos psicológicos, porém justificam-na relatando que não gostariam que seus filhos e familiares as vissem encarceradas. Explicam que elas mesmas solicitaram aos familiares que não comparecessem às visitas, uma vez que aquele não é um ambiente adequado para recebê-los. Porém estas justificativas apresentam-se muitas vezes como um movimento claro de distorção da realidade, a fim de minimizar a dor como forma de lidar com a própria angústia.

Outro fato que contribui para o enfraquecimento dos vínculos familiares das mulheres apenadas é que com o número reduzido de unidades penais femininas existentes, estas geralmente encontram-se concentradas nas capitais do estado, o que implica um distanciamento das mulheres de suas famílias e consequentemente a perda de contato com os filhos. No Paraná, atualmente há duas unidades femininas, uma localizada na região metropolitana de Curitiba e outra localizada no município de Foz do Iguaçu. Considerando que um número significativo de mulheres presas seja originário do interior do estado, o distanciamento da família torna-se um agravante no cumprimento da pena.

O perfil das mulheres

Conforme levantamento do Ministério da Justiça (2014), no Brasil, cerca de 50% das mulheres encarceradas têm entre 18 e 29 anos, 57% são solteiras, 50%

não completaram o ensino fundamental e 68% possuem vinculação penal por envolvimento com tráfico de drogas.

O perfil das presas atendidas no Paraná acompanha a média nacional, exceto no que se refere à raça, cor ou etnia já que 55% das mulheres presas são brancas, sendo que a média nacional é de 68% das mulheres presas negras, ou seja, na média brasileira, de cada três mulheres presas, duas são negras.

Percebe-se que o perfil das apenadas é de mulheres jovens, em plena fase de ingresso ao mercado de trabalho. A grande maioria, cerca de 90%, possui filhos (comumente mais de um) e eram as responsáveis pelo sustento familiar, em sua maioria, por meio de trabalhos informais.

O crime de maior incidência é o de tráfico de entorpecentes, sendo "justificado" como fonte de subsistência para a sua família. Com baixa escolaridade e sem uma qualificação profissional que assegure o sustento de seus filhos, uma vez que em grande parte eram as únicas provedoras destes, as mulheres acabam vendo no tráfico de drogas uma via rápida e lucrativa para solução de seus problemas financeiros.

Neste intento, em uma sociedade onde o consumismo desenfreado é estimulado a todo o tempo, surge uma outra demanda, desta vez os ganhos advindos do tráfico de drogas vêm para suprir uma necessidade de "status social", perspectiva esta constatada nos relatos em frases como "o que você ganha em um mês, eu faço no corre[2]", ou, "quando estou no shopping gastando, ninguém quer saber de onde veio o meu dinheiro", reproduzindo assim atitudes da geração do "consumo logo existo".

Outro fato visível durante os atendimentos é a condição de vulnerabilidade social anterior à prisão. A maior parte das mulheres privadas de liberdade é oriunda de camadas socioeconomicamente desprivilegiadas da população, apresentam baixa escolaridade e trazem em seus relatos históricos de violência familiar. Para ilustrar esse cenário de carências e privações de diferentes naturezas, sejam elas sociais, familiares ou individuais, cito o relato de uma presa, condenada por tentativa de homicídio após atingir uma pessoa com uma garrafa em uma briga de rua (segundo seu relato, ambos estavam alcoolizados e ela no oitavo mês de gestação):

> Meu pai tentou me matar quando eu era um bebezinho, eu estava no carrinho de bebê [...] tive vários maridos, acho que sete, apanhava de todos eles, um me passou HIV, outro bateu em mim quando eu estava grávida, daí quando meu filho nasceu, ele desmaiava, minha vó falava que era porque dei leite com manga para ele, mas não era [...] meu outro marido tentou colocar fogo em mim por causa de ciúmes, outro dia, ele furou minhas costas com uma tesoura, aí chamei a policia e ele

[2] Corre: termo utilizado pelas apenadas para um ato ilícito visando lucro "vou fazer um corre".

> foi preso na Maria da Penha.[3] Tenho cinco filhos, mas tive sete, dois morreram [...] comecei a pirar quando minha mãe deu a minha filha mais nova, minha mãe não aceitava ela porque ela era bem pretinha e tinha o cabelinho ruim.

Essa mesma apenada, ao ser questionada sobre seus projetos futuros me respondeu: "Tá louca doutora? Não quero sair daqui [...] lá fora eu morava na rua, aqui me dão os meus remédios na hora certa (para tratamento do HIV), eu faço todas as refeições [...] não quero ir embora daqui, não estou preparada".

Entretanto, ao analisar esses dados, devemos tomar cuidado para não relacionarmos criminalidade com condição socioeconômica, causando um estigma imposto às populações de baixa renda, tidas como violentas e perigosas, uma vez que estas tendem a sofrer mais a ação do Direito Penal, materializada no aparato policial-judiciário, enchendo as prisões e reforçando o estereótipo do criminoso como advindo dos bairros empobrecidos.

O atendimento psicológico

As presas chegam ao atendimento psicológico de três formas: a pedido do profissional de psicologia; por encaminhamento de outros profissionais da unidade penal (agentes penitenciários, direção, serviço social, enfermagem, etc) ou por solicitação própria, Raramente acontece pedido particular quando se trata do primeiro contato entre a pessoa presa e o profissional de psicologia, uma vez que para ela a imagem deste ainda está muito vinculada às avaliações para progressão de regime. Neste primeiro contato, é comum que a presa entre no setor de psicologia falando "mas eu não pedi psicólogo, não estou louca", assim como é comum questionarem "mas tudo o que eu falar aqui a senhora vai mandar para o juiz?". Dessa forma, é importante esclarecer sobre o nosso papel enquanto psicólogo da unidade e também sobre as questões de sigilo, frisando o fato de que, caso seja solicitado algum informe por parte do judiciário, ela será informada e que o intuito dos atendimentos psicológicos não é a obtenção de dados para informes judiciários. Passada essa "fase", é comum que elas recorram frequentemente ao setor para "desabafar a mente" como elas mesmas dizem.

Conforme Feijoo (1999, p. 20), a fala é considerada o instrumento fundamental na tarefa do psicólogo. A autora complementa que é pela comunicação

[3] A *Lei Maria da Penha*, denominação popular da Lei nº 11.340, de 7 de agosto de 2006, a qual cria mecanismos para coibir a violência doméstica e familiar contra a mulher, nos termos do art. 226 da Constituição Federal, da Convenção sobre a Eliminação de Todas as Formas de Discriminação contra as Mulheres e da Convenção Interamericana para Prevenir, Punir e a Violência contra a Mulher; dispõe sobre a criação dos Juizados de Violência Doméstica e Familiar contra a Mulher; altera o Código de Processo Penal, o Código Penal e a Lei de Execução Penal; e dá outras providências.

estabelecida entre terapeuta e cliente que a psicoterapia atinge seu êxito, sendo o discurso do sujeito o processo fundamental para se chegar à compreensão ou constituição do ser. Na unidade penal, é comum ouvir-se a pergunta "mas o que a senhora quer que eu fale?", costumo responder "sobre o que você quiser ou considerar importante, esse espaço é seu", assim, com base no relato das vivências expostas ali, percebo sua forma de ser-no-mundo, suas escolhas, seus projetos de vida.

Os relatos são os mais variados. Atendo desde presas que choram copiosamente negando que tenham cometido o delito pelo qual foram condenadas, até aquelas que contam com riqueza de detalhes, como se estivessem relatando trechos de filme ou de alguma novela, como cometeram verdadeiras atrocidades, demonstrando assim uma percepção empobrecida sobre a gravidade dos fatos.

Independente do que as levou até a situação do cárcere, os atendimentos sempre são com o intuito de auxiliá-las a desenvolver uma consciência mais reflexiva sobre seus atos. Quando solicito para que descrevam seu delito, nunca o faço com a intenção de averiguar a veracidade dos fatos, pois naquele momento isso é irrelevante, uma vez que já foi condenada pela justiça e está ali para cumprir a pena que já lhe foi imposta. O intuito é perceber sua forma de ser no mundo, como percebe aquele delito, como se sente em relação à pena estabelecida, como se coloca diante da situação. Muitas vezes, distorcem a realidade como forma de lidar com a angústia, como podemos perceber nesta fala de uma presa condenada por maus tratos seguido de morte contra a própria filha:

> doutora, sei que foi obra do capeta, não sei se a senhora acredita nisso ou não, mas na hora que ele (referindo-se ao marido) deu o soco na cabeça da minha filha (que ocasionou a morte da menina, eu vi que na hora ele se arrependeu, é como se não fosse ele naquele momento e ele mexia com isso de espírito e eu também, então tenho certeza de que foi o capeta que nos perseguiu e fez isso [...] ele era um excelente pai, jamais faria isso com a nossa filha.

Essa "escuta" deve ser sem julgamentos, isso nem sempre é tão simples já que muitas vezes nos deparamos com autores de crimes que chocaram toda uma população, porém parto do princípio de que ao chegar ali, a pessoa já teve seu "julgamento", já lhe foi aplicada a pena prevista em lei, sendo assim, "re-julgar" não teria valia alguma, não seria terapêutico, seria apenas uma reprodução do que ela já ouviu centenas de vezes antes de chegar na prisão e também dentro dela. O trabalho terapêutico não se dá no sentido de fazer-lhe entender que sua conduta criminosa é errada, pois, salvo em situações de inimputáveis[4], isso ela já sabia antes

[4] Inimputável: conforme o art. 26 do código Penal, é isento de pena o agente que, por doença mental ou desenvolvimento mental incompleto ou retardado, era, ao tempo da ação ou da omissão, inteiramente incapaz de entender o caráter ilícito do fato ou de determinar-se de acordo com esse entendimento. (*Redação dada pela Lei nº 7.209, de 11.7.1984*).

de cometer o delito, mas sim no sentido de conduzi-la a uma consciência mais reflexiva a respeito daquele ato.

> O psicólogo no lugar da escuta, na compreensão do relato daquele que lhe pede ajuda, pode compreender os pontos de desordem ou de estagnação, facilitando o discurso do cliente e permitindo que os aspectos conflitivos emerjam. Este emergir na fala do cliente, ao se deixar afetar pela intervenção terapêutica, pode proporcionar a ampliação da consciência no sentido de um maior conhecimento de si mesmo. (FEIJOO, 1999, p. 21)

Conforme Erthal (1991), a partir das nossas escolhas, vamos dando significado ao nosso mundo, uma vez que não existe diferença entre existir e escolher para si, então, para compreendermos o indivíduo em sua trajetória de vida, seu projeto original do qual se originaram os demais projetos, precisamos compreender os atos e atividades dele até chegarmos à revelação desse projeto. A partir da conscientização desse projeto, podemos alterá-lo ou mantê-lo, é uma escolha:

> [...] o que é meu, o que me cerca me informa sobre essa escolha que é o meu ser. Pela consciência reflexiva apreendo subjetivamente a mim. Daí estarmos sempre conscientes da escolha que somos. É a escolha original que determina o valor das causas e dos motivos que podem guiar nossas ações parcialmente. É o que permite o significado ao mundo. (ERTHAL, 1991, p. 57)

Cito aqui um atendimento em que a presa me respondeu, ao ser questionada sobre qual era o seu projeto de vida, que não via a hora de sair da unidade para cuidar dos filhos. Lhe respondi que sua conduta não à estava direcionando à esse projeto , uma vez que cumpria constantemente sanções disciplinares por descumprimento de regras dentro da unidade,[5] atrasando o cumprimento de sua pena, além de não estar frequentando a escola.. Mostrei à presa que eu não estava ali para adverti-la sobre seu mau comportamento, ela como adulta e presa antiga conhecia muito bem as regras da casa, sabendo o que é permitido ou não e que

[5] Os deveres dentro da unidade são estipulados pela Lei de Execução Penal. No que se refere aos deveres das pessoas condenadas, o seu artigo 38 rege: "Cumpre ao condenado, além das obrigações legais inerentes ao seu estado, submeter-se às normas de execução da pena". No artigo 39: "Constituem deveres do condenado: I – comportamento disciplinado e cumprimento fiel da sentença; II – obediência ao servidor e respeito a qualquer pessoa com quem deva relacionar-se; III – urbanidade e respeito no trato com os demais condenados; IV – conduta oposta aos movimentos individuais ou coletivos de fuga ou de subversão à ordem ou à disciplina; V – execução do trabalho, das tarefas e das ordens recebidas; VI – submissão à sanção disciplinar imposta; VII – indenização à vítima ou aos seus sucessores; VIII – indenização ao Estado, quando possível, das despesas realizadas com a sua manutenção, mediante desconto proporcional da remuneração do trabalho; IX – higiene pessoal e asseio da cela ou alojamento; X – conservação dos objetos de uso pessoal. Parágrafo Único: Aplica-se ao preso provisório, no que couber, o disposto neste artigo".

não era meu papel ali orientá-la nesse sentido, mas sim mostrar a incoerência sobre o que ela estava me relatando sobre o que queria para si, seu projeto de vida, que era sair o mais breve possível para cuidar dos filhos, com o que ela estava demonstrando dentro da unidade, sentindo orgulho de ser "bandida" lá dentro, no sentido de não cumprir regras, inclusive tendo participado de motim. Com isso, trouxe à tona suas vivências inautênticas conduzindo-a a responsabilidade em relação às suas escolhas "você traz um relato de mãe zelosa que não vê a hora de sair para ver os filhos, porém sente orgulho em colocar-se como a bandidona da unidade...".

Dessa forma, o trabalho se dá no sentido de conduzir a presa a uma reflexão sobre o que está fazendo "nesse momento" que a direcione para seus projetos futuros. Claro que uma unidade penal não é nem de longe um local ideal para o desenvolvimento de projetos pessoais, contudo, como nos coloca Angerami (2017, p. 51) "no tédio, a temporalidade é comprometida. O tempo é sentido como algo, que não se completa. E não existe dimensão de futuro verdadeiro, ou de passado rico de experiências. O presente nada significa". Nesse sentido, ela não precisa aguardar a condição ideal para sair a fim de estudar, uma vez que a unidade oferece escolarização aos apenados, além de cursos profissionalizantes e trabalhos laborais. O fato de ter sido condenada a uma pena privativa de liberdade não quer dizer que tenha sido condenada ao ócio.

Cabe salientar que quando trabalhamos em uma instituição onde a prioridade é a segurança, devemos observar quais são as regras daquele local e a partir disso adaptar nossas práticas. Quando iniciei meu trabalho no ano de 2008, em uma unidade penal industrial masculina, criei os grupos de psicologia como alternativa de trabalho para atender uma demanda de cerca de 350 presos, para os quais eu era a única psicóloga, e também com o objetivo de não reproduzir o modelo clínico dentro da unidade. Semanalmente fazia atendimento psicológico em grupos como: dependência química, orientação para a liberdade (esse para presos que estavam perto da progressão de regime) e até um grupo de música. Era outra época, em que o Estado dispunha de agentes de segurança em número suficiente para fazer a movimentação dos apenados das celas até os atendimentos. Hoje estamos vivenciando outra realidade. Com a falta de efetivo, os trabalhos foram restritos quase que exclusivamente aos atendimentos individuais (salvo o trabalho com gestantes do qual falarei na sequência), o que é uma perda, tanto para o profissional da psicologia, quanto para a população atendida.

Como já mencionado, a Penitenciária Feminina possui uma creche em suas dependências, onde durante o dia, permanecem as presas que estão com seus filhos dentro da unidade e também as presas gestantes. Apesar de encontrar-se no interior da unidade penal, a creche é um ambiente, digamos, "à parte da unidade", então me foi permitido fazer acompanhamento em grupo com as mães e gestantes, o que não seria possível fazer individualmente, devido a grande demanda de atendimentos da unidade.

As sessões são realizadas semanalmente, nas dependências da creche, onde adapto o local para as suas realizações, que ora são feitas no tatame, montado para que as crianças brinquem, ora na grama para que elas não percam o horário do sol da manhã. Em termos técnicos, o objetivo não era o de se trabalhar com temas pré-estabelecidos, mas sim propor algumas vivências que possibilitassem a discussão de assuntos que naquele momento eram emergentes para as participantes, com isso clarificando sua forma de ser-no-mundo.

Assim como nos atendimentos individuais, os temas mais emergentes no grupo da creche são os que envolvem a família, o medo da solidão e as preocupações em relação à criação de seus filhos. Também é possível perceber em seus relatos o sentimento de "perda" por estarem vivenciando o período gestacional no cárcere, como uma delas colocou: "é o meu primeiro filho, eu sinto por estar aqui e não estar podendo montar o enxoval dele com as coisas escolhidas por mim [...] também não terei um álbum de gestante, sequer uma foto grávida" Independente do trabalho realizado individualmente ou em grupo, é imprescindível que o profissional tenha flexibilidade e perseverança para trabalhar em um ambiente com tantas situações adversas. Apesar do objetivo da instituição ser a reinserção social da pessoa presa, dispondo para isso de atividades voltadas ao trabalho e educação, além dos atendimentos técnicos (psicologia, serviço social, enfermagem), a segurança é sempre prioridade, sendo assim, não raras vezes ocorreram situações em que todos os atendimentos foram suspensos por determinação da segurança. Não são situações frequentes, porém ocorrem, e esses avisos jamais devem ser ignorados uma vez que envolve a integridade física tanto de servidores quanto de apenados[6], contudo, na maior parte do tempo, os atendimentos ocorrem normalmente e sem restrições por parte das agentes penitenciárias, as quais fazem encaminhamentos frequentes, ao setor da psicologia, de presas que acreditam estar necessitando de atendimento psicológico, o que facilita em muito o trabalho, pois são estas profissionais que estão no contato diário com as apenadas.

Considerações finais

Assuntos sobre violência e criminalidade feminina permaneceram por muito tempo à margem de debates e estudos como se fossem questões "impensáveis", uma vez que culturalmente, como nos coloca Voegeli (2011), espera-se destas a graça, passividade, paciência e tolerância, além de que, quando esta envolve-se em assuntos referentes à criminalidade, espera-se que ela seja a vítima, nunca a cometedora do delito. Assim, fica-se subentendido que "cadeia não é lugar de

[6] Em março de 2017, ocorreu uma rebelião na Penitenciária Feminina, onde uma servidora e cerca de seis presas foram mantidas reféns por cerca de 20 horas.

mulher" ficando estas à margem de debates e políticas públicas voltadas à especificidade dessa população.

As pessoas costumam questionar: mas por que as mulheres matam? Por que as mulheres traficam? Tentar responder a essas questões seria coisificar o ser humano, dar respostas simplistas a questões muito complexas, que envolvem a história pessoal de cada pessoa presa, o contexto em que estava inserida, seus aspectos pessoais, cognitivos, sociais, enfim, uma série de coisas. Cada atendimento, cada história revelada tem semelhança com outras histórias, uma mulher que começou a comercializar drogas com o intuito de sustentar seus filhos pode estar apresentando o mesmo motivador que muitas outras apresentam, porém a peculiaridade de cada história é única, o sentido que dá ao seu ato é só dela e é nisso que consiste o trabalho terapêutico, permitir com que essas singularidades emerjam para que tomem sentido e se resignifiquem. Os fatos não vão mudar, ela vai continuar ali presa seja por tráfico, por furto, por homicídio ou por qualquer outro motivo, porém o sentido desses fatos podem ser ressignificados. Por meio do trabalho terapêutico, ela pode "olhar de novo" o que foi vivido e quem sabe, a partir disso, fazer novas escolhas.

Os relatos aqui apresentados mostram uma pequena parcela do cotidiano no espaço prisional. Por trás daqueles muros, existe vida; por trás de cada ocupante daqueles cubículos, existe uma história, uma vida que se seguiu até a pessoa chegar ali e cabe ao profissional da psicologia ir além do fenômeno, tendo a capacidade de olhar para o indivíduo que existe por trás do delito cometido, pois se assim não o fizer, o trabalho psicológico dentro da unidade perde seu sentido.

Muitos devem estar questionando: mas por que se importar com o sistema penitenciário, quando deveríamos nos preocupar com assuntos mais relevantes como saúde e educação? Em resposta a essa questão, sempre lembro a frase proferida pelo Professor Alvino Sá (2007): "Hoje o preso está contido, mas amanhã estará contigo", ou seja, a mesma pessoa que hoje está privada do convívio social, independente do motivo que a tenha levado até ali, amanhã estará "contigo", dividindo a mesma fila do mercado, o mesmo engarrafamento de trânsito, ou levando os próprios filhos ao mesmo parque que você costuma levar os seus aos domingos. Sendo assim, a forma como essas pessoas estão saindo das unidades penais torna-se sim uma preocupação relevante.

Nas últimas décadas, houve um forte desenvolvimento de leis voltadas a garantia dos direitos humanos dos indivíduos, como condição indispensável ao exercício da cidadania, no entanto, quando esses direitos dizem respeito a presos, esbarram no preconceito de uma sociedade que os estigmatiza, o que torna o desrespeito aos seus direitos algo "aceitável e justificável", ocasionando um verdadeiro desencontro entre o que está previsto em lei e a realidade vivenciada pela população carcerária.

Em suma, é inegável dizer que trabalhar nesse ambiente é instigante, arrisco dizer que é apaixonante, porém em algumas situações é necessário saber lidar com a frustração uma vez que, devido à conjuntura político social do nosso país e os problemas envolvendo questões penitenciárias, a possibilidade de mudança daqueles indivíduos depende de um arcabouço que vai muito além dos atendimentos psicológicos. Uma vez, fui questionada por uma colega de trabalho, após o atendimento a uma apenada, a qual já tinha histórico de saídas e retornos à unidade "você não cansa de atender essa presa? Ela sai e logo volta...". Respondi que estou ali para realizar o meu trabalho da melhor forma possível com os recursos que me são oferecidos, porém o que ela faz, quando ganha a liberdade, foge da minha responsabilidade, não tenho como intervir e caso ela volte, estarei ali novamente para oferecer o meu melhor, é o que me cabe.

Entre tantas "idas e vindas" da população carcerária atendida, às vezes me pego pensando no mito de Sísifo, que foi condenado a repetir sempre a mesma tarefa de empurrar uma pedra até o topo de uma montanha. Toda vez que estava alcançando o topo, a pedra rolava novamente montanha abaixo. No meu caso, sou um Sísifo fazendo o possível para que minhas pedras não retornem ao ponto inicial, mesmo tendo plena consciência de que isso não depende somente de meus esforços.

Referências

ANDRADE, B. S. A. B. *Entre as leis da ciência, do Estado e de Deus: o surgimento dos presídios femininos no Brasil*. Dissertação (Mestrado) – Programa de Pós-Graduação em Antropologia Social, USP, São Paulo, 2011.

ANGERAMI, V. A. *Solidão: a ausência do outro*. 5. ed. Belo Horizonte: Artesã, 2017.

BRASIL. Conselho Nacional de Justiça. Disponível em: <http://www.cnj.jus.br/sistema-carcerario-e-execucao-penal>. Acesso em: 07 ago. 2017.

BRASIL. *Lei nº 7.210*. Institui a Lei de Execução Penal. Disponível em <http://www.planalto.gov.br/ccivil_03/LEIS/L7210.htm>.Acesso em: 05 ago. 2017.

BRASIL. Ministério da Justiça. Departamento Penitenciário Nacional. *Levantamento Nacional de Informações Penitenciárias*. Disponível em <http://www.justica.gov.br/seus-direitos/politica-penal/documentos/infopen_dez14.pdf>. Acesso em: 10 set. 2017.

BRASIL. Presidência da República. Secretaria Especial de Políticas para as Mulheres. *II Plano Nacional de Políticas para as Mulheres*. Brasília: Secretaria Especial de Políticas para as Mulheres, 2008. 236 p.

CERNEKA, Heidi Ann. *Homens que menstruam: considerações acerca do sistema prisional às especificidades da mulher*. Belo Horizonte: Veredas do Direito, 2009.

ERTHAL, T.C.S. *Terapia Vivencial: uma abordagem existencial em psicoterapia*. 2. Petrópolis: Vozes, 1991.

FEIJOO, A. M. L. C. A psicoterapia existencial: uma pesquisa fenomenológica. In: ANGERAMI, V. A. (Org.) *A prática da psicoterapia*. São Paulo: Pioneira, 1999.

OLIVEIRA, G. V; ALVES, F. W. Análise das violações de direitos nos espaços de prisão e do Método APAC como alternativa de inclusão social e diminuição da reincidência penal. In: ENCONTRO DA ANDHEP "POLÍTICAS PÚBLICAS PARA A SEGURANÇA PÚBLICA E DIREITOS HUMANOS, 8. 2014, São Paulo. *Anais...*

SÁ, A. A. de. *Criminologia Clínica e Psicologia Criminal*. São Paulo: Ed. Revista dos Tribunais, 2007.

VOEGELI, C. M. P. H. *Criminalidade e violência no mundo feminino*. Curitiba: Juruá, 2011.

CAPÍTULO 14

Saúde mental e resiliência: um enfoque dialógico e relacional inspirado em Martin Buber

Luiz José Veríssimo

Introdução

Para encontrar um pouco de luz em certas reflexões sobre *saúde mental*, escolhemos nos inspirar no campo relacional inter-humano. Nesse intento, encontramo-nos, uma vez mais, com o pensamento de Martin Buber (1878-1965). O campo de trabalho por excelência do filósofo são as relações que a pessoa estabelece, seja com o outro, com a natureza, com a arte, com Deus.

Dentro do vastíssimo campo da saúde mental, escolhemos enfocar a resiliência por considerarmos que ela envolve diretamente o círculo de relações constituinte da nossa existência. O tema *resiliência* concerne aos desafios, dificuldades, padecimentos referentes ao se sentir pressionado, às interações na convivência cotidiana, às perdas dolorosas, às preocupações e angústias tanto cotidianas como existenciais, inclusive com pessoas amadas, às inquietações com a reação e o juízo do outro, ao cuidado e ao descuidado no trato com as pessoas, sobretudo com aqueles que se encontram em estado de fragilidade ou sem completa autonomia, como idosos, crianças, adolescentes, pacientes.Encontramos muitas linhas de pesquisa nesse campo, que vão desde a psicoterapia até enfoques sociais e históricos. Não caberia aqui toda a amplitude clínica e psicossocial da resiliência. Um livro inteiro dedicado ao assunto não poderia ser suficiente para dar conta das incontáveis formas de se trabalhar com a noção de resiliência, que, segundo os estudiosos, é relativamente recente no campo da psicologia (Yunes, 2003, p. 77). Escolhemos trabalhar a resiliência num contorno relacional por estarmos há alguns anos pensando e pesquisando a psicologia a partir das relações, da dialogicidade (abertura ao outro) e da pessoa.

Repensando a saúde e a doença

O que é saúde? O que é doença? Como pensar essas categorias conceituais quanto ao âmbito da saúde mental? Seja lá que respostas dermos, que debates mantenhamos, que filosofia, ciência e ética adotemos, há alguém, nesse exato momento, em sofrimento, em dor, em fragilidade, em vulnerabilidade.

"Doença" é um termo genérico, a que damos ares positivistas de ciência meticulosa, que coloca, no fim das contas, em jogo, condições concretas da existência, inclusive seus limites, a chamada *finitude da existência*. A doença mostra que não somos deuses, mas, por outro lado, ao experimentar o que seja adoecimento, podemos renovar o sentido que damos à nossa vida.

A doença, como muitos podem acreditar, não quer dizer, simplesmente, a nulidade de nossas possibilidades. Se a doença, de fato, debilita certas possibilidades de nosso existir, por outro lado, pode forjar uma maturidade em nosso processo de ser, em nosso devir. Pode abrir janelas inusitadas de sentido da vida e da morte, da finitude e da transcendência.

É a doença uma deficiência de saúde, um mal funcionamento da saúde, uma ausência de saúde, uma debilitação da saúde? Simples assim? A doença, antes de qualquer definição diagnóstica ou conceitual, nós a *experimentamos* na dor, no sofrimento, no sentimento de desamparo, na diminuição de nossa autonomia, na dificuldade de enfrentar desafios, na baixa autoestima, na falta de confiança, no desespero (como já apontou o filósofo Kierkegaard, 1979), no atropelo dos nossos limites – corporais, psíquicos, quando expostos à violência, quando nos sentimos desamparados, na ausência do cuidado à nossa pessoa no âmbito psicossocial e nas relações interpessoais.

E quanto à saúde, mais especificamente, à saúde mental? Para o senso comum, "saúde" é estar *up*, para cima, de bem com a vida, forte, para frente, combativo para alguns, sereno para outros, dependendo de que lado se lança o pêndulo dos valores adotados. Já como psicólogos, somos lançados em muito mais dúvidas do que convicções quando nos deparamos com a noção de saúde mental. É um problema da mente? Do corpo? Da mente e do corpo? Do espírito como síntese da mente e do corpo? Da alma, da psique? É um problema social? É um problema pessoal? A Organização Mundial de Saúde, ao definir saúde, leva em conta a condição psíquica, somática e social, além de ressaltar que saúde não é simplesmente ausência de doença. Desse fundamento ético, ela dispõe sobre a promoção da saúde num alcance universal (saúde para todos), sem distinção de etnia, gênero, cultura, religião etc. O acesso ao "melhor patamar possível de saúde" (WHO..., 2014, p. 1) é direito de todos. Não só o acesso e a seguridade na saúde como a proteção à saúde.O primeiro parágrafo da *Constituição da Organização Mundial da Saúde* procura dar uma definição de saúde nos seguintes termos: "Saúde é o estado de completo bem-estar físico, mental e social e não meramente a ausência de doença ou debilidade" (WHO..., 2014, p. 1).

A dificuldade em se delinear o que é saúde, encontramos logo nesse primeiro parágrafo da *Constituição da Organização Mundial da Saúde*, que faz uma associação imediata entre saúde e bem-estar (WHO..., 2014, p. 1). Essa conexão pode ser avaliada como vaga, imprecisa, ou até mesmo utópica, como ressalta o psiquiatra Luiz Salvador Júnior.

> Em termos de satisfação das necessidades ou com referência a sentir-se bem, para os seres humanos, desfrutar completo bem-estar é, no mínimo, algo impossível mesmo de se cogitar como utopia distante, na qual as pessoas em geral (ou alguma pessoa em particular) possam ter satisfeitas todas as suas necessidades individuais e sociais, em todos os planos de sua existência (o biológico, o psicológico e o social). (SÁ JR., 2004)

Uma definição ética ou mesmo científica de bem-estar revela-se não neutra, ela revela mais que conhecimentos filosóficos ou experimentais; revela, igualmente, *valores*, a começar pelo termo "bem", de bem-estar. O bem é objeto estimado do desejo, desde a tradição metafísica inaugurada pela trinca Sócrates-Platão-Aristóteles. Além da ideia de "bem-estar", propõem-se que os princípios vetores dessa espécie de código de ética internacional da saúde devem ser "básicos para a felicidade, as relações harmoniosas e a seguridade de todas as nações" (WHO..., 2014, p. 1). Ora, *felicidade*, *seguridade* e *harmonia* são valores morais. O conceito de saúde que normatiza a área da saúde será desenvolvido tendo como horizonte paradigmático esses valores. Eles são competências eleitas para o agir ético, propostas e ratificadas periodicamente pela ONU, pertinentes a uma época histórica, com pretensões à universalidade. Não é por se tratar da ONU (Organização das Nações Unidas) que esqueceremos que nesses valores está embutida a filiação a valores morais oriundos da cultura europeia, no caso, valores *humanistas*. *É justamente* por se tratar da ONU que estamos diante de valores humanistas. Tal desvelamento não retira a relevância do valor moral em questão, mas, faz os nossos olhos se abrirem para a complexidade de se arrogar a transitar pelo território da saúde, e a tarefa hercúlea que é buscar uma definição de saúde.

Luiz Salvador Jr. lembra oportunamente que o mal-estar pode ter um aspecto não necessariamente negativo. "Por outro lado, a insatisfação resultante de um estado de mal-estar pode ser positiva, isto é, um fator de saúde, na medida em que pode ser condição de desenvolvimento e aperfeiçoamento" (SÁ JR., 2004). Essa convicção nos despertou uma consideração. Um padecimento psíquico que incomoda o nosso dia a dia afeta a nossa sensação de que as coisas "vão bem", de que "estou normal". Isso pode nos retirar da chamada "zona de conforto" e nos convidar a um mergulho em nós próprios, vale dizer, a tomar a sério a nossa existência, ao invés de nos escondermos da angústia como se ela fosse uma cruz que entregássemos para Cristo carregar.

Também vale considerar que o padecimento psíquico de alguém ou de grupos de pessoas pode ser um mostrar-se do rejeito da produtividade econômica e consumista, do descuidado das gestões governamentais, das injustiças e abusos de sistemas econômicos e políticos que buscam acumular riquezas para meia dúzia de contemplados. Como já dizia uma propaganda: "saúde é coisa séria". *Deveria* ser. Saúde não é de somenos. Infelizmente, não raro, é usada como capital político e econômico.

Estamos, sem querer descredenciar a proposição ética da Organização Mundial de Saúde, cada vez mais perplexos com o que seja saúde, bem-estar. Freud (2010) não aposta no bem-estar, mas no mal-estar. O bem-estar, para ele, não passa de um desejo falacioso de prazer e felicidade. Porque a vida social exige renúncias ao desejo. Isso é produtor de ressentimento pelo recalcamento do desejo em razão, por exemplo, dos preceitos morais adotados e introjetados. O ressentimento se volta contra a ordem normativa de forma não consciente. O desejo nem sempre se ajusta às normas morais, religiosas, ideológicas vigentes. Temos aí a gênese da noção de mal-estar que acompanha, como uma sombra, os projetos de busca de felicidade. Para Freud, o embate entre o psiquismo e a sociedade é fonte de um sem-número de sintomas. É, no fim das contas, um problema sem solução. A crueza da psicanálise nos indica que o homem está condenado ao mal-estar. Isso não o impede de viver uma vida com um sentido criativo e vigoroso. Isso apenas significa, à moda freudiana, a visitação permanente da finitude às pretensões humanas que ambicionam ingenuamente a felicidade como ausência do trágico, da dor, da própria paixão, que a muitos incomoda de tal forma que precisam negá-la desesperadamente a ponto de efetivamente adoecer.

Sartre (2006) não diria que o homem está condenado ao mal-estar, nem que o homem nasceu para seu desenvolvimento pessoal, que o homem é um feixe de psicopatologias ou que ele nasceu para a saúde como autorrealização, mas sim, que o ser humano *é falta*. Significa que ele é desejo de completar-se, sem nunca lograr realizar por completo tal projeto. Passeando por este autor, em vez de focar prioritariamente na "saúde" ou na "doença", importa perquirir: como lido com a falta constitutiva que sou? Como lido com a angústia? Como lido com um desejo de realização perpétuo sem nunca "chegar lá"? Pois quando acho que alcancei metas, já estou em mais faltas, mais anseios, temores, expectativas, desejos, pensamentos, sonhos. Como lido com o diagnóstico que foi feito para mim? Como lido com a morte, a vida, a doença, a finitude? O que isso significa para mim? A "saúde" e a "doença" passam a ser signos de uma consciência que se dirige ao mundo, ao outro, ao eu, ao que ela calcula como "meu corpo". Uma consciência que, na verdade, não tem um corpo, posto que *é* corpo. Uma consciência que se constitui como vivência antes de pensar, antes de deliberar. Uma consciência passional, que volta e meia recorre ao *pensamento mágico* que corresponda ao seu desejo de ser.

Saúde e doença num âmbito relacional

Elaboradas algumas reflexões acerca do que seja saúde e doença, esses dois lados de uma mesma moeda, qual seja o ser humano, passemos a orbitar em torno de pensar essas noções ligadas ao âmbito das relações humanas.

Certa vez, veio à nossa mente o seguinte pensamento quanto ao padecimento psíquico. "Em geral, é nas relações que uma pessoa adoece, e é nas relações que ela pode se curar". Essa ideia surgiu e foi reforçada a partir das leituras do filósofo Martin Buber. Admitimos que devemos relevar que podem existir componentes genéticos, inatos e orgânicos na constituição de uma doença mental, uma predeterminada disposição para maior ou menor resiliência em cada pessoa. Apesar disso, o modo com que a pessoa é ou não devidamente cuidada a atinge em cheio, afeta o seu processo psíquico nas suas interações, para melhor ou para pior.

Não há possibilidade de *ser* humano fora da relação. Já dizia Aristóteles no século IV a.C. que o homem é um ser político, ou seja, um ser social. Isso inclui nossa inserção na cultura, no histórico de cada cultura, com seus valores, crenças, normas de condutas. Relação é mergulho na existência, angústia, imprevisibilidade, mistério, aprendizagem, sentimento de perda, contentamento, sofrimento, decepção, fé, encanto e desencanto, adjetivos mil, enfim, relação é *risco*. Ocorre-nos aqui a máxima do poeta Hölderlin, que sugere a conjunção entre perigo e salvação. Com Hölderlin, aprendemos que onde está o perigo reside igualmente a salvação (Hölderlin, citado por Heidegger, 2002, p. 31).

Se a pessoa pode padecer pelos atropelos, percalços, "traumas", dramas produzidos nas relações que experimenta, por outro lado, ela pode se "curar", ou melhor, elaborar psiquicamente os desmembramentos de suas interações, justamente no campo das relações: por exemplo, procurando relações mais saudáveis, que respondam efetivamente às suas necessidades. Encontramos na internet, num site com imagens de dicas para se desenvolver resiliência, o seguinte escrito: "Nem tudo que plantamos florescerá. Existem terras que não se permitem florir. A solução é plantar... em outro lugar" (Vinícius, 2017). Essa é uma resposta não acadêmica. Essa resposta pode ter a adesão de alguns, mas, ela não vislumbra que o problema do não nascimento das flores pode estar no jardineiro e não apenas nas flores plantadas em solo errado. De qualquer modo, a resposta é um esforço de reação, é um esforço de resistência à frustração, é um ajustamento criativo, segundo a Gestalt-Terapia (Polster, 2001) aos embates da vida, ou seja, é uma resposta em que se tenta inventar uma solução para o que pode aparecer como uma frustração, rejeição, separação não desejada. É comum, na tentativa de se preservar a autoestima, procurar plantar em outro lugar, num melhor terreno. No entanto, em psicologia, aprendemos que podemos estar mantendo posturas que dificultam nossa percepção da problemática relacional em sua complexidade, posturas nossas que afetam uma relação e que podemos simplificar como se fosse um problema apenas de colheita e não de plantio.

Contribuição do pensamento de Buber para pensar o nosso tema

O pensamento de Buber (2006) marca a centralidade de nossas relações para constituição do nosso ser. Para o autor, não há o menor sentido se falar de eu sem levar em conta o outro. O eu se constitui na relação com o outro e no modo dessa relação. Se quisermos nos expressar numa linguagem mais próxima, falemos na primeira pessoa: eu me constituo na relação com o outro e no modo como se dá essa relação. São dois modos com que pode se dar essa relação: Eu e Tu ou Eu – Isso.

Eu e Tu é uma abertura ao outro que deseja conhecê-lo, descobri-lo, não pretende tomar de assalto o desejo do outro, mas procura compreender o seu escolher. No modo Eu e Tu não se trata de se submeter às escolhas do outro, não se trata de negar a si próprio para acatar as escolhas alheias. Trata-se de *ser* junto ao *ser* do outro.

Heidegger (2012), em *Ser e tempo*, descreve o ser humano ontologicamente como um *ser-com*. O termo marca nitidamente a conjugalidade entre mim e o outro. Eu nunca sou sozinho, sou, antes do mais, um ser entrelaçado ao outro, numa trama de relações. Sartre (1987), em *O existencialismo é um humanismo,* ressalta a intersubjetividade. Toda subjetividade é intersubjetividade.

Mesmo que tente me isolar e "ficar só", estou num entrelace relacional, estou entrelaçado às memórias da vida que implicam as relações experimentadas, desejadas, idealizadas, evitadas, na seta do tempo. Nossa vida é um grande trânsito. Podemos fazer desse fluxo um campo de plantios e colheitas em nossas relações – alguns frutos serão doces, outros nem tanto, outros até penosos e dolorosos, ou podemos passar pelas pessoas tentando nos manter incólumes, sem tocar verdadeiramente nelas, apenas "tocando" fisicamente, ou, ainda teclando virtualmente, mas que pode não passar de um esbarrar com elas. Nesse caso, restará para nós um autodiálogo, um narcisismo que nos impede de nos libertar do desespero pelo reconhecimento.

Ser, aceitando-se ser, e aceitando o outro ser. Como se faz isso? Tem fórmulas? Tem uma técnica para isso? Não. Eu e Tu é, antes de tudo, um *projeto* e uma práxis da relação e não um estado moral de perfeição que se deva alcançar.

Se o outro é diferente de mim, como saber "o que é certo", "o que é errado", "o que é justo", "o que é injusto", "o que é bom", "o que é pernicioso" entre nós? Como saber que o meu limite não ultrapassa o dele e vice-versa? Como saber se o bem que posso querer "para ele", na verdade, pode ser o que desejo dele para mim? Não há como saber, ao menos com certeza absoluta. *Cabe à relação* Eu e Tu a definição não exatamente do certo ou errado, mas da disposição dos participantes para o diálogo, a compreensão mútua, a reciprocidade, o cuidado.

Outro viés relacional fundamental consta como o modo de relação Eu – Isso. Nele, as relações são assimétricas, utilitaristas, pragmáticas, predeterminadas (pela moral, pelas defesas narcísicas de cada um, pelas crenças, pelos condicionamentos comportamentais, pelos rótulos sociais etc.). Na esfera Eu – Isso, quem é o outro, quem sou eu e o próprio modo da relação já é definido por antecipação à própria relação. As expectativas, o controle, o conhecimento são projetados previamente à relação de tal modo que antecipam e atropelam as possibilidades próprias da relação, encobrem a descoberta mútua das pessoas na relação.

Eu – Isso é um modo mais comum de a gente se relacionar. Entre mim e o outro é colocado tanto por mim quanto por ele um sem-número de normas e imagens modeladas pela sociedade, de preceitos morais, de crenças e valores, de projeções psicológicas, da imagem de mundo de cada um, assim por diante.

A relação pode permitir uma fissura nos nossos pré-conceitos, ou seja, nas ideias e modos comportamentais já previstos em nosso roteiro de ser. O outro não está obrigado a seguir e, efetivamente, não segue o nosso roteiro existencial. Não se adequa à nossa maneira de ser, por mais que queiramos dominá-lo, seduzi-lo, ou fazer "a sua cabeça", como se diz. Ele escapa, está sempre escapando, mesmo que queira se submeter ao nosso desejo. Porque, antes do mais, *ele é outro*, mesmo se o rejeito em sua alteridade. Identificá-lo nessa condição originária é intencionar o outro como Tu e não como um Isso, não como uma coisa, um objeto-para-mim, uma mera demanda do meu desejo.

No plano social, as relações Eu – Isso são marcadas pela objetivação das pessoas em papéis sociais e estigmas sociais. A ocupação social da pessoa – "trabalhadora", "empregada", "desempregada", "estudante", "empresária", "auxiliar de escritório", "juiz(a)", "rica", "classe média", "pobre", "funcionária pública", o seu time de futebol, onde ela mora, sua situação financeira, seu status social ou profissional, suas preferências sexuais, sua etnia e gênero, sua religião etc., passam a identificá-la de tal modo que passam por cima da totalidade da sua pessoa. Quando nos lançamos no modo Eu – Isso, olhamos o outro sob enquadres sociais e de acordo com nossos valores. É como se colocássemos uma etiqueta nele antecipadamente: "você é assim".

No modo Eu – Isso, as relações são pragmáticas e normativas, ditadas por interesses econômicos, por normas sociais e institucionais, por categorias conceituais científicas, ideológicas, religiosas, por preceitos morais em vigor. A pessoa, não raro, perde o sentir-se à vontade para ser. O desejo de ser se transforma numa vontade de *aparecer como*, de *parecer como*... para se adequar aos ditames sociais e institucionais. No plano da intimidade, dá-se o mesmo fenômeno. A pessoa esquece-se para deixar transparecer somente um *ser-para-outro* (Veríssimo, Erthal, 2015). Um ser que se sente visto de tal modo que o olhar do outro torna-se a única via de determinação da identidade própria. Certa vez, escrevemos:

> O Isso designa o outro segundo uma noção de passividade, pragmatismo, utilitarismo, serventia, enquadramento, normatização. Nessa esfera, ele aparece como um ser do qual se deseja obter algo, seja conhecimento, prazer, autoafirmação, serviços, diversão, consolação, salvação, etc. [...]. Podemos nos dirigir ao outro querendo dele alguma coisa, querendo que ele nos aprove, nos ame, nos dê, segurança, identidade, companhia... (Veríssimo, 2012a, p. 339-340)

O modo Eu – Isso é, enfim, um modo em que não consigo ou não desejo reconhecer a alteridade plena do outro. Em geral, permaneço presa de um narcisismo que me faz vê-lo sob *a minha* visão de mundo e autoimagem. Eu engolfo o outro no meu modo de ser e de ver.

Essa foi uma de nossas preocupações quando trabalhamos nossos temas inspirados em Buber (2006). Devemos, então, levar em conta algumas considerações. Primeiro, apesar de certo rigor quando analisamos o modo Eu – Isso, não devemos demonizar nem moralizar a relação Eu e Tu e Eu – Isso de maneira a imaginar Eu e Tu como "bom", "o bem" e Eu – Isso como "mau", "psicopatologia" ou algo do gênero. A nada nos leva esse tipo de consideração. Apesar de reconhecermos uma primazia ontológica ao modo Eu e Tu, tal constatação não nos autoriza a considerar a atitude Eu – Isso necessariamente "negativa". O Eu – Isso é uma das atitudes que tomamos face ao mundo, diz Zuben:

> Em si, o Eu–Isso não é um mal; ele *se torna* [grifos nossos] fonte do mal na medida em que o homem se deixa subjugar por esta atitude, movido pelo interesse de pautar todos os valores de sua existência unicamente pelos valores inerentes a esta atitude, deixando enfim fenecer o poder de decisão, de responsabilidade, de disponibilidade para o encontro com o outro. (Zuben, 2003, p. 154)

Segunda consideração. O próprio Buber (2006), em sua mais conhecida obra, *Eu e Tu*, reconhece uma alternância entre Eu e Tu e Eu – Isso. Eu e Tu, vale repetir, não trata de busca de perfeição, de platonismo moral, e sim, de *disponibilidade para o encontro* na relação, para reconhecer o outro, compreendê-lo, comunicar-se com ele, que pode ser feito não só pela palavra, como pelo toque, pelo silêncio, pelos gestos e atitudes.

Eu – Isso, por sua vez, não desqualifica necessariamente as relações, como acabamos de constatar pelos argumentos de Zuben. Pelo contrário, ele também é uma expressão de nossa humanidade. Porque é o chamado do finito. Não para que nos acomodemos, seja nos modos impessoais massificados, seja nos modos narcísicos de percepção do outro, mas, por nos expor à condição humana em que nos encontramos. O contato com o outro põe a nu que nem sempre somos quem acreditamos ser. O outro, por seu lado, não é quem nós o determinamos a ser, o outro nos convida a vê-lo e a nos olhar de uma forma distinta de um exclusivismo autorreferente. Dessa forma, mesmo numa relação Eu – Isso, com todos os seus percalços na lida com a alteridade, com todo o anelo que se possa nutrir para posicionar o eu como cerne da existência, mesmo num constante atropelo das necessidades próprias e do outro, mesmo quando não conseguimos equacionar de forma saudável a coexistência com o outro, é possível se admitir um chamado para a relação Eu e Tu, como diz Buber nos seguintes termos:

> Quanto mais o homem e a humanidade são dominados pelo egótico [o modo narcísico], mais profundamente o Eu é atirado na inatualidade. Nestas épocas, a pessoa leva, no homem, na humanidade, uma existência subterrânea e velada e, de algum modo, ilegítima — até o momento em que ela será chamada. (BUBER, 2006, p. 76)

Em torno da noção de resiliência

A resiliência é um termo originado no campo da física e da engenharia. Tem a ver com a resistência dos materiais à pressão. Yunes (2003, p. 76) nos conduz a um cientista pioneiro nessa pesquisa, Thomas Young (1773-1829). Ele realizou experimentos sobre tensão e compressão de barras. Young procurou levantar a relação entre a força que era aplicada num corpo e a deformação que essa força produzia. Ele foi também o pioneiro na análise dos estresses trazidos pelo impacto e elaborou um método para o cálculo dessas forças. Ao consultar o *Dicionário Novo Aurélio*, Yunes sublinha o sentido figurado para resiliência de "resistência ao choque". Thais Goldstein e Juliana Brandão nos levam ao sentido etimológico de resiliência. A palavra vem do latim, "resilio", que significa retornar a um estado anterior (GOLDSTEIN, 2012, p. 328). Brandão informa que o termo seria derivado de *re* (partícula que indica retrocesso) *e salio* (saltar, pular), significa, portanto, saltar para trás, voltar saltando (BRANDÃO, 2009, p. 35). Goldstein sumariza o sentido de resiliência que ora trabalhamos:

> Na Física, o termo descreve a capacidade de um corpo físico de voltar ao normal, após ter sofrido pressão sobre si. Trata-se de uma energia de deformação máxima que um corpo é capaz de armazenar, sem sofrer deformações permanentes; em outras palavras, diz respeito à capacidade de um corpo absorver energia sem sofrer transformação plástica irreversível. (GOLDSTEIN, 2012, p. 328)

Segundo Yunes, na psicologia e em demais ciências sociais como a sociologia, a educação, a resiliência é um termo relativamente novo e se refere a processos que remetem a ideia de "superação" de crises e adversidades por pessoas, grupos, organizações (YUNES, 2003, p. 76).

O que leva uma pessoa a manter-se resiliente? O que leva uma pessoa a resistir à pressão sobre ela (cobranças, compromissos, laços afetivos, culpas etc.)? Até que ponto ela aguenta saudavelmente, até que ponto consegue resistir aos embates de sua vida?

Resiliência é resistência, capacidade de autossustentação, força interior, se quiserem. A resistência é tratada na psicoterapia como um recusa do paciente às devoluções do terapeuta. Mais do que isso, é trabalhada como uma esquiva de si mesmo. Em Sartre, a resistência seria a própria manifestação da má-fé. Para a psicanálise, ela é inconsciente. Para fenomenologia, ela é um ato intencional da consciência. Intenção não no sentido de vontade arbitrária, mas, no sentido de designação de sentido. A resistência, na psicoterapia trata de uma escolha de esquivar-se da responsabilidade pelas escolhas.

A resistência não precisa somente apontar o sentido de uma recusa a assumir um modo de ser autêntico, de um esconder-se de si e do testemunho do outro. Resistência faz parte da vida. A vida é jogo de forças, perpétuo embate de forças, já o notaram vários filósofos, entre eles, Heráclito, Nietzsche, Foucault, Bachelard.

Bachelard nos diz que a matéria *resiste* à mão do artista (Pessanha, 1985). A matéria resiste à mão obreira do homem *faber*, do homem que produz não só arte com coisas, utensílios, a técnica. A matéria resiste à ação do homem. Trata-se de um embate de forças: a ação humana e as forças com as quais sua ação se depara. Um embate entre potências. Dessa fricção sai a *poíesis*, a produção, a criação, a inventividade.

Pois bem, esse embate dos corpos – mão obreira humana e natureza – podemos estender para o embate entre pessoas. Seguindo por esse caminho, descobrimos, no fenômeno da resistência, que o outro resiste às nossas ações e intenções. Nesse momento, não pensamos mais em resistência como um processo psíquico (não suportar deixar vir a lume verdades incovenientes, por assim dizer). Agora, enriquecemos a semântica da resistência, ligando-a a alteridade. Quando percebemos a resistência do outro a nós, vivenciamos a alteridade, a diferença, descobrimos que não somos iguais, que ele não tem que seguir o meu desejo, ou melhor, que ele, efetivamente não se submete ao meu desejo, mesmo que esse seja o seu projeto.

Do nosso lado, ocorre o mesmo. *Nós* resistimos à ação e à intenção do outro. A mesma lógica: não, em primeiro lugar, por implicância, "neurose" da nossa parte, mas pela *alteridade ontológica* que marca a nossa relação com o outro.

Quanto resistimos à ação e intenção do outro sem nos sentir tragados por ele? Até que ponto aguentamos nos sentir pressionados por ele? Quanto conseguimos nos sustentar em nosso modo de ser, sem a sensação de que estamos sendo violentados por alguém? Quanto e como conseguimos trocar, dialogar, experienciar sem nos descompensar, desestruturar, depreciar nossa autoimagem e autoestima?

Resiliência pode tomar o sentido de autossustentação de nossa saúde, energia, modo de ser, capacidade de fazer escolhas autônomas, capacidade de relacionar-se assertivamente.

Outro foco do vasto campo da resiliência dirige-se para os embates da vida. A resiliência não é um problema que concerne apenas à relação entre pessoas. Ela concerne à nossa interação com os eventos de nossa vida. Ao estudarmos um enfoque psicológico da resiliência, descobrimos a resiliência como um campo de investigação que volta as atenções para pesquisar e trabalhar com pessoas que atravessaram adversidades, tais como golpes do destino, crises e estresses.

Há eventos que podem ser sentidos como nos testando em nossa resiliência. Não raro, chamamos tais eventos de "traumáticos". Eles são sentidos por nós como uma espécie de terremoto, algo com grande impacto, podendo deixar sequelas físicas e psíquicas de toda ordem.

Só a título de jogar a imaginação para contabilizar alguns eventos dessa natureza: eventos cataclísmicos (desastres naturais como inundações, terremotos, tsunamis, queda de barreiras), guerras, violência urbana, rural, incêndios, acidentes de trânsito, quedas de avião etc. Essa conversa nos fez lembrar que a resiliência diz respeito também à nossa relação com a morte, com a dor, a perda, com a tragicidade e a finitude da existência. Trágico não é apenas e simplesmente "coisa ruim", como julga, de imediato, o senso comum. Trágico é perda de sentido: de uma crença, de um valor até então precioso para nós, ou, como nos indica Viktor Frankl (2003), até do sentido da vida como um todo. Quando o trágico irrompe, não raro, é sem aviso.

A resiliência pode concernir, também a como lidamos com o desejo, as paixões, a nossa afetividade. O quanto aguentamos nos entregar a uma relação amorosa, o quanto suportamos a interação com o desejo do outro e com o nosso próprio desejo na relação. O quanto suportamos a resposta do outro numa relação.

Eis uma situação típica das relações humanas. Para evitar uma resposta do outro que acredito não suportar, eu cedo. Torno-me um simulacro que disfarça meu constrangimento, ressentimento, temor; finjo que "está tudo bem", que "é assim mesmo", que "deve ser assim". Tudo em nome do bem-estar, que já é, na verdade, um mal-estar. Se não enfrentado, tal mal-estar poderá deixar marcas e abalar a nossa confiança em nos expressar emocionalmente. Podemos nos tornar reativos e formatar conclusões do tipo: "não vale a pena ser si mesmo", "não vale a pena amar", "a solidão é tudo o que resta", "não vale a pena sofrer, envolver-se", "não vale a pena ter alegria ou prazer, pois, a seguir, pode surgir uma tempestade"... assim por diante. As marcas podem ser corporais e em nossa estrutura passional. A fragilidade da resiliência às respostas do outro e à própria relação (quando não se suporta a frustração das expectativas) pode fazer surgir feridas não apenas na nossa autoestima (as chamadas feridas narcísicas), como dor, depressão, cujas explicações a psicologia tem a fartar, mas que nunca parecem suficientes para explicar o espectro das possibilidades humanas.

O desafio relacional se torna dramático quando nos deparamos com a violência. Por exemplo, sermos zombados na escola, pelo grupo de "amigos", pelos rivais, sofrermos o chamado *bullying*. Estamos pensando, além disso, no assédio moral, sexual, na violência física, na violência com palavras – ofensas, depreciações, humilhações, comparações desdenhosas dirigidas a nós. A violência deixa marcas visíveis e invisíveis. Deixa cicatrizes. Violência é uma forma de negação do outro, de reduzi-lo a um objeto do sadismo. Violência, em muitas ocasiões, é a resposta ao colapso da sensibilidade ao humano. Sob o recrudescimento do afeto, o ressentimento se manifesta com toda a força na violência.

Fala-se, na psicologia, em reforçar a autoestima e a autoimagem, no desenvolvimento da motivação, esperança, fé, confiança, congruência, criatividade etc. (Goldstein, 2012; Erthal, 2013; Oliveira; Nakano, 2014; Yunes, 2003). Essas são positividades que podem ser incorporadas no elenco do desenvolvimento de uma resiliência. No entanto, quando lidamos com o social em seu âmbito político, econômico, cultural, educacional e com o meio ambiente, é preciso que nos preocupemos com o que afeta a pessoa em sua autonomia, dignidade, resistência, saúde, compreensão. Por isso, a bioética concebe o princípio da *beneficência*, segundo o qual devemos cuidar do *bem* da pessoa (Pegoraro, 2005) que estimemos esteja em situação de fragilidade. Estimar que alguém esteja nessa condição é uma questão aberta à reflexão, discussão e elaboração. De qualquer modo, há que considerar que não somos absolutos detentores de nossa autonomia. Imersos no tecido social, estamos vulneráveis às condições desse mesmo tecido. Na verdade, não se trata de uma cisão entre autonomia e a vida social, e sim, que a vida social nos dá contornos concretos, donde exercemos as nossas escolhas, descobrimos os nossos limites, a nossa resiliência. Nessa medida, cabe reconhecer o valor de uma práxis voltada e devotada ao cuidado com o outro, especialmente quando ele se encontra em situação de risco, fragilidade, desigualdade social, discriminação etc.

Alguns enfoques psicológicos da resiliência

Para a psicóloga Ianne Padua (2010, p. 10), "[...] a resiliência refere-se ao desenvolvimento de uma força interna, por meio de pensamentos, palavras e ações". Essa força interior possibilita uma lida melhor com as crises, estresses, com a dor, o luto, com o sentimento de estar pressionado, com aflições e temores.

Quando pensamos a resiliência pautados na psicologia, pensamos em quais os recursos psíquicos que a pessoa dispõe para o enfrentamento de situações adversas, desafiadoras para ela, e mesmo, diante do advento do trágico inerente à existência, o que inclui pessoas submetidas a situações constantes (crônicas) ou situações-limite envolvendo sofrimento, violência, humilhação, desrespeito, situações em que a pessoa se sinta fragilizada, abandonada, descuidada, atingida em sua sensibilidade, afetividade, confiança em si e na vida. Ousamos a incluir na resiliência uma conotação cotidiana, de como suportamos o nosso estar no mundo em nossas relações.

Uma das questões capitais para resiliência é o sentido que damos para a nossa vida, tema que nos aproxima de Viktor Frankl (2003), que resistiu a um alto grau de condições adversas ao ficar preso pelos nazistas. "Ali, comprovou sua cosmovisão prévia de que ter um sentido para a vida é o que mais fortalece, no sentido de suportar e superar as adversidades. Pode-se privar a pessoa de tudo, menos da liberdade última de assumir uma atitude alternativa frente às condições dadas" (Silveira; Gradim, 2015, p. 154). Acreditamos que o sentido da vida é o para quê de nossa vida. O sentido que ela adquire para nós.

Quando atingidos em nossa resiliência, podemos sentir isso como a abertura de uma ferida no que estimamos como o sentido da nossa vida. Podemos responder com depressão, niilismo (atitude de passividade e negação da vida), ressentimento, ódio, desejo de vingança. Mas, por outro lado, podemos também inventar um novo sentido para a nossa vida, descobri-lo, por mais duro e difícil que seja, por mais impossível que pareça para os padrões de nosso "bem senso". Podemos, quiçá, descobrir que o antigo sentido nada mais era do que um apego às condições que escolhemos por comodismo ou medo das incertezas inerentes aos riscos de escolhas congruentes com o nosso coração.

Na psicologia clínica, encontramos o trato de resiliência em termos de recursos pessoais articulados às interações da pessoa no contexto social, institucional e familiar. Esses recursos podem levar em conta fatores endógenos e inatos, mas, importa, quanto aos recursos pessoais, conferir especial atenção à criatividade, autoestima, confiança, tenacidade, resistência à pressão, resistência à frustração, capacidade de avaliação e reação positiva às situações desafiadoras, esperança, otimismo, e até a fé e a espiritualidade (Angst, 2009; Oliveira; Nakano, 2014; Yunes, 2003).

Nas psicologias social, institucional e comunitária, na psicoterapia de família, na educação, na psicologia jurídica e afins, encontramos um vastíssimo campo para pensar e trabalhar a resiliência. Ao transitar por trabalhos ou por práticas nessas áreas e na clínica, descobrimos o quanto estamos entrelaçados numa rede de relações, ou, a outra face da moeda, o quanto podemos nos sentir sós e desamparados, mesmo cercados de gente e burburinho por todos os lados. Descobrimos o quanto habitamos no âmbito do cuidado. Sem o cuidado e diríamos mais, sem nos sentir acolhidos, desejados e amados, é como se fôssemos menos que zero. E o que é o cuidado? Leonardo Boff o define.

> O cuidado somente surge quando a existência de alguém tem importância para mim. Passo então a dedicar-me a ele; disponho-me a participar de seu destino, de suas buscas de seus sofrimentos e de seus sucessos, enfim, de sua vida. Cuidado, significa então desvelo, solicitude, diligência, zelo, atenção, bom-trato. [...] estamos diante de uma atitude fundamental, de um modo de ser mediante o qual a pessoa sai de si e centra-se no outro com desvelo e solicitude. (Boff, 1999, p. 91)

No cardápio do que desafia a resiliência de uma pessoa listamos todo tipo de violência, abandono, abuso, descaso, exclusão. Testemunhamos reações intolerantes contra escolhas de gênero, contra a mulher, a criança, os doentes mentais, etnias e manifestações culturais, contra os encarcerados e excluídos dos bens e dos serviços sociais; assistimos preconceitos e discriminação pejorativa contra essa ou aquela religião; e agora, a nova forma de intolerância, no campo político, o "nós contra eles". Na escola, a toda hora, nos deparamos com a humilhação de alunos pelos seus colegas, a intimidação e desqualificação de professores provindo de parte do alunado, e, sobretudo, promovido pelos poderes político-econômicos instituídos.

A conta da orgia de negligência e descuidos é alta. O problema da resiliência nunca atinge uma pessoa só. Ela confirma que estamos permanentemente numa rede relacional, como faz ver Sánchez quanto à violência contra a mulher.

> A violência de gênero comporta grave consequências para a saúde física e psicológica daqueles que padecem, que são as mulheres e seus filhos e filhas. Os meninos e as meninas vão sofrer de maneira considerável pelo fato de conviver com um ambiente de violência com a sua mãe. Ainda que não experimentem maus tratos diretamente, inclusive, mesmo que não os presenciem, os/as meninos/as vivem o impacto e as consequências que esses maus tratos deixam em sua mãe, por isso são considerados vítimas diretas sempre. (Sánchez, 2015, p. 104)

Num enfoque existencial, é importante atentar também para como a pessoa se sente perante o juízo do outro. O fantasma do *olhar* do outro a seu respeito (Veríssimo; Erthal, 2015). Estamos pensando em como a pessoa se sente perante o olhar do outro, do que ela estima ser o juízo do outro sobre ela, se ela se sente desejada, aceita, amada ou se se sente severamente avaliada, censurada, culpabilizada, condenada por alguém ou pelas pessoas em geral, de tal forma que isso afete a sua autoimagem e a sua autoestima, sua confiança em si e nas relações. "Não posso contar com ninguém" pode ser uma resposta a uma quebra de resiliência nas relações.

Se a pessoa consegue *resistir* ao olhar do outro no sentido de não sentir esse olhar como insuportavelmente judicativo ou até intimidador, se consegue desenvolver alguma autoestima independente da aprovação alheia, se consegue desenvolver certa consciência de si, desenvolver uma percepção mais nítida da diferenciação entre ela e os outros, se assume a responsabilidade por si própria ao invés de se representar apenas como vítima, se dá uma chance para correr riscos (não querer controlar suas experiências todo o tempo), se não usa o outro como desculpa para aceitar passivamente se manter como objeto de depreciação sistemática, ela poderá desenvolver uma certa dose de resiliência em suas relações.

Resiliência não como reatividade às ações do outro, mas como um relacionar-se sem se anular ou querer anular a condição singular do outro. Ela não quebra na relação, nem precisa dobrar o outro para se sentir íntegra. A resistência na relação torna-se uma resistência saudável: um conseguir lidar com a diferença, com o modo de ser singular próprio e do outro, com os pontos de tensão e mal-estar que cedo ou tarde assomam na relação. A resistência (resiliência) na relação não se torna, dessa forma, uma resistência à relação.

Podemos trabalhar a resiliência a partir da observação de como a pessoa lida com *a pressão* que sente sobre os seus ombros. Uma pessoa pode apresentar queixas, problemas, sintomas, disfunções, patologias, desconfortos etc., a partir de como se sente diante das pressões que lhe chegam, ou melhor, de como se sente mais ou menos pressionada. Ora, ela se sente pressionada, na medida em que se relaciona, incluindo aí a relação consigo mesma. As pressões se dão ao longo das relações que o sujeito estabelece.

Elas vêm de todo o lado, da família e dos amigos, do Estado, da moral, das instituições, da mídia, da internet, do trabalho, da convivência social e também de si próprio (autoavaliação severa). Quando nos sentimos pressionados nas relações, sentimos a demanda do outro como uma exigência, uma urgência, um apelo que pode suscitar ansiedade acentuada, culpa, vergonha, temor de retaliação, medo de perda de cargo, de emprego, de estima e consideração ou de ser reprendido pelo não atendimento. Na pressão, sentimo-nos constritos, sem liberdade, como se ela nos fosse estorvada. O outro se torna um demandante e nós podemos nos sentir como um balão que quanto mais se aperta, mais pressão ele sofre, mais ele pode se romper.

A elaboração pessoal da resiliência

A elaboração criativa de nossas relações pode advir por conseguirmos adotar uma postura substancialmente diferente de manter-nos em queixas, vitimizações e culpabilizações. Esse comportamento condicionado e reativo pode reforçar um sentimento de impotência na lida com as pessoas. A deficiente resiliência para processar nossas relações está ligada também às nossas dificuldades pessoais de toda ordem: situações inacabadas do passado, a autoimagem depreciada, a baixa autoestima, ao carecimento de um sentido afirmativo para a existência, a pouca confiança em si próprio etc.

A constituição da resiliência é concomitante à nossa disposição para as relações: se conseguimos, ou, até que ponto conseguimos uma autenticidade que suporta lidar com as respostas do outro nas relações, sem se perder ou sentir-se ameaçado.

Carl Rogers (1977) demonstra com precisão o desafio da assertividade. Ela sempre envolve risco. Expomos uma feição íntima a alguém, ou até desconhecida ou pouco familiar a nós próprios. É comum nos sentirmos vulneráveis, ao nos expormos ao rosto do outro. Para o filósofo da ética Lévinas "a manifestação do rosto é o primeiro discurso. Falar é, antes de tudo, este modo de chegar por detrás de sua aparência, por detrás de sua forma, uma abertura na abertura" (LÉVINAS, 1993, p. 51).

Rogers enuncia o que está implicado num compartilhar o foro íntimo.

> "Arriscar-me-ei tentando comunicar qualquer sentimento persistente, positivo ou negativo, [à outra pessoa] – com a mesma profundidade com

> que o percebo em mim – com uma parte presente e viva de *mim*. Em seguida, arriscar-me-ei ainda mais tentando compreender, com toda a empatia de que eu for capaz, a sua resposta, seja acusativa e crítica, seja compartilhante e autorreveladora". (Rogers, 1977, p. 203)

Isso vai demandar que consigamos colocar nossos *limites*. Para apresentar nossos limites ao outro, precisaremos saber quais eles são. Será que o sabemos? Será que o experimentamos? Será que nos permitimos vivenciá-los?

São múltiplas as possibilidades de elaborarmos nossos limites. Elaborar o limite próprio facilita a compreensão do limite do outro. Nesse sentido, passamos de uma relação Eu-Isso para abertura ao encontro Eu e Tu, termos que se tornaram notáveis por meio de Martin Buber (2006) Passamos de relações em que nos ensimesmamos em defesas narcísicas, tais como o não falar jamais o que acontece realmente conosco, o descredenciamento absoluto e crônico da possibilidade de diálogo, a falta de confiança *a priori* no outro, o temor da perda do afeto e da atenção do outro, o temor reverencial da reação do outro, o silêncio como tônus relacional etc. para abertura à possibilidade do diálogo, da expressão dos sentimentos, do desejo, à disposição para trocar experiências com outras pessoas, à percepção da autoestima (Erthal, 2013), isto é, como a pessoa se sente consigo mesma, se ela se rejeita, se ela se aceita, o que gosta o que não gosta nela etc.

A psicoterapia pode ajudar nessas elaborações. Mas a nossa postura *na vida* é decisiva, a nosso ver, para o que queremos fazer do que fizeram de nós, para usar palavras conhecidas de Sartre (2002). Não adianta acreditar que a psicoterapia é uma panaceia que, por si mesma, vai resolver os nossos problemas.

> Terapia faz sentido uma vez que a pessoa se relaciona. Não vemos a psicoterapia restrita à pessoa trazer para o consultório seus conteúdos e encerrá-los num cofre. Em curtas palavras, não vemos como a psicoterapia possa definir-se apenas entre as quatro paredes do consultório, em um eterno diálogo a dois. A terapia convida o sujeito a experimentar a condição de pessoa. Tal condição vem da vida, define-se na vida e por meio da vida. (Veríssimo, 2010, p. 188)

O impacto das relações Eu – Isso na ossatura da resiliência

Ossatura foi a palavra que nos ocorreu agora. Nós a estranhamos. Fomos ao *Dicionário Houaiss* e encontramos não apenas a definição da palavra referindo-se a ossos e esqueleto, mas à resistência psicológica, constituição, estrutura. Qual a nossa estrutura de suportação? Suportação de quê? Das adversidades, dos desafios que nos sentimos instados a encarar, do manejo das situações da vida, desde as mais cotidianas àquelas que consideramos as mais importantes.

Ora, a resiliência se reduz a um suportar situações adversas e desafiadoras? Reduz-se a quanto aguentamos de pressão, quanto resistimos aos revezes da vida, as pendências da culpa, aos percalços de nossas relações? Não. Resiliência é uma força interna, dirão psicólogos de inclinação humanista, o que não discordamos. Resiliência é uma das escolhas de si no mundo, diremos, por inspiração de nossa formação em psicoterapia existencial. E por mundo, entendemos nossos círculos relacionais. De que forma sustento uma diferença para com o outro? Ou, o que dá no mesmo: de que forma sustento a minha singularidade? De que modo aceito me relacionar no confronto com o outro? Como encaro as interações e as relações? Como uma eterna demanda? O outro é o rival a ser batido? O outro é escolhido como termômetro privilegiado de minha autoimagem e estima?

A ossatura é um símbolo interessante. Porque é um elemento que sustenta, mas, também pode rachar, ou mesmo quebrar. Sustentamos um diálogo, uma conversa, um encontro até que ponto? Conhecemos esse ponto? Onde ele está? É visível? Dependo do outro para me dar? Depende de minha suposta autonomia? Meu limite é constituído junto ao outro, na relação com ele? Como as relações em que não nos sentimos plenos, em que não nos sentimos reconhecidos, ou em que nos sentimos invisíveis nos afetam?

As relações Eu – Isso podem se manifestar de inúmeras formas. Uma delas, pela *impessoalidade*. Nessa modalidade, não é pouco comum nos sentirmos invisíveis. Não conseguimos nos sentir ouvidos, compreendidos, incluídos. Reciprocamente, podemos não ver o que está diante de nós, não nos interessarmos, ou, simplesmente não perceber mesmo. Hoje, é comum ver as pessoas fechadas com os seus celulares, comunicando-se com o mundo todo, menos com o que acontece em torno.

Simone Brites (2017) mostra uma imagem de uma multidão anônima atravessando o que parece ser a avenida de uma grande cidade. Eles se cruzam. Um formigueiro humano se encontra sem se encontrar. Ninguém para. Todos têm que ir a algum lugar. Parecem autômatos. Há um verdadeiro encontro de desencontros. O gigantismo de uma grande metrópole, a tecnologia que se avoluma cada vez mais em nossas vidas, o tempo, que parece cada vez mais acelerado e progressivamente estrangulado, demarcam uma proximidade e, ao mesmo tempo um distanciamento. Encontramos em Angerami um pensamento afim com o que tentamos nesse momento observar. O autor não pretende recuar perante a marcha da história, mas, também não deixar de pontuar:

> Vivemos um avanço ímpar no desenvolvimento tecnológico das comunicações. É possível, por exemplo, ligando um simples botão de televisão, assistir a uma transmissão, no exato momento de sua ocorrência no outro lado do mundo. Com um simples toque no aparelho celular, se acessa o aplicativo Whatsapp e conversa-se, ao vivo, com pessoas nos cantos mais distantes do planeta. [...] As redes sociais se alargam e se

> multiplicam, em uma velocidade e diversidade tamanhas, que é praticamente impossível, uma pequena projeção de como será essa realidade, em breve período de tempo.
>
> Mas, ao mesmo tempo, e diante dessa fascinante tecnologia, assistimos ao total empobrecimento das relações interpessoais. Isso faz com que, não seja desprezível, o fato de um número significativo de pessoas se queixar de solidão. (Angerami, 2017, p. 29)

O desespero de não se tornar visível, de sumir no meio da multidão. De não ser visto, de ser não passar de um átomo numa cadeia econômica e social produtiva. Será o terror à invisibilidade uma das explicações possíveis para o mega apelo a que muitos se rendem às redes sociais? Visibilidade. Como se entende isso? Uma das possibilidades de se experimentar a visibilidade é o aparecer no modo de mostrar-se por meio da representação de si como uma autopropaganda narcísica. Fazer a si próprio um objeto de consumo de imagens, um objeto estético, um Isso de muitos e muitos cliques, quanto mais, melhor. Se tiver "seguidores", melhor ainda. Para não poucos, o "postar" se torna exposição permanente de tudo que se faz, desde o café da manhã que se toma até postar o pijama que se usar ao dormir. O desespero para não ser invisível pode, afinal, em alguns casos, tornar-nos justamente invisíveis. Pois, se todos estão tão expostos, nós podemos nos perder nesse labirinto que é a hipercomunicação imediata e acelerada. Nela, sentimos necessidade de mais e mais atenção, de mais retornos. A massiva e excessiva vida social pode nos tornar invisíveis ao outro – e a nós mesmos. Gravitando de link em link, de imagem em imagem, os diálogos se pulverizam em meros sinais cibernéticos. Mas, o sinal que subjaz a essa luminosa exposição é ausência de si a si mesmo e ausência de si ao convívio realmente íntimo com o outro. A larga extensão de uma vida massificada cria comportamentos estereotipados num enganoso e hipnótico manto de culto à personalidade. A propósito, chama a nossa atenção a atualidade de considerações que Buber fez em 1931: "Vejo a ascensão do individualismo e do coletivismo, sucessivamente, como o produto de um destino todo peculiar do homem que poderia descrever como o mais difícil e profundo isolamento que até hoje a humanidade experimentou" (Buber, 1987, p. 123).

A busca compulsiva por visibilidade, entretenimento e prazer imediato que se identifica nas esquinas da cultura globalmente massificada pode ter no seu reverso a revelação de um alto grau de pouca resiliência à solidão, ao convívio íntimo, ao contato autêntico consigo mesmo, o que pode trazer uma larga agenda de problemas psicológicos (depressão, alta ansiedade, sintomas psicossomáticos, dependência de drogas, álcool, calmantes, sexo, futebol, internet etc.) experimentado por muita gente. Verificamos, cada vez, mais uma pouca resiliência ao que chamamos, nesse momento, de *habitar o mundo da intimidade.*

Ficar com "todo mundo" pode deixar à mostra uma recusa a habitar literalmente a sua própria casa, pois, voltada para fora, plugada em tudo e em todos ao mesmo tempo e todo o tempo, até debaixo do travesseiro, não se conhece mais nenhuma distinção entre o espaço público e o espaço privado. Resultado: as relações se tornam públicas e publicizadas ao extremo, ou seja, "vejam como foi a minha viagem!", "vejam como é a minha família", "veja o meu namorado", "vejam o meu sexo", "vejam o meu café da manhã", "vejam o meu gato, o meu cachorro" etc. E eu, estou *vendo* as pessoas de meu convívio íntimo? Sei algo sobre o que se passa realmente com elas? Interesso-me em saber? Dou um tempo para desfrutar um genuíno *encontro* com elas? Ou dedico muito tempo para o *Isso* do Eu – Isso? Busco passatempos ou qualidade *para* o tempo? A pouca resiliência à solidão e ao conviver intimamente consigo e com o outro pode estar gerando uma profunda e sistemática solidão. Quanto mais o indivíduo se remexe na areia dos afazeres para preencher o seu tempo, mais ele perde a dimensão da alteridade e da pessoa, mais ele afunda no que a psicologia poderia considerar como adoecimento psíquico, e Kierkegaard (1979) define como o desespero humano.

Aceito a possibilidade de um recolhimento do burburinho da multidão? Ou não suporto sequer a ideia de estar despido de ocupações triviais, e agitações sociais, sempre na esperança de nessas atividades frenéticas encontrar satisfação e "alguém"? Cultivo um habitar a consciência, para deixar vir sentimentos e vivências autênticos, para descobrir o que é meu, o que é do outro, o que foi gerado na relação com ele? São questões não ociosas que respondem por um sentido orgânico de "saúde".

Nas instituições, podemos nos deparar com essa sensação de, por um lado, uma visibilidade não desejada, que estamos expostos à visitação pública todo o tempo, por assim dizer. Como peixes num aquário, podemos ficar muito tempo sem a sensação salutar de privacidade, até para habitar os próprios pensamentos. Por outro lado, podemos ter a sensação de permanecermos invisíveis. As cobranças e obrigações, as pressões, a *fofocação* permanente, sobretudo, as normas institucionais criam rituais de convivência que atropelam a manifestação íntima e próxima entre as pessoas. Buber (2006, p. 50) nota que as instituições são vivenciadas como "o "fora", onde se está para toda sorte de finalidades, onde se trabalha, se faz negócios, se exerce influência, se faz empreendimentos, concorrências, onde se organiza, administra, exerce uma função, se prega".

As relações descritas, no âmbito massificado e institucional, enquadram-se no campo das relações Eu – Isso. As pessoas se tornam quase como coisas – coisas produtivas, coisas consumistas, coisas econômicas, coisas utilitárias, coisas descartáveis, peças de reposição, coisas jogadas fora. As relações Eu – Isso podem afetar a nossa resiliência.

Quando as condições de trabalho são desumanas, o problema da quebra da resiliência torna-se dramático. Vide a violência policial, especialmente nas comunidades. O policial já entra na comunidade sem preparo psicológico, com péssimas condições de trabalho. Isso é um dos fatores que, em parte, explica a violência policial, mas que, de modo algum, a justifica. E a segurança pública?, poderíamos perguntar. Só ouvimos falar em "pena de morte" para os "bandidos", "aumentar o contingente policial", "temos que aumentar as penas!", "temos que construir mais cadeias". A segurança pública está doente. O descaso com as políticas públicas as coloca nas primeiras fileiras da patologia social crônica. O policial, o médico de hospitais públicos ou mesmo privados, o professor, dentre muitos exemplos de profissionais sob condições um tanto adversas e severas em suas rotinas, estão cada vez mais trabalhando no limite, já estão, aliás, *fora* do limite. Condições sub-humanas produzem máquinas de matar, de deixar morrer, de tortura, de abandono, de negligência, de atendimento impessoal e desinteressado, de falta de empatia, de descuidado, no mais amplo sentido, incluindo falta de motivação, energia, realização pessoal, sentimento de menos valia, dúvidas ou indiferença quanto ao seu trabalho conseguir alcançar uma contribuição para edificação da vida social, carecimento de esperança, numa só palavra, condições sub-humanas produzem falta de *saúde*.

Impressionou-nos a palestra de Angerami (2002) e seu texto em que ele fala da *calosidade* do profissional na instituição hospitalar. Contribui muito para isso a desatenção à saúde: a falta e precariedade de equipamentos médicos e de infraestrutura, a demanda enorme da população por atendimento, a pressão sobre o desempenho de quem lida com a dor, o sofrimento não só dos pacientes como dos parentes e amigos, a morte e a doença sempre convivendo com o profissional. Ele pode quebrar: a sua resiliência pode ser duramente atingida. Uma das respostas pode ser a desumanização do trabalhador da saúde. Ele se desliga (ou gostaria de se desligar, de estar em outro lugar, alguns minutos que fossem fora do "purgatório"). O trabalhador pode passar a agir como um autômato. Os pacientes, nesse caso, tornam-se números, simples corpos, órgãos a serem reparados, estatísticas. A condição de *pessoa* do paciente vai se tornando turva. A condição de *pessoa* do profissional igualmente vai se tornando evanescente.

O calo é uma defesa orgânica diante da pressão, de um contato que machuca constantemente a pele, como um atrito constante de um calçado. Angerami (2012, p. 19) experimentou o seu calo tocando violão profissionalmente, ferindo os dedos ao se exercitar para tocar, até que a pele se defendeu. A resiliência da pele foi uma tentativa de adaptação do organismo a um incômodo constante. "No início, os dedos ficavam em situação extrema de sofrimento, de tal modo que era necessário interromper os estudos, pois eles se mostravam totalmente feridos e sem condição de aguentar essa rotina necessária para o aperfeiçoamento no instrumento" (ANGERAMI, 2012, p. 19). A calosidade ou calo é uma imagem fidedigna ao que pode ocorrer e, de fato, ocorre frequentemente, com o profissional da saúde, submetido constantemente a condições desumanas de trabalho.

> *Calosidade profissional* é, assim aquela postura em que o profissional da saúde, depois de anos de prática com o doente e a doença, adquire uma

> postura de proteção pessoal que se transforma em indiferença total com a dor do paciente. Essa calosidade o impede de ser afetado, ainda que minimamente, pelo sofrimento do paciente. Esse tipo de postura é aquela em que o paciente é tratado pelo profissional da saúde apenas como um simples sintoma, em total desprezo pela sua dor. Sua postura é de total distanciamento da dor e do sofrimento do paciente. (Angerami, 2012, p. 20)

Aqui, queremos nos deter mais um pouquinho para ressaltar que a resiliência, para se defender da pressão, da frustração, do sentimento de estar lançado ao descaso, para se defender da constante desqualificação das condições de trabalho e do próprio reconhecimento do valor do profissional, enfim, a resposta resiliente, nesse caso, não se reduz a se manter como uma defesa psíquica, mas, pode se transformar num vetor reprodutor da carência de cuidado, ainda que não deliberadamente intencional, de descuido, descaso, abandono dos pacientes. O que deveria ser a razão de ser do profissional, o amor ao que faz e aos pacientes, vira o seu tormento, a sua sina, a sua cruz.

Acompanhamos, nesse ponto, o processo de relações Eu – Isso num dos seus espectros mais dramáticos. Quando a redução do ser humano a pouco mais que nada, sentimento de falta de sentido de ali estar, é reciprocamente ajustado com a objetivação do paciente – visto como corpo sintomático, objeto mecânico a ser concertado. A pessoa do paciente torna-se quase invisível ao profissional. Torna-se: "pessoal, chegou mais um. Que a gente faz com esse aqui?". Os pronomes *esse*, *aquele* são marcas da impessoalidade das relações, do distanciamento defensivo, do cansaço da sensação de estar permanentemente enxugando gelo, como se diz.

A calosidade nas relações não se reduz aos profissionais citados (médicos, policiais, professores), ela é uma das armadilhas do espaço institucional. Para escapar ao adoecimento, a instituição precisa se abrir à *comunidade* humana, que são *as pessoas*.

> Na comunidade, as pessoas se conhecem, se reconhecem, se comunicam umas com as outras [...]. A comunidade é constituída por um grupo em que seus participantes [...] têm finalidades em comum. Uma comunidade é constituída por *pessoas*. Não por este ou aquele indivíduo anônimo diante do qual se é indiferente, mas por João, Pedro, Maria, Claudia, etc. (Veríssimo, 2008, p. 162)

O desafio de sair do lugar normativo e rotineiro do funcionamento institucional para um âmbito aberto às pessoas num espaço comum não é nada fácil. Tal tarefa não caberá à instituição pura e simplesmente, e sim, às pessoas que convivem na instituição. Condições sub-humanas de trabalho podem quebrar a nossa resiliência, arranham a nossa humanidade quando não a reduzem ao mínimo. Mas não aniquilam de vez o nosso ser pessoa. Seria uma injustiça generalizar que se as instituições são desumanas, logo, quem lá está acaba igual. Nossa humanidade, a nosso ver, não se reduz a uma mecânica condicionada exteriormente. Da mesma forma que podemos faltar ao próximo, podemos resgatar a nossa humanidade. Não há fórmulas morais, psicológicas ou mágicas para isso. A cada situação, a cada contorno relacional, estaremos diante da alternância do modo Eu e Tu com o modo Eu – Isso. Buber nos convida a refletir: "muitos Tu proferidos são, fundamentalmente, Isso, ao qual se diz Tu, somente por hábito ou sem pensar. E muitos Isso expressos significam, no fundo, um Tu de cuja presença se guarda, mesmo estando distante, no fundo de seu ser, uma lembrança [...]" (Buber, 2006, p. 72).

A ressonância Eu e Tu no desenvolvimento da resiliência

E o que dizer da *nossa* calosidade? Dos calos que vamos formando ao longo de nossa vida, ao longo de nossas interações? Aprendemos a nos defender do que percebemos como contrariedade, desafio, frustração, derrota etc. Aprendemos? Afinal, do que ou de quem nos defendemos? De uma ameaça? Dos nossos sentimentos? De nossa angústia? De nosso imaginário? Da "realidade"? De nossas expectativas? De nosso desejo?

Os mesmos expedientes resilientes que geramos para administrar nossa lida com o mundo podem travar nosso lançar-se nas relações e na autorrelação. A lista dos expedientes é extensa: contenção de impulsos e sentimentos que julgamos excessivos ou inadequados, esquivar-se da tensão e da pressão sobre nós, formulação de juízos sobre nossas ações e intenções assim como sobre as ações e intenções dos outros, dosagem das expectativas, avaliação racional das consequências das nossas ações e das ações alheias, procurar o que avaliamos ser a melhor palavra para a situação, calar-se para evitar discussões que achamos inúteis, não contar o que se passa conosco para não perturbar a vida de quem amamos ou para evitar brigas e discussões, assim por diante.

Tais ajustes podem se tornar tão arraigados que passamos a usá-los indiscriminadamente, para toda e qualquer situação, toda e qualquer pessoa. Assim, a nossa resistência na lida com o mundo – seja ele "interno" ou "externo", torna-se uma resistência ao mundo. Nesse caso, os calos podem fazer pulular sintomas de toda natureza, enrijecimento da expressão corporal, blindagem contra dar ou receber afeto, alienação entre o que se diz e o que se sente, embotamento afetivo, pouca percepção das necessidades próprias, rejeição a si mesmo, ressentimento contra Deus e todo mundo etc.

Dessa forma, irrompeu um colapso de nossa resistência salutar ao apelo que constitui qualquer relação. A resiliência é uma condição psíquica que desenvolvemos para nos sustentar em nossas relações, mas pode se tornar um calo que deixa de cumprir um papel de proteção e passa a não nos permitir sentir o que se passa conosco e com o outro, passa a nos tornar esquivos da assertividade. Em algumas relações, por sua vez, podemos nos sentir afetados, de tal maneira que se fratura ou mesmo se quebra a nossa resistência. No entanto, será nas relações o campo onde poderemos não só retomar a resiliência, como superar – ou tentar superar as dificuldades e sequelas que foram produzidas em interações que para nós foram complicadas.

Podemos nos ver tão enredados em nossa história que nos perdemos nela, sem ver alternativas que não uma repetição de condutas, reações, imagens e ideias prevalentes. É como se estivéssemos presos numa roda que gira, mas que não vai a lugar algum além da dor, do sentimento angustiado e do sofrimento, suas mazelas e sequelas. Esse giro pode gerar um sentimento de que estamos fadados a uma ausência de horizontes. Nesse momento, Buber entra em cena para dizer: "A única coisa que pode vir a ser fatal ao homem, é crer na fatalidade" (Buber, 2006, p. 67).

A fatalidade pode ser reivindicada não apenas por certas interpretações de Karma como "aquilo a que se deve pagar em uma encarnação", mas, por relações de causa e efeito "descobertas" pela biologia, economia, psiquiatria, astrologia, várias "logias". Podemos ser considerados fadados a um diagnóstico. Podemos considerar um diagnóstico como o nosso fardo, o nosso "karma". Podemos nem ir ao psicólogo e já anunciarmos que "sou neurótico", "sou histérico".

O que distingue um modo relacional que se evade da causalidade rígida para a esfera relacional aberta ao descomedimento meu e do outro, que recusa as medidas exteriores à relação e antecipadoras do seu devir? A linha de corte é o modo Eu e Tu. Nesse modo, sem negar a concretude das condições de nossa existência, não por isso detonamos o interesse por alguém na condição de Tu, não por isso negamos peremptoriamente essa angústia que toma o ser que são as suas possibilidades como existente. Nossas possibilidades se fazem presentes junto ao mundo, e mundo é relação. A pessoa que se entrega à relação cujo sentido aponta Eu e Tu, ela crê no ser humano. Isso significa: ela não é uma "fanática", uma "alienada", uma "cega obstinada". Ela está decidida, ou seja, ela "se oferece ao encontro" (Buber, 2006, p. 70).

Enquanto o pensamento calculante insiste na fatalidade, entrega-se aos ditames rígidos de um poder disciplinador. Na verdade, ele pouco crê no ser humano, senão como um experimento privilegiado, arbitrado por um desejo ávido de saber, controle e testagem de seu saber. Para Buber, "o homem que vive no arbitrário não crê e não se oferece ao encontro" (Buber, 2006, p. 70). Quando não acreditamos em mais nada, a não ser na fatalidade, quando alguém parece ter sucumbido ou estar sucumbindo de tal forma que parece não haver saída para ele, alguns até pensassem, num silêncio mesclado de vergonha, que o melhor mesmo seria o alívio da morte para tal infeliz, é aí que pesa toda a densidade da solidão para quem tragicamente se encontra abalado pela vida.

Quando alguém parece sucumbir à fatalidade há aqueles que, sem se recusar a se defrontar com a densidade da ordem causal da vida, aceitam, por outro lado a vocação do Tu. Ao invés de encarar quem sucumbiu à luz apenas da fatalidade, procuram entender e, sobretudo, *sentir* o esgarçamento dos vínculos numa história de vida. Ao invés de querer soberanamente explicá-los, contentam-se em se dedicar à possibilidade, por menor que seja, de chamar a pessoa à vida, de costurar feridas abertas por vínculos sofridos com uma oferta de um vínculo cerzido com dedicação e cuidado.

O trabalho de Nise da Silveira

Como ilustração do que estamos ponderando, insiste na nossa memória o trabalho de Dra. Nise da Silveira (1992). Ela lidou com o que em épocas mais recuadas era tido como o rejeito da sociedade: pessoas quebradas em sua resiliência psíquica, partidas, não aqui e acolá, mas em vários pedaços, sem exagero dizer, despedaçadas. Encarceradas num hospital, condenadas à fatalidade de um diagnóstico.

É o caso de Isaac. Digamos que ele quebrou por amor. Claro que não foi só por isso. Há toda uma história de vida que temos pouco e insuficiente acesso para traçar um exame mais preciso. De qualquer forma, o que nos chamou a atenção, inicialmente, ao ler a narrativa da sua história por Nise da Silveira, foi sua aparente fragilidade para lidar com a paixão, com a sua afetividade, com duas mulheres de sua vida, sua mãe e sua esposa. Ele entrou para a marinha mercante aos 19 anos e vivia viajando desde então. Num intervalo entre as viagens conhece a protagonista passional da sua vida, que era a sua vizinha, uma moça loura e bonita. Pouco depois, casa-se com ela. Apenas passados três meses de vida conjugal, Isaac rompe com a esposa, acusada de infidelidade. Como numa novela, que, aliás é a vida, como nos contos de fada em que nos deparamos com personagens invejosas, não demorou para se formar um cenário de intrigas. Mas, ao contrário de muitas novelas, que após diabruras de personagens fofoqueiros e maledicentes, os heróis se reconciliam num final feliz, não foi esse o destino dessa união. Passamos o detalhamento para Dra. Nise.

> Contaram-lhe que quando ele estava ausente sua noiva namorava muito e mantivera mesmo relações íntimas com certo rapaz, também da vizinhança. A mãe de Isaac dava apoio às maledicências e as incrementava. Essa revelação foi uma catástrofe para Isaac. Emoções violentas desordenaram sua vida psíquica. E três meses depois do casamento, ele foi internado no Hospital da Praia Vermelha. (Silveira, 1992, p. 46)

No diagnóstico de Isaac constava "embotamento afetivo", "afetividade muito comprometida", "não manifesta afeto à mãe", "inafetividade". Dra. Nise se recusa a enquadrar os seus clientes num molde Eu – Isso. Entrosada com uma ética da pessoa, ela adverte que "rótulos diagnóstico são, para nós, de significação menor. Não pensamos em termos de doenças, mas em função de indivíduos que tropeçam no caminho de volta à realidade cotidiana" (SILVEIRA, 1992, p. 21). Dra. Nise pincela, sem dificuldade, outro quadro, ao encontrar *a pessoa* Isaac. "Veremos em Isaac, através de atitude e das imagens pintadas no atelier de nosso serviço, que a afetividade permanece muito viva, fixada a um tema dominante" (SILVEIRA, 1992, p. 44).

Quando Isaac encontra Dra. Nise no atelier de pintura após ter sido transferido da Praia Vermelha para o Hospital Gustavo Riedel, no Engenho de Dentro, ele encontra um caminho para expressão de sua história. Envolvido e entusiasmado com a atividade, retrata a sua afetividade, a mulher da sua vida, suas fantasias de romance, sua beleza, sua reconciliação com ela; retrata a relação com a sua mãe por meio de belas pinturas de árvores em que transparece uma ligação entre elas.

Isso é uma relação?! Perguntarão alguns. Sim, respondemos. Por meio de cada pincelada Isaac diz algo fundamental e verdadeiro a ela e a si. O que ele não conseguiu realizar, o que não conseguiu falar, ele o faz na relação com a arte. Deixa o lugar de apenas mais um "paciente", de um Isso de um hospital, e brota como um artista. Por artista não entendemos o profissional da arte, aquele que recebe do crítico o aval "eis um genuíno artista!". Artista é quem estabelece uma relação significativa e expressiva com o mundo como tela de sua obra, seja esse mundo "interior" ou uma paisagem no campo e, nessa relação, abre-se uma trança com o íntimo de quem se achega à obra. Buber (2006) considera a relação Eu e Tu na relação do artista com a obra. A obra não é meramente do artista. Não é um simples produto do seu inconsciente. A obra é um genuíno encontro entre artista e obra, entre artista e mundo, entre Isaac e sua amada. Assim, ela como que sai da sua psique e passa a também habitar o mundo. Testemunhando suas imagens, somos cúmplices da sua paixão. E o autor pondera: "Eis a eterna origem da arte: uma forma defronta-se com o homem e anseia tornar-se uma obra por meio dele" (BUBER, 2006, p. 11). Pela ênfase na interface das relações, ele ainda afirma que a obra não é um produto de seu espírito. Diríamos: a obra não é somente um produto de sua psique, como quiçá acreditem algumas psicologias. A obra é uma aparição que se apresenta ao artista exigindo dele "um poder eficaz. Trata-se de um ato essencial do homem: se ele a realiza, proferindo de todo o seu ser a palavra-princípio EU-TU à forma que lhe aparece, aí então brota a força eficaz e a obra surge" (BUBER, 2006, p. 11).

Atendendo o que lhe pedia o encontro de seu imaginário com a obra, Isaac ia ao encontro da sua amada, ia ao encontro de si mesmo, e ao encontro se entregava, como faz ver Buber. "Um risco: A palavra-princípio não pode ser proferida senão pelo ser em sua totalidade, isto é, aquele que a [essa totalidade] se entrega não deve ocultar nada de si, pois a obra não tolera [...] que eu descanse entrando no mundo do ISSO" (BUBER, 2006, p. 11). Isso implica que se eu me furtar ao encontro comigo, com o mundo, com o outro na relação com a obra, "ela se desestrutura ou ela me desestrutura" (BUBER, 2006, p. 11).

Para que todas essas interfaces fossem possíveis, Dra. Nise propicia um ambiente *humano* de acolhimento, respeito, interesse devotado, extremo cuidado. Propicia aos pacientes canais de expressão e comunicação: ateliês de pintura, escultura, colagem, desenho etc., contato com os animais, dança, teatro, música, eventos comunitários, passeios, oficina de mitos e estórias, oficina de cozinha. Não deixa o paciente, ou melhor, o cliente, como ela gosta de dizer, cingido da vida em um mundo pululado por fantasmas, diagnósticos, psicofármacos, não o entrega a um mundo indiferente e mecanicista, não o deixa abandonado numa cama e num pátio de hospital, esperando a morte redentora.

Precisamos aprender com ela acerca do que significa resiliência no trato com alguém que, a princípio, queremos entrar em contato, mas que se encontra dentro de um mundo psíquico que pode soar estranho aos padrões comportamentais convencionais e familiares, que solicita um olhar renovado. A resiliência torna-se um teste de até que ponto suportamos essa forma em que o ser se mostra fora do que esperamos como sentidos claros e objetivos. Não há carecimento de linguagem. Assim como não se trata de falta de afetividade. Trata-se de uma linguagem e de uma afetividade que escapam à lógica convencional adotada socialmente. Precisamos, no entanto, reinventar-nos a fim de estabelecer um genuíno *encontro* com esse Tu. Admoesta Nise que "o esquizofrênico dificilmente consegue comunicar-se com o *outro*, falham os meios habituais de transmitir suas experiências. E é um fato que o outro também recua diante desse ser enigmático" (Silveira, 1981, p. 80). Para Nise, será preciso que quem realmente deseje um genuíno encontro com o cliente em situação fragilizada psiquicamente "esteja seriamente movido pelo interesse de penetrar no mundo hermético do esquizofrênico" (Silveira, 1981, p. 80).

Dialogicamente, mais importante ainda que "penetrar" no mundo íntimo de uma pessoa, será o estabelecimento de uma relação genuína, de pessoa a pessoa, Eu e Tu, onde quem está hospitalizado ou em tratamento poderá sentir-se à vontade para se expressar a partir de suas possibilidades próprias. Prosseguimos com Nise. "Será preciso constância, paciência e um ambiente livre de qualquer coação para que relações de amizade e de compreensão possam ser criadas. Sem a ponte desse relacionamento, a cura será quase impossível" (Silveira, 1981, p. 80).

Elencamos, no trabalho de Nise da Silveira, diretrizes de uma práxis que envolva *a pessoa*, incluindo a perspectiva dialógica sobre a pessoa.

> Acreditar que a expressão mais espontânea e congruente do ser humano é um fator decisivo para sua própria humanização (processo constante de tornar-se pessoa). Por espontâneo não o imaginamos sem limites, dificuldades, isento de restrições. Essa filosofia de trabalho e de concepção da pessoa propõe deixar o ser humano se expressar *por ele mesmo*. Tal práxis quer reconhecer que o indivíduo, mesmo padecendo de distúrbios emocionais e mentais, tem modos próprios de ser e de se expressar que devem ser levados em consideração.

> Não impor hierarquias de poder e saber. O paciente e o corpo clínico mantêm uma relação dialógica: aprendem e se comunicam mutuamente, numa sinergia que foi designada como "emoção de lidar". Dessa forma, por exemplo, o paciente escolhe as práticas expressivas que vai executar: oficina de modelagem (barro, argila), xilogravura, pintura, colagem, desenho, teatro, jornal da casa.
>
> Entender que a individuação se faz, sobretudo, através do trato com o simbólico e pela *convivência*. Há que se levar em conta o processo de socialização e interação interpessoal. (Veríssimo, 2012b, p. 159)

A própria Dra. Nise experimentou inúmeras provas de resiliência. Pela sua tenacidade em desenvolver um trabalho humanista e inovador com os pacientes, tendo em vista o que passou em 1936, na ditadura Vargas: Nise foi presa, ficou na cadeia mais de um ano acusada de "comunista". "Perdi o emprego e fiquei afastada do serviço público, obtido por concurso, durante oito anos, sob a alegação de pertencer a um círculo de ideias incompatíveis com a "democracia" (Silveira citada por Mello, 2014, p. 75). Na prisão, Nise conheceu a condições sub-humanas, mas, igualmente a humanidade nos campus do Hades (imagem mítica que ora associamos aonde se encontrava Dra. Nise).

> O ambiente era terrível, um corredor todo pintado de roxo. Me puseram numa cela, no térreo, que tinha um número incrível de baratas. A imundice era grande. Então, um preso comum, ladrão, que eles são muito amáveis, achou de varrer essa sala e botaram um colchão no chão, mas eu passei a noite toda acordada. ([Nise da] Silveira, citada. por Mello, 2014, p. 75)

Conheceu Nise, também Elisa Berger, "uma verdadeira revolucionária"; o escritor Graciliano Ramos; Olga Prestes, esposa de Júlio Prestes. À Olga foi dito que iria ser transferida para uma maternidade e, na verdade, enviaram-na para ser torturada e morta na Alemanha nazista. Nise conheceu quem sucumbiu em sua resiliência diante de adversidades inomináveis e trato cruel.

> Depois me transferiram para a famosa sala 4, onde estavam entre outras, Olga Prestes, grávida , e Elisa Berger. [...] Elisa era fantástica! O marido, Harry Berger, também estava preso e sofreu até enlouquecer. Eles torturaram Berger de uma maneira terrível. As torturas eram feitas de madrugada e Elisa acordava toda madrugada. Eu me sentava na cama e escutava suas histórias. Ouvir aquilo tudo me atingiu muito. Para mim, aquelas torturas eram inimagináveis [...] a prisão foi uma experiência decisiva para a minha vida. Foi uma vivência muito marcante. Eu fiquei com mania de liberdade. (Silveira, citada por Mello, 2014, p. 76)

Dra. Nise ficou com mania de liberdade! Eis mais uma face da sua resiliência.

O apelo do amor ao cuidado ou o apelo do cuidado ao amor

Quando enfrentamos um problema e somos testados em nossa resiliência, uma frase do senso comum vem a nossa mente: "e a vida continua". O problema é que quando somos afetados em nossa resiliência, não é fácil, para usar outra dita do senso comum, "virar a página" e seguir em frente. Sentimo-nos paralisados – nas forças, na fé, às vezes parece que o coração congela, outras vezes, parece não calar a dor, nosso ser parece sangrar sem estancamento, escoando na direção de um vazio. Sentimo-nos não só esgotados, como podemos sentir que a vida parou, ou mesmo andou para trás. Podemos ficar presos no que poderá se transformar num passado que não passa.

Como curar isso? Como passar da ressaca de um acontecimento traumático, de uma situação que cronicamente desafie a nossa resistência, para dizer um "sim" à vida e voltar a buscar um sentido afirmativo para a existência?

Alguns não acreditam e se entregam – a morte, à bebida, à depressão, a dependência de substância ou de alguém, a um salvador externo às suas escolhas, aos seus sintomas. Não se trata aí de covardia perante a vida. Trata-se do sofrer humano. E queremos ter esse olhar de empatia. Quando alguém não se acredita mais, se nós não acreditarmos, de alguma forma, nele, que lhe restará? Que restará à existência sem o nó de relações que a compõe?

Às vezes faltam até palavras para consolar, mas não o desejo do bem para alguém. Não precisamos ir a um dicionário de ética ou de filosofia. Sabemos o que é o bem e o mal, estar sadio ou doente, porque *vivenciamos* essas expressões da condição humana, antes dos juízos morais acerca deles. Se faltam palavras, podemos abraçar, acolher, deixar o silêncio resguardar o ser, cuidar. Jó teve muitas palavras em torno dele de seus falsos amigos. Todos já tivemos e teremos os nossos "Jós" a nossa frente, em sofrimento intenso. Nós mesmos podemos experimentar essa posição. E o sofrer pode revoltar até arrebentar.

Eis quando entra o cuidado, o interesse genuíno por alguém, e uma palavra que não é piegas, o amor. Podemos admitir um casamento entre o amor e o cuidado. Ambos estão envolvidos com a fragilidade e a sensibilidade humana. Ambos conseguem identificar necessidades, sofrimentos, padecimentos não só nas lágrimas, como entre sorrisos e esquivas, na familiaridade e na estranheza, eles promovem uma autêntica comunidade que integra diferenças. O amor encontra-se empenhado no cuidado porque deseja não simplesmente o outro, mas, *o bem* do outro. Dito isso, e para não nos estender excessivamente no nosso capítulo, encerramos com Martin Buber.

> O amor é uma força cósmica. Aquele que habita e contempla no amor, os homens se desligam do seu emaranhado confuso próprio das coisas; bons e maus, sábios e tolos, belos e feios, uns após outros, tornam-se para ele atuais, tornam-se TU, isto é, seres desprendidos, livres, únicos

ele os encontra cada um face-a-face. [...] Amor é responsabilidade de um EU para com um TU: nisto consiste a igualdade daqueles que amam, igualdade que não pode consistir num sentimento qualquer, igualdade que vai [...] daquele cuja vida está encerrada na vida de um ser amado, até aquele crucificado durante sua vida na cruz do mundo por ter podido e ousado algo inacreditável: amar *os homens*. (Buber, 2006, p. 17)

Referências

ANGERAMI, V. A. *Psicossomática e suas interfaces*. São Paulo: Cengage Learning, 2012.

ANGERAMI, V. A. *Solidão*. A ausência do outro. Belo Horizonte: Artesã, 2017.

ANGST, R. Psicologia e resiliência: uma revisão de literatura. *Psicologia Argumento*, Curitiba, v. 27, n. 58, p. 253-260, jul./set. 2009.

BOFF, Leonardo. *Saber cuidar. Ética do humano – compaixão pela terra*. 4ª ed. Petrópolis: Vozes, 1999.

BRANDÃO, J. M. *Resiliência: de que se trata? O conceito e suas imprecisões*. 2009. 136f. Dissertação (Mestrado) – Faculdade de Filosofia e Ciências Humanas, Universidade Federal de Minas Gerais, Belo Horizonte, 2009.

BRITES, S. B. *A relação autêntica no pensamento de Martin Buber, filósofo do encontro e do diálogo*. Disponível em: <https://www.youtube.com/watch?v=sZNV6nUTX4o&t=47s>. Acesso em: 21 jul. 2017.

BUBER, M. *Eu e Tu*. 6. ed. rev. São Paulo: Centauro, 2006.

BUBER, M. *Sobre Comunidade*. Tradução de Newton Aquiles von Zuben. São Paulo: Perspectiva, 1987.

DICIONÁRIO ELETRÔNICO HOUAISS. São Paulo: Instituto Houaiss; Objetiva, 2009.

ERTHAL, T. C. S. *Trilogia da Existência*. Curitiba: Appris, 2013.

FRANKL, V. E. *Psicoterapia e sentido da vida. Fundamentos da logoterapia e análise existencial*. Tradução de Alípio M. de Castro. 4. ed. São Paulo: Quadrante, 2003.

FREUD, S. *O mal-estar na civilização, Novas conferências introdutórias à psicanálise e outros textos [1930-1936]*. Tradução de Paulo César de Souza. São Paulo: Companhia das Letras, 2010.

GOLDSTEIN, T. S. Entre o conceito e a metáfora: a resiliência como abordagem do humano a partir da física dos materiais. *O Mundo da Saúde* [Revista do Centro Universitário São Camilo], São Paulo, v. 36, n. 2, p. 327- 331, 2012.

HEIDEGGER, M. *Ensaios e conferências*. Tradução de Emmanuel Carneiro Leão, Gilvan Fogel, Marcia Sá Cavalcante Schuback. Petrópolis: Vozes, 2002.

HEIDEGGER, M. *Ser e tempo*. Tradução de Marcia Sá Cavalcante Schuback. 6. ed. Petrópolis: Vozes; Bragança Paulista: Ed. Universitária São Francisco, 2012.

KIERKEGAARD, S. A. *O desespero humano*. Tradução de Adolfo Casais Monteiro. São Paulo: Abril Cultural, 1979.

LÉVINAS, E. *Humanismo do outro homem*. Tradução de Pergentino S. Pivatto *et al*. Petrópolis: Vozes, 1993.

MELLO, L. C. *Nise da Silveira: caminhos de uma psiquiatria rebelde*. Rio de Janeiro: Automatica Edições, 2014.

OLIVEIRA, M. A. de; NAKANO, T. de C. Criatividade e resiliência na vida de Nise da Silveira. *Estudos e Pesquisas em Psicologia*, Rio de Janeiro, v. 14, n. 2, p. 497-523, ago. 2014. Disponível em: <http://pepsic.bvsalud.org/scielo.php?script=sci_arttext&pid=S1808-42812014000200007&lng=pt&nrm=iso>. Acesso em: 18 jul. 2017.

PADUA, I. de. *Resiliência: uma nova conformação do ser humano*. 2010. Monografia de Conclusão de Curso. Universidade Veiga de Almeida, Rio de Janeiro.

PEGORARO, O. *Introdução à ética contemporânea*. Rio de Janeiro: Uapê, 2005.

PESSANHA, J. A. M. Bachelard: asas da imaginação. *In*: BACHELARD, G. *O direito de sonhar*. Tradução de José A. M. Pessanha *et al*. São Paulo: Difel, 1985.

POLSTER, E. e M. *Gestalt-terapia integrada*. Tradução de Sonia Augusto. São Paulo: Summus, 2001.

ROGERS, C. R. *Novas formas de amor. O casamento e suas alternativas*. 4. ed. Rio de Janeiro: José Olympio, 1977.

SÁ JUNIOR, L. S. de M. Desconstruindo a definição de saúde. *Jornal do Conselho Federal de Medicina (CFM)*, Brasília, p. 15-16, jul./set. 2004. Disponível em: <http://www.portalmedico.org.br/index.asp?opcao=bibliotecaJornalJulAgoSet2004#>. Acesso em: 27 jun. 2005.

SÁNCHEZ, L. S. Resiliencia en violencia de género. Un nuevo enfoque para los/las profesionales sanitarios/as. *Journal of Feminist, Gender and Women Studies*, v. *1, p. 103-113, ene./jan. 2015*. Disponível em: <https://revistas.uam.es/JournalFeminist>. Acesso em: 30 jul. 2017.

SARTRE, J.-P. *L'être et le néant. Essais d'ontologie phénomenologique*. Paris: Gallimard, 2006 [1943].

SARTRE, J.-P. *O existencialismo é um humanismo*. Tradução de Rita Correia Guedes. São Paulo: Nova Cultural, 1987 (Os pensadores).

SARTRE, J.-P. *Saint Genet. Ator e Mártir*. Tradução de Lucy Magalhães. Petrópolis: Vozes, 2002.

SILVEIRA, D. R.; GRADIM, F. J. Contribuições de Viktor Frankl ao movimento da saúde coletiva. *Revista da Abordagem Gestáltica*, Goiânia, v. 21, n. 2, p. 153-161, dez. 2015. Disponível em: <http://pepsic.bvsalud.org/scielo.php?Script=sci_arttext&pid=S1809-68672015000200005&lng=pt&nrm=iso>. Acesso em: 12 out. 2016.

SILVEIRA, N. da. *Imagens do inconsciente.* Rio de Janeiro: Alhambra, 1981.

SILVEIRA, N. da. *O mundo das imagens.* São Paulo: Ática, 1992.

VERÍSSIMO, L. J. Colóquio com Martin Buber. As contribuições da filosofia do diálogo para a psicoterapia. In: ANGERAMI, V. A. *Psicoterapia e Brasilidade.* São Paulo: Cortez, 2011.

VERÍSSIMO, L. J. Entre pessoas: um modo de pensar a pequisa e a saúde a partir de uma abordagem dialógica proposta por Martin Buber. In: ANGERAMI, V. A. *Psicossomática e suas Interfaces.* São Paulo: Cengage Learning, 2012a, p. 331-360.

VERÍSSIMO, L. J. *Ética da reciprocidade: diálogo com Martin Buber.* Rio de Janeiro: Uapê, 2010.

VERÍSSIMO, L. J. O trabalho de Nise da Silveira e a humanização da pessoa: entrelace da bioética com a psicologia. *Revista de Filosofia SEAF*, Rio de Janeiro, ano 11, n. 11, p. 135-163, 2012b. (Coedição UAPÊ).

VERÍSSIMO, L. J. Por uma psicologia da pessoa. In: ANGERAMI, V. A. *Psicologia e religião.* São Paulo: Cengage Learning, 2008.

VERÍSSIMO, L. J.; ERTHAL, T. C. S. *Sobre o amor, a paixão, o olhar e as relações humanas. Diálogos com Sartre e com o humanismo.* Curitba: Appris, 2015.

VINICIUS, D. Nem tudo o que plantamos florescerá. *Pinterest Brasil.* Disponível em: <http://www.frasesparaoface.com/page/31/>. Acesso em: 26 ago. 2017.

WHO Library Cataloguing in Publication Data. Basic documents – 48th ed. World Health Organization, 2014.

YUNES, M. A. M. Psicologia positiva e resiliência: o foco no indivíduo e na família. *Psicologia em Estudo*, Maringá , v. 8, n. spe, p. 75-84, 2003. Disponível em: <http://www.scielo.br/scielo.php?script=sci_arttext&pid=S1413-73722003000300010&lng=en&nrm=iso>. Acesso em: 18 jul. 2017.

ZUBEN, N. A. v. *Martin Buber. Cumplicidade e diálogo.* Bauru: EDUSC, 2003.

CAPÍTULO 15

Possibilidades de ser diante do adoecer e da morte

Fabíola Langaro
Daniela Ribeiro Schneider

1. A morte

A morte não é nada para nós, pois, quando existimos, não existe a morte, e quando existe a morte, não "o existimos mais".
(Epicuro)

A sociedade e a cultura atuais consideram a morte como contraditório com a vida, o que dificulta a aceitação da morte como um evento inexorável, podendo gerar silêncio e desamparo social por aqueles que enfrentam uma situação de adoecimento. Conforme destaca Morin (1997), as ciências do homem negligenciam a morte, apesar de a espécie humana ser a única para a qual a morte está presente ao longo da vida, a única a acompanhar a morte com um ritual funerário, a única a crer na sobrevivência ou no renascimento dos mortos. Conforme destaca Freitas (2013, p. 98),

> questões existenciais como a transitoriedade da vida, a efemeridade, a angústia, inerentes ao processo da morte e do morrer, são frequentemente evitadas.[...] A efemeridade da existência e sua marca fundamental, a angústia, são deslocadas da experiência vivida para o silêncio do tabu ou para o espetáculo do bizarro, como se sua ocorrência fosse um acidente estranho e evitável. [...] Esquecemos que à medida que avançamos no tempo, somos pelo próprio tempo, chamados ao risco e às escolhas inerentes à precariedade do existir.

Para o ser humano, o ato de morrer, além de um fenômeno biológico, contém uma dimensão simbólica. Enquanto tal, a morte apresenta-se carregada de valores e significados dependentes do contexto sociocultural e histórico em que se manifesta (Combinato; Queiroz, 2006). As religiões e a filosofia há muito questionam e tentam explicar a origem e o destino do homem. Por tradição cultural, familiar ou por investigação pessoal cada um constrói sua própria representação da morte (Kovács, 2010).

Assim, desde sua origem, a humanidade depara-se com o fenômeno da morte. Há registros de rituais e homenagens aos mortos desde a pré-história, relacionados principalmente à crença de que a morte seria uma transição da terra dos vivos para o mundo dos mortos (Santos, 2007). Na idade média, no Ocidente, tempo da "morte domada", os doentes sabiam quando iam morrer e, ao pressentirem sua morte, realizavam seus rituais de despedia em casa, praticavam o lamento pela vida, o pedido de perdão. Em cerimônias com familiares e conhecidos, inclusive as crianças, aguardava-se a morte de forma simples e sem caráter dramático. Esta era considerada a "boa morte", os enterros se davam fora das cidades, e a crença geral era de que os mortos dormiam aguardando o Juízo Final (Ariès, 2003).

A partir dos processos de industrialização decorridos na Europa ao final do século XVIII e XIX, com a crescente urbanização, com as medidas sanitaristas e a construção de hospitais, a morte passa a ser tratada de modo impessoal, sendo afastada e medicalizada, perdendo seu caráter de naturalidade. Desde então, o hospital passa a oferecer às famílias o asilo onde poderiam esconder seus doentes, que nem o mundo nem elas mesmas podiam suportar. Nesta sociedade, "o indivíduo perde o controle e o poder sobre o seu morrer e é obrigado a se colocar na dependência do ambiente" (Santos, 2007, p. 20).

Em decorrência deste contínuo processo de ocultação da morte e com a crescente evolução da medicina, nas sociedades ocidentais modernas, a morte passa a ser considerada feia, suja, inconveniente. É a "morte interdita", aquela considerada vergonhosa, fracasso da ciência e da tecnologia, devendo, pois, ser escondida. Neste cenário, a melancolia trazida pela presença da morte faz com que o homem a veja como um mal, tentando não pensar nela e no quanto ela é inerente à vida. A morte, neste contexto, torna-se um assunto a ser evitado, sendo condenadas as expressões da dor, atribuindo-lhe qualidade de fraqueza. Os rituais adotados acabam por negá-la e afastá-la, bem como de suprimir os processos de luto (Ariès, 2003).

Em consequência,

> a morte não é apenas afastada da atmosfera social e do discurso acadêmico, mas também do cotidiano das famílias e seus moribundos – que nos dias atuais, morrem nos hospitais, privados de maiores informações e possibilidades de decisão a respeito de sua própria vida, sem autonomia (Freitas, 2013, p. 98).

Portanto, de um tempo em que a morte e os rituais funerários ocorriam em casa, de portas abertas, com a participação das comunidades, e os enterros realizados em locais centrais nas cidades, passou-se a um momento em que a morte acontece nos hospitais, longe da família, em que os rituais são cada vez mais curtos e os enterros – quando ocorrem – são realizados em lugares cada vez mais distantes aos olhos. Isto faz com que os sujeitos quando na espontaneidade do cotidiano vivam a experiência da morte como algo distante, estranha a si mesmos. Neste processo, também o desenvolvimento técnico-científico, que possibilita a cura de pacientes antes considerados irrecuperáveis, contribui grandemente para o distanciamento deste fenômeno, que passou a ser vivido enquanto algo "extra-ordinário".

Porém, se em parte a ocultação da morte é fruto das condições sociais, históricas e culturais do tempo atual, é também devido ao caráter constitutivo do ser humano. Simone de Beauvoir (1984, p. 106), ao descrever o processo de adoecimento e morte de sua mãe, destaca o caráter absurdo que a morte tem para o sujeito: "não há morte natural: nada do que acontece ao homem é jamais natural, pois sua presença questiona o mundo. Todos os homens são mortais: mas para cada homem sua morte é um acidente e, mesmo que ele a conheça e a consinta, uma violência indevida". Conta Beauvoir (1984, p. 20) que

> só que esse corpo, subitamente reduzido por essa renúncia a não ser mais do que um corpo, já não diferia muito de um despojo: pobre carcaça sem defesa, apalpada, manipulada por mãos profissionais, onde a vida parecia prolongar-se apenas por uma inércia estúpida. Para mim, minha mãe existira sempre e eu jamais pensara seriamente que a veria desaparecer um dia, bem cedo. O seu fim, tal como o seu nascimento, situava-se num tempo mítico. Quando dizia de mim para mim: ela está na idade de morrer, eram palavras vazias, como tantas outras. Pela primeira vez, no entanto, eu percebia nela um cadáver adiado.

Para o existencialismo, portanto, a morte será considerada como um evento que retira do sujeito a liberdade constitutiva de seu ser. Ela será a negação das possibilidades na realização de um projeto de ser que caracteriza o vir-a-ser sujeito (Sartre, 1978).

2. O Projeto de Ser

Segundo Sartre (1997), no sentido ontológico, a liberdade é definidora do ser do sujeito, pois "[...] é precisamente o nada que é tendo sido no âmago do homem e obriga a realidade-humana a fazer-se em vez de ser" (Sartre, 1997, p. 545). Nessa direção, os sujeitos constituem-se a partir de suas escolhas e ações que estão sempre relacionadas a um projeto, um desejo de ser. Suas escolhas cotidianas relacionam-se a uma escolha fundamental que os levam a um projeto de ser fundamental, caracterizado pela totalização de ações em curso que é o homem.

A liberdade, para Sartre (1978), é consequência da condição de que o homem é um "ser-no-mundo", ou seja, é dotado de um corpo e de uma consciência, por meio dos quais estabelece relações que caracterizam sua existência. É, assim, "em-si/para-si", ou seja, é corpo, que é coisa, definido por sua estrutura física e é consciência, a condição de relacionar-se com o mundo. A consciência, como liberdade, é também caracterizada por sua intencionalidade, ou seja, por sempre visar ao objeto, sendo que "pela intencionalidade ela transcende-se a si mesma, ela unifica-se escapando-se" (Sartre, 1994, p. 47).

Esforçando-se para colocar "todo homem no domínio de o que ele é e de lhe atribuir a total responsabilidade de sua existência" (Sartre, 1978, p. 12), o existencialismo compreende que o indivíduo, ao ser lançado no mundo, é também livre para fazer escolhas, sendo responsável por toda a sua ação. Além disso, é por meio de suas ações que os indivíduos se essencializam, ou seja, constroem seu "eu", conforme descreve Sartre (1978, p. 12) "o homem primeiramente existe, se descobre, surge no mundo; e que só depois se define. [...] O homem não é mais do que o que ele faz".

A ação humana, assim, está sempre direcionada ao futuro, para aquilo que o indivíduo ainda não é, pois "[...] o homem, antes de mais nada, é o que se lança para um futuro, e o que é consciente de se projetar no futuro. O homem é, antes de mais nada, um projeto que se vive subjetivamente [...]" (Sartre, 1978, p. 12). Sendo este projeto caracterizado por um "desejo de ser", pode-se, então, pensar que é principalmente a partir deste desejo – especificado em diferentes desejos concretos – que move o homem e o orienta no estabelecimento de suas relações com a exterioridade.

Segundo Schneider (2011), o projeto de ser se caracteriza por essa busca do sujeito em realizar plenamente o seu ser, já que está sempre indo em direção ao seu futuro. Não existe indivíduo sem projeto, visto que não ter projeto é ainda ter um projeto, pois em cada posicionamento, em cada comportamento do sujeito existe uma significação que o transcende; cada escolha concreta e empírica designa uma escolha fundamental, ou seja, a realização do projeto de ser.

Movendo-se em direção a este projeto, fazendo escolhas cotidianas, o homem é condenado a ser livre, ou seja, ele é responsável pela sua existência na medida em que é-lhe atribuída a responsabilidade por escolher e agir, lançando-se no mundo (Sartre, 1978). Sendo um ser que pode fazer escolhas e as faz em função de um projeto, o homem pode fazer essas escolhas a partir de uma consciência espontânea ou a partir de uma consciência reflexiva crítica. A consciência espontânea faz com que o homem fique preso ao "dever ser", e a consciência reflexiva crítica o leva ao seu verdadeiro desejo de ser.

Esta experiência do "dever ser" é fruto, segundo Sartre (1978), de uma apropriação fatalista da realidade e de si que o sujeito realiza a partir de uma consciência que é espontânea, alienada, não posicional de si. Dessa forma, o indivíduo vive como estando destinado, determinado a ser da forma como se compreende e se vê, tendo a experiência de que esta maneira de ser é sua única possibilidade. Para sair desta consciência de primeiro grau, em que não toma seu próprio eu como objeto da consciência, mas reproduz ideologias sociais, é necessário que o indivíduo, pela reflexão, passe a agir a partir de uma consciência crítica, e que conceba a liberdade como a condição humana de fazer escolhas e de desejar ser diferente do que suas mediações aparentemente impõem, isto é, sair do "dever ser" para o "poder ser".

A partir do momento em que o sujeito passa a ser, ele mesmo, objeto de sua consciência, sai dessa consciência espontânea e passa para uma consciência que é reflexiva crítica, de segundo grau. É aí, então, que aparece o Eu [Ego], já que "encontrar-nos-íamos, portanto, na presença, por um lado, de um ato certo que me permite afirmar a presença do Eu na consciência refletida e, por outro lado, de uma recordação duvidosa que tenderia a fazer crer que o Eu está ausente da consciência irrefletida" (Sartre, 1994, p. 52). Assim, a reflexão modifica a consciência espontânea, trazendo o eu como objeto de reflexão, saindo de uma experiência de consciência de primeiro grau para outra de segundo grau.

Finalmente, para Sartre (1978, p. 19), só há realidade na ação: "o homem [...] só existe na medida em que se realiza, não é, portanto, nada mais do que o conjunto dos seus atos, nada mais do que a sua vida". As ações são, portanto, concretas e transcendentes e mesmo as atividades psíquicas são ações concretas no mundo, participam dele, transformam-no (Schneider, 2011). A ação humana, portanto, está sempre direcionada ao futuro, para aquilo que o indivíduo ainda não é, pois "[...] o homem, antes de mais nada, é o que se lança para um futuro, e o que é consciente de se projetar no futuro. O homem é, antes de mais nada, um projeto que se vive subjetivamente [...]" (Sartre, 1978, p. 12).

O projeto nada mais é do que o desejo de ser certo tipo de pessoa, com características e qualidades específicas que estabelecem determinadas relações sociais. Para Sartre (1978, p. 177), "o homem define-se pelo seu projeto. Este ser material supera perpetuamente a condição que lhe é dada; revela e determina sua situação, transcendendo-a para objetivar-se, pelo trabalho, pela ação ou pelo gesto". O futuro, ao mesmo tempo que aparece no horizonte para anunciar ao sujeito o que ele é a partir do que ainda será, também caracteriza o sujeito em sua possibilidade de não ser este futuro, visto que "o Futuro não é, o Futuro se possibiliza (*possibilise*). Futuro é a contínua possibilidade (*possibilisation*) dos Possíveis como sentido do Para-si presente" (Sartre, 1997, p. 183). Neste sentido, "é por que o Para-Si é o ser que exige sempre um depois, que não há lugar algum para a morte no ser que é Para-si" (Sartre, 1997, p. 662).

3. Projeto de ser diante do adoecer e da morte

Tendo em vista que o homem é apenas em sua existência e torna-se aquilo que fizer de si mesmo, a morte aparece não como uma possibilidade, mas como a "nadificação de todas as minhas possibilidades, nadificação essa que já não mais faz parte de minhas possibilidades". A morte é, assim, definida como "uma nadificação sempre possível de meus possíveis e que está fora de meus possíveis" (Sartre, 1997, p. 658). Morrer será, então, coincidir-se consigo mesmo e, será, ainda, o triunfo do ponto de vista do outro sobre o ponto de vista que sou sobre mim mesmo, visto que, enquanto nadificação de uma nadificação é posicionamento de meu ser como em-si. "Morrer é ser condenado a não existir a não ser pelo outro" (Sartre, 1997, p. 666).

Na dimensão ontológica do ser humano, a morte é, portanto, um absurdo, por ser a negação da existência e de todos os projetos. "Antes de tudo, devemos sublinhar o caráter absurdo da morte" (Sartre, 1997, p. 654). Conforme descreve Gois (2003, p. 216), quando descreve que a liberdade tem limites que se impõe a ela: a morte e o nascimento.

> A morte é simplesmente um fato puro ou facticidade derivada de minha contingência e ser nada; e, como o nascimento, é afetada do mesmo absurdo. É absurdo que tenhamos nascido, como é absurdo que devamos morrer, esse absurdo se revela como alienação permanente de meu ser -possibilidade que não é já minha possibilidade. É uma espera enganosa, que isenta toda a significação da vida. Eu sou espera de esperas que a morte suprime totalmente; a morte transforma minha vida em destino. Mas não traça limites a minha liberdade. Trata-se, pois, de um limite permanente a meus projetos, e como tal deve ser assumido este limite. Não há no fundo diferença entre a escolha pela qual a liberdade assume sua morte como limite inacessível de sua subjetividade e aquela pela qual escolheu ser liberdade limitada. A consequência é que a morte marca o signo mais claro da negatividade do para-si, que se deve resistir com fria atitude estóica.

Entretanto, não há como rejeitar indefinidamente a morte enquanto fato. Por mais que ela seja pensada enquanto algo exterior, não estando ao alcance do Para-si enquanto fato, em algum momento o sujeito se dará conta de que ninguém poderá morrer por ele, visto que ela é um acontecimento da vida humana. "A morte é um fenômeno humano, fenômeno último da vida, mas ainda vida" (Sartre, 1997, p. 652).

Nesta perspectiva, Sartre (1997) descreve que não é possível esperar "a morte". Porém, se há uma situação que concretamente lance o sujeito a ela, como o adoecimento do corpo, ela será vivida enquanto uma possibilidade pessoal para o sujeito, ainda que seja exterior. Há nela um caráter de facticidade, uma contingência radical. Descreve Sartre (1997, p. 656) que, "precisamente, a possibilidade de minha morte significa apenas que não sou biologicamente senão um sistema relativamente fechado, relativamente isolado; assinala somente o pertencer de meu corpo à totalidade dos existentes".

Em sua obra *O muro*, Sartre (1982) narra como o personagem principal, ao imaginar que será executado na manhã seguinte, revê toda a sua vida, buscando sentidos ao refletir sobre sua existência. Conforme escreve Sartre (1982, p. 24): "no estado em que me achava, se viessem me avisar que eu poderia voltar tranquilamente para casa, que a minha vida estava salva, ficaria indiferente; algumas horas ou alguns anos de espera dá na mesma, quando se perdeu a ilusão de ser eterno".

Não sendo livre para morrer, na medida em que não é possível não escolhê-la, o sujeito é, porém, um livre mortal (Sartre, 1997). Diante da possibilidade real de morte, o sujeito, em termos psicológicos, poderá, portanto, sentir a necessidade de dar sentido à sua vida e à sua morte. Para tanto, na relação com sua dimensão antropológica, irá lançar mão dos sentidos ou significados compartilhados social, cultural e historicamente e se organizar psiquicamente a partir deles. Escolherá, entre tantas compreensões existentes e de acordo com suas possibilidades psicológicas, sentidos para o fim de sua vida. Descreve Sartre (1997, p. 660) que "já nem podemos sequer dizer que a morte confere à vida um sentido procedente do lado de fora: um sentido somente pode derivar da própria subjetividade".

Em termos psicológicos, portanto, a morte pode ser considerada como parte da vida e parte do processo de desenvolvimento humano (Kovács, 2010). Está presente no cotidiano e ainda mais nas situações de adoecimento, sendo uma experiência que obriga o sujeito a rever seu projeto. Conforme descrevem Langaro, Pretto e Cirelli (2012, p. 133),

> a doença se instala como algo que pretere as escolhas do sujeito e que irrompe apesar de seus esforços. Ao mesmo tempo, ela o impele a fazer escolhas a partir do diagnóstico, impondo-lhe uma reorganização de seu projeto em todas as dimensões: orgânicas, sociais, amorosas, profissionais, familiares. [...] Esta nova condição de ser no mundo poderá impor ao sujeito uma reformulação do significado que tiver dado à sua existência.

Portanto, para lutar por sua permanência enquanto ser no mundo a partir de situações como o adoecimento grave, que inexoravelmente levará à morte, o sujeito terá que se apropriar da condição imposta a partir da doença e reformular seu projeto a partir desta nova experiência de ser. Ao vivenciar uma alteração no corpo, provocada, por exemplo, por uma doença, o sujeito experimenta uma alteração em seu ser psicofísico e, consequentemente, em seu movimento no mundo. Compreender esta alteração implica conhecer a história do sujeito, sua dinâmica psicológica e a inteligibilidade que ele direcionou a estas novas ocorrências, vividas psicofisicamente. Por dinâmica psicológica, compreende-se a "articulação de um conjunto de ocorrências objetivas, fruto das escolhas livres do sujeito, mas a forma como o sujeito se sabe sendo nessas situações não é simplesmente fruto de sua escolha, mas a imposição de um teorema, que advém dos arranjos sociológicos com os quais convive e que são apropriados ativamente pelo sujeito" (Schneider, 2006, p. 308).

Ao descrever o processo de adoecimento e morte de sua mãe, Beauvoir (1984, p. 77) retrata as mudanças que ocorreram no modo de sua mãe, e também dela mesma, se apropriar do mundo, da materialidade, do tempo. Diz ela: "perfumes, casacos de peles, lingeries, joias: luxuosa arrogância de um mundo onde não há lugar para a morte; esta, porém, se ocultava por trás dessas fachadas, no segredo acinzentado das clínicas, dos hospitais, dos quartos fechados. Eu já não conhecia outra verdade". Em seu sofrimento, descreve seus anseios ao deparar-se com a morte enquanto um fato irrevogável, que modifica inevitavelmente seu modo de estabelecer relações: "quer a imaginemos celeste ou terrena, a imortalidade, quando se ama a vida, não encontra consolo na morte" (Beauvoir, 1984, p. 92). É inútil pretendermos integrar a morte na vida e conduzirmo-nos de maneira racional em face de uma coisa que não o é: "que cada um se vire como possa na confusão de seus sentimentos" (Beauvoir, 1984, p. 98).

Seus relatos apontam que não somente sua mãe, mas ela mesma, a partir do diagnóstico de uma doença grave, viu-se lançada frente à necessidade de reformulação de seu projeto de ser. As vivências que se desenrolaram a partir daí – a hospitalização, a degradação do corpo, a perda do controle sobre si mesma, a dor – modificaram seu passado, seu presente e seu futuro, trazendo outros contornos para aquilo que viviam até então. As lembranças de sua mãe, "seus desejos, suas preocupações, flutuavam fora do tempo, transformados em sonhos irreais e pungentes por sua voz pueril e pela iminência de sua morte" (Beauvoir, 1984, p. 46).

Assim, as alterações no contexto ontológico, sociológico e antropológico impostos pela doença provocam alterações em suas perspectivas psicológicas. Isso ocorre porque o sujeito se objetiva e se apropria dos arranjos com os quais convive, subjetivando-se neles/por eles, sendo justamente nessas condições que se constitui a experiência de ser quem é, que o orienta em seu movimento no mundo e que resulta em determinada dinâmica-de-ser ou dinâmica psicológica (Schneider, 2006). Neste contexto de atuação, torna-se fundamental oferecer possibilidades de o sujeito encontrar a viabilização de seu desejo a partir das diferentes condições e horizontes existenciais impostos pela doença, entre eles a morte, entendendo que as experiências de sofrimento o atingem em toda sua história e complexidade.

4. A morte como confronto com as possibilidades de ser do sujeito

Na medida em que a morte é a "nadificação de todas as minhas possibilidades" (Sartre, 1997), o que pode significar para o sujeito defrontar-se com o seu adoecimento grave e com os indicativos de uma morte que se anuncia? Como é para o sujeito que, queira ou não queira, se move em direção ao seu futuro, confrontar-se com a possibilidade da ruptura desse "vir-a-ser"?

Conforme descreve Beauvoir (1984), acompanhar o processo de adoecimento e morte de sua mãe fez-lhe compreender "por minha própria conta, até à medula de meus ossos, que nos derradeiros momentos de um moribundo, pode encerrar-se o absoluto" (Beauvoir, 1984, p.61-62). Considerando a dureza deste evento, que se impôs à sua mãe, bem como aos seus familiares, apesar de seus esforços para afastá-lo, adiá-lo e mesmo impedi-lo, inutilmente, destaca: "trabalho duro o de morrer, quando se ama tanto a vida" (Beauvoir, 1984, p.79). Assim, para Beauvoir (1984), esta experiência foi cercada de silêncio e solidão. A atmosfera e contexto de cuidados que se estabeleceram fizeram com que tivesse uma experiência dolorosa, de certo desespero, de um sentimento de impotência e dúvidas. "Isso era tão esperado e tão inconcebível, esse cadáver deitado sobre a cama no lugar de mamãe. Sua mão, sua fronte estavam frios. Ainda era ela e sempre a sua ausência" (Beauvoir, 1984, p. 86).

Eis aqui o reflexo de uma sociedade que nega a morte e recusa, ao doente e à família, o direito de viver o processo da morte como algo ainda a ser vivido, acrescentado ao projeto de ser. Diante do fato de que a morte se impõe – como realidade, como algo que não poderá ser modificado –, calar-se, esquivar-se, fingir que ela não está já ocorrendo parece ser uma saída, embora trôpega, diante da dificuldade em observá-la, encará-la, vivenciá-la. Ninguém quer viver a morte, ninguém deseja passar por ela – mesmo que este seja um evento intransponível para os vivos.

Por vezes, deparar-se com a anunciação da morte iminente pode remeter o sujeito para a retomada de sua própria história, para os acontecimentos vividos, para os laços com seus entes queridos, como uma forma de dar sentido a esse fim que se aproxima e dar valor à vida vivida. Pode ser um momento do resgate dessa história, sendo gratificante olhar a sua trajetória e reconhecer-se nela, junto com as coisas conquistadas e com os outros que compartilharam este caminho. Assim, há muitos que dizem sentir-se satisfeitos com o caminho construído, com a história trilhada, com o projeto de ser tendo sido viabilizado. Porém, ainda que vejam a morte que se aproxima como algo que faz parte da vida, é possível que, ao mesmo tempo, sintam que deixar de viver pode ser difícil e amedrontador por perder o sabor da vida, por ter de deixar para trás e cortar a ligação com os entes queridos, com a possibilidade de continuar sendo, de continuar concretizando sua ação no mundo e passar a viver somente pela lembrança dos que ficam.

Para outros, a retomada de sua história é um fardo, em função do peso dos acontecimentos vividos e da condição da apropriação dos mesmos. Deixar de viver passa também a ser difícil por questionar-se sobre o sentido da vida e sobre o que vai levar ou deixar dessa experiência. Ou, ainda, pela constatação de que se viveu uma vida sendo para-o-outro, uma vida inautêntica, sem que tivesse, efetivamente, tomado seu projeto de ser em suas mãos. Há, portanto, aqueles que acreditam que muito haveria por ser feito ainda, para quem a morte parece sempre, a qualquer tempo, ocorrer prematuramente. É, justamente, a dor pela ruptura do projeto de ser, quando este projeto não foi tomado com afinco, mas vivido em uma espontaneidade que sempre adia sua realização.

Neste contexto, de acordo com Breitbart (2011), um dos objetivos do psicólogo no trabalho com pacientes em final de vida é auxiliá-los a atingir um senso de aceitação da vida e, assim, de aceitação da morte. Os esforços que envolvem o fechamento da vida são atingíveis e essenciais nesse momento e reconhecer ou aceitar a morte podem ser um impulso para a transformação. Além disso, o estímulo à expressão de sentimentos e desejos tem o intuito de possibilitar a realização de metas no tempo de vida ainda restante (Menezes, 2011), ou seja, para a viabilização de aspectos do projeto de ser ainda possível. Neste trabalho,

> o objetivo é preservar a ideia de que ainda há vida a ser vivida, de que ainda há tempo pela frente, para que o indivíduo possa morrer com um senso de paz, equanimidade e aceitação da vida que viveu. O paradoxo da dinâmica da fase terminal é que por meio da aceitação da vida que foi vivida vem a aceitação da morte (Breitbart, 2011, p. 140).

Importante lembrar que este processo de reformulação do projeto de ser dependerá não somente da história construída pelos sujeitos ao longo de sua existência e de sua dinâmica psicológica, mas das mediações as quais estiver exposto no momento de seu adoecimento e processo de morte. Assim, conforme descreve Santos (2011, p. 457),

> da perspectiva do desenvolvimento intelectual, cultural e espiritual, os pensamentos, sentimentos, experiências e atividades durante os últimos meses, dias e momentos da vida da pessoa que está morrendo podem ser mais importantes do que onde e como a pessoa morre ou as causas da morte. [...] A presença da finitude e o aparecimento de oportunidades de crescimento, mesmo no fim da vida, talvez sejam os últimos grandes desafios para o desenvolvimento da psique ou do espírito. [...] A fase do morrer de nossas vidas pode ser vivenciada como um dos eventos de mais crescimento que poderíamos experimentar na nossa jornada ao longo da vida.

Sendo projeto, se cada um não o tomar em sua própria conta, dando a ele os contornos de seu desejo, no momento em que a morte se anunciar, poderá se impor o limite – não à liberdade, mas à materialidade da ação. Assim, a morte não se constitui como obstáculo à liberdade, mas dá a ela novos contornos. Será preciso escolher diante de um campo de possibilidade em que se fazem presentes elementos que o sujeito, até então, desconhecia – que lhe amedrontam, lhe questionam, lhe escapam.

Portanto, talvez seja a falta de reciprocidade entre aqueles que vivenciam o processo de adoecimento e morte que tornam esta experiência tão dolorosa e amedrontadora. Ou, ainda, o viver na solidão, justamente na falta de reciprocidade, não somente no momento da morte, mas também ao longo da existência, o que torna tão difícil aceitar que já não haverá mais chances de modificar sua história, seu futuro, seu desfecho.

Por fim, apesar dos muitos modos de vivê-la, não há como a morte não se impor como um absurdo e enquanto ruptura do projeto de ser. A morte, deste modo, nunca é o que dá sentido à vida; pelo contrário, é o que lhe tira todo o significado. "A única coisa que me consola é que também eu passarei por lá. Sem isso, tudo isto seria muito injusto! Sim. Assistíamos ao ensaio geral do nosso próprio enterro. O triste é que essa aventura comum a todos, cada um a vive só" (Beauvoir, 1984, p. 100).

Porém, ao considerar que somos sempre ser em relação, é possível pensar que o caminho até ela pode ser compartilhado, visto que não é somente a morte que importa, mas o processo de morrer. Assim, "morrer não é sinônimo de morte. A morte é o fim da vida humana; o morrer é um processo de vida pelo qual se chega à morte. Por isso, proporcionar dignidade nessa etapa final do viver é uma de nossas responsabilidades" (Bousso; Poles, 2007). E mais: uma de nossas possibilidades.

Por isso, nos diz Beauvoir (1984) que quando alguém que nos é querido morre, vivemos com sofrimento e arrependimento a culpa de a ele sobreviver. Sua morte desvenda-nos sua singularidade; seu valor torna-se forte para nós, pesa como o mundo que sua ausência aniquilou e que sua presença fazia ter sentido integralmente; vem muitas vezes a certeza de que esse ente querido poderia ter ocupado um lugar maior em nossa vida.

Sendo assim, para os que ficam, a morte de alguém que lhe foi significativo afeta o seu ser e seu projeto, relacionado ao valor da mediação que o falecido era para ele. O importante é compreender que, ainda que a presença física não seja mais possível, a efetividade da presença sociológica se mantém. Ou seja, carregamos conosco a importância e a mediação do outro, ainda que ausente. Por isso, as pessoas falam em "deixar sua marca", na justa medida em que, uma vez não mais presente, sua vida continua no sentido de ser que conseguiu produzir nos outros.

5. A morte: projeto de ser mediado pela relação com o outro

Os seres humanos são seres sociais por excelência. A estrutura social em que o indivíduo está inserido fornece o horizonte no qual encontrará os parâmetros para construir sua singularidade, apropriando-se ativamente desse conjunto de práticas sociais, de valores, de conhecimentos, de ideologias, de afetividades, histórica e culturalmente constituídas. Todas as mediações a que os indivíduos estão sujeitos, na medida em que vão se desenvolvendo, começam a ser apropriadas de forma reflexiva, constituindo assim, a inteligibilidade que terá de si mesmo. Ou seja, é por meio da reflexão que o sujeito estabelece um entendimento de como age, pensa e sente, sendo esta inteligibilidade construída pela apropriação singular que o sujeito faz dos valores, conhecimentos, crenças da sociedade, mediatizados pelas pessoas que o cercam (Sartre, 1978b, Schneider, 2011).

Isto implica que os sujeitos nunca estão isolados, mas sempre na presença inevitável de outros, que se tornam meio para se realizarem uns aos outros (Sartre,

1978). Portanto, o projeto de ser de cada sujeito é constituído na relação com os outros, visto que "o fato da existência do outro é [...] incontestável e me atinge em meu âmago, na justa medida em que o outro é o mediador indispensável entre mim e mim mesmo" (Schneider, 2011, p 147).

Sendo assim, "a realidade humana é costurada, portanto, por laços de reciprocidade, onde cada um é o meio do outro realizar o seu projeto, cada um depende do outro para ser quem quer ser" (Schneider, 2011, p. 153). Assim, cada sujeito é coautor do projeto de ser do outro e, portanto, quando o projeto de ser de um deles é interrompido pela morte, também o projeto de outros sujeitos – de familiares, amigos, colegas – é afetado, alterado, por esta mesma morte.

Neste sentido, qualquer intervenção que venha a ser realizada com pessoas doentes, para quem a morte se anuncia, deve incluir pessoas de sua relação e a quem sua existência e futura inexistência física trarão impactos significativos em termos de projetos de ser, ou seja, de futuro. O envolvimento de pessoas significativas do doente está previsto nos cuidados paliativos, inclusive pela Organização Mundial de Saúde (WHO, 2002), que a define como uma "abordagem que promove qualidade de vida de paciente e seus familiares diante de doenças que ameaçam a continuidade da vida, por meio da prevenção e do alívio do sofrimento, o que requer identificação precoce, avaliação e tratamento impecável da dor e de outros problemas de natureza física, psicossocial e espiritual".

Neste processo de cuidados, conforme destaca Incontri (2011, p 147),

> quem está morrendo se estiver consciente, tem o direito de ser considerado como sujeito, aliás, como ator principal, e o cuidador, que está ao seu lado, partilhando a dor da partida, pelo menos como ator coadjuvante [...] [o que significa] 1) fornecer o máximo de informações possíveis, tomando o cuidado de dosá-las com apoio psicológico, no momento adequado, sensível à medida com que os indivíduos desejam ser informados; 2) discutir as decisões terapêuticas e engajá-los a tomar parte nessas decisões [...].

Esta medida se faz necessária não somente por uma questão ética, mas porque sempre que é oportunizado a pacientes e familiares participarem ativamente dos processos de decisão sobre si mesmos e/ou sobre seus entes queridos, dando-lhes a chance de uma comunicação aberta e honesta, diminuem-se as chances de complicações psicológicas aos envolvidos. Complicação psicológica aqui compreendida justamente enquanto inviabilização do projeto e do desejo de ser dos sujeitos enquanto seres no mundo (Sartre, 2011).

Agindo deste modo, aliviam-se tensões, são oferecidas oportunidades de despedidas, podem-se desvelar segredos, desfrutar desejos, pedir e dar perdão. Não é preciso pedir silêncio a quem chega, não é necessário chorar escondido, fingir alegria, falar de amenidades, dissimular que a vida segue igual. Pode-se chorar pelas perdas já ocorridas – não se pode mais caminhar, não se consegue mais comer, não é mais possível trabalhar, amar, viajar. Pode-se entristecer por aquilo que não mais irá ocorrer – pela festa em que o doente não estará, pela filha que não acompanhará à igreja futuramente, pelos netos que não verá nascer, pelo ano que não verá chegar.

É possível enlutar-se pelas perdas que ocorrem já nesta caminhada, avaliando que novos contornos a doença e a morte lançam ao projeto de ser de cada sujeito envolvido na relação com o doente. Neste sentido, dá-se início à elaboração de um luto antecipatório, ou seja, do luto que ocorre antes da perda. Conforme destaca Kovács (2007), este é o luto que acontece quando as perdas já estão sendo vivenciadas antes da morte, tanto pela pessoa doente quanto pelos familiares e o favorecimento da expressão dos sentimentos que acompanham esta perda pode ajudar muito no processo de elaboração do luto após a morte.

Porém, principalmente, a todos é dada a chance de pensar no que se há de fazer a partir desta facticidade que é a doença e que é a morte. A todos poderá ficar clara a responsabilidade no (re)dimensionar seus projetos. Será então possível pensar, falar, viver, sentir, saber o sabor dessas experiências. Dessa forma, aos que ficam, será, talvez, menor o peso de seguir em frente com a ausência após a morte se, ao longo do adoecimento, já puder, de algum modo, ser posto no horizonte de possibilidades o ser/estar no mundo sem o outro, ainda que com o valor sociológico do outro presente em seu horizonte.

Aos que estão no processo de morrer, a perspectiva de retomar a trajetória de sua vida, confrontando-se com seu desejo e projeto de ser, ao verificar o que foi construído ou conquistado e o que foi impedido ou inviabilizado de acontecer, quando mediado por profissionais e familiares, possibilita ressignificar relações e perspectivas de ser e pode dar tranquilidade a esta angustiante experiência, ofertando qualidade ao que ainda resta de vida.

Referências

ARIÈS, P. *História da morte no ocidente*. Tradução de P. V. Siqueira. Rio de Janeiro: Ediouro, 2003. (Texto original publicado em 1975).

BEAUVOIR, S. *Uma morte muito suave*. Rio de Janeiro: Nova Fronteira, 1984.

BOUSSO, S.; POLES, K. Morrer com dignidade: um desafio atual. In: INCONTRI, D.; SANTOS, F. S (Org.). *A arte de morrer* – visões plurais. Bragança Paulista: Comenius, 2007. p. 137-144.

BREITBART, W. S. Retidão, integridade e cuidado: como viver diante da morte. In: SANTOS, F. S. *Cuidados Paliativos* – Diretrizes, Humanização e Alívio de Sintomas. São Paulo: Atheneu, 2011. p. 131-140.

COMBINATO, D. S.; QUEIROZ, M. de S. Morte: uma visão psicossocial. *Estudos de Psicologia*, Natal, v. 11, n. 2, p. 209-216, 2006.

FREITAS, J. de L. Luto e fenomenologia: uma proposta compreensiva. *Revista da Abordagem Gestáltica*, v. 19, n. 1, p. 97-105, 2013.

GOIS, C. Sartre e a Psicanálise Existencial. *Princípios Revista de Filosofia*, v. 10, p. 13-140, 2003.

INCONTRI, D. Equipes interdisciplinares em cuidados paliativos – religando o saber e o sentir. In: SANTOS, F. S. *Cuidados* Paliativos – Diretrizes, Humanização e Alívio de Sintomas. São Paulo: Atheneu, 2011. p. 141-148.

KOVÁCS, M. J. *Morte e desenvolvimento humano*. São Paulo: Casa do Psicólogo, 2010.

KOVÁCS, M. J. Perdas e o processo de luto. In: INCONTRI, D.; SANTOS, F. S. (Org.). *A arte de morrer*: visões plurais. Bragança Paulista: Comenius, 2007. p. 217-238.

LANGARO, F.; PRETTO, Z.; CIRELLI, B. G. Câncer e o sujeito em psicoterapia: horizontes de trabalho na perspectiva existencialista de Jean-Paul Sartre. *Psicologia Clínica*, v. 24, n. 2, p. 127-146, 2012.

MENEZES, R. A. Tomadas de decisão, poder médico e sentimentos no último período de vida. In: SANTOS, F. S. *Cuidados Paliativos* – Diretrizes, Humanização e Alívio de Sintomas. São Paulo: Atheneu, 2011. p. 193-200.

MORIN, E. *O homem e a morte*. Rio de Janeiro: Imago, 1997.

SANTOS, F. S. Cuidados paliativos em geriatria. In: SANTOS, F. S. *Cuidados Paliativos* – Diretrizes, Humanização e Alívio de Sintomas. São Paulo: Atheneu, 2011. p. 453-473.

SANTOS, F. S. Perspectivas histórico-culturais da morte. In: INCONTRI, D.; SANTOS, F. S. (Org.). *A arte de morrer*: visões plurais. Bragança Paulista: Comenius, 2007. p. 13-25.

SARTRE, J.-P. *O existencialismo é um humanismo*. São Paulo: Abril Cultural, 1978a. (Coleção Os Pensadores)

SARTRE, J.-P. *Questão de método*. São Paulo: Abril Cultural, 1978b. (Coleção Os Pensadores).

SARTRE, .J-P. *O muro*. Rio de Janeiro: Nova Fronteira, 1982.

SARTRE, J.-P. *A Transcendência do Ego*. Lisboa: Colibri, 1994.

SARTRE, J.-P. *O ser e o nada*. 14. ed. Petrópolis: Vozes, 1997.

SCHNEIDER, D. R. Liberdade e dinâmica psicológica em Sartre. *Natureza Humana*, v. 8, n. 2, p. 283-314, 2006.

SCHNEIDER, D. R. O método biográfico em Sartre: contribuições do existencialismo para a Psicologia. *Estudos e Pesquisas em Psicologia-UERJ*, v. 8, n. 2, p. 289-308, 2008.

SCHNEIDER, D. R. *Sartre a psicologia clínica*. Florianópolis: Ed. da UFSC, 2011.

WORLD HEALTH ORGANIZATION. *Definition of Palliative Care*. Disponível em: <http://www.who.int/cancer/palliative/definition/en/>. Acesso em: 24 jul. 2015.

CAPÍTULO 16

O cuidado de pessoas com doenças crônicas avançadas. A sobrecarga do familiar cuidador: uma revisão

Jorge Grau Abalo
Yadira Grau Valdés
Margarita Chacón Roger

Introdução

Qualquer doença crônica supõe uma situação de crise, que não só deteriora a integridade bio-psico-social de uma pessoa doente, mas também que constitui um acontecimento estressante de grande impacto com mudanças radicais no estilo de vida do doente e sua família (Rodríguez-Marín, 1995).

Conceituar as doenças crônicas é algo complexo. Tem-se dito que é "um estado que persiste por um longo tempo, com sequelas e/ou deficiências que interferem no funcionamento diário, que pode causar hospitalização durante 30 ou mais dias no ano, ou – no momento do diagnóstico – pode causar quaisquer destas interferências" (Grau; Chacón; Reyes, 2012), mas estes critérios podem variar de um país para outro, de acordo com o sistema de saúde e outras circunstâncias.

Em geral, as doenças crônicas se caracterizam porque: a) persistem com o tempo, e a morte acontece depois de um período de tempo relativamente prolongado; b) seus sintomas não são constantes, as pessoas podem sentir-se relativamente bem ou mal ocasionalmente; c) tendem a ser representadas pelas pessoas com doenças agudas por produzir crises e não como doenças crônicas controladas ou por controlar, na qual influem determinadas crenças sobre a saúde e a doença; d) representam um evento na vida das pessoas, que vai além da adaptação à doença, porque interfere no funcionamento pessoal e social que existia até então, fazendo o doente cada vez mais dependente do cuidador, suas repercussões negativas incrementam o impacto emocional e o sofrimento para o paciente, a família e os parentes que exercem função cuidadora (Grau; Chacón; Reyes, 2012). As doenças crônicas, portanto, constituem um desafio emergente não somente para os sistemas de saúde, mas também para a própria Psicologia da Saúde (Grau, 2016a, 2016b, 2017).

Poder-se-ia dizer que os principais atributos da doença crônica avançada são: a) envolvem alguma incapacidade, b) implicam mudanças patológicas irreversíveis, c) requerem treinamento e motivação do paciente e sua família para a aderência ao tratamento e cuidado e também, para o autocuidado do cuidador (Grau; Chacón; Reyes, 2012; Grau, 2017). Espera-se que estas doenças progridam e cheguem a etapas muito avançadas e de terminalidade, com a conseguinte aproximação ao final da vida (Reyes; Grau; Chacón, 2009; Chacón *et al.* 2016; Lipowski, 1975; Chacón; Grau; Reyes, 2012). Na fase final, os sintomas são muito variados, frequentes e intensos, e muitas vezes estão associados à presença de outras doenças (comorbilidade) (Astudillo; Mendinueta, 2008). Como consequência incrementam-se as incapacidades e deficiências e o paciente fica mais dependente do cuidador, não somente no desempenho de suas atividades cotidianas, mas também em uma ampla gama de expressões de sua qualidade de vida, aflorando como meta principal a adaptação aos efeitos da doença (Grau, 2017). A satisfação de suas necessidades físicas, psicológicas, sociais e espirituais traduzem na maior ajuda que os cuidadores formais e informais podem lhe oferecer tanto em casa como durante as frequentes entradas transitórias no hospital (Chacón *et al.*, 2016; Lipowski, 1975; Chacón; Grau; Reyes, 2012).

Esses doentes permanecem em suas casas a maior parte do tempo, convertendo-se em pessoas cada vez mais dependentes do cuidado que pode oferecer-lhe o familiar que funciona como cuidador principal (Grau; Chacón; Reyes, 2012; Chacón *et al.*, 2016). Uma característica notória de qualquer doença crônica é seu caráter estressante, tanto para o doente como para sua família; a dinâmica das relações pessoais no interior da família se vê afetada pela doença, pela hospitalização e pelas mudanças na representação dos papéis habituais (Grau, 2017; Reyes; Grau; Chacón, 2009). A mudança de papéis em si mesma é uma fonte de estresse, que se soma à própria situação clínica do doente (Rodríguez-Marín, 1995; Chacón *et al.*, 2016). Quando a doença é crônica avançada e chega à fase de terminalidade, suas características estressantes se potencializam porque aumenta a insegurança. Estas doenças podem, inclusive, levar a discórdias familiares; seja por problemas econômicos, ou pela resistência por parte de alguns membros da família em participar no cuidado do doente, se este permanece em casa por muito tempo (Grau, 2016b; Chacón *et al.*, 2016).

A atenção e o cuidado de doentes dependentes é uma tarefa muito desgastante; estas atividades não são somente realizadas por profissionais da saúde, mas também, por pessoas da família as quais têm sido chamadas convencionalmente "cuidadores primários" ou "cuidadores informais" (Chacón *et al.*, 2016). Esses cuidadores geralmente possuem pouco tempo real para cuidar por terem que combinar a atenção a seu familiar doente com diversas atividades da vida diária em casa e, frequentemente, possuem pouco ou nenhum treinamento para realizar o cuidado, o que pode traduzir-se em muita "carga" e muita necessidade de aprendizagem (Chacón *et al.*, 2016).

O conceito "*carga do cuidador*" ou "*sobrecarga do cuidador principal*" conhecido em inglês como "*Burden in the main caregiver*" tem sido muito usado no estudo dos efeitos do cuidado no familiar que cuida de pessoas dependentes por idade avançada ou de doentes com padecimentos terminais ou crônicos avançados (GRAU; Chacón; Reyes, 2012; Chacón *et al.*, 2016).

O objetivo deste trabalho é, precisamente, revisar aspectos relacionados com a carga dos cuidadores primários de doentes crônicos avançados, já que sua caracterização é um requisito prévio do projeto de estratégias específicas para melhorar a saúde e o bem-estar desses cuidadores.

Antecedentes e conceitos envolvidos, o doente dependente e seu cuidador primário: carga e sobrecarga do cuidador

O envelhecimento populacional combinado com o aumento da efetividade de muitos tratamentos e cuidados realizados pela família no próprio domicílio do doente têm dado lugar a uma transação, em que os cuidados profissionais na casa do doente estão sendo cada vez menos frequentes, e estas tarefas cada vez mais são assumidas pelos familiares cuidadores[2]. Na realidade, a casa do doente é o lugar ideal para cuidá-lo e satisfazer suas necessidades e desejos (Astudillo; Mendinueta, 2008), já que se consegue um melhor ajuste de suas preferências em um ambiente mais íntimo, facilitando muitas atividades: horários de visitas, banho e higiene pessoal, alimentação, curas, enfim, tudo aquilo que lhe possa fazer sentir menos incômodo, evitando ambientes com pessoas estranhas e tratamentos invasivos que lhe ocasionariam mais perturbações e sofrimentos (Grau; Chacón; Reyes, 2012; Astudillo; Mendinueta, 2008).

Segundo a Organização Mundial da Saúde/OMS (2011), a incapacidade é parte da condição humana e quase todas as pessoas sofrerão algum tipo de incapacidade transitória ou permanente em algum momento de sua vida. Mais de dois bilhões de pessoas vivem no mundo com alguma forma de incapacidade e delas, quase 200 milhões experimentam dificuldades consideráveis em seu funcionamento e desenvolvem dependência de outras pessoas. 10% da população de países em desenvolvimento sofrem incapacidades, 80% das pessoas com incapacidades em países latino-americanos estão em situação de pobreza. A maioria destas pessoas que vivem com incapacidades necessitam de cuidado e ajuda de parentes.

Cuidar de outros seres humanos é uma conduta cotidiana, mas também, louvável. De algum modo todos somos cuidadores e, por sua vez, pessoas de quem, algum dia, terão que cuidar. Existem diversas doenças que podem produzir limitação para determinadas atividades e/ou dependência durante um tempo curto, essas doenças embora gerem cuidados ao doente, geralmente não produzem muita carga para o cuidador, já que surgem de forma súbita, evoluem de forma favorável e em pouco tempo o paciente se reintegra à sociedade, à sua vida cotidiana. O problema é maior quando as doenças e suas sequelas são crônicas, podem evoluir de forma lenta para a fase de terminalidade e a situação de dependência do doente torna-se cada vez mais frequente e duradoura, quando geram cuidado em casa durante longos períodos de tempo e, portanto, causam ao cuidador sérias dificuldades. Os doentes que com mais frequência necessitam de cuidadores primários são os que possuem câncer avançado, esclerose múltipla e outras doenças neuro-degenerativas, distrofias musculares severas, anormalidades do desenvolvimento psicomotor, doenças de Parkinson, insuficiência renal crônica terminal, sequelas de doenças cérebro-vasculares e paralisias cerebrais etc. Outros doentes (com diabetes, transtornos cardiovasculares, doenças hepáticas, fibrose cística), também se veriam beneficiados do apoio de cuidadores. O cuidado do idoso em casa tem especial relevância com insanidade pelos impactos físicos e psíquicos (Chacón *et al.*, 2016; Losada *et al.*, 2007; Ley 39/2006). Nas crianças, entre as doenças que mais geram incapacidade e dependência, além dos ferimentos estáticos do sistema nervoso central (paralisia cerebral infantil), estão a sífilis cerebral, as más formações congênitas, a mielomeningocele, as deficiências intelectuais e algumas doenças adquiridas com sequelas (meningoencefalite infecciosa, infecções medulares, traumatismos severos, poliomielite etc.) (Chacón *et al.*, 2016).

O cuidado em casa constitui realmente um avanço para os sistemas de saúde, embora também tenha dado lugar ao surgimento de novas situações que podem produzir danos à saúde e bem-estar do familiar cuidador. Estima-se que nos países latino-americanos, 80% das pessoas dependentes mantêm-se em suas casas, por isso precisam da colaboração de familiares ou parentes (Chacón *et al.*, 2016; López-Gil *et al.* 2009; Hernández, 2008). Na realidade, ainda que se conte com serviços profissionais especializados para atendê-los muitas pessoas dependentes por uma doença degenerativa ou por sua idade avançada necessitam que alguém de seu contexto mais próximo lhe preste ajuda em sua vida cotidiana para viver de uma forma digna, assim como para realizar a reorganização, conservação e coesão da família (Astudillo; Mendinueta, 2008).

Como se define a situação de dependência? Tem sido entendida como um estado em que se encontram as pessoas, que por razões ligadas à falta ou perda de autonomia física, psíquica ou intelectual têm necessidade de assistência e de receber ajudas importantes para realizar os atos correntes da vida diária e, de modo particular, os referentes ao cuidado pessoal (Losada *et al.*, 2007). A pessoa dependente também tem sido definida como aquela que por motivos de idade, doença ou incapacidade e ligada à perda de autonomia física, sensorial, mental ou intelectual, precisa com caráter permanente de atenção de outra pessoa ou ajuda para realizar as atividades básicas da vida diária (Ley 39/2006; López-Gil *et al.* 2009).

Em resumo, para falar de situação de dependência, é necessária a existência dos seguintes fatores: limitação física, psíquica ou intelectual, que diminui algumas capacidades da pessoa para realizar as atividades da vida diária e a necessidade de assistência ou de cuidados por parte de outra pessoa (Losada *et al.*, 2007). Não obstante, os graus de incapacidade e dependência diante de uma doença crônica ou dor diferem segundo determinadas características psicossociais e culturais da população, mas em qualquer caso, tais situações sempre repercutem negativamente na família (Chacón *et al.*, 2016). Indubitavelmente, a incapacidade, o dano físico e mental e a doença crônica avançada, como acontecimentos vitais estressantes, sempre implicam mudanças na vida familiar. Inclusive, algumas famílias podem funcionar melhor do que antes do evento, mas outras podem experimentar mudanças destrutivas que afetam a saúde e a harmonia familiar (Reyes; Grau; Chacón, 2009).

Por estas razões, utilizar o foco familiar no cuidado integral do doente no final da vida tem resultado muito importante, permite determinar a intensidade com que os diferentes eventos têm afetado a saúde familiar, facilita a identificação das áreas mal afetadas e a utilização dos recursos e confrontos mais eficazes diante das crises (Grau; Chacón; Reyes, 2012; Reyes; Grau; Chacón, 2009; Chacón; Grau, 2016).

"Cuidar" significa proporcionar a uma pessoa aqueles aspectos que estão reduzidos ou que carecem deles (López-Gil *et al.* 2009; Hernández, 2008). Ainda que cuidar seja uma qualidade natural do ser humano, está determinado por aspectos sociais e culturais, e também é resultado dos valores pessoais. Apesar de ser um aspecto intrínseco do ser humano, o cuidado de outros requer uma aprendizagem que se produz ao longo da vida e que é produto da acumulação de conhecimentos adquiridos, da experiência pessoal e do ambiente no qual cada pessoa se desenvolve (Hernández, 2008). Alguns sustentam que nós os humanos temos predisposição genética para a ajuda solidária, base do êxito adaptativo, outros pensam que esta ajuda implícita no cuidado tem como base o altruísmo ainda que este seja interpretado de diferentes posições, mas o que está claro é que esta predisposição de cuidar, de apoiar, de ajudar não é somente racional, mas também emocional e interliga atitudes que se esculpem, que se desenvolvem ao longo da experiência de vida (Chacón *et al.*, 2016; Borrel *et al.* 2001).

Apesar do crescente auge dos estudos sobre a família, mantém-se insuficiente a atenção que recebem os familiares que exercem função de cuidadores primários de doentes no âmbito do lar, daí que se conhece relativamente pouco ou se interpreta de muitas formas variadas o fenômeno de sobrecarga e sofrimento a que eles estão submetidos: sentimentos de solidão, ansiedade e dúvidas sobre a prestação de cuidado etc. (Hernández, 2008).

A literatura revisada mostra diferentes definições de "cuidador primário". Assim, a OMS o definiu como "a pessoa do contexto de um paciente que assume voluntariamente o papel de responsável do mesmo em um amplo sentido; esta pessoa está disposta a tomar decisões pelo paciente, decisões para o paciente e também com o paciente, para poder cobrir as necessidades básicas do mesmo, seja de maneira direta ou indireta" (WHO, 1999). Tem-se definido também como a pessoa que proporciona habitualmente os cuidados a um paciente, que por si só não pode cuidar-se nem satisfazer suas próprias necessidades, por ter uma patologia ou uma incapacidade que lhe obriga a ser dependente de outros para realizar a maioria das atividades da vida (Chacón *et al.*, 2016). De fato, é ele que se responsabiliza com o cuidado do doente perante o próprio paciente, perante o grupo familiar e perante os profissionais que atendem o paciente (Grau; Chacón; Reyes, 2012).

Alguns autores definem o cuidador como a pessoa que atende, em primeira instância, as necessidades físicas e emocionais de um doente; papel que no geral, jogam ao esposo ou à esposa, um filho ou uma filha, um familiar próximo ou alguém que é significativo para o paciente (Astudillo; Mendinueta, 2008). É quem tem a delicada tarefa de iniciar a solidariedade com o que sofre e ele é o que de imediato compreende que não pode manter-se de braços cruzados diante à dura realidade que afeta seu familiar ou amigo; seu trabalho adquire uma grande relevância para o grupo a que pertence e cerca o doente conforme progride a doença, não só pela atenção direta ao paciente, mas também pelo seu papel na reorganização, conservação e coesão da família (Astudillo; Mendinueta, 2008).

Outros autores afirmam que muitos dos cuidadores primários não recebem ajuda de nenhuma outra pessoa nas funções que realizam, nem sequer de familiares próximos; em alguns casos, são os mesmos cuidadores que rejeitam todo tipo de colaboração (Bátiz, 2008). Também, tem-se observado que em algumas ocasiões, os próprios cuidadores são os que se convencem a si mesmos de que como eles, ninguém mais vai cuidar bem do doente nem poderá suportar tão dura carga (Bátiz, 2008). Nesses casos, os cuidadores reconhecem e aceitam a renúncia de seu próprio bem-estar e não desejam que ninguém mais se sacrifique, nem que o doente com quem criou um vínculo de interdependência, seja rejeitado ou malcuidado por outras pessoas (Chacón *et al.*, 2016).

De qualquer forma, a tarefa de cuidar de um doente compreende, frequentemente, a aparição de uma ampla variedade de problemas de ordem física, psíquica e sociofamiliar no cuidador, os quais originam uma autêntica síndrome de sobrecarga que é necessário conhecer e diagnosticar prematuramente para prevenir seu agravamento (Grau, 2017; Chacón *et al.*, 2016; Torres *et al.*, 2007).

Nas diferentes definições de cuidador, se observam elementos comuns: ser membro da família ou do círculo de amigos ou parentes próximos, a presença de danos físicos, econômicos e psicossociais inerentes à tarefa de cuidar e a sobrecarga que implica o cuidado realizado; portanto, fica claro que o fato de ser um cuidador primário supõe um importante fator de risco para adoecer e afetar sua qualidade de vida se não se assumem medidas de proteção a ele (Chacón *et al.*, 2016).

O conceito "carga do cuidador" aparece nos trabalhos de Grad e Sainsbury para referir-se ao impacto que produz ter que cuidar em casa de um ente querido mentalmente doente (GRAD, 1963). Desde então, têm-se realizado numerosos estudos sobre o cuidador primário e sobre a carga que supõe realizar estas funções; de fato, na literatura revisada se expõem numerosas definições da sobrecarga do cuidador (*caregiver burden*) (CHACÓN *et al.*, 2016).

Segundo Yonte e colaboradores (2010), é o conjunto de problemas de ordem físico, psíquico, emocional, social ou econômico que podem experimentar os cuidadores de pessoa mais incapacitada. Carol-Artal e colaboradores a entendem como a presença de sobrecarga objetiva ou subjetiva. A primeira se refere ao colapso da vida social do cuidador, à quantidade de tempo e dinheiro aplicados nos cuidados, assim como a problemas comportamentais do doente (CAROD-ARTAL; EGIDO-NAVARRO; GONZÁLEZ-GUTIÉRREZ, 1999); relaciona-se com a dedicação e desempenho da função do cuidador (tempo de dedicação, carga física, atividades objetivas que desempenha o cuidador e exposição a situações problemáticas). A sobrecarga subjetiva refere-se à percepção que tem o cuidador da repercussão emocional que produzem as altas demandas ou problemas relacionados com o ato de cuidar; esta sobrecarga subjetiva relaciona-se com a forma em que se percebe a situação e, em especial, com a resposta emocional diante da experiência de cuidar, ou seja é o sentimento que se associa ao ato de cuidar. Esse tipo de sobrecarga tem maior incidência sobre o bem-estar do doente e seu cuidador (CAROD-ARTAL; EGIDO-NAVARRO; GONZÁLEZ-GUTIÉRREZ, 1999).

Por sua vez, Zarit – autor de um conhecido instrumento para medir a sobrecarga – a define como o grau em que os que proporcionam o cuidado percebem que sua saúde, vida social e pessoal e a situação econômica têm-se deteriorado por esse fato (ZARIT; ORR, 1985). Na verdade, a sobrecarga do cuidador tem sido definida operativamente e tem-se procurado medir diversos instrumentos que respondem a diferentes modelos: sociais, cognitivos e comportamentais. Um dos modelos a relaciona com o tipo específico de deterioração e as necessidades do paciente, outro a explica e a mede por dimensões, mais ou menos igual à avaliação da qualidade de vida ou segundo à presença de síndromes psicopatológicas (ansiedade ou depressão) e um terceiro modelo deriva da teoria do estresse, segundo o qual o cuidador tem que perceber determinados fatores estressantes, para os quais usará diferentes recursos e estratégias de confronto, e sua resposta a eles estará mediada pela personalidade (MARTÍN *et al.*, 1997).

O certo é que os conceitos "carga" e "sobrecarga" do cuidador têm sido considerados fundamentais para explicar as repercussões que o cuidado de pessoas dependentes produz sobre seus familiares cuidadores; eles têm sido muito utilizados na investigação gerontológica e, mais recentemente, em estudos dos efeitos de cuidar dos doentes crônicos avançados (GRAU; CHACÓN; REYES, 2012; CHACÓN *et al.*, 2016).

O perfil do cuidador primário: caracterização

A caracterização do perfil do cuidador primário, desde várias de suas facetas (sócio demográfica, física, psicossocial), inclui compreender também as principais características ou perfis dos doentes que necessitam ser cuidados. Muitos investigadores, primeiro estabelecem o perfil do doente dependente e posteriormente o perfil do cuidador, já que muitas características da doença, do contexto onde se realiza o cuidado e da personalidade do paciente podem estar relacionadas, de alguma maneira, com influência no cuidador (Chacón *et al.*, 2016; Muela -Martínez; Torres-Colmenero; Peláez, 2002). Não é possível desvincular os fatores contextuais de tipo cultural e social com os perfis dos cuidadores, já que a provisão de cuidados a outras pessoas está condicionada social e culturalmente (Chacón *et al.*, 2016).

Hause (1981) sinaliza que os sistemas sociais influenciam na configuração das pessoas e dos grupos através do que ele denominou "forças culturais", ou seja, a cultura influencia nos valores e nas crenças compartilhadas pelos membros de um sistema social e são transmitidas de geração em geração. Por consequência, para poder estabelecer o perfil do cuidador primário também deve-se considerar o sistema social e cultural onde exerce suas funções cuidadoras. Como pode interpretar-se, tais razões tornam difícil estabelecer perfis dogmáticos ou fechados, já que se perderia a pluralidade das famílias e, consequentemente, dos cuidadores primários (Chacón *et al.*, 2016).

A influência do contexto sociocultural na vida emocional do sujeito é um dos fatores mais associados ao conceito "carga do cuidador" e, consequentemente, a seu perfil psicossocial (Yonte *et al.*, 2010). A configuração de uma reação emocional, assim como a forma em que se expresse ou domine, depende do significado e da importância que a cultura lhe concede as transações do sujeito com seu contexto, inerentes ao processo de estresse (Lazarus; Launier, 1978). Obviamente, existem diferenças culturais na resposta psicofisiológica e emocional diante de determinados eventos: contextos diferentes impõem demandas adaptativas diferentes. Por esta razão, os perfis dos cuidadores são diversos, de acordo com a pluralidade dos pacientes, suas famílias, regiões e os países onde se desenvolvem os cuidados. Não obstante, ainda que os fatores estressantes interatuantes de tipo cultural e social se encontram mutuamente relacionados, sua correspondência não é de todo exata, já que influenciam de forma seletiva e são interiorizados de forma individual (Lazarus; Launier, 1978).

Além de considerar como os fatores culturais ou sociais intervêm na forma em que o cuidador primário avalia o dano (a ameaça ou o desafio) que lhe provoca o cuidar de seu ente querido, é preciso avaliar como este enfrenta os diferentes estressores da vida. Lembremos que a pessoa adulta é também, um produto de sua história social, de seus pensamentos, sentimentos e, portanto, seus atos e comportamentos estarão de acordo com sua história. Nesse caso, como se trata de um ser diferenciado com sistemas próprios de crenças que se encontram em constante reforma, com modelos de compromisso e, muitas vezes, com objetivos muito íntimos, seu comportamento também será sempre diverso e individual (Lazarus; Launier, 1978). Em tais circunstâncias, o impacto emocional, social e cultural que produz cuidar de um ente querido dependente e, talvez, próximo de morrer, desencadeia no cuidador uma série de estratégias de confronto, para procurar resolver situações adversas: compartilhar afeto e carinho com o doente, para atuar com "naturalidade" diante dele, para aceitar que realmente está próximo o seu fim, para assumir parte de suas responsabilidades porque este não poderá continuar cumprindo-as, para cuidar-lhe bem e distribuir seu cuidado com os demais membros da família, para aceitar suas decisões sem impor pontos de vistas pessoais, para continuar as relações sociais e até para despedir-se de seu ente querido e "permitir-lhe" morrer chegado o momento final (Grau; Chacón; Reyes, 2012; Chacón *et al.*, 2016).

Montorio e colaboradores (1999) definem o confronto centrado no problema como o referido aos intentos que faz o cuidador primário para controlar as situações problemáticas que se expõem durante o cuidado, através de alguma ação direta, tomando decisões complexas, buscando mais informação etc. Todas essas estratégias têm em comum a procura de uma solução apropriada para a situação exposta. Entretanto, às vezes utiliza-se de confrontos centrados na emoção como via para controlá-la e reduzir as emoções negativas. Pode pensar-se que quanto mais estratégias centradas no problema são usadas pelo cuidador melhor será sua saúde, mas isto não é sempre assim. Inclusive, alguns investigadores consideram que a classificação das estratégias como centradas no problema ou na emoção não é totalmente útil para diferenciar os grupos de cuidadores com alta ou baixa carga, já que quando o número de situações estressantes é similar nos dois grupos, não há diferenças na frequência do uso de ambos os tipos de estratégias (Muela-Martínez; Torres-Colmenero; Peláez, 2002; Lazarus; Launier, 1978).

Parece que a classificação das estratégias em adequadas ou inadequadas se mostra mais sensível para diferenciar os níveis de carga que experimentam os cuidadores, ainda que isso também possa ser questionável. Tem que se levar em conta, como dizem vários autores, que muitos dos problemas que o doente expõe não tem solução real, e que às vezes a estratégia mais adequada seria a centrada na emoção, tradicionalmente considerada como menos eficaz para solucionar o problema, mas que permite ao cuidador adaptar-se com mais rapidez à situação. Finalmente, o importante é que as estratégias dos cuidadores sejam eficazes para solucionar o problema "identificado de maneira pessoal e situacional", daí que é muito importante o uso de estratégias mistas. Não pode esquecer que confronto não é sinônimo de efetividade adaptativa, para algumas pessoas um confronto pode ser eficaz e para outras não (Grau; Hernández; Vera-Villaroel, 2005).

Na continuação se descreverão alguns dos resultados de estudos dirigidos a estabelecer perfis de diferentes características: sociodemográficas, físicas e psicossociais.

Perfil sociodemográfico do cuidador primário

Dispõe-se, nos últimos anos, de uma ampla variedade de estudos efetuados na Ibero-América, dedicados a avaliar o perfil sociodemográfico do cuidador principal de doentes dependentes, por situações de saúde muito diversas. Ainda que nos resultados encontrados observam-se variações com faixas muito amplas, também se tem encontrado algumas regularidades.

Assim, um estudo descritivo de corte transversal realizado no México onde participaram 60 cuidadores, concluiu que mais de 80% eram do sexo feminino, com idade média de 51 anos e que mais de 70% eram casadas (Lara-Palomino; González; Blanco, 2008). Na Espanha, outros pesquisadores perceberam em 89 cuidadores de pacientes com Alzheimer que a média de idade foi de 50 anos (Muela-Martínez; Torres-Colmenero; Peláez, 2002). O perfil típico do cuidador na Espanha consiste em um parente de primeiro grau (geralmente filhas) de 55 anos com educação primária que pertence a uma família funcional ou ligeiramente disfuncional (Vérez *et al.*, 2015). Na Colômbia, outros pesquisadores reportaram em uma mostra de 102 cuidadores de adultos idosos incapacitados, que somente 12% deles eram homens (Dueñas *et al.*, 2006). Em quase todos os estudos revisados descobriu-se que a porcentagem de homens cuidadores oscila entre 12 e 13% (Muela-Martínez; Torres-Colmenero; Peláez, 2002; Lara-Palomino; González; Blanco, 2008).

Com relação à idade tem-se encontrado resultados diversos, mas na maioria dos estudos trata-se de mulheres adultas com mais de 45 anos (Dueñas *et al.*, 2006; Lucas *et al.*, 2004). Quanto ao parentesco do cuidador com a pessoa cuidada predominou a esposa, filhas, mãe e tia, nessa ordem (Lucas *et al.*, 2004; Alfaro-Ramírez *et al.*, 2008; Méndez *et al.*, 2010). Outras características sociodemográficas reportadas foram o nível de escolaridade baixo (primário ou básico) e o nível socioeconômico médio e baixo (López; Crespo, 2007).

Em Cuba, em um estudo realizado com 72 cuidadores de mulheres com câncer de mama em fase avançada, com metástase, deficiência ou incapacidades que geravam dependência no cuidado, se encontraram características similares exceto em nível de escolaridade, a maioria eram mulheres, filhas com idade média entre 38 e 59 anos, nível escolar equivalente a ensino médio ou superior (universitário), que trabalhavam e cuidavam das doentes em sua própria casa (Expósito, 2012).

Outro estudo desenvolvido recentemente em Cuba com cuidadores de pacientes com insuficiência renal crônica em hemodiálise confirma a predominância do gênero feminino. Dos 48 cuidadores estudados, 81% (39 pessoas) eram mulheres e 19% (9 sujeitos) eram homens. Entretanto, a faixa de variação de idade é muito ampla e oscila entre 24 e 73 anos. Um aspecto interessante é o tempo que se têm mantido no exercício da função. Neste caso, pelas características da doença, 54% dos cuidadores se têm mantido no exercício da função por um período de 1 a 10 anos, o resto da mostra levam mais de 10 anos como cuidadores. Quanto ao nível de escolaridade se evidencia nos cuidadores um predomínio de nível médio superior (Rodríguez, 2016).

Em resumo, as características sociodemográficas mais frequentes nos cuidadores primários parecem ser similares em diferentes regiões e países. Costuma ser uma mulher entre 40 e 59 anos, que é esposa ou filha do doente, que convive geralmente com este, que é casada e que tem filhos (Espín, 2008; Expósito, 2008; Blanco; Librada; Rocafort, 2007).

Perfil físico e psicossocial do cuidador primário

Atender a uma pessoa doente próxima ou dependente, durante um tempo prolongado, produz cansaço físico e emoções negativas em quase todos os cuidadores. Cabe esperar que às vezes, o cuidador primário se sinta desanimado, triste, irritado ou assustado. O problema se agrava quando se negam ou reprimem estas emoções, dando lugar a que se perpetuem com o tempo e se tornem crônicas, uma vez que o sofrimento emocional mantido pode provocar doenças ou agravar as existentes, através de diferentes mecanismos: por reações fisiológicas diretas ou através do impacto psiconeuroimunológico, estimulando condutas não saudáveis etc. (Grau; Grau; Vera-Villaroel, 2005).

As pessoas podem descuidar-se quando estão imersas no cuidado de outros, abandonando seu próprio autocuidado: alimentação, períodos de descanso, recreação, atividades de lazer, vida privada etc., tudo isso pode incrementar a vulnerabilidade dos cuidadores (Grau; Chacón; Reyes, 2012; Chacón *et al.*, 2016; Chacón; Grau, 2016).

O fato de que no perfil sociodemográfico havia se revelado que os cuidadores primários são geralmente mulheres adultas em limite próximo aos 50 anos de idade, pôde explicar a presença de problemas de saúde típicos destas idades, como doenças crônicas degenerativas e outras doenças: cardiovasculares, reumáticas, dores ósseas, transtornos climáticos e associados à menopausa, diabetes etc., que são muito mais frequentes nesta idade, e para os quais se costuma fazer tratamentos farmacológicos específicos. Essas condições, ao interagirem com os estressores inerentes à situação de saúde do ente querido de quem se está cuidando (proximidade da morte, sintomas não controlados, dor intensa, sentimentos de perdas etc.) e do próprio impacto que produz cuidar (sobrecarga física e emocional), podem acabar agravando ainda mais a saúde e o bem-estar do cuidador. As enfermidades e doenças antes mencionadas formam parte da morbidez encontrada nos estudos realizados com cuidadores primários (Montorio; Yanguas; Díaz-Veiga, 1999; Lara-Palomino; González; Blanco, 2008; Alfaro-Ramírez *et al.*, 2008).

Em um estudo com 102 cuidadores colombianos, concluiu-se que os que exerciam a função de cuidadores primários apresentaram uma maior morbidez com respeito aos não cuidadores (Dueñas *et al.*, 2006); este estudo explorou até que ponto a família e seu comportamento diante da saúde e a atenção sanitária poderia ser considerada como um recurso ou como uma barreira para seus integrantes (cuidador e não cuidador); para ele, utilizou-se o Questionário APGAR Familiar, o qual avalia adaptabilidade, cooperação, desenvolvimento, afetividade e capacidade resolutiva, assim como as escalas de Goldberg para ansiedade e depressão. As pontuações no APGAR familiar, depressão e ansiedade ofereceram uma menor funcionalidade familiar, maiores níveis de depressão e de ansiedade nos cuidadores do que nos não cuidadores. A disfunção familiar severa foi mais frequente nos cuidadores e estes apresentaram uma maior porcentagem de ansiedade (85,2%) e depressão (81,3%) com respeito aos não cuidadores (53,9% e 45%, respectivamente) (Dueñas *et al.*, 2006). Outro fator estudado por ser gerador de sobrecarga foi a média estimada das horas diárias que o cuidador dedicava a atender o paciente, este resultou ser o dobro com respeito ao número de horas de trabalho que ocupava o familiar não cuidador. Também se percebeu que a proporção de cuidadores que não realizavam atividades recreativas (63,7%) foi maior do que nos não cuidadores (Dueñas *et al.*, 2006).

Do ponto de vista psicossocial, têm-se identificado diferentes impactos: sintomas de estresse, emoções, conduta do cuidador, redes de apoio, funcionamento familiar etc. (Losada *et al.*, 2007; López-Gil *et al.* 2009; Montorio; Yanguas; Díaz-Veiga, 1999; Lara-Palomino; González; Blanco, 2008). Os problemas psicossociais mais frequentemente observados estão relacionados com a conservação de seus projetos pessoais, laborais, sociais e de casal (López; Vrespo, 2007; Expósito, 2012).

Autores espanhóis (García; Mateo; Maroto, 2004; Agulló, 2002) relatam que entre 30 e 75% dos cuidadores consideram que sua saúde tem se deteriorado desde que cuidam de seu familiar. Os sintomas de doenças mais frequentes são os osteo-mio-articulares, digestivos e cardiovasculares; além disso, tem-se encontrado um elevado predomínio de problemas crônicos: dores nas costas, insônia, dores ósseas e sintomas digestivos, entre outros, que não apresentavam antes de cuidar de seu familiar (Paleo; Falcón; Rodríguez, 2005; Roca *et al.*, 2000). Pesquisas realizadas na Espanha a respeito da percepção de sobrecarga, ansiedade e depressão apontam que quase um quarto (24%) dos cuidadores têm uma percepção de elevada sobrecarga, com ansiedade em 20% deles e sintomas de depressão também em 20% (Vérez *et al.*, 2015).

O estudo realizado em Cuba dirigido a avaliar a qualidade de vida em 72 cuidadores de mulheres com câncer de mama em fase avançada reportou impactos em várias dimensões: autoimagem corporal, emoções e condutas, sintomatologia física, projeto de vida, descanso e sonhos, autocuidado, vida social e satisfação com a preparação, tais dimensões de qualidade de vida resultaram frequentemente impactadas em mais de 60% dos cuidadores estudados (Rodríguez, 2016).

Outros estudos que enfatizam a dimensão física da sobrecarga dos cuidadores de idosos centenários revelaram que eles apresentam com maior frequência as seguintes patologias: hipertensão arterial em 46,7%, oftalmológicas em 33,3% e ortopédicas e gastrointestinais em 26,7%.

Quanto ao tempo no exercício da função de cuidador (outro fator importante na percepção de sobrecarga), observaram-se diferenças significativas em torno dos anos de cuidado ao idoso centenário. Na faixa de 1 a 7 anos, em 53,4% (16 cuidadores) se identificava um predomínio maior das patologias; enquanto que 33,3% deles (10 cuidadores) situavam-se na faixa de 8 a 15 anos; 13,3% (só 4 cuidadores) se mantinham na faixa de 16 a 24 anos. Em relação ao tempo de cuidado diário a estes adultos centenários, 25 deles (83,3%) cuidavam na faixa de 12 a 18 horas. Ao avaliar a depressão como estado, nenhum indivíduo manifestou níveis baixos, os valores se mantiveram nos níveis altos com 60% e em médios os 40% restantes (Rodríguez, 2017).

Um estudo realizado na Colômbia mostra que no que confere aos efeitos causados nos cuidadores informais dos pacientes com insuficiência renal crônica se destacou a ansiedade, a depressão e a má qualidade do sono; nos efeitos a nível socioeconômico estão a percepção de carga leve, carga intensa e o isolamento social; e nos efeitos físicos se encontra com maior prevalência o bem-estar físico ou de saúde alterado, cansaço e exaustão e mudanças no apetite (López, 2016).

Em Portugal realizou-se um estudo sobre a influência da integridade familiar no cuidador primário de anciãos com demências e os principais resultados indicam que os cuidadores que mantêm integridade fazem a revisão de projetos de vida; aqueles em desconexão lutam para manter os projetos anteriores; e os que estão em alienação tendem a abandoná-los (Guerra; Figueiredo; Patrão, 2016).

Pesquisas cubanas com cuidadores de pacientes em hemodiálise identificaram indicadores como o vínculo laboral, grau de parentesco com o cuidador, anos no exercício da função, redes de apoio social, a relação interpessoal paciente-cuidador e as características de personalidade do familiar como variáveis que mediatizam o sentido pessoal que o cuidador atribui ao seu papel (Martínez; Grau, 2017).

A análise dos resultados revisados permite compreender que a carga do cuidador se refere a um conceito multidimensional, que expressa a tensão interatuante existente nos aspectos emocionais, físicos, sociais e econômicos da vida dos cuidadores (Roca *et al.*, 2000; Dejo, 2007; Leal *et al.*, 2008); daí, que sob o termo "carga" existem diferentes dimensões: custos econômicos, carga física e psicossocial, limitação do tempo etc. (Chacón *et al.*, 2016). Ainda que teoricamente no conceito carga se inclui uma diversidade de fatores, na prática muitas vezes perde-se esta perspectiva multidimensional.

Em um estudo realizado com 37 cuidadores primários de pacientes que auxiliaram um Hospital Psiquiátrico Diurno da Costa Rica (Britton, 2010), aplicou-se a Escala de Sobrecarga de Cuidador de Zarit: 57% dos cuidadores estavam sobrecarregados. Nesse estudo, um dos fatores mais associados à sobrecarga foi não receber algum tipo de remuneração econômica pelo cuidado; esta descoberta, não temos observado em outros relatórios revisados, portanto não é possível deduzir que ocorra na generalidade dos cuidadores de outros contextos econômicos e sociais. Em tal estudo, se reportou maior frequência de sobrecarga nos cuidadores solteiros, seguido pelos divorciados e os casados; além disso, quando o cuidador coabita no lar com outros familiares do doente se observou diminuição do nível de sobrecarga (Britton, 2010). Esses resultados poderiam estar apontando a pluralidade dos contextos de onde se tem realizado os estudos. Outro fator determinante de sobrecarga foi o tempo dedicado ao cuidado do enfermo: 67,6% dos cuidadores realizavam a função por mais de 4 anos e a maioria deles (96%) a realizavam por aproximadamente 12 horas diárias todos os dias da semana. A respeito da presença de doença descobriu-se que a sobrecarga foi mais notória nos que tinham alguma doença prévia: hipertensão arterial, diabetes, asma bronquial e depressão (Britton, 2010).

Esses resultados foram similares aos reportados por outros estudos (Montero, 2006; Esteban; Mesa, 2008). Ao analisar a sobrecarga outros pesquisadores observaram que os cuidadores experimentam mais carga subjetiva do que objetiva (Alfaro-Ramírez *et al.*, 2008) e que o tipo de paciente (doente em fase terminal e próximo da morte) influencia no relatório de maior sintomatologia depressiva e impacto no estado de ânimo e qualidade de vida do cuidador (Grau; Chacón; Reyes, 2012; Alfaro-Ramírez *et al.*, 2008; Expósito, 2012).

Indubitavelmente, o fato de que a qualidade de vida seja um conceito multidimensional (Grau, 2015; Grau; Llantá; Chacón, 2016) permite compreender que a sobrecarga do cuidador pode refletir-se nela, porque tanto a percepção de sobrecarga como a qualidade de vida dependem da valorização, da subjetividade do indivíduo (Chacón *et al.*, 2016).

Um estudo de casos e controles onde participaram 312 indivíduos (156 cuidadores e 156 controles ligados a um centro de saúde que não exerciam a função de cuidar), com o objetivo de avaliar a sobrecarga percebida pelos cuidadores e as repercussões que esta função representava em sua qualidade de vida, sua saúde bio-psico-social e sua necessidade de utilização dos recursos de saúde, reportou elevada presença de problemas de saúde nos cuidadores primários, o qual se refletiu em sua qualidade de vida. De fato, observou-se maior desgaste na qualidade de vida dos cuidadores em relação aos não cuidadores (grupo controle), tanto a nível global como nas dimensões de energia, sono, emoções e apoio social (López-Gil *et al.*, 2009).

Outros pesquisadores, empregando diferentes escalas e questionários, têm obtido resultados similares. Em geral, existe uma relação direta entre o grau de sobrecarga percebida e o relatório da pior qualidade de vida (Badia; Lara; Roset, 2004; Ubeda *et al.*, 2006; Bell; Araki; Neumann, 2001). De fato, uma elevada porcentagem de cuidadores percebe sua saúde como "ruim" ou "muito ruim", resultado muito superior ao encontrado em grupos de controles (López-Gil *et al.*, 2009).

Os cuidadores primários relatam isolamento de seu meio social e laboral, podendo chegar à solicitação de baixa laboral e/ou estudantil, medo do futuro, perda de intimidade e de seu espaço próprio. Em geral, as influências na esfera social dos cuidadores vão desde o isolamento até a perda de controle de suas próprias vidas e projetos de vida anteriores. Quanto aos sintomas psicológicos, tem-se observado a presença de sintomas de estresse: falta de concentração, desejos de chorar, tristeza, nervosismo, tensão, cansaço, problemas para dormir etc. (Dueñas *et al.*, 2006; Lucas *et al.*, 2004; Alfaro-Ramírez *et al.*, 2008; Méndez *et al.*, 2010). Nesta ordem, Chang e colaboradores (2007) concluem que a qualidade do sono pode ter um impacto sobre vários aspectos da qualidade de vida dos cuidadores e que a ajuda na melhoria do sono, pode proporcionar melhor capacidade para atender aos pacientes e a si mesmos.

Como pode advertir-se, as evidências apontam que cada dia mais irá se incrementando a quantidade de pessoas que necessitarão ser cuidadas em sua casa, devido ao envelhecimento populacional, a ocorrência de doenças crônicas degenerativas próprias da idade avançada, assim como por falta de resposta efetiva dos sistemas de saúde e das redes sociais e comunitárias de apoio, o que implicará que a figura do cuidador primário esteja cada vez mais presente no panorama investigativo mundial. O envelhecimento e as doenças crônicas degenerativas constituem desafios à nossa compreensão convencional dos efeitos da Medicina, da natureza da relação médico-paciente, dos princípios pelos quais deve guiar-se a tomada de decisões no cuidado (Grau, 2016a; Grau, 2017); mas também constituem um desafio aos limites morais do cuidado e às expectativas convencionais sobre o dever de cada família a dar cuidado, em relação às obrigações de bem-estar social do Estado, e além disso constituem uma incitação à nossa compreensão de justiça social e comunidade (Grau, 2016a). A doença crônica é uma experiência humana, um lembrete da debilidade universal e da incerteza da condição humana que leva a perguntarmos quão sensorial e cuidadosa deverá ser a reflexão moral para continuar envolvendo a família e como protegê-la sem desgastar esse sentimento especial de obrigação familiar, que ainda é forte em nossa sociedade (Grau, 2017).

Por essas razões que não são somente técnicas e organizativas, mas também éticas, a situação atual dos cuidadores primários de pessoas dependentes irá se transformando cada dia mais em um problema de saúde de maiores proporções, tanto por sua magnitude como por suas repercussões na saúde e no bem-estar do cuidador, o que por sua vez, proporciona maior importância sanitária a este assunto (Grau, 2016a; Grau, 2016b; Grau, 2017; Chacón *et al.*, 2016).

Não há dúvidas de que a experiência de cuidar, independentemente de seu sentido gratificante e positivo, pode ser considerada como uma vivência estressante crônica, que afeta em maior ou menor medida a saúde física e psicossocial daquele que cuida, dando lugar à "síndrome de sobrecarga do cuidador". Como se tem abordado, essa sobrecarga pode ser de dois tipos fundamentais: objetiva (mudanças no âmbito pessoal, familiar, laboral, esforço físico e mental etc.), ou subjetiva (vivências da situação estressante). Mas também pode classificar-se em três grupos: a) sobrecarga física (limpeza e higiene do doente, mobilidade, alimentação, medicação etc.), b) sobrecarga psicológica (mudança vital, isolamento social, sofrimento pelo ente querido, conflitos pela divisão de tarefas etc.), e, c) sobrecarga econômica e social (abandono de emprego, gastos, perda do projeto de vida anterior, abandono da vida estudantil, laboral, social, de casal, planos pessoais etc.) (Chacón *et al.*, 2016).

Na verdade, o cuidador primário que sofre de sobrecarga se transforma em um paciente potencial pelo risco de adoecer (Grau, 2017; Chacón *et al.*, 2016), só que é um "paciente" um tanto oculto às análises epidemiológicas dos problemas de saúde comunitários, já que se trata de pessoas que apesar de ter com frequência um progressivo desgaste em sua saúde, têm decidido adiar seu autocuidado para cuidar de um ente querido. Bastaria lembrar os resultados de pesquisas que reportam ao cuidador a presença de diversas doenças: a) osteo-mio-articulares (patologia mecânica crônica do aparelho locomotor, lombalgia, cervicalgia, dorsalgia); b) cardiovasculares; c) transtornos gastrointestinais (doença péptica, diarreias etc.); d) alteração do sistema imunológico (suscetibilidade a infecções virais) etc. (Morales *et al.*, 2000; Barrón; Alvarado, 2009; García-Calvente; Mateo-Rodríguez; Maroto-Navarro, 2004; Ramos Del-Río, 2005). O mais notável é, justamente, que estas influências são exemplos das doenças que provocam mais consulta médica, pelo que poderia pensar-se que estes sintomas são tratados de forma paliativa, deixando de lado as causas relacionadas com o cuidado e considerando-as habituais, quase "normais" para a pessoa que sofre delas (Chacón *et al.*, 2016).

Avaliação da carga do cuidador. A Escala de Sobrecarga do Cuidador de Zarit

Do que se tem exposto, deriva-se como relevante a necessidade de identificar qual cuidador encontra-se em maior situação de risco, o qual possibilitará estabelecer de forma prioritária intervenções preventivas. Existem vários instrumentos para avaliar a saúde do cuidador e a sobrecarga física e emocional dos cuidadores: índice global de carga, pesquisa de saúde do cuidador primário informal etc. (Badia; Lara; Roset, 2004; Ubeda *et al.*, 2006). Não obstante, o instrumento específico mais utilizado é o Questionário de Sobrecarga do Cuidador de Zarit (EZ) (Zarit; Todd; Zarit, 1986; ver Anexo), conhecido em inglês como *Zarit*

Scale for Assessing Caregiver Burden, é um instrumento que procura quantificar o grau de sobrecarga que sofrem os cuidadores das pessoas dependentes.

A Escala Zarit é um instrumento autoadministrado que tem sido validado em diferentes países e regiões, dando lugar a versões do instrumento em diferentes idiomas e contextos (Zarit; Todd; Zarit, 1986; Zarit; Orr; Zarit, 1985; Álvarez; González; Muñoz, 2008; Breinbauer *et al.*, 2009; Gort *et al.*, 2007). A versão original em inglês tem 22 perguntas (lista de afirmações) que descrevem como se sentem às vezes os cuidadores; para cada uma delas, o cuidador deve indicar a frequência com que se sente assim, utilizando uma escala que vai de 0 (nunca), 1 (raramente), 2 (algumas vezes), 3 (muitas vezes) e 4 (quase sempre). As pontuações obtidas em cada item se somam, e a pontuação final representa o grau de sobrecarga do cuidador; a pontuação global oscila entre 0 e 88 pontos (Álvarez; González; Muñoz, 2008). Esta codificação em uma escala de 0 a 4 é a que se segue na maior parte das versões do questionário em todos os idiomas.

Entretanto, na literatura revisada procedente da Espanha e outros países da América Latina, tem-se visto que alguns pesquisadores codificam a Escala de Zarit de 1 a 5.. Com esta codificação, a pontuação global oscila, entre 22 e 110, o que faz que a comparação dos resultados de muitos estudos não possa ser feita de forma direta (Álvarez; González; Muñoz, 2008). Estas alterações podem dar lugar a erros de interpretação, a menos que se façam os esclarecimentos pertinentes (Chacón *et al.*, 2016).

Outro aspecto importante é a utilização dos pontos de cortes para identificar ou classificar os cuidadores com uma sobrecarga intensa. Em pesquisas realizadas na Espanha e outros países, se tem reportado que não há sobrecarga quando a pontuação é menor ou igual a 46 pontos, sobrecarga leve quando as pontuações vão de 47 a 55 e que pontuações maiores de 56 pontos supõem sobrecarga intensa. Leva-se em conta que é provável que estes pontos de cortes sejam obtidos através de estudos locais com mostras pequenas, portanto, não deveriam ser generalizados para todas as populações de cuidadores (Álvarez; González; Muñoz, 2008; Breinbauer *et al.*, 2009).

Um estudo realizado no Chile com o objetivo de validar a Escala de Zarit reportou resultados excelentes quanto à sua consistência interna, sensibilidade, particularidade e confiabilidade (Breinbauer *et al.*, 2009). Para a validade da construção, se determinaram relações entre a Zarit, uma escala de depressão, e o índice único de sobrecarga. A hipótese de trabalho sugeria que quanto mais sobrecarga se obtiver na Zarit mais aumentará a frequência de depressão e a valorização subjetiva de sobrecarga, encontrando-se relações fortes (Alfa de Cronbach de 0.84, sensibilidade de 77,7% e especificidade de 86,6%) (Breinbauer *et al.*, 2009). Os resultados desse estudo chileno foram coincidentes com outros relatórios de estudos internacionais que também estudaram a validade e confiabilidade de EZ (Gort *et al.*, 2007; Martín *et al.*, 1996).

Na Espanha, outros pesquisadores avaliaram a confiabilidade teste-reteste e obtiveram um coeficiente de correlação de Pearson de 0,86 entre as duas medidas; a consistência interna foi satisfatória (coeficiente Alfa de Cronbach de 0,91). O mais interessante é que se encontraram três fatores que explicaram os 53,8% da variação: o primeiro ("sobrecarga") pode ser interpretado como reflexo do impacto subjetivo da relação de cuidados sobre as vidas dos cuidadores, enquanto que o segundo ("rejeição") agrupa os itens relacionados com o sentimento de rejeição e a hostilidade para o cuidador, e o terceiro fator ("competência") pode relacionar-se com a autovalorização dos cuidadores de sua competência para continuar mantendo a relação de cuidados (Martín *et al.*, 1997).

Em geral, a revisão bibliográfica realizada revelou que a Escala de Zarit é útil e apropriada para avaliar o sentimento de sobrecarga do cuidador (Chacón *et al.*, 2016). Outros estudos têm usado diversos instrumentos para poder abordar diferentes aspectos da saúde dos cuidadores (ansiedade, depressão, confronto com o estresse etc.) (Muela-Martínez; Torres-Colmenero; Peláez, 2002; Dueñas *et al.*, 2006; Breinbauer *et al.*, 2009), situação compreensível por tratar-se de conceitos muito amplos e complexos.

Recentemente, se validou uma forma reduzida da EZ, denominada "Escala de Zarit Abreviada" (EZA), útil para ser usada na atenção primária de saúde, em cuidadores de doentes dependentes que recebem cuidados paliativos (Zarit; Todd; Zarit, 1986; Breinbauer *et al.*, 2009). Esta escala tem 7 perguntas que foram extraídas da escala original (ver itens marcados em cinza na escala que aparece no Anexo). Cada pergunta utiliza a escala de 1 a 5 pontos, e a somatória acumula uma pontuação que vai de 7 a 35 pontos. Esta escala não distingue a "sobrecarga leve" do nível "sem sobrecarga", é uma escala desenhada para avaliar só a "sobrecarga intensa". Os pesquisadores reportaram que na validação se obteve 100% de sensibilidade, 90,5% de especificidade, 95,5% de Valor Preditivo Positivo (VPP) e 100% Valor Preditivo Negativo (VPN) frente ao diagnóstico de sobrecarga intensa (segundo a EZ original), convertendo-se em uma excelente ferramenta para a pesquisa (Zarit; Todd; Zarit, 1986; Breinbauer *et al.*, 2009). Obviamente, continua recomendando a versão original de 22 perguntas para estudos comparativos mais profundos, mas esta escala reduzida pode-se considerar mais prática para o uso clínico frequente (Chacón *et al.*, 2016).

Deve-se salientar, segundo se constatou na literatura revisada, que a versão espanhola da Escala de Zarit é um instrumento válido e confiável para medir os níveis de sobrecarga subjetiva de cuidadores de doentes dependentes; portanto, pode ser utilizada na Ibero-América para descrever a sobrecarga de cuidadores de diversos tipos de doentes dependentes, ou para avaliar a eficácia de programas de intervenção nos cuidadores. Entretanto, deve-se lembrar que a sobrecarga pode estar influenciada por aspectos socioculturais, pelo que deverá ser adaptada ao contexto onde se utiliza; além disso, pode ser acompanhada por outros instrumentos que permitam aprofundar nos resultados obtidos por esta escala desde o ponto de vista do funcionamento familiar e a sintomatologia física e emocional (Chacón *et al.*, 2016).

A intervenção nos cuidadores principais para melhorar sua saúde e bem-estar: estratégias

Têm-se descrito diversos tipos de intervenções nos cuidadores de pessoas dependentes, com o objetivo de melhorar os cuidados com o doente sem descuidar da saúde do cuidador. Muitas das intervenções realizadas referem-se a ações educativas, melhoras nas estratégias de comunicação, solução de problemas, conselho individual e grupal, consultas através do telefone e modificações no funcionamento do lar, entre outras (Chacón *et al.*, 2016).

Alguns estudos mostraram eficácia e efetividade de intervenções psico-educativas e de apoio para diminuir a ansiedade ou a depressão do cuidador, assim como para reduzir a sobrecarga e a duração da institucionalização do doente (Méndez *et al.*, 2010; Graff *et al.*, 2007; Mittelman *et al.*, 2007; Chee *et al.*, 2007; Mackenzie *et al.*, 2007). Outros autores não encontraram redução significativa da sobrecarga nos cuidadores depois de participar de programas de apoio, treinamento, educação, uso de telefone etc.) (Blanco; Librada; Rocafort, 2007; Brodath; Gren; Koschera, 2003). Por exemplo: um estudo que avaliou a sobrecarga dos cuidadores depois de uma intervenção educativa, reportou que a diferença não foi estatisticamente significativa (Thompson; Briggs, 2000). Entretanto, outros autores que estudaram a influência dos grupos de autoajuda nos pais de filhos com paralisia cerebral e múltiplas incapacidades, obtiveram resultados muito animadores (Palit; Cahterjee, 2006).

Encontrou-se benefícios com a implementação de programas de formação de cuidador de doentes com demência. Estes programas têm focalizado em capacitar o cuidador no manejo do paciente com transtornos de conduta, em estratégias de autocuidado e na utilização dos recursos sociossanitários e têm conseguido mudanças na reação dos cuidadores diante dos problemas comportamentais dos doentes e um crescimento do autocuidado. Não obstante, não se encontrou uma diminuição significativa da sobrecarga percebida pelo cuidador (Sánchez; Mouronte; Olazarán, 2001). Deve-se lembrar que às vezes uma intervenção não encontra suficiente suporte estatístico, mas a nível clínico e individual pode-se observar o benefício. Dessa forma, um estudo que avaliou a influência que o suporte de enfermagem a domicílio poderia exercer no desenvolvimento da crise de claudicação do cuidador primário não mostrou diferenças significativas, mas encontrou um alto nível de satisfação dos cuidadores com a intervenção realizada (Ubiergo *et al.*, 2005).

Encontraram-se indícios (Grau; Chacón; Reyes, 2012) de que as intervenções centradas em fornecer informação aos cuidadores podem gerar um alto grau de ansiedade se esta não é dosada, o qual se tem relacionado com a antecipação de situações potencialmente estressantes, como é o sentimento vinculado à proximidade da morte e das perdas. Em consequência, é necessário evitar informação que resulte excessiva. Não se trata de converter os cuidadores em profissionais dos cuidados, mas que eles disponham da informação necessária e suficiente para cada situação concreta (Pinto; Barrera; Sánchez, 2005). Assim, as intervenções educativas não devem basear-se exclusivamente em fornecer informação, mas é mais necessário vincular os aspectos informativos e educativos de forma paulatina, sistemática e comedida (Chacón *et al.*, 2016).

Em uma pesquisa realizada para avaliar o impacto do programa de intervenção psicoeducativa para cuidadores principais de pacientes com insuficiência renal crônica em hemodiálise da província cubana de Villa Clara, viu-se que, embora os estados emocionais negativos diminuíram depois da intervenção, no ano posterior à aplicação deste programa, os níveis de estados emocionais negativos aumentaram consideravelmente e as estratégias de autocuidado eram ineficientes novamente, o que demonstra que as mudanças não são estáveis com o tempo (Grau, 2013).

Deve insistir-se em que mais que informar, é preciso orientar o cuidador, fomentar sua autonomia e responsabilidade, dar-lhe a oportunidade de tomar suas próprias decisões sobre a base do que ocorre e ocorrerá e perguntar-lhe sobre seus desejos e preferências, falar-lhe dos acontecimentos relevantes, do passado e do presente, especialmente se envolvem mudanças importantes em suas vidas. Uma recomendação específica aos familiares cuidadores dos pacientes é que tolerem a possível confusão e expressão emocional ambivalente de seu doente e de si mesmos, que se restrinjam emocionalmente ao paciente e cuidem dele sem o superproteger (Chacón *et al.*, 2016).

Conta-se com a experiência de diversas propostas de intervenção para os cuidadores; algumas delas úteis por seus bons resultados: "Cuidando do cuidador" na Colômbia (Pinto; Barrera; Sánchez, 2005; Montalvo, 2009), a "Escola de Cuidadores" em Cuba (Grau; Chacón; Reyes, 2012; Espín, 2009), criada no Centro Internacional da Terceira Idade em 1998, programas direcionados a cuidadores de idosos na Espanha (Losada *et al.*, 2004; Montorio *et al.*, 2003; Losada *et al.*, 2010). Outras técnicas psicoeducativas, de solução de problemas, de gerenciamento do tempo etc. constituem sérias tentativas de melhorar a qualidade de vida do binômio cuidador-paciente (Chacón *et al.*, 2016).

Uma experiência interessante deriva-se da implementação de programas de educação emocional para diminuir a intensidade e a frequência com que aparecem estados emocionais negativos nos cuidadores primários de pacientes com doença renal crônica em tratamento hemodialítico. Ainda que muitos destes estados emocionais podem ter sido gerados há muito tempo, e não somente pela doença ou tratamento, se intensificam como quadros reativos implícitos na carga do cuidador, daí a importância da intervenção psicológica, segundo a qual se reporta o desenvolvimento de eficientes habilidades de autocuidado e adequados estilos de confronto diante dos conflitos com o paciente (Bagattin, 2012).

Na Colômbia, desenvolveu-se uma experiência com o cuidador familiar de pessoas em terapia de diálise peritoneal, participando no programa "Cuidando dos Cuidadores versão institucional"; caracteriza-se por uma transformação que vai desde adquirir novos conhecimentos até ter uma nova perspectiva em seu trabalho como cuidador. São categorias emergentes da análise dos dados: ter novos conhecimentos; a interação com outros; o apoio, descansar, desfrutar de bem-estar; a oportunidade de melhorar e dispor de nova perspectiva (Carmona *et al.*, 2015).

Zenil e Alvarado (2007) recomendam a "Terapia da Arte" como uma ferramenta útil para melhorar a saúde dos cuidadores, já que se sabe que pintar, esculpir, cantar, escrever, dançar, atuar etc., produz benefícios na expressão da problemática interna, a redução da tensão, o reconhecimento, manutenção e controle das próprias emoções. A Terapia da Arte como ferramenta psicoterapêutica é relativamente nova, tem grandes benefícios a nível emocional, cognitivo e espiritual (Chacón *et al.*, 2016). O caráter paliativo desta terapia está no fato de que diante das piores circunstâncias da vida individual ou social, a arte é a forma de não se resignar, de não cair no abandono, mais ainda, é a forma de transformar criativamente o mais terrível da realidade em belas formas, em oportunidades e em circunstâncias cheia de sentido (Chacón *et al.*, 2016).

Em poucas palavras, reconhecer social e institucionalmente os cuidadores primários de doentes dependentes é um dever que não pode evitar nem a sociedade nem as instituições responsáveis pela atenção a esses doentes, mas o assunto não é limitar-se ao mero reconhecimento do problema, mas mais do que isso propor soluções para o cuidado dos cuidadores, já que assim também serão melhor cuidados os doentes.

Na sequência, estão relacionadas algumas medidas gerais que podem ser de utilidade para que os cuidadores primários possam melhorar sua saúde e bem-estar (Chacón *et al.*, 2016):

- Focar positivamente os pensamentos: o otimismo realista e o espírito positivo (que não deve ser igual à expectativa de cura ou de que tudo se sairá muito bem), o desenvolvimento adequado da autoestima, o enfrentar as situações difíceis da vida com uma sensação de desafio, com sentido de compromisso e possibilidades de autocontrole, são os melhores antídotos para que essas situações não se revertam prejudiciais.
- Desfrutar cada momento da vida, experimentar vivencialmente tudo que nela há de gratificante e de promissor.
- Meditar, com a devida frequência e regularidade, ainda que seja alguns minutos por dia. Meditar é deixar voar o pensamento e as imagens mentais, não é refletir sobre algo. A meditação treina a atenção, aumenta

o controle sobre os processos de pensamento, aumenta a capacidade de controlar as emoções e ajuda no relaxamento. Deve treinar com alguém acostumado a meditar, pedir conselhos se conhece alguém que o faça. Qualquer modalidade de meditação é útil para controlar o estresse, as preocupações e as emoções negativas.

- Identificar e expressar adequadamente as emoções. A repressão das emoções produz problemas psicológicos: conflitos internos, depressão, obsessões, autorrejeição e ansiedade. Não se pode expressar emoções em público, deve-se fazê-lo no privado, mas sempre se deve fazê-lo. Depois de um dia ruim, pode ser bom ir sozinho a algum lugar e se necessário brincar e espernear como uma criança birrenta, faça isso. E se está em um bom dia, aproveite para saltar de alegria, falar para quem quiser, não hesitar de expressá-la de alguma maneira. Chorar, resmungar, se necessário, sem coibir-se. Tudo ajudará para que aqueles que rodeiam e estimam o cuidador o compreendam melhor, tal e como se mostra cada um, com autenticidade.
- Ser aberto com os demais, permitir-lhes expressar suas emoções e tentar compreendê-los. As emoções são uma parte normal, natural, desejável e muitas vezes produtiva da vida, controlá-las não significa necessariamente reprimi-las. Tem que saber quando é apropriado expressá-las e quando não é, mas sem atrasar muito sua expressão. As relações interpessoais com genuíno afeto e simpatia se incrementarão.
- Hierarquizar as tarefas, organizar as prioridades. Quando centenas de coisas competem pela atenção do cuidador ao mesmo tempo, este se sobrecarrega. Deve-se aprender a identificar as coisas verdadeiramente "urgentes"; com toda certeza, a lista se reduziria em muito mais do que a metade.
- Tomar o controle dos acontecimentos sentindo a confiança de que estão fazendo as tarefas e as pendentes vão se solucionando pouco a pouco. Anotar se necessário, o que fazer primeiro e o que fazer depois.
- Praticar regularmente o relaxamento, em qualquer modalidade.
- Praticar diariamente algum tipo de exercício físico, de modo que gere prazer e descontração e não uma preocupação a mais.
- Não hesitar em expressar confidências a um amigo ou familiar. Tem-se visto que as pessoas que normalmente comentam suas preocupações e problemas com alguém (pode ser um familiar, um amigo próximo ou um desconhecido que prontamente oferece confiança), são mais saudáveis e têm menor necessidade de serviços de saúde. Não é tão importante considerar as características do confidente ou os conselhos que este possa dar, como o próprio ato de confidenciar, que é saudável em si mesmo. Além

disso, pode-se receber ou utilizar o apoio emocional que o confidente oferece, este se constitui em um dos melhores métodos antiestresse. Se ainda assim não se quer confiar coisas a um ser humano, é bom "conversar" com algum animal doméstico, com algum mascote (os estudos têm mostrado que a companhia dos animaizinhos pode ser mais benéfica do que nociva à saúde).

- Não se deve lutar com quem não merece, deve-se aprender a deslocar suas agressões. Descarregar a frustração, o aborrecimento e a irritação acumulada, recusar violentamente pedidos totalmente justificados e razoáveis do cônjuge, dos filhos ou outros familiares, alegando as complicações do cuidado e o esgotamento, podem não somente danificar a vida familiar e conduzir a atritos com aumento de situações estressantes, mas também produzir sentimentos de culpa que logo podem afetar por um longo tempo.
- Desenvolver habilidades comunicativas e atuar segundo critérios próprios. Ser a si mesmo em suas relações com os demais. Aprender a dizer "não" a algumas coisas que não podemos fazer e defender adequadamente os direitos próprios, uma vez que se respeitam as opiniões e direitos dos demais. Discordar abertamente de outra pessoa, quando não estiver de acordo com seu ponto de vista, essa outra pessoa respeitará mais a quem faz assim, do que quem acata sem estar de acordo. Solicitar esclarecimento daquilo que não se entende, perguntar, aprender a dizer "não sei". Aprender a solicitar, aceitar e oferecer ajudar e apoio aos demais. Expressar em público seus pontos de vista, será necessário, respeitando os dos demais. Em poucas palavras, desenvolver a assertividade.
- Por muito complicado que seja o cuidado ao familiar doente, o cuidador deve dedicar um tempo a si mesmo e reavaliar sua vida, especialmente nestas circunstâncias. Tem que buscar o tempo e espaço pessoal para pensar em si mesmo, recuar e reavaliar os objetivos e propósitos da vida e os métodos para alcançá-los. Pensar no futuro, mas com a experiência do passado e, muito importante, sem deixar de viver o presente. Sempre haverá tempo para começar de novo, desfrutar da vida, não necessariamente pensando em algo, ocupando-se de algo ou perseguindo freneticamente algum acontecimento, mas sim no "aqui e agora", na experiência momento a momento que nos fizer estar vivos, buscar e desfrutar.

O cuidado ao familiar doente, inclusive perto da morte, sempre envolverá algum ensino para a vida de quem atende e trata de proporcionar-lhe o melhor (Grau, 2016c). Por muito tempo, esforços e anseios, o cuidar de um familiar e fazer algo por ele, de forma dosificada, adequada e correta, ajudam a viver e a combater o estresse que poderia sobrevir por outras causas, é gerador de sentido.

Com o objetivo de garantir a melhor estabilidade física e emocional dos familiares cuidadores, e proteger sua saúde incorporam-se, finalmente, algumas sugestões para o autocuidado (Grau; Chacón; Reyes, 2012; Chacón *et al.*, 2016):

- Pensar não somente em coisas desagradáveis, mas nas coisas boas que ocorreram durante o dia.
- Ajudar a si mesmo. Ser criativo, encontrar novas metas e relações.
- Se tiver dúvidas, consultar os profissionais da saúde que atendem o paciente ou pessoas com mais experiências em cuidar de doentes.
- Planejar pelo menos breves períodos "de descanso" durante o dia e a semana. Deixar um espaço, por menor que seja, para algo alheio ao cuidado.
- Contribuir para uma melhor organização dos turnos de cuidado, permitindo uma distribuição racional das responsabilidades e facilitando a outros o direito de cuidar de seu ente querido.
- Comer regularmente, ainda que não tenha muito apetite. Não se trata de quantidade, mas sim de fazê-lo periodicamente.
- Cuidar de dormir, no mínimo 5 horas por dia.
- Manter os hábitos e a vida em família tanto quanto possível.
- Aprender a pedir e aceitar ajuda de outros, a assumir o "revezamento" a tempo.
- Compartilhar sentimentos ou decisões com os outros cuidadores do paciente.
- Nunca dizer a si mesmo ou aos outros "já não sei mais o que fazer". Sempre há algo que pode ser feito.
- A maturidade e o crescimento pessoal são portas que se abrem diante do mistério da vida e da morte, a saúde e a doença. Cuidar de crescer e ser maduro, inclusive diante destas situações extremas.
- Deixar um espaço para os passatempos, as atividades recreativas e de reforço dos próprios laços afetivos com os demais.
- Lembrar que todos somos necessários, mas ninguém é indispensável.
- Manter a vida privada, ainda que reduzida pelos cuidados.
- Descarregar sua tensão com um amigo ou seu cônjuge compreensivo, mas evitar comentar sempre e com todos as dificuldades ou o sofrimento próprio.
- Rir e brincar sempre que possível. Isso não se contradiz com o sentimento de pena ou de compreensão do que se passa com o paciente.
- Buscar um lugar que seja agradável e passar ali seu tempo livre, não se manter sempre retirado e indiferente.
- Lembrar sempre que, para cuidar, tem que querer, tem que saber e tem que ter os meios e recursos necessários; não se trata de cuidar, mas sim de cuidar melhor...

Os cuidadores devem desenvolver um plano de tarefas ordenado e sistemático: comparando vantagens e desvantagens das diferentes decisões que podem tomar, e depois devem desenvolver estratégias que ofereçam possibilidades razoáveis para alcançar seus objetivos: a) fazer coisas com as quais tenha prazer, de maneira que possa ter uma perspectiva positiva, inclusive quando estiver estressado; b) cuidar de forma integral de seu doente e ter uma comunicação eficaz com ele; c) dar suporte ao paciente no que se refere a seus problemas espirituais; d) ajudar o doente a resolver seus assuntos pendentes; e e) ter sempre em consideração que é parte de uma grande equipe cuidadora, junto com os profissionais que atendem seu familiar doente.

Para concluir, poderia dizer-se que um bom cuidado requer uma equipe de pessoas, com diferentes conhecimentos, funções e perspectivas: enfermeiras, médicos, trabalhadores sociais, psicólogos... os quais unidos ao familiar cuidador primário, realizarão o cuidado. Todos cuidam. Os cuidadores, formais e informais, oferecem uma contribuição importante e única ao cuidado destes doentes, mas também podem oferecer outros membros da família, amigos, vizinhos e voluntários. Na realidade, o cuidador primário já tem (ou terá) uma relação pessoal profunda com a pessoa doente, por isso terá um papel importante na hora de envolver outras pessoas no cuidado. Sua relação com a equipe de profissionais e com o próprio doente lhe ajudará a compreender e interpretar os sentimentos, desejos e necessidades de seu ente querido, o que facilitará o trabalho de cuidar dele e sua satisfação por fazê-lo bem. Mas deve considerar o autocuidado e a provável sobrecarga por suas ações; nunca deverá esquecer que o cuidado do cuidador implica necessariamente poder cuidar melhor de seu doente.

Referências

AGULLÓ, S. M. *Mujeres, cuidados y bienestar social: el apoyo informal a la infancia y a la vejez*. Madrid: Ministerios de Trabajo y Asuntos Sociales, Instituto de la Mujer, 2002.

ALFARO-RAMÍREZ, O. *et al.* Sobrecarga, ansiedad y depresión en cuidadores primarios de pacientes con dolor crónico y terminales. *Rev Med Inst Mex Seguro Soc*, v. 46, n. 5, p. 485-94, 2008.

ÁLVAREZ, L.; GONZÁLEZ, A. M.; MUÑOZ, P. El cuestionario de sobrecarga del cuidador de Zarit. Cómo administrarlo e interpretarlo. Carta al Director. *Gac Sanit España*, v. 22, n. 0, p. 000-0, 2008.

ASTUDILLO, A. W.; MENDINUETA, A. C. *Necesidades de los cuidadores del paciente crónico. Guía de recursos sanitarios y sociales en la fase final de la vida en Gipuzkoa, 7ª sección*. Madrid, 2008. p. 235-255.

BADIA, X.; LARA, N.; ROSET, M. Calidad de vida, tiempo de dedicación y carga percibida por el cuidador principal informal del enfermo de Alzheimer. *Aten Primaria*, v. 34, p. 170-177, 2004.

BAGATTIN, S. L. *Programa psico-educativo para los cuidadores principales de pacientes en hemodiálisis de Villaclara*. Trabajo de diploma, Facultad de Psicología, Universidad Central de Las Villas, Santa Clara, Cuba, 2012.

BARRÓN, B. S.; ALVARADO, S. Desgaste físico y emocional del cuidador primario en cáncer. *Cancerología*, v. 4, p. 39-46, 2009.

BÁTIZ, A. ¿Cuidamos a los cuidadores?. Disponível em: <http://www-enelcorreodigital>. Acesso em: 08 nov. 2008.

BELL, C. M.; ARAKI, S. S.; NEUMANN, P. J. The association between caregiver burden and caregiver health-related quality of life in Alzheimer disease. *Alzheimer Dis Assoc Disord*, v. 15, p. 129-136, 2001.

BLANCO, L.; LIBRADA S, ROCAFORT J. Perfil del cuidador principal del enfermo en situación terminal y análisis del riesgo de desarrollar duelo patológico. *Med pal*, v. 14, n. 3, p. 164-168, 2007.

BORREL, F. *et al.* El deber de no abandonar al paciente. Colección Bioética paraClínicos. *Med Clin* (Barc), n. 117, p. 262-273, 2001.

BREINBAUER, H. *et al.* Validación en Chile de la Escala de Sobrecarga del Cuidador de Zarit en sus versiones original y abreviada. *Rev Méd Chile*, v. 137, p. 657-665, 2009.

BRITTON, S. H. *Prevalencia del síndrome de sobrecarga del cuidador en cuidadores informales de pacientes del Hospital Diurno del Hospital Nacional Psiquiátrico durante los meses de octubre y noviembre de 2009.* Tesis de Especialista en Psiquiatría, Universidad de Costa Rica, 2010.

BRODATH, H.; GREN, A.; KOSCHERA, A. Meta-analysis of psychosocial Interventions for caregivers of people with dementia [version electronic]. *J Am Geriatric Soc*, v. 51, p. 657-664, 2003.

CARMONA, M. *et al.* Análisis de la sobrecarga del cuidador del paciente en diálisis peritoneal. *Revista de la Sociedad Española de Enfermería Nefrológica*, v. 18, n. 3, p. 180-188, jul.-sep. 2015.

CAROD-ARTAL, F. J. *et al.* Percepción de sobrecarga a largo plazo en cuidadores de pacientes con ictus. *Rev Neurología*, v. 28, n. 12, p. 1130-1138, 1999.

CHACÓN, M. *et al.* El síndrome de sobrecarga del cuidador primario del paciente con enfermedad crónica en fase avanzada. In: *La atención a la familia. El proceso de duelo.* Fuerteventura, España: Aula Interdisciplinar S.L., Manual para la Comisión Canaria de Formación Continuada de las Profesiones Sanitarias del Gobierno de Canarias, 2016. Disponível em: <http://campus.auylainterdisciplinar.com>. Acesso em: 10 sep. 2017.

CHACÓN, M.; GRAU, J. La familia: un componente importante en los Cuidados Paliativos. In: *El equipo terapéutico en Cuidados Paliativos II*. Fuerteventura, España: Aula Interdisciplinar S.L., Manual para la Comisión Canaria de Formación Continuada de las Profesiones Sanitarias del Gobierno de Canarias, 2016. Disponível em: <http://campus.auylainterdisciplinar.com>. Acesso em: 10 sep. 2017.

CHACÓN, M.; GRAU, J.; REYES, M. C. *Prevención y control del estrés laboral y el desgaste: Guía para profesionales que trabajan con enfermos crónicos avanzados*. La Habana: ECIMED, 2012.

CHANG, E. W. *et al.* Quality of sleep and quality of life in caregivers of breast cancer patient. *Psycho-Oncology*, v. 10, n. 16, p. 950-955, 2007.

CHEE, Y. K. *et al.* Predictors of adherence to a skill-building intervention in dementia caregivers. *J Ger A Biol Sci Med Sci*, v. 62, n. 6, p. 673-678, 2007.

DEJO, M. Sentido de coherencia, afrontamiento y sobrecarga en cuidadores familiares de ancianos con enfermedad mental crónica. *Avances en Psicología latinoamerican*, v. 25, n. 1, p. 64-71, 2007.

DUEÑAS, E. *et al.* Síndrome del cuidador de adultos mayores discapacitados y sus implicaciones psicosociales. *Rev Colombia Médica*, v. 37, n. 2-1, 2006.

ESPÍN, A. M. Caracterización psicosocial de cuidadores informales de adultos mayores con demencia. *Rev Cub Salud Pública*, v. 3, n. 4, 2008.

ESPÍN, A. M. Escuela de Cuidadores como programa psicoeducativo para cuidadores informales de adultos mayores con demencia. *Rev Cub Sal Púb*, v. 35, n. 2, 2009.

ESTEBAN, A.; MESA, M. Grado de tolerancia de los cuidadores ante los problemas de sus familias con demencia. *Rev Especialidad de Geriatría-Gerontología*, v. 43, n. 3, p. 146-156, 2008.

EXPÓSITO, M. Y. *Intervención de cuidados paliativos domiciliarios para cuidadores primarios de mujeres con cáncer de mama avanzado*. Tesis doctoral. Facultad de Enfermería, Universidad de Ciencias Médicas de La Habana, 2012.

EXPÓSITO, M. Y. La calidad de vida en los cuidadores primarios de pacientes con cáncer. *Rev Haban Cienc Méd*, v. VII, n. 3, p. 7-14, 2008.

GARCÍA, M. M.; MATEO, I.; MAROTO, G. El impacto de cuidar en la salud y calidad de vida de las mujeres. *Gaceta Sanitaria*, v. 18, n. 2, p. 83-92.

GARCÍA-CALVENTE, M. M.; MATEO-RODRÍGUEZ, I.; MAROTO-NAVARRO, G. El impacto de cuidar en la salud y calidad de vida de las mujeres. *Gac Sanit*, v. 18, n. 2, 83-92, 2004.

GORT, A. *et al.* Use of Zarit scale for assessing caregiver burden and collapse in caregiving at home in dementias. *Int J Geriatr Psychiatry*, v. 22, p. 957-962, 2007.

GRAD, J.; SAINSBURY, P. Mental Illness and the family. *Lancet*, n. 1, p. 544-547, 1963.

GRAFF, M. J. *et al.* Effects of community occupational therapy on quality of life, and health status in dementia patients and their caregivers: a randomized controlled trial. *J Gerontology A Biol Sci Med Sci*, v. 62, n. 9, p. 1002-1009, 2007.

GRAU, J. Calidad de vida y bienestar subjetivo: Un camino al futuro. *TIPICA, Boletín Electrónico de Salud Escolar*, v. 11, n. 1, p. 1-28, 2015. Disponível em: <http://www.tipica.org/media/system/articulos/Vol11N1/A1.%20Grau_Calidad%20de%20Vida.pdf>.

GRAU, J. Factores psicosociales y enfermedades crónicas: el gran desafío. *Rev Latinoamericana de Medicina Conductual*, v. 6, n. 2, p. 103-112, 2016a.

GRAU, J. La evaluación y la intervención en las enfermedades crónicas: retos para la Psicología. *Rev Latinoamericana de Medicina Conductual*, v. 6, n. 1, p. 41-52, 2016b.

GRAU, J. *Reflexiones nocturnas de un paliativista. Historias al final de la vida*. Guadalajara: UNIDAPSA, 2016c.

GRAU, J. *Vivir con una enfermedad crónica*. Guadalajara: UNIDAPSA, 2017.

GRAU, J.; CHACÓN, M.; REYES, M. C. *Guía de cuidados para familiares de enfermos crónicos avanzados*. La Habana: Editorial de Ciencias Médicas (ECIMED), 2012.

GRAU, J.; HERNÁNDEZ, E.; VERA-VILLARROEL, P. Estrés, salutogénesis y vulnerabilidad. Repercusiones para la Psicología de la Salud contemporánea. In: HERNÁNDEZ, E.; GRAU, J. (Comp.). *Psicología de la Salud. Fundamentos y aplicaciones*. Guadalajara: CUCS, 2005. p. 113-178.

GRAU, J.; LLANTÁ, M. C.; CHACÓN, M. La evaluación de la calidad de vida en oncología: problemas, experiencias y perspectivas. In: ROJAS, C.; GUTIÉRREZ, Y. (Ed.). *Psicooncología: aportes a la comprensión y la terapéutica*. Talca, Chile: Nueva Mirada Ediciones, 2016. p. 84-134.

GRAU, Y. *Impacto de un programa de intervención psicoeducativa para cuidadores principales de pacientes con insuficiencia renal crónica en hemodiálisis*. Reporte de investigación no publicada. Facultad de Psicología, Universidad Central de Las Villas, Santa Clara, Cuba, 2013.

GUERRA, S. *et al.* Family integrity among older caregivers of relatives with dementia. *Paidéia*, Ribeirão Preto, v. 26, n. 63, p. 15-23, 2016. DOI: <10.1590/1982-43272663201603>.

HAUSE, H. S. *Work stress and social support*. Reading, MA: A. Wesley, 1981.

HERNÁNDEZ, M. *Dimensión clínica y humana de la atención psiquiátrica. Trastorno bipolar.* España: Editorial Ars Médica, 2008.

LARA-PALOMINO, G.; GONZÁLEZ, A.; BLANCO, L. A. Perfil del cuidador: sobrecarga y apoyo familiar e institucional del cuidador primario en el primer nivel de atención. *Revista Especialidades Médico-Quirúrgicas*, v. 13, n. 4, p. 159-166, 2008.

LAZARUS, R.; LAUNIER, R. Stress related transactions between person and environment. In: PERVIN, L. A.; LEWIS, M. (Ed.), 1978.

LEAL, M. *et al.* Valoración de la sobrecarga de cuidadores informales de pacientes con esquizofrenia antes y después de un programa psicoeducativo. *Actas Esp Psiquiatría*, v. 36, n. 2, p. 63-69, 2008.

LEY 39/2006, de 14 de diciembre, de Promoción de la Autonomía Personal y Atención a las personas en situación de dependencia. *BOE*, 15 dic. 2006.

LIPOWSKI, Z. J. Physical illness, the patientand his environment. Psychosocial foundations of medicine. *American Handbook of Psychiatry*, v. 4, n. 1, p. 1-42, 1975.

LÓPEZ, J.; CRESPO, M. Intervenciones con cuidadores de familiares mayores dependientes: una revisión. *Psicothema*, v. 19, n. 1, p. 72-80, 2007.

LÓPEZ, Y. *Caracterización de los cuidadores de pacientes con enfermedad renal crónica según revisión de literatura.* Universidad Cooperativa de Colombia, sede Bucaramanga, Colombia, 2016. (Documento não publicado).

LÓPEZ-GIL, M. *et al.* El rol de cuidador de personas dependientes y sus repercusiones sobre su Calidad de Vida y su Salud. *Rev Clin Med Fam*, v. 2, n. 7, jun. 2009.

LOSADA, A. *et al.* Eficacia diferencial de dos intervenciones psico-educativas para cuidadores de familiares con demencia. *Revista de Neurología*, v. 38, n. 8, p. 701-708, 2004.

LOSADA, A. *et al.* Leisure and distress in caregivers for elderly pacients. *Archives of Gerontology and Geriatrics*, v. 50, n. 3, p. 347-350, 2010.

LOSADA, A. *et al.* Reflexiones en torno a la atención a los cuidadores informales de personas con demencia y propuesta de una intervención interdisciplinar. *Psic conductual España*, v. 15, n. 1, p. 57-76, 2007.

LUCAS, R. *et al.* Estado de Salud y calidad de vida en personas mayores, cuidadores/as en relación de no cuidadores. *Rev Gerontol*, v. 14, n. 4, p. 214-28, 2004.

MACKENZIE, C. S. *et al.* Does expressive writing reduce stress and improve health for family caregivers of older adults? *Gerontology*, v. 47, n. 3, p. 296-306, 2007.

MARTIN, M. *et al.* Adaptación para nuestro medio de la Escala de Sobrecarga del Cuidador (Caregiver Burden Interview) de Zarit. *Rev Gerontol*, v. 6, p. 338-346, 1996.

MARTÍN, M. *et al.* Anatomía funcional y deterioro cognitivo en la enfermedad de Alzheimer: sus efectos sobre los cuidadores. *ANALES Sis San Navarra*, v. 20, n. 3, p. 45-50, 1997.

MARTÍNEZ, L.; GRAU, Y. Sentido personal del rol en cuidadores principales de pacientes en hemodiálisis en Cuba. *Rev Espacio I+D (Innovación más Desarrollo)*, v. VI, n. 14, p. 22-35, jun. 2017.

MÉNDEZ, L. *et al.* Relación entre ansiedad, depresión, estrés y sobrecarga en cuidadores familiares de personas con demencia tipo Alzheimer por mutación e280a en presenilina 1. *Revista Chilena de Neuropsicología*, v. 5, n. 2, p. 137-145, 2010.

MITTELMAN, M. S. *et al.* Preserving health of Alzheimer caregivers: impact of a spouse caregiver intervention. *Am J Ger Psy*, v. 15, n. 9, p. 780-789, 2007.

MONTALVO, A.; FLORES, I. Cuidadores de Cartagena y su contexto de cuidado: estudio comparativo. *Rev Aquichán*, v. 9, n. 2, p. 135-146, 2009.

MONTERO, I. Intervención familiar en la esquizofrenia: efecto a largo plazo en los cuidadores principales. *Actas Esp Psiquiatría*, v. 34, n. 3, p. 169-174, 2006.

MONTORIO, I. *et al.* Characterization of worry according to severity of anxiety in elderly living in the community. *Aging & Mental health*, v. 7, n. 5, p. 334-341, 2003.

MONTORIO, I.; YANGUAS, J.; DÍAZ-VEIGA, P. El cuidado del anciano en el ámbito familiar. In: IZAL, M.; MONTORIO, I. (Ed.). *Gerontología Conductual. Bases para la intervención y ámbitos de aplicación*. Madrid: Síntesis, 1999. p. 141-158.

MORALES, P. *et al.* Problemas de salud de los cuidadores de enfermos incapacitados. *Centro de salud Totana Murcia*, 2000. p. 714-718.

MUELA-MARTÍNEZ, J.; TORRES-COLMENERO, C. J.; PELÁEZ, E. Nuevo instrumento de evaluación de situaciones estresantes en cuidadores de enfermos de Alzheimer. *Anales de psicologia*, v. 18, n. 2, p. 319-331, 2002.

OMS. *Informe mundial sobre la discapacidad.* 2011. Disponível em: <http://www.who.int/disabilities/world_report/2011/es/>.

PALEO, N.; FALCÓN, N.; RODRÍGUEZ, L. Sobrecarga de los cuidadores de pacientes con demencia de Alzheimer. *Interpsiquis*, 2005. Disponível em: <weblog.maimonides.edu/gerontologia2004/archives/000919.html>. Acesso em: 24 out. 2008.

PALIT, A.; CHATERJEE, A. K. Parent-to-parent counseling- a gateway for developing positive mental health for the parents of children that have cerebral palsy with multiple disabilities [version electronic]. *Int J Rehabil Res*, v. 29, n. 4, p. 281-288, 2006.

PINTO, N.; BARRERA, L.; SÁNCHEZ, B. Reflexiones sobre el cuidador a partir del programa "Cuidando al cuidador". *Rev Aquichan*, v. 5, n. 1, p. 128-137, 2005.

RAMOS-DEL RÍO, B. *Encuesta de salud del cuidador primario informal.* México: Facultad de Estudios Superiores Zaragoza, Universidad Nacional Autónoma de México; Proyecto PAPITT IN305406-2, 2005.

REYES, M. C.; GRAU, J.; CHACÓN, M. *Cuidados Paliativos al paciente con cáncer avanzado: 120 preguntas y respuestas.* La Habana: ECIMED, 2009.

ROCA, M. Impacto del hecho de cuidar en la salud de los cuidadores familiares. *Atención Primaria*, v. 26, n. 4, p. 217-223, 2000.

RODRÍGUEZ L. *Ansiedad, depresión y sobrecarga en cuidadores principales de adultos mayores centenarios.* Trabajo de Diploma en Licenciatura en Psicología, Universidad Central de Las Villas, Santa Clara, Cuba, 2017. (Documento não publicado).

RODRÍGUEZ, R. *Estrategias de afrontamiento en cuidadores de pacientes con IRC en hemodiálisis.* Trabajo de Diploma en Licenciatura en Psicología, Universidad Central de Las Villas, Santa Clara, Cuba, 2016. (Documento não publicado).

RODRÍGUEZ-MARÍN, J. *Psicología Social de la Salud.* Madrid: Síntesis, 1995.

SÁNCHEZ, P.; MOURONTE, P.; OLAZARÁN, J. Beneficios de un programa de formación del cuidador en la demencia una experiencia piloto desde la enfermería especializada. *Revista Neurología*, v. 33, n. 5, p. 422-424, 2001.

THOMPSON, C.; BRIGGS, M. Support for cares of people with Alzheimer's type dementia [version electronic]. *Cochrane Database Sist*, CD000454, 2000.

TORRES, I. *et al.* Cuidar a un enfermo ¿pesa? *Rev de divulgación científica de la Universidad Veracruzana*, p. 19, 2007.

UBEDA, I. *et al.* Características y calidad de vida de los cuidadores informales de enfermos de sida. *Enfermería Clínica*, v. 16, p. 137-143, 2006.

UBIERGO, M. C. *et al.* El soporte de enfermería y la claudicación del cuidador informal. *Enfermería Clínica*, v. 15, n. 4, p. 199-205, 2005.

UELA-MARTÍNEZ, J.;, TORRES-COLMENERO, C. J.; PELÁEZ, E. Comparación entre distintas clasificaciones de las estrategias de afrontamiento en cuidadores de enfermos de Alzheimer. *Psicothema CODEN PSOTEG*, v. 14, n. 3, p. 558-563, 2002.

VÉREZ COTELO, N. *et al.* Burden and associated pathologies in family caregivers of Alzheimer's disease patients in Spain. *Pharmacy Practice*, v. 13, n. 2, p. 521, apr.-jun. 2015. DOI: <10.18549/PharmPract.2015.02.521>.

WHO. *WHO Fact Sheet "Caregiving".* Geneva: WHO, 1999.

YONTE, F. Sobrecarga del Cuidador principal. *Rev enferm CyL*, v. 2, n. 1, p. 59-69, 2010.

ZARIT, S. H.; TODD, P. A.; ZARIT, J. M. Subjetive burden of husbands and wives as caregivers: a longitudinal study. *Gerontologist*, v. 26, p. 260-266, 1986.

ZARIT, S.; ORR, N.; ZARIT, J. *The hidden victims of Alzheimer's disease: families under stress.* New York: University Press, 1985.

ZARIT, S.; ORR, N.; ZARIT, J. *The hidden victims of Alzheimer's disease: Families under stress.* NY: New York University Press, 1985.

ZENIL, G. B.; ALVARADO, A. S. La terapia del arte como herramienta psicoterapéutica en pacientes con cáncer. *Rev Neurol Neurocir Psiquiat*, v. 40, n. 2, p. 56-63, 2007.

CAPÍTULO 17

Contribuições da antropologia estrutural e histórica de Sartre para a compreensão do campo interdisciplinar na saúde coletiva

Priscila Ferreira de Oliveira
Sylvia Mara Pires de Freitas

Introdução

"Esse é tempo de partido,
tempo de homens partidos"
(Carlos Drummond de Andrade)

Em sua obra *Crítica da Razão Dialética*, publicada em 1960, Jean-Paul Sartre manifesta sua inquietação sobre o modo como o homem se debate com a determinação histórica que indica seu Ser – o que em sua outra obra *O Ser e o Nada* (1997) nos é apresentado como liberdade de Ser. As reflexões deste pensador são encaminhadas pelo raciocínio dialético das relações interpessoais mediadas pelo campo da materialidade, que persegue o movimento de igual lógica. Por meio deste raciocínio, estabelece que os indivíduos tramam suas singularidades ao erigir o campo sociomaterial, isto é, o campo universal, ao passo que este, concomitantemente, também trama a edificação da singularidade do sujeito. Sartre (2002) também elucida que as relações humanas são estruturas interindividuais, que têm seus vínculos estabelecidos em meio e pelo trabalho.

Na *Crítica da Razão Dialética*, Sartre (2002) retrata o trabalho como práxis livre, que tem sua ação transformadora na natureza, a partir de sua mediação por instrumentos e utensílios, auxiliando o homem a sobreviver. Por meio de tal práxis, o indivíduo dialetiza com este campo material, com os demais indivíduos e com as estruturas sociais, por ele também edificadas. Ao assimilar o campo sociomaterial, deve escolher como orientará sua práxis na relação com ele, o que ocorrerá a cada apreensão deste campo. É, portanto, por este movimento dialético que o homem totaliza-se em curso, superando a condição anterior ao produzir outra, e construindo a história da humanidade.

Na ação dialética entre subjetivo (indivíduo) e objetivo (mundo material), funda-se um futuro em meio ao presente e com relação a um estado de coisa previamente dada. Este futuro pode ser construído tanto a partir da negação do indivíduo daquilo que foi construído historicamente – ao imaginar e buscar suprir o que lhe falta com o que ainda não está dado – quanto em asseverar o já produzido como sua falta futura. Na primeira situação, ocorrerá a superação da história com algo novo, oportunizando a criação de uma nova história; na segunda, as práticas do passado serão reiteradas no futuro, mantendo a história tal como já produzida, caso o indivíduo realize esta escolha.

A necessidade, por sua vez, advém ao homem pela escassez daquilo que o mundo material nega ao seu futuro (projeto). Destarte, se é pelo trabalho que o indivíduo busca suprir suas necessidades, torna-se, este trabalho, necessidade humana. A imperatividade da necessidade e o movimento dialético do trabalho, de que trata Sartre (2002), devem, ademais, ser compreendidos na relação com o contexto específico que acontece, dado seu caráter livre, temporal e situado.

Em nível de sua situação concreta e interpessoal, as ações ocorrem na identificação ou não entre projetos singulares, isto é, podem ser realizadas como projeto de um indivíduo ou na união de práxis que visam projetos em comum. Contudo, ainda que as ações sejam solitárias ou surjam da unificação de práxis individuais, constituindo-se em um grupo, os produtos de suas ações, uma vez socializados, permitem que outros indivíduos os apreendam como falta ou como objeto de sua necessidade. Desse modo, o campo material construído pela práxis, o qual imputa aos indivíduos inseridos neste contexto a exigência de que lidem com ele de acordo com os fins para os quais foram criados, constitui-se naquilo que Sartre (2002) define como campo "prático-inerte". Tal campo, que se configura como síntese unificadora das práxis que o totalizaram, ganha inércia na realidade e não atenderá às necessidades de todos os indivíduos, ao passo que prescreverá um futuro que pode se presentificar como um futuro-fatalidade.

A partir disso, em sua esfera antropológica, o trabalho apresenta-se como meio de organização grupal e transformação coletiva, perante mudanças visadas pelos indivíduos sob uma realidade circundante e compartilhada. Entretanto, ainda que ontologicamente a práxis se revele pela liberdade de eleger o mundo, em ordem sócio-histórica e política, o trabalho, como práxis livre, ao materializar-se, socializar-se e temporalizar-se no campo prático-inerte, foi institucionalizado e condicionado historicamente.

Imersa numa sociedade globalizada e na organização contemporânea do trabalho, a práxis socializada apresenta-se historicamente delimitada pela divisão do trabalho, pela racionalidade técnico-burocrática e financeira, pelas compartimentalizações dos processos em escala mundial e pelos princípios mercadológicos, passando a operar numa lógica de produtivismo e funcionar com base em ideais dominantes. O trabalho centraliza-se, enquanto temporalidade, nas antipráxis, ao buscar atender aos padrões de eficiência e parâmetros sistematizados pelo mercado – o qual lhe atribui valor monetário. Por conseguinte, esta antipráxis petrifica e desapropria o trabalhador de sua liberdade e de seu mundo de sentidos, a partir da exigência histórica da continuidade da execução de projetos alheios.Desse modo, a práxis livre, que estaria calcada na busca por transcender algo dado ou algum estado que interpela o homem, a fim de atender às suas necessidades, passa, por sua vez, a fracassar em seus esforços. Instituído como "trabalhador", cristaliza-se assim igualmente, ao transformar-se em aparato de uso para atender necessidades alheias. Nesse sentido, a práxis livre do trabalhador conflitua com o campo material, pois nele pode não apreender o sentido da satisfação de sua necessidade; como também com os outros que o querem determinar como um "outro-objeto".

É em caráter antropológico neste âmbito sócio-histórico e político – forjado em meio às tensões entre as produções de divergentes projetos singulares e forças ideológicas –, que vem se constituindo a "saúde coletiva" do Sistema de Único de Saúde (SUS) brasileiro: ora são possibilitadas pelo trabalho mudanças visadas pelos próprios trabalhadores da saúde coletiva, mudanças as quais lhes garantem direitos civis e autonomia; ora tais tensões resultam na perda de autonomia, dificultando um agir reflexivo-crítico do trabalhador, em meio aos interesses conflitantes e em prol de desígnios que favorecem a manutenção de interesses político-econômicos de grupos minoritários. Tais contradições, outrossim, presentificam-se na história da construção do SUS e da Reforma Sanitária no Brasil. Frentes populares e grupos organizados lutaram para redemocratizar a política com a finalidade de garantir o direito à saúde e à cidadania em oposição à mercantilização de direitos e bens, como movimento de resistência aos saberes e fazeres que regem os trabalhadores e os usuários da saúde pública "fora"' de suas vidas.

Por sua vez, com fins de superar a fragmentação, a hierarquização e a especialização dos saberes, concretizam-se esforços de mecanismos e programas do SUS – como o Programa de Estratégia da Saúde e da Família (ESF) da Política Nacional de Atenção Básica (2012) – para que haja mudanças técnico-assistenciais. Tais mudanças, amparam-se em princípios norteadores do SUS, tais como universalidade, acessibilidade, vínculo, continuidade do cuidado, integralidade da atenção, responsabilização, humanização, equidade e participação social. Contudo, perante o projeto político-ideológico dos que visam suprir tais necessidades, caberá aos trabalhadores da saúde que apreendam nele o sentido de suas necessidades ou que abdiquem de seus projetos individuais para que se engajem em uma causa social. Para tal, há a necessidade de assimilar a escassez do espaço da interdisciplinaridade na saúde coletiva – construída até então como espaço de práticas segmentadas –, a fim de viabilizá-la.

Preliminarmente, podemos apontar uma contradição neste projeto: embora defina princípios norteadores de suas práxis, com fins de promover adesão, segue a lógica da apropriação da práxis livre do trabalhador, não viabilizando a humanização no âmbito da saúde. Convém ressaltar que é pelo caminho da institucionalização que estes trabalhadores empreendem a redemocratização do espaço público da saúde, o que dificulta sobremaneira a mudança de suas práxis, tendo em vista que estão temporalmente alienadas e demarcadas num campo sócio-histórico que produziu conhecimentos especializados e que foram transformados em saberes-instrumentos normatizadores da realidade.

As práxis na saúde pública, como ações disciplinarizadas, possibilitam aos trabalhadores, gestores e usuários do SUS que apreendam o contexto da saúde, assentados em conhecimentos entendidos como verdades absolutas aplicáveis a seu foco de atenção, independente da complexidade em que este se constituiu. No entanto, por meio dessa maneira descontextualizada e fragmentada de conceber a realidade, mediada por ações isoladas de especialistas, também dificulta-se a comunicação transversal entre as especialidades. É preciso lembrar que a operacionalização da Política Nacional de Humanização (PNH) depende também de recursos financeiros que extrapolam o contexto de ação da maioria dos profissionais que nela podem se engajar, ainda que por esta política seja prevista a "participação social".

Sob esses moldes, o cotidiano prático da saúde coletiva é empobrecido em seus próprios desígnios, delimitando a si pouco espaço de transformação, ao passo que suprime a coparticipação, a horizontalização e a corresponsabilização como processo de trabalho. Os fazeres especializados e isolados, por serem temporalizados num mesmo campo, são apreendidos por terceiros excluídos, que atribuem-nos a incumbência de constituir, forçosamente, um Ser unificante: o de "equipe". Contudo, na interioridade dessa "equipe", a realidade sociomaterial se expressa com uma limitação antropológica, quando, por exemplo, fundamenta explicações acerca do adoecimento da pessoa em causas únicas, ao mesmo tempo em que busca atender às necessidades de seus usuários. Entende-se aqui que, tanto os fatores que envolvem o sujeito em processo de adoecimento ou sofrimento, quanto a maneira pela qual os profissionais cuidarão de suas mazelas, estão respectivamente ligados entre si pela relação da pessoa cuidada com o campo material; por cada profissional com esse campo; por suas relações no trabalho e pelo contato destes com o usuário.

Assim sendo, compreendemos que, em termos coletivos, qualquer reorientação política de ações dá-se via institucionalização, manifestando, na dimensão social, as contradições previamente mencionadas, e outras, para sua própria implantação, ainda que, nem sempre esses paradoxos sejam compreendidos de maneira dialética. Nesse caso, pelo viés do raciocínio formal, que vislumbra fragmentos de um contexto complexo e plurifacetado, poderá se culpabilizar apenas algumas das partes envolvidas, pelo fracasso, que, na verdade, é de responsabilidade de todos que o constroem. Em contrapartida, acreditamos que, se não houver alguma iniciativa de mudança por parte de um ou mais dos que se situam no seio das contradições, a História da saúde pública continuará perpetuada sob a dimensão da ética desumanizadora.

Diante deste cenário, e nos valendo do pensamento de Sartre (2002), buscamos neste capítulo tecer algumas reflexões que possam elucidar aspectos contraditórios e limitadores do fazer interdisciplinar, bem como evidenciar algumas possibilidades que permitam que o psicólogo, como integrante de uma equipe da saúde, incite a coesão dessa em seu fazer cotidiano.

As reflexões foram provocadas pela experiência de uma das autoras que, como psicóloga residente em um programa de pós-graduação multiprofissional em Urgência e Emergência, teve a oportunidade de conviver no mesmo espaço, com os demais trabalhadores, no cotidiano de serviços municipais componentes da Rede de Urgência e Emergência (RUE) do SUS. A partir de sua inserção prática em serviços desta Rede, percebeu contradições entre as rotinas das respectivas equipes que os compõem e as diretrizes e normativas que são apregoadas pela PNH (Brasil, 2006), no que tange à autonomia e à participação ativa dos trabalhadores acerca do processo de trabalho e gestão, bem como no caráter interdisciplinar e transversal da práxis.

Como a dificuldade de ocorrer a unificação de práxis especializadas, em vista de um objetivo comum pela exterioridade das relações, apresenta-se em quase todos os campos percorridos pela residente, optou-se por eleger a realidade de um deles – a de um setor de Emergência Psiquiátrica (EP) localizado em um hospital municipal do norte do Paraná, considerando-se a complexidade deste campo.

1. A interdisciplinaridade como proposta de superação de saberes e fazeres "disciplinarizados"

Num breve resgate histórico-conceitual, a ideia de "interdisciplinaridade", formada ao longo do século XX, aparece como proposta de superação dos entraves científico-práticos provenientes da especialização e fragmentação metodológicas – heranças da ciência moderna e de suas revoluções, bem como do advento epistemológico e da análise causal acerca dos fenômenos estudados. Essa lógica de mudança parte, por sua vez, do processo histórico-científico de "disciplinarização" do conhecimento, decorrendo da desintegração de um saber unitário, de suas concepções inquestionáveis – nas quais o cosmos era vivido como ordenado e total – e de sistematizações e organizações dos conhecimentos acerca de um domínio determinado (Japiassu, 1976). Em caráter de disciplinarização, a especialização do saber funcionaria numa tentativa de diferenciar e focalizar áreas de estudo e atuações, e embora possa resultar na proposição simultânea e na formação de equipes compostas por diferentes especialidades, mantém-se sob as fragmentações de seus objetos de estudo, métodos e linguagens, não permitindo efetivas cooperações, coordenações e trocas dialógicas – o que vem a ser denominado como "multidisciplinaridade".

Visto que a segmentação e o controle metodológico, outrora tidos como necessários, começam a evidenciar suas insuficiências num contexto de mudanças sócio-históricas e novas demandas para a ciência, passa a ser reconhecida a possibilidade de se compreender o mundo e o ser humano da contemporaneidade no diálogo entre as diferentes disciplinas (Aiub, 2006).

Japiassu (1976, p. 43, 48), filósofo e estudioso da epistemologia e história da ciência, em sua obra "Interdisciplinaridade e Patologia do Saber", identifica no surgimento da interdisciplinaridade um tríplice protesto, contrário: (1) aos saberes fragmentados em especialidades múltiplas e incomunicáveis; (2) à divisão no ambiente acadêmico intelectual, que também reflete a sociedade e seu modo de fazer "tudo o que pode para limitar e condicionar os indivíduos a funções estreitas e repetitivas, para aliená-los em si mesmos [...]" ; e (3) ao conformismo em relação às ideias e práticas previstas e postas. Ainda que, em seu surgimento, este movimento tenha caráter de oposição a uma tendência científico-prática de especialização, para evitar a estanqueidade do olhar do sujeito do conhecimento e de seus esforços epistemológicos, evidenciou-se a precariedade na retomada de certa unidade, ao passo que "remonta ao momento de desintegração moderna do conhecimento".

Tal proposta de flexibilizar métodos sugere a transferência destes entre diferentes disciplinas como meio de transformação epistemológica e clínico-assistencial, mas também relacional, visto que qualitativamente pode ser avaliada conforme o grau de integração das disciplinas (Japiassu, 1976). Conforme essa gradação, concebe-se a "transdisciplinaridade" como nível ideal de comunicabilidade e produção de saberes, pela interatividade e reciprocidade entre especialidades, tendo como objetivo construir uma base axiomática e metodológica una.

Seguindo pela senda da discussão teórico-conceitual acerca das práticas de integralidade na gestão do cuidado, verifica-se a importância desta reciprocidade e comunicação dialógica a partir da "horizontalidade" das ações e gestões em saúde. Ao preconizar esta horizontalidade, o SUS prioriza políticas e estratégias de participação social e centralidade da família – implantadas inicialmente pelo Programa da Saúde e da Família e por sua ampliação política nos grandes centros urbanos (Gomes; Pinheiros, 2005).

Complementam estes autores que, como meio para a mudança política e cultural prevista por esse programa, o vínculo entre os atores sociais e a troca legítima de saber seria o elo capaz de verter os monopólios de necessidades em espaços de exercício da cidadania, permitindo, nessa instância, a integralidade do cuidado. Destaca-se no conceito de integralidade, desse modo, sua esfera organizacional e institucional na promoção de certa "horizontalização" das ações em saúde, tendo como finalidade ampliar a produção coletiva de atividades de identificação de riscos e estratégias de intervenção.

Por serem demandadas atitudes de integralidade na organização de serviços e na renovação das ações de saúde, pode-se supor, portanto, que a assistência do SUS desenvolva-se em modelos de atuação interdisciplinares (transdisciplinar num momento posterior), corresponsáveis e coordenados, e que a gestão promova e desenvolva-se de modo democrático. Para tanto, caberá ao grupo de trabalhadores assumir espaços de troca e coparticipação sob as condições que lhes serão dadas pela realidade material e concreta.

Ante esta proposta, no entanto, reconhece-se como barreira a própria organização social do ensino e do trabalho, que, numa estrutura social compartida, burocratizada e hierarquizada, favorece a sustentação de práticas-inertes e de projetos de controle coletivo. Diante do caráter de controle e ordem institucionais, Aiub (2006) reconhece, nessa tendência de descompartimentalizar disciplinas, uma ameaça iminente aos sistemas do *status quo* e seus enquadramentos sob as práxis livres.

Em suma, nesse contexto, surge a necessidade de novas regulações e esforços do Ministério de Saúde, posto que a fragmentação e hierarquização do saber apresentam-se como obstrutivos das políticas, princípios e instrumentos preconizados pelo SUS. Não obstante seus esforços, essa interdisciplinaridade, como etapa intermediária entre a multiprofissionalidade e a transdisciplinaridade, permanece apresentando-se como o ideal colocado aos trabalhadores, mas que pouco efetiva-se em suas práticas cotidianas.

Como viés diretivo da PNH, reconhecemos a incorporação da interdisciplinaridade como recurso facilitado pela "transversalidade" das ações e "indissociabilidade" entre os modelos de gestão e atenção, uma vez que tais princípios supõem um processo de comunicabilidade ativo e dialético e a construção de metodologias de trabalho coletivas, criativas e autônomas, que dariam condições para construções democráticas de saberes e fazeres e a elaboração de novos campos de conhecimento. Sendo constituinte nessa reformulação no SUS, a interdisciplinaridade assume forma de instrumento prático de mudança, pela *Clínica Ampliada, Equipes de Referência* e *Projetos Terapêuticos Singulares.*

A Clínica Ampliada, conceituada pelo Ministério da Saúde (2009, p. 14), seria um ferramenta que busca

> integrar várias abordagens para possibilitar um manejo eficaz da complexidade do trabalho em saúde, que é necessariamente transdisciplinar e, portanto, multiprofissional. Trata-se de colocar em discussão justamente a fragmentação do processo de trabalho e, por isso, é necessário criar um contexto favorável para que se possa falar destes sentimentos em relação aos temas e às atividades não-restritas à doença ou ao núcleo profissional.

Ao passo que esta proposição defende ações coletivas que não limitem seu olhar ao usuário ou restrinjam-se à burocratização de processos do cuidado, esta clínica pressuporia que aqueles que por ela se pautam tenham o objetivo de pensar a saúde e condições para exercê-la. Nessa lógica, para que haja uma clínica ampliada, requer-se, daquele que está na assistência, que também exerça a gestão de seu próprio trabalho, assumindo coletivamente suas responsabilidades e colocando-se à disposição para esse processo de integralização do cuidado. Esta prática de autonomia e corresponsabilidade, poderá, portanto, ocorrer tanto na assistência direta à pessoa cuidada – ao se deflagrar a possibilidade de atender a uma necessidade que de início era reconhecida como alheia à sua prática – quanto na própria organização de processos de trabalho compartilhados.

2. As estruturas sociais e o problema da mediação segundo Sartre

Debruçando-se sobre o tema da sociabilidade, Sartre (2002) delineia o lugar das "condições" e "necessidades" como fundamento antropológico da história da humanidade, ao passo que situa o homem na relação dialética com o mundo, desde seus primórdios, até sua organização atual. Nesse viés, desde que precisou forjar sua práxis na supressão de necessidades para sua subsistência imediata, o homem apreendera que essas não poderiam ser atendidas em sua amplitude pelo campo material, fazendo-se necessário mediar a ausência imperativa pelo modo como modificava a materialidade disponível. Sendo relação fundamental, a escassez de recursos apareceu para o homem como necessidade de suprir a falta concreta de seu organismo, tal como ocorre na condição de fome. Vemos aí, portanto, que desde sua origem, o homem vem constituindo-se a partir da percepção de uma negação inscrita no mundo material, ou seja, pela indisponibilidade de recursos materiais suficientes para todos, o que faz da escassez uma condição universal.

Para preencher sua falta orgânica, cada pessoa, em sua singularidade, teve que agir no mundo para superar a condição de escassez produzindo algo para sua subsistência. Observemos que, ao conceber o trabalho como uma livre práxis de cada homem, principiado pela negação de sua condição faltante, Sartre (2002) considera a possibilidade de que, refutando a negação do mundo a ele, o homem realize uma ação afirmativa com sua produção.

A partir da possibilidade de suprir suas necessidades, o homem transforma a natureza e constrói um campo material que é socializado. Ter o outro a sua presença, no entanto, possibilitou-lhe reconhecer nele, alguém com quem pode superar a escassez ou a ameaça diante dela. Dessa forma, tanto o Outro como ameaça, quanto sua violência, advêm ao homem, inicialmente, pela escassez. A subsequente violência em face da ameaça alheia, como elucida Sartre (2002), constitui-se, respectivamente, pelo conflito interpessoal e pelo reconhecimento do Outro enquanto liberdade com a qual não poderia coexistir. Como explicita:

> No estágio mais elementar do *struggle for life*, não são instintos cegos que se opõem através dos homens, mas estruturas complexas, superação de condições materiais por uma práxis que serve de fundamento a uma moral e persegue a destruição do Outro não como um simples *objeto* ameaçador, mas com liberdade reconhecida e condenada, inclusive, em sua raiz. Eis precisamente aquilo a que damos o nome de violência,

> porque a única *violência* concebível é a da liberdade sobre a liberdade pela mediação da matéria inorgânica. Com efeito, vimos que ela pode revestir dois aspectos: a livre *práxis* pode destruir, diretamente, a liberdade do Outro ou colocá-la entre parênteses (mistificação, estratagema) pelo instrumento material, ou então pode agir contra a necessidade (da alienação), ou seja, exercitar-se contra a liberdade como possibilidade de tornar-se Outro (de recair na serialidade); ora, e isto é a Fraternidade-Terror. Portanto, *a violência* é, *em todo caso*, reconhecimento recíproco de liberdade e negação (recíproca ou unívoca) desta por intermédio da inércia de exterioridade. (Sartre, 2002, p. 808, grifos do autor)

O mundo material construído pelas práxis, ao ser socializado, tanto disporá os produtos que atenderão necessidades alheias, quanto estabelecerá também seus excedentes. Este campo, que Sartre (2002) define como prático-inerte – um campo inorgânico, construído por outros homens e que contém em si os fins de seus produtores – "reinvidicará" dos demais que estes lidem com sua fixidez conforme os propósitos para os quais foram criados. A esta exigência, Sartre (2002) denomina de "contra-finalidade" da matéria. A contra-finalidade do campo prático-inerte aponta para o futuro que o homem deve perseguir, mas que também se apresenta como finalidade que pode ser negada por ele, caso não a apreenda como "a sua" necessidade. No caso de ser negada, o homem pode imaginar, antecipando o futuro, outras possibilidades que venham a suprir suas reais necessidades. No entanto, mesmo negando-se a perseguir o futuro-fatalidade inscrito na matéria, produzirá novos produtos que igualmente imporão seus fins a outros.

Correlacionando esta compreensão de Sartre com a PNH, observamos que o fazer interdisciplinar, mesmo que seja aparato de regulamentação prática, faz-se necessidade de alguns, mas não de todos que compõem os serviços de saúde. O campo da saúde pública se apresenta como campo prático-inerte construído por gestões passadas e que convivem no mesmo espaço com a nova proposta. Desta maneira, alguns encontrarão, no já construído, matéria para suprir suas necessidades. Outros, como os que propõem o fazer interdisciplinar, reconhecerão esta falta.

A proposta do fazer interdisciplinar coaduna com o que Sartre (2002) elucida sobre a formação de grupo: nem sempre conseguimos combater sozinhos o que nos ameaça. Reconhecendo a humanidade do outro, isto é, como práxis livre, pode-se superar o fazer solitário imposto pelo campo prático-inerte que é incapaz de, por si só, promover a reciprocidade. Dessa forma, mesmo no fazer coletivo, onde cada um obedece solitariamente às exigências impostas por determinado campo material, há a possibilidade de emergir um grupo, a partir de práxis espontâneas que igualmente apreendem deste campo material a ameaça comum às suas necessidades. A este grupo cujos constituintes ligam-se pela mesma práxis, identificando-se com o outro a partir dela, Sartre (2002, p. 423) denominou de grupo-em-fusão "A unidade de autodeterminação, através de todas as relações descritas, vem a um pelo Outro em alteridade como 'estrutura outra' do ajuntamento 'a realizar pela autodeterminação'". (grifos do autor)

O grupo-em-fusão pode ser exemplificado como um grupo de resistência ao *modus operandi* exigido pelo campo prático-inerte, o qual medeia as relações edificando, assim, a coletividade serial. O grupo-em-fusão estabelece uma luta contra o Ser das necessidades que se encontra predefinido no mundo já construído. Pode-se dizer que o movimento do grupo-em-fusão é uma luta em favor da liberdade para se definir o Ser que atenderá às necessidades comuns de seus integrantes, processo que nega as determinações históricas. Por ser um movimento espontâneo, sem que haja qualquer imposição para tal, no interior do grupo não há contradições, o que ocorre é a experiência de agirem em prol de um mesmo objetivo pela identificação com a ação do outro. O conflito, contudo, ocorre com outros grupos que projetam conservar a história.

> [...] a objetivação da *práxis* comum pode realizar-se como sucesso total no imediato: como o grupo é a negação da impotência, seu sucesso é condicionado pela relação das forças que se enfrentam. Um exército pode aniquilar o exército inimigo e ocupar inteiramente o país conquistado. Todavia, na medida em que essa *objetivação* torna-se, finalmente, um objeto inerte e uma realidade particular no âmago da totalização em andamento, convém necessariamente que ela seja roubada e alienada. Os grupos – inclusive, os vencidos que ocupam o campo prático são suficientes para falsificar esse mesmo campo, fornecer-lhe uma verdadeira polivalência que despoja o objeto de toda significação unívoca e incontestada. Ou, em outras palavras, o objeto produzido é, por si só pluridimensional e nada garante que essas diferentes significações não serão contraditórias. (Sartre, 2002, p. 742, grifos do autor)

Entendendo as diferenças grupais, podemos observar que mesmo que a PNH resulte de uma materialização de projetos humanos que buscam mediar o fazer interdisciplinar na saúde coletiva, esta política-ideológica, por si não é capaz de promover a reciprocidade entre os trabalhadores. Para tanto, seria necessário que estes apreendessem-na como proposta que atenda às suas necessidades, e que concordassem que suas indicações medeiam a reciprocidade da equipe de profissionais da saúde. Vemos aqui uma das limitações para sua operacionalização, haja vista que pode se apresentar como ameaça a algumas pessoas, caso resistam a agir conforme esta política indica.

Retornando às reflexões sartrianas, não obstante, a vida do grupo-em-fusão dura enquanto seus membros permanecerem na luta. Sua dissolução ocorre quando atingem seu objetivo, perdem a luta ou mesmo desistem dela. Nesse momento, as pessoas que o compunham retornam à coletividade e à sua condição de ordenação das práxis. Todavia, enquanto a ameaça persistir ainda que o faça como uma possibilidade futura, a práxis revolucionária existirá também como possibilidade, ao passo que, para garantir que haverá resistência ao futuro constrangimento da liberdade, os que constituem o grupo-em-fusão apreendem que poderão contar com todos em momento oportuno. No entanto, na ausência momentânea da mediação concreta da ameaça, precisa ser inventado um outro tipo de mediação entre as pessoas. Por esta necessidade, cria-se o 'juramento' entre os membros como garantia de que não trairão, nem serão traídos, pelo exercício de sua liberdade, escolhendo não mais lutar pela mesma causa. Neste grupo-em-fusão ainda observamos a livre escolha das pessoas por este estatuto grupal. Cada um exerce a mediação entre os demais e é mediado por esses, controlando o cumprimento do juramento. Sartre (2002) coloca que a fraternidade do grupo ocorre pelo "terror", haja vista a limitação e o controle da liberdade.

De certa maneira, os contratos de trabalho são "juramentos" institucionalizados, partindo do pressuposto de que esta invenção do homem é capaz de controlar a sua liberdade. Como no grupo "juramentado", as pessoas estão dispersas no campo prático-inerte – convivendo na serialidade e estando mediadas com os demais do grupo somente pelo juramento – podem apreender outras ameaças e necessidades que não comungam com o grupo juramentado, agregando-se a outros grupos, traindo aquele ao qual, outrora, pertenciam.

O juramento como meio de mediação, mesmo quando materializado em forma de contrato, não sustenta a identificação interpessoal de projetos ou a relação de proximidade – não garante a manutenção de casamentos e que o empregador ou empregado desista do acordo. Desta maneira, o profissional de saúde estará subjugado à PNH a partir do contrato de trabalho que lhe diz respeito, não a partir do instrumento eficaz da práxis que o orienta. O juramento (ainda que em sua forma materializada pelos contratos) possibilita relações conflituosas, por Sartre (2002) definidas como os "laços de terror", devido ao controle mútuo da liberdade. Deste tipo de relação "juramentada" originam-se alcoviteiros, punições, castigos, condenações, dentre outras formas de controle. Quer dizer, por não firmar a reciprocidade, outras invenções fizeram-se necessárias para que esta fosse estabelecida a qualquer custo – desta maneira, opera como uma ilusão.

O grupo organizado foi uma outra invenção de estrutura de grupo como solução à ameaça do juramento enquanto mediação com fins de manutenção grupal. E acreditamos que foi este tipo de estrutura, institucionalizada posteriormente, que proporcionou a centralização do trabalho como vemos hoje. A estrutura organizada do grupo dá-se pela divisão de funções e tarefas, e é a partir destas que a reciprocidade dos membros do grupo será mediada. Nesta distribuição, todos estão em comum acordo e todos participam das decisões sobre como se organizarão. No entanto, as atividades e funções compreendem partes para se chegar ao projeto comum do grupo. Esses segmentos são realizados individualmente, sem haver controle dos demais. Cada um deverá saber de suas obrigações, como se quis no grupo juramentado, mas aqui inserem-se os direitos de cada um sobre o grupo para poder executar sua função e atividades da melhor maneira para que se atinja o objetivo comum (Sartre, 2002).

Evidenciemos outro problema em que a PNH esbarra. Mesmo que, para ser criada, a política tenha sido feita a partir do projeto de participação popular – ao passo que remonta, como afirmação, aos fundamentos ideológicos e ético-práticos do SUS, sob um compromisso de democratização dos processos de trabalho – por se situar como instrumento político fora do campo das relações de trabalho, é ineficiente para provocar a adesão de todos os profissionais da saúde coletiva. Desta maneira, como orientadora de funções e atividades, muitos podem não reconhecer tal política a partir de suas necessidades, mesmo que estejam aderidos neste campo com base em seus preceitos. A concordância entre os trabalhadores para que orientem suas práxis pela política positivada está firmada pelo "juramento" materializado no contrato, como dissemos, e não por um membro que participou de sua criação. Assim, estes trabalhadores podem acabar burlando ou recusando o modo de trabalhar interdisciplinar.

Por conseguinte, embora mediada pelas tarefas e funções, a estrutura organizada do grupo se evidencia insuficiente para mantê-lo coeso. Na execução isolada das atividades e no cumprimento da função, propicia-se um maior contato com a coletividade serial, o que, no entanto, fragiliza a reciprocidade grupal. Uma vez que as decisões que incidem sobre a função são individuais, torna-se desnecessária a discussão em grupo.

O tempo em que a estrutura do grupo organizado persiste na História e a ameaça constante de sua dissolução produzem uma nova necessidade de mediação, que passa a ser a institucionalização das funções e tarefas. No grupo institucional, a práxis livre vira processo, haja vista ser apropriada alhures e retornada aos indivíduos como exigências.

O campo da práxis na saúde coletiva passou a ser mediado por positivações do e pelo campo jurídico-político e legislativo, construído por pessoas que vislumbraram a necessidade da ampliação das práticas transversais, regulamentando-as a fim de instituir esta política afirmativa nas relações entre os gestores, equipes de saúde e a população.

A experiência prática nos evidencia o fato de que nem todos os trabalhadores – como seria numa pretensa ideia de coletividade unificada – teriam visado em seu campo sociomaterial de trabalho esta necessidade. Embora disponham de ferramentas comunicacionais que não lhes permitem superar o isolamento e a hierarquização do saber, evidenciando insuficiências na resolução de casos, por exemplo, é possível que o trabalhador apreenda como ameaça primeira a imediata soberania das ações e informações, que são demandados a atender no dia-a-dia, recaindo numa lógica individualizante e burocratizada.

Para efetivamente "transformar as relações de trabalho a partir da ampliação do grau de contato e da comunicação entre as pessoas e grupos, tirando-os do isolamento e das relações de poder" (BRASIL, 2013, p.6), o coletivo teria que encontrar neste ideal sistematizado, de modo recíproco e mútuo, um modo de assegurar a própria condição de liberdade para a socialização dos espaços neste campo mediado pelas técnicas e burocracias institucionais. Assim, as ideias de interdisciplinaridade e transversalidade deveriam também ser visadas por este coletivo como possibilidade para coexistência dos saberes e da luta pela vida neste campo.

Encontramos aqui, no processo de institucionalização, o cerne da problemática da PNH. Quando a práxis é institucionalizada, é orientada de fora, pautada em necessidades alheias e alhures, o que dificulta a identificação dessa necessidade por outros, quando esta não se faz a sua. Sendo caracterizado como uma práxis que transcende o funcionamento multiprofissional do grupo organizado, o fazer interdisciplinar, mesmo que exija, como prático-inerte, que a reciprocidade seja estabelecida, permanece mediado por terceiros excluídos ao grupo profissional, no caso os que instituíram a prática.

A interdisciplinaridade ocorre, desse modo, restrita aos pequenos grupos formados por profissionais que apreendem, na limitação de seu conhecimento especializado e fragmentário de homem, a necessidade de ampliar o seu aporte teórico-prático pelo diálogo com outros profissionais. Observamos que a práxis aqui é, a princípio, espontânea e livre. Movimento primário do homem que reconhece sua falta e busca superá-la.

Destarte, lidamos com a práxis interdisciplinar como necessidade institucionalizada, atuando como mais um meio aos procedimentos organizacionais do campo prático do trabalho e que passam a mediar as práxis. O fazer instituído, tanto quanto o conhecimento especializado quando tomado como saber-instrumento, mostra uma História que foi sedimentando o isolamento do trabalhador, a soberania da ciência e a hierarquização das especialidades no contexto da saúde pública.

A reciprocidade positiva, pela qual há o reconhecimento do outro como um outro que não eu, logo como projeto, como liberdade, capaz de promover a união de práxis em prol de um objetivo comum, ficou escassa conforme o homem foi ampliando seu campo material. Dessa forma, quanto mais o campo prático-inerte é enriquecido, parece-nos que mais conflituosas ficam as relações humanas. O campo material, por exigir a antipráxis, é um campo que aponta para a necessidade de alienação (SARTRE, 2002). Ao definir este estado, Sartre enfatiza a relação de alienação como um meio de coisificação do outro, relação que é compreendida como necessária por alguém que percebe na liberdade do outro uma ameaça aos seus fins. Assim, ao dissipá-lo em sua singularidade, colocando-o em estado de massificação e inércia, pretende-se neutralizar sua liberdade, garantindo supressão de suas próprias necessidades.

É no embate entre a necessidade e a alienação que se contextualiza a tentativa de se colocar em prática um plano de trabalho e relação interdisciplinar. À vista da contradição da PNH que, por um lado aponta um projeto salutar pelas práxis interdisciplinares, mas que por outro o faz de modo institucionalizado e exterior ao cerne das relações, trazemos algumas reflexões que partem da experiência da residente que integrou, durante o período de nove meses, uma equipe de saúde do setor de emergência psiquiátrica de um hospital municipal em uma cidade do interior do Estado do Paraná.

3. Reflexões sobre a interdisciplinaridade num contexto de atenção em urgência e emergência psiquiátrica

Para tecermos reflexões acerca das dificuldades na implantação do trabalho interdisciplinar e a despeito da escolha por um foco de atuação (a emergência psiquiátrica), cabe esclarecer que a leitura apresentada a seguir não está imaculada da experiência como residente em três outros serviços municipais de Saúde Pública do SUS, componentes de quatro pontos distintos da Rede de Atenção à Saúde, que constituem parte da Rede de Urgência e Emergência: uma Unidade Básica de Saúde (UBS); uma Unidade de Pronto-Atendimento 24 horas (UPA) e uma Unidade de Tratamento Intensivo (UTI) de um hospital regional.

Em meio a esse campo de práxis, por sua vez, a escolha pela emergência psiquiátrica justifica-se pela complexa realidade deste setor: o contato com demandas de alta complexidade, recorrentes ou cronificadas; a escuta de sofrimentos e dores pungentes, manifestas ou menos visíveis, ou de mazelas sociais e desajustes – tais como pessoas que estão em situação de rua e em grande sofrimento psíquico, ou que apresentam dependências químicas de drogas lícitas e/ou ilícitas.

Diante dos atendimentos e intervenções cotidianas neste local, pôde-se perceber que, embora em contato com estas complexidades, seguiam-se, por parte dos médicos e especialistas, técnicos da assistência e demais profissionais, perguntas estruturadas (acerca do histórico de tratamento, de adesão ou desistência, do diagnóstico, dos sintomas apresentados) e respostas pontuais (prescrições acerca de internação voluntária/involuntária ou atendimento de caráter ambulatorial e de continuidade do serviço prestado). Estas perguntas e respostas tópicas efetuavam-se com o propósito de que as exigências – próprias da característica urgencial do trabalho e da intensidade de seu fluxo proporcional ao número reduzido de profissionais – fossem atendidas de forma rápida, eficaz e focal.

É importante frisar que o processo rápido de avaliação e decisão justifica-se com a compreensão de que o serviço em caráter de urgência deva-se centrar em verificação de riscos e resolutividade – processo amparado por portarias que regulam os serviços de caráter porta aberta ao público em crise, como as Portarias do Ministério da Saúde, nº 1.600 e nº 1.601, ambas de 7 de julho de 2011. Todavia, ainda que estes princípios sejam preconizados para o cumprimento de um serviço de qualidade, pôde-se notar a fragilidade do cumprimento de outros, tais como o de acolhimento e humanização previstos pela PNH (2013), bem como os de equidade e integralidade da assistência que passam a ser dispostos desde a Lei Orgânica nº 8.080, de 19 de setembro de 1990. Isso, dado que os profissionais agem sob pressão de que haja resolutividade, priorizando a pontualidade e resolutividade do cuidado, diante do curto espaço e tempo do trabalho, soma-se às demandas complexas e contínuas e à insuficiência de recursos humanos.

Neste processo clínico-prático, ao passo que é oferecida uma "porta aberta" às crises, cega-se, aos poucos, o olhar sobre as demandas, a fim de que se obtenha um controle mínimo e uma conduta possível de ser executada: lança-se, frequentemente, um "olhar maculado" e fragmentado por saberes construídos em épocas anteriores, acerca dos fenômenos atuais e complexos, estreitando-se o processo de problematização e o debruçamento rigoroso e coletivo sobre as demandas apresentadas. Desse modo, no sentido de que cada profissional precisa, dentro de seu campo de atuação, tomar decisões sobre o manejo clínico e/ou encaminhamentos em caráter de urgência e emergência, elegeriam a maneira solitária, limitando-se no contato com outros profissionais apenas na busca de informações que vislumbram como faltantes em seu arcabouço.

Cabe pontuar que o olhar sob os fenômenos das crises é perpassado pela hegemonia da lógica hospitalocêntrica e organicista, que compreende a doença em detrimento da pessoa doente e que realiza diagnósticos e tratamentos com base em classificações sintomáticas, critérios semiológicos, curso mórbido e caracterização de fatores determinantes (Romero, 1994). Esta abordagem terapêutica, por sua vez, dificulta a construção de parâmetros de cuidado compartilhados e da compreensão dos fatores sociais e existenciais que dão concretude ao adoecimento e que possibilitam mudanças de vida mais amplas.

A PNH enfatiza a construção compartilhada de diagnósticos e intervenções, discorrendo sobre a complexidade do fenômeno como evidência para a necessidade desta atitude interdisciplinar. Embora a política entenda que esta complexidade possa ser atendida de modo mais resolutivo numa abordagem ampliada, é relevante que, além dos limites materiais do campo em que se realiza o trabalho, também levemos em conta que o ato de compartilhamento perpassa pela práxis individual e pelos valores que são elegidos no plano singular.

Como elucida Sartre (1978), a atitude de escolha no plano singular, ao mesmo tempo que se fundamenta na concepção de homem que temos, também implica numa escolha que se aplica ao outro, mesmo quando o nego enquanto liberdade. Dessa forma, embora se respaldem no conhecimento adquirido pelo exercício de sua especialidade, as condutas individuais, realizadas pelos membros que compõem o setor de emergência e urgência psiquiátrica, podem também se apoiar em valores pessoais dos profissionais. Cabe ressaltar que, no discurso cotidiano desses trabalhadores, o conhecimento parece ser concebido como saber-instrumento que baliza unilateralmente a decisão, revelando uma concepção fragmentada de homem e uma relação intraequipe que se pauta na relação primária Eu-outro. A humanização apregoada pela PNH, diante disso, pode ser compreendida de acordo com o que cada profissional considera ser o valor humanitário e com o valor que se incumbe à ideia de saúde/doença.

Na prática individualizada destes trabalhadores, é recorrente a vivência de impotência diante de certas demandas recorrentes, que não se resolvem pelos meios tradicionais até então empregados, nem com os maiores esforços da equipe de saúde. No tocante às pessoas com internações reincidentes, para as quais já foram realizados "os devidos encaminhamentos", conclui-se que "ao que tudo indica, não nos cabe (enquanto equipe de saúde) o caso, ao passo que ela (a pessoa) não apresenta recursos para mudar" – discurso comum no ambiente de pronto-atendimento.

A partir da apreensão de uma "falta", diante da qual o trabalhador experiencia a impotência provocada pela fixidez da esfera do prático-inerte, observam-se tentativas de atenuar as fragilidades e as limitações de seus trabalhos, como as agregações imediatas com outros profissionais, que, no entanto, não se estendem no tempo, aparecendo como necessidade unilateral, percebida por olhares individuais e pontuais.

Nessa ordenação serial, que inviabiliza o atendimento de suas próprias necessidades, os profissionais da saúde passam a trabalhar de modo solitário: verbalizam, nos curtos espaços dos corredores, as responsabilidades e deveres que são incumbidas a si, na concepção de que lhes cabe suprimir a escassez. Embora percebam-se sozinhos, permanecem se apartando e sendo apartados pela divisão especializada do trabalho, não conseguindo, no entanto, empreender saídas que transformem a organização e gestão do trabalho e a estrutura das relações pautadas pelo "produtivismo individual e individualizante".

Em sua organização e gestão, o próprio cotidiano de trabalho não apresenta possibilidades palpáveis para a resolução desses problemas, nem ao menos espaço para a formulação de estratégias mais efetivas, tendo em vista a restrição de condições concretas para o exercício de gestão coletiva, tais como o instrumento das reuniões de equipe, as quais, majoritariamente, assumem um caráter clínico e assistencial, refletindo de forma rasa nos entraves cotidianos.

O estreitamento da produção de novos conhecimentos advindos dos dilemas práticos constantes – diante dos quais os saberes são colocados em cheque – indica um processo de alienação no trabalho, visto que, os trabalhadores, cujos lugares estão perpassados por projetos e políticas públicas, apercebem-se dentro destas ao distanciarem-se da rede constitutiva do SUS, das produções coletivas acerca da saúde e das demais áreas de intersetorialidade do serviço público – ficando impossibilitados de formular mudanças amplas e concretas.

Como se vê, há um hiato entre aquilo que é construído pelas políticas afirmativas e as condições reais de trabalho (tempo e espaço) – previstas pelo SUS para a organização de uma atenção qualificada e de práticas democráticas de cogestão do SUS, capazes, estas, de atender às necessidades constantemente produzidas. Enfatiza-se, neste ponto, a dificuldade de se implementar o trabalho interdisciplinar e a clínica ampliada na urgência e emergência para a construção de um serviço não meramente breve, mas também transformador.

Perante a fragilidade desse contexto em que o saber se apresenta como fragmentado e em que as relações se hierarquizam, como pensar e exigir do trabalhador que respalde suas ações num plano nacional de cuidado humanizado, sem buscar compreender, simultaneamente, o que possibilita às ações coletivas que permaneçam alienadas em práticas especializadas e individualizantes? Essa problemática evidencia a permanência de um olhar também fragmentado e individualizante sob a coletividade de trabalhadores deste contexto, diante do qual se apresenta o embate entre o que é idealizado politicamente e o que se vê como passível de ser realizado e organizado.

Compreendendo os agrupamentos de trabalhadores em relação ao fazer interdisciplinar, observa-se que a organização de seu campo prático não promove a coparticipação e unificação de ações. Diante dos processos de formação de grupo e suas manifestações, sob o viés delimitado por Sartre (2002), caberia afirmar que a interdisciplinaridade depende de um modo de agrupamento que seja unificado por meio de um projeto com finalidade comum. Sob a forma de uma gestão que não promove a unificação dos profissionais por terceiros excluídos da equipe, os profissionais estariam meramente ajuntados num espaço físico visando o cumprimento dos procedimentos instituídos.

Submetendo-se à lógica tutelar e institucionalizada (que parece buscar a confluência de ações a um mesmo fim), o grupo também poderá propiciar aos seus componentes certo sentimento de segurança, pertencimento e liquidez de responsabilidades a partir de um projeto que os unifica de modo objetificado. No caso dos trabalhadores que atendem às emergências e urgências em saúde, esta fragmentação teórico-prática, proporcionada por técnicas e saberes previamente articulados, poderá possibilitar a eles aparente sensação de controle sobre os fenômenos e as demandas complexas, embora raramente se mostrem suficientes para atender às necessidades a que são incumbidos.

Desse modo, embora contraponham-se aos esforços de coparticipação e interdisciplinaridade, as lógicas seriais e a incumbência de líderes – que institucionalizam modos prescritos e homogeneizados de operar o trabalho – funcionam com fins de gerir os trabalhadores coordenadamente frente às situações que os desafiam, tanto coletivamente, quanto individualmente.

Nesse ponto, destaca-se o lugar do saber biomédico. Para sua comunicação multidisciplinar, quando a equipe usa como instrumento de intervenção as reuniões de equipe, este saber aparece como preponderante, sendo articulador e responsável pelas decisões. A partir de uma figura compreendida como referência, a equipe de trabalhadores passa a perceber seu trabalho como incluído nas condutas clínicas. Tal equipe, mediada pela especialidade médica, é demarcada por hierarquias disciplinares, caracterizadas pela pouca flexibilização entre as especialidades, não se configurando de modo interdisciplinar. Nesse sentido, pela centralização das decisões sobre um profissional específico, surge uma relação de subordinação, em que o Outro é eleito ou aceito num espaço de unilateralidade, diminuindo trocas e corresponsabilização.

Com relação ao campo instrumental, percebeu-se que a comunicação interpessoal materializada pelos indivíduos aparece como prática-inerte. Embora, outrora, os instrumentos – como prontuários e protocolos físicos – possam ter sido materializados para suprir uma dispersão de informações e ações do grupo, atendendo a necessidade de mediar práticas, num segundo momento, a ação ganha inércia na realidade, tornando-se fatalidade: a comunicação poderá restringir-se às informações e solicitações e, pela burocratização e objetivação, se apresentar ao trabalhador como meio formalizado obrigatório a ser preenchido, conforme os campos previamente dados. Assim, mesmo que os instrumentos materiais-confiram informações objetivas e relevantes para a assistência técnica, não lhes dão condições para uma relação dialógica *vis-à-vis,* diante da qual podem surgir confrontos, questionamentos e novos parâmetros, rompendo com a lógica da "avaliação-conduta".

Neste caráter de inércia e dispersão, que também resiste a um projeto democrático-coletivo, a construção dos serviços de saúde do SUS ainda é permeada, no seu movimento coletivo, por rotinas e organizações de trabalho diversas que inviabilizam a unificação de ações do grupo, tendo em vista não preconizar a autonomia e a horizontalidade. Os conflitos entre os saberes no campo da prática também aparecem como reação à ameaça da perda de espaços de controle: o não-saber coloca em risco o lugar creditado ao saber instituído – o qual pressupõe-se capaz de produzir certa segurança e ordem.

É assim, de modo dialético, que a formação de reciprocidades e antagonismos interpessoais ocorre: sob a condição de escassez – enquanto realidade contingente e histórica do campo de práxis humana. Essa raridade, apreendida pelas liberdades individuais e que dá justificativas para a formação de grupos, fundamenta a sua inteligibilidade.

4. Possíveis contribuições da psicologia existencialista para a construção de práxis interdisciplinar: considerações finais

> *O poeta declina de toda responsabilidade na marcha*
> *do mundo capitalista e com suas palavras, intuições,*
> *símbolos e outras armas promete ajudar a destruí-lo*
> *como uma pedreira, uma floresta, um verme.*
> (Carlos Drummond de Andrade)

A temporalidade, na qual se dá a estrutura sociomaterial do serviço no espaço da saúde pública, oportuniza a institucionalização das práxis que, por sua vez, podem ser entendidas como um "processo natural". Na inércia petrificante das situações a que são postos a atender, os trabalhadores não conseguem reconhecer a necessidade da reciprocidade e da coordenação grupal para que a tarefa comum seja realizada interdisciplinarmente.

Como aponta Sartre (2002), a práxis do grupo, capaz de romper com a inércia e a objetificação do coletivo, surge com a consciência de uma necessidade que é comum a todos e que expressa um grau de necessidade comum. Contudo, tal necessidade parece emergir da demanda do trabalho assistencial instituído jurídica e politicamente. Ainda, esta proposição materializada define o futuro do trabalho especializado e da saúde pública.

A ideia de interdisciplinaridade e transversalidade, por sua vez, aparece nesta esfera de práticas-inertes como abstração recomendada pela PNH, não advindo do campo imediato destes trabalhadores. As estruturas das relações humanas, cristalizadas nas funções e no fazer solitário, são mediadas pela comunicação com caráter informacional e não pelo diálogo, isto é, por meio de uma identidade institucional que se constitui pela multiprofissionalidade e pelo uso de aparelhos técnico-burocráticos.

No modo pelo qual se organiza – em meio a práticas isoladas, em caráter de especialidades agrupadas – o grupo parece estar, nesse momento, mediado por um ser que pode parecer-lhe "estranho", ao passo que é construído fora das relações da equipe e que se cristalizou na narrativa institucional, pelas regras, fluxos e procedimentos, o que torna a comunicação já mediada e mediadora de um projeto de permanência do grupo neste formato instituído. Nesse sentido, quando dito que medeia as relações, atualizando-as, a atuação interdisciplinar torna-se mecanismo objetivo para atender às necessidades singulares e solitárias de informação, enquanto também é fragmentada pelo modo prescrito a partir do qual se organiza. Em suma, a comunicação, ao invés de se constituir de maneira interdisciplinar, que teria caráter ideal de totalização-em-curso – construção, desconstrução e reconstrução conjunta – apresenta-se como materialidade inorgânica em relação à realidade do trabalho.

Em caráter inorgânico, do qual a prática grupal passa a ser revestida, o grupo assume funcionamento de organização institucional, que se impõe pela divisão e distribuição de tarefas preconizadas: as funções e as tarefas passam a mediar a práxis individual e seu lugar no grupo, a partir de aparelhos especializados, como os instrumentos de comunicação e decisão (prontuários, evoluções e reuniões). No caso da materialização de ideias sobre a interdisciplinaridade na PNH, pressupomos a transformação de sua organicidade inicial, à uma prática inorgânica, disposta, alhures, no contexto da saúde como ferramenta-fatalidade: mesmo que, outrora, seu projeto tenha sido construído por um grupo que a visou como uma saída, o movimento inicial desse grupo apresentou-se como estranho aos demais grupos, haja vista que o contato deste último com o projeto do primeiro foi mediado pela matéria-inerte. Dessa maneira, a institucionalização das tarefas e funções em caráter interdisciplinar, parece tornar-se pouco cognoscível àqueles que "devem" executá-las, uma vez que não conseguem por si mesmos promover a reciprocidade.

Em contrapartida, em âmbito macropolítico, sabemos também que, não havendo o respaldo político à proposta do fazer interdisciplinar, continuaríamos perpetuando a multiprofissionalidade. Para que a comunicação interdisciplinar e a transversalidade da práxis em saúde venham a ser meio de confluência e fortalecimento do grupo, sendo apreendida e apontada enquanto necessidade, a PNH não deverá ocupar um local estático do dever-fazer, de cunho individual. Meios devem ser promovidos para que ela seja apreendida pela equipe enquanto uma ferramenta prática, possibilitando aos seus integrantes que identifiquem recursos para superar os limites de seus fazeres, sua impotência advinda do campo prático e a própria ação de quem produz o domínio interdisciplinar.

Este desafio aparecerá também ao psicólogo que integra a equipe, ao passo que, de modo análogo, apoia sua prática num saber instituído. Embora alicerçado em saberes e práticas instituídas, considera-se que, por ser um profissional que pode impulsionar a transcendência do fazer engessado da equipe, sua práxis poderá engendrar ações a fim de unir o grupo, a partir do lugar que ocupa em sua interioridade. Para cumprir esta função, necessita compreender os seguintes aspectos: a sua relação dialética com o campo material e com a equipe; como se inclui na equipe; qual a história desta equipe; como materializa seu saber; quais objetivos busca atender; com quais projetos se alia; e a quais valores se fundamenta – para que, enfim, possa empreender a mediação entre os demais membros.

Deve-se considerar que, tal como qualquer outro especialista, o psicólogo integra diferentes grupos, com suas divergências e rupturas que provocam fragmentações dentro de sua alçada. Nesse movimento reflexivo, convém resgatar que, junto à modernidade e suas conquistas técnico-científicas, esta disciplina esteve análoga à Medicina e seu biopoder, também erigindo-se na ciência da saúde como instrumento de controle sobre o homem e a sociedade. Nesse contexto, historicamente, investiu em práticas interventivas na reprodução da lógica hegemônica assistencialista, individualizante e especialista, preterindo as práticas sociocoletivas e suas equivalentes demandas comunitárias.

Em sentido contrário, haja vista os preceitos norteadores de sua prática no SUS, como integralidade e autonomia, deveria caber à Psicologia no campo da saúde a tarefa de "desvelar [...] sua pertinência necessária e vital no campo do outro, revelar sua condição estruturante de 'ser com' [...]" (Gomes; Pinheiros, 2005, p. 616). Nesse viés, enquanto uma disciplina "em construção" e que se articula na clínica ampliada, fomentaria, junto aos grupos dos quais faz parte, um diálogo interdisciplinar fértil e transformador: fazer da práxis resistência à reprodução, à massificação e à gerência da vida, sem perder de vista, desse modo, a alteridade e as relações sociopolíticas que dão lugar às existências.

Ao passo que assume compromisso com um paradigma de cuidado integral e integralizante, com vias para uma prática interdisciplinar e, quiçá, transdisciplinar, a Psicologia deverá mediar o trabalhador na sua realidade, auxiliando-o a se perceber enquanto parte de seu campo concreto; enquanto singularidade que o modifica ou o mantém; e acerca do que está fora de sua consciência, ultrapassando-o, por existir enquanto totalidade de diferente ordem. Para tanto, a fim de que o grupo apreenda o que o unifica e o que o organiza, o psicólogo possibilitará exercícios de autonomia e corresponsabilidade, diante dos quais as singularidades percebam-se enquanto construtoras e construídas.

Como parte do grupo, o psicólogo poderá propiciar a totalização-em-curso de uma esfera de interdisciplinaridade, de modo que sua prática venha a inserir-se como mediadora: entre a técnica e o grupo; entre os integrantes do grupo; entre si próprio com esse; e, por fim, entre a equipe e o campo sociomaterial. Pela mediação como ação visível aos demais, possibilitará que os membros da equipe tenham consciência de como constituem-se como tal, e o quanto corroboram com a institucionalização de suas práxis e técnicas construídas "fora" de suas vidas. Como nos diz Sartre (2002, p. 545),

> A técnica e a ferramenta definem o momento do processo histórico enquanto ele produz, atravessa, sustenta e totaliza esse grupo particular nessa totalização em andamento. No entanto, o indivíduo comum apreende a técnica e a ferramenta como *sua soberania* no campo prático, ou seja, como ampliação de sua *práxis* individual. Nesse sentido, ferramenta e técnica (que na realidade, não constituem senão um só e mesmo objeto) são o próprio grupo enquanto o indivíduo comum o apreende como seu próprio poder social sobre a coisa. Ou, se preferirmos, a ação trabalhada revela-lhe sua historicidade datada (que pode ser *também* definida como *negação inerte* – mas do ponto de vista abstrato de uma totalização diacrônica) como soberania prática (sobre a matéria inorgânica). (grifos do autor)

Num movimento de temporalidade que estende e recupera os objetos sociais compartilhados, o grupo resgata os fragmentos da história que os foi diluindo, enquanto singularidades, numa positividade impessoal. Esse processo de reintegração histórica também deve ser processo pelo qual, a própria Psicologia, enquanto categoria de práticas e saberes, se incluirá, visando compreender suas objetificações, totalizações e serializações, e, assim, transformar seu contexto técnico-prático: abandonar sua disciplinarização, suas categorias psicologizantes e os *settings* previamente definidos, inaugurando uma práxis-comum que possa ultrapassá-la. Nesse sentido, ao realizar inicialmente a mediação dos membros da equipe, o psicólogo poderá facilitar a reciprocidade mediada – a relação horizontal e interdisciplinar, que passará por todos os seus membros em meio à ação grupal. Nesse processo, dá-se origem, pela negação do fazer "privativo, exclusivo e restrito" determinado pela História, ao caráter de reciprocidade positiva entre os membros da equipe, superando aquilo que os interpela a uma autogestão massificada, a partir da positivação de uma nova ordem relacional.

Para tanto, vale considerar que o psicólogo, por si, não poderia impor esta reciprocidade – o que , contraditoriamente, o colocaria no lugar de um soberano –, além de não lhe caber interferir no livre-arbítrio alheio, o que demanda de cada constituinte do grupo, a abertura à consciência de tal necessidade e cooperação a fim de concretizar estas mudanças. À vista disso, entendemos que não há como se prescrever o encaminhamento dessa mediação. Sendo de ordem situacional, caberá ao psicólogo compreender o movimento do grupo e não priorizar seus fins em detrimento dos projetos dos demais profissionais.

Referências

AIUB, M. Interdisciplinaridade: da origem à atualidade. *Mundo saúde* (Impr.) v. 30, n. 1, p. 107-116, jan.-mar. 2006. Disponível em: <http://institutointersecao.com.br/artigos/Monica/interdisciplinaridade.pdf>. Acesso em: 05 maio 2017.

BRASIL. Lei 8.080, de 19 de setembro de 1990. *Lei Orgânica da Saúde:* Dispõe sobre as condições para a promoção, proteção e recuperação da saúde, a organização e o funcionamento dos serviços correspondentes e dá outras providências. Disponível em: <http://www.planalto.gov.br/ccivil_03/leis/L8080.htm>. Acesso em: 04 mar. 2017.

BRASIL. Ministério da Saúde. *Clínica Ampliada e Compartilhada.* Secretaria de Atenção à Saúde: Política Nacional de Humanização da Atenção e Gestão do SUS. Brasília: Ministério da Saúde, 2009 (Série B. Textos Básicos de Saúde). Disponível em: <http://bvsms.saude.gov.br/bvs/publicacoes/clinica_ampliada_compartilhada.pdf>. Acesso em: 10 mar. 2017.

BRASIL. Ministério da Saúde. *Política Nacional de Atenção Básica.* Secretaria de Atenção à Saúde Departamento de Atenção Básica. Brasília: 2012. Disponível em: <<http://bvsms.saude.gov.br/bvs/publicacoes/politica_nacional_atencao_basica.pdf&gt>. Acesso em: 06 mar. 2017.

BRASIL. Ministério da Saúde. *Política Nacional de Humanização (PNH): HumanizaSUS, Documento-Base.* 3. ed. Brasília: 2006. Disponível em: <http://bvsms.saude.gov.br/bvs/publicacoes/documento_base.pdf>. Acesso em: 07 mar. 2017.

BRASIL. Ministério da Saúde. *Política Nacional de Humanização (PNH): Gestão Participativa e Cogestão.* Secretaria de Atenção à Saúde. Brasília, 2013. Disponível em: <http://bvsms.saude.gov.br/bvs/publicacoes/politica_nacional_humanizacao_pnh_folheto.pdf>. Acesso em: 07 mar. 2017.

GOMES, M. C. P. A.; PINHEIRO, R. Acolhimento e vínculo: práticas de integralidade na gestão do cuidado em saúde em grandes centros urbanos. *Interface: Comunicação, Saúde, Educação*, Botucatu, v. 9, n. 17, p. 287-301, mar./ago. 2005. Disponível em: <http://www.scielo.br/scielo.php?pid=S1414=32832005000200006-&script-sci_abstract>. Acesso em: 20 jul. 2017.

JAPIASSU, H. *Interdisciplinaridade e patologia do saber*. Rio de Janeiro: Imago, 1976.

SARTRE, J.-P. *Crítica da razão dialética*: precedido por Questões de método. Tradução de G. J. De F. Teixeira.). Rio de Janeiro: DP&A, 2002.

SARTRE, J.-P. O Existencialismo é um humanismo. In: SARTRE, J. P. *O existencialismo é um humanismo*. A imaginação. Questões de método. Tradução de V. Ferreiras, L. R. S. Fortes, B. Prado Junior.. São Paulo: Abril Cultural, 1978. p. 01-22. (Coleção Os Pensadores).

SARTRE, J.-P. *O Ser e o Nada*: ensaio de ontologia fenomenológica. Tradução de P. Perdigão). Petrópolis: Vozes, 1997.

A magia da florada da Suinã

Valdemar Augusto Angerami

Para Paulinha
A minha menininha loirinha...
Que esperava pelo Inverno para ver a florada da Suinã...

Inverno
A Constelação de Escorpião cintila nos céus...
E anuncia, estamos novamente no Inverno...
E dentre sua florada maravilhosa,
Ipê Roxo, Margaridas, Azaleias, Hortênsias,
a exuberância das flores vermelhas da Suinã...
Da vida que brota esperança, luz e pede mais vida...
Sentimentos de fragrância, exuberância e do luamento sua eloquência...
Vivendo no ardor do amor em busca de mais amor...
Suinã da reminiscência da infância que se foi...
Foi nas entrelinhas do tempo...
E que persiste nas lembranças do vento...
O Inverno e a florada da Suinã ressonam vida, paixão e amor...
Delicadeza de uma florada que toca o coração...
Traz emoção e desmorona com a razão...
De uma crença irascível, quase impossível
de uma vida em que a dignidade seja crível...
Sem desigualdades sociais e sem ódio e rancor...
Tempo de flor... De amor...
E de tudo que se concebe nos sonhos
sonhados de paz...

Serra da Cantareira, numa noite estrelada de Inverno...

CAPÍTULO 18

Reflexões sobre a participação do psicólogo hospitalar no controle das infecções relacionadas à assistência à saúde

Eunice Moreira Fernandes Miranda

Introdução à infecção hospitalar

Os hospitais são instituições muito antigas na história da humanidade e inicialmente tinham por objetivo assistir ao paciente em seus momentos finais. Até meados do século XIX, as infecções hospitalares eram atribuídas a inúmeras causas e desde esta época elas estão entre os agravos mais graves à saúde.

As primeiras práticas de controle das infecções surgiram a partir do séc. XVIII com a transformação do hospital, que passou a ser um local de cura e medicalização. Ignaz Semmelweis[1] é considerado o pioneiro nos esforços do controle da infecção hospitalar, demonstrando a importância da lavagem das mãos como medida preventiva das infecções, fornecendo o que seria a primeira evidência indicativa de que esta ação reduzia a transmissão de doenças na assistência à saúde (Alves; Oliveira; Martini, 2015; Brasil, 2004).

Com o passar do tempo e apesar de toda a instrumentalização das práticas de controle a ocorrência das infecções hospitalares persistiu. Em meados do século XX, começaram a surgir infecções causadas por microrganismos resistentes a diversas classes de antimicrobianos (Alves; Oliveira; Martini, 2015).

> Na década de 70, a principal recomendação em prevenção de infecção foi denominada como Precaução Universal e hoje Precaução Padrão que é definida como o conjunto de medidas estabelecidas para proteção do paciente e do profissional de saúde, e que combina elementos das Precauções Universais com os de isolamento de fluidos corporais. (Alves; Oliveira; Martini, 2015, p. 18)

No Brasil, apenas nas duas últimas décadas, a infecção hospitalar tem sido abordada de maneira mais efetiva e científica. Passos importantes foram dados

[1] Médico húngaro.

neste sentido, a partir da publicação e promulgação de várias Leis e Portaria do Ministério da Saúde (MS)

Em 24 de junho de 1983, o MS instituiu a Portaria nº 196, que determinou que todos os hospitais do país deveriam manter Comissão de Controle de Infecção Hospitalar (CCIH) independente da entidade mantenedora. Foi um passo importante na constituição de CCIHs por todo país (Brasil, 2004).

No final da década de 1980, ampliaram-se as discussões sobre o controle das infecções hospitalares. Com a promulgação da Lei Federal n° 9.431, de 6 de janeiro de 1997, os hospitais ficaram obrigados a constituírem um programa de Controle de Infecção Hospitalar (CIH), e para isto, foram orientados a criarem comissões. Quase dez anos após, o MS revogou a Portaria n° 196, e publicou, em 27 de agosto de 1992, a Portaria n° 930, expedindo normas para o CIH. Em menos de seis anos, a portaria n° 930 também foi revogada pela Portaria n° 2.616, que passou a vigorar a partir de 13 de maio de 1998. Esta portaria, em seus anexos IV e V traz recomendações essenciais sobre a lavagem das mãos e outros temas (Brasil, 2004).

Atualmente, as diretrizes gerais para o Controle das Infecções em Serviços de Saúde são delineadas pela Agência Nacional de Vigilância Sanitária (ANVISA) que foi criada pela Lei nº 9782 de 26 de janeiro de 1999 (Brasil, 2004).

Para fins de classificação epidemiológica, a infecção hospitalar é toda infecção adquirida durante a internação hospitalar (desde que não incubada previamente à internação) ou então relacionada a algum procedimento realizado no hospital (por exemplo, cirurgias), podendo manifestar-se inclusive após a alta (Brasil, 1998; Alves; Oliveira; Martini, 2015).

Estudos de ocorrência e risco de doenças infecciosas são importantes, pois são consideradas as principais causas de morbidade e de mortalidade, além de aumentarem o tempo de hospitalização do paciente, elevando o custo do tratamento (Brasil, 2004; Maciel; Cândido, 2010). Um deles revela que a partir de 60 anos, a pessoa fica mais propensa ao processo infeccioso, aumentando com isso os índices de mortalidade do paciente idoso, quando comparado com indivíduos mais jovens (Maciel; Cândido, 2010). Ele tem maior chance de desenvolver infecção hospitalar em decorrência de alterações fisiológicas do envelhecimento, declínio da resposta imunológica e situações clínicas que requerem procedimentos invasivos. A infecção adquirida no hospital assume grande importância nesse grupo etário devido à alta taxa de letalidade (Maciel; Cândido, 2010).

Em relação à criança, a maturação lenta do seu sistema imunológico, cujo desenvolvimento é menos acentuado quanto menor for a idade, torna maior o risco de aquisição de doenças transmissíveis. Há ainda outros fatores que colaboram para isso: compartilhamento de objetos entre pacientes pediátricos, a desnutrição aguda, presença de anomalias congênitas, uso de medicamentos (particularmente de corticosteroides) e as doenças hemato-oncológicas (Brasil, 2006).

Com o avanço tecnológico, tem sido possível tratar doenças que até então eram incuráveis.

> Por isso, pacientes mais idosos e os portadores de doenças cada vez mais graves são internados e, por vezes, submetidos à terapêutica clínica e/ou cirúrgica que agravam ou desencadeiam o processo de comprometimento imunológico tornando-os particularmente susceptíveis à infecção. O paciente quando submetido a procedimentos invasivos e ao uso de antimicrobianos de amplo aspecto, vai alterando sua microbiota (colonização de orofaringe, da pele e trato digestivo) permanecendo colonizado por microrganismos resistentes e aos antimicrobianos administrados. (Jacoby *et al.*, 2010 *apud* Maciel; Cândido, 2010, p. 36)

Dessa forma, pacientes imunodeprimidos, independentemente da faixa etária, são considerados mais vulneráveis às infecções que podem ser contraídas no ambiente hospitalar, quando comparados com pacientes com o sistema imunológico preservado (Maciel; Cândido, 2010).

Atualmente, o termo infecção hospitalar tem sido substituído Infecção Relacionada à Assistência à Saúde (IRAS) que reflete melhor o risco de aquisição dessas infecções e que também estão associadas a ambientes não hospitalares, nos quais são realizados procedimentos e práticas de assistência à saúde, tais como clínicas, consultórios, domicílio, serviços ambulatoriais e também à infecção ocupacional adquirida por profissionais de saúde (Brasil, 2013).

As principais causas da IRAS

Dentre as diferentes classes de microrganismos como bactérias, fungos e vírus, em termos de infecção hospitalar, a frequência maior é de bactérias, por constituírem a microbiota humana (Maciel; Cândido, 2010).

Os fungos são responsáveis por aproximadamente 8% das infecções hospitalares e o seu mecanismo de transmissão é essencialmente endógeno. Os mais comuns são imunossupressão por várias causas, neutropenia, desnutrição e quimioterapia e ainda há outros que facilitam a entrada do microrganismo no hospedeiro, como o uso prolongado de cateteres, queimaduras e cirurgias extensas (Maciel; Cândido, 2010, p. 38).

Os patógenos implicados nas infecções hospitalares são transmitidos ao indivíduo tanto via endógena, quanto pela exógena (Maciel; Cândido, 2010).

1. Transmissão endógena

Com frequência os pacientes se infectam por meio de microrganismos presentes em sua flora normal, principalmente em situações clínicas de comprometimento imunológico, tais como patologias que exigem tratamento intensivo, uso prolongado de antimicrobianos e prematuridade (SALIBA, 1996). Dessa forma, compreende-se que a infecção hospitalar pode ser atribuída às condições próprias do paciente com dificuldade em conviver com as bactérias que lhe colonizam a pele e as mucosas, uma vez que sua microbiota endógena é importante na aquisição desta infecção. Sendo assim, nem sempre é possível afirmar que o hospital ou sua equipe tenha cometido um erro na assistência prestada ao paciente e que disto resultou a infecção hospitalar. Isso somente ocorre quando as normas apropriadas de tratamento não são seguidas (BRASIL, 2004).

2. Transmissão exógena

a) *Contato direto*: O contato físico direto de pessoa a pessoa é a causa da transmissão de microrganismo. As mãos geralmente estão envolvidas na transmissão da flora bacteriana transitória adquirida no contato com pacientes infectados e, na maioria das vezes, apenas colonizados[2] (SALIBA, 1996, p. 14). A não higienização correta das mãos antes e depois da assistência ao paciente constitui o mecanismo mais frequente de transmissão de patógenos em nível hospitalar.

b) *Contato indireto*: Para que ocorra este tipo de contato é preciso da participação de objetos contaminados tais como instrumental cirúrgico não esterilizado adequadamente, brinquedos, soluções antissépticas contaminadas. Para prevenir infecções por este mecanismo é preciso adotar corretas rotinas de processamento de artigos, manipulação de germicidas e limpeza ambiental (SALIBA, 1996).

c) *Fecal-Oral*: "Representa mecanismo de transmissão de microrganismos presentes nas fezes, tais como o vírus da hepatite A, comum principalmente em unidades pediátricas" (SALIBA, 1996, p. 14). O vírus é eliminado através das fezes do paciente, contamina a água ou alimentos e pode entrar em contato com a pessoa pelas mãos.

d) *Gotículas*: A geração de gotículas pela pessoa que é a fonte ocorre durante a tosse, espirro, conversação habitual e realização de procedimentos. "Quando estas partículas são depositadas na conjuntiva, mucosa nasal ou na boca do hospedeiro susceptível,[3] ocorre a transmissão do agente. As partículas podem atingir uma distância de um metro. Essa forma de transmissão não é aérea porque as gotículas não permanecem suspensas no ar" (BRASIL, 2005).

e) *Aérea*: "A transmissão aérea ocorre quando os microrganismos estão em pequenas partículas suspensas no ar (≤5 μm) ou gotículas evaporadas que permanecem

[2] "Entende-se por colonização a relação estabelecida entre microrganismo proveniente de flora transitória e o hospedeiro. Não implica em resposta imunológica específica" (SALIBA, 1996, p. 12).

[3] Pacientes no ambiente hospitalar possuem fatores que os tornam mais susceptíveis aos microrganismos, tais como doença de base, em quimioterapia, em uso de imunossupressores e de antimicrobianos; quebra de barreiras naturais de defesa como incisões cirúrgicas ou uso de cateteres e sondas.

suspensas no ar por longo tempo". As correntes de ar fazem o carreamento dos microrganismos que podem ser inalados por hospedeiros susceptíveis, mesmo a longas distâncias (Brasil, 2005).

f) *Veículo comum*: "Ocorre quando os microrganismos são transmitidos por veículo comum como alimentos, água, medicamentos ou mesmo equipamentos" (Brasil, 2005).

g) *Vetores*: "Ocorre quando vetores como moscas, mosquitos, etc., transmitem microrganismos" (Brasil, 2005). Para a prevenção de infecções adquiridas no hospital este meio de transmissão não é considerado importante.

h) *Transmissão dos patógenos veiculados pelo sangue*: "o vírus da hepatite B e do HIV, depende da concentração sérica do microrganismo e da dose de exposição" (Saliba, 1996, p. 15). Tem-se como porta de entrada lesões percutâneas (a pele íntegra não oferece risco), contato com mucosa ou transfusão de sangue contaminado (Saliba, 1996).

De uma forma geral, vale ressaltar que

> as infecções podem ser agravadas através de veículos como mãos, secreção salivar, fluidos corpóreos, ar e materiais contaminados, como por exemplo, equipamentos e instrumentos utilizados em procedimentos médicos. Muitos destes procedimentos são invasivos, isto é, penetram as barreiras de proteção do corpo humano, de modo a elevar o risco de infecção. (Maciel; Cândido, 2010, p. 39)

O profissional de saúde, que circula pelo ambiente hospitalar, também, contribui para que as IRAS ocorram e sendo assim é preciso refletir sobre quais os cuidados necessários que o Psicólogo Hospitalar precisa ter para auxiliar no controle da infecção.

Psicologia hospitalar e biossegurança

Ao enfocar o campo de atuação do Psicólogo Hospitalar, sabe-se de antemão, que o trabalho deste especialista é bastante complexo e ocorre em diferentes contextos. Miranda, Lima e Santos (2016), ao discorrerem sobre a Psicologia Hospitalar e normatizações, regulamentações na prática profissional e registro em prontuário, mencionam a Resolução CFP nº 013/2007 que define este campo de atuação e trata da competência desse profissional esclarecendo que seu âmbito de atuação compreende serviços de nível secundário ou terciário da atenção à saúde, indicando que o atendimento poderá ser realizado no hospital geral, hospitais-dia e serviços ambulatoriais. Porém está vigente, na atualidade, um novo modelo assistencial, centrado no usuário e no cuidado, que objetiva reduzir o tempo de internação, estabelecendo a assistência domiciliar e, consequentemente, ampliando um pouco mais o campo de atuação do psicólogo no contexto da saúde.

A Psicologia Hospitalar caracteriza-se por ser uma especialidade que requer conhecimentos e habilidades específicas, além do conhecimento dos fatores psicológicos.

> [...] é preciso que os psicólogos hospitalares aceitem que são profissionais de saúde, inseridos num contexto maior, a instituição em si, a saúde como bem da coletividade, em amplitude bem maior do que a consideração dos fatores patógenos que incidem no plano individual. É necessário atuar a partir da análise do que se apresenta como necessidade de trabalho e das demandas e não como mera transposição de modelos previamente aprendidos. (Chiattone, 2011, p. 96)

Silveira (2010), em sua dissertação sobre o "Estudo do Campo da Psicologia Hospitalar calcado nos fundamentos de gestão", salienta que ao receber uma solicitação de atendimento, o psicólogo precisa saber qual é o contexto em que o paciente se encontra e qual é o seu o quadro clínico.

> Compreender como ocorrem a instalação e a evolução das patologias, a dinâmica do tratamento e as diferentes nuances do processo de hospitalização, bem como das diversas unidades de tratamento (UTI, Hemodiálise, Unidades de Internação, Pronto Atendimento) constitui um dos fatores significativos para o exercício da Psicologia Hospitalar. Salientamos que a desconsideração desses aspectos pode levar a distorções na condução da assistência psicológica. Neste sentido, é bastante interessante observar que ao definir as características gerais de um tipo de patologia, estamos instrumentalizando até mesmo nossa forma de atuação. (Angerami, 2009 *apud* Silveira, 2010, p. 18)

Diante desta complexidade, o psicólogo precisa não ter medo de não saber: só assim buscará as informações necessárias para realizar o seu atendimento com segurança. Uma boa forma de obtê-las é mantendo contato diário com a equipe de saúde, participando de reuniões/discussões interdisciplinares, bem como de eventos de educação continuada. A relação interdisciplinar possibilita a troca de informações sobre a patologia e condição clínica do doente, bem como o recebimento de orientações sobre os cuidados que se deve tomar com o paciente, no momento da assistência psicológica. A ação do psicólogo precisa ser abrangente, e deve se basear nesta comunicação e interação com a equipe de saúde, para compreensão dos fenômenos que envolvem o adoecimento e cuidados necessários para evitar a disseminação da infecção, dentro dos procedimentos institucionais preestabelecidos.

E onde é que psicólogo se situa nesta equipe? Ele é um membro da equipe e assim como todos os outros profissionais tem que estar comprometido com a produção da saúde. Precisa ter clareza de que na instituição as normas exercem uma importante função para a execução das tarefas e para a manutenção do trabalho em equipe no hospital, por isto é importante conhecer as regras de higiene e as normas para controle e prevenção da infecção hospitalar.

Mas será que só o doente corre o risco de contrair uma infecção no ambiente hospitalar? Com certeza não. O psicólogo hospitalar, assim como qualquer membro da equipe de saúde, que tem contato direto com o paciente, corre o risco de se contaminar. Aqui estamos falando da necessidade de se dar atenção à saúde ocupacional do psicólogo, que realiza uma tarefa na beira do leito, em contato direto com o paciente. Neste ambiente hospitalar, o psicólogo fica sujeito à contaminação por secreções, excreções ou líquidos corporais. A contaminação pode ocorrer também pelas vias aéreas superiores.

> Apesar de o enfoque psicológico ocorrer via linguagem, o contato físico com os pacientes é inevitável, pela necessidade que demonstram de segurar as mãos do profissional durante um atendimento, em situação que envolve intensa carga emocional, como em momentos de choro intenso, medo e angústia. Ainda em circunstâncias corriqueiras de nosso cotidiano, como o atendimento aos pacientes traqueostomizados, que podem expelir acidentalmente secreção traqueal durante um atendimento. (Silveira, 2010, p. 92)

Outro risco para o profissional de saúde é o de se acidentar durante o trabalho. Silveira (2010) apresenta em sua dissertação uma situação que ilustra o risco inerente à prática do psicológico neste contexto, retratando uma situação ocorrida em UTI.

> Caso 14: a psicóloga da UTI recebe a solicitação da enfermeira para atender um paciente que apresenta intensa angústia, medo e um quadro de choro intenso, após ser informado pelo médico da necessidade de submeter-se a uma cirurgia, recusando-se ao contato com o cirurgião. Quando a psicóloga se aproxima do leito e se apresenta, o paciente agarra sua mão e lhe pede que o tire dali, pois está apavorado, sozinho e sente que vai morrer. Chora intensamente e não larga a mão da psicóloga em todo o decorrer do atendimento. Depois de realizadas algumas intervenções, o paciente se acalma, passa a expressar com mais clareza suas dúvidas quanto ao tratamento proposto e concorda em conversar com o cirurgião. Parece compreender melhor que a escolha será sua, sendo necessário seu consentimento para a realização do procedimento. Neste ínterim, consegue relaxar e, ao estender os braços sobre a cama, ainda segurando a mão da psicóloga, esta sente uma picada. Observa que havia, entre os lençóis do paciente, uma agulha inadequadamente descartada pela enfermagem. (Silveira, 2010, p. 92)

Nestes casos, o profissional precisa se resguardar, pois o risco de contágio é concreto. Faz-se necessário buscar orientação em relação a quais providências deverá tomar em decorrência do acidente, junto ao Serviço Especializado em Segurança e em Medicina do Trabalho (SESMT) da instituição, abrindo uma Comunicação de Acidente de Trabalho (CAT[4]) e se orientando junto à CCIH em relação à profilaxia de um possível contágio, de acordo com o risco apresentado. Fica evidenciado aqui o quanto o risco é real e que pode ocorrer com qualquer um.

Segue-se a descrição de um evento ocorrido no subsolo de um hospital geral para exemplificar esta situação. No subsolo da instituição funcionava a parte administrativa do hospital. Próximo à escada, que dava acesso a este local, foi deixado, inadvertidamente, um foco móvel usado em bloco cirúrgico. Ao passar pelo local, a psicóloga hospitalar tropeçou no equipamento, e seu pé ficou preso na base do aparelho, causando uma escoriação no dorso do pé. Ao ter o pé preso, o corpo foi projetado para a frente, ao perder o equilíbrio, ela caiu com a mão dentro de um balde com água, usado para a limpeza do piso do hospital, molhando todo o rosto e a sua blusa. Foi providenciado o banho e a troca da roupa molhada e em seguida a profissional passou por uma consulta médica. Após a avaliação e por se tratar de um acidente de trabalho, o médico fez a CAT e encaminhou a funcionária para a SESMT. Esta foi uma situação que envolveu o risco para contágio e que também traz à tona o tema da segurança ocupacional

Em relação a este tema, o Conselho Regional de Psicologia – Minas Gerais (CRP-MG), em 07 de agosto de 2009, produziu uma "Recomendação sobre a Sistematização da Atuação do Psicólogo Hospitalar". O texto apresenta diversos apontamentos importantes para a prática profissional, dentre elas a atenção que o profissional precisa ter com a saúde e a segurança ocupacional, tendo em vista o seu ambiente de trabalho (CRP-04, 2009; Silveira, 2010):

Quanto à Saúde e à Segurança Ocupacional:

- O psicólogo hospitalar deve receber instruções de Biossegurança – normas de precaução padrão –, por pessoa indicada pela instituição.
- O psicólogo hospitalar deve manter seu controle de vacinação e realizar os exames periódicos determinados pelo SESMT da instituição na qual presta serviços (CRP-04, 2009).

Atualmente, tem-se observado uma preocupação maior com este assunto, e algumas instituições, ao receberem o acadêmico de Psicologia, já o orientam em relação às medidas de precauções padrões e normas de biossegurança, num treinamento inicial. Na graduação, é preciso ter o cuidado de passar essa conceituação para os alunos da disciplina de Psicologia Hospitalar por considerar que a prática no hospital não é uma prática sem riscos associados ao contato com o paciente que

[4] É um documento emitido para reconhecer tanto um acidente de trabalho ou de trajeto bem como uma doença ocupacional (BRASIL, 2013).

se encontra enfermo. Verifica-se também, este conteúdo em alguns programas de Pós-Graduação com especialização em Psicologia da Saúde e Hospitalar.

Algumas instituições também orientam os acadêmicos/profissionais a se vacinarem.

> Os profissionais da área de saúde, seja em hospitais, postos de saúde, ambulatórios ou em outros locais afins, deveriam saber, a todo o momento, seu nível imunitário relativo às infecções que fazem parte do seu cotidiano. Mas, na prática, não o sabem e, algumas vezes, até desconhecem as possibilidades de proteção vacinal disponível atualmente.
>
> O profissional de saúde deve ter controle quanto ao seu "status imunitário". Na ausência do controle, ou constatada uma proteção inadequada, deve elaborar um plano de imunização o mais completo e rápido possível. Esses profissionais estão expostos a um risco maior que a população em geral de adquirir determinadas infecções, imunologicamente preveníveis. A instituição e a manutenção de programas de imunização não apenas reduzem substancialmente o número de profissionais suscetíveis como também protegem os próprios pacientes. (Unimed-BH, 2015)

O Ministério do Trabalho e Emprego, por meio da Portaria nº 485, de 11 de novembro de 2005, aprovou a Norma Regulamentadora (NR) nº 32 de Segurança e Saúde no Trabalho em Estabelecimentos de Saúde e tornou obrigatórias as vacinas contra tétano, difteria e hepatite B que são fornecidas gratuitamente a todo trabalhador dos serviços de saúde.

O MS, no *Manual dos Centros de Referências para Imunobiológicos Especiais* (Brasil, 2005), afirma que:

> Os profissionais de saúde estão sob risco constante de exposição às doenças contagiosas, muitos delas imunopreveníveis. A proteção desses profissionais por intermédio da vacinação é parte importante no controle e na prevenção de infecções para eles e para seus pacientes.
>
> Considera-se que profissionais de saúde estão sob risco significativo de contrair ou transmitir doenças como hepatite B, influenza, sarampo, caxumba, rubéola, varicela, tuberculose e doenças por *Neisseriae meningitidis* (neste caso os microbiologistas rotineiramente expostos a isolamento desses germes), todas preveníveis por meio de vacinas. Para outras infecções, como hepatite C e HIV, até o momento não existem vacinas disponíveis, sendo sempre necessária a adoção de normas de segurança, além da profilaxia medicamentosa pós-exposição, no caso de HIV.
>
> Os profissionais de saúde, além das vacinas preconizadas para adultos, conforme o calendário básico de vacinação do Ministério da Saúde – PNI – podem receber nos CRIEs as vacinas influenza inativada (INF), hepatite B recombinante (HB) e varicela (VZ) para os sem história prévia de doença ou vacinação; duas doses de vacina sarampo, caxumba,

> rubéola (SCR) e vacina meningocócica C conjugada (MncC) nos casos especificados acima. As vacinas HB e INF também estão disponíveis na rede pública de saúde, para esses profissionais. (Brasil, 2005, p. 32)

O Manual supracitado apresenta detalhamento sobre esquema vacinal pré-exposição dos profissionais de saúde e após exposição ocupacional a material biológico. Sempre, em situações de risco de contágio, ou do contágio propriamente dito, o psicólogo deverá procurar se orientar junto à equipe e à CCIH, no sentido de se resguardar e proteger a sua saúde por meio da profilaxia medicamentosa pós-exposição.

No que tange ao profissional, Silveira (2010) afirma que:

> Nossa proposição considera que a atenção para com os exames periódicos e controle de vacinação, além de exigência legal aos profissionais de saúde (Lei 6.514, de 22 de dezembro de 1977), deve ser realizada ou monitorada pelo SESMT da Instituição na qual se encontra inserido o profissional. (Silveira, 2010, p. 93)

Uma outra questão a ser considerada é o direito do Psicólogo Hospitalar ao adicional de insalubridade. O CFP (2017) informa que "atualmente, não tramita, nem na Câmara dos Deputados nem no Senado Federal, Projeto de Lei para regulamentar o adicional de insalubridade ou periculosidade ao psicólogo". Esclarece ainda que a insalubridade e a periculosidade têm como base legal a Consolidação das Leis do Trabalho (CLT).

Recorrendo à CLT (Brasil, 1943), tem-se no art. 189 a seguinte conceituação de atividades insalubres:

> Serão consideradas atividades ou operações insalubres aquelas que, por sua natureza, condições ou métodos de trabalho, exponham os empregados a agentes nocivos à saúde, acima dos limites de tolerância fixados em razão da natureza e da intensidade do agente e do tempo de exposição aos seus efeitos. (Brasil, 1943)

O art. 192 traz em seu bojo o asseguramento do recebimento do adicional de insalubridade

> O exercício de trabalho em condições insalubres, acima dos limites de tolerância estabelecidos pelo Ministério do Trabalho, assegura a percepção de adicional respectivamente de 40% (quarenta por cento), 20% (vinte por cento) e 10% (dez por cento) do salário-mínimo da região, segundo se classifiquem nos graus máximo, médio e mínimo. (Brasil, 1943)

Sendo assim, o direito do empregado ao adicional de insalubridade se dará mediante a caracterização e a classificação da insalubridade, de acordo com o sua atividade e ambiente de trabalho, o que será realizado por meio de avaliação do Médico do Trabalho. O psicólogo precisa estar atento a estas questões, aos riscos e direitos inerentes à sua prática enquanto profissional de saúde.

A prática do psicólogo e os cuidados necessários para a prevenção da IRAS

As orientações básicas para a prevenção e o controle de infecção é destinada a todos os profissionais de saúde e educadores, e é pertinente incluir aqui o Psicólogo Hospitalar. A especificidade do conhecimento do psicólogo na área da saúde se relaciona com o saber teórico e prático do contexto saúde-doença e requer que ele considere o *setting* terapêutico nos diversos contextos da saúde, a clientela atendida, suas doenças orgânicas e fatores complicadores. Além disso, ele precisa ter conhecimento sobre

> as precauções padrões, que abrangem os princípios básicos de prevenção e controle de infecções, cujas medidas devem ser aplicadas a todos os pacientes (independentemente do seu diagnóstico infeccioso ou fator de risco) em todos os serviços de saúde, reduzindo o risco dos pacientes e profissionais de saúde adquirir infecção. (WHO, 2009, p. 6)

As mãos dos profissionais de saúde constituem o principal veículo de transmissão de microrganismo pois a pele é um possível reservatório de diversos microrganismos, que podem se transferir de uma superfície para outra, por meio de contato direto, ou indireto (WHO, 2009; Alves, Oliveira, Martini, 2015). Por esse motivo, a higienização das mãos tem sido considerada como um dos pilares da prevenção de controle de infecção dentro dos serviços de saúde, incluindo aqueles decorrentes da transmissão cruzada[5] de microrganismos multirresistentes (Alves, Oliveira, Martini, 2015).

A higienização das mãos

A higienização das mãos pelo profissional de saúde deve ser realizada utilizando adequadamente a técnica e os produtos recomendados. Visando o procedimento correto a OMS (WHO, 2009) elaborou o *Manual de Referência Técnica para a Higiene das Mãos* como parte das diretrizes da Organização Mundial da Saúde (OMS). Ele fornece informações abrangentes sobre a aplicação prática da higiene das mãos, que pode ser realizada friccionando-as com preparação alcoólica ou higienizando com água e sabonete.

Fricção das mãos com preparação alcoólica

A maneira mais eficaz de garantir uma ótima higiene das mãos é utilizar a preparação alcoólica para as mãos. De acordo com as Diretrizes da OMS

[5] Infecção cruzada é ocasionada pela transmissão de um microrganismo de um paciente para o outro, e também pelas mãos dos profissionais da área de saúde, acompanhantes e visitantes.

sobre Higiene das Mãos em Serviços de Saúde, quando a preparação alcoólica para as mãos está disponível, deve ser adotada como produto de escolha para a antissepsia rotineira das mãos (Brasil, 2016).

Figura 1 – Como fazer a fricção das mãos com preparação alcoólica?

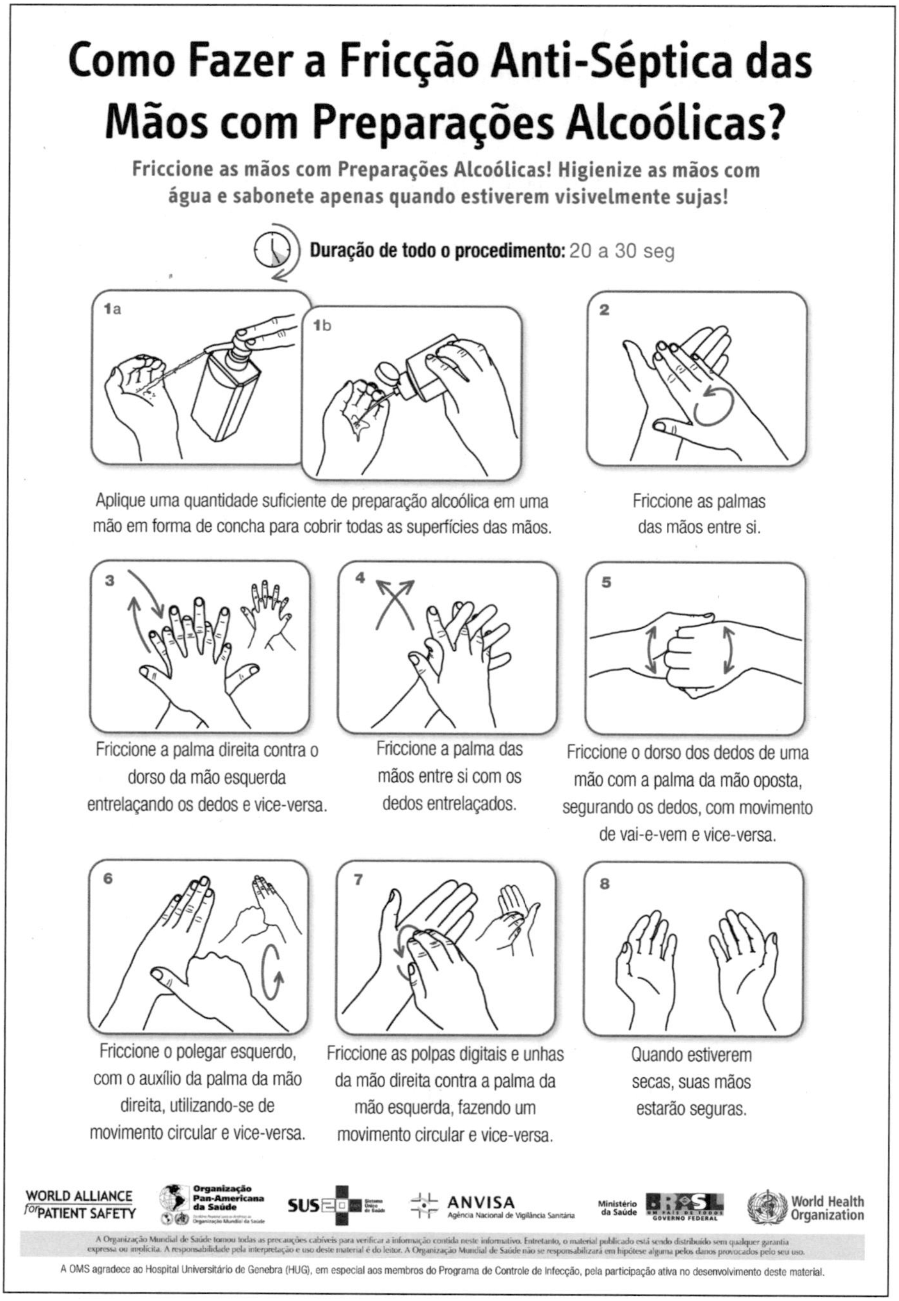

Fonte: Manual de Referência Técnica para a Higiene das Mãos (WHO, 2009, p. 7).

A preparação alcoólica apresenta algumas vantagens imediatas como a eliminação da maioria dos micro-organismos (incluindo vírus); leva de 20 a 30 segundos para higienizar as mãos. Basta ter o produto no local onde ocorre o atendimento, sem necessidade de infraestrutura com lavatório, sabonete e toalha (WHO, 2009).

Uso de água e sabonete

As mãos devem ser lavadas com água e sabonete (líquido ou espuma) quando estiver visível alguma sujidade como sangue ou outros fluidos corporais, quando a exposição a potenciais organismos formadores de esporos é fortemente suspeita ou comprovada, ou depois de usar o banheiro (WHO, 2009).

Figura 2 – Como higienizar as mãos com água e sabonete?

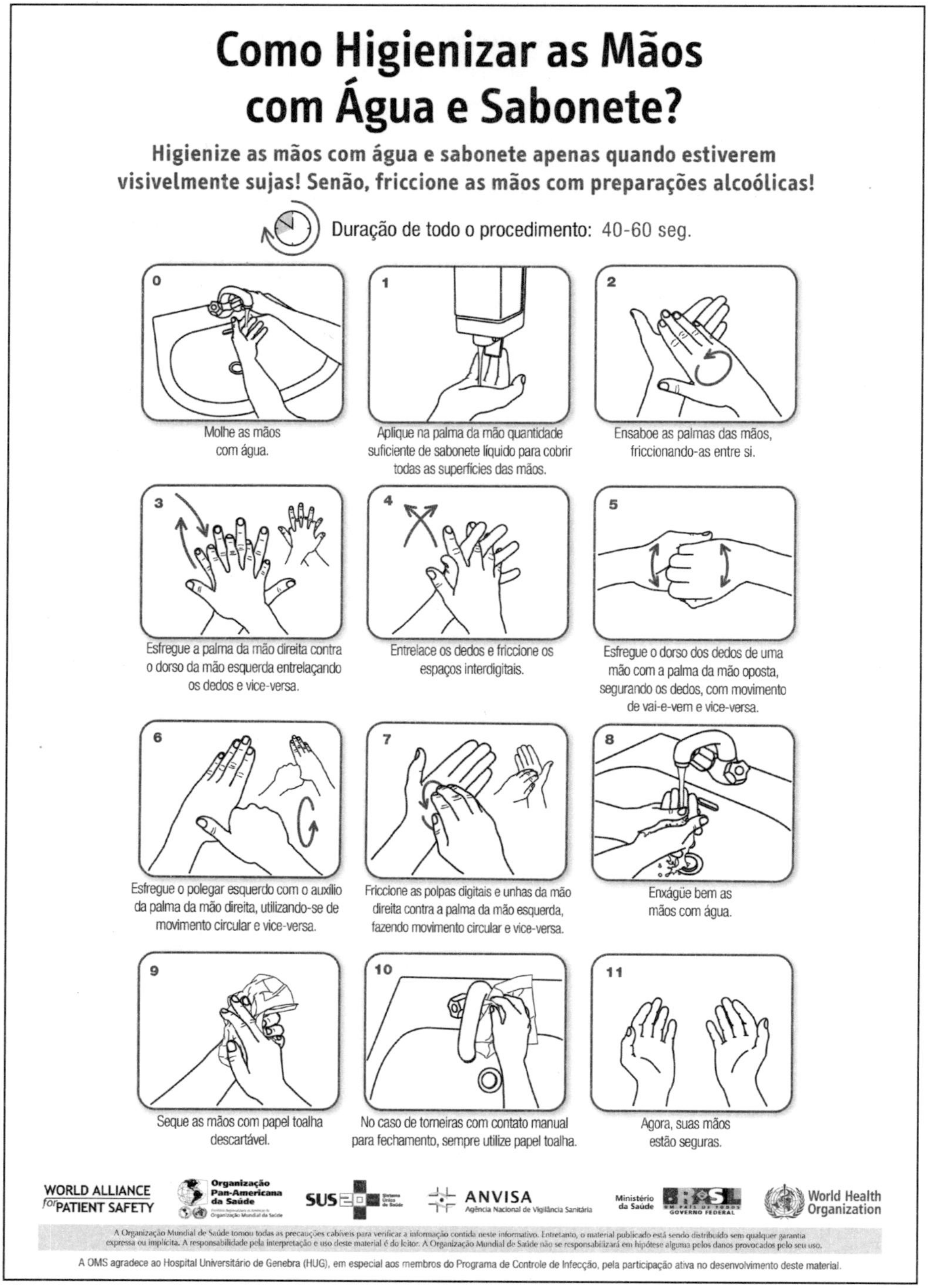

Fonte: Manual de Referência Técnica para a Higiene das Mãos (WHO, 2009).

O processo de higienizar as mãos de maneira efetiva, conforme ilustrado nas figuras 1 e 2, depende de uma série de fatores: "a qualidade da preparação alcoólica; a quantidade de produto utilizada; o tempo de fricção ou lavagem; a superfície da mão friccionada ou lavada". Essa higienização se torna mais eficaz quando a pele das mãos está livre de lesões/cortes, as unhas aparadas (curtas) e sem esmalte e as mãos e antebraços sem nenhum acessório e descobertos (WHO, 2009).

> O sabonete (líquido ou espuma) e as preparações alcoólicas para as mãos não devem ser utilizadas concomitantemente. Para cumprir as recomendações de higiene das mãos, os profissionais de saúde devem, idealmente, higienizar as mãos onde e quando os cuidados são prestados, quer dizer no ponto de assistência e nos momentos indicados, o que requer a utilização de produto alcoólico, na maioria das vezes. (WHO, 2009, p. 7)

Esta é uma ação simples e é importante que o psicólogo se conscientize de que a higienização das mãos está intimamente ligada à atividade por ele realizada no ambiente dos cuidados de saúde que pode ser dividido em ambiente do paciente e ambiente assistencial.

a) Ambiente do paciente

O ambiente do paciente inclui o paciente e algumas superfícies e itens que estão temporariamente e exclusivamente dedicados a ele. Inclui o paciente e todas as superfícies inanimadas que têm contato físico direto com ele ou são tocadas por ele e pelos profissionais, tais como as grades da cama, mesa de cabeceira, roupa de cama, equipos de infusão e outros equipamentos para a saúde e outras superfícies tocadas pelas mãos. Pode variar de acordo com a Unidade, o tempo de permanência e o tipo de atendimento prestado, sendo aplicado também aos pacientes sentados numa cadeira (Brasil, 2016).

> As superfícies próximas ao paciente estão contaminadas com a microbiota do próprio paciente. Portanto, qualquer material reutilizável deve ser previamente desinfetado ao entrar e sair do ambiente do paciente. Qualquer item que geralmente não é dedicado ao cuidado do paciente e frequentemente deslocado para o ambiente assistencial não deve ser nunca considerado como pertencente ao ambiente do paciente, independentemente de sua proximidade com o paciente (por exemplo, prontuário computadorizado ou de papel, lápis, caneta e outros). Os pertences pessoais são considerados parte do ambiente do paciente, uma vez que não devem ser retirados do mesmo. Além disso, itens e superfícies temporariamente expostas ao paciente, tais como, superfícies de um banheiro compartilhado, mesa de fisioterapia ou de radiologia deverão sofrer desinfecção após a saída do paciente. (Brasil, 2016)

b) Ambiente assistencial

O ambiente assistencial corresponde a todas as superfícies do ambiente de cuidados de saúde fora do ambiente do paciente, ou seja, outros pacientes e seus respectivos ambientes e as demais áreas em geral da unidade. Na maioria das Unidades, o ambiente assistencial é caracterizado pela presença de vários e inúmeros micro-organismos, inclusive os multirresistentes. Higienizar as mãos ajuda a proteger o ambiente assistencial da contaminação por micro-organismos de pacientes (WHO, 2009).

Ao realizar o atendimento psicológico, o profissional irá estabelecer um contato direto com o paciente e às vezes indireto, por meio de um objeto intermediário, como as lâminas de comunicação não-oral[6] ou material lúdico, por exemplo.

Os diferentes tipos de contato que envolvem o trabalho do psicólogo são:

a) Contato com pele intacta do paciente (aperto de mão, toque...)

b) Contato com algum fluido corporal, de forma acidental, o que significará risco para a saúde do profissional.

c) Contato com objetos localizados no ambiente do paciente.

Cada tipo de contato alerta para a necessidade de uma correta higienização das mãos, a fim de evitar a transmissão de micro-organismo para o paciente, para o ambiente assistencial e para o próprio profissional de saúde (WHO, 2009).

Outros cuidados a serem tomados pelo psicólogo hospitalar para evitar o risco de contágio:

a) Não assentar na cama do paciente.

b) Usar vestimenta adequada incluindo o uso de jaleco e calçados fechados.

c) Evite o uso de anéis durante os cuidados assistenciais, pois a pele por baixo de anéis é mais intensamente colonizada por micro-organismos que áreas comparáveis de pele dos dedos sem anéis, e o uso de acessórios propicia a presença e sobrevivência da microbiota transitória.

d) Manter as unhas curtas pois as áreas acima e abaixo das unhas atraem micro-organismos, especialmente se elas forem longas, esmaltadas ou postiças. (Obs.: O uso de unhas artificiais pode contribuir para a transmissão de certos agentes patogénicos associados aos cuidados assistenciais).

e) Proteger a pele caso apresente alguma alteração na camada superficial da epiderme e algum corte ou furo profundo pois propiciam a colonização pela microbiota da pele.

[6] Lâminas de comunicação não-oral e não-verbal criadas para auxiliar no atendimento psicológico aos pacientes internados em UTIs ou quando o paciente apresentar alguma dificuldade na comunicação oral (MIRANDA; VEIGA, 2016).

f) O cuidado com as mãos deve incluir o uso regular de cremes de boa qualidade pois o uso frequente e repetido de produtos para a higiene das mãos, principalmente sabonetes, pode causar dermatite de contato irritativa.

g) Se o profissional for exposto a sangue ou a outros fluidos corporais, deverá realizar a limpeza rigorosa com água e sabão no local de atendimento. Caso sua roupa tenha se molhado, ela deverá ser trocada imediatamente.

h) Se durante o atendimento o paciente sentir-se mal sujando o local de atendimento, o psicólogo deverá comunicar à enfermagem a presença de secreções no chão, a fim de que seja feita a limpeza do local pelo pessoal especializado.

i) Alimentar-se somente em áreas destinadas para tal e conforme a rotina do hospital, para evitar a propagação de vetores (insetos).

j) Seguir as normas da Instituição. Algumas exigem que o profissional mantenha o cabelo preso, esmalte claro, brincos pequenos ou a não utilização deste acessório.

Quando uma doença apresenta risco de contágio, significa que ela pode passar de uma pessoa para outra, o que requer algumas medidas de proteção. Como exemplo, temos uma situação em que o paciente, que estava sendo atendido pela psicologia, foi diagnosticado com citomegalovírus (infecção comum por herpesvírus e que é transmitida muito facilmente). Pelo fato de a psicóloga estar grávida, a médica da CCIH recomendou que ela suspendesse o atendimento, ou usasse máscara para realizá-lo, uma vez que uma das formas de transmissão ocorre pela saliva. Caso o paciente espirrasse durante o atendimento, a profissional poderia ser contaminada, e, por isso, além da máscara, deveria manter uma certa distância do leito. A orientação da CCIH foi fundamental para proteger a psicóloga e seu bebê, pois, se uma mulher grávida for infectada, o feto pode adquirir a infecção durante a gestação.

Observa-se com o exemplo acima que alguns equipamentos de proteção muitas vezes se fazem necessários. Eles funcionam como barreira contra a transmissão de micro-organismos devendo ser utilizados de acordo com o tipo de atividade realizada e o risco de exposição aos patógenos. São os equipamentos que conferem proteção individual (EPI). São considerados EPI: luvas, máscaras, óculos de proteção, aventais, gorros, propés,[7] botas e sapatos. Geralmente são usados em situação de isolamento. Mas a prática ensina que nem tudo é previsível, o que evidencia o risco ocupacional. Para exemplificar tem-se uma situação ocorrida em uma Unidade de Urgência e Emergência, local onde o paciente, na maioria das vezes, chega sem um diagnóstico. Em função do quadro de agitação do paciente,

[7] O propé é usado no pé e tem como finalidade de uso evitar o desprendimento de sujidades em áreas especiais e restritas, que tenham essa necessidade. (PROLAB – <prolab.com.br/produtos/material-hospitalar/prope>. Acesso em: 05 set. 2017.

a abordagem foi feita no momento da sua admissão na Unidade e somente depois, após os exames comprovarem o diagnóstico de tuberculose é que a psicóloga ficou ciente do risco de ter-se contaminado. A conduta, neste momento, foi procurar o médico da CCIH para falar do contato estabelecido com o mesmo durante o atendimento psicológico, buscando as orientações sobre os cuidados necessários diante da situação.

Isolamento

Isolamento é a segregação de um paciente do convívio de outras pessoas durante o período em que a doença infecciosa pode ser transmitida e tem por objetivo evitar que indivíduos suscetíveis sejam infectados. Este isolamento pode ser domiciliar ou hospitalar e fica a critério da equipe médica e de enfermagem avaliar se a doença é passível de isolamento, bem como tomar as medidas necessárias para prevenir sua transmissão o mais brevemente possível. Nesse sentido, cabe ao psicólogo hospitalar seguir toda a recomendação passada por eles antes de abordar o paciente.

De acordo com Saliba (1996) e pensando na prática do psicólogo hospitalar, seguem abaixo algumas observações:

a) Lavar as mãos e colocar o EPI indicado (máscara,[8] gorro, avental[9] e luvas) de acordo com o que for preestabelecido pela enfermagem.

b) Usar luvas devidamente ajustadas e desprezá-las após uso.

c) Levar para o quarto apenas o material necessário para a assistência ao paciente. Não se deve levar o prontuário do paciente.

d) Evite tocar em aparelhos e materiais usados pelo paciente.

e) Se for conduzir o acompanhante/familiar até o ambiente, entre com um de cada vez. A liberação da presença de um acompanhante geralmente ocorre apenas quando o isolamento for em quarto privativo, e precisa ser discutido com a equipe Médica e de Enfermagem. O acompanhante deverá seguir as mesmas recomendações oferecidas aos profissionais envolvidos na assistência e para tal, deverá ser devidamente orientado pela enfermagem.

f) Recomenda-se retirar as luvas antes de tocar a maçaneta da porta e lavar as mãos ao sair do quarto.

g) Não é recomendado que profissionais imunocomprometidos e grávidas cuidem de paciente em isolamento

8 Ela é uma barreira de uso individual que cobre o nariz e a boca e tem o objetivo de proteger o trabalhador de saúde de infecções por inalação de gotículas transmitidas à curta distância e pela projeção de sangue ou outros fluidos corpóreos que possam atingir suas vias respiratórias. Deve ser usada sempre que for recomendado pela equipe.

9 Deve ser utilizado como barreira física e deverá ter manga longa e ser usado sempre fechado.

Silveira (2010), com o "Caso 5" enfatiza as consequências de uma postura inadequada, do psicólogo, em situação de isolamento.

> Caso 5: O Dr. X encaminha uma solicitação de atendimento psicológico, por mensagem de celular, para atender o Sr. Y, do leito 907. O psicólogo não adota a conduta, como rotina, de buscar informação prévia, e se encaminha ao quarto do paciente. Por desconhecer o quadro clínico do paciente, não respeita os procedimentos de isolamento (preconizados pela CCIH), referente ao uso de EPI's. Dessa forma, acaba por incorrer numa falta desnecessária e se expor ao risco de contaminação, bem como o paciente. Por outro lado, o fato de entrar sem os EPI's indicados mobiliza, nos familiares, fantasias de que o paciente possa ser contaminado, gerando insegurança quanto aos procedimentos da equipe do hospital. A família passa a relatar que não há uniformidade na conduta com o paciente. (Silveira, 2010, p. 44)

Em relação ao aspecto psicológico do paciente em isolamento, a equipe deverá cuidar para que ele compreenda o porquê das medidas de isolamento, buscando esclarecer dúvidas, visando diminuir sua ansiedade e temores e favorecendo o contato com a visita.

O psicólogo deverá estar atento à vivência emocional do doente diante da necessidade do uso de toda paramentação indicada pela equipe, de forma que ele possa ver nesse procedimento um cuidado e não o medo da equipe em ser contaminada por ele.

Limpeza e desinfecção de brinquedos

O brinquedo é um dos recursos lúdicos utilizado pelo psicólogo no atendimento psicológico junto à criança hospitalizada e, como já foi mencionado, ele é um dos meios de transmissão exógena, que é adquirida a partir de pacientes, inclusive pelo compartilhamento de objetos entre os doentes internados ou das mãos dos profissionais de saúde. Para evitar que isso aconteça, é preciso que faça parte da rotina do profissional a higienização do material lúdico. "As salas de recreação devem ser arejadas e limpas, os brinquedos e demais objetos devem ser adequados ao uso hospitalar e devem sofrer limpeza e desinfecção rotineira" (Brasil, 2005, p. 65).

Recomendações gerais para limpeza e desinfecção de brinquedos e objetos usados Unidades Pediátricas

1. Qualquer brinquedo ou objeto que entrar em contato com fluidos corpóreos deverá ser limpo imediatamente.
2. Brinquedos utilizados em unidades de isolamento devem ser de material lavável, não corrosivo e atóxico. Depois de usados devem ser ensacados e encaminhados para limpeza e desinfecção.

3. Os brinquedos deverão ser preferencialmente de material lavável e atóxico (plástico, borracha, acrílico, metal). Objetos de madeira deverão ser recobertos, pintados com tintas esmaltadas, laváveis.
4. Todo brinquedo ou objeto de material não-lavável deverá ser desprezado após contato com sangue, secreções e fluidos corpóreos.
5. Brinquedos de tecido não são recomendados, exceto para uso exclusivo.
6. Não existe restrição ao uso de livros e revistas, desde que plastificados. Se contaminados devem ser desprezados.
7. Os brinquedos e objetos, após limpeza e desinfecção, deverão ser acondicionados em caixas de material lavável, com tampa, ou em armários, e deverão ser limpos periodicamente (Brasil, 2005, p. 65-66),

A limpeza e desinfecção de brinquedos e objetos de uso comunitário devem seguir o seguinte processo: "Lavar o material com água e sabão; enxaguar e deixar secar; friccionar com álcool a 70%, três vezes; deixar secar". Já os brinquedos que foram usados por pacientes em precauções especiais ou que tiveram contato com fluidos corpóreos deverão primeiramente ser descontaminados. "Colocar sobre as secreções corpóreas hipoclorito na quantidade que sobreponha a secreção. Coloque papel toalha por cima e deixe por 30 minutos". Em seguida, deve-se lavar com água e sabão e enxaguar; imergir em solução de hipoclorito de sódio, por 30 minutos. Se for material corrosivo, deve-se ainda usar álcool a 70%, enxaguar e deixar secar (Brasil, 2005, p. 66).

Conduta relacionada com os profissionais infectados

a) "Profissional de saúde portador de determinadas doenças contagiosas deve se afastar de suas atividades até o final do período de transmissibilidade do agente infeccioso" (Saliba, 1996, p. 58).
b) "Se estiver com resfriado: lavar as mãos cuidadosamente; usar luvas e máscara para contato direto com crianças menores de dois anos; evitar contato com recém-nascidos, imunodeficientes e portadores de cardiopatias congênitas" (UFMT, 2006, p. 4).
c) "Se for exposto a sangue através de contato com mucosas, olho e pele: comunicar a CCIH/SCIH ou Serviço de Saúde Ocupacional para verificar a necessidade de profilaxia para Hepatite B e HIV" (UFMT, 2006, p. 4).
d) "Se estiver com herpes labial: lavar as mãos; usar máscaras; evitar contato com recém-nascidos, queimados e imunodeficientes" (UFMT, 2006, p. 4).
e) Ao passar por uma avaliação médica, em virtude de alguma cirurgia/ tratamento, o psicólogo deve mencionar o seu local de trabalho, esclarecendo que estabelece contato direto com a pessoa doente, para que o médico possa avaliar melhor o tempo necessário de afastamento.

Para exemplificar, tem-se o caso de uma acadêmica que realizava estágio na Pediatria. Ao chegar no local apresentava tosse seca. Foi dispensada da prática e orientada a procurar uma avaliação médica e que somente retornasse após ser esclarecido o motivo da tosse. O diagnóstico obtido foi de coqueluche,[10] deixando-a afastada das suas atividades até a liberação médica.

Considerações finais

Os profissionais de saúde estão diariamente expostos a diversas doenças infectocontagiosas e muitas vezes, ao sangue e a outros líquidos corporais potencialmente infectantes, mesmo se o paciente não for portador de doença infectocontagiosa clinicamente manifesta. O paciente também fica exposto uma vez que esses mesmos profissionais podem representar fonte de transmissão de patógenos no contexto da saúde.

Foi por compreender, por meio da prática, que, enquanto membro da equipe de saúde, o psicólogo é também um agente de saúde, que fomos buscando esclarecer e nos conscientizar sobre a nossa participação no controle da IRAS. E refletindo sobre a prática do psicólogo no campo da saúde e considerando as particularidades da assistência psicológica percebe-se que em um ambiente de cuidados, todas as atividades que envolvem contato direto ou indireto com os pacientes são atividades assistenciais à saúde. Isso significa que, exceto o pessoal administrativo, todos os profissionais de saúde, inclusive o psicólogo, precisam se conscientizar da importância da higienização das mãos e de outros cuidados essenciais, durante o exercício de suas funções. Na relação com o cliente, é preciso estabelecer o contato com prudência, isto é, estar ciente de que as precauções padrões precisam fazer parte da rotina do psicólogo. Elas devem começar no momento da abordagem inicial ao paciente, independente do diagnóstico e do local onde se encontra.

As medidas de precauções padrões e as normas de biossegurança precisam ser discutidas no meio acadêmico e junto da equipe de saúde. Espera-se que os conceitos, exemplos e normatizações ora apresentados possibilitem uma reflexão crítica constante e necessária acerca desta temática de forma a possibilitar uma prática profissional segura.

Referências

ALVES, M. E.; OLIVEIRA, P. R.; MARTINI, N. M. Conhecimento e adesão da higienização das mãos dos profissionais da saúde, uma medida básica para a prevenção das infecções relacionadas à assistência à saúde. *Revista Enfermagem pela Excelência*, Blumenau, ano 5, n. 5, 2015. Disponível em: <http://www.santaisabel.

[10] Coqueluche é uma doença infecciosa aguda do trato respiratório inferior e é altamente contagiosa.

com.br/upl/noticias/d/Publicacao__Revista_Enfermagem_pela_Excelencia_2015.pdf>. Acesso em: 1° set. 2017.

BRASIL. Agência Nacional de Vigilância Sanitária. *Assistência Segura*: uma Reflexão Teórica Aplicada à Prática Agência Nacional de Vigilância Sanitária. Brasília: Anvisa, 2017. Disponível em: <http://portal.anvisa.gov.br/documents/33852/3507912/Caderno+1+-+Assist%C3%AAncia+Segura+-+Uma+Reflex%C3%A3o+-Te%C3%B3rica+Aplicada+%C3%A0+Pr%C3%A1tica/97881798-cea0-4974-9d9b-077528ea1573>. Acesso em: 04 set. 2017.

BRASIL. Agencia Nacional de Vigilância Sanitária. Gerência de Vigilância e Monitoramento em Serviços de Saúde. Gerência Geral de Tecnologia em Serviços de Saúde. *Medidas de Prevenção de Infecção Relacionada à Assistência à Saúde*. Série Segurança do paciente e qualidade em serviços de saúde. 2013. <https://www20.anvisa.gov.br/segurancadopaciente/images/documentos/livros/Livro4-Medidas-PrevencaoIRASaude.pdf>. Acesso em: 04 set. 2017.

BRASIL. ANVISA. *Investigação e controle de epidemias (surtos) hospitalares*. São Paulo, 2004. Coord. Eduardo Alexandrino Servolo de Medeiros. Disponível em: <http://www.saude.mt.gov.br/upload/controle-infeccoes/pasta4/mod_3_invest_e_controle_de_epidemias_hospitalares.pdf>. Acesso em: 07 set. 2017.

BRASIL. ANVISA. *Módulo 1*. Legislação e Criança de um Programa de Prevenção e Controle de Infecção Hospitalar (Infecção Relacionada à Assistência à Saúde – IRAS). Coord. Ruth Ester Assayag Batista. São Paulo, 2004. Disponível em: <http://www.anvisa.gov.br/servicosaude/manuais/iras/M%F3dulo%201%20-%20Legisla%E7%E3o%20e%20Programa%20de%20Preven%E7%E3o%20e%20Controle%20de%20Infec%E7%E3o%20Hospitalar.pdf>. Acesso em: 07 set. 2017.

BRASIL. Decreto-Lei n° 5452 de 1° de maio de 1943. Aprova a Consolidação das Leis do Trabalho. Casa Civil. Subchefia para Assuntos Jurídicos. Brasília, *Diário Oficial da União*, 1943. Disponível em: <http://www.planalto.gov.br/ccivil_03/decreto-lei/Del5452.htm>. Acesso em: 1° set. 2017.

BRASIL. Ministério da Saúde. Agencia Nacional de Vigilância Sanitária. *Pediatria*: prevenção e controle de infecção hospitalar. Brasília: Ministério da Saúde, 2005. Disponível em: <http://www.anvisa.gov.br/servicosaude/manuais/manual_pediatria.pdf>. Acesso em: 07 set. 2017.

BRASIL. Ministério da Saúde. *Portaria n° 2616*, de 12 de maio de 1998. Brasília: Ministério da Saúde, 1998. Disponível em: <http://bvsms.saude.gov.br/bvs/saudelegis/gm/1998/prt2616_12_05_1998.html> Acesso em: 07 set. 2017.

BRASIL. Ministério da Saúde. Secretaria de Vigilância em Saúde. Departamento de Vigilância das Doenças Transmissíveis. *Manual dos Centros de Referência para Imunobiológicos Especiais*. 4.ed. Brasília: Ministério da Saúde, 2014. Disponível em: <http://www.saude.pr.gov.br/arquivos/File/-01VACINA/manual_crie_.pdf>. Acesso em: 07 set. 2017.

BRASIL. Ministério do Trabalho e Emprego. *Portaria nº 485*, de 11 de novembro de 2005. Aprova a norma regulamentadora nº 32 (Segurança e saúde no trabalho em estabelecimentos de saúde). Disponível em: <https://www20.anvisa.gov.br/segurancadopaciente/index.php/legislacao/item/portaria-n-485-de-11-de-novembro-de-2005>. Acesso em: 07 set. 2017.

BRASIL. Previdência Social. *Comunicação de Acidente de Trabalho – CAT.* Brasília: Previdência Social, 2013. Disponível em: <http://www.previdencia.gov.br/servicos-ao-cidadao/todos-os-servicos/comunicacao-de-acidente-de-trabalho/>. Acesso em 07 set. 2017.

CFP. CONSELHO FEDERAL DE PSICOLOGIA. Dúvidas frequentes sobre o tema: condições de trabalho. Brasília: CFP, 2017. Disponível em: <http://site.cfp.org.br/contato/condicoes-de-trabalho/>. Acesso em: 04 set. 2017.

CFP. CONSELHO FEDERAL DE PSICOLOGIA. *Resolução CFP nº 013/2007.* Institui a Consolidação das Resoluções relativas ao Título Profissional de Especialista em Psicologia e dispõe sobre normas e procedimentos para seu registro. Disponível em: <www.pol. org. br>. Acesso em: 07 set. 2017.

CFP. CONSELHO FEDERAL DE PSICOLOGIA. *Resolução CFP nº 02/01.* Altera e regulamenta a Resolução CFP no 014/00 que institui o título profissional de especialista em psicologia e o respectivo registro nos Conselhos Regionais. Anexo I. <https://site.cfp.org.br/wp-content/uploads/2006/01/resolucao2001_2.pdf>. Acesso em: 04 set. 2017.

CHIATTONE, H. B. C. A significação da psicologia no contexto hospitalar. In: ANGERAMI, V. A. *Psicologia da Saúde*: um novo significado para a prática clínica. 2. ed. São Paulo: Pioneira Thomson Learning, 2011.

CONSELHO REGIONAL DE PSICOLOGIA – MINAS GERAIS (CRP-MG). *Recomendação sobre a sistematização da Atuação do Psicólogo Hospitalar.* Grupo de Trabalho de Psicologia Hospitalar do Conselho Regional de Minas Gerais, Belo Horizonte, 2009. Disponível em: <http://www.crpmg.org.br/CRP2/Image/Recomenda%E2%94%9C%C2%BAao%20GT%20Psico%20Hospitalar.pdf>. Acesso em: 04 set. 2017.

HUJM. Hospital Universitário Julio Muller. *Manual de Isolamento e Precauções.* Elaborado pela equipe do SCIH/HUJM/UFMT. Mato Grosso: Universidade Federal do Mato Grosso, 2006. Disponível em: <http://www.ufmt.br/hujm/arquivos/7e18458a8aa832719641156ccd469de8.pdf>. Acesso em: 31 ago. 2017.

MACIEL, C. do C. S.; CÂNDIDO, H. R. L. F. Infecção hospitalar: principais agentes e drogas administradas. *Veredas FAVIP – Revista Eletrônica de Ciências*, v. 3, n. 1, jan./jun. 2010. Disponível em: <http://veredas.favip.edu.br/ojs/index.php/veredas1/article/view/107>. Acesso em: 04 set. 2017.

MIRANDA, E. M. F.; FERREIRA, M. D. V. Novas estratégias da equipe e familiares na comunicação com o paciente. In: SANTOS, L. C.; MIRANDA, E.

M. F.; NOGUEIRA, E. L. *Psicologia, Saúde e Hospital*: contribuições para a prática profissional. Belo Horizonte: Artesã, 2016.

MIRANDA, E. M. F.; LIMA, J. J. S.; SANTOS, L. C. Psicologia hospitalar e normatizações: regulamentações na prática profissional e registro em prontuário. In: SANTOS, L. C.; MIRANDA, E. M. F.; NOGUEIRA, E. L. *Psicologia, Saúde e Hospital: contribuições para a prática profissional.* Belo Horizonte: Artesã, 2016.

SALIBA, J. L. *et al. Manual de controle de infecções hospitalares.* Belo Horizonte: SCMBH, 1996.

SANTOS, L. C.; MIRANDA, E. M. F.; NOGUEIRA, E. L. *Psicologia, Saúde e Hospital*: contribuições para a prática profissional. Belo Horizonte: Artesã, 2016.

SILVEIRA, A. M. V. da. *Estudo do campo da psicologia hospitalar calcado nos fundamentos de gestão*: estrutura, processos e resultados. Belo Horizonte, 2010. 162f. Dissertação (Mestrado) – Pontifícia Universidade Católica de Minas Gerais, 2010. Disponível em: <http://www1.pucminas.br/documentos/dissertacao_andrea_maria.pdf>. Acesso em: 31 ago. 2017.

UNIMED-BH. *Sessões Clínica em Rede.* Vacinação em Profissionais da Saúde. Jul. 2015. Disponível em: <http://www.acoesunimedbh.com.br/sessoesclinicas/wordpress/wp-content/uploads/2015/07/Vacina-profissionais-Normalizado.pdf>. Acesso em: 31 ago. 2017.

WHO. *Hand hygiene technical reference manual: to be used by health-care workers, trainers and observers of hand hygiene practices.* Geneva, 2009. Disponível em: <https://www20.anvisa.gov.br/segurancadopaciente/index.php/publicacoes/item/manual-de-referencia-tecnica-para-a-higiene-das-maos>. Acesso em: 12 jul. 2018.

CAPÍTULO 19

Atendimento psicológico aos pacientes com doenças ameaçadoras da vida em um hospital público na cidade de Manaus

André Luis Sales da Costa

Será apresentada neste texto nossa experiência em um Hospital Público (Fundação Centro de Controle em Oncologia – FCECON), que realiza atendimento oncológico e em Cuidados Paliativos, o qual está situado na cidade de Manaus, Amazonas. Esse estado apresenta um crescimento econômico e urbano igual ao crescimento do estado de São Paulo há 60 anos, porém, com recursos financeiros maiores e crescimento urbano desordenado. Sua localização nessa região estratégica abarca atendimento especializado a todos os moradores da região Norte, caracterizando-o como um hospital de referência em tratamento de câncer.

Nossa experiência com pacientes oncológicos, tanto em tratamento quanto em processo de finitude, remonta de meu voluntariado após minha formação acadêmica, que ocorreu na década de 2000. Entretanto, nada mais foi tão significativo do que minha experiência com a morte de meu pai no dia 23 de novembro de 2009, às 0h35min, em um dos leitos do meu futuro local de trabalho (estava prestes a ser convocado em concurso público que foi realizado três anos antes). Pude paliá-lo sem saber que estava paliando. Resolvi suas pendências, ajudei minha mãe e irmãos naquilo que pude fazer a vivenciarem a perda sem que, nos meses vindouros, ocorresse o luto. Assim, ao ficar com ele nesse dia, pude dizer com todo amor e desprendimento: vá em paz, meu pai! Confirmei a ele que sua esposa estaria sendo cuidada, amparada e que seus assuntos financeiros seriam sanados. Após todo o carinho, cuidado e limpeza que estava acostumado a fazer antes de deixá-lo dormir, fiquei inquieto com a calmaria que ocorria em sua respiração. Ao me aproximar, pude escutar pela última vez seu suspiro. Vi alívio em sua partida! Vi alívio em seu sofrimento. Senti-me, nesse dia, pronto para encarar a morte com mais serenidade. Meu dever como filho se cumpriu sem saber que o lado profissional estava sendo talhado naquele momento. Alguns anos depois, fui convocado pelo Governo do Estado do Amazonas a ocupar a vaga destinada ao concurso realizado, sem saber que iria para os Cuidados Paliativos.

Minha prática, como voluntário que atendia pacientes oncológicos em tratamento, foi posta à prova, pois o olhar de antes era significar e ressignificar a vida e a saúde. Agora, ao adentrar no desconhecido, percebi que deveria trabalhar com a significação e ressignificação da vida e da morte, preparar nossos pacientes para a boa morte, ou seja, uma morte digna e sem sofrimento. Quanta semelhança com minha experiência paterna. Lia os manuais de cuidados paliativos publicados e me via neles sem saber que havia realizado tais práticas. Cada atendimento, cada escuta, cada devolutiva aos pacientes, familiares e profissionais de saúde tem como base minha experiência diante da morte. Assim, preconizamos a valorização dos dias vividos muito mais do que os dias de vida, de compreender a dor do outro como uma perda de sua imortalidade carnal, física, porém, promovendo aos que ficam uma tentativa de imortalizar em lembranças, sem dor, sem sofrimento, aquele que um dia foi seu ente querido.

Neste texto exporemos como se deu a construção da morte na contemporaneidade, o que é os Cuidados Paliativos, nossa atuação nesse serviço, além de apresentar sua formação inicial, estrutura, rotina e dois casos de atendimento psicológico no ambulatório e domicílio. Apresentaremos os casos mediante construção histórica, descrevendo essa história sem o uso excessivo de recortes das falas para seguirmos a narrativa de vida dos adoecidos e familiares aqui citados. Tentaremos desvelar o velado, sem deixar os aspectos teóricos de lado. Aqui, falaremos de uma Psicologia Fenomenológico Existencial intercalando-a com a Antropologia e a Sociologia, pois entendemos o fenômeno morte em sua complexidade, necessitando assim de superar os limites disciplinares. Enfatizamos que não apresentaremos na integra todo o aspecto teórico dos autores aqui citados, apenas apresentaremos seu aspecto teórico conforme o caso for se apresentando em nossa compreensão analítica. Para mais detalhes em relação à construção do pensamento dos autores citados, solicitamos ao leitor buscá-los nas referências.

A construção da morte em nosso tempo: a morte contemporânea e a construção do paradigma social da morte

Como qualquer fenômeno da vida social, o morrer pode ser vivenciado de várias formas, inclusive por meio de seus significados compartilhados por diversas experiências construídas culturalmente. Assim, os sentidos atribuídos ao morrer sofrem mudanças conforme o momento histórico e seu contexto sociocultural. Mediante essa construção, o morrer é percebido não apenas como um processo biológico, mas um processo que também é construído e caracterizado como um fenômeno do universo das relações sociais (Menezes, 2004; Rodrigues, 2006).

O fenômeno morte se constituiu como uma área de investigação tendo como base as Ciências Sociais, a partir do século XX, após o fim da Segunda Guerra Mundial. Dessa forma, a morte tornou-se campo privilegiado de estudo, abarcando temas como a fragilização dos vínculos sociais, do aumento da institucionalização, dos cuidados dos doentes, do ocultamento e exclusão social dos que estão em processo de finitude (Menezes, 2004). Com o avanço das pesquisas nas Ciências Sociais, houve um crescimento de estudos sobre o referido tema, o que permitiu interesse e literatura analítica sobre a morte, denominado de "morte moderna" (Menezes, 2004).

Tendo em vista o interesse pelo tema, pesquisadores das Ciências Sociais, historiadores e antropólogos se dedicaram a refletir e ampliar suas análises sobre o processo de morrer, promovendo a construção de caminhos teóricos, como a mudança na relação entre o homem moderno e a morte. Outros temas que surgiram de suas publicações foram o ocultamento da morte, a morte como tabu, a exclusão da morte e a expropriação do doente de sua própria morte (Rodrigues, 2006). Tais estudos denunciavam o escamotear, expulsar, banir, excluir o tema morte de nossas vidas e, principalmente, fundamentando-os como características da modernidade (Menezes, 2004).

Um dos proeminentes estudiosos sobre a morte foi Phillipe Ariès (1981), que fez uma extensa investigação sobre a morte desde a Idade Média até o século XX. Para o autor, a morte vivenciada na Idade Média era *ritualizada*, comunitária, sendo enfrentada com dignidade e resignação, sentida como um evento natural e promovida mediante cerimônia pública, da qual todos participavam, inclusive crianças. Todos vivenciavam a morte, realizavam atos fúnebres com a permissão da entrada de conhecidos e desconhecidos nos velórios dos mortos. O choro era vivido e expresso sem temor de qualquer julgamento que pudessem constranger os entristecidos. Já a *morte de si* surge entre os séculos XI e XII, apresentando como principal característica a consciência da finitude de sua existência. Ou seja, um sentimento mais pessoal e mais interiorizado da morte, voltando-se para a produção da morte bela e edificante. Ariès (1981) comenta que entre os séculos XIII a XVIII – *morte tradicional* – ocorreu a passagem do direito e cuidado do adoecido, que antes era da família para os religiosos e, posteriormente, dos médicos e das instituições hospitalares. Com a inserção dos profissionais de Medicina aos "hospitais" no século XVIII, houve a institucionalização da referida profissão, bem como da sua organização terapêutica, o incremento do conhecimento científico e da medicalização da vida. Com a consolidação do hospital, a Medicina, seu conhecimento e instituição tornaram-se referencias para a saúde, vida e morte.

Tal deslocamento dos cuidados acarretou na ocultação de todos os sinais que anunciavam a morte e, em virtude disso, todos esses sinais foram apagados sistematicamente do convívio dos indivíduos. A presença dos religiosos passa a ser considerada como uma imagem aversiva, de extrema crueldade e deselegância contra o adoecido. Os sacramentos só eram autorizados quando o enfermo se encontrava em estado de inconsciência e com autorização de seus familiares (Rodrigues, 2006). Esse ocultamento e o silenciar tornam-se obrigatórios, mesmo que se firme diante de uma mentira. Rodrigues (2006) comenta que o silêncio e a mentira tinham como objetivo proteger o doente contra sua angústia perante a morte, além de trazer conforto para os familiares. Essa desobrigação do não pensar na morte possibilitou aos familiares deixar de expressar suas emoções, banindo a morte da consciência de todos e permitindo às pessoas continuarem agindo como se a esperança fosse a única tábua de salvação.

Mediante essa organização e fortalecimento da prática médica, surge a crença social do valor do cuidado e do morrer, o que tornou palco propício para o surgimento daquilo que vinha a ser cunhado de *morte moderna* (Menezes, 2004; Rodrigues, 2006). Com a transformação do comportamento em relação à morte devido às mudanças sociais referente à hospitalização e o morrer, houve um processo de assimilação sobre onde se deveria cuidar e morrer. A morte, que antes era vivida e realizada em práticas comunitárias, com seus rituais, público, passa a ser privatizada e vivida no âmbito hospitalar (Rodrigues, 2006), em vez de ocorrer no domicílio.

Com essas mudanças comportamentais sobre o lugar de onde se deveria morrer, o século XX passou apresentar, ao mesmo tempo, uma mudança paradigmática em sua taxa de natalidade e mortalidade devido aos avanços tecnológicos da Medicina e da farmacologia. Seus progressos puderam erradicar diversas doenças mortais, o que promoveu um aumento no número de nascidos vivos e a promoção do envelhecimento. Concomitantemente, com a prevenção e erradicação de várias doenças, a Medicina desempenhou papel fundamental no afastamento da morte de nossas consciências, ou seja, a morte passou a ser escamoteada, controlada, escondida no hospital e, em consequência disso, deixou de ser corriqueira.

Com o poder da saúde/doença delegada aos médicos, a morte passou a ser objetificada, coisificada, impedindo a expressão das emoções, tornando-se um modelo de assistência impessoal, mecânico e asséptico (Menezes, 2004). Esse tipo de assistência deixa de lado os aspectos humanitários daquelas pessoas que deveriam prestar assistências médicas, excluindo assim o atendimento daqueles que não se podia fazer nada, priorizando os que ainda podiam ser salvos. Como consequência disso, a morte passou a afetar as relações entre doentes, familiares e profissionais de saúde, chegando até mesmo a ocorrer a ocultação do diagnóstico de finitude daqueles que estão convivendo com doenças ameaçadoras da vida.

Assim, prontifica-se uma morte excludente, solitária de seu convívio familiar e social. Por ser horrível (a morte), deixa-se de falar, de ver, de assistir e até mesmo de aceitar o "destino inexorável" do nosso processo de viver, que é morrer. Utilizam-se técnicas para prolongar a vida mesmo que estas promovam o sofrimento, mas nunca o alívio da incerteza, o de sua dor manifestada pelo isolamento e solidão – "a solidão dos moribundos". Foi a partir dessas atitudes diante do adoecido; da morte; das condutas profissionais; do ocultamento da morte e do avanço tecnológico, associados às práticas menos humanizadas, é que surge um novo movimento em prol daqueles que estão diante de doenças ameaçadoras da vida: Os Cuidados Paliativos.

Cuidados paliativos: história e formação da prática interdisciplinar

Entre os anos 1960 e 1970, surgiram as primeiras iniciativas pelos direitos dos adoecidos que apresentaram críticas ao modelo excessivo do poder da instituição médica, devido sua assistência ser eminentemente racionalizada, promotora da medicalização do fim da vida e da perda de autonomia como consequência da submissão ao poder médico. Um desses movimentos em prol de assistências mais humanizadas foi cunhado de Hospices por uma inglesa (com formação múltipla em Assistência Social, Enfermagem e Medicina) chamada Cicely Saunders em 1967, tendo como objetivo prestar assistência em saúde especializada aos pacientes terminais. Seu interesse com essa população se deve ao contato com um judeu chamado David Tasma, indicado a usar colostomia paliativa devido a um carcinoma retal inoperável, no período da Segunda Grande Guerra Mundial (Matsumoto, 2012). Cicely acompanhou David até o fim e, devido à sensibilidade e ao afeto despendido a ele, além do acompanhamento contínuo, David deixou certa quantia de herança para ela, o que serviu de ponto de partida para o compromisso com uma nova forma de cuidar (Matsumoto, 2012). Assim, em 1967, Cicely funda o hospital Saint Christopher's Hospice, destinado ao atendimento de pacientes com câncer avançado. Além da assistência aos doentes, o hospital também foi destinado ao desenvolvimento de ensino e pesquisa, possibilitando receber vários bolsistas de todo o mundo (Matsumoto, 2012), tornando-se referência mundial para a formação de serviços de Cuidados Paliativos. Uma das primeiras iniciativas foi a difusão desse tipo de assistência tanto no Canadá como nos Estados Unidos.

O fortalecimento desse tipo de serviço apresentou crescimento após o surgimento da AIDS no fim dos anos 1970, junto com o desenvolvimento de técnicas de assistência às doenças crônicas degenerativas e às dores e sintomas produzidos por estas. Diante desse cenário, os Cuidados Paliativos surgem como uma proposta de minimizar o sofrimento da dor e demais sintomas com o objetivo de possibilitar maior autonomia e independência aos adoecidos com doenças ameaçadoras da vida. Esse processo de cuidar busca desenvolver vínculos de confiança, respeitando a singularidade de cada pessoa, suas manifestações de vontade, resgatar pendências, satisfazer desejos, sentimentos, crenças e seus projetos de vida enquanto vivos, quer seja no hospital, quer seja no domicílio. Contudo, a internação só seria viável caso não fosse possível a permanência do adoecido na residência, seja por condições sociais, seja pelo agravamento da doença (Menezes, 2004; Matsumoto, 2012).

No ano de 1982, o Comitê de Câncer da Organização Mundial da Saúde (OMS) cria um grupo de trabalho para desenvolver políticas de atendimento com o objetivo de promover alívio da dor e cuidados do tipo Paliativo aos pacientes com câncer, sendo recomendado esse tipo de assistência em todos os países (Matsumoto, 2012). Esses cuidados devem apresentar adequada avaliação e controle dos sintomas físicos, psicológicos, sociais e espirituais dos doentes e familiares, enfatizando a qualidade de vida muito mais do que a quantidade de dias que serão vividos (Melo, 2013). Em contrapartida ao modelo de morte moderna – *morte contemporânea* –, ao qual o adoecido está desprovido de "voz", esse modelo de atendimento valoriza os seus desejos, estabelecendo diálogo entre os envolvidos no processo do cuidar, os limites da ação do médico, a comunicação franca, a escolha dos procedimentos e a forma de despedida das pessoas de suas relações, sempre acompanhado da equipe multidisciplinar (Menezes, 2004). Assim, com a criação desse ideário, difunde-se a ideia de "boa morte", passando a ser amplamente debatida, principalmente como discurso do direito ao "morrer bem", com autonomia e dignidade. A seguir, apresentaremos aos leitores os princípios dos Cuidados Paliativos de forma sintetizada (para mais esclarecimento sobre os princípios, busque o Manual de Cuidados Paliativos da ANCP) para a compreensão dessa modalidade de assistência, que preconiza a valorização da vida e da morte aos adoecidos.

Conforme Menezes (2004), citando artigo publicado no *British Medical Journal* (v. 320, p. 129-130, 2000), os princípios dos Cuidados Paliativos são:

1. Saber quando a morte está chegando e compreender o que deve ser esperado.
2. Estar em condições de manter controle sobre o que ocorre.
3. Poder ter dignidade e privacidade.
4. Ter controle sobre o alívio da dor e demais sintomas.
5. Ter possibilidade de escolha e controle sobre o local da morte (na residência ou em outro local).
6. Ter acesso à informação e aos cuidados especializados de qualquer tipo que se façam necessários.
7. Ter acesso a todo tipo de suporte espiritual ou emocional, se solicitado.
8. Ter acesso aos Cuidados Paliativos em qualquer local, não somente no hospital.
9. Ter controle sobre quem está presente e quem compartilha o fim da vida.
10. Estar apto a decidir as diretivas que assegurem que seus direitos sejam respeitados.
11. Ter tempo para dizer adeus e para ter controle sobre outros aspectos.
12. Estar apto a partir quando for o momento, de modo que a vida não seja prolongada indefinidamente.

A construção do Serviço de Terapia da Dor e Cuidados Paliativos (STDCP) em um hospital referência no tratamento oncológico no Norte do Brasil

O STDCP foi criado em 1997 na FCECON, na cidade de Manaus, Amazonas, com o objetivo de prestar assistência aos pacientes com câncer avançado, acompanhado ou não de quadro álgico. Nesses 20 anos, o STDCP vem desenvolvendo práticas recomendadas pela OMS e a International Association for Hospice and Palliative Care, no que diz respeito ao alívio da dor e sofrimento para os adoecidos e familiares, mediante atendimento multiprofissional de médicos anestesiologistas, clínico geral, psicólogos, enfermeiros, técnicos de Enfermagem, assistente social, capelã, residentes e voluntários que atendem nas diversas unidades assistenciais: ambulatorial, domiciliar e hospitalar.

As atividades desenvolvidas pela equipe multiprofissional estão de acordo com as normas e rotinas padronizadas de cada área. Neles se subdividem em rotinas distribuídas durante a semana com seus respectivos horários de atendimentos. A seguir serão descritas as atividades realizadas pelos profissionais de maneira sintetizada para que o leitor tenha um breve vislumbre do cenário de trabalho de nossa equipe.

O Ambulatório de Dor (Clínica da Dor) é realizado por cinco Anestesiologistas que possuem qualificação certificada no tratamento da dor pela Associação Médica Brasileira e Sociedade Brasileira de Anestesiologistas, prestando atendimento aos adoecidos com dor oncológica, desde o início de seu tratamento até a fase avançada da doença. Os atendimentos são realizados mediante agendamento, ocorrendo em todos os dias úteis da semana no ambulatório, podendo ser estendido aos leitos das enfermarias ou urgência caso o paciente esteja impossibilitado de ir até o ambulatório. Toda a liberação das medicações para o controle da dor é feita pela FCECON de forma gratuita.

O Ambulatório de Cuidados Paliativos ocorre uma vez por mês, sendo realizado por um médico clínico geral com experiência no atendimento aos pacientes paliativos oncológicos. A finalidade dessa unidade é de prestar assistência aos adoecidos e seus familiares cuidadores, visando controlar os sintomas e oferecer atendimento intercalado entre uma visita domiciliar e outra. Esse profissional realiza também visita nos leitos de enfermos considerados paliativos que estão internados no 5º andar da FCECON. Os atendimentos ocorrem até o momento que o paciente restabelece seu quadro clínico. Após alta hospitalar, os atendimentos serão realizados pela equipe nos domicílios.

O Atendimento de Enfermagem é realizado por duas enfermeiras e duas técnicas de Enfermagem com o objetivo de diagnosticar as reais necessidades do paciente, procurando atender os adoecidos nas diferentes unidades do Serviço (ambulatorial, enfermarias e domiciliar). A equipe de Enfermagem do serviço disponibiliza os telefones para contato e orienta a rotina (folder) e o tipo de atendimento que será prestado ao adoecido e sua família. De forma complementar, controla a dispensa de materiais para curativo mantido no serviço, além de orientação e treinamento para execução dos procedimentos em domicílio, mediante o intervalo de retorno semanal para controle. Nessa prática de ações pragmáticas como o controle da dor, domínio da técnica de hipodermóclise, curativos nas lesões malignas cutâneas, técnicas de comunicação terapêutica, cuidados espirituais, zelo pela manutenção do asseio, da higiene, medidas de conforto, gerenciamento da equipe de Enfermagem, e o trabalho com as famílias e comunicação com a equipe multidisciplinar.

No que se refere à perspectiva da Assistente Social, busca-se compreender e conhecer a família, o doente e cuidadores. Assim, a assistente social estrategicamente traça o perfil socioeconômico em conjunto com informações que serão fundamentais na condução do caso. É importante ressaltar a importância de conhecer a família com quem manteremos contato para que todos os membros da equipe possam identificar a dinâmica da família e suas relações. Conhecer e compreender essa família, dentro de seus limites e possibilidades, torna-se o primeiro passo para um atendimento de qualidade. A avaliação socioeconômica objetiva levantar informações fundamentais para melhor entendimento do caso, facilitando a compreensão social. Com as observações e entrevistas a assistente social constrói o caso de acordo com a composição familiar, local de moradia, renda, profissão e situação empregatícia do paciente. Após a socialização das informações, a assistente social disponibiliza materiais de suporte como colchão casca de ovo, alimentação, fraldas geriátricas, cadeiras de rodas e liberação aos órgãos competentes sobre oxigênio domiciliar, além de orientação legal dos direitos dos adoecidos aos familiares e cuidadores responsáveis.

Para que ocorra o cuidado integral aos adoecidos e familiares, é necessário também o atendimento espiritual. No STDCP há uma enfermeira com formação em Teologia e pós-graduação em Oncologia e Hemoterapia. Em sua abordagem ela respeita a crença de cada enfermo e familiar, sem proselitismo ou venda de sua crença acima das demais. Busca-se com isso o respeito pelo credo do outro, dentro da linguagem habitual do adoecido, sempre visando alcançar o fortalecimento do vínculo e propiciar condições para reflexões profundas sobre os assuntos espirituais que possam estar em confronto com os desafios e propósitos da vida. São eles: dar ou receber perdão, acerto de contas (resolução de pendências), o relacionamento com o sagrado, paz interior e propósito de preencher a vida com a fé. Esses aspectos são avaliados pela capelã com o objetivo de identificar fatores associados ou não com a adesão ao tratamento e bem-estar físico, além de prepará-los para a morte.

O ambulatório de Fisioterapia de Dor e Paliativa é realizado pela fisioterapeuta em conjunto com os médicos do Ambulatório de Dor e do Ambulatório de Cuidados Paliativos. Inicialmente é realizado o diagnóstico cinético funcional, seguido das orientações para realização de manobras fisioterapêuticas e do autocuidado, sempre ajustadas ao nível de compreensão do doente e da família. Havendo decréscimo da *performance* do paciente, ele passa a ser atendido na unidade domiciliar.

O ambulatório de Psicologia na Clínica da Dor é realizado individualmente e/ou em conjunto com os Anestesiologistas. Dois profissionais de Psicologia são responsáveis pelas entrevistas e atendimentos aos adoecidos e familiares com o objetivo de identificar potenciais fatores que possam interferir no controle álgico. Mediante avaliação, construímos a percepção dos significados que os adoecidos apresentam sobre sua dor oncológica, permeados com seu estado emocional, autoimagem, história de vida, suas crenças socioculturais e atitudes referentes ao adoecimento. Assim, a análise das narrativas torna-se fator preponderante para o desenvolvimento do atendimento psicológico como caminho de acesso aos conflitos que a doença produz. No que diz respeito à avaliação da vida familiar, deve-se checar a presença de suporte social, religioso, financeiro, conhecer a estrutura e dinâmica familiar, além de identificar as reações dos familiares perante o adoecido (apoio, superproteção, indiferença, abandono, rejeição, interesses pelos bens dos adoecidos, violência etc.). Considerando os aspectos mencionados, o trabalho psicoterapêutico pode ser realizado de duas formas: breve (direciona-se no ajustamento e adaptação aos problemas emergenciais que envolvem ameaças de perda de autonomia e projeto de vida) e longo prazo (aceitação do diagnóstico, conflitos vividos durante o tratamento, impacto da doença em suas vidas, atendimento de pré-luto e luto, tanto com os enfermos quanto com os familiares). Além do atendimento ambulatorial para dor, realiza-se também assistência aos pacientes com dor ou considerados paliativos que estejam internados no leito das enfermarias e urgência do hospital.

No que diz respeitos aos pacientes paliativos, o profissional oferece escuta àqueles que querem falar, buscando com isso favorecer o desvelamento de suas vivências em relação ao adoecimento e à morte. No tocante aos familiares, busca-se construir caminhos para a aceitação da finitude de seu familiar, bem como impedir a ocultação da verdade do diagnóstico de finitude dos adoecidos. Assim, oferecer suporte aos familiares torna-se importante para quebrar culpabilizações, conflitos e ajudá-los a enfrentar essa jornada difícil diante da iminência da morte. Os atendimentos dirigidos aos pacientes em Cuidados Paliativos são realizados nos domicílios com os pacientes que apresentam dificuldade de deambular ou que estejam acamados.

A seguir, apresentaremos algumas peculiaridades sobre a visita domiciliar. Acreditamos que esse recurso seja uma importante atividade de extensão dos serviços realizados no hospital para os adoecidos, para aqueles que, mediante o olhar da Medicina, não há mais a possibilidade de receber assistência curativa. Ademais, acreditamos na importância da visita domiciliar do psicólogo como caminho de assistir aqueles que necessitam desse profissional.

O carro chefe do STDCP

O atendimento no domicílio compreende a realização de atividades na área da saúde aos indivíduos que estão clinicamente estáveis ou que apenas exijam cuidados de menor complexidade (Fripp, 2012). Sua realização está inserida na Portaria nº 2.527 de 2011, que institui a Atenção Domiciliar no âmbito do SUS, destinando atendimento médico, de Enfermagem, fisioterapêutico, psicológico e de assistência social aos usuários em sua residência.

A internação ou visita domiciliar deve ser encarada como extensão dos serviços hospitalares prestado na residência. Tem como objetivo proporcionar assistência humanizada de caráter integral, além de reintegrar o enfermo em seu núcleo familiar e rede de apoio para uma maior aproximação da equipe de saúde com a família (Fripp, 2012). Com isso, evita-se que adoecidos considerados terminais façam o uso de determinados procedimentos que venham prolongar a vida, aumentar o sofrimento daqueles que estão convivendo com doenças ameaçadoras da vida, além de prevenir certos riscos desnecessários, como infecção hospitalar, uso de procedimentos invasivos, isolamento de sua família, perda da autonomia, mobilidade física, autocuidado e manutenção do sofrimento. A visita domiciliar realizada pela equipe do STDCP ocorre mediante escala feita de forma prévia pelos profissionais aos adoecidos que apresentam dificuldades de deslocamento até o hospital, seja por incapacidades físicas, seja por outras condições clínicas. Assim, além de prestar assistência e orientar os familiares sobre determinados procedimentos, busca-se manter o vínculo da equipe multiprofissional com o doente e seus familiares mesmo diante da desospitalização. Todas as visitas são agendadas após entrevista inicial no momento do cadastro no serviço. Sempre se leva em consideração as condições clínicas dos adoecidos e as respectivas zonas urbanas da cidade para que as visitas sejam feitas conforme a aproximação entre domicílios, evitando visitas em zonas diferentes.

Estudo de casos

A seguir serão apresentados dois casos de atendimento psicológico que demonstra a diversidade de problemas que o câncer acarreta na vida tanto dos enfermos como de seus familiares. Profissionais de saúde mental inseridos no contexto oncológico devem sempre estar preparados para os imponderáveis que a vida social e o câncer nos desafiam. Todos os nomes apresentados a partir desta seção serão caracterizados por letras do alfabeto, de forma fictícia, com o objetivo de preservar as identidades.

Visita domiciliar: o caso M

M, paciente de 39 anos, sexo feminino, procedente do município de Itacoatiara, mãe de quatro filhos, sendo o filho mais velho do primeiro relacionamento e três da segunda união. Viviam com a paciente: sua mãe, uma irmã e os três filhos do último relacionamento (filha mais velha e dois irmãos adolescentes). M costumava receber visitas em casa de seus familiares que vinham de Itacoatiara ou ia ao referido município passar um fim de semana apreciando os prazeres oferecidos pela natureza. Apresentava uma vida ativa, trabalhando em área comercial para trazer sustento para os filhos que criou praticamente só. Porém, com o surgimento das dores em seu membro superior direito, deixou de realizar tais atividades para identificar que problema de saúde a estava afligindo. Entre uma consulta e outra, sempre tomava os famosos "chás caseiros" (por conta própria) muito difundido na região como parte da "Medicina alternativa" local. Com o passar do período da realização dos exames, M foi percebendo que os "chás caseiros" não surtiam o efeito esperado, causando até mesmo insônia e irritabilidade, além da preocupação em não saber o que estava acontecendo consigo. Após várias consultas médicas, foi encaminhada à FCECON.

Com o recebimento do diagnóstico de câncer, iniciou o tratamento no ano de 2006 para ressecção de Sarcoma de Partes Moles do antebraço direito. Em 2007, sofreu mais uma ressecção de nódulos, porém, a ressecção foi realizada nos pulmões direito e esquerdo. Após as cirurgias, foi necessária a realização do uso de quimioterapia para combater o avanço da doença. Entretanto, depois de quatro anos de seguimento e controle anual, recebeu a notícia da recidiva com diagnóstico de Sarcoma Alveolar mais metástases no pulmão, bacia, fêmur e umeral. Realizou novamente mais um ciclo de quimioterapia acompanhado de radioterapia.

Em 2013, apresentou quadro de dor descontrolada, insônia, estresse e conflitos familiares exacerbados durante sua nova crise. Assim, foi encaminhada por sua oncologista para a Clínica da Dor. Ao ser atendida pela anestesiologista, verbaliza dor na região lombar, de caráter intermitente com irradiação para o membro inferior direito. Foram prescritas para o controle da dor oncológica as seguintes medicações: Codeína, Gabapentina, Doriless e Amitriptilina. Todas as consultas seguintes foram agendadas mensalmente para realizar o controle álgico, porém, sua dor sempre era de difícil controle, mesmo sendo dispensadas as medicações conforme a prescrição da médica. Assim, houve mudanças nas medicações anteriores, passando a fazer uso de Metadona, Carbamazepina e Amitriptilina para dor e controle do sono.

M (neste momento fazendo uso de cadeira de rodas) vinha sempre ao ambulatório de dor acompanhada da mãe N e da filha J, que relatavam a progressão e manifestação das dores. Entretanto, os comentários relatados à anestesiologista sempre foram referentes a dores que não cessavam, além de suas sucessivas entradas na urgência do hospital. Desconfiada desse quadro de dor descontrolado, a referida profissional chama o psicólogo para realizar avaliação com o objetivo de detectar se havia ou não determinados fatores que poderiam estar por trás desse descontrole, haja vista que as prescrições dos medicamentos estavam sendo dispensados conforme a apresentação do quadro álgico.

Após consulta com a anestesiologista, foi realizada escuta na presença da filha e da mãe, que estavam acompanhando M naquele momento. Percebíamos que M estava ansiosa, pois comentava que nunca havia sido atendida por um psicólogo e achava que só os medicamentos ajudariam a solucionar suas dores. Ao ser indagada sobre o momento atual de tratamento e dor, relata que se sente angustiada pelo fato de depender dos outros, pois era uma mulher independente e ativa (chora). Diz também que desde que iniciou a quimioterapia sentia-se ainda mais entristecida. M tenta criar um clima amistoso na frente da filha e da mãe ao buscar relatar coisas que a estão deixando se sentir da forma que está se sentindo nesse momento. Percebemos que M se apresenta entristecida pelo momento atual em que vive o seu adoecimento, principalmente por estar dependente de terceiros e cadeirante. Questionamos se seria realmente a independência fragilizada que estaria contribuindo para o descontrole álgico. Haveria outras situações além do adoecimento que poderiam estar envolvidos em sua dor? Solidão? Medo da evolução da doença? Sentia-se "dando" trabalho aos seus familiares? Conflitos entre eles decorrentes do adoecimento? Assim, com essa demanda, visualizamos um palco propício para visita domiciliar. Costumamos realizar atendimentos domiciliares também aos pacientes em tratamento álgico que apresentam implicações de vir ao atendimento no ambulatório. Após o aceite de visita domiciliar, como de praxe, realizamos todos os agendamentos mensais aos adoecidos de Cuidados Paliativos e em tratamento álgico.

As visitas domiciliares podem ser realizadas em equipe multiprofissional (porém, como citado anteriormente, o atendimento é direcionado aos pacientes com câncer avançado e em fase final da vida) ou naquelas chamadas especializadas (os referidos profissionais saem em dupla para atender tanto os adoecidos com dor que apresentam limitações físicas quanto aqueles considerados paliativos). M se encaixava na visita domiciliar especializada, que é destinada aos adoecidos em tratamento oncológico e que apresentam certa dificuldade de locomoção devido às implicações da doença. Assim, realizamos visitas domiciliares em conjunto com a enfermeira capelã do STDCP, porém, será apenas descrito o atendimento psicológico da referida paciente. No total, foram realizadas 19 visitas domiciliares a M.

Sua residência se localiza na zona norte da cidade de Manaus, zona essa considerada pelo IBGE como a mais populosa. Ao chegarmos ao domicílio, fomos recebidos por sua filha, que nos conduziu à sala. A residência de M era de alvenaria, com três quartos, uma sala de estar, cozinha e um amplo quintal. Tivemos de esperar M terminar o banho matinal, haja vista que não anunciamos o dia que iríamos visitá-la. Após o banho, que foi realizado por sua mãe, fomos conduzidos ao quarto de M.

M estava apreensiva com a visita, agitada, com o olhar fixo nos profissionais. Parecia desconcertada com a situação inusitada de pessoas "estranhas" em seu domicílio, além de seus filhos e mãe estarem todos juntos no quarto. Informamos novamente o motivo da visita explicando a importância da extensão dos serviços do hospital ao domicílio como apoio ao atendimento de controle da dor oncológica. Após "quebrar o gelo" com as formalidades, pedimos para ficarmos a sós com M. Um pouco relutante, M inicia dizendo que após a consulta com a "médica da dor" tudo mudou. Suas dores cessaram, conseguiu dormir melhor, porém, ainda com dificuldade de sentar devido à fraqueza na região lombar. Notamos que M evitava falar sobre os imponderáveis da vida social que poderiam estar influenciando negativamente no controle álgico. Ao ser perguntada em que o adoecimento mudou em sua vida, M passa a chorar, porém buscamos tranquilizá-la explicando que este era seu momento e que poderia chorar caso assim sentisse vontade. Ao se restabelecer, relata se sentir inútil por depender de terceiros e que em certos momentos nega ajuda, preferindo às vezes se calar para não dar trabalho aos familiares. Diz que perdeu tudo na vida após as complicações do seu adoecimento. Comenta também sentir falta de realizar atividades diárias, de trabalhar, de fazer as atividades domésticas e até mesmo de desempenhar seu papel de mãe.

Como qualquer doença ameaçadora da vida, o câncer traz mudanças que são vivenciadas de maneira negativa. Para M isso fica evidente ao perceber suas limitações e ao se sentir inútil.. Assim, para ela, o adoecimento tem como característica negativa a perda de sua autonomia, que a impossibilita de realizar atividades rotineiras que antes costumava fazer. Pelas limitações impostas em sua vida, o câncer trouxe implicações na sua qualidade e estilo de vida, deixando até mesmo de fortalecer os vínculos de amizade, namoro e social. Como era difícil para ela deixar de ser "mãe e pai" ao mesmo tempo. Como era difícil delegar responsabilidade aos outros. Sua vida se restringia à cama, ao tablet, à televisão e até mesmo à leitura da bíblia. M busca nesses recursos um distanciamento da aceitação dos limites impostos pela doença. Verbaliza se sentir mais entristecida, decepcionada e impotente devido ao câncer. Fala que após o adoecimento não conseguiu realizar seu papel de mãe, ou seja, ensinar e orientar os filhos, principalmente os do sexo masculino. Comenta que estão apresentando problemas de comportamento em casa, na escola e estão mais rebeldes com seus pedidos de ajuda. Quanto à filha, diz se sentir preocupada, pois não gostaria que ela impedisse seu sonho de se formar em odontologia por caprichos de relacionamento. M diz que sua filha (19 anos) tem saído com um homem de 30 anos, que, a seu ver, poderia atrapalhar os estudos e acontecer o mesmo que aconteceu consigo: se tornar uma mãe jovem.

Percebemos que sua aflição vai além do adoecimento, pois há questões relacionadas à feminilidade, vergonha, maternidade e a incapacidade de realizar o papel de mulher. O relato de M está ancorado no dever e no sofrimento, reflexo de uma vida de execução de atividades femininas que com o adoecimento a fez se sentir impedida do dever de cuidar do seu lar. Entretanto, o câncer traz questionamentos internos sem respostas lógicas, tornando-se um estigma que domina os adoecidos. Tal situação foi momentaneamente amenizada com os remédios para dor, porém, suas preocupações, que estão além do adoecimento, podem lhe trazer complicações em longo prazo em seu controle da dor. Neste primeiro encontro, tivemos como objetivo conhecer a dinâmica familiar, os anseios de M, identificar possíveis estressores envolvidos no descontrole álgico, além de sugestão em se envolver na busca de atividades que estejam de acordo com suas condições clínicas.

Nas visitas subsequentes, M relata ter sentido fortes dores, de difícil controle, mesmo tendo seguido as prescrições que lhe haviam sido dispensadas pela anestesiologista. Com a investigação da causa do descontrole álgico, M relata: "tenho prestado mais atenção nas coisas que circundam minha vida. Foi difícil, pois senti fortes dores na minha região lombar. Gritava. Meus filhos e minha mãe se desesperaram". Ao ser questionada se teria acontecido algo significante nesses períodos de ausência dos profissionais em sua casa, para que seu quadro álgico estivesse descontrolado, M verbaliza que estava vivendo duas situações distintas em casa. A primeira, dizia respeito à invasão da polícia em sua casa para procurar um primo que estava foragido de Itacoatiara por tráfico de drogas. Tal evento a fez se sentir irritada e envergonhada com a ida da polícia à sua casa em busca do fugitivo. Mesmo relatando esses sentimentos, comenta também que sentiu medo por não saber se seu primo, ao ser preso, acharia que ela ou sua família teriam denunciado seu esconderijo e, assim, sofrer represálias por parte dele. Durante o atendimento, fomos desatando os nós em que a paciente havia se envolvido sem sua escolha. Falamos das possíveis consequências do seu envolvimento com o caso, do estresse devido à situação de busca e apreensão de seu primo, além do medo da possível denúncia.

Outro fator elencado como possível estressor é o envolvimento de sua filha com um homem mais velho. Comenta que vem apresentando atritos verbais com sua filha nos últimos cinco dias antes da visita domiciliar. Dizia que mesmo tendo feito todas as orientações possíveis, além de comparações pessoais, J vinha realizando encontros escondidos da mãe. Relata que, ao saber dos fatos, ficou irritada com J por manter sigilo sobre os encontros, além disso, afirma que essa situação poria um fim no sonho de vê-la formada e também de viver a vida que M viveu: de mãe solteira.

A vivência anterior com relacionamentos de insucessos, além de ser mãe-e-pai-no-mundo, faz com que M se veja aflita com a possibilidade de J cometer os mesmos erros que ela cometera. Tal situação, mais a busca e apreensão realizada pela polícia em seu domicílio, fizeram com que sua dor se tornasse mais intensa. Diante dessa situação, pode-se compreender que o enfermo se vê muitas vezes impotente por perceber que suas ações em pouco ou nada podem modificar a evolução dos acontecimentos. Pennix *et al.* (1996), Martins, França e Kimura (1996) comentam que pacientes com doenças crônicas apresentam mais sintomas como estresse, depressão e baixa autoestima, além de menor capacidade de controlar aspectos de suas vidas quando comparados com pessoas sem doença alguma. Essas sintomatologias afetam a qualidade de vida de pessoas com doenças crônicas. Entre as mudanças ocasionadas pela doença, ocorrem as interferências sociais mediante as limitações físicas. Assim, o processo de enfrentamento da doença está relacionado diretamente com a visão de mundo herdada nas experiências de vida, ou seja, a percepção do fator estressor é individual e depende do significado que tem para o indivíduo e dos recursos que dispõe para enfrentá-la (Trentini; Silva, 1992).

Duas semanas após essa visita, retornamos ao lar de M. Encontramos M e J no quarto, com refrigeração ambiente, janelas fechadas, porém, o quarto se apresentava mais colorido, arrumado, expressando alguma mudança ocorrida no período de nossa ausência. M disse que realizou seis entradas no serviço de urgência em decorrência do seu descontrole álgico. Tal situação, mais as conversas que teve com J e familiares, fez com que ela se conscientizasse de suas condutas inadequadas referentes à ausência de apoio dos filhos e da filha, além do envolvimento amoroso desta com um homem mais velho. Ela comentou também que, em relação ao seu primo, se sentia mais segura, pois refletiu que suas preocupações são infundadas e que não havia necessidade de se preocupar com isso, pois seu relacionamento com ele é inexistente e, por isso, não haveria de se preocupar com possíveis represálias. Em seguida, J relatou que foi doloroso ver o sofrimento de dor da sua mãe, principalmente em ter de removê-la ao hospital e ver a realidade de outros pacientes em sofrimento. Tal fato a fez pensar no quanto suas atitudes estariam acarretando sofrimento para a mãe. J comentou que sua vida precisava de rumo e que voltar-se para os estudos e realizar o sonho da sua mãe são coisas mais importantes nesse momento. Chora. Comenta que viu uma paciente, com idade parecida a de sua mãe, morrer no leito ao lado e percebeu que o mais importante é se engajar em minimizar o sofrimento dela nesse momento difícil em que sua mãe se encontra.

Percebemos no relato de J uma tentativa de viver sua vida final de adolescente antes de entrar na vida adulta. Tal interrupção desse processo se deve ao adoecimento de M, o que inviabilizou os próprios sonhos de J, ou seja, de viver suas aventuras, seus romances, seus sonhos. Assim, entendemos que o câncer (poderíamos falar de qualquer outra doença ameaçadora da vida) não envolve só a pessoa doente, mas todo o grupo familiar e, também, aquele que foi eleito o cuidador responsável do adoecido. O enfermo passa a ser o foco de atenção e o familiar cuidador tem de deixar de lado suas rotinas e seus modos de vida. O cuidador sofre com o adoecido e sofre também com as abdicações que faz em sua vida. Jovem, J assume agora o papel de ser-mãe-e-pai-no-mundo, assim como M foi em sua juventude. Além disso, tem de arcar com o peso de realizar o sonho que sua mãe não teve por abdicar da própria vida para cuidar dos filhos. Os cuidados com doentes vítimas de câncer envolvem várias formas de apoio e ajuda, o que acaba por criar novas formas de funcionamento familiar. No entanto, enquanto cuida, o familiar apresenta suas próprias expectativas, pensamentos e sentimentos ao vivenciar a situação de cuidador de pessoas com doenças ameaçadoras da vida. O familiar, ao se dispor em oferecer cuidado nesse momento delicado, mostra ao adoecido que ele não está sozinho nessa jornada de enfrentamento das dificuldades que o câncer traz. Ao demonstrar essa vontade de dar apoio, os familiares acabam por adotar para si papéis que antes nunca haviam sido desempenhados (Bielermann, 2003). J se encontrava nesse dilema em cuidar e viver os sonhos de sua mãe e se via na obrigação de abdicar de seus sonhos e experiências. Jornada difícil para qualquer pessoa, principalmente para uma jovem cheia de sonhos e desabrochando para a vida. Após a reunião familiar que levou aos ajustes, e conversas de acertos em relação aos cuidados de M, percebemos que houve adequação e controle da dor mediante as identificações dos problemas relacionados com o descontrole álgico. Assim, deixamos abertas as portas do serviço, caso houvesse necessidade de atendimento psicológico novamente. Justificamos a suspensão da visita devido a M se encontrar motivada para o tratamento e por receber, agora, bom suporte familiar.

Após um ano do controle de sua dor, M deu entrada na urgência por seis dias intercalados devido a uma queda que sofreu no banheiro de sua residência. Ela passou a apresentar quadro de insônia devido a dores, tosse e edema facial por alergia a Gabapentina. Mediante seu novo quadro clínico, foi acrescentado Fluoxetina e Carbamazepina para novo controle álgico. O atendimento mensal de M continuou no ambulatório de dor apenas para sanar suas queixas, que estavam direcionadas ao quadril, região afetada após a queda. No retorno ao atendimento ambulatorial, veio para consulta J e N. Relatam que M perdeu os movimentos da cintura para baixo, vinha apresentando dor, mesmo usando as medicações prescritas, e que iria realizar quimioterapia injetável. Ela vinha apresentando dificuldades para dormir e estava "depressiva" [*sic*] devido à piora do quadro clínico. Foi então acordado com os familiares nosso retorno às visitas domiciliares. Sugerimos também atendimento psicológico ambulatorial para J.

Ao chegarmos ao domicílio, encontramos M acamada, emagrecida, cansada e triste com sua atual situação. Ela disse que se sentia ansiosa pelo resultado de uma cintilografia óssea que realizou 15 dias antes da visita dos profissionais. Ao falar de sua limitação física, chorou pelo fato de não poder andar, mesmo com a dificuldade que antes se apresentava. Seu choro se torna mais intenso ao verbalizar se sentir um "estorvo para a família", pois jamais esperava se encontrar em total dependência no que diz respeito ao autocuidado. Nessa visita M pôde entrar em contato com suas crenças negativas a respeito do tratamento e de sua dependência, o que a fazia se sentir triste. Durante o atendimento, percebeu que sua tristeza era fruto de uma realidade incerta e de um futuro sem perspectiva, porém, dizia sentir que algo errado estava acontecendo. Instigamos M a identificar quais seriam os tipos de cuidados que seus familiares estariam lhe dando. Ao possibilitar esse caminho de pensamento, M elenca que poderia haver dois tipos de cuidados: o cuidado por obrigação e o cuidado por amor. Sua fala se ameniza quando passa a perceber que os cuidados dispensados por seus familiares são os cuidados por amor. Ela entende que as preocupações que lhe são direcionadas são frutos de todo o carinho e atenção que teve para com eles todos esses anos antes de seu adoecimento. Ao entrar em contato com a realidade vivida do cuidado × estorvo, M pôde perceber que não estava sozinha nessa jornada. Percebeu que seu amparo vai além da obrigação. É uma atenção dada por aqueles que dependiam dela e, agora, vai percebendo que a criação dada percorre o caminho contrário. Caminho que M não gostaria de percorrer tão cedo. Conversamos com J sobre sua ausência do ambulatório de Psicologia. Ela relata que sua vida, hoje, é para cuidar de sua mãe e ir para a faculdade, o que inviabiliza sua ida ao hospital. Acordamos então de atendê-la todas as vezes que viéssemos a sua residência. Antes de sairmos, J nos confidencia que não trouxe a resposta da cintilografia para sua mãe, haja vista os "abalos emocionais" que apresentou antes da visita dos profissionais e relata que a doença está se espalhando pelos ossos, sendo que as possibilidades de M voltar a andar são praticamente impossíveis. Saímos da residência com uma ideia: a conspiração do silêncio precisa ser quebrada.

A entrada de M no Serviço de Cuidados Paliativos: quebrando tabus

Com os resultados dos exames em mãos, J realiza atendimento ambulatorial de dor com a anestesiologista. Após verificação dos exames, foi constatado que M não apresentou melhoras do quadro álgico com o uso das medicações prescritas anteriormente. J comenta para a médica que M estava aguardando radioterapia, que perdeu seis quilos em um mês e estava com dificuldades para dormir. Os resultados dos exames apresentaram múltiplas metástases nas vértebras dorsais inferiores, lombares e sacrais e próximo ao local da fratura. Com a evolução da doença, foi informado a J que M receberia assistência domiciliar da equipe de Cuidados Paliativos do hospital. Ao ser indagada sobre a comunicação da notícia, J comenta que não há a mínima condição de dizer a sua mãe que ela está morrendo. Teme que, se contar a verdade, sua mãe se entregue mais rápido à doença, entre em depressão e piore o tratamento, haja vista a possibilidade de radioterapia. Ela foi informada que M receberia radioterapia ou quimioterapia paliativa, com o objetivo de minimizar o sofrimento e possibilitar tempo para resolver todas as pendências que ainda houvesse. J saiu do ambulatório e nos procurou para realizar cadastro no serviço de cuidados paliativos, porém explicou que não gostaria que os profissionais dissessem qual a real situação da doença na presença de sua mãe. Explicamos que os Cuidados Paliativos seguem a premissa da verdade para que os adoecidos decidam como queriam viver seus últimos dias e que, possivelmente, haveria pendências que talvez M gostaria de resolver antes de sua "partida". Comentamos que o que dissemos não seja encarado como uma imposição, mas que seria de grande valia e respeito para com M decidir sobre sua vida. Foi então sugerido realizar atendimento psicológico a domicílio com toda a família de M.

A comunicação entre a tríade equipe de saúde, família e adoecido, no processo de finitude, é um procedimento importante e deve ser aperfeiçoado para reduzir o impacto emocional e permitir assimilação gradual da nova realidade. Uma das barreiras de alguns médicos e profissionais da saúde para a comunicação clara é a dificuldade de lidar com a demanda tanto dos adoecidos quanto dos familiares, devido não estarem preparados para lidar com temas como a morte. A comunicação entre enfermo e familiares também precisa ser avaliada, pois a falta dela pode ser um importante fator de complicação para a vivência desse processo. Podemos elencar alguns fatores que podem dificultar a comunicação do diagnóstico de finitude: a incongruência entre adoecido e familiar, a evitação de sofrimentos, proteção mútua e ideias pré-concebidas sobre a doença e o morrer (Zhang; Siminoff, 2009). Contudo, se o doente e a família apresentam pensamentos diferentes em relação ao tratamento ou questões de finitude, sua comunicação fica ineficaz. A esse movimento de ocultação do diagnóstico de finitude chamamos de Conspiração do Silêncio, ou seja, o pacto do silêncio *é* descrito como um acordo implícito ou expl*í*cito por parte dos familiares, amigos e profissionais, cuja finalidade é alterar a informação ao adoecido no intuito de esconder o diagnóstico ou a gravidade da situação. Pelo exposto, percebemos que os familiares experimentam desafios que vão além do aspecto do cuidar. Enfrentam também a dor e o luto em relação *à* morte iminente. Assim, em um ato de amor e com o objetivo de proteg*ê*-los de mais sofrimento, os familiares pedem aos médicos que não divulguem toda a informação sobre o diagnóstico e prognóstico da doença. Córdobes *et al.* (2012), comentam que com a ocultação diagnóstica os familiares ficam impedidos de realizar suas despedidas, além de apresentarem dificuldades no enfrentamento e elaboração do luto. Em relação aos enfermos, eles se sentem isolados, incompreendidos, enganados, o que influi em seus níveis de ansiedade e depressão, além de se encontrarem impossibilitados de resolverem assuntos importantes.

Voltando ao atendimento, realizamos reunião familiar com o objetivo de explicar as possíveis consequências negativas da Conspiração do Silêncio (conforme elencadas anteriormente), os prejuízos no relacionamento adoecido × familiares e o luto dos sobreviventes de adoecidos que morreram devido ao câncer. Solicitamos que os familiares se reunissem para decidirem como seria dada a notícia a M. Assim, reagendamos a visita domiciliar a M para avaliarmos o impacto do recebimento da notícia de sua finitude.

Duas semanas depois recebemos a notícia da decisão familiar. Eles não sabiam como dariam a notícia e delegaram a responsabilidade ao médico da visita domiciliar. A família foi informada de que o profissional ficaria ciente sobre o caso e que em sua primeira visita domiciliar seria tratado o assunto da devolutiva do diagnóstico, sua evolução e o recebimento dos cuidados em casa pela equipe de

Cuidados Paliativos. Toda conversa sobre o caso de M foi realizada em conjunto com os membros da equipe multiprofissional. Explicamos o caso em decorrência das evoluções realizadas pelos profissionais da dor até a ida aos Cuidados Paliativos. Falamos sobre a Conspiração do Silêncio e da responsabilidade da entrega do diagnóstico pelo médico da equipe. Traçamos planos de atendimentos médico, Enfermagem, psicológico e espiritual. Agendamos a visita domiciliar para que todos os profissionais envolvidos estivessem juntos no dia do nosso encontro com M. Avisamos aos familiares de M que a equipe iria realizar visita domiciliar pela parte da tarde. Ao chegarmos, encontramos a mãe de M, N e seus três filhos esperando pela tão idealizada e inesperada visita da equipe. Olhamos nos olhos de cada um e percebemos a tristeza emanada pela quebra de um pacto velado diante do possível desfecho que eles não queriam acreditar. Toda proteção velada caía por terra e, assim, todo tabu criado acerca da proteção familiar iria se desmistificando naquele momento que ocorria a entrega do diagnóstico de finitude de M. Em alguns momentos, o olhar de M entrecruzava com o olhar do psicólogo responsável como um meio de buscar conforto ao que estava ouvindo. Notávamos ao mesmo tempo angústia, desespero e reconhecimento de seu quadro médico. Ela diz saber e esperar tal notícia, só não esperava que sua finitude viria tão cedo nesse momento de sua vida e principalmente por tentar participar da formatura de graduação de sua filha que ocorreria dali a uma ano e meio. Falamos da possibilidade de atendimento que vise minimizar o sofrimento, das constantes visitas domiciliares da equipe, e das visitas especializadas de cada profissional. Falamos que não trabalhamos com o tempo em sua forma quantificada, mas sim em qualificá-la para que a vida seja vivida em sua plenitude, sempre em busca de que tudo seja feito em prol do seu alívio, em prol de resgatar possíveis pendências, além de lhe proporcionar tempo necessário para que esses novos planos sejam realizados em tempo hábil.

Encontramos nesses paradoxos da existência de M a aceitação e a negação ao mesmo tempo em relação ao que vem vivenciando nesse momento de sua vida. A angústia se apresenta com as incertezas entre o finito e o infinito, entre os possíveis e necessários. Paradoxos? Sim. Aqui reflete a nova jornada com M: sua finitude, suas pendências e principalmente o que possivelmente deixará de vivenciar. Buscaremos em Kierkegaard uma compreensão do desespero e angústia de M perante a possibilidade da sua morte por câncer, ou seja, por uma doença ameaçadora da vida.

O olhar kierkegaardiano e seus paradoxos da existência

Conforme os conceitos da Filosofia Existencial de Sören Aabye Kierkegaard, o homem é definido por sua existência e esta se constitui na relação do homem com ele próprio. Sua escolha se dá mediante seu engajamento consigo mesmo, ou seja, existir é poder ser, estar no poder de si. Para Kierkegaard, existir é estar condenado a se produzir na existência diante de um projeto de vida que é proveniente das escolhas e da responsabilidade do indivíduo. Esse processo de individuação da existência pelo possível desvela a relação do homem com a morte, fonte de angustia para o homem. A morte arranca do mundo o ser que não se define por seu gênero ou espécie, mas sim pela livre escolha de projetar o si mesmo. Assim, "um existente só pode ser conhecido na fluidez do seu existir, ou seja, no espaço em que existe e nos modos como vai resolver os problemas de sua existência" (Protasio, 2014, p. 211).

A angústia torna-se parte do vocabulário de Kierkegaard a partir de 1844, quando publicou o livro *O conceito de angústia*, cujo tema era o dogma do pecado original e a angústia moderna. A partir daí Kierkegaard passa a pensar a realidade da angústia tendo como premissa a noção de culpabilidade e inocência (Dantas, 2007). Assim, a angústia para Kierkegaard (2016) é o sentido pelo qual o ser se apropria da pena, assimilando-a, permitindo, dessa forma, que a angústia seja via de acesso da pena à dor mediante a memória. Ao sublinhar a ambiguidade e o absurdo da condição humana, Kierkegaard (2016) leva em consideração a realidade da angústia como um afeto e uma experiência particular do sujeito diante da possibilidade da morte. Sendo assim, a angústia é a realidade da liberdade que decorre da possibilidade de o homem escolher o que caracteriza sua situação de liberdade.

Conforme Kierkegaard (2016), sua definição de angústia não pode ser definida negativamente, ou seja, como algo que é da ordem do medo, da angustia como um sentimento relacionado a um objeto determinado. Kierkegaard nos alerta que a angústia é algo da ordem da ignorância, do não. Ao contrário do medo, que sempre estabelece relações com objetos estabelecidos, a angústia, conforme esse autor (2016), estabelece relação com uma lei inédita, do por vir, assim, decorrente de sua condição paradoxal: infinito/finito, necessário/possível, temporal/atemporal. Destarte, é devido a esse caráter antagônico que caracteriza a angústia como um movimento de atração e repulsa, revelando, assim, a indecisão do homem no que diz respeito ao caminho que escolhe prosseguir.

Perante o desespero da possibilidade de sua morte, M escolheu se entregar à solidão, ao choro, à sua cama, ao seu quarto como única possibilidade de sanar as chagas que o câncer lhe proporcionou. Desespera-se por ser uma mulher que não irá ver seus filhos crescerem e progredirem na vida, de vê-los viver suas vidas e poder dizer que os criou conforme os ensinamentos anteriores de seu seio familiar. Impossibilitada de concretizar seus sonhos devido aos "relacionamentos amorosos fracassados" [*sic*], se vê impedida pela doença, além de não poder ver sua filha mais velha se formar em uma universidade. Sonhos despedaçados pelo câncer, sonhos que caem devido ao anúncio de sua morte. Anúncio de morte por tempo in-determinado.

Ao propor a dialética da existência a partir da tensão entre o finito e o infinito, do tempo e da eternidade, dos possíveis e do necessário, do sujeito consigo mesmo diante do desespero, Kierkegaard (2016) diz que o desespero não é apenas em relação à morte, mas também porque não cessamos de morrer a morte do eu. Assim, M vê sua vida aos poucos cessando com o passar dos dias sem perceber que há vida antes da morte. Ao se anular, M deixa de significar sua vida como construção de sua história, de uma mulher tenaz que lutou para criar, trabalhar e orientar seus filhos a serem pessoas de bem. Anula-se! Quanta angústia e desespero por não viver mais um pouco! Assim, devido ao futuro certo (morte) e incerto (como ficará seus filhos em sua ausência), M vivencia sua vida como uma injustiça, como uma peça que lhe foi pregada, sem a sorte de poder ter alguém para estar ao seu lado, sem a possibilidade de concretizar suas necessidades. Necessidades que agora são delegadas aos filhos. Assim, ao viver sua vida de forma despreocupada diante do mundo antes de adoecer, M vivia sem ter consciência do seu desespero, uma vez que vivia presa ao seu cotidiano, acreditando encontrar satisfação imediata e alívio de suas angústias. Agora, com a evolução da doença, M se vê condenada ao desespero de viver a vida e a morte de forma mais concreta, no presente, sem perspectivas de futuro.

Perguntamo-nos: como poderíamos ajudar M a buscar alívio de seu sofrimento? Levando em consideração a perspectiva existencial kierkegaardiana, devemos possibilitar que M se livre do desespero. Assim, é na libertação, que só é conquistada ao se aceitar aberto, em conviver com a ambiguidade, em reconhecer o indeterminado e o imprevisível da existência, ou seja, é no tomar para si o paradoxo do existir humano que M compreenderá que o desespero e a angústia fazem parte de seu caráter de indeterminação, de transitoriedade, vulnerabilidade e instabilidade de sua existência.

Finitude: a aceitação da morte como um processo natural do existir humano

Devemos ver a saúde como uma das possibilidades da nossa existência. Em nível da dimensão física, a procura de significação existencial só é conseguida com uma interação satisfatória entre o nosso corpo e o mundo físico (Deurzen-Smith, 1997). Assim, um indivíduo que se percebe doente ou fragilizado fisicamente não só se percebe limitado na sua interação mais básica com o mundo como também limitado em se atribuir de sentido existencial. Estar doente cria uma condição de incongruência com o existir, pois a experiência da doença nos remete a uma vivência de fechamento sobre a própria experiência de enfermidade (Gadamer, 2009). Esse foi nosso trabalho como psicólogo em relação a M. Possibilitar um espaço para que M pudesse repensar a partir de sua nova condição, com o objetivo de romper seu enclausuramento diante da doença ameaçadora da vida e continuar a existir, apesar de tudo. Esse processo de reflexão implica reformulação de ser, levando em consideração não só as afetações provocadas pela doença, mas, sobretudo, da possibilidade de M aceitar essas afetações como parte integrante de sua existência. Nosso trabalho buscou propiciar um caminho compreensivo sobre a precariedade de sua existência, lembrando-lhe da possibilidade dos imponderáveis que a angústia a caracteriza.

Ao contrário dos outros profissionais do STDCP que aconselha, prescreve e ausculta, o psicólogo escuta, devolve sua compreensão e provoca reflexão. O psicólogo busca promover espaço para que o adoecido se aproprie e transpareça o si-mesmo que está se revelando naquele momento do atendimento. Portanto, trabalhamos com as diferentes formas de pronunciamento da angústia, além de propiciar o reconhecimento do desespero como integrante próprio da existência que se constitui em tensão paradoxal que jamais se fecha. Ao propiciar esse espaço para M, ela pôde compreender que o desespero perante a finitude é uma manifestação provisória da existência, reflexo de sua angústia e incerteza com o que virá. Pautada nessa reflexão, M pôde entrar em contato com coisas que havia deixado de lado por conta de suas limitações físicas, como conversar com filhos e familiares, trazer o filho do primeiro relacionamento para perto de si, sair quando não estivesse sentindo dor, ir ao seu município de origem e tomar banho de cachoeira e entender que a doença poderia impedi-la de presenciar a formatura de sua filha. A partir dessa aceitação de sua finitude, seus familiares notaram alívio total de seu sofrimento, de sua angústia diante do presente e do futuro. Suas dores cessaram, estava junto de seus pares, em sua casa, em vez de estar no hospital realizando procedimentos desnecessários que estivesse prolongando sua vida e seu sofrimento. M conseguiu apaziguar os corações de sua mãe, filhos e irmãos, que sempre estavam perto dela, em todos os momentos anteriores à doença e nesse processo final de vida.

M morreu em um fim de semana no ano de 2016, no seu quarto, transparecendo paz em seu rosto, em pleno verão amazônico repleto de calor humano, de cor, em paz. Na segunda feira, dois dias após o falecimento de M, J veio agradecer toda a equipe pela acolhida, tratamento e alívio do sofrimento de sua mãe. Dizia se sentir pronta para viver sua vida, como sua mãe sempre quis: realizando seus sonhos.

O luto no ambulatório paliativo: o caso Y

Apresentaremos a seguir um atendimento realizado no Ambulatório de Luto que ocorreu entre os anos de 2016 e 2017. Precisamos alertar o leitor que todo atendimento é destinado aos familiares que não conseguem aceitar a triste realidade da possível perda ou àqueles que já tenham vivenciado a perda, porém, mesmo após a morte, esses familiares não conseguem dar rumo à vida que segue na ausência de seus entes queridos falecidos por câncer. Assim como o caso apresentado anteriormente, traçaremos a história do adoecido e da familiar atendida nesse ambulatório com o objetivo de intercalar a descrição e percepção do terapeuta entre os atendimentos na clínica da dor e cuidados paliativos. Porém, a análise do caso será realizada em profundidade após a apresentação descritiva das sessões de atendimento.

W (60 anos) era proveniente do estado do Rio de Janeiro e trabalhou boa parte de sua vida no exército. Após sua saída das forças armadas, estudou Engenharia como possibilidade alternativa à antiga vida. Assim, resolveu fincar suas raízes na cidade de Manaus no fim dos anos 1960 devido ao crescimento socioeconômico da região Norte. Ao chegar a Manaus, conheceu e se casou com X (60 anos), vindo a ter três filhos, sendo uma mulher e dois homens.

W iniciou tratamento oncológico devido a câncer de próstata em uma clínica particular no início do ano de 2015. No início de 2016, após gastos excessivos em suas finanças, solicitou encaminhamento para receber atendimento público na FCECON. Ao ser atendido nesse hospital, foram constatada neoplasia de próstata e metástase óssea com lesões infiltrativas de características agressivas nas vértebras dorsais. Ele relatou histórico de câncer na família (mãe falecida por neoplasia de ovário), negando tabagismo, diabetes ou hipertensão, porém, relatou uso de álcool. Dizia sentir dor na coluna lombar, perda de peso e dos movimentos dos membros inferiores. Mediante o relato, o adoecido foi encaminhado à Clínica da Dor para tratamento e controle álgico. Ele comentou também que iria realizar cirurgia para descomprimir a medula, além de iniciar ciclos de quimioterapia.

Ao realizar atendimento na clínica da dor, W veio acompanhado de sua esposa X, de seu filho Z e também de sua filha Y. W relata que a presença dos familiares sempre é importante, pois eles são sua base de segurança e diz que sempre estão juntos nos momentos bons e ruins. Ao ser indagado sobre suas dores, comenta que diminuíram após a cirurgia, porém com surgimento intermitente durante a noite. Fala ter o sono prejudicado devido dor de intensidade moderada e dificuldades para defecar. Comenta apresentar dificuldades de andar e, assim, tem passado a maior parte de seu tempo sentado na cadeira de rodas (fazendo uso de seu laptop para ajudar Z nas finanças de seu posto de gasolina como forma de ocupar tempo ocioso) ou deitado na cama de casal. Conforme compreensão do caso, a anestesiologista prescreve Gabapentina e Metadona para controle da dor de W e Lactulose para a dificuldade apresentada em defecar. W sempre vem às consultas como um meio de se empoderar de tudo que seja referido ao câncer e tratamento. Ao observarmos W e seus familiares, notamos que se apresentam esperançosos com tudo o que vinha acontecendo no que diz respeito ao tratamento, além de buscarem dar todo e qualquer tipo de apoio ao enfermo. Dizem se revezarem nos cuidados do pai, mesmo que um deles tenha outras atribuições a serem resolvidas durante o dia. Assim, como W iria receber atendimento mensal, ficaríamos nesse processo de observação para identificarmos a necessidade de acompanhamento psicológico se assim houvesse necessidade.

No fim do ano de 2016, Y veio acompanhada de X ao atendimento ambulatorial sem W dessa vez. Relatam piora das dores na região lombar, além de depressão devido ele estar dependente em relação ao autocuidado. Comentam também que sua piora no humor se deve ao recebimento da notícia de que não andaria mais devido à evolução da doença. Informam ainda que ao ouvir tal notícia, o paciente se desesperou e resolveu que dali em diante não usaria mais nenhum tipo de remédio. Y chora ao relatar tal informação na presença dos demais profissionais que ali se encontravam, demonstrando estar abalada com tudo que vinha acontecendo. Com isso, agendamos visitas domiciliares (Psicologia e Enfermagem) e sugerimos a Y atendimento psicológico ambulatorial.

Em conjunto com o atendimento ambulatorial para dor, as visitas domiciliares ocorreram mediante agendamento com o objetivo de minimizar o sofrimento álgico de W. Assim, a visita domiciliar especializada da enfermagem teve como objetivo trocar a sonda vesical que W estava usando, orientar os familiares a ajudar na movimentação do enfermo em seu leito para evitar as lesões na pele e sistematizar possíveis procedimentos, caso houvesse necessidade, como a técnica de hipodermoclese. O atendimento psicológico foi realizado com o objetivo de minimizar o sofrimento decorrente da evolução da doença, do humor deprimido, de instigar W a encontrar novos modos de agir no mundo, mesmo que esteja acamado, além de trabalhar a aceitação das limitações físicas e dependência no autocuidado. Porém, o que será relatado a partir daqui são os atendimentos ambulatoriais com Y, que estava impactada com a notícia da evolução da doença e do sofrimento de seu pai mediante a limitação física.

O luto no ambulatório paliativo

Em nosso primeiro atendimento ambulatorial com Y, ela nos trouxe seu sofrimento ao ver o declínio físico de seu pai a cada dia que passava. Mesmo buscando não demonstrar suas emoções a ele, sempre que pode, em seu quarto, chora a dor de ver seu pai padecer. Comenta também se sentir culpada em "não poder fazer algo mais pelo meu pai" (chora), e tal fato se justifica pela fala da médica que confidenciou apenas a sua mãe e a Y da possível finitude de seu pai. Dizia sentir de perdê-lo, principalmente por ser a mais apegada a W. Comenta que resolveu sofrer silenciosamente. Além disso, relatou estar apresentando conflito com sua mãe em decorrência das manifestações emocionais e, principalmente, por ser a única que vem se dedicando de forma integral nos cuidados do pai. Visualizamos algumas possibilidades iniciais de intervenção: romper a conspiração do silêncio, minimizar os conflitos afetivos entre mãe e filha e trabalhar o luto como forma de enfrentamento e preparação para a perda.

O luto, conforme o *Dicionário Aurélio* básico de Língua Portuguesa (2005), é o sentimento de pesar ou a dor pela perda de alguém, se apresentando como uma tristeza profunda, uma consternação e dó. Entretanto, não estamos falando da perda propriamente dita no caso de Y, mas sim de uma possibilidade real da perda da pessoa amada. Seu sofrimento está ancorado diante de uma doença ameaçadora da vida que a deixa mobilizada, triste, estressada, por não se dedicar ao seu trabalho e pela impossibilidade de expressar esse sofrimento. Parks (1999) comenta que o processo de luto atinge o significado que se dá à vida, além das transformações que este provoca na vida do enlutado. Em seus estudos, menciona alguns efeitos que o luto provoca na vida dos sobreviventes, como alterações no sistema imunológico, doenças físicas e mentais, anorexia, uso de álcool e drogas, depressão e insônia. Y vivencia essas alterações físicas, emocionais e sociais antes mesmo da morte acontecer. Sente-se impotente sem nada poder fazer para salvar a vida do pai amado. Assim, Y se encontra diante do luto, diante da experiência existencial da possível perda de seu pai, da reconfiguração da vida e da aflição diante do processo de morte que o luto desencadeou.

Com essas ideias iniciais, constatamos que o luto é um processo que ocorre antes e/ou após a partida de um ente querido, é um vínculo afetivo em via do rompimento ou do rompimento real. O luto é um evento traumático que desestabiliza o ser e que necessita de tempo para "curar-se" ou da ajuda profissional para conduzir ao bem-estar novamente. Ressaltamos que o luto deve ser encarado como um processo que é vivenciado de modo particular, não podendo, assim, ser considerado uma doença. De acordo com essa ideia, Parks (1999) comenta que não devemos encarar o luto mediante os padrões e modelos estabelecidos para o ser humano reagir à perda (ou à possível perda, no caso aqui citado), pois se nos prendermos a tais premissas, correremos o risco de patologizar as crises da vida e tratar o luto como uma doença.

Em nosso segundo atendimento, Y relata sobre sua dificuldade em dormir, seu estresse em dar conta de suas encomendas (trabalha fazendo doces e salgados para aniversários) e principalmente do término de seu relacionamento amoroso. Diz que seu pai suspeita que algo errado esteja acontecendo em seu tratamento, pois não visualiza melhoras em seu quadro clínico. Nesse atendimento trabalhamos o temor de se perder alguém importante como o pai e o namorado, da possibilidade de buscar leituras sobre Cuidados Paliativos como caminho de ajuda a refletir sobre o tema e aceitação da morte, além de discutir o assunto com os familiares para que se quebre o silêncio da informação de finitude ao adoecido e, por fim, a influência que a doença tem na dinâmica familiar, social e afetiva.

Nos terceiro, quarto e quinto atendimentos, trabalhamos com Y a sua aflição sobre evitar em falar do assunto morte e revelar a realidade diagnóstica a W, seu conturbado relacionamento amoroso e sobre o estresse que sua mãe vem vivenciando ao tentar assumir toda a responsabilidade dos cuidados da casa e do enfermo. Buscamos instigar Y a encontrar alternativas de ajuda em relação a X. Tal reflexão visou diminuir a tensão que se instaurou na casa mediante o adoecimento de W. Ela comentou que, apesar de todas as dificuldades que vem enfrentando no trabalho e no relacionamento, não vê problemas em delegar responsabilidades à empregada doméstica. Segundo Y, essa reflexão seria discutida com a mãe para que se envolva em outros aspectos dos cuidados de W em vez de assumir toda responsabilidade domiciliar. Disse que entraria em contato com a mãe após o atendimento para discutir esse assunto. Em seguida, ao tentarmos entrar no aspecto de finitude de seu pai, relata não querer conversar sobre o assunto, porém o psicólogo comenta que seu pedido seria aceito nesse atendimento (quinto), mas que seria importante conversar sobre isso como caminho de ajudá-la a minimizar o sofrimento diante da morte possível de W devido à doença ameaçadora da vida.

Y retorna ao atendimento psicológico após duas semanas de ausência. Chega ao ambulatório apresentando aspecto entristecido, olhar voltado para baixo e silenciosa. Em seguida, olha para o teto da sala como uma forma de ganhar coragem para falar o que a afligia. Enfim, após dois minutos em silêncio, resolve falar dos fatos que ocorreram durante sua ausência do atendimento. Y verbaliza seu temor perante a realidade que se impõe ao pai e aos demais familiares. Teme em contar a verdade, pois não sabe como dizer que W irá morrer. Chora por cinco minutos. Ao se recompor, diz que, apesar das orientações que vem recebendo no atendimento, ainda não conseguia encarar a verdade diagnóstica, pois preferia acreditar que um milagre iria acontecer na vida de W. Ao ser indagada sobre a leitura de Cuidados Paliativos, relatou que não conseguiu ter forças para ir atrás do assunto, pois assim seria o melhor caminho de não ler ou pensar sobre o referido tema. Conforme o atendimento transcorria, apontamos a necessidade de se voltar para sua vivência de luto diante da perda que se aproxima, pois ao se envolver e se dedicar de forma cuidadosa com a perda é que Y daria seu primeiro passo para a superação do sofrimento perante o processo de morrer. Assim, ao reconhecer e aceitar a verdade do processo de finitude, Y estaria promovendo um caminho para experienciar e lidar com as emoções provenientes dessa realidade na qual se sente envolvida. Enfatizamos que a superação e aceitação da perda seria o caminho que Y percorreria para se adaptar à realidade da perda do ente querido. Ao pensar sobre o assunto, estaria dando seu primeiro passo para aceitar a perda, e dizer sim ao não – negação da perda –, que está contribuindo para dilacerar sua alma. Comentamos com Y que ela vive uma "pré-solidão", que é vivida devido à perda de alguém diante de uma doença ameaçadora da vida. Falamos de sua busca por um sentido a tudo que vinha ocorrendo e, ao não encontrar, sentia-se dilacerada, sem o apoio necessário daquele que deveria lhe apoiar na vida, fazendo-a se sentir e estar sozinha no mundo em que seu pai não estará mais presente.

No sétimo, oitavo e nono atendimento, Y ainda se apresentava esquiva em pensar e falar sobre o assunto. Relatou que ainda não havia tido a oportunidade de ler os materiais indicados pelo psicólogo. Apesar do declínio físico que vinha percebendo acontecer gradualmente com seu pai, ainda "vivia" na ideação de que um milagre iria ocorrer. Durante as intervenções, Y foi levada a refletir sobre a diminuição do tempo de vida de W devido à progressão da doença, além da sua impossibilidade em aceitar o provável desfecho. Diante da dificuldade de falar sobre o assunto (momentos intermitentes de silêncio), Y verbalizou sua angústia e "dor subjetiva" ao expressar seus pensamentos diante do paradoxo que se encontrava: negar a morte e evitar falar sobre o tema versus aceitar a morte e falar abertamente com seu pai sobre o assunto. Sua angústia lhe traz enfeixamentos, um cristalizar-se diante da possibilidade de poder aceitar a realidade de finitude. Comenta que apesar da dificuldade se sentia culpada em ocultar a verdade de W pelo fato de os demais familiares forçarem a conspiração do silêncio atuar no contexto familiar. Entretanto, verbalizava buscar caminhos de resolver o assunto, pois sente seu tempo diminuir com a evolução da doença de W.

Y compareceu ao décimo atendimento após duas semanas de ausência devido à intensa atividade no trabalho e cuidados direcionados a W. Ela comentou que seu pai entrou na urgência do hospital por duas vezes na semana anterior devido a entupimento da sonda vesical, o que lhe acarretava fortes dores e dificuldades de urinar. Disse também que buscou na internet fontes de acesso aos materiais sugeridos, como o Manual de Cuidados Paliativos e links sobre o tema. Após leitura, nos informou que sua compreensão foi se desvelando, pois, ao ver o declínio físico de W ir acontecendo, entendeu que deve vivenciar a perda como algo concreto, como parte de nossas vidas. Viver com W os dias que ainda lhe restava seria muito mais significativo do que viver uma falsa esperança de cura que jamais iria acontecer. Comentou que tanto a leitura como as entradas no hospital, além dos atendimentos anteriores, a fortaleceram e a levaram a pensar mais sobre o tema. Tal situação lhe deu coragem de iniciar conversas com W sobre a morte (mas não falar ainda sobre a morte dele). Sua coragem se iniciou ao vivenciar a perda de outros adoecidos no hospital enquanto seu pai estava internado, assim, ao ver o sofrimento de outros familiares, no seu desespero diante da morte, Y comenta que pôde entender "na pele" que se algo não mudasse entre os familiares e W o sofrimento iria se prolongar após a partida de seu pai. Ao vivenciar a morte, Y compreendeu que não há mais tempo a perder com os imponderáveis que a vida apresenta.

No décimo primeiro atendimento, Y trouxe para o ambulatório a evolutiva do declínio físico de seu pai. Relatou ter discutido com os familiares sobre o tema morte e cuidados paliativos como caminho aberto para aceitação do provável desfecho de W. Disse que o maior mal-estar que ocorre entre eles é a "falta de coragem" de falar abertamente sobre o assunto com o adoecido. Ao mesmo tempo, durante a conversa que foi realizada, sentiu alívio junto com os familiares e, assim, puderam perceber que além de não estarem sozinhos nessa jornada (W já havia sido encaminhado para cadastro em nosso serviço de Cuidados Paliativos, porém, com a não aceitação por parte dos familiares, apenas o psicólogo e enfermeira estavam indo ao domicílio para realizar atendimentos especializados. Com a abertura de prontuário em nosso serviço, W também iria receber atendimento médico e dos demais profissionais da equipe), entenderam que ocultar a verdade seria propriamente dar a sentença de morte a W, sem que ele pudesse entrar em contato com sua própria dor, suas escolhas com o que fazer daqui para frente, de descobrir quais seriam seus últimos anseios e como ele gostaria de viver seus últimos dias. Seu choro agora se apresenta diferente. É a expressão de quem percebe o inexorável acontecimento da morte se concretizar, da aceitação e alívio em buscar trazer o mínimo de conforto ao seu pai sem que ele crie falsas esperanças em uma cura que não iria acontecer. No fim do atendimento, traçou como objetivo reunião familiar para decidir como e quando iriam conversar com W.

No décimo segundo atendimento, Y comentou que conversaram com W sobre seu diagnóstico de finitude. Para surpresa deles, W já sentia que estava morrendo, porém não se sentia triste com tal fato. Y comentou que W já estava pensando em pedir para X chamar a irmã dele que vivia no Rio de Janeiro para visitá-lo, pois sentia que sua morte estava se aproximando. Relatou também que W conversou com os filhos para que não deixassem X desamparada e dessem assistência na casa que estava deixando para ela. Após o contato com a irmã de W e também de seus amigos que viviam na cidade de Manaus, W abriu as portas de sua casa para recebê-los com o objetivo de se despedir de todas as pessoas que ele considerava como amigos e amigas. Pediu também que trouxesse o padre de sua paróquia para que pudessem rezar juntos todas as sextas feiras. W foi a óbito em julho de 2017, em paz, ao lado de sua esposa e filhos que tanto amava.

A seguir traremos a proposta heideggeriana, presentificada pela fundante noção de que o Ser é ser-para-a-morte. Assim, iremos mergulhar nessa concepção como um caminho de nos auxiliar a refletir sobre esse modo de sofrimento mencionado.

A proposta heideggeriana para a finitude

Em suas obras, Heidegger tem a preocupação de resolver a questão do problema do Ser e o seu sentido, sempre utilizando o método fenomenológico como caminho para revelar o que está velado, tendo como ponto inicial a reflexão sobre o ser que se dá a conhecer a si próprio. Nessa condição de ser, Heidegger desenvolve o conceito de Dasein (Ser-Aí), possuído da condição ontológica de ser um ser-no-mundo, sendo o homem esse ente, cujo ser está sempre acontecendo a cada instante no existir temporal. Assim, para Heidegger, esse ente é visto como um ser de abertura que permite se compreender como um ser-no-mundo que se relaciona com seu próprio ser.

Entendido como um ser-no-mundo, um ser de possibilidades que permite se compreender e se relacionar com seu próprio ser no seu existir temporal, Heidegger (2015) coloca esse ser-aí também em uma condição chamada de ser-para-a-morte, que resguarda a possibilidade inerente de construir sua história ancorada na temporalidade finita e no cuidado. Assim, ao vivenciar o processo de viver e morrer, em sua condição de fragilidade, o ser-aí se encontra lançado no mundo submetido às consequências inexoráveis do tempo, o que torna todo ser humano, de alguma forma, consciente de sua finitude, consciente de ser um ser-para-morte. Ao realizar sua existência, sempre mediada pela angústia, o homem, ao olhar para o futuro e o passado, segundo esse autor (2015), percebe que estes se apresentam indeterminados em relação ao fato (futuro) e em relação ao significado (passado).

A angústia surge como uma tonalidade afetiva fundamental que desequilibra os sentidos já fortalecidos. Assim, nesse estado de des-fiamento dos sentidos, o ser-aí se dirige às possibilidades mais próprias. Contudo, o ser-aí sempre retorna, de alguma forma, as orientações fortalecidas do mundo, vivendo como todo mundo vive, absorvendo para si os sentidos que o próprio mundo lhe fornece. A esse modo de ser-no-mundo, Heidegger nomeia de Impessoalidade. A angústia, ao singularizar o ser-aí em seu próprio ser-no-mundo, sempre projetado essencialmente para as possibilidades, permite a abertura para a compreensão da estrutura do ser-aí.

Conforme Heidegger (2015), o ser-aí é sempre ser-para-morte, existindo em uma temporalidade futura marcada por sua constituição ontológica de poder-ser e pela sua finitude. Assim, é por meio da morte dos outros que o ser pode observar o fim da presença do ser-aí no mundo. Essa experiência sempre será medida pela observação da morte do outro, caracterizada pela revelação de que o outro alcançou sua totalidade diante da morte. Ao lidarmos cotidianamente com a morte (de modo impróprio), sempre pensamos que ela ocorrerá quando envelhecermos. Porém, esquecemos que somos finitos, vivemos mergulhados no mundo impessoal que não nos permite nos aproximarmos de nossa essência finita, impedindo de nos apropriarmos de nosso poder-ser mais próprio.

Ao nos voltarmos para Y, que conviveu por aproximadamente dois anos com um ser-com-doença-ameaçadora-da-vida, percebemos que o seu existir era ao modo de ser da cotidianidade, do falatório: "morrerá algum dia, mas não agora". Y não se mostrava em sua apropriação (tutela), mas na sua alienação, escapando daquilo que lhe é mais próprio: a morte. Na decadência, Y fugia do seu poder-ser mais próprio, encobrindo para si mesma o caráter de finitude (ou seja, a perda da presença de W e a própria morte deste, em seu caráter de negação). Estar junto a um ser-com-doença-ameaçadora-da-vida fazia com que Y se refugiasse na estranheza do ser-para-morte, o que lhe inviabilizava o contato com a realidade da morte de seu pai. Ao viver na impessoalidade, na não verdade, escapava do confronto com a realidade da finitude, porém, lidando sempre com a morte do outro, nunca com a sua (morte/perda). Com os atendimentos, o psicólogo possibilitou a Y refletir sobre a possibilidade de fugir da impessoalidade para a pessoalidade, no intuito de compreender a finitude do outro como também a sua. Tal situação permitiu Y analisar e compreender a realidade concreta da morte de W.

Ao enfrentar o paradoxo da existência, Y se apresentou, posteriormente, em se movimentar rumo à pessoalidade, ou seja, em aceitar sua "dor subjetiva" mediante a perda de seu pai para o câncer e deixar de evitar em falar sobre o tema abertamente. A angústia a enfeixava, cristalizava, diante da possibilidade da não aceitação da realidade de finitude, porém comentava que, apesar da dificuldade, buscava caminhos para resolver o assunto. Ao identificar o "seu tempo diminuindo", Y verbalizava a necessidade de entrar em contato profundo com o tema, para que no futuro sua vida sem a presença do pai não fosse tão dolorosa em sua ausência.

Durante as intervenções no ambulatório, Y se mostrava em sua apropriação (tutela), modificando sua alienação, e não escapando daquilo que lhe é mais próprio – a morte. Ao olhar para si e se escutar, Y notava que já se encontrava lançada na possibilidade com o poder-ser mais próprio (de viver sua vida sem a presença de W). Assim, passava a vivenciar a pessoalidade, na verdade, não escapando do confronto com a realidade da finitude presente todos os dias em sua casa. Tal reflexão levou Y a não fugir da possibilidade de perder seu pai. Buscava compreender a finitude do outro como também algo que é seu: sua morte.

Uma semana após o falecimento de W, em junho de 2017, X e Y vieram agradecer todos os profissionais que proporcionaram alívio na vida de todos aqueles que estavam ao lado de W. Comentaram que se não fosse pelos esclarecimentos e intervenções, tanto no ambulatório quanto no domicílio, talvez não estivessem ali, gratos e aliviados pela dor e sofrimento de W ter acabado. Ficou a ausência? Sim, porém com a certeza de que fizeram o melhor no cuidado e no amor para com W.

Considerações finais

Os Cuidados Paliativos se configuram como uma nova forma de gerir a morte, essencialmente fincada na dependência das especialidades profissionais da saúde como um meio de assistir os adoecidos e familiares em sua integralidade, necessidades e, principalmente, em promover alívio do sofrimento de pessoas com doenças ameaçadoras da vida. Ao postular uma assistência à totalidade bio-psico-socioespiritual, rompe-se com o modelo clássico das ciências reducionistas que fragmentaram seu objeto de estudo e intervenção: o ser humano. Busca-se assistir o adoecido em uma perspectiva inovadora que o empodera, com o objetivo de promover a expressão dos seus desejos, de suas necessidades, além de permitir que as suas decisões sejam respeitadas.

Entendemos que hoje, em pleno século XXI, o sexo deixou de ser considerado tabu. Dessa forma, vivemos no período em que a morte passou a substituí-lo, tornando-se difícil de pensar, de falar e, principalmente, de aceitar o seu processo. O grande desafio desses profissionais é quebrar o barulho que o silêncio faz ao se falar sobre a morte. Quebrar esse tabu significa plenificar a vivência da vida das pessoas em oposição às técnicas que ajudaram a mitificar a imortalidade e a juventude acima de tudo. Essa prática paliativista (não há uma especialidade que caracterize uma formação/especialização em Psicologia Paliativista pelo Conselho Federal de Psicologia) abre espaço para a valorização dos referenciais da subjetividade e sentimentos dos enfermos que se encontram adiante da morte. Assim, ao perceber que a doença não desestrutura apenas o adoecido, percebemos também que aqueles que convivem ao seu lado também são merecedores de assistência.

Contudo, esse cuidar também acarreta desgaste nos profissionais. Trabalha-se constantemente com a morte, com os conflitos existenciais, ortodoxias espirituais, além dos conflitos socioeconômicos que adoecidos e familiares convivem. Soma-se a isso adoecidos que aqui fincaram suas vidas, provenientes de outros municípios do Amazonas e de outros estados que resolveram crescer nessa região do Brasil, se encontrando em total abandono. Há também aqueles que são abandonados pelos familiares e não se apresentam em nenhum momento como responsáveis por aqueles que estão convivendo com uma doença ameaçadora da vida. Solidão, medo da morte, medo de morrer sozinho, falta de dinheiro para pagar suas dívidas antes de partir, violência, drogadição! Os profissionais desse serviço vivenciam tudo isso em sua prática. Isso exige habilidades além de sua formação, habilidades que são forjadas na luta diária de se trabalhar com alguém que está prestes a morrer. Luta-se também com as regras e normas institucionais que exige decisões baseadas na técnica e na manutenção da vida, mesmo que vise a todo custo manter uma vida em sofrimento.

Quanto trabalho! Quanta luta! Debaixo de sol e chuva, onde tiver adoecidos por câncer que vivem na cidade de Manaus, estaremos lá! Mesmo que implique em ir a zonas de risco, áreas controladas por narcotraficantes, falta de saneamento básico e até mesmo àqueles que apresentam boa condição financeira. Nossa assistência, que é capitaneada dentro de um serviço público de saúde, leva às pessoas a esperança de alívio aos adoecidos que convivem com câncer. E é nesse contexto que o psicólogo também se insere. Os modos existenciais atuam como facilitadores ou não para nossas intervenções. Trabalha-se com a dor relacionada aos imponderáveis da vida social, tristeza perante a evolução da doença e limitações físicas, dor pela perda de sua autonomia, pela dependência, depressão e raiva com tudo que o câncer dá e tira. Deixo aqui uma dica: devemos trabalhar para além dos aspectos psicodiagnósticos. Quero dizer com isso que devemos nos focar nas vivências que as pessoas narram em sua con-vivência-com-câncer, de escutá-los muito mais do que enquadrá-los em referenciais dos transtornos mentais. É estar ao lado de quem está morrendo, é compreender também que sua angústia ultrapassa sua preocupação com a doença/morte. Nosso primeiro trabalho é mostrar aos adoecidos e familiares que eles não estão sozinhos nessa jornada que estão vivendo no momento. Não podemos ter a pretensão de que o nosso trabalho, por si só, traz a condição de alívio total, mas, sim, devemos entender que somos mais uma peça importante nesse jogo de assistência para morte. Alívio! Palavra que jamais deve deixar de existir em nosso vocabulário.

Para finalizar, trouxe esses dois casos recentes para ilustrar nossas atividades em Cuidados Paliativos na Fundação de Controle em Oncologia do Amazonas. Eles ilustram apenas uma pequena parcela de nosso trabalho. Há sucesso, mas, também, há aqueles casos em que adoecidos e familiares rejeitam nossas assistências. Ao profissional, cabe lidar com isso e respeitar os desejos destes. Entretanto, não devemos deixar de pensar que há casos em que há certa desinformação por parte das pessoas no que diz respeito à assistência dos profissionais de saúde mental. Ainda há o estigma associado de que quem recebe esse tipo de assistência são os loucos. Com isso, cabe ao profissional desmitificar essas crenças que permeiam o universo cultural em que o psicólogo está inserido.

Vamos cuidar para a morte também?

Agradecimentos

Dedico este espaço para agradecer aos colegas que tanto lutam, dia a dia para promover alívio do sofrimento de nossos adoecidos no Serviço de Terapia da Dor e Cuidados Paliativos. Agradeço também àqueles que se permitiram vir ao nosso serviço, mesmo que temporariamente, ouvir e ver um pouquinho do nosso trabalho de psicólogo.

Profissionais do serviço: Mirlane Melo (gerente do serviço e anestesiologista), Joicilene Silva (enfermeira capelã), Vânia Araújo (fisioterapeuta), Maria de Nazaré Azevedo (enfermeira), Ivanete Silva (enfermeira), Maysa Cruz (psicóloga), Alcimira Santos (técnica de Enfermagem), Ademir dos Santos (clínico geral/visita domiciliar), Mônica Muniz (anestesiologista), Neuzimar Silva (anestesiologista), Emily Montarroyos (anestesiologista), Theomario de Melo (anestesiologista) e Antonina Pontes (assistente social).

Residentes de Psicologia: Ana Carolina Sequeira, Rebeca Fregapani, Joana Castelo Branco, Davi Prado, Edigard Menezes, Déborah Marreiro Assis, Sara Zahn e Maria Neta.

Alunas de Psicologia da Universidade Federal do Amazonas (Ufam): Amanda Zanetti e Tayná Dalavale.

Referências

ARIÈS, Phillipe. *O homem diante da morte*. Rio de Janeiro: Francisco Alves, 1981.

BIELEMANN, V. L. M. A família cuidando do ser humano com câncer e sentindo a experiência. *Revista Brasileira de Enfermagem*, v. 56, n. 2, p. 133-7, 2003.

DANTAS, M. A. *Modalidades contemporâneas de representação e de expressão do sofrimento psíquico: o trágico na pós-modernidade e na hipermodernidade.* Tese (Doutorado) – Universidade Estadual do Rio de Janeiro,Rio de Janeiro, 2007.

DEURZEN-SMITH, E. *Everyday Mysteries: Existential Dimensions of Psychotherapy.* London: Routledge, 1997.

DÍAZ CORDOBÉS, J. L. *et al.* Conspiración de silencio y malestar emocional en pacientes diagnosticados de glioblastoma multiforme. *Psicooncología*, v. 9, n. 1, p. 151-159, 2012.

FERREIRA, A. B. H. *Dicionário Aurélio básico da Língua Portuguesa.* Rio de Janeiro: Nova Fronteira, 2005.

FRIPP, J. C. Ação prática do paliativista na continuidade dos cuidados em domicílio. In: CARVALHO, R. T.; PARSONS, H. A. *Manual de cuidados paliativos ANCP.* 2. ed. ampl. e atual. São Paulo: Academia Nacional de Cuidados Paliativos – ANCP, 2012.

GADAMER, H. G. *O mistério da saúde: o cuidado da saúde e a arte da Medicina.* Lisboa: Edições 70, 2009.

HEIDEGGER, M. *Ser e tempo.* 10. ed. Petrópolis: Vozes; Bragança Paulista: Ed. Universitária São Francisco, 2015.

KIERKEGAARD, S. *O conceito de angústia.* Petrópolis: Vozes, 2016.

MARTINS, L. M.; FRANÇA, A. P. D.; KIMURA, M. Qualidade de vida de pessoas com doenças crônicas. *Revista Latino Americana de Enfermagem*, v. 4, n. 3, p. 5-18, 1996.

MATSUMOTO, D. Y. Cuidados paliativos: conceitos, fundamentos e princípios. In: CARVALHO, R. T.; PARSONS, H. A. *Manual de cuidados paliativos ANCP.* 2. ed. ampl. e atual. São Paulo: Academia Nacional de Cuidados Paliativos – ANCP, 2012.

MELO, A. F. V. de. Cuidados paliativos: entendendo as necessidades psicológicas do paciente no estágio terminal da doença. In: ISMAEL, S. M. C.; SANTOS, J. X. A. de. *Psicologia Hospitalar: sobre o adoecimento... articulando conceitos com a prática clínica.* São Paulo: Atheneu, 2013.

MENEZES, R. A. *Em busca da boa morte: Antropologia dos Cuidados Paliativos.* Rio de Janeiro: Garamond-Fiocruz, 2004.

PARKES, C. *Luto: estudos sobre a perda na vida adulta.* São Paulo: Summus, 1999.

PENNIX, B. *et al.* Perfil psicológico de idosos com doenças crônicas: há influência do tipo de doença?. *Journal of Psychosomatic Research*, v. 40, n. 5, p. 521-534, 1996.

PROTASIO, M. M. Angústia como espaço para a Psicologia em Kierkegaard. In: FEIJOO, A. M. L. C.; LESSA, M. B. M. F. *Fenomenologia e Práticas Clínicas.* Rio de Janeiro: Edições IFEN, 2014.

RODRIGUES, J. C. *Tabu da morte*. 2. ed. rev. Rio de Janeiro: Ed. Fiocruz, 2006.

TRENTINI, M.; SILVA, D. Condição crônica de saúde e o processo de ser saudável. *Texto Contexto Enfermagem*, v. 1, n. 2, p. 76-88, 1992.

ZHANG, A. Y; SIMINOFF, L. A. Silence and Cancer: Why Do Families and Patients Fail to Communicate?. *Health Communication*, v. 15, n. 4, p. 415-429, 2009.

CAPÍTULO 20

Processo de resiliência de cuidadores familiares de pacientes leucêmicos

Mariana Costa Brasil Pimentel
Sebastião Benício da Costa Neto

Introdução

Este artigo parte da premissa de que os processos desenvolvimentais, individuais ou de grupos, não têm um caráter universal, sendo que as diferenças qualitativas, resultantes da interação do indivíduo com o seu contexto, melhor elucidam os atributos de cada pessoa e de suas trocas sociais. Nesse sentido, os processos se estabelecem ao longo do tempo e constituem-se numa conjunção entre a pessoa e seu contexto.

Sendo assim, o conhecimento sobre realidades específicas advindas da conjuntura hospitalar pode favorecer uma condição de comparação com outras realidades, considerando de interesse uma particularidade cultural, inclusive, para a compreensão de uma manifestação de mesma natureza, mas em outra cultura. Dessa forma, este estudo, desenvolvido com cuidadores familiares de pessoas com doenças onco-hematológicas, favorece evidências adicionais para a compreensão de distintos aspectos que podem ser refletidos tanto na Psicologia da Saúde quanto na Psicologia do Desenvolvimento Humano. Sendo assim, ratifica-se que as questões de saúde-doença são expressões humanas afins/constituintes à Psicologia do Desenvolvimento Humano.

Há de se observar, ainda, que o conceito de Psicologia da Saúde, cunhado nos anos 1970, permite considerar essa especialidade da Psicologia como um conjunto de contribuições teórico-metodológicas e teórico-conceituais da Psicologia Científica, voltadas à compreensão da vasta rede de possibilidades/interfaces da Psicologia no contexto da saúde, variando da educação em saúde até o trabalho com pessoas em situação de luto por morte; com ênfase nos processos individuais (por vezes clínicos) e nos coletivos (com enfoques variando do epidemiológico ao da formulação das políticas públicas).

Assim, a inovação colaborativa que este trabalho sobre "processo de resiliência de cuidadores familiares de pacientes leucêmicos" traz, por um lado, reflete-se na possibilidade de inserção ecológica numa instituição de saúde e em uma especialidade médica pouco investigada e pouco publicada no Brasil. Nesse sentido, trata-se, também, de um estudo desenvolvido em um ecossistema restrito que pode elucidar particularidades restritivas, de tolerância e protetivas, de circunstâncias e dos atores envolvidos. Por outro lado, o enfoque sobre as famílias (nelas os cuidadores) dos enfermos leucêmicos possibilita agregar mais evidências a um "ator" – e a uma circunstância de vulnerabilidade: o embate de vida e morte provocado pela doença leucêmica – pouco investigado sistematicamente pela Psicologia; a resiliência avaliada neste estudo tem por lastro o jogo dinâmico estabelecido entre características pessoais dos cuidadores familiares e a rede de suporte social (desta participando a equipe de saúde e a própria instituição de saúde).

Existe um expressivo número de estudos acerca da resiliência ao longo de pouco mais de 30 anos, entretanto, seu conceito na perspectiva do fenômeno humano ainda é desafiador para os estudiosos contemporâneos. Sabe-se que na Psicologia, este é um construto inserido no movimento da Psicologia Positiva (Yunes, 2015).

Há relativa consonância em relação ao conceito de resiliência referindo-se a um "conjunto de processos de vida que possibilitam o enfrentamento de situações de sofrimento com consequente fortalecimento, transformação pessoal/coletiva/cultural e superação das adversidades" (Yunes, 2015, p. 94).

Mesmo assim, é possível verificar a existência de duas formas de compreensão sobre o conceito de resiliência no mundo, uma pelos pesquisadores anglo-saxões (em sua maioria) e outra pelos estudiosos de língua latina. Notou-se que para o primeiro grupo, a resiliência envolve a resistência ao estresse, sendo a população-alvo pessoas que não se abalaram em situações adversas e demonstraram competência; percebe-se então a noção de adaptação no sentido de ajustamento social. Já para os estudiosos de línguas latinas (incluindo os brasileiros), além de estudar os fenômenos de resistência ao estresse, a recuperação e a superação também são fatores considerados no estudo da resiliência (Brandão; Mahfoud; Gianordoli-Nascimento, 2011).

Atualmente, a resiliência é compreendida como um conjunto de processos e mecanismos em que fatores protetivos internos e externos às pessoas agem no momento em que surge uma adversidade (Seibel; Koller, 2015). Além de ter a ver com um processo psicológico dinâmico que envolve a capacidade de adaptar-se positivamente, superando situações de crise, e aprendendo com as dificuldades (Cassidy, 2013; Fernández-Lansac; Crespo, 2011; Garces *et al.*, 2012; Giesbrecht *et al.*, 2013; Rosenberg *et al.*, 2013). Essa é a definição de resiliência que orienta este artigo com familiares cuidadores de enfermos com leucemia.

Yunes (2015) discute a relevância de estudar o grupo familiar inserido em sua comunidade, ressaltando essa relação (família-comunidade). Quando se trata de famílias, o fenômeno resiliência é analisado considerando as qualidades sistêmicas e relacionais dessas famílias, investigando os processos de risco e proteção característicos das relações e redes de influência importantes no desenvolvimento de saúde e de bem-estar.

Assim sendo, é sabido que os cuidadores familiares de pessoas com algum tipo de doença crônica ou grave enfrentam diferentes adversidades ao longo do tratamento do enfermo, podendo acarretar processos mais ou menos organizados e mais ou menos saudáveis de desenvolvimento humano (Cahioni *et al.*, 2011; Almeida *et al.*, 2013; Brasil; Andrade, 2013). Por seu tempo de tratamento, gravidade e consequências, segundo o Ministério da Saúde, os diversos tipos de câncer (ou neoplasias) podem ser considerados doenças crônicas (Brasil, 2014).

As doenças crônicas podem ser incapacitantes e exigir muito dos serviços de saúde, como apontam os dados coletados pelo Departamento de Atenção Básica, do Ministério da Saúde – Brasil (2012), em que foi percebido que as cronicidades são responsáveis por 60% do ônus relacionados a doenças no mundo.

No Brasil, estimou-se para os anos de 2014 e 2015 a ocorrência de, aproximadamente, 576.000 casos de câncer, sendo que 9.370 são leucemias (INCA, 2014). Para o ano de 2016, estimam-se 5.540 casos novos de leucemia em homens e 4.530 em mulheres. Esses valores correspondem a um risco estimado de 5,63 casos novos a cada 100 mil homens e 4,38 casos para cada 100 mil mulheres. Particularmente, na região Centro-Oeste brasileira – região onde o estudo de base foi concebido, sem considerar os tumores de pele não melanoma, a leucemia, tanto para homens quanto para mulheres, ocupa a 11ª posição dos cânceres mais incidentes. Isso representa, também, um aumento de 6,95% nos casos quando se comparam os anos de 2014 e 2015, com o ano de 2016 (INCA, 2015).

As neoplasias provocam grande dependência do enfermo, exigindo maiores cuidados, seja de um cuidador familiar, seja de um cuidador profissional. No Brasil, é comum que o cuidado de um membro adoecido recaia sobre a família, tornando-se comum o fato de a família assumir o papel de cuidadora. Dessa forma, o câncer é mais que um diagnóstico, é uma experiência que altera o significado de vida do paciente e de seu núcleo familiar (Sena *et al.*, 2011).

Segundo Carvalho (2008), no contexto do tratamento oncológico, a assistência ao paciente e sua família deve levar em conta a história de vida e o contexto socioeconômico e cultural deles. A família é um agente fundamental nesse processo, devido à cronicidade e gravidade da doença, pois toda situação que ocorre impacta na dinâmica familiar e na relação entre seus membros, mobilizando sentimentos positivos e negativos. Sendo assim, é importante que os profissionais envolvidos nesse processo, busquem compreender para além da enfermidade, observando os aspectos externos à doença, direcionando uma intervenção que contemple essas demandas particulares e coletivas de cada paciente e de sua família. Assim, é possível reconhecer paciente e família como atores sociais ativos e corresponsáveis no processo de tratamento.

Diante do que foi exposto, percebe-se a importância em compreender como os cuidadores familiares desenvolvem suas potencialidades de resistência, adaptação, superação e crescimento pessoal diante da função de cuidar de um familiar com leucemia.

O aparato teórico para a compreensão da resiliência e suas vicissitudes neste trabalho parte da bioecologia do desenvolvimento humano proposto por Bronfenbrenner (1996). Esse modelo afirma que a pessoa está imersa em uma ecologia determinada por diferentes níveis que interatuam e que vão influenciar diretamente no seu desenvolvimento. Os níveis que formam o marco ecológico são: individual, familiar, comunitário (incluindo serviços sociais) e cultural (referente também aos valores sociais). A partir da compreensão dos processos dinâmicos que existem nos variados níveis, torna-se possível elucidar o processo de resiliência.

Compreendendo o exposto, o objetivo deste trabalho é o de descrever e compreender como se dá o processo de resiliência em cuidadores familiares de pacientes portadores de leucemia linfoide ou mieloide, seja ela aguda ou crônica. Os objetivos secundários são: a) identificar as estratégias de enfrentamento psicológico adotadas pelos cuidadores; e b) identificar fatores de risco e de proteção presentes no processo de resiliência.

Percurso metodológico

Este estudo caracteriza-se como qualitativo, série de casos, descritivo e exploratório. Segundo Minayo (2014), a pesquisa qualitativa *é* importante por buscar analisar as expressões humanas presente nas relações, sujeitos ou representações.

O procedimento qualitativo envolve uma percepção mais holística dos problemas e das questões abordadas, levando em conta o contexto sociocultural de cada situação e compreendendo a especificidade e a complexidade dos processos existentes. Quando a pesquisa é considerada descritiva, ela visa descrever ou explorar questões que não são alcançadas por pesquisas quantitativas, favorecendo a familiarização com os indivíduos e suas preocupações. Esse tipo de abordagem metodológica se preocupará com os mecanismos (como) e com os atores (o que dos fenômenos); por ser detalhista, possibilita informações contextuais, sendo a maior parte do tempo completa em si mesma (Groulx, 2008; Deslauriers; Kérisit, 2008).

O estudo foi desenvolvido em um hospital universitário público (classificado como hospital escola) que realiza tratamento onco-hematológico. Trata-se de um hospital criado no ano de 1962, que em 2016 possuía 318 leitos. Nesse hospital acolhem-se, para diagnóstico e tratamento, em distintas especialidades médicas, exclusivamente, pacientes atendidos pela política pública do Sistema Único de Saúde (SUS). Com vocação para ser campo de ensino, de pesquisa e de extensão universitárias, esse hospital recebe alunos de graduação e de pós-graduação de diversas instituições de ensino superior da cidade de Goiânia, no estado de Goiás.

Assim, participaram da pesquisa 14 cuidadores familiares acompanhantes de pacientes portadores de leucemia, sendo dez do sexo feminino e quatro do sexo masculino. A idade variou entre 20 e 69 anos.

Foram estabelecidos os seguintes critérios de inclusão: a) ter entre 18 e 70 anos; b) ser parente de primeiro grau do enfermo – cônjuges, pais, irmãos, tios etc.; c) o portador de leucemia estar em tratamento no hospital há pelo menos dois meses; d) assinar o Termo de Consentimento Livre e Esclarecido; e) ser o principal cuidador. Os critérios de exclusão foram: a) familiares que não fossem o cuidador principal; b) cuidadores que acompanhassem o paciente por menos de dois meses; c) pessoas que demonstrassem indícios de transtornos psiquiátricos graves que pudesse prejudicar seu contato com a realidade, por exemplo, a esquizofrenia. Tais indícios foram avaliados pelos pesquisadores que têm formação clínica em Psicologia da Saúde.

Vale ressaltar que a amostra foi constituída por conveniência. Destaca-se que esse número total de participantes (N=14) é adequado por ser considerado que na metodologia de estudo série de casos a proposta é aprofundar nos casos e não buscar generalização populacional dos dados levantados.

Os materiais utilizados foram cartuchos para impressão, 28 exemplares do TCLE, canetas esferográficas, lapiseiras, resmas de papel A4, entre outros materiais de escritório; computador, *smartphone* para a gravação em ***áudio*** da entrevista e impressora.

Foram usados os seguintes instrumentos no estudo:

- Questionário sociodemográfico: foi desenvolvido por um dos pesquisadores com o intuito de coletar dados pessoais do cuidador familiar participante, como: sexo, idade, naturalidade, estado civil, escolaridade, profissão, grau de parentesco com o paciente, religião (se praticante ou não), com quem reside (e se reside com o paciente) e quantas horas, em média, dedica cuidado a seu familiar. Também foram coletados dados do portador de leucemia, tais como: sexo, idade, composição familiar, diagnóstico e tempo de tratamento. Cabe ressaltar que por composição familiar compreende-se verificar com quem os participantes e os enfermos moram, já que os cuidadores podem não morar na mesma casa que o paciente.
- Roteiro de Entrevista Semiestruturada (Apêndice A): o roteiro da entrevista foi desenvolvido pelos pesquisadores tendo por base a revisão da literatura e a prática clínica com famílias de enfermos crônicos. Está organizada em nove eixos temáticos, quais sejam: 1. Qualidade de vida, identificando-a por meio das dimensões social, psicológica, familiar e funcional; 2. Rede de suporte social do cuidador; 3. Elementos estressores; 4. Estratégias de enfrentamento psicológico (ou *coping*); 5. Fatores de

risco; 6. Fatores de proteção; 7. Padrões organizacionais: como chegou ao papel de cuidador principal e como percebe o cuidado a seu familiar; 8. Sistemas de crenças: valores de transcendência e espiritualidade; 9. Processos de comunicação: nível de conhecimento acerca da doença e tratamento, como se manifestam a troca de experiências no grupo familiar.

Quanto ao procedimento, inicialmente, foram colhidas autorizações para a realização do estudo na chefia da Unidade de Onco-Hematologia, na Chefia da Seção de Psicologia, bem como na Gerência de Ensino do hospital. Em todas essas instâncias da unidade hospitalar, o projeto foi apresentado de forma escrita. Depois de obtidas as aprovações preliminares, o projeto de pesquisa foi protocolado e aprovado, também, pelo Comitê de *Ética* de Pesquisa da instituição (número CAAE 37887514.5.0000.5078), conforme orienta a Resolução do Conselho Nacional de Saúde, do Ministério da Saúde do Brasil, nº 466/2012. Na sequência, os dados foram coletados com os cuidadores participantes, por meio do questionário sociodemográfico e da realização da entrevista semiestruturada. A coleta aconteceu entre os meses de setembro de 2014 e junho de 2015.

As entrevistas semiestruturadas gravadas em áudio tiveram duração média de 30 minutos, foram individuais e seguiram o roteiro de entrevista, que serviu para nortear os pesquisadores ao abordarem o tema proposto, no entanto, novos questionamentos surgiram durante as entrevistas e foram explorados com os participantes.

A inserção ecológica deu-se por meio de um dos pesquisadores que fez várias visitas às enfermarias onde os pacientes leucêmicos ficavam internados, com o objetivo de identificar os cuidadores e os casos que se aproximassem do fenômeno investigado. Ao serem identificados, os possíveis cuidadores eram abordados, ainda na enfermaria, e convidados a participar da pesquisa.

Ao aceitar participar, um dos pesquisadores se encontrava com o cuidador em um espaço ambulatorial cedido pelo hospital, onde era realizado o processo de consentimento, informado por meio da explicação do objetivo da pesquisa e lido o Termo de Consentimento Livre e Esclarecido (TCLE). Neste momento, os possíveis participantes poderiam tirar dúvidas relativas ao estudo e à coleta de dados.

Ao concordarem com a participação, os cuidadores assinavam, em duas vias, o TCLE, sendo que uma via ficava com o participante e outra para os pesquisadores. Assim, a coleta de dados foi iniciada. O primeiro instrumento utilizado foi o questionário sociodemográfico, em seguida foi realizada a entrevista semiestruturada.

Houve algumas adversidades durante a coleta de dados: dois participantes necessitaram de amparo psicológico durante a entrevista, pois ficaram muito mobilizados emocionalmente. A pesquisadora interrompeu a entrevista e amparou os participantes visando restabelecer o equilíbrio emocional deles. Mesmo dando a opção aos cuidadores de interromperem a coleta de dados, os dois preferiram concluir no mesmo momento. Outra adversidade que ocorreu foi o fato de duas pessoas convidadas a participarem da pesquisa terem recusado o convite. Uma delas, ao ser informada que se tratava de uma pesquisa acadêmica, preferiu não ouvir os objetivos e nem a explicação, alegando que já era "incomodada" por muitos estudantes e que não gostaria de participar. A outra pessoa recusante justificou que estava sem tempo para responder a perguntas. Os demais casos ocorreram sem intercorrências. Vale ressaltar que a amostra deste estudo foi por conveniência, dessa forma, 16 cuidadores atendiam aos critérios de inclusão para participarem da pesquisa, no entanto, com essas duas recusas, restaram 14 cuidadores participantes.

Concluída a etapa da coleta de dados, iniciou-se a transcrição das entrevistas. Os próprios pesquisadores se responsabilizaram pela transcrição, reafirmando a segurança do participante, de acordo com as medidas de proteção à confidencialidade, como é previsto na Resolução CNS nº 466/12. Portanto, é importante reafirmar que o conteúdo das entrevistas foi utilizado apenas para os fins da pesquisa e qualquer dado que possivelmente pudesse identificar o participante ou estigmatizar sua imagem foi omitido na publicação dos dados.

Após a transcrição das entrevistas, os conteúdos coletados foram analisados com base na análise temática proposta por Bardin (2013).

A análise de conteúdo, como método, é um conjunto de técnicas, não se tratando de um instrumento, mas de várias e adaptadas formas de análise das comunicações, objetivando a descrição dos conteúdos existentes nas mensagens, por meio de procedimentos sistemáticos (Bardin, 2013).

Uma das formas de análise de conteúdo é a análise dos significados, representada pela análise temática. Nesse tipo, é feita a escolha dos elementos temáticos que forneçam informações acerca do problema levantado. Essa escolha constituiu o *corpus*, isto é, o conjunto dos dados tidos em conta que foram submetidos à análise (Bardin, 2013). Existem diferentes fases da análise e elas se organizaram em torno de três polos sequenciais, a saber: a pré-análise, a exploração do material e o tratamento dos resultados, a inferência e a interpretação (Bardin, 2013). Após esse processo, os resultados obtidos foram tratados de maneira que se tornassem significativos e válidos, com o objetivo de propor inferências e interpretações que tivessem a ver com o arcabouço teórico da pesquisa.

Resultados e discussão

Para clarificar a discussão dos resultados alcançados, faz-se necessário apresentar os dados sociodemográficos dos participantes e de seus familiares. O Quadro 1 diz respeito aos dados dos cuidadores e o Quadro 2 refere-se aos familiares enfermos.

O Quadro 1 apresenta: a idade; o sexo (representado pelas iniciais F, para feminino e M para masculino); escolaridade (em que apenas as iniciais do grau de escolaridade são demonstradas, sendo E para ensino, F para fundamental, M para médio, S para superior, C para completo e I para incompleto); profissão (empregado; empregador; autônomo; do lar); parentesco e local de residência (Goiânia – cidade onde o tratamento era conduzido; e/ou em outras cidades). Os cuidadores são identificados pela letra C e um número, garantindo o seu sigilo.

Quadro 1 – Dados sociodemográficos dos cuidadores familiares de pacientes leucêmicos

Cuidador	Idade	Sexo	Escolaridade	Profissão	Parentesco	Residência
C1	20	F	EMC	Do lar	Esposa	Outra cidade
C2	43	M	EFI	Empregado	Esposo	Outra cidade
C3	40	F	EFI	Empregado	Mãe	Outra cidade
C4	43	F	EMC	Empregado	Tia materna	Outra cidade
C5	46	F	EMC	Empregado	Esposa	Outra cidade
C6	44	F	ESC	Empregado	Esposa	Outra cidade
C7	54	M	EFI	Autônomo	Esposo	Goiânia
C8	62	M	EMC	Empregado	Esposo	Goiânia
C9	69	F	EFI	Empregado "Cuidadora de Idosos"	Irmã	Goiânia
C10	40	F	EFI	Empregado	Esposa	Outra cidade
C11	28	M	ESI	Empregador	Esposo	Goiânia
C12	36	F	EMI	Empregado	Esposa	Outra cidade
C13	32	F	EMC	Empregado	Irmã	Outra cidade
C14	53	F	EFI	Do Lar	Mãe	Goiânia

Fonte: Elaborado pelos autores.

Ainda quanto aos dados sociodemográficos dos cuidadores (QUADRO 1), vale ressaltar que todos referem ter alguma religião, sendo seis evangélicos e oito católicos, destes, oito dizem ser praticantes e frequentarem regularmente algum espaço religioso. Dos 14 cuidadores, 10 relatam dedicação integral, ou seja, 24 horas de cuidado ao paciente; C4 diz dedicar de quatro a 24 horas de cuidado; C6 e C9 dedicam 12 horas de cuidado, mas quando o familiar está internado, dedicam-se integralmente; C10 diz dedicar, em média, quatro horas de cuidados, pois, seu familiar é muito independente.

Outro dado relevante (QUADRO 1) é o fato de que nove cuidadores não moram em Goiânia, sendo que três deles são de outros estados. Tal dado mostra o quanto os cuidadores e seus familiares precisam se reorganizar para realizar o tratamento da leucemia, inclusive saindo de suas casas e passando longos períodos de internação. Assim, à medida que um membro da família necessita de hospitalização, a dinâmica familiar se altera, repercutindo em mudanças de ordem afetiva, emocional e social, necessitando de adequação a essa nova realidade (Santos, 2013).

Chama a atenção também o sexo dos cuidadores (QUADRO 1), dez são mulheres e apenas quatro são homens. Dessa forma, pode-se dizer que este estudo corrobora com a literatura. Como exemplo tem-se os achados de Ignacio *et al.* (2011), que fizeram uma revisão de literatura referente à sobrecarga do cuidador do paciente oncológico terminal e descobriram que 80% dos trabalhos encontrados tinham a predominância de mulheres como cuidadoras principais. Além disso, outro dado curioso foi perceber que a maioria dos participantes (nove cuidadores) é cônjuge.

O Quadro 2 refere-se aos dados sociodemográficos dos pacientes leucêmicos familiares dos cuidadores. Eles foram identificados com a letra P e um número, o mesmo do cuidador participante. Os dados apresentados são: idade, sexo, diagnóstico, tempo de tratamento/meses (Tempo), se reside ou não com o cuidador e grau de dependência (GD) – ou condição funcional (independente; parcialmente dependente – PD).

Quadro 2 – Dados sociodemográficos de pacientes leucêmicos sob cuidados dos participantes

Paciente	Idade	Sexo	Diagnóstico	Tempo	Reside com cuidador?	GD
P1	22	M	LLA	6 meses	Sim	Independente
P2	43	F	LMA	25 meses	Sim	Independente
P3	22	F	LLA	3 meses	Não	Independente
P4	24	F	LLA	20 meses	Não	Independente
P5	46	M	LLA	3 meses	Sim	Independente
P6	39	M	LMC	96 meses	Sim	Independente
P7	55	F	LMA	3 meses	Sim	Independente
P8	59	F	LLA	8 meses	Sim	PD
P9	61	F	LMA	3 meses	Não	PD
P10	55	M	LMA	2 meses – recidivado	Sim	Independente
P11	28	F	LMA	5 meses	Sim	Independente
P12	37	M	LMA	19 meses	Sim	Independente
P13	29	F	LLA	5 meses	Sim	PD
P14	27	M	LLA	6 meses – recidivado	Sim	Independente

Fonte: Elaborado pelos autores.

É importante notar (QUADRO 2) que seis pacientes são homens e oito mulheres. Quanto ao tipo de patologia, as leucemias agudas tiveram destaque, sendo sete pacientes portadores da LLA e seis tinham LMA, apenas um paciente tinha LMC. Três pacientes dependiam parcialmente de seus cuidadores para realizar atividades de vida diária como ir ao banheiro e tomar banho. Ressalta-se, ainda, que 11 pacientes residiam na mesma casa que seus cuidadores e apenas três moravam em outra residência. Sendo assim, paciente e cuidador familiar tornam-se ativos e corresponsáveis durante o tratamento, já que vivenciam toda a rotina que o processo de doença impôs a eles.

A partir das entrevistas (Apêndice B), tornou-se possível ter uma aproximação de como se dá o processo de resiliência de cuidadores familiares de pacientes leucêmicos participantes e, também, apontar os fatores de risco e de proteção presentes nesse processo.

Bronfenbrenner (1996, p. 5) compreende o desenvolvimento humano como "uma mudança duradoura na maneira pela qual uma pessoa percebe e lida com seu ambiente". O autor enfatiza a interação entre quatro núcleos: o contexto, o tempo, a pessoa e o processo. Assim, o fenômeno resiliência foi compreendido a partir desses núcleos.

O contexto envolve quatro níveis de interações: microssistema, mesossistema, exossistema e macrossistema. O microssistema diz respeito ao ambiente imediato em que a pessoa interage face a face com outros membros (Bronfenbrenner, 1996). Dessa forma, faz parte do microssistema dos cuidadores suas famílias, a equipe de saúde, casas de apoio mantidas por prefeituras, comunidade religiosa, dentre outras.

Por exemplo, os microssistemas de C5 envolvem a sua família de origem, o seu trabalho, a família do esposo e a Casa de Apoio na qual se hospedava. Ela percebe que ambos são ambientes em que ela recebe apoio emocional: "Nós conseguimos uma vaga na casa de apoio [...] e lá é muito bom, então nós estamos ficando lá e lá tem um quartinho só para nós dois". O que se nota é que as relações existentes entre as pessoas e seus ambientes podem oferecer apoio nos momentos de crise, dando oportunidade para o desenvolvimento humano saudável (Juliano; Yunes, 2014).

Ficou evidente que a equipe de saúde pode constituir-se como um novo microssistema, podendo ser protetivo e promotor da resiliência, como é o caso de C2, que percebe que o cuidado da equipe facilita o enfrentamento do tratamento de sua esposa: "O carinho dos médicos, a atenção dos médicos, das enfermeiras, a preocupação que eles não tinham lá e aqui ela está tendo [...] cada pequeno detalhe [...] faz o tratamento ser bom, ser rápido". Assim, ter a ciência de que os seus microssistemas são organizadores e apoiadores em um momento de vulnerabilidade caracterizam-se como um fator de proteção promotor de resiliência para o cuidador familiar.

O contrário também é possível, isto é, microssistemas ineficientes podem se tornar fatores de risco inibidores da resiliência, haja vista que os processos proximais atuam neles, produzindo e sustentando o desenvolvimento. Processos proximais são compreendidos como as formas particulares de interação entre o organismo e seu ambiente, que operam ao longo do tempo como mecanismos primários que produzem o desenvolvimento humano (Bronfenbrenner; Morris, 1998). Assim, se o cuidador não percebe esse apoio em seus ambientes mais próximos, o seu desenvolvimento saudável pode ser prejudicado, sobretudo quando esse apoio não vem da família, pois nesse microssistema ocorrem interações importantes que impactam de forma direta o desenvolvimento de seus membros e de suas relações com contextos diversos (Seibel; Koller, 2015).

Assim sendo, a rede de suporte social empobrecida pode inibir ou dificultar o processo de resiliência, como é o caso de C8, que não se sente compreendido por seu sistema familiar: "Acho que não. Eles querem que eu siga o jeito deles e eu tenho o meu próprio jeito. E eu não gosto disso, até porque eu tenho ideais. Aí eu não aceito imposições". Além disso, percebeu-se que o sentir-se sozinho pode ser o mais difícil no cuidado com o familiar, corroborando com a necessidade de se ter o apoio social e familiar bem estabelecido, como fica claro na fala a seguir: "Pesquisadora: O que tem de mais difícil nesse processo de tratamento e doença da Dona M. para o senhor? C8: Estar sozinho".

O mesossistema se caracteriza pela interação de dois ou vários microssistemas em que a pessoa participa de maneira ativa (Bronfenbrenner, 1996), por exemplo, as interações entre a família e a equipe de saúde. Foi possível notar, também, a interação entre os microssistemas família e a comunidade religiosa, visto que seis cuidadores (C3, C4, C6, C12, C13 e C14) apresentaram o *coping* religioso para lidarem com a função de cuidar, destacando-se C6, que tem a religião como central em sua vida. Ainda que percebida a interação desses microssistemas descritos, o mesossistema apareceu de forma insipiente neste estudo. Promover a interação entre os vários contextos pode ser necessário para fortalecer o cuidador e tornar sua base de apoio mais estimuladora no enfrentamento desse processo de adoecimento e tratamento de seu familiar.

O exossistema abarca as estruturas sociais formais e informais em que, mesmo que a pessoa não esteja presente, ele influencia e delimita o que acontece em seu ambiente mais próximo, sendo assim os ambientes em que o cuidador não participa ativamente, mas que indiretamente influenciam em seu desenvolvimento (Bronfenbrenner, 1996). Nesse sentido, verificou-se que, ao receber apoio da família extensa, de amigos, da comunidade religiosa ou de colegas de trabalho, os cuidadores são influenciados indiretamente de maneira positiva e, novamente, recebem da rede de suporte social o apoio necessário que contribui no desenvolvimento da resiliência. Assim expõe C6: "Se você ver o tanto de doador que veio da nossa cidade, os colegas dele de serviço, eles lotaram uma Kombi, parece que 11, e precisava mais de plaquetas, eles vieram e ajudaram em tudo".

Finalmente, o último nível do contexto, o macrossistema, se caracteriza, segundo Bronfenbrenner (1996, p. 8) pela "manifestação de padrões globais de ideologia e organização das instituições sociais comuns a uma determinada cultura ou subcultura". Dessa forma, quando os cuidadores relatam que cuidam de seus familiares por serem cônjuges, eles dizem respeito de uma crença social. Outro exemplo é quando os valores religiosos influenciam diretamente no desenvolvimento da pessoa, C6 fala sobre isso.

> Na verdade, quando a gente casa, na Bíblia, Deus fala, e não só na Bíblia, realmente eu creio nisso, que a gente deixa a casa da gente, se une ao outro e os dois se tornam uma só carne. E nós somos companheiros, já passamos muita coisa juntos e não ia ser isso que ia fazer a gente separar.

Ao analisar a forma como a temporalidade é vivida pelos cuidadores (Bronfenbrenner; Morris, 1998), foi possível perceber que a vivência do microtempo é permeada por tensões, já que eles precisam ficar alerta o tempo todo, verificando se o paciente está bem, cuidando de sua alimentação, ou seja, a rotina diária se resume ao cuidado e isso pode ser um fator inibidor do processo de resiliência, tal como expõe C3: "a minha rotina hoje é só cuidar dela, cuidar e cuidar e cuidar dela, só essa hoje". Percebe-se que a gerência do microtempo em situação de vulnerabilidade pode ficar prejudicada, não sendo organizadora e prejudicando o desenvolvimento e o processo resiliente.

Além disso, percebeu-se como os cuidadores vivenciam a passagem dos dias (mesotempo) e como eles se organizam ao longo desse período de cuidados. C6 demonstra como a necessidade de ficar longe de sua casa e o não saber quando voltará a afeta: "E aí outra coisa que eu acho difícil é quando tem que vir para Goiânia internar, porque eu sei o dia que eu venho, mas não sei o dia que eu volto".

Bronfenbrenner e Morris (1998) postulam que a pessoa deve ser analisada por suas características e habilidades desenvolvidas por meio de experiências vividas e construídas em sua interação com o ambiente. Tais características influenciarão no desenvolvimento do indivíduo, além disso, elas não são estáticas, podem mudar biopsicologicamente ao longo do ciclo vital. A situação de doença na família pode provocar desenvolvimento ou a sua interrupção, nos membros que assumem a responsabilidade de cuidar. Quando se tem o desenvolvimento saudável, é possível que isso favoreça o processo de resiliência. Como é o caso de C12, quando ela diz o quanto evoluiu como pessoa ao se tornar cuidadora de seu esposo.

> [...] eu tinha um jeito pesado. Eu não era daquelas pessoas de abaixar a cabeça. Eu era nervosa, uma pessoa estressada [...] E aqui dentro (Instituição Hospitalar), para mim, eu nunca maltratei ninguém. E antes eu era estourada, hoje não. Hoje não [...]. Para mim foi para melhor, era mais sofrido, eu ficava mais sozinha. As relações eram mais difíceis.

As estratégias de enfrentamento utilizadas também dizem respeito de como os cuidadores se desenvolveram ao longo desse processo, sobretudo diante de situações novas e desestabilizadoras. Perceber que alguns cuidadores tiveram uma reação desesperadora com a notícia do diagnóstico, mas que com o tempo foram conseguindo lidar de forma mais saudável e adaptada, indica um processo de superação promotor de resiliência. Assim, C5, ao receber a notícia do diagnóstico, relata sobre seu desespero: "Ah! Mas eu queria morrer e eu não conseguia parar de chorar, eu preocupei muito". Passado o susto, ela toma a decisão de cuidar de seu esposo e mostra firmeza em sua escolha: "Estou ciente do que eu quero fazer, aconteça o que acontecer eu vou estar ao lado dele. Jamais que eu vou abandonar".

Para a teoria bioecológica do desenvolvimento humano, o processo é o principal mecanismo responsável pelo desenvolvimento humano, sendo visto como as interações recíprocas entre pessoa e ambiente, objetos ou símbolos que vão se tornando mais complexos de maneira progressiva (Bronfenbrenner; Morris, 1998). Sendo assim, perceber que se tem uma rede de suporte social adequada, sentir-se pertencente ao grupo familiar, ter apoio financeiro, satisfação com a equipe de saúde e ter uma relação organizadora com o familiar doente são fatores que puderam facilitar o desenvolvimento da resiliência.

Além disso, ter a percepção das alterações positivas da família, também, se torna fator de proteção. Por exemplo, C1 percebeu que seus familiares demonstram se importar mais uns com os outros após a leucemia invadir a dinâmica familiar; C2 notou que seus membros estão mais carinhosos entre si; C5, C9, C11 e C14 percebem que seus membros se aproximaram mais emocionalmente, demonstrando mais sentimentos de amor e mais colaboração mútua; C6 percebeu que a família cresceu emocionalmente: se uniram mais, se compreendem mais e se voltaram para a religião; C12 notou maior tranquilidade e paz entre os membros familiares.

No entanto, fatores de risco, também, podem estar presentes, inibindo ou dificultando o desenvolvimento saudável. Nesse caso, são fatores de risco a falta de autocuidado tanto com a saúde física quanto com a pouca busca de descanso por parte do cuidador, visto que os cuidadores abrem mão de suas próprias vidas para se dedicar ao familiar adoecido, podendo abnegar momentos de relaxamento, de lazer e de descanso, além de deixar de lado sua própria saúde. Como esclarece C13: "se eu assistir televisão eu estou perdendo tempo"; ou C12: "Eu tinha que fazer uma cirurgia, eu tenho que tirar o útero. A minha imunidade está baixa. Mas a decisão eu tomei, enquanto ele estiver aqui, eu não posso fazer a cirurgia".

Alterações percebidas como negativas na família, também, se constituem como fatores de risco. Assim, C4 percebeu que os membros familiares estavam mais ansiosos; C8 percebeu aumento nos conflitos familiares; C10 identificou a presença de sentimentos negativos, tais como agressividade e tristeza, e que tais sentimentos eram cada vez mais presentes e regulares em sua família; C13 notou que seus membros familiares estavam mais tristes.

Ter uma relação conflituosa com o próprio familiar doente e a presença de estressores exige esforço intenso e contínuo dos cuidadores para retomar ao curso de desenvolvimento. As alterações na rotina, as preocupações com os cuidados como a alimentação e a higiene, os conflitos familiares, as intercorrências de saúde do paciente (tais como febre e alteração de pressão) e as preocupações particulares de cada cuidador deixam o cuidar ainda mais difícil, tornando-se obstáculos para que os cuidadores alcancem uma condição processual favorável à resiliência.

Apesar da presença ora de fatores protetores, ora de fatores de risco, não foram notadas peculiaridades no processo de resiliência de cuidadores familiares quanto aos diferentes tipos de leucemia. O que se percebe é a singularidade de cada cuidador ao enfrentar a doença de seu familiar.

Diante de tal análise, propõe-se um modelo sintético que orientou a compreensão dos dados desta pesquisa, conforme é demonstrado na Figura 1.

Figura 1 – Modelo do processo de resiliência do cuidador de enfermos com leucemia

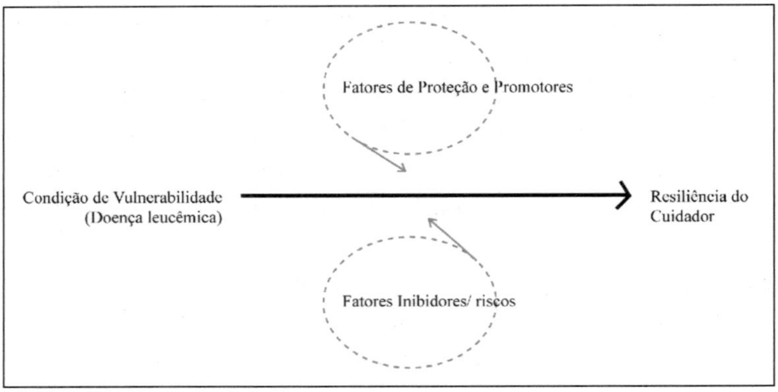

Fonte: Dos autores.

Assim, é possível observar que quando há um momento de vulnerabilidade, nesse caso a leucemia, fatores promotores (tal como uma rede de suporte social frequente, regular e organizadora das vivências do cuidador diante da doença e do tratamento) e inibidores (tal como uma comunicação empobrecida com a equipe de saúde) atuam como processos adicionais a um processo maior que pode culminar, ou não, na resiliência do cuidador.

Adicionalmente, compreende-se que é possível implementar ações que fomentam o processo de resiliência dos familiares cuidadores, por parte de tutores de resiliência (Seibel; Koller, 2015; Saucedo, 2015), ainda que os resultados possam ser percebidos de forma gradual e de acordo com as singularidades de cada um deles. Assim, na Figura 2, agrega-se ao modelo do processo de resiliência intervenções que o psicólogo poderá realizar, tais como a sensibilização da equipe de saúde acerca das necessidades dos cuidadores de enfermos leucêmicos, o treinamento de habilidades de comunicação que impactará a busca mais adequada do apoio social, o fomento de atividades de prevenção terciária (evitar/amenizar manifestações de comorbidades) por meio do desenvolvimento de aspectos positivos (otimismo, humor, esperança, dentre outros). Tais ações marcam-se por ser diretivas e intencionalmente definidas *a priori*, podendo mesmo constituir protocolos de cuidados profissionais. Enfim, pode-se trabalhar com emoções positivas que façam frente às ameaças e perigos emergentes ao longo da experiência de cuidar do enfermo.

Figura 2 – Modelo do processo de resiliência do cuidador de enfermos com leucemia articulado com ações tutoriadas de resiliência

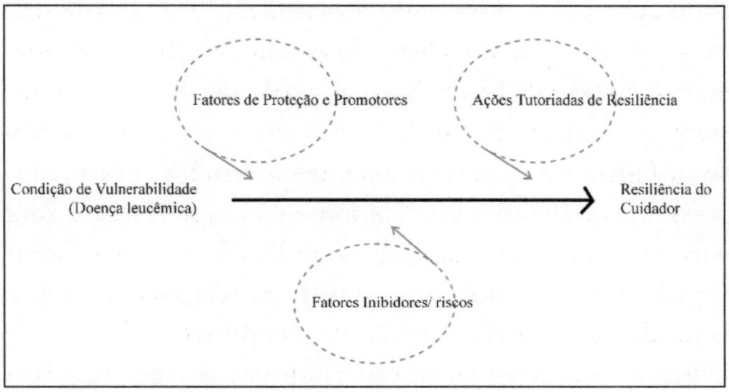

Fonte: Dos autores.

Um dos achados mais importantes desta pesquisa foi a verificação da percepção de ausência de grupos de apoio para cuidadores de pacientes leucêmicos que permitissem a partilha de vivências relacionadas a angústias e dificuldades desse papel assumido pelo familiar que cuida, tornando-se, assim, sugestivo e fundamental a implantação e divulgação de ações institucionais que pudesse favorecer o incremento da rede de suporte social aos participantes.

Notou-se, ainda, que existem preocupações sobre o "como cuidar", sugerindo-se, então, a pertinência do desenvolvimento de um programa de psicoeducação para novos cuidadores, condição em que a equipe de saúde, por meio de oficinas e outras vivências, subsidiadas por material didático especialmente preparado, formasse o cuidador para a (nem sempre) nova rotina de cuidados. Os dados indicaram que dentre as principais dificuldades dos cuidadores familiares encontrava-se a de adaptarem-se a essa nova rotina de cuidados que trouxe alterações importantes em sua vida e na vida de sua família.

Por fim, uma das limitações desta pesquisa – o que se revela, também, e de forma dialética, como sua pertinência – foi a pouca literatura que relacionasse a resiliência e cuidadores de pacientes leucêmicos.

Considerações finais

A partir desta pesquisa, foi possível concluir que a resiliência, considerada como processo, é vivenciada de forma singular por cada cuidador familiar de um paciente leucêmico. No entanto, é possível perceber que alguns fatores podem ser considerados comuns aos participantes quando se tratam de promotores ou inibidores desse processo, sendo que o mais aparente foi a rede de suporte social. Sendo assim, perceber que se tem uma rede de suporte social adequada torna-se fator de proteção que promove a resiliência. Além disso, é necessário promover o desenvolvimento de estratégias de enfrentamento adequadas para facilitar a condição de resiliência.

A política do Sistema Único de Saúde (SUS) brasileira, também, dado a sua hegemonia biomédica, tem priorizado a organização da assistência baseada em "procedimentos", historicamente relegando as subjetividades e os aspectos positivos que emergem no contexto de saúde-doença, a uma condição secundária, perdendo a unicidade na visão sobre as necessidades dos enfermos e das famílias cuidadoras. Nesse sentido, a teoria do desenvolvimento bioecológico humano apresenta-se como uma possibilidade frutífera de compreensão e de reflexão sobre os problemas afins às diversas condições médicas, ampliando o olhar sobre os cuidadores familiares (e o próprio enfermo) para as distintas relações por eles estabelecidas. No limite, as unidades de saúde voltadas ao atendimento das condições crônicas de saúde (incluso os hospitais) constituem espaços de socialização que, quando não percebida tal influência, tende-se a contribuir como fator de vulnerabilidade inibidor ao processo de resiliência de seus usuários.

Ao avaliar o processo de resiliência em cuidadores familiares, deve-se pensar não só no indivíduo, deslocado de seu contexto ecológico, mas incluir a rede de suporte social, o nível de informação que ele tem, as habilidades existentes e as que precisam ser desenvolvidas, a qualidade de vida (em todos os seus âmbitos) e os fatores de proteção e de risco existentes. Enfim, é necessária uma visão da complexidade que se configura nas vivências daquele que cuida. Dessa forma, a desaceleração conceitual observada sobre as noções de saúde/doença (condição esta dada pela complexidade envolvida nos fenômenos e que não permitem compreensões lineares), informa, também, sobre a densidade que o conceito de resiliência vai tomando à medida que é confrontado com diferentes condições culturais, de vida e de saúde/doença.

Referências

ALMEIDA, S. S. L. *et al.* Sentidos do cuidado: a perspectiva de cuidadores de homens com câncer. *Psico-USF*, v. 18, n. 3, p. 469-478, 2013. Disponível em: <https://dx.doi.org/10.1590/S1413-82712013000300013>. Acesso em: 05 jun. 2014.

BARDIN, L. *Análise de conteúdo.* Lisboa: Edições 70, 2013.

BRANDÃO, J. M.; MAHFOUD, M.; GIANORDOLI-NASCIMENTO, I. F. A construção do conceito de resiliência em psicologia: discutindo as origens.

Paidéia, v. 21, n. 49, p. 263-271, 2011. Disponível em: <http://www.redalyc.org/articulo.oa?id=305423783014>. Acesso em: 23 mar. 2014.

BRASIL, M. C.; ANDRADE, C. C. Reconfiguração de campo do familiar cuidador do portador de Alzheimer. *Psicologia em Estudo*, v. 18, n. 4, p.713-723, 2013. doi: <10.1590/S1413-73722013000400013>.

BRASIL. Conselho Nacional de Saúde (2012). Resolução nº 466, de 12 de dezembro de 2012. Brasília, 2012. Disponível em: <http://www.conselho.saude.gov.br/resolucoes/2012/Reso466.pdf>. Acesso em: 23 mar. 2014.

BRASIL. Ministério da Saúde. *Coordenação-Geral de Atenção* às *Pessoas com Doenças Crônicas – CGAPDC*. 2014. Disponível em: <http://portalsaude.saude.gov.br/index.php?option=com_content&view=article&id=11371&Itemid=697>. Acesso em: 12 maio 2015.

BRASIL. Ministério da Saúde. *Departamento de Atenção Básica – Doenças Crônicas*. 2012. Disponível em: <http://dab.saude.gov.br/portaldab/doencas_cronicas.php>. Acesso em: 23 mar. 2014.

BRONFENBRENNER, U. *A ecologia do desenvolvimento humano: experimentos naturais e planejados*. Tradução de M. A. V. Veronese. Porto Alegre: Artes Médicas, 1996. (Originalmente publicado em 1979).

BRONFENBRENNER, U.; MORRIS, P. A. The Ecology of Development Process. In Damon, W.; LENNER, R. M. (Orgs.). *Handbook of Child Psychology: Theorical Model of Human Development.*. New York: John Wiley & Sons, 1998. v. 1, p. 993-1027.

CACHIONI, M. *et al.* Elderly Patients with Alzheimer's Disease and Their Family Relationships: Caregiver Perspectives. *Dementia & Neuropsychologia*, v. 5, n. 2, p. 114-122, 2011. Disponível em: <https://dx.doi.org/10.1590/S1980-57642011DN05020010>. Acesso em: 03 mar. 2015.

CARVALHO. C. S. U. A necessária atenção à família do paciente oncológico. *Revista Brasileira de Cancerologia*, v. 54, n. 1, p. 97-102, 2008. Disponível em: <http://www.inca.gov.br/rbc/n_54/v01/pdf/revisao_7_pag_97a102.pdf>. Acesso em: 14 abr. 2014.

CASSIDY, T. Benefit Finding Through Caring: The Cancer Caregiver Experience. *Psychology & Health*, v. 28, n. 3, p. 250-266, 2013. doi: <10.1080/08870446.2012.717623>.

DESLAURIERS, J. P.; KÉRISIT, M. O delineamento de pesquisa qualitativa. In: POUPART, J. e cols. *A pesquisa qualitativa: enfoques epistemológicos e metodológicos*. Petrópolis: Vozes, 2008. p. 127-153

FERNÁNDEZ-LANSAC, V.; CRESPO M. C. L. Resiliencia, Personalidad Resistente y Crecimiento en Cuidadores de Personas con Demencia en el Entorno

Familiar: Una Revisión. *Clínica y Salud*, v. 22, n. 1, p. 21-40, 2011. Disponível em: <http://scielo.isciii.es/scielo.php?pid=S1130=52742011000100002-&script-sci_arttext>.

GARCES, S. B. B. *et al.* Avaliação da resiliência do cuidador de idosos com Alzheimer. *Revista Brasileira de Geriatria e Gerontologia*, v. 15, n. 2, p. 335-352, 2012. doi: <10.1590/S1809-98232012000200016>.

GIESBRECHT, M. *et al.* Identifying Socio-Environmental Factors that Facilitate Resilience Among Canadian Palliative Family Caregivers: A Qualitative Case Study. *Palliative and Supportive Care*, 13, p. 555-565, 2013. doi: <10.1017/S1478951513001028>.

GROULX, L. H. Contribuição da pesquisa qualitativa à pesquisa social. In: POUPART, J. e cols. *A pesquisa qualitativa: enfoques epistemológicos e metodológicos.* Petrópolis: Vozes, 2008. p. 95-124.

IGNACIO, M. G. *et al.* Aspectos da sobrecarga em cuidadores de pacientes terminais por câncer: revisão de literatura. *Psicologia Hospitalar*, v. 9, n.1, p. 24-46, 2011. Disponível em: <http://pepsic.bvsalud.org/scielo.php?script=sci_arttext&pid=S1677-74092011000100003&lng=pt&tlng=pt>. Acesso em: 14 abr. 2014.

INCA. *Estimativas 2014: incidência de câncer no Brasil.* Rio de Janeiro, 2014. Disponível em: <http://www.inca.gov.br/estimativa/2014/estimativa-24012014.pdf>. Acesso em: 24 abr. 2014.

INCA. *Estimativas 2016: incidência de câncer no Brasil.* Rio de Janeiro, 2015.

JULIANO, M. C. C.; YUNES, M. A. M. Reflexões sobre rede de apoio social como mecanismo de proteção e proteção da resiliência. *Ambiente e Sociedade*, v. 17, n. 3, p. 135-154, 2014. doi: <10.1590/S1414-753X2014000300009>.

MINAYO, M. C. S. *O desafio do conhecimento: pesquisa qualitativa em saúde.* 14. ed. São Paulo: Hucitec, 2014.

ROSENBERG, A. R. *et al.* Promoting Resilience Among Parents and Caregivers of Children with Cancer. *Journal of Palliative Medicine*, v. 16, n. 6, p. 645-652, 2013. doi: <10.1089/jpm.2012.0494>.

SANTOS, Q. Estratégia de enfrentamento (*coping*) da família frente a um membro familiar hospitalizado. Uma revisão de literatura Brasileira. *Mudanças – Psicologia da Saúde, v. 21, n.* 2, p. 40-47, 2013. doi: <10.15603/2176-1019/mud.v21n2p40-47>.

SAUCEDO, M. M. Factores resilientes em adultos mayores que viven en situación de pobreza. In: GUTIÉRREZ, E. J. C.; CUEVAS S. G. (Org.). *Alternativas psicológicas de intervención en problemas de salud.* México, D.F.: Manual Moderno, 2015. p. 245-258.

SEIBEL, B. L.; KOLLER, S. H. O conceito de resiliência aplicado ao microssistema familiar: articulações com a teoria bioecológica do desenvolvimento humano. In:

COIMBRA, R. M.; MORAIS N. A. (Org.). *A resiliência em questão: perspectivas teóricas, pesquisa e intervenção.* Porto Alegre: Artmed, 2015.

SENA, E. L. S. *et al.* Percepção de familiares sobre o cuidado à pessoa com câncer em estágio avançado. *Revista Texto e Contexto Enfermagem*, v. 20, n. 4, p. 774-781, 2011.

YUNES, M. A. M. Dimensões conceituais da resiliência e suas interfaces com risco e proteção. In: MURTA, S. G. *et al.* (Org.). *Prevenção e promoção em saúde mental: fundamentos, planejamento e estratégias de intervenção.* Novo Hamburgo: Sinopsys, 2015.

APÊNDICE A

Roteiro de Entrevista Semiestruturada

1. O que conhece sobre a doença do seu familiar?
2. Como o(a) senhor(a) ficou sabendo do diagnóstico do seu familiar (usar o termo usado pelo participante)?
3. O que conhece do tratamento?
4. Como o(a) senhor(a) chegou à condição de cuidador (como foi definido, como se deu essa escolha)?
5. Como é a sua relação com o seu familiar (paciente)? Percebe se houve alterações na relação com ele(a) após iniciar os cuidados? Se sim, quais?
6. Como era a sua rotina antes do adoecimento do seu familiar (dizer o nome)? O que mudou? Como está agora?
7. O que precisou mudar na sua vida para se adaptar aos cuidados de seu familiar (dizer o nome)?
8. Como era a sua vida social (relação com amigos, convivência fora de casa) antes de se tornar cuidador? E como é agora?
9. O que faz para se divertir e relaxar?
10. Frequenta algum espaço religioso? Com que frequência?
11. Frequenta algum grupo de apoio?
12. Alguém o auxilia nos cuidados com o paciente?
13. Como tem se sentido emocionalmente em função dos cuidados que tem dispensado ao paciente?
14. Percebe alteração na sua família após a doença do paciente (dizer o nome)?
15. Como a sua família participa dos cuidados? Ela o auxilia?
16. O que é mais difícil no cuidado ao paciente (dizer o nome)?
17. O que mais o preocupa em relação aos cuidados?
18. E o que mais o preocupa em relação a sua vida particular?

19. Como lida com essas preocupações?

20. Como resolve situações de conflito e/ou de estresse na sua vida pessoal?

21. Como percebe que está a sua saúde?

22. Como está o seu sono?

23. Como está a sua alimentação?

24. Pratica alguma atividade física?

25. Qual a última vez que realizou uma consulta médica? Qual foi o motivo?

26. O quanto o(a) senhor(a) se sente compreendido(a) em suas necessidades pela sua família? Ilustre com um fato concreto.

APÊNDICE B

Quadro 3 – Identificação, descrição, exemplo e frequência das categorias e subcategorias temáticas de cuidadores familiares de pacientes leucêmicos

Categoria/ Subcategoria	Descrição	Exemplo	f (%)
1 Compreensão da doença e do tratamento 1.1 Desconhecimento 1.2 Conhecimento parcial 1.3 Conhecimento objetivo 1.4 Postura frente ao tratamento	Conjunto de informações e/ou percepções relativas ao processo de adoecimento e terapêuticas adotadas.	**C1**: Sim, é na medula óssea, pois ele não estava mais produzindo células vermelha. (Doença) **C1**: Ah, eu conheço que a quimioterapia vai matando essas células ruins que ele está produzindo, eliminando pra ele fazer outras células... É, para ir melhorando (Tratamento).	63 (7,5)
2 Tornando-se cuidador familiar 2.1 Escolha voluntária 2.2 Escolha compulsória 2.3 Relação cuidador-paciente (organizadora/ conflituosa)	Processo de escolha do agente do cuidar.	**C5**: Acabou que ficou pra mim. Você entendeu? Eu me senti responsável.	80 (9,5)

Categoria/ Subcategoria	Descrição	Exemplo	f (%)
3 Estressores 3.1 Relacionados às alterações na rotina do cuidador 3.2 Relacionados à função de cuidar 3.3 Relacionados à dinâmica familiar 3.4 Relacionados à condição objetiva de saúde e doença do paciente 3.5 Relacionados à vida particular do cuidador	Elementos que exigem maior força adaptativa do indivíduo, usualmente quebrando a sua homeostase.	**C13:** Não é fácil você dormir pensando nisso, que eu como pensando nessa doença dela, eu vivo isso. Por isso que eu falo pra você, que é difícil, é muito. Que a alimentação dela, parece que tudo que eu faço é pouco. A higienização. E assim, ela toma medicação, por isso que eu te conto assim que, ela tomou a medicação... eu fico em alerta.	204 (24,2)
4 Coping 4.1 Confronto 4.2 Afastamento 4.3 Autocontrole 4.4 Suporte social 4.5 Fuga/esquiva 4.6 Resolução de problemas 4.7 Reavaliação positiva	Referem-se aos indicadores de esforços, cognitivos, emocionais e comportamentais, utilizados pelos indivíduos com o objetivo de lidar com as situações de estresse.	**C10:** Aí eu corro atrás, depois que eu descubro o que eu tenho que fazer, eu tenho que correr.	106 (12,6)
5 Rede de suporte social	Conjunto de recursos interrelacionais econômicos, sociais, emocionais e material que podem levar a um sentimento de pertença.	**C5:** Graças a Deus, a gente não está esquecido, não. Mas não está mesmo, família e amigos, o telefone não para.	173 (20,5)
6 Qualidade de vida 6.1 Dimensão física 6.2 Dimensão psicológica 6.3 Dimensão espiritual 6.4 Dimensão funcional	Autoavaliação da saúde realizada pelo cuidador sobre as dimensões física, psicológica, espiritual e funcional.	**C6:** Parece que eu renunciei demais por ele e me deixei de lado, aí primeiro me deu essa infecção de urina, nossa, mas eu penei com essa infecção de urina.	218 (25,8)
Total			844 (100,1)

Observação: frequências baseadas nas unidades de análise temática, ou seja, extratos/recortes das entrevistas que indicam as categorias e/ou subcategorias temáticas.

CAPÍTULO 21

A estrutura socioeconômica capitalista como geradora de sofrimentos psíquicos e potencializadora da criminalidade: reflexão sobre a atuação do psicólogo existencial no contexto prisional

Érica Eneas Rodrigues

> *Quando o valor mais importante de uma sociedade é a obtenção, a qualquer preço, de status e lucro, é inútil esforçar-se para moralizar diante do pequeno ladrão, do estelionatário ou chantagista de pequena monta.*
>
> (LOLA ANYAR DE CASTRO)

As reflexões expostas neste texto surgiram de uma vivência profissional dentro de uma unidade penitenciária masculina. Através dos atendimentos individuais e grupais na instituição, passamos a observar que um dos fortes motivos do encarceramento das pessoas estão associados aos fenômenos da esfera econômica, ou seja, a busca por dinheiro para aquisição de bens de consumo. Dessa forma, verificamos também uma relação entre a busca por esses bens de consumo e o adoecimento existencial e mental que ela produz, pois os indivíduos sentem-se preteridos e frustrados em suas relações sociais quando não possuem estes bens de consumo, tais como: roupas, tênis, carros, motos, drogas, passeios em shoppings, etc.

O fenômeno da criminalidade é permeado por um contexto social e econômico determinado, e a nossa prática profissional não deve deixar de considerar esses fatores em suas análises, pois, caso desconsidere essas condições, poderá incorrer em reflexões reducionistas da realidade que se apresenta. Conforme entrevista da psicóloga Cristina Rauter à *Revista Diálogos do CRP*[1], devemos observar que: "É ilusão acreditar que o psicólogo vá responder se o crime mora na personalidade

[1] Disponível em: <https://site.cfp.org.br/wp-content/uploads/2012/10/Dialogos8_23outubro.pdf>. Acesso em: 10 jun. 2017.

de alguém. 'Compreender as causas de um crime diz respeito a considerar sempre um conjunto de fatores e não considerar, dissociadamente, os fatores sociais'".

A ciência psicológica deve estudar o fenômeno criminal sem os preconceitos do senso comum que o coloca como um fenômeno praticado por indivíduos "anormais" que se diferenciam dos "normais", uma vez que, para a elaboração de análises mais profundas, é necessário verificar as complexas interações que favorecem a prática delitiva. Dessa forma, nossa reflexão sobre essa realidade focará em algumas interações que o sistema socioeconômico no qual estamos inseridos, gera e potencializa na vivência dos indivíduos em sociedade. Ressaltamos que o texto busca apenas explicitar a observação de um fenômeno que se apresentou durante nossas práticas psicológicas, e não pretendemos teorizar sobre o melhor modelo econômico para nossa sociedade, porém, salientamos que os psicólogos devem ficar atentos a essas questões, pois nós e nossos clientes somos afetados pelo atual sistema socioeconômico capitalista. Assim, não esgotaremos essa questão aqui, apenas apresentaremos uma experiência de atuação do psicólogo diante do fenômeno tematizado.

Sistema socioeconômico capitalista: a importância de observá-lo em nossa atuação profissional

O resultado do processo "monstruoso" de culpabilização capitalista é a generalização do "desespero".[2]

(Michael Lowy)

Entre as diversas esferas da existência humana em sociedade, o sistema econômico funciona como um dos reguladores de nossa vida social, ele é sem dúvida muito importante para a manutenção de nossa sobrevivência. A ideia de um sistema econômico nas primeiras comunidades humanas servia como organizador de suas relações sociais. Conceitua-se que um sistema econômico pretende implantar e regular "as diferentes atividades econômicas, o seu comércio resulta da compra e venda dos produtos gerados pelo ser humano ou obtidos pela natureza".[3] O sistema econômico, por ser um fenômeno complexo, não produz apenas um sistema de trocas de mercadorias, ele também produz e influencia questões sociais, políticas, educacionais e culturais. Historicamente, ocorreram evoluções importantes nos sistemas econômicos mundiais. Ressaltamos que não é nossa pretensão aprofundar nessa temática. Em um breve giro histórico, evidenciamos que o sistema econômico

[2] Entrevista de Michael Löwy para a Folha de S.Paulo. Disponível em: <http://www1.folha.uol.com.br/fsp/mais/fs1809200508.htm>. Acesso em: 16 jun. 2017.

[3] Disponível em: <http://queconceito.com.br/sistema-economico>. Acesso em: 15 jun. 2017.

feudal teve seu surgimento no século V e sua finalização no século XV.[4] Ele tinha como característica principal o trabalho dos homens nas terras dos senhores feudais em troca de sua proteção, isto é, os homens plantavam os seus alimentos para a própria sobrevivência, sendo que uma parte deste plantio era destinada ao senhor das terras. Esse sistema econômico começou a se modificar no século XV, período de expansão do colonialismo e das rotas comerciais entre os países; os séculos XVI e XVII apresentam uma série de mudanças na organização social dos países europeus, e o crescimento da classe burguesa, precursora da mentalidade capitalista, começou modificando aos poucos o sistema econômico feudal. No século XVIII, acontece na Inglaterra a Primeira Revolução Industrial, esse fato efetiva o nascimento do sistema econômico capitalista[5] que se desdobra em suas evoluções até os dias atuais.

O sistema econômico capitalista basicamente é "caracterizado pela propriedade privada dos principais meios de produção, e a liberdade dos indivíduos para realizar contratos que regulem seus próprios interesses".[6] Nesse sistema, a competitividade é livre, a troca de mercadorias deve ser gerenciada pelas pessoas, preconiza-se que o Estado não intervenha nas relações comerciais dos indivíduos, a essência de sua estrutura tem como premissa que "[...] quem tem mais capital tem mais poder, não só economicamente, mas também socialmente, politicamente e culturalmente".[7]

Leo Huberman, em seu livro *História da Riqueza do Homem*, contextualiza a origem desse sistema econômico, e informa que no século XVIII surgem duas classes sociais: uma classe composta pelos donos dos capitais financeiros ou meios de produção, e outra classe assalariada que trabalha para esses donos em troca de salários (dinheiro). Esse sistema econômico, por sua vez, é marcado por grandes avanços técnico-científicos que geraram, inegavelmente, qualidade e longevidade para a vida do homem, mas, em contrapartida, produziu e produz o aumento da desigualdade social, além de gerar uma estrutura social focada no consumo constante das mais diversas mercadorias. Assim, o sistema econômico capitalista introduziu mudanças na mentalidade do homem moderno, alterando as relações humanas em suas formas de ser, agir e pensar, como salienta Possoli:

> O capitalismo, pela ação de suas empresas e seus agentes, modeliza as utopias pessoais sob a sua lógica de dominação e lucro [...] Ele atua no inconsciente e move o desejo, a angústia e o medo das pessoas; altera a sensibilidade que é modelada sob a lógica do capital, ficando o desejo de

[4] Disponível em: <https://www.significados.com.br/feudalismo/>. Acesso em: 15 jun. 2017.

[5] Disponível em: <http://brasilescola.uol.com.br/geografia/primeira-revolucao-industrial.htm>. Acesso em: 15 jun. 2017.

[6] Disponível em: <http://queconceito.com.br/capitalismo>. Acesso em: 15 jun. 2017.

[7] Disponível em:<https://www.significados.com.br/feudalismo/>. Acesso em: 15 jun. 2017.

alteridade modelizado em função do consumo de produtos e da posse de objetos, resultando em relações coisificadas. (Mance, 1998, p. 131, *apud* Possoli, 2005)

No cárcere, atendemos pessoas que vivenciam e reproduzem esse sistema socioeconômico. A exaltação pelo consumo e a busca por dinheiro para adquirir mercadorias pode gerar uma série de sofrimentos psíquicos, e devemos estar atentos a esta realidade, porque esse sistema:

> [...] produz imaginários, gerando certas compreensões ideológicas de mundo, esperanças impossíveis de cumprir-se, utopias alienadas, compreensões fragmentadas e virtuais do real, etc. [...] O sistema capitalista, além de ser um sistema econômico e político, é o sistema semiótico modelizante principal. Ele produz e reproduz conjuntos articulados de signos a partir dos quais tudo pode ser transcodificado. (Mance, 1998, p. 131, *apud* Possoli, 2005)

Assim, as pessoas que estão na instituição prisional são atravessadas por esse contexto, pelas ilusões perpetuadas por este sistema, e dentro do cárcere o reproduzem e o reforçam através do principal meio de distração que eles possuem em suas celas: a televisão. Pois a televisão difunde essa visão de mundo e reforça o consumismo, gerando, desse modo, uma "inversão ideológica que banaliza a violência e torna o *consumo sagrado* [...]" (Caniato, 2003, grifo nosso).

Caniato (2003) afirma que a prática psicológica não deve psicologizar os problemas do homem, visto que esse tipo de visão que não analisa as questões sociais, culturais, ideológicas e econômicas que atravessam a vida do homem, pode acabar não ajudando que o cliente observe:

> [...] as condições reais de sua vida como disruptivas e perversas, consequentemente, mantendo-os paralisados e impotentes para ações defensivas eficientes e/ou transformadoras das expressões de desamparo, indigência e opressão mutiladora a que cada um e todos estão expostos. (Caniato, 2003, p. 11)

Sobre este sistema socioeconômico, o respeito à ordem social e a propriedade são valores supremos, enquanto que a valorização da dignidade humana e a promoção de valores coletivos são relegadas a simples discussões ideológicas. Em virtude deste cenário, o psicólogo deve propor intervenções nesta realidade, porque ela propicia o adoecimento e o desespero nos seres humanos (Castro, 2005).

O sistema prisional: crescimento assustador

As prisões brasileiras, desde sua origem, apresentam uma série de problemas: superlotação, falta de estrutura nos estabelecimentos de cumprimento de pena, atendimento precário dos presos e violência praticada pelos agentes do Estado. Essas situações são retratadas por documentos históricos já nos anos de 1830.[8] A pena privativa de liberdade no Brasil tem finalidade retribuitiva, preventiva e reeducativa de acordo com as etapas de individualização da pena, porém, desde sempre, a realidade nos revela que as práticas dentro das instituições penais são majoritariamente punitivas.

Conforme os dados estatísticos sobre os países que mais encarceram no mundo (DEPEN, 2014, p. 12), observa-se que os Estados Unidos da América, que reconhecidamente é o centro do sistema socioeconômico capitalista, mostra-se como o país que mais encarcera pessoas no mundo. E, nesse cenário, o Brasil encontra-se como o quarto país que mais encarcera sua população. Segundo dados do Departamento Penitenciário Nacional (DEPEN), encontramo-nos em franca expansão do nosso sistema penitenciário, a população prisional brasileira aumentou, entre 1990 e 2014, 575%. No ano de 2014,

> [...] o número de presos no país ultrapassou a marca de 600 mil. Desde 2000, a população prisional cresceu, em média, 7% ao ano, totalizando um crescimento de 161%, valor dez vezes maior que o crescimento do total da população brasileira, que apresentou aumento de apenas 16% no período, em uma média de 1,1% ao ano. (DEPEN, 2014, p. 15)

Consideramos que quanto mais o país busca reproduzir os valores do sistema socioeconômico capitalista, especificamente os valores norte-americanos, mais a nossa sociedade tornar-se-á dependente desse sistema e de suas mazelas. Castro (2005, p. 23) expõe que "Na América Latina importamos tudo dos Estados Unidos. Mesmo seus problemas, suas perspectivas morais e suas diretrizes de ação". Verifica-se que o principal motivo para a efetuação de prisões relaciona-se a crimes contra o patrimônio e tráfico de drogas, dados do DEPEN informam que as principais sentenças penais são: "Crimes contra o patrimônio 46%, Lei de drogas 28%, Crimes contra a Pessoa 13%, Estatuto do Desarmamento 5%, Crimes contra a dignidade sexual 4%, Crimes contra a paz pública 2%" (DEPEN, 2014, p. 65).

É notável que o poder público, em vez de investir em mais políticas voltadas para educação, saúde, habitação, transporte e trabalho, expande o sistema penal, como se este fosse um programa social frequentado, em sua grande maioria, por pessoas de classes economicamente marginalizadas (Motta, 2015). O texto "A criminologia e o estudo da criminalidade nas ciências econômicas" esclarece-nos que:

> [...] ao menos em relação aos crimes contra a propriedade, a criminalidade é inevitável, pois o capitalismo é produto de um antagonismo de classe e emerge como efeito da exploração do trabalho. A necessidade, para os

[8] Disponível em: <http://www.revistaliberdades.org.br/site/outrasEdicoes/outrasEdicoesExibir.php?rcon_id=145>. Acesso em: 19 ago. 2017.

> capitalistas, dessa relação despótica entre o trabalho e o capital faz com que certo grau de criminalidade seja tolerado como um componente do preço pela manutenção dos privilégios dos capitalistas sobre a exploração da força de trabalho. (Durlo; Sartoris Neto, 2018)

Para o sistema socioeconômico capitalista, é tolerável a criminalidade, caso contrário não estaríamos em franca expansão deste sistema em nosso país. Diversos autores, ao estudarem os efeitos do encarceramento nas pessoas, apontam para o surgimento de um fenômeno chamado "prisionização", segundo nos diz Sá:

> Esse processo gera perda de identidade; sentimento de inferioridade; o empobrecimento psíquico; a infantilização, a regressão. O empobrecimento psíquico acarreta, entre outras coisas: o estreitamento do horizonte psicológico, a pobreza de experiências, as dificuldades de planos a médio e longo prazo. A infantilização e a regressão manifestam-se, entre outras coisas, através de: dependência, busca de proteção, busca de soluções fáceis, projeção da culpa no outro e dificuldade de elaboração de planos. (Sá, 2010, p. 113)

No sistema prisional, a pessoa presa também está sujeita a "rebeliões, truculência dos agentes policiais, marginalização, desumanização, submissão à barbárie dos Comandos [...] corrupção e perda paulatina da aptidão para o trabalho" (SÁ, 1998, p. 03). Todos esses fatores desestruturantes atravessam as pessoas encarceradas e produzem um modo de ser alienado, pessoas infantilizadas pelo Estado, e estas, ao saírem do cárcere para a sociedade "livre", terão que se inserir mais uma vez neste sistema econômico para sobreviverem.

O poder público, falido desde sua origem, ao perpetuar o sistema capitalista, produz e reproduz conflitos constantes entre as pessoas, mostrando-se assim um péssimo gestor dos conflitos sociais quando cria mais cárceres, e o poder econômico, junto com as suas estruturas, relaciona-se com o Estado e o influencia a favor de seus interesses privados. Observa-se que a estrutura estatal está a serviço dos valores capitalistas. Conforme análise de Motta (2015), os ocupantes de cargos públicos vitalícios, advogados, médicos, juízes, promotores, professores e **psicólogos** reproduzem este modo de operar do Estado, ou seja, reproduzem em suas práticas profissionais os valores socioeconômicos capitalistas sobre as pessoas que atendem. Como trabalhadores de instituições públicas, devemos observar que:

> O poder do Estado é um poder permanente. Esse poder é exercido por um determinado número de instituições que são isoladas e independentes de uma influência tão mutável e instável quanto o sufrágio universal. Essas são as instituições que devem ser analisadas se é para aprender onde o real poder se encontra: "governos vêm e vão, mas a polícia e os administradores permanecem." (Mandel, 1971, *apud* Motta, 2015, p. 154)

É importante que o psicólogo, em sua atuação profissional, observe sob quais influências rege o seu trabalho. Aponta Foucault (1988) que as ciências não são neutras e a-históricas, elas muitas vezes reproduzem em suas práticas as crenças do momento, e dentre essas crenças, como já referido, a que se preconiza é a crença de que o **consumo** é **uma forma de "inclusão social"**. Castro (1983, p. 25), ao analisar a sociedade capitalista, afirma que as pessoas programam suas vidas para possuir riquezas; verifica-se se uma pessoa tem ou não sucesso na vida pelo dinheiro que ela possui, não importa se a pessoa é inteligente, solidária ou apresenta qualquer outro tipo de qualidade fora do campo material. Ser bom limita-se exclusivamente a termos monetários. A autora reflete que: "A vida programada em função do signo monetário é individualista, personalista e se caracteriza pela indiferença para com os demais, e, portanto, não se distancia muito do projeto de vida de um delinquente" (Castro, 1983, p. 27).

Nossa sociedade, insidiosamente e de uma forma subentendida, exige das pessoas um projeto de vida não muito diferente daqueles que burlam a lei para obter dinheiro, para atingir o sucesso e ter acesso aos bens de consumo. A prisão é legalmente aceita pela sociedade como um local que supostamente teria a função de modificar o comportamento dos "criminosos" (Foucault, 1988). Devem-se condicionar os comportamentos das pessoas presas para que se adaptem às normas e aos valores sociais e, entre esses valores sociais, o **consumo** apresenta-se como um "valor" a ser atingido. Sabemos que as instituições sociais, escolas, religiões e prisões são instâncias produtoras de sentido para a vida de seus frequentadores (Goffman, 2001), em seu sistema interno, a prisão, reproduz o sistema socioeconômico vigente, dentro dela se privilegia quem possui poder de compra para consumir.

Preconizamos que é nesse espaço que entra o trabalho do psicólogo, pois cabe a ele refletir sobre essa realidade e, a partir dessa reflexão, construir alternativas de atuação das pessoas sobre esse fenômeno.

Por intermédio dessas reflexões relataremos, a seguir, o recorte de uma prática psicológica que pretendeu trabalhar a elaboração de um pensamento reflexivo sobre a influência que o modelo socioeconômico capitalista produz nas vidas das pessoas presas.

O trabalho grupal: ferramenta para a reflexão do modelo socioeconômico vigente

Dentro do sistema prisional, o psicólogo dispõe de uma série de atribuições, entre elas: a realização de avaliações psicológicas solicitadas por juízes para concessão de benefícios, atendimentos de inclusão dos recém-chegados na instituição, realização de processos terapêuticos individuais, atendimentos de famílias e, por fim, a realização de grupos terapêuticos, sendo este trabalho, segundo nossa experiência, o que mais favorece um espaço efetivo para processos reflexivos e de mudança.

Nosso trabalho grupal tem como base o pensamento fenomenológico existencial, este se desvencilha do modo de pensar determinista, que produz uma lógica preestabelecida e acabada de refletir sobre os fenômenos humanos. Em nossos trabalhos grupais, buscamos um espaço para o resgate da autenticidade do homem perante as coisas do mundo (Rubini, 1999), e esse resgate se torna possível na vivência grupal, pois neste espaço o terapeuta pode criar um ambiente acolhedor e propiciador de experiências sinceras para seus participantes. Em nossa sociedade, o homem encontra-se reificado,[9] em poucos momentos ele pensa sobre a sua atuação no mundo, sobre suas ações na sociedade, e sabemos que "[...] o ser humano não é apenas um ser-para-si, mas um ser-para-outro. De fato, Sartre destaca que ele é um ser-para-muitos-outros, é um ser-em-sociedade" (Oliveira, 2009, p. 100).

A sociedade capitalista oferta o bem-estar material, mas isso não resolve todas as questões existenciais humanas. Uma solução para lidar com esta incompletude, segundo a perspectiva capitalista, seria alienar-se e reificar-se. O homem, quando cai na rotina, aliena-se de um fato essencial: o pensar sobre sua existência, seu sentido no mundo. O espaço grupal pode se tornar um lugar para este pensar, a relação grupal ajuda o ser humano a se tornar mais autêntico e mais autônomo em suas escolhas. No processo reflexivo criado no grupo, sobre questões do dia a dia, o lidar com as coisas do mundo e da vida, acaba-se por despertar nos integrantes a aparição de fatos da existência humana, e devemos trabalhar com esses fatos, pois:

> Existir envolve, por um lado, a consciência de tragédia inerente à condição humana, construída por insegurança, frustração e perdas irreparáveis e, por outro, pela consciência da esperança que resulta da liberdade de escolha, da auto-realização, da dignidade individual, do amor e da criatividade. (Teixeira, 2006, p. 292)

A afirmação de Sartre (1905-1980), "Não importa o que fizeram com você. O que importa é o que você faz com aquilo que fizeram com você", é usada como base em nosso trabalho grupal. Teixeira (2006, p. 293) expressa que "O indivíduo não pode escolher as limitações da sua existência, mas pode escolher os modos de confronto com essas limitações, isto é, como é que se confronta com elas". O espaço grupal propicia a elaboração de possibilidades de criação de alternativas para lidar com essas limitações, com as facticidades[10] da vida.

9 **Reificação**: Redução do ser humano a valores meramente materialistas. Ato ou efeito de tratar ou considerar como coisa. Disponível em: <https://www.priberam.pt/dlpo/reifica%C3%A7%C3%A3o>. Acesso em: 05 out. 2017.

10 "Segundo Martin Heidegger, é o que caracteriza a existência como lançada no mundo, ou seja, à mercê dos fatos, ou no nível dos fatos e entregue ao determinismo dos fatos. O fato, que é simplesmente a presença das coisas utilizáveis, é objeto de constatação intuitiva. A Facticidade da existência, ao contrário, só é acessível através da compreensão emotiva. Nesse sentido, a Facticidade é um modo de ser próprio do homem e diferente da factualidade, que é o modo de ser das coisas. De modo análogo,

Diante dos nossos encontros com as pessoas presas, passamos a observar os seus relatos a respeito da motivação de suas condenações, e, em sua grande maioria, revelou-se a busca pelo consumo de bens materiais. As falas mostraram um fenômeno que se repetia: roubei "porque queria comprar uma moto" (*sic*), "quase todo mundo no meu bairro tem carro, assaltei para ter um também" (*sic*), "queria ter roupas boas" (*sic*), "não estava passando fome para roubar, podia esperar para ter um tênis bom, roupas boas, mas quis ter as coisas rápido" (*sic*), "roubei para ter um carro, queria ser aceito pelas pessoas e meus pais não podiam me dar" (*sic*). Além da busca por bens materiais, ressaltamos que a maioria dessas pessoas usa e abusa de substâncias psicoativas, e esse uso parece revelar uma forma de entorpecimento para lidar com o contexto de suas vidas.

Diante dessas observações, resolvemos introduzir, em um de nossos trabalhos grupais de reflexão, um encontro com a temática "consumismo" e, para a introdução do diálogo, trouxemos o poema "Eu Etiqueta", de Carlos Drummond de Andrade.

EU, ETIQUETA[11]

Em minha calça está grudado um nome
que não é meu de batismo ou de cartório,
um nome... estranho.
Meu blusão traz lembrete de bebida
que jamais pus na boca, nesta vida.
Em minha camiseta, a marca de cigarro
que não fumo, até hoje não fumei.
Minhas meias falam de produto
que nunca experimentei
mas são comunicados a meus pés.
Meu tênis é proclama colorido
de alguma coisa não provada
por este provador de longa idade.
Meu lenço, meu relógio, meu chaveiro,
minha gravata e cinto e escova e pente,
meu copo, minha xícara,
minha toalha de banho e sabonete,
meu isso, meu aquilo,
desde a cabeça ao bico dos sapatos,

Jean-Paul Sartre deu o nome de Facticidade ao fato de que a liberdade não pode não ser livre e não pode não existir: nesse caso, liberdade identifica-se com necessidade do fracasso." Disponível em: <http://www.filosofia.com.br/vi_dic.php?palvr=F>. Acesso em: 11 fev. 2018.

[11] ANDRADE, 1984, p. 15, grifos nossos.

são mensagens,
letras falantes,
gritos visuais,
ordens de uso, abuso, reincidência,
costume, hábito, premência,
indispensabilidade,
e fazem de mim homem-anúncio itinerante,
escravo da matéria anunciada.
Estou, estou na moda.
É duro andar na moda, ainda que a moda
seja negar minha identidade,
trocá-la por mil, açambarcando
todas as marcas registradas,
todos os logotipos do mercado.
Com que inocência demito-me de ser
eu que antes era e me sabia
tão diverso de outros, tão mim mesmo,
ser pensante, sentinte e solidário
com outros seres diversos e conscientes
de sua humana, invencível condição.
Agora sou anúncio,
ora vulgar ora bizarro,
em língua nacional ou em qualquer língua
(qualquer, principalmente).
E nisto me comparo, tiro glória
de minha anulação.
Não sou – vê lá – anúncio contratado.
Eu é que mimosamente pago
para anunciar, para vender
em bares festas praias pérgulas piscinas,
e bem à vista exibo esta etiqueta
global no corpo que desiste
de ser veste e sandália de uma essência
tão viva, independente,
que moda ou suborno algum a compromete.
Onde terei jogado fora
meu gosto e capacidade de escolher,
minhas idiossincrasias tão pessoais,
tão minhas que no rosto se espelhavam
e cada gesto, cada olhar
cada vinco da roupa

sou gravado de forma universal,
saio da estamparia, não de casa,
da vitrine me tiram, recolocam,
objeto pulsante mas objeto
que se oferece como signo de outros
objetos estáticos, tarifados.
Por me ostentar assim, tão orgulhoso
de ser não eu, mas artigo industrial,
peço que meu nome retifiquem.
Já não me convém o título de homem.
Meu nome novo é coisa.
Eu sou a coisa, coisamente.

Síntese deste encontro

Após a leitura do poema "Eu Etiqueta", abrimos espaço para a reflexão dos participantes, e um deles relatou que no raio (pátio das celas) percebe-se que, nos dias de visita familiar, "alguns visitantes e presos fazem questão de mostrar suas roupas e tênis" (*sic*), outro apontou que a conversa na cela "gira em torno do tênis que eles tinham na rua, e da marca de camiseta que costumavam usar" (*sic*). Ressaltamos no grupo a reflexão do trecho do poema que diz: "é duro andar na moda, ainda que a moda seja negar minha identidade". A partir dessa frase, um participante revelou que, mesmo não tendo o necessário dentro de sua casa, roubava para se vestir bem, "apenas para mostrar para as outras pessoas" (*sic*).

Em seguida, ao fazer os apontamentos, refletimos no grupo como nós somos influenciados por este sistema consumista, pois muitas vezes priorizamos a roupa, o tênis, o carro e a moto e não observamos que somos carentes de educação, moradia, saúde e transporte, e, nesse estilo de vida consumista, esquecemo-nos de nós mesmos para satisfazermos anseios sociais.

Fechamos o encontro pensando sobre a forma como vivemos nossa vida em sociedade, de como reproduzimos as ideologias desse sistema socioeconômico. Assim, pedimos que os integrantes do grupo sugerissem uma música, texto, poema ou filme que abordasse o tema consumo para nosso próximo encontro. Com essa abertura, pretendemos que os membros do grupo se apropriem da construção do tema.

Síntese do segundo encontro

Neste encontro, trouxemos a música "O abismo do consumismo", do grupo Tribo de Jah, sugerida por um participante.

O Abismo do Consumismo

Tá tão difícil levar a vida
Atropelo nas ruas e avenidas
Predadores atacam de surpresa

Visando presas sempre indefesas
Charlatanismo em toda parte
Os mais vivos vivem de sua arte
Quem muito tem, quer muito mais
Pra alimentar suas fantasias
Se preciso pisam seus rivais
Por mais e novas regalias
Outros nada tem e querem tudo já
Nem que pra isso tenham que matar
Mundo de modismo, extremo materialismo
Busca do prazer, todos querem bem viver
O consumismo revela o abismo
Entre o que se quer e o que se pode ter.

Ao abrirmos espaço para a reflexão do grupo, um dos participantes percebeu que a frase da música "o consumismo revela o abismo, entre o que se quer e o que se pode ter" expressa a realidade da grande maioria das pessoas presas, e que alguns até conseguem ter algumas coisas, mas logo "perdem tudo ao serem presos" (*sic*) e após a prisão "nós ficamos mais sem condições ainda, pois a família, que já não tem muita coisa, ainda tem que ajudar nóis aqui dentro do sistema" (*sic*). Ressaltamos no grupo que, na música, a frase "pra alimentar suas fantasias, se preciso pisam seus rivais" possibilita que pensemos em como vivemos uma fantasia, imposta pelos meios de comunicação de massa sobre como devemos viver nossa vida, pois a propaganda vende a ideia de que pessoas bem-sucedidas possuem carros bonitos, roupas de marca, comem no McDonald's e passeiam no shopping. Em seguida, solicitamos aos participantes que analisassem suas vidas e as das pessoas que conheciam, sob o prisma de sucesso que dita os meios de comunicação, e, após a análise, deveriam responder se a grande maioria tinha sucesso ou insucesso. A resposta obtida, segundo a maioria, foi que eram pessoas malsucedidas. A partir dessa constatação, questionamos o grupo se de fato eram malsucedidos ou se existia algo errado com a ideia de sucesso que circula na sociedade.

Observou-se que a ideia de sucesso, sob o prisma dos meios de comunicação e do sistema capitalista, não condiz com a realidade da grande maioria das pessoas, mas que apenas uma pequena parcela da sociedade atinge o ideal de sucesso.

Avaliou-se também que a população não tem mínimas condições de ter uma vida digna, tampouco de atingir o sucesso preconizado pela sociedade.

A seguir, um quadro que elaboramos junto com o grupo sobre o que alicerça a vida da maioria das pessoas:

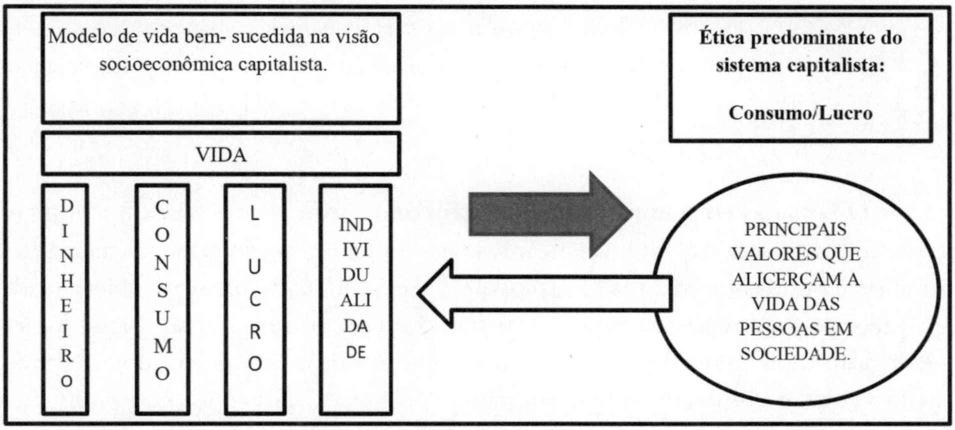

Após a construção e reflexão dos fatores principais que alicerçam a vida das pessoas, no sistema dominante, elaboramos a possibilidade de outras estruturas que balizem a vida em sociedade. Seguem as sínteses das discussões:

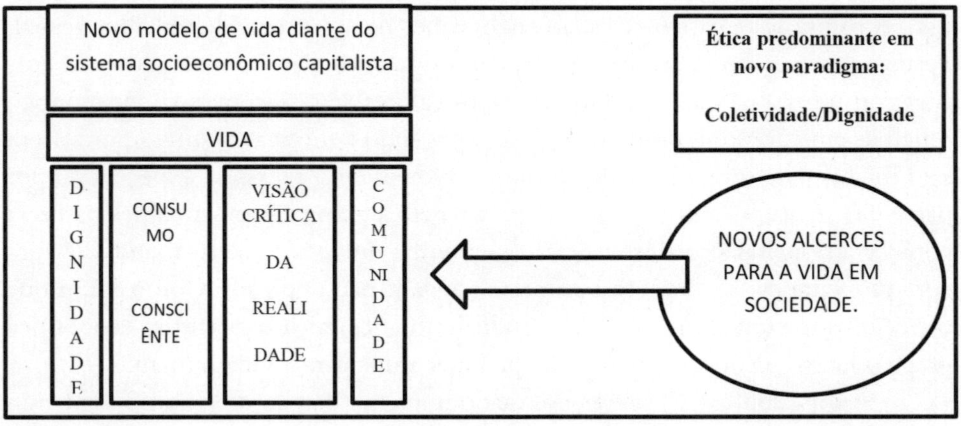

Por fim, encerramos o encontro propondo que cada participante reflita de forma autêntica acerca de seus projetos de vida, para que eles possam ter uma visão crítica da realidade e ir além do projeto imposto pela estrutura social capitalista.

Análise diante da prática

O capitalismo estende a vida humana, mas frequentemente avilta o sentido da vida. Ele estimula avanços sem precedentes na educação e cultura da humanidade e, ao mesmo tempo, nutre a idiotice, avareza, a mentira, a discriminação sexual e racial e outras formas de degradação humana. Paradoxalmente, o acúmulo de riquezas materiais empobrece a existência humana.

(Alfredo Saad Filho)[12]

Observando o panorama atual das teorias científicas que estudam o homem e seu ambiente circundante, verificamos rapidamente a hegemonia da ciência naturalista e positivista, baseada na razão, que busca o enquadramento, a objetividade e a precisão para explicar e, logo, criar sentidos para as nossas vidas. Nessa lógica científica, muitos sentidos nos são dados como prontos, pré-fabricados, gerando assim verdades absolutas sobre o homem.

O método fenomenológico apresenta-se como fundamental para a análise dos fenômenos que se apresentam, pois ele se contrapõe a esta forma de ver o mundo. Esse método não faz a simples abstração da realidade, como os demais métodos científicos, a fenomenologia analisa o mundo concreto como aquilo que se apresenta, buscando a não generalização da realidade, mas singular percepção de cada pessoa sobre o fenômeno. Guimarães (2010 *apud* Borba, 2015, p. 3) informa que "O ver fenomenológico não tem pressuposto. É o ver direto proporcionando pela intuição como 'princípio dos princípios' que possibilita originariamente ver e descrever a estrutura de essências ou sentidos dos fenômenos, dentro dos objetos". A partir desta base teórica, ao analisarmos nosso recorte de trabalho grupal, verificamos nos discursos dos participantes o quanto eles são marcados pela cultura consumista na qual estão inseridos; os valores desse sistema socioeconômico refletem em várias esferas de suas vidas, chegando a motivar alguns a praticarem atos ilícitos para terem bens de consumo. No entanto, tem-se a expectativa, por parte da estrutura social, de que ao passar pelo sistema carcerário a pessoa presa comece a respeitar os valores sociais, que tenha uma vida coletiva saudável, mas como solicitar esses valores se a própria sociedade não os possui? Como exigir que os reclusos se contentem com sua condição financeira, se a estrutura econômica prega o lucro, o consumo acima de qualquer valor para a vida humana?

Feijoo (2008, p. 7) revela-nos que o homem, "[...] perdido como um barco à deriva, segue o rumo que lhe é ditado pela publicidade, pela moda, enfim pelo

[12] Disponível em: <http://seer.ufrgs.br/index.php/AnaliseEconomica/article/view/10736>. Acesso em: 21 maio 2017.

geral. Por fim, acaba por desconhecer-se a si mesmo, não conseguindo decidir-se, paralisa na dúvida e justifica-se no exterior", para se enquadrarem nesse sistema socioeconômico, as pessoas negam a sua subjetividade, e essa negação faz com que elas, que gostariam de apenas serem si mesmas, de terem um contato genuíno com o outro, acabem, por influência da sociedade, se distanciando umas das outras. Cria-se uma espécie de rivalidade entre as pessoas, fazendo com que essas procurem nos bens de consumo uma forma de terem mais segurança nas suas relações, mas esta forma de contato intermediado pelos bens mostra-se muitas vezes superficial e sem propósito.

Constatamos que o consumismo é naturalizado, é normatizado, mas essa aparente normalidade gera a estigmatização dos sujeitos, que, mediante atos legalmente ilícitos, buscam dinheiro para consumir os bens ofertados. Ao burlar as leis sociais, esses sujeitos são logo enquadrados como criminosos "anormais", pessoas que não aceitam os valores vigentes. Esse tipo de análise rápida, superficial e ingênua, perpetuada não só pelo senso comum, mas muitas vezes por profissionais da psicologia, que encobre toda a estrutura econômico-social que induz fortemente os sujeitos a praticarem atos ilícitos. Assim, pela tentativa de atender aos apelos consumistas deste modelo econômico-social, os sujeitos expõem-se na busca desenfreada pela satisfação do desejo de consumo, e essa satisfação leva estes sujeitos para o mundo do crime organizado, que lhes oferece estrutura, criando no mundo um modo de ser constituído por atos violentos desenfreados em busca do consumo a qualquer preço. Borba (2015, p. 4) ressalta que:

> [...] O homem ingênuo não se dá conta, não percebe as estratégias de captura da subjetividade encobertas em propagandas, campanhas publicitárias e produtos. Há um feitiço que gera logo após a compra do objeto uma insatisfação e que em geral coloca novamente o homem diante do vazio existencial.

Essa constante insatisfação logo é preenchida pelo desejo de um novo objeto de consumo. O ato de consumir apresenta-se como um fim em si mesmo e qualquer meio para alcançá-lo torna-se justificável. A mercadoria, os objetos de consumo forjam a identidade dos sujeitos: suas roupas, sapatos, carros e motos dizem quem eles são. Logo, apontamos que:

> [...] todo o sistema que rege a vida humana na sociedade capitalista está estruturado em função do consumo, haja visto o preponderante interesse da classe dominante para que os indivíduos não tenham outro objetivo de vida se não o de consumir, para assim, proporcionar a produção e manutenção de riquezas nas mãos de poucos. E neste círculo vicioso de consumo para se enquadrar no sistema dominante, o homem se vê, inconscientemente, compelido a estar dentro da mecânica produção-consumo. (Castro, 1983, p. 26)

O apelo do querer ter para ser acaba criando uma sociedade em que o ter, contraditoriamente (obviamente), não oferece base para os seres humanos viverem uma vida mais plena, pois a população vive a maior parte do tempo com medo de assaltos, de sequestros e da violência que tira a liberdade de ir e vir. O sistema socioeconômico capitalista, por meio de seus canais ideológicos, naturaliza a ideia de que as pessoas, caso não atinjam o sucesso, são declaradas culpadas e qualificadas como incompetentes por não terem condições de adquirir os bens de consumo oferecidos pelo mercado.

Assim, de acordo com Borba (2015), verificamos que este sistema gera uma série de patologias sociais e individuais, e notamos, nos participantes do grupo, uma constante insatisfação para com as suas vidas, por não atingirem o ideal de sucesso imposto pela sociedade, pois eles têm sentimentos de menos-valia quando comparam suas vidas com as de outras pessoas que atingiram o "sucesso" material.

O sociólogo Zigmunt Bauman, em seu livro *Vida para consumo: a transformação das pessoas em mercadoria*, questiona até que ponto os valores desse sistema socioeconômico capitalista é bom para o ser humano, e apresenta os efeitos colaterais dessa cultura sobre o homem. Ele afirma que:

> A forma mercadoria penetra e transforma dimensões da vida social até então isentas de sua lógica, até o ponto em que a própria subjetividade se torna uma mercadoria a ser comprada e vendida no mercado, como a beleza, a limpeza, a sinceridade e a autonomia. (CAMPBELL *apud* BAUMAN, 2008, p. 152).

Araújo (1998) expõe que é muito importante que observemos qual o sentido que o homem atribui a sua ação no mundo, pois a partir dela, ele pode apresentar uma existência autêntica ou inautêntica. O homem inautêntico apenas reproduz as normas sociais, sendo incapaz de transformar suas relações no mundo, de apresentar uma visão crítica de sua realidade, nosso trabalho deve resgatar a atuação do homem autêntico, pois ele recria sua vida a partir de sua realidade social tendo uma visão crítica sobre esta, tendo assim condições de lutar por uma vida mais digna para si e para os outros.

Conforme aponta Sartre (1973, p. 4), "O homem não possui uma essência acabada, ele se constrói diante de suas relações", por isso acreditamos que o psicólogo, em sua atuação geral, deve tornar consciente para o sujeito a condição inalienável de sua liberdade; como afirma Cox (2012, p. 52), "através da clarificação das ações que o homem escolhe, abre-se caminho para que estas estejam em sintonia com seu projeto de vida fundamental". Angerami (1985, p. 71) menciona que, para Sartre, "o homem autêntico é aquele que se submete à conversão radical através da angústia e assume sua liberdade". O trabalho grupal deve, em síntese:

> [...] facilitar ao indivíduo o desenvolvimento de maior autencidade em relação a si próprio, uma maior abertura das suas perspectivas sobre si

> próprio e o mundo e, ainda, de ajudar a clarificar como é que poderá agir no futuro de forma mais significativa. O centro é a responsabilidade da liberdade de escolha do indivíduo. A palavra-chave é construção, uma vez que se trata de desafiar o indivíduo a ser o construtor da sua existência. (Teixeira, 2006, p. 294)

A partir do resgate da autenticidade do homem, torna-se possível que ele comece a observar quais os sentidos que atribui para sua vida e de que forma, muitas vezes, direciona sua existência para seguir os ditames do sistema socioeconômico capitalista.

A frase atribuída ao filósofo Friedrich Nietzsche (1844-1990): "Aquele que tem um porquê viver pode suportar quase qualquer como",[13] é outra base de nosso trabalho grupal, pois o homem que orienta sua vida em um "porquê", alicerçado em valores socioeconômicos capitalistas, poderá por meio da reflexão grupal buscar outros "porquês/sentidos" para a sua existência. O espaço grupal é um ambiente de criação deste novo sentido, pois devemos deixar claro aos participantes que "jamais existirão sentidos acabados e, em nossa existência, estaremos sempre em construção e abertos para perspectivar nossa autenticidade diante das situações do mundo" (Araújo, 1998, p. 12). O psicólogo no espaço grupal deve assumir a tarefa de "[...] resgatar aquele indivíduo que se perde no todo mundo, esquecendo de seus critérios, referenciais e valores" (Feijoo, 2008, p. 7).

Em síntese, o pensamento de Feijoo (2008) aponta uma das funções que acreditamos ser fundamental em qualquer campo de atuação do psicólogo:

> [...] resgatar o homem singular que se encontra perdido no geral, para tanto, utiliza-se do diálogo, que se dá, na maior parte do tempo, de forma indireta. Para tanto, faz-se necessário que o psicoterapeuta se reconheça no seu projeto, naquilo que lhe é mais fundamental, e também que esteja atento para não se deixar perder no geral, nas demandas do mundo. Despende de todo esforço para identificar a ilusão do outro, finge compartilhar dela de forma a introduzir o elemento dialético e assim provocar no outro a reflexão. (Feijoo, 2008, p. 7)

Apontamentos finais

Entre as diversas etiologias de um comportamento delitivo, apontamos nessa exposição que o sistema socioeconômico capitalista é um desencadeador de atos infracionais, sendo esses, em sua grande maioria, relacionados a crimes contra o patrimônio. Devemos ressaltar que esse tipo de infração (roubo, furto) é muitas

[13] Disponível em: <https://quemdisse.com.br/frase/aquele-que-tem-um-porque-para-viver-pode-suportar-quase-qualquer-como/10418/>. Acesso em: 25 maio 2017.

vezes é julgado pelo nosso poder judiciário com penas altíssimas se comparadas a crimes contra a vida. Acreditamos ser essa realidade, reflexo dos valores que esse sistema socioeconômico produz. Esse ambiente social gera adoecimento nas pessoas, sentimentos de incapacidade por não conseguirem participar da oferta de consumo, por isso, a análise psicológica não deve reduzir sua visão sobre o fenômeno criminal como resultante de um "desvio anormal da personalidade", a uma psicopatologia ou falta de ordem pública, como se apenas o policiamento e o endurecimento da legislação resolvessem essa questão, que é eminentemente ligada a problemas econômicos, políticos, sociais e culturais.

O caráter social da vida humana prescreve ao homem certas estruturas de pensamento e comportamento que o psicólogo deve considerar em sua prática profissional. Ao pensarmos sobre a atuação do sistema socioeconômico na vida das pessoas presas, chegamos às sínteses que se seguem:

1.CICLO DO SISTEMA: IMPERATIVO DO SISTEMA SOCIOECONÔMICO.

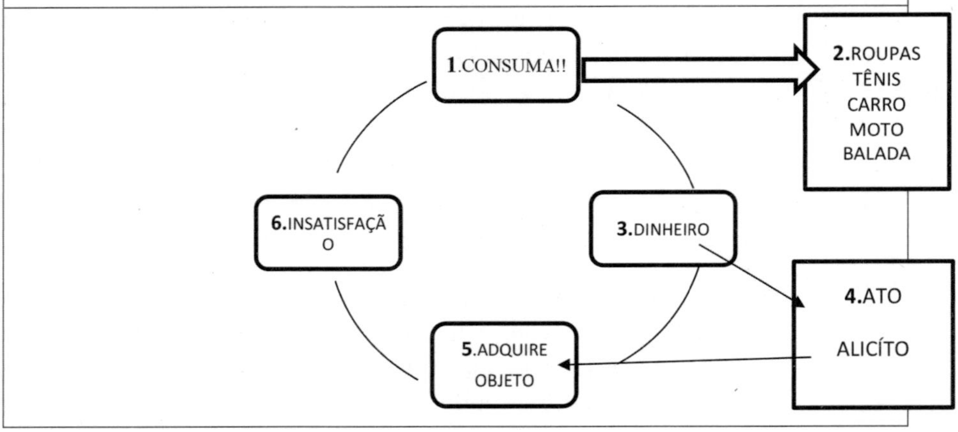

2. CICLO DO SISTEMA: PRESO PELO SISTEMA DE JUSTIÇA

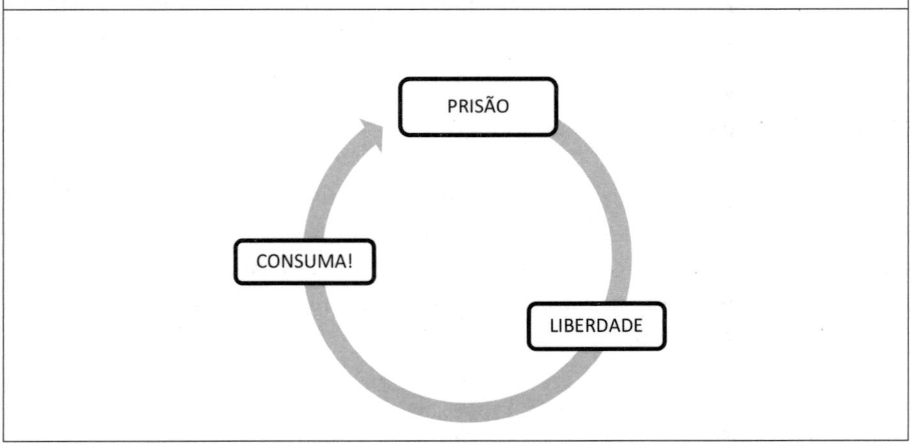

3. CICLO DO SISTEMA: APÓS OBTER SUA LIBERDADE E SER ESTIGMATIZADO COMO EX-PRESIDIÁRIO PELA ESTRUTURA SOCIAL.

4. CICLO DO SISTEMA: O SISTEMA SOCIOECONÔMICO LUCRA COM A FALHA DE SEU PROJETO DE VIDA CONSUMISTA.

Através da observação desses ciclos, podemos analisar o quanto a instituição penal não resolve os problemas gerados pelo sistema socioeconômico capitalista, pelo contrário, apenas aumenta-os. Desse modo, a instituição penal apresenta uma contradição interna: preconiza a punição ao mesmo tempo que a ressocialização. Sabemos que essa ressocialização é impossível, pois nossa sociedade possui valores criminógenos, nos diz Quintino:

> [...] a prisão só sobrevive até os dias de hoje exatamente por ser ineficaz. Torna-se indispensável porque fracassa em sua missão específica e

> quanto menos cumpre seu papel de ressocializadora, mais prolifera e mais recursos consome e a cada dia surgem novas e caras alternativas para melhorar algo que já nasceu condenado a desaparecer. A prisão foi um equívoco histórico com resultados sinistros que ninguém ainda teve coragem de assumir como tal e todos tentam melhorar mesmo sabendo que isso é utopia. (Quintino, 2006, p. 13)

Diante dessa realidade, enquanto esta instituição existir, a atuação do psicólogo com as pessoas presas deverá propiciar práticas que ensejem numa visão crítica da realidade individual e social na qual estamos inseridos, possibilitando assim o resgate da autonomia do sujeito diante da sua existência. Colocar luz sobre os valores capitalistas e as influências destes, e os sofrimentos que suas estruturas produzem, é uma análise que deve ser feita pelo psicólogo.

Terminamos nossa reflexão com a música "Pecado capital", de Paulinho da Viola, que, diante de nossa vivência neste trabalho de grupo, expressa a realidade vivida pelo homem inserido no sistema socioeconômico capitalista:

Pecado capital[14]

Dinheiro na mão é vendaval
É vendaval!
Na vida de um sonhador
De um sonhador!
Quanta gente aí se engana
E cai da cama
Com toda a ilusão que sonhou
E a grandeza se desfaz
Quando a solidão é mais
Alguém já falou...

Mas é preciso viver
E viver
Não é brincadeira não
Quando o jeito é se virar
Cada um trata de si
Irmão desconhece irmão
E aí!
Dinheiro na mão é vendaval
Dinheiro na mão é solução
E solidão!

[14] Disponível em: <https://www.letras.mus.br/paulinho-da-viola/496804/>. Acesso em: 30 maio 2017.

Dinheiro na mão é vendaval
Dinheiro na mão é solução
E solidão!

Referências

ANDRADE, C. D. *Corpo.* Rio de Janeiro: Record, 1984.

ANGERAMI, V. A. *Psicoterapia existencial: noções básicas.* São Paulo: Traço, 1985.

ARAÚJO, F. P. O Existir do Homem. 1998. Disponível em: <https://ufsj.edu.br/revistalable/numero_1_-_ano_199899.php>. Acesso em: 15 maio 2017.

BAUMAN, Z. *Vida a crédito: conversas com Citlali Rovirosa-Madrazo.* Rio de Janeiro: Zahar, 2010.

BAUMAN, Z. *Vida para consumo: a transformação das pessoas em mercadoria.* Rio de Janeiro: Zahar, 2008.

BORBA, J. M. P. Fenômenos "Psicopatológicos" contemporâneos Relacionados ao Dinheiro. 2015. Disponível em: <http://www.polbr.med.br/ano15/pcl0115.php>. Acesso em: 15 jun. 2017.

CABRAL, R. D. Psicoterapia existencial: a sistematização de Irvin D. Yalom. Rio de Janeiro, 2015. Disponível em: <http://pt.scribd.com/doc/54333923/Cabral-Ricardo-Psicoterapia-Existencial-A-sistematizacao-de-Irvin-D-Yalom>. Acesso em: 17 fev. 2017.

CANIATO, A. M. P. Da Subjetividade sob sofrimento narcísico numa cultura da banalidade do mal. 2003. Disponível em: <http://egp.dreamhosters.com/encontros/mundial_rj/download/5c_Caniato_18050803_port.pdf>. Acesso em: 12 fev. 2017.

CASTRO, L. A. *Criminologia da Libertação.* Rio de Janeiro: Revan, 2005.

CASTRO, L. A. *Criminologia da reação social.* Rio de Janeiro: Forense, 1983.

COIMBRA, C. M. B. A psicologia e Política: A produção de verdades competentes. Disponível em: <http://www.slab.uff.br/images/Aqruivos/textos_sti/Cec%C3%ADlia%20Coimbra/texto67.pdf>. Acesso em: 15 jun. 2017.

COX, G. *Como ser existencionalista ou caia na real, vá a luta e pare de arrumar desculpas.* São Paulo: Alaúde, 2012.

DEPEN. Departamento Penitenciário Nacional. Ministério da Justiça. *Levantamento de informações penitenciárias,* dez. 2014. Disponível em: <file:///C:/Users/User/Downloads/Infopen_dez14.pdf>. Acesso em: 19 ago. 2017.

DURLO, R.; SARTORIS NETO, A. A criminologia e o estudo da criminalidade nas ciências econômicas. [s.d.]. Disponível em: <https://s3.amazonaws.com/acadex.articles/Articles/56e5f9aa78736ae90f5720a4-fileIdentified.pdf>. Acesso em: 15 ago. 2017.

FEIJOO, A. M. L. C. Fundamentos Fenomenológico-Existenciais Para a Clínica Psicológica. 2008. Disponível em: <http://www.fgr.org.br/admin/artigos/trab_2011751498017613221458083256.pdf>. Acesso em: 12 fev. 2017.

FORGHIERI, Y. *Psicologia fenomenológica: fundamentos, método e pesquisas*. São Paulo: Pioneira Thomson Learning, 1993.

FOUCAULT, M. *A Verdade e as Formas Jurídicas*. Rio de Janeiro: PUC/NAU, 1996.

FOUCAULT, M. *Microfísica do Poder*. Rio de Janeiro: Graal, 1988.

GOFFMAN, E. *Manicômios, Prisões e Conventos*. Tradução de Dante Moreira Leite. 7. ed. São Paulo: Perspectiva, 2001.

HUBERMAN, L. *História da riqueza do Homem*. 14. ed. Rio de Janeiro: Zahar, 1978.

MOTTA, F. H. R. *Quando o crime compensa: relações entre o sistema de justiça criminal e o processo de acumulação do capital na economia dependente brasileira*. 2015. Programa de Pós Graduação em Direiro – Universidade Federal de Santa Catarina. Disponível em: <http://acervodigital.ufpr.br/bitstream/handle/1884/40643/R%20-%20T%20-%20FELIPE%20HERINGER%20ROXO%20DA%20MOTTA.pdf?sequence=2&isAllowed=y>. Acesso em: 03 fev. 2017.

OLIVEIRA, E. R. A existência precede a essência: a condição humana em Sartre. 2009. Disponível em: <http://pensamentoextemporaneo.com.br/?p=634>. Acesso em: 15 jun. 2017.

POSSOLI, G. E. O Capitalismo no contexto das novas tecnologias e a reconfiguração da subjetividade e das relações humanas. 2005. Disponível em: <http://www.pucpr.br/eventos/educere/educere2005/anaisEvento/documentos/com/TCCI039.pdf>. Acesso em: 13 jun. 2017.

QUINTINO, S. A. A prisão como castigo, o trabalho como remição – contradições do sistema penitenciário paranaense. *Revista Sociologia Jurídica*, n. 03, jul./dez. 2006. Disponível em: <https://sociologiajuridicadotnet.wordpress.com/a-prisao-como-castigo-o-trabalho-como-remicao-contradicoes-do-sistema-penitenciario-paranaense/>. Acesso em: 15 abr. 2017.

RAUTER, C. *Criminologia e Subjetividade no Brasil*. Rio de Janeiro: Revan, 2003.

RUNIBI, C. Dialética dos grupos – Contribuições de Sartre à Compreensão dos Grupos. 1999. Disponível em: <http://delphospsic.com.br/wp-content/uploads/2015/03/dialetica_grupos.pdf>. Acesso em: 05 ago. 2017.

SÁ, A. A. *Criminologia Clínica e Psicologia Criminal*. São Paulo. Ed. Revista dos Tribunais, 2010.

SÁ, A. A. Prisionização: um dilema para o cárcere e um desafio para a comunidade. *Revista Brasileira de Ciências Criminais*, ano 6, n. 21, p. 171-223, jan.- mar. 1998.

SARTRE, J. *Existencialismo é um Humanismo*. São Paulo: Abril Cultural, 1973. (Coleção Os Pensadores – v. XLV).

TEIXEIRA, J. A. C. Introdução à psicoterapia existencial. 2006. Disponível em: <http://pablo.deassis.net.br/wp-content/uploads/psicoterapiaexistencial.pdf>. Acesso em: 27 ago. 2017.

CAPÍTULO 22

A avaliação do sofrimento no fim da vida: uma revisão da perspectiva do psicodiagnóstico

Jorge A. Grau Abalo
Claudia Rodríguez Ramirez
Margarita Chacón Roger

Introdução

As organizações sanitárias de ordem mundial ou regional – Organização Mundial da Saúde (OMS), Organização Panamericana da Saúde (OPS), assim como os sistemas de saúde de muitos países, têm focado sua preocupação há alguns anos nas mudanças na saúde da população geradas pelas doenças que vêm se expandindo de maneira rápida e têm mudado o perfil epidemiológico de nações inteiras ou de grandes camadas sociais: as chamadas doenças crônicas (OMS, 2008). Entre as que mais afetam a população encontram-se as cardiovasculares, as cérebro-vasculares, o câncer, a diabetes e outros transtornos metabólicos, as doenças respiratórias e pulmonares, os transtornos osteo-mio-articulares, as doenças renais, entre os grupos de maior incidência, prevalência e mortalidade (Hirschhorn *et al.*, 2012; Grau, 2017). O HIV/AIDS tem atualmente um caminho similar ao da doença crônica, mesmo que seja em sua etiologia uma doença transmissível (Grau, 2017).

As doenças crônicas têm gerado um dramático retorno no cuidado com a saúde, já que as causas não são somente genéticas ou microbianas e em sua etiologia os fatores psicossociais exercem um importante papel; nelas se valorizam mais as condições e estilos de vida, a participação social, o estresse e as emoções negativas, o acesso a recursos socioculturais, as sequelas que originam, a funcionalidade em determinadas áreas da vida, o sofrimento que muitas vezes as acompanha. À medida que aumenta o envelhecimento populacional, aumenta também a inclusão de processos degenerativos na vida das pessoas, pelo que se deve pensar que as doenças crônicas prolongadas e, em grande parte, debilitantes, serão nossas companheiras no fim de nossas vidas, o que implica prever como teremos que conviver com elas. Essas doenças constituem desafios à saúde pública atual e às Ciências Sociais, entre elas a Psicologia, e demandam novas abordagens e medidas para seu controle, no paciente, na família, na comunidade e para os sistemas de saúde (Grau, 2017; 2016b).

No século XXI, a atenção, então, deixa de ser somente individual e passa a centralizar-se em um enfoque social, sendo que a igualdade e a intersetorialidade têm um papel preferencial. A esperança de que essas doenças se tornem menos crônicas com avanços de prevenção ou tratamento, é uma posição muito arriscada para fundamentar futuras e criativas políticas de planejamento da saúde, parece mais sensato guiar-se por projeções que impliquem mais atenção à comunidade ambulatorial, visitas em domicílio, admissão em hospitais com critérios rígidos e outras ações de diferentes ordens, todas dirigidas a favorecer a adaptação à doença, incluir a funcionalidade em diversos âmbitos e aliviar o sofrimento que geram, em outras palavras: preservar o bem-estar e a qualidade de vida (Grau, 2017; 2016b). O mal-estar (considerado como o eixo vertebral do sofrimento), inclusive mais que a dor, é um componente-chave em quase todas as doenças crônicas.

O cuidado integral às pessoas no fim de sua vida gerou um crescente interesse nos últimos anos, com o desenvolvimento do modelo dos cuidados paliativos, em que o propósito fundamental é, justamente, mitigar o sofrimento e preservar a qualidade de vida. No modelo proposto pela OMS, a intervenção é feita por uma equipe multidisciplinar, na qual o psicólogo é parte importante, já que em cada um dos momentos da evolução do paciente pode estar presente o sofrimento dele e dos familiares, e pode estar acompanhado de alterações que tem que identificar e tratar. A diversidade de aspectos a avaliar torna muito complexo o processo de diagnóstico psicológico nesse tipo de doentes, ao qual se une seu estado de desgaste geral, que obriga a utilizar métodos simples, rápidos e eficazes, que favoreçam uma avaliação dinâmica das condições em que se encontra o doente e seus familiares, com o objetivo de reelaborar de forma contínua as estratégias de intervenção com a flexibilidade e rigor necessários (Grau; Chacón; Llantá, 2015). Consequentemente, a avaliação da qualidade de vida e o sofrimento no fim da vida ocupam um lugar importante entre as tarefas que a equipe de saúde deve enfrentar. Os psicólogos, como membros ativos dessas equipes, podem desenvolver um papel importante ao elaborar, orientar e concluir essa avaliação.

O objetivo final deste trabalho de revisão é estimular a reflexão sobre um tema, que mesmo tratado por outros autores, continua sendo de suma importância, a fim de escolher as estratégias de intervenção psicológica mais apropriadas para preservar a qualidade de vida das pessoas no fim de sua vida e de seus familiares, reduzindo o sofrimento presente nessa etapa. Indubitavelmente o sofrimento (como também a qualidade de vida) é um fenômeno que deve ser analisado e integrado a um contexto pluridimensional e atual, assim como o crescente envelhecimento populacional e a inclusão das doenças crônicas degenerativas que evoluem inevitavelmente para o estado terminal e a morte.

Problemas gerais na avaliação psicológica no fim da vida

O tema dos princípios e métodos de avaliação psicológica tem sido amplamente tratado, especialmente no campo da Saúde Mental, mas as particularidades da avaliação psicológica em doenças crônicas que chegam a etapas avançadas fazem com que a experiência no controle do tema tenha resultado insuficiente. A ênfase maior é colocada na avaliação do sofrimento e da qualidade de vida, considerando que está vinculada ao propósito fundamental do cuidado não somente no fim da vida, mas da atenção a pacientes com doenças crônicas, em geral (Grau, 2016c).

Desde seu início a avaliação psicológica tem sido sustentada em instrumentos comumente denominados "testes mentais", cujo principal objetivo tem sido a determinação da faixa, exatidão e natureza das faculdades psicológicas, assim como a obtenção de informação para encontrar os fatores que regulam o desenvolvimento dessas faculdades, suas perturbações e conexões; tudo o que tem determinado que o Psicodiagnóstico conseguirá ampla difusão (Alonso; Cairo; Rojas, 2003; Rodríguez; Molerio, 2012).

Desde então muitos fatos relevantes no campo da Psicologia têm estado associados à elaboração, modificação, publicação e promoção de meio de diagnóstico psicológico (Buela-Casal; Sierra; 1997b). Para o tema da avaliação psicológica, autores clássicos e contemporâneos têm dedicado não poucas monografias, manuais, artigos e revisões (González, 2007; Buela-Casal; Caballo; Sierra, 1996). De fato, ao conceito de avaliação psicológica e à sua definição, têm-se dedicado inúmeras páginas; tenta-se esclarecer e comparar acepções similares como "psicodiagnóstico", "valorização psicológica", "medida psicológica", "análise psicológica", "avaliação comportamental" etc. (Buela-Casal; Sierra, 1997a). Para os aspectos gerais da avaliação (modelos, métodos, princípios, características, técnicas) e à sua aplicação em campos específicos da clínica e da saúde, lhe é oferecido uma análise exaustiva em compilações, monografias e manuais (Buela-Casal; Sierra, 2001).

Entretanto, não são muitos os intentos práticos da avaliação psicológica nos doentes crônicos (Grau; Chacón; Llantá, 2015; Grau, 2016c). Essa insuficiência pode ser devido a problemas relacionados à assistência psicológica a esses doentes: ausência de critérios sólidos para que os médicos decidam a necessidade de intervenção psicológica, a necessidade (e a oferta) de serviços de atenção psicológica não corresponde com a demanda real, apesar de que cada dia mais o doente crônico requer uma abordagem intersetorial e extrainstitucional (Grau, 2017; Grau J, Martín, 1993; Grau, 2016d). Isso se torna mais evidente se pensar que mais de 40% das pessoas que são atendidas em hospitais por doenças crônicas apresentam alterações emocionais e problemas de adaptação, que o modelo de trabalho que predomina nas instituições de saúde é o de encaminhamento de casos, pelo que somente recebem atenção psicológica menos de 20% dos que a necessitam, apesar de que as pessoas que não apresentam transtornos psíquicos nem dificuldades graves de adaptação sempre se veriam beneficiadas com uma orientação psicológica adequada, mesmo quando esta não seja oferecida por psicólogos especializados (Grau, 2016d).

Tem-se proposto algumas formas de avaliação de um doente crônico, de acordo com os diferentes modelos de compreensão do fenômeno, da emoção produzida, das condições culturais, sociais, religiosas às quais se encontra relacionada a resposta do doente, suas crenças, condutas; mesmo assim tem-se proposto diferentes instrumentos que pretendem medir essa resposta, mas no geral esses instrumentos caracterizam-se por sua imprecisão conceitual de base e uma grande variedade de insuficiências metodológicas: algumas vezes são de uso local, não podendo generalizar a outras populações, em outras ocasiões são instrumentos fáceis de administrar, mas com propriedades psicométricas pobres, requer-se uma justificativa muito sólida – que nem sempre se tem – para a avaliação com esses instrumentos para fins clínicos em doentes crônicos (Grau, 2017; Grau, 2016b; Grau, 2016c).

Como se tem afirmado, são praticamente inexistentes os relatórios de estudos dedicados aos problemas gerais da avaliação psicológica em doentes no fim da vida (Grau; Chacón; Llantá, 2015; Méndez; Grau, 2003). Embora nos últimos 30 anos tenha havido um notável desenvolvimento de trabalhos e pesquisas a respeito dos aspectos psicológicos do cuidado com esses doentes e seus familiares, eles têm sido focados em aspectos da intervenção, da valorização global do sofrimento e a morte, e em aspectos pontuais, como a avaliação da dor, mas muito pouco em problemas e princípios gerais da avaliação psicológica nesse campo, vista de uma perspectiva global (Grau; Chacón; Llantá, 2015).

A pertinência desta avaliação em doentes avançados se baseia em (Grau; Chacón; Llantá, 2015):

- A inevitabilidade de aprofundar na informação que reporta ao paciente sobre seus sintomas, problemas, preocupações, sentimentos, etc. O uso de escalas de autoclassificação, que meçam o grau ou dimensão dessas preocupações, é inevitável, por mais que seja necessário simplificar esses procedimentos.
- A necessidade de avaliar e gerenciar fatores psicossociais associados ou não à dor e ao sofrimento (crenças e atribuições, expectativas, emoções, valores, confrontos, estilos e características pessoais) e que permitam uma caracterização global do indivíduo, para aumentar logo seu conforto físico e emocional e aumentar o prazer de sua espiritualidade.
- A necessidade de conhecer os fatores que limitam a qualidade de vida do doente e de aumentar nele a possibilidade de estender suas potencialidades no desempenho laboral, social ou familiar, mesmo que na etapa final de sua vida.
- A conveniência de conhecer e melhorar todos os fatores que possam estar relacionados com o autocontrole pessoal, a controlabilidade percebida do sofrimento, a imunocompetência.

- A necessidade de conhecer os fatores que determinam a aderência do paciente aos programas terapêuticos ou a diferentes prescrições, com a finalidade de aumentá-la.
- O critério cada vez mais difundido de tratar os sintomas, problemas e preocupações precocemente com um enfoque multimodal, que inclua procedimentos biomédicos e psicossociais, em um contexto de apoio emocional e de comunicação adequada.
- O benefício do gerenciamento integral, em equipe, dos problemas desses doentes, promovendo a formação de outros profissionais em aspectos psicológicos relacionados à avaliação de suas dificuldades.

É indiscutível a necessidade de caracterizar todos os fatores psicossociais que estão presentes no fim da vida, medindo quando possível sua dimensão, descrevendo suas características, identificando sua influência na produção de sofrimento e diminuição do bem-estar, constatando e caracterizando os temores, a ansiedade, a depressão e o próprio sofrimento, determinando as influências da doença nas funções cognitivas, a percepção de controlabilidade da pessoa etc. (Grau; Chacón; Llantá, 2015; Grau, 2016c; Méndez; Grau, 2003).

Consequentemente, o *objeto da avaliação psicológica* nessa etapa da existência se centraliza naqueles fatores psicossociais que de uma maneira ou outra determinam ou intervêm na manutenção ou influência da qualidade de vida do paciente, de seu bem-estar: fatores do ambiente ou contextuais – ambiente social e familiar, relações interpessoais, em especial, relações de casal, apoio social –; cognitivos – crenças, atribuições, estereótipos e preconceitos, expectativas –; emocionais – medos, depressão, ansiedade, ira –; pessoais – estilos de confronto, atitudes, recursos de resistência, etc. (Grau; Chacón; Llantá, 2015; Grau, 2003). A isso se agrega a necessidade crescente, indicada em trabalhos recentes, de avaliar dimensões de caráter espiritual (Barreto; Bayés, 1990).

Em resumo, os objetivos da avaliação psicológica do doente no fim da vida, como em qualquer outro tipo de avaliação diagnóstica, serão essencialmente permitir o diagnóstico integral da situação do doente e da família, para orientar as intervenções paliativas e formular com a máxima precisão possível os objetivos terapêuticos, obter informação que contribua para selecionar as técnicas de intervenção e adquirir indicadores contínuos da efetividade das intervenções. Esses objetivos determinam, naturalmente, que os métodos, procedimentos e instrumentos de avaliação psicológica no doente terminal devem ser sensíveis, discriminatórios, acessíveis e de utilidade clínica e evolutiva (Grau; Chacón; Llantá, 2015; Grau, 2016b; Grau, 2003).

Ao tentar generalizar as ideias expressadas por diferentes autores (Grau; Chacón; Llantá, 2015; Grau; Martín, 1993; Barreto; Bayés, 1993), ao referir-se aos aspectos axiais na avaliação de determinados problemas, poderíamos dizer que a avaliação psicológica do doente no fim de sua vida deverá caracterizar-se por: a) seu caráter pluridimensional, com medidas de diversas naturezas, sua facilidade de condução (aplicação e interpretação); b) observação dos aspectos éticos envolvidos; c) incluir técnicas de autorreporte, precisas e eficazes, com validade e confiabilidade demonstrada; d) determinação das interações e interinfluências entre os fatores objeto de avaliação; e) avaliação contínua, repetida, que permita intervenções clínicas dinâmicas e flexíveis; f) focar nas vivências de sofrimento e ameaça ao bem-estar ou qualidade de vida do paciente, com um enfoque individualizado; g) incluir indicadores de ajuste ou adaptação dos pacientes à doença e à sua situação terminal, ou seja, conhecer recursos preservados que possam ser potencializados na intervenção, e não somente aspectos negativos, queixas ou sintomas; h) considerar cada vez mais a avaliação da família e, em especial, do cuidador primário, do cônjuge e dos familiares mais próximos, no desenvolvimento, manutenção ou diminuição do sofrimento do doente e da própria estabilidade familiar; i) considerar o grau de incapacidade, as influências na imagem corporal e as crenças de desgaste e de morte, os aspectos relacionados com a espiritualidade danificada ou conservada, do doente e de seus familiares; j) incluir a avaliação das reações (emocionais, cognitivas, atitudinais) dos profissionais que provêm cuidados paliativos, diante do fracasso na manutenção da dor ou outros sintomas, aspectos derivados da comunicação médico-paciente, etc., a fim de identificar precocemente sinais de desgaste profissional pelo cuidado. Também deverá incluir valorização dos familiares à medida que os pacientes possam apresentar sinais de desgaste cognitivo.

Com essas características gerais, torna-se verdadeiramente difícil dispor de instrumentos adequados (Grau; Chacón; Llantá, 2015). É importante especificar que nem todas as modalidades de avaliação têm que ser, necessariamente, aplicadas por psicólogos; embora – sem dúvida – eles exerçam um relevante papel em sua construção, proposta e interpretação por equipes multidisciplinares. Além do enfoque individual na avaliação, devem-se levar em conta as experiências culturais de cada região ou país (Méndez; Grau, 2003).

Geralmente, a diferença de outros tipos de pacientes, a avaliação psicológica do doente que se encontra no fim da vida não se centraliza no estado atual de suas capacidades intelectuais, nem na estrutura ou qualidades de sua personalidade (Grau; Chacón; Llantá, 2015). Mais do que tudo deve conduzir-se a avaliar aqueles fatores que têm a ver com a percepção de ameaça dos diferentes eventos do processo de viver-morrer pelo que atravessa o paciente, e com a percepção de recursos preservados; ou seja, deve focar-se no sofrimento e qualidade de vida do doente e da família.

Os doentes crônicos avançados experimentam diferentes problemas associados, entre eles os de caráter físico, que são consequência direta da doença, como a dor, as mudanças metabólicas, as dificuldades respiratórias, as limitações motoras, os possíveis desgastes cognitivos; além das complicações derivadas dos tratamentos médicos como náuseas, vômitos, sonolências, aumento de peso, disfunção sexual, entre outros. A dor crônica constitui um sintoma frequente em muitas dessas doenças; sua presença associa-se com dificuldades secundárias e outros fenômenos que podem ser componentes ou determinantes do sofrimento derivado, entre as que encontram mudanças na posição socioeconômica, perda de emprego, insegurança financeira, relações disfuncionais depressão e outros estados emocionais, estratégias de confronto, crenças gerais e específicas, esperanças, sentido da vida e esfera espiritual em geral, etc. (Gatchel; Turk, 1999; Cavaco *et al.*, 2010). Ainda que existam manifestações ou características gerais das doenças crônicas avançadas, como as citadas anteriormente, cada doença tem características que lhe são próprias, e seu tratamento pode ser mais ou menos desfavorável, dependendo do sistema que foi afetado, o qual pode influenciar no sofrimento, na qualidade de vida e no sofrimento de muitas formas variadas. A dor e o sofrimento do paciente afetam também de diferentes maneiras as pessoas ao seu redor, principalmente os familiares mais próximos e os membros da equipe assistencial (Grau; Chacón; Reyes, 2012; Chacón; Grau; Reyes, 2012).

Esses itens englobam aspectos centrais para os quais se têm desenvolvido procedimentos específicos de avaliação (para dor e sintomas físicos relacionados com a doença; sintomas psicológicos, emocionais e cognitivos; apoio social; confrontos com o estresse; adaptação e ajuste; ansiedade diante da morte; atividade sexual, espiritualidade, etc.), que podem ser revisados detalhadamente na bibliografia especializada. Existem outras arestas de avaliação psicológica no fim da vida, mas estas duas áreas são mais relevantes: os problemas relacionados com a *avaliação do sofrimento e da qualidade de vida.*

Por razões de espaço e considerando a necessidade de esclarecer a natureza do mal-estar no fim da vida, os títulos seguintes se centralizarão na avaliação do sofrimento como categoria subjetiva.

O sofrimento e sua natureza

O conceito do "sofrimento" não é só mais recente, como também mais constrangedor. É um termo que, como muitas outras palavras (estresse e qualidade de vida, por exemplo), entrou de tal modo na linguagem coloquial cotidiana atual que gerou grande indistinção e ambiguidade. Desde tempos imemoráveis, faz-se alusão ao sofrimento por escritores, artistas, pessoas de todos os confins e profissões. As vivências relatadas são múltiplas ao longo da produção artística e literária, destacando os aspectos negativos relacionados com a incerteza e, ao mesmo tempo, sua universalidade e ausência de limites. Alguns o associam a qualidades pessoais estáveis ou o vinculam com ações de intenção, de opção quanto a atitudes diante da vida. Na verdade, como diria Eliot *apud* Salmer (2000): "Há quem adquire o mau costume de ser infeliz".

A consideração do sofrimento nos doentes, seus familiares e o próprio pessoal da saúde que os atendem constitui uma premissa importante, e não somente no fim da vida. Com frequência corre-se o risco de cair na "medicalização do sofrimento", o que pode levar os doentes, famílias e profissionais a manter a ilusão de que o sofrimento é medicinalmente tratável com medicamentos, que pode ser curado. Obviamente, isso não diminui a importância da contribuição dos médicos e outros profissionais da saúde em um nobre, saudável e pertinente esforço de reduzir as causas ou fatores que podem abrangê-lo ou ampliá-lo (Gómez Sancho; Grau, 2006). Mas ninguém pode pensar que o sofrimento se alivia somente tomando comprimidos ou injetando. "Não há medicamento que cure o que a felicidade não cura", afirmava García Márquez (1994).

Segundo Bayés (1998), o impacto emocional de muitas doenças é inegável e está determinado essencialmente pela incerteza e imprevisibilidade do rumo e repercussões da doença, o sofrimento afetivo que gera e as influências à autonomia, controlabilidade, projetos de vida, etc. Afirmava: "[...] um homem doente é essencialmente um homem vulnerável que se sente ameaçado pela invalidez, o mal-estar, a sucção pelo corpo, a solidão e a anomalia" (p. 741).

O sofrimento foi especialmente definido por Cassell (1991, 1995) como o mal-estar gerado pela percepção (atual ou não) de algo que ameaça a integridade ou o bem-estar da pessoa. Portanto, é uma experiência que abrange a totalidade dos aspectos que compõem o ser humano e se manifesta de maneira individual, sendo uma experiência subjetiva que pode ser descrita unicamente por quem a vivencia.

Com frequência se identificam dor e sofrimento como sinônimos, e não somente na literatura popular. Inclusive, propõem-se efetivas técnicas psicológicas não invasivas para a manutenção da dor crônica com a intenção, não menos apropriada, de aliviá-la e reduzir o sofrimento (Domínguez; Olvera, 2005). Um conhecido representante do enfoque de conduta, Fordyce (1994) dizia, entretanto, que era fundamental distinguir entre dor e sofrimento, separar a dor como sinal das reações e emoções que manifestam as pessoas que sentem dor. Damasio (1994) compartilhava esse ponto de vista e apontava como problema não solucionado o tratamento do sofrimento que tem sua origem nos conflitos pessoais e sociais. Laín Entralgo desde 1968 destacava também a sensação de ameaça na vivência da enfermidade: o doente sente ameaçada a viabilidade de certos projetos anteriores à doença, ou contempla como algo real a possibilidade da proximidade do fim de sua existência biológica.

Partindo dos mesmos estudos teóricos de que nem todo sofrimento é causado pela dor, Loesser e Melzack (1999, p. 1608) definiam o sofrimento como "resposta negativa induzida pela dor e também pelo medo, a ansiedade, o estresse, a perda de objetos afetivos e outros estados psicológicos". Afirmam que nem todo sofrimento é causado pela dor, mas que em nossa cultura – consideravelmente medicalizada – é normalmente descrito o sofrimento utilizando a linguagem da dor. Pirisi (1998) e Gregory (1994) destacavam que o controle da dor está em grande medida nas mãos do médico, mas o controle do sofrimento reside no próprio doente e requer estratégias mais sutis para aliviá-lo.

Na literatura sobre o sofrimento, destaca-se a importância que reveste a percepção do sentimento de ameaça em sua configuração. De acordo com vários autores, Chapman e Gravin são os que realizaram uma análise mais apurada do sofrimento sobre esta concepção. Retomando os conceitos básicos de Cassel, Chapman e Gravin ofereceram uma definição mais operacional, considerando-o com um complexo estado afetivo, cognitivo e negativo que se caracteriza pela sensação de ameaça à integridade, um sentimento de impotência para enfrentar a dita ameaça e pelo esgotamento dos recursos pessoais que permitem enfrentá-la. Referem como elemento-chave do sofrimento a percepção de vulnerabilidade, definindo esse fenômeno como a percepção do indivíduo sobre "a quebra total de seus recursos físicos, psicológicos e sociais" e a possibilidade de descobrir o grau de sofrimento experimentado valorizando o grau de vulnerabilidade do doente diante das ameaças importantes para sua existência biológica ou psicológica.

Wiklund (2000) compreendeu o sofrimento como uma luta entre o caos e o controle, em que a pessoa trata constantemente de controlar as situações que estão lhe acontecendo.

A Nanda-Internacional o compreende como Sofrimento Espiritual (originalmente *Spiritual Distress*), como um diagnóstico pertinente à Enfermagem desde 1980. Esse diagnóstico descreve a coerência entre os valores, crenças e ações dentro do domínio denominado *Princípios de Vida*; cuja definição é "Capacidade prejudicada de experimentar e integrar o significado e objetivo da vida por meio de uma conexão consigo mesmo e com a arte, música, literatura, natureza e um ser superior" (Nanda International, 2010, p. 3010).

Segundo havia definido Morse (1996), a resposta do indivíduo diante de uma situação ameaçadora caracteriza-se por dois estados, constituindo o endurecimento, denominado por esse autor como "sofrimento emocional", um deles. Nesse estado a pessoa compreende que seu futuro está irrevogavelmente alterado, no qual o sofrimento faz parte de um processo cansativo que a pessoa deve fazer; entretanto, não constitui só a experiência de um indivíduo isolado, mas uma experiência vivida no seio da sociedade na qual se desenvolve (Montoya-Juárez; Schmidt Río-Valle; Prados Peña, 2002). Isso significa que o sofrimento de uma pessoa se encontra mediado pela sociedade e cultura às quais pertence.

É comum perceber que a persistência de algumas das causas do sofrimento produza ou agrave outros aspectos do sofrimento total no paciente e em sua família. Como bem descreveu Kissane, a "Síndrome da Desmoralização" é um quadro global frequente em pacientes com alguma doença crônica avançada associado ao sofrimento, à desesperança, ao pessimismo, à baixa autoestima, à perda do significado e do sentido da vida (Kissane; Clarke, 2000). Também se caracteriza pela percepção de vulnerabilidade e de perda da dignidade, por sentimentos de impotência, medo, dependência, culpa; pela percepção de pouco apoio social e, inclusive, pela presença de desejos de morrer, podendo chegar a ter condutas ou cognições autolesivas (Morita *et al.*, 2000; Reig *et al.*, 2012).

Apesar de a sociedade ocidental tender a "medicalizar" o emprego de ambos os termos como sinônimos, esses conceitos representam diferentes fenômenos. Vale lembrar as palavras de Cassell (2004, p. 4): "Os corpos não sofrem. Sofrem as pessoas...". A dor se define como a experiência sensorial e subjetiva associada a uma lesão histológica real ou potencial no organismo, enquanto o sofrimento é a percepção negativa que temos sobre algo que não podemos modificar, pelo menos da forma que desejamos (Gómez Sancho; Grau, 2006), por isso experimentamos vivências desagradáveis que geram preocupações e emoções desagradáveis como o medo, a ansiedade, a depressão e a impotência. É um estado de mal-estar induzido pela ameaça de perda da integridade da pessoa, independentemente de sua causa (Bayés, 2001; Blinderman; Cherny, 2005).

Muitas vezes as pessoas que sentem dor declaram que sofrem unicamente quando a origem dessa dor é desconhecida, quando creem que não pode ser aliviada ou quando seu significado é adverso no prognóstico e evolução (Gómez Sancho; Grau, 2006).

Às vezes, se pode suportar a dor sem necessidade de que a pessoa sofra por ela. Como afirma Bayés, a dor se transforma em sofrimento quando se teme seu prolongamento, reaparecimento ou intensificação no futuro sem possibilidade de controle; entretanto, há pessoas em que a eliminação da dor tecidual, paradoxalmente, aumenta o sofrimento de origem psicossocial (Bayés, 2000a). Em diferentes correntes religiosas, aborda-se a capacidade do ser humano de conceder sentido ao sofrimento e das diferenças que geram nas pessoas dependendo do tipo de confronto. Segundo a tradição judaico-cristã, o sentido do sofrimento é a consequência do pecado; nesse sentido, Deus repreenderia e purificaria ao que ama com uma finalidade educativa (Rodríguez, 2016).

Diante da confusão conceitual com a dor, a depressão, os estados de ânimo, o estresse, etc., vale enfatizar a distinção conceitual do sofrimento, especialmente ao relacioná-lo com uma doença crônica. O sofrimento é uma experiência vivencial de conotação negativa diante de eventos altamente significativos que são avaliados pelo indivíduo como transbordantes de seus recursos potenciais para encarar-lhe, por isso é tão subjetivo como a sensação de ameaça e o sentimento de impotência (Llantá, 2008), ainda que esses últimos também sejam elementos.

Ainda que os termos "angústia" e "sofrimento" possam estar sobrepostos e serem usados indistintamente, eles expressam experiências diferentes. Seguindo Krikorian e colaboradores (2011), a angústia supõe uma resposta emocional de desconforto experimentado pelo indivíduo em resposta a um estressor ou demanda específica, e é psicológico, social ou espiritual em sua natureza (Kelly;

MCCLEMENT; CHOCHINOV, 2006). O sofrimento é geralmente considerado como uma experiência única, integral e holística, que inclui fenômenos físicos, psicológicos, sociais e espirituais. É inerente ao pensamento de Cassel a consideração dos atributos pessoais para o alcance de metas, a identidade pessoal no sofrimento, que depende mais da natureza particular de cada pessoa e do significado dado às ameaças à sua integridade pessoal, do que do impacto de estressores específicos, incluindo aspectos corporais, identidade, experiências de vida, gama de atividades e de relações (WITTMANN *et al.*, 2009; CASSELL, 2010).

Os diferentes elementos do sofrimento tendem a ter um efeito aditivo, apesar de poderem ser independentes uns dos outros. Os determinantes são diversos, variados e se apresentam de maneira dinâmica em cada pessoa, o que significa uma abordagem holística. Para isso, constitui um requisito indispensável um adequado processo de avaliação, tendo em conta a variabilidade do estado do paciente e as circunstâncias particulares dele, pois a progressão de sua doença e do esgotamento de seus recursos pode em diversas ocasiões limitar o tempo e a disposição para um interrogatório exaustivo e abrangente (RODRÍGUEZ, 2016).

Na realidade, o sofrimento entra como categoria psicológica, com métodos de exploração, há relativamente pouco tempo, com os trabalhos de Ramón Bayés e colaboradores (BAYÉS, 2001, 2000; BAYÉS *et al.*, 1996, 1997). Retomando as ideias de Chapman e Gravin, esses autores reiteram que uma pessoa sofre quando: a) experimenta ou espera que lhe aconteça um mal-estar físico ou psicossocial que avalia como ameaça importante para sua existência ou integridade física e/ou psicossocial, ou para a de outras pessoas queridas; b) quando crê que precisa de recursos ou se sente sem forças para enfrentar tal ameaça. Nessa conceitualização, o sofrimento aparece como uma construção subjetiva suscetível de definir-se operacionalmente, no qual não somente participa a percepção de ameaça (sintomas, complicações, reações adversas dos tratamentos, prognósticos incertos, limitações funcionais, influência nos projetos em médio e longo prazo), mas também a falta ou não de recursos (confrontos, habilidades, atitudes, disposições salutogênicas, sentidos da vida) para encarar-lhe. Por isso, para algumas pessoas constitui fonte insuportável de sofrimento ao avaliar-se indefeso diante das ameaças, e para outras, que as tomam como desafios, constituem fontes de crescimento pessoal. Tal avaliação de ameaça presente ou perspectiva e das possibilidades de controle não pode se fazer à margem do indivíduo, são individuais, específicas para cada pessoa. Um diagnóstico de câncer ou diabetes, uma mesma intensidade de dor, a perda de uma função corporal, a ausência passada ou projetada de um ente querido, a conscientização da proximidade do fim da vida, não produzem os mesmos efeitos em todas as pessoas, porque nem todas têm a mesma avaliação de ameaça, nem todas elas têm os mesmos recursos para enfrentá-las. Essa circunstância reforça a singularidade do sofrimento como uma experiência subjetiva individual (GÓMEZ SANCHO; GRAU, 2006).

Essas posições são especialmente relevantes no mundo moderno, envolvido em um incessante crescimento tecnológico que pode criar falsas ilusões de cura ou de sobrevivência. A exploração e a manutenção individual do sofrimento cabem na visão da atual Medicina personalizada, resgatando algo que foi declaratório na Medicina desde antigamente. Dizia Jinich (1993, p. 4) "o mundo moderno se vê acometido de um excesso de informação que redunda às vezes em uma paradoxalmente pobre compreensão das coisas. Talvez se entenda mais do corpo e das doenças, mas se compreende cada vez menos o ser humano que delas sofre". A análise do sofrimento, então, não pode perder de vista essa singularidade humana; a Medicina contemporânea terá que resgatar esse enfoque pessoal, integral, biopsicossocial para os seres com os quais interage.

Na atenção no fim da vida será necessário assumir as consequências do desenvolvimento tecnológico e do desejo de cura das doenças que, de alguma maneira, contribuem, talvez sem querer, para o aumento do medo e sofrimento e até do "medo do sofrimento". As palavras de Yourcenar (1981) são muito fortes e até algo cruel com os nobres representantes da profissão médica, mas por sua vinculação a esse tema e por seu caráter educativo, merecem ser consideradas: "Minha paciência dá seus frutos, sofro menos e a vida torna-se quase doce. Não me irrito com os médicos; seus tontos remédios me condenam, mas nós temos a culpa de sua presunção e de sua hipócrita arrogância. Mentiriam menos se não tivéssemos tanto medo de sofrer..." (p. 32).

Esse medo ambíguo do sofrimento, como a uma doença essencialmente humana, é registrado por Watzlawick em seu livro *El arte de amargarse la vida* (A arte de amargurar a vida) quando afirma: "Na vida há duas tragédias, uma é o não cumprimento de um desejo íntimo, a outra é seu cumprimento..." (p. 71).

Consequentemente, como bem aborda Bayés (2001), a avaliação do sofrimento constitui um desafio para os profissionais devido ao subjetivo e peculiar que é o fenômeno em questão, e mais ainda quando se trata de um paciente em fase terminal de uma doença, quando o instrumento ou a estratégia que se emprega deverá reunir um conjunto de características (Grau, 2003; Grau; Scull, 2013). Fica claro que o sofrimento tem vários componentes e dimensões, por isso resulta muito complexa sua caracterização (Rodríguez, 2016).

Portanto, a natureza multidimensional do sofrimento exige para seu alívio um modelo de intervenção multifatorial que compreenda medidas farmacológicas, relacionais, psicoterapêuticas, reabilitadoras, espirituais, de conforto espacial, entre outras. Em outras palavras, solicita uma hospitalidade pessoal e não somente um tratamento farmacológico (Gómez Sancho; Grau, 2006; Rodríguez, 2016; Grau, 2009).

Não há dúvida: falar de sofrimento é falar de humanidade. A experiência do sofrimento faz parte da condição humana e também somos seres humanos, e não somente pelo impacto das doenças, que têm a capacidade de gerá-lo ou agravá-lo, seja por ação ou por omissão. A doença implica, em maior ou menor medida, uma mudança no cotidiano e no estilo de vida, tanto do paciente como da sua família, e ter que enfrentar uma série de eventos estressantes ao surgirem necessidades inesperadas e diferentes das de seus homólogos; assim como também a propensão a frustrações, incertezas, preocupações e até hospitalizações que impliquem, por sua vez, intervenções e procedimentos médicos devido à nova situação de saúde e de vida. As doenças, além da adaptação, implicam uma crise na vida do paciente, quando muitos experimentam novas emoções (Grau, 2017; Grau; Chacón; Llantá, 2015; Nanda International, 2010; Grau, 2015).

A doença constitui uma das revelações mais evidentes da vulnerabilidade do ser humano, vulnerabilidade que se encontra enraizada em seu ser, agir e falar. Afirmar que o ser humano é vulnerável significa afirmar que não é eterno e nem está alheio ao sofrimento. A doença crônica aparece cada vez mais como um legítimo lembrete da debilidade universal e da incerteza da condição humana (Grau, 2017; Grau, 2016). É o sofrimento, justamente, que revela nossa vulnerabilidade.

Seguindo vários autores (Gómez Sancho; Grau, 2006; Bayés, 2001; Astudillo; Mendinueta; Astudillo, 2002), entre as causas mais frequentes de sofrimento podem considerar: percepção de falta de futuro, ameaça de destruição da pessoa, perda do convívio social, não sentir-se querido, incapacidade de resolver as questões existenciais da vida, pensamentos negativos (culpas, medo do futuro), mau controle de sintomas incômodos, reações indesejáveis nos tratamentos, situações psicossociais inadequadas (falta de intimidade, companhia ou solidão indesejadas, separação da família), deixar assuntos sem conclusão, estados emocionais negativos. Krikorian, Limonero e Maté apontam algumas causas de "angústia" no fim da vida intimamente associadas ao sofrimento: dimensão física (dor, sintomas, desconforto), ansiedade diante da morte e desejos de morrer, aspectos afetivos, problemas psiquiátricos, adaptação e confrontos diante da doença e da vida, controle percebido, ausência de paz, de esperanças, significados e sentidos, não preservação da dignidade, preocupações espirituais e religiosas, problemas familiares, apoio social insuficiente, alguns fatores culturais. Esses autores consideram, por essas razões que o sofrimento é algo individual, único e inerente a cada pessoa, cuja avaliação requer considerar a complexidade, multidimensionalidade e subjetividade das experiências vividas, em um contexto clínico que podem ser atendidas todas as necessidades do paciente e da família. Portanto, é imprescindível conhecer com profundidade a natureza do sofrimento e os fatores que a ele se associam para aliviar o sofrimento desnecessário.

Quando se pensa no sofrimento de um doente crônico, compreendemos uma reação à dor emocional e física que implica sentimentos de incontrolabilidade, indefesa, desesperança, intolerabilidade e interminabilidade, com predomínio da percepção de incerteza sobre a duração da doença e do tratamento (Hernández, 2007). Fica claro que os eventos estressantes não controlados com significado de ameaça, a desesperança e os estados depressivos são elementos subjetivos constituintes do sofrimento.

Muitos trabalhos atuais relacionam o sofrimento com a espiritualidade, as esperanças e a qualidade de vida, com o bem-estar subjetivo e outras qualidades personológicas, tanto em doentes com câncer (Zhang, 2010; Rawdin; Evans; Rabow, 2013) como em pacientes renais (Almeida; Lucchetti; Granero, 2009; Chaves *et al.*, 2010), em cuidadores de menores diabéticos (Almeida *et al.*, 2012), em doentes com esclerose múltipla (Pereira, 2009), em portadores de HIV/AIDS (Galvão *et al.*, 2012; Orlandi; Praça; Souza, 2013), em cuidadores de pacientes com Alzheimer (Duggleby *et al.*, 2011), entre outros.

Vale destacar que a espiritualidade e a religiosidade se correlacionam com a expectativa de vida, já que a dimensão espiritual é descrita como relevante na atribuição de significado à vida e como um recurso de esperança no confronto com doenças, como as renais, que podem causar mudanças no estado de saúde e sofrimento (Pinto, 2011; Ottaviani *et al.*, 2014). Informa-se, inclusive, que os sentimentos de gratidão e bem-estar espiritual se relacionam com melhor alimentação e sono, menos cansaço e maior autoeficácia nos pacientes com deficiências cardíacas assintomáticas, destacando o valor clínico do bem-estar espiritual (Mills *et al.*, 2015).

Seguindo essa linha de pensamento, ao caracterizar o sofrimento – seja de forma geral ou em uma determinada pessoa – ,devem diferenciar-se as causas ou determinantes das dimensões ou componentes para seu estudo multidirecional, apesar de que algumas dimensões podem atuar como determinantes e vice-versa. Devido, talvez, a essas razões e apesar de sua importância central, o problema do sofrimento humano: sua definição, delimitação, avaliação e controle, não é suficiente ou claramente tratado, nem sequer na bibliografia médica ou psicológica especializada. Kaasa abordava em 1995 que a literatura médica sobre o sofrimento parecia tão confusa como a literatura sobre qualidade de vida das décadas anteriores (Kaasa, 1995). A tal ponto pode chegar a necessidade de conceituá-lo e avaliá-lo adequadamente.

Mas o mais importante é atuar precocemente diante do sofrimento. Não se ergue tão somente como um problema de saúde diante de uma doença específica (oncológica, renal, neurológica ou de qualquer outro tipo), mas sim diante de um problema de saúde pública. Vale a pena lembrar que para ser considerada como tal uma doença deve cumprir três requisitos fundamentais: 1. Ser uma doença crônica de alto impacto sobre a morbimortalidade, qualidade de vida e custos médicos. 2. Ter uma distribuição desigual, afetando coletivamente ou grupos populacionais com maior privação sociocultural ou econômica. 3. Dispor de estratégias de intervenção que nem sempre estão desenvolvidas e implementadas (Lorenzo; Boronat, 2010). Qualquer doença que interfira na qualidade de vida e esteja modulada por fatores socioculturais e socioeconômicos diante dos quais não desenvolvemos estratégias de contenção será acompanhada de sofrimento, com suas manifestações individuais, que deverá não somente identificar e caracterizar, mas terá que ser de forma responsável aliviado (Grau, 2009), como qualquer outro problema de saúde com arestas humanas, éticas e técnico-profissionais, nessa ordem.

Na realidade, o sofrimento é uma avaliação do significado ou sentido que possuem a dor ou outras experiências potencialmente ameaçadoras, e para ser avaliado com a finalidade de elaborar intervenções de alívio precisa do maior esclarecimento conceitual possível. A falta de compreensão da natureza do sofrimento pode fazer com que uma intervenção que é tecnicamente adequada não somente falhe em reduzir o sofrimento, mas também que se torne sua causa. Normalmente confunde-se com a depressão, mas o sofrimento é mais amplo que a depressão e não tem porque coincidir com um estado psicopatológico nem se apresenta necessariamente associado a culpas ou baixa autoestima (Astudillo; Mendinueta, 2006). É parte da própria vida e algumas expressões de sofrimento são, justamente, vitalidade. O importante é que o sofrimento tenha uma repercussão positiva para cada pessoa, um sentido (Gómez Sancho; Grau, 2006; Grau; Scull, 2013).

Fica bem claro que se a erradicação ou alívio do sofrimento desnecessário no fim da vida deve ser a meta central das intervenções paliativas, necessita-se então de estratégias eficazes e éticas que permitam entender o grau em que essa meta está sendo alcançada. Em outras palavras, precisa ser avaliado consistente e evolutivamente. Cassell (2004, p. 8) aponta com insistência: "o alívio do sofrimento e a cura da doença devem considerar-se como obrigações gêmeas da profissão médica verdadeiramente dedicada ao cuidado do doente". Nos últimos tempos, a ênfase é posta no que sente o paciente, e não no que os médicos pensam que deveria "sentir", baseando-se somente em medições clínicas (Fernández-López; Hernández-Mejía, 1993). Embora a atenção médica deva ser tão clinicamente eficaz quanto possível, de igual modo, a qualidade humana da existência não deve diminuir-se ou ser abandonada em segundo plano de prioridade pela simples razão de que é difícil de expressar quantitativamente (Irvine, 1999; Bayés; Morera, 2000).

A avaliação do sofrimento: experiências

No fim da década de 1990, apareceu uma série de trabalhos dedicados à análise de pertinência na avaliação do sofrimento e na busca e validação de instrumentos apropriados para isso (Bayés, 1998b; Bayés, 2000a; Bayés *et al.* 1997; Bayés; Morera, 2000; Bayés *et al.*, 1995). Seguindo esses trabalhos, um instrumento ideal para a avaliação do sofrimento deveria reunir as características seguintes: a) ser adequado para medir aspectos subjetivos, já que são subjetivos tanto a avaliação da ameaça como a percepção do doente sobre os recursos para encará-la; b) ser facilmente compreensível para os pacientes, a maioria deles idosos e doentes graves, que estão debilitados, e, em alguns casos, com perdas ou desgastes cognitivos; c) *não ser invasivo nem expor ou sugerir aos doentes novos problemas ou possibilidades ameaçadoras* nas quais não haviam pensado até o momento. Seria ideal que as perguntas tivessem, também, um componente terapêutico ou facilitador da relação empática entre os profissionais da saúde e o doente; d) ser simples, fácil e rápido de administrar na prática clínica; e) poder aplicar repetidamente, sem perda de confiabilidade, a fim de obter dados longitudinais comparativos e nos permitir entender, evolutivamente, até que ponto são eficazes as intervenções paliativas para melhorar o bem-estar dos doentes e diminuir seu sofrimento (ao mudar rapidamente as percepções dos doentes, a investigação transversal só poderia proporcionar uma visão parcial do problema, incompleta e, inclusive, distorcida, razão pela qual deve aplicar-se a avaliação longitudinal).

Para a exploração e caracterização do sofrimento propõem-se diferentes ferramentas, algumas direcionadas à sua detecção, outras centradas na caracterização de alguns de seus componentes (como as emoções negativas). A entrevista com a pessoa é a primeira das ferramentas a aplicar. É uma técnica que pode ter formas mais abertas ou mais estruturadas, mas geralmente construída a partir de uma série de perguntas preestabelecidas. É um guia flexível para a obtenção e manutenção da informação do próprio paciente.

Por meio dessa técnica, podem-se obter os dados sociodemográficos e clínicos dos doentes e explorar com maior ênfase o relacionado com o predomínio das esperanças ou desesperanças e a preponderância das vivências de bem-estar/mal-estar, além das preocupações, medos e necessidades psicossociais e espirituais insatisfeitas. A informação obtida na entrevista deve complementar-se com a que se obtém a partir de outros instrumentos. A entrevista, possivelmente, constitui a ferramenta de excelência para explorar o sofrimento (Rodríguez, 2016) do paciente, uma vez que de uma forma direta e personalizada pode-se fazer referência a todas as dimensões humanas e às áreas vitais, permite sondar essas experiências como vivências e aqueles aspectos que o paciente considera que lhe afetam desde seus próprios critérios e reflexões. Existem outras ferramentas que facilitam a avaliação do sofrimento ou que ajudam a especificar causas geradoras deste que podem complementar a informação obtida na entrevista, dada a complexidade do conceito sofrimento. Por não existir um instrumento único que caracterize o sofrimento, deverá remeter-se a outras ferramentas que avaliam componentes ou sintomas que indiretamente possam indicar essa experiência no paciente. A entrevista, por si só, não deve constituir o único instrumento para determinar o sofrimento nos doentes avançados, porque a maioria dos doentes crônicos faz ventilação catártica de suas inquietudes e preocupações com base em um critério ideográfico (subjetivo-individual) e não com base em um critério nomotético (que permita classificar todos os indivíduos dentro de um grupo). Ambos os enfoques são necessários.

Requer-se, então, um instrumento simples, que seja capaz de detectar os estados de mal-estar, independentemente das causas que o provocam e que possa inserir-se na própria entrevista. Um caminho inicial é a avaliação do sofrimento por meio da estimativa, pelo doente, da percepção subjetiva do passar do tempo, fundamentada na observação referida por Bayés e colaboradores (Bayés, 1998b; Bayés, 2000a; Bayés *et al.* 1997; Bayés; Morera, 2000) a partir de numerosos autores sobre o fato de que existem características diferenciais entre o tempo cronológico e o tempo subjetivo. Dessa maneira, quando uma pessoa diante de uma situação difícil (por exemplo, doença) tem a sensação de que o tempo (subjetivo) aumenta com relação ao tempo cronológico, esse fato constitui um indicador de mal-estar; quando sente que o tempo se encurta e passa com rapidez, esse fenômeno normalmente traduz um estado de bem-estar (Bayés, 2000a; Bayés *et al.* 1997; Bayés, 2000b). Esse suposto justifica uma técnica estruturada em duas perguntas simples, que não aborda problemas éticos e oferece a possibilidade de introduzi-las no contexto clínico habitual.

1. Como foi o tempo no dia de ontem (esta noite, esta manhã, esta tarde): curto, longo, ou o que você diria?

2. Por quê?

Evidentemente, essa modalidade e avaliação do sofrimento devem ser complementadas com entrevistas apropriadas e outras provas; mas pode ser uma via inicial de detecção de mal-estar/bem-estar na prática clínica. (Grau; Chacón; Llantá, 2015) Inclusive, a segunda pergunta, além de proporcionar informação sobre possíveis causas do mal-estar e o impacto das ameaças percebidas, abre uma possibilidade de ventilação emocional que pode ser bem aproveitada por terapeutas testados para estabelecer relações empáticas com seu paciente e desenvolver procedimentos de aconselhamento ("counselling"). A relevância na atenção no fim da vida é óbvia, por exemplo, se a resposta que o doente fornece à segunda pergunta não está relacionada com a dor, isso pode indicar, devidamente, que a dor está em baixo controle, ou que, no determinado momento em que se formula a pergunta, a dor não constitui uma preocupação prioritária para o paciente. No caso de estar relacionada com a dor, essa resposta nos apontará a necessidade de realizar uma avaliação detalhada por meio de instrumentos mais precisos para o diagnóstico da dor. A percepção de um tempo subjetivo maior que o cronométrico pode indicar desde um simples tédio ou aborrecimento até a presença de um sofrimento intenso ao qual a equipe deverá prestar toda sua atenção (Bayés, 2000b).

Essa estratégia avaliativa foi comprovada, inicialmente, em mais de 370 pacientes terminais com câncer e AIDS em 661 ocasiões diferentes, e os resultados das correlações confirmam os supostos do indicador selecionado: em 83,5% dos casos se obteve correspondência entre a sensação de mal-estar e a percepção de aumento do tempo, e em 76,6% se obteve essa correspondência entre a sensação de bem-estar e a percepção de redução do tempo transcorrido, resultados que foram consistentes, independentemente de sexo, idade, tipo de doença e proximidade da morte (sobrevivência maior ou menor que 30 dias no momento da avaliação). Também foi aplicado a 133 estudantes do Instituto Nacional de Educação Física de Cataluna, com resultados similares aos do trabalho com doentes em estado terminal, ainda que nesse caso as causas de mal-estar fossem diferentes (tempos de espera antes do início ou durante um jogo ou competição, situações de incerteza no rumo da partida, etc.).

A aplicação inicial desse instrumento em pacientes espanhóis revelou uma série de causas de bem-estar/mal-estar (Bayés, 2001). Nos casos em que *o tempo subjetivo aumentava com relação ao cronológico*, as principais causas de mal-estar eram: a) sofrimento de sintomatologia física intensamente desagradável e/ou ameaçadora (dor, hemorragias, vômitos, dispneia, fraqueza, diarreias, paralisia, tosse, etc.); b) sofrimento de sintomatologia de origem psicossocial intensamente desagradável e/ou ameaçadora (culpabilização, medos, solidão, sensação de perda ou de inutilidade, de falta de sentido da vida, etc.); c) presença de estímulos ambientais desagradáveis ou incômodos: ruídos, fumaça de cigarro, temperatura ou iluminação excessiva ou insuficiente, visitas não desejadas, falta de intimidade, atenção de Enfermagem inadequada, etc.; d) estados emocionais ansiosos ou depressivos por espaços de tempo de espera incerta (visita do médico, de um diagnóstico importante, do começo de um novo tratamento, de uma intervenção cirúrgica, de uma visita desejada, do fim da dor ou outro sintoma desagradável persistente, de alta e retorno para casa, etc.); e) consequência de alguns dos estímulos ou situações anteriores, que, por sua vez, os acompanha e amplia (por exemplo, insônia);, f) aborrecimento (que pode ser causa de mal-estar, mas não necessariamente implica o caráter ameaçador do sofrimento).

Nas *situações em que o tempo subjetivo se reduzia com relação ao cronológico* havia bom controle de sintomas físicos, sensação de descanso e relaxamento, percepção de diminuição de situações ameaçadoras, comiam com apetite, demonstravam controle sobre os pensamentos perturbadores, reconciliação com o passado, com as pessoas e/ou com Deus, estavam presentes estímulos ambientais agradáveis (quarto com vista para o campo ou jardim, possibilidades de silêncio e controle da temperatura e iluminação, presença de flores ou artigos de caráter pessoal, visitas desejadas de familiares e amigos, boa atenção da Enfermagem e alimentação, etc.) e prevaleciam estados de ânimo caracterizados por tranquilidade e relaxamento.

Os tempos de espera estavam reduzidos a um mínimo, e de duração conhecida. Não havia incerteza, ou esta havia reduzido ao máximo possível, com percepção de controle sobre a situação – provavelmente ao dispor o doente de informação –; dormia bem; havia distrações – se realizam muitas e as mais variadas atividades capazes de atrair e manter a atenção do doente: terapia ocupacional, programas de TV, visitas, etc. (Bayés, 2001).

Nesses resultados iniciais, salientou o caráter ameaçante dos tempos de espera. O tempo de espera de um doente para um acontecimento qualquer (chegada de uma pessoa, informação necessária, uma intervenção oportuna) parecerá mais longo – e, portanto, a sensação de ameaça será maior –, pois à medida que é mais importante para o doente aquilo que se espera, mais incerta é a duração do tempo de espera. Nesse campo desenvolveram-se pesquisas promissoras (Grau; Chacón; Llantá, 2015; Bayés, 2000b).

Alguns anos depois foram feitos os primeiros estudos usando essa metodologia em pacientes cubanos por um grupo de pesquisadores do Instituto de Oncologia, com resultados satisfatórios que foram preliminarmente apresentados em vários eventos internacionais (Grau, 2003; Grau, 2004). Os estudos iniciais se dirigiram a caracterizar o sofrimento em pacientes que se encontravam em diferentes etapas do processo saúde-enfermidade. Foram entrevistados no total 366 casos, deles: sob estudo diagnóstico: 45; em tratamento cirúrgico: 34; em quimioterapia: 60; em radioterapia: 49; aparentemente controlados (sob acompanhamento evolutivo): 100; com doença avançada (acompanhados de cuidados paliativos): 42; acompanhantes de crianças inseridos em um serviço de Oncopediatria (geralmente pais): 42. Em todos os grupos de trabalho controlou-se idade, sexo, escolaridade, procedência (residência), profissão principal, localização da doença e tempo de evolução. O mais interessante ao aplicar a metodologia nesses pacientes foram os tipos de respostas às perguntas do instrumento. À primeira pergunta, responderam: "longo" 39,1% dos casos, "curto" 17,5% e responderam "outra alternativa" 43,4% do total. O que chama a atenção nos doentes cubanos é a alta porcentagem de indivíduos nessa terceira categoria. Quando se fez uma análise de conteúdo dessas respostas alcançaram 10 grupos de formulações, 4 de conotação positiva com expressões como: "normal", "comum", "emocionante", "melhor", "muito bom", "bonito", "divino" e 6 de conotação negativa com formulações como: "muito longo", "regular", "mais ou menos", "ruim", "muito ruim", "difícil", "pesado", "incômodo", "agitado", "desesperador", "terrível", "triste", "cansativo". Em resposta à segunda pergunta ("Por quê?") se categorizaram 25 grupos de resposta, os 10 primeiros abrangeram 86,3%, 57,1% dos indivíduos respondiam em 4 categorias de resposta (2 de conotação positiva e 2 de conotação negativa): "porque estava ocupado, distraído, passeando, trabalhando", "porque tinha ansiedade, incerteza, angústia, preocupação", "porque sentia mal-estar, dor, sintomas, incômodos", "porque fazia a mesma coisa de sempre, estava no cotidiano".

A correlação obtida entre o tempo subjetivo prolongado ou outra alternativa negativa com expressões de mal-estar foi de 95%, enquanto a correlação entre o tempo subjetivo reduzido ou outra alternativa positiva e as expressões de bem-estar foi de 88%, mais altas inclusive que os estudos iniciais de Bayés. Também se obteve o risco relativo de bem-estar/mal-estar expressado por um tempo subjetivo reduzido ou prolongado: as pessoas com tempo subjetivo prolongado ou com conotação negativa tinham 8,4 vezes mais probabilidade de sentir mal-estar do que as pessoas com tempo subjetivo reduzido ou com conotação positiva. Esse risco relativo de bem-estar/mal-estar também foi processado por grupos de trabalho; os coeficientes foram sempre altos: o maior de 0.944 em acompanhantes de crianças, o menor de 0.692 em pacientes de quimioterapia; era sempre mais provável o mal-estar quando o tempo subjetivo era prolongado ou com conotações negativas. Deve-se dizer que as correlações estão presentes independentemente do sexo, idade, escolaridade; e aparentemente da profissão, do tipo de doença (localização) e do tempo de evolução desta, ainda que seja necessário reconhecer que alguns grupos eram muito pequenos para esse processamento. Esses resultados se confirmaram em projetos de pesquisa posteriores, com amostras ampliadas (LLANTÁ, 2008).

Os resultados encontrados por pesquisadores cubanos em pacientes com câncer (LLANTÁ *et al.*, 2008) e com insuficiência renal crônica em hemodiálise (RODRÍGUEZ, 2016) são essencialmente similares e reafirmam a pertinência dessa simples metodologia para identificar o sofrimento associado ao tempo de espera e pode ser muito útil para detectar o grau de mal-estar/bem-estar do doente e suas possíveis causas de sofrimento, além de que permitem oferecer diversas recomendações para aliviar esse sofrimento em diferentes espaços clínicos e serviços de saúde com ações clínicas e organizativo-gerenciais. Esses estudos no terreno da Psico-oncologia (quando espera o diagnóstico, quando espera o controle da doença enquanto se submete a tratamentos de cura, quando se está em situação terminal exigindo cuidados paliativos), permitem elaborar um modelo de pesquisa aplicada que considera diversos aspectos psicossociais no processo saúde-enfermidade – tempo de espera e tempo de decisão, atribuições e crenças, esclarecimento de emoções associadas ao processo de estresse e alívio da insegurança, custos psicológicos da pesquisa ativa na população, intervenções psicológicas com doentes submetidos a tratamentos de cura e paliativos (LLANTÁ, 2008). Também possibilitam implementar tarefas relacionadas a uma nova concepção e implementação da esperança para aliviar o sofrimento como responsabilidade de todos os profissionais da saúde (GRAU, 2009; LLANTÁ; GRAU; MASSIP, 2005; LLANTÁ *et al.*, 2005) e com outros aspectos gerenciais em saúde, que derivam aspectos cardinais das ações dos psicólogos da saúde na busca de tornar real uma Medicina mais personalizada, que tenha também como meta o alívio do sofrimento e a consideração dos aspectos espirituais dos doentes, como postulam Callahan (2000), Cassell(1991, 2004), Bayés (2005, 2006) e muitos outros autores.

Existem outras ferramentas que podem avaliar o sofrimento de maneira indireta, por meio de uma avaliação das necessidades espirituais, como o FICA, proposto por Puchalski e Romer (2000) com 4 dimensões que permitem preparar uma história espiritual do paciente: fé ou crenças, importância e influência em sua vida e autocuidado, participação como membro em alguma comunidade espiritual ou religiosa, atenção às necessidades espirituais pela própria equipe de saúde; foi adaptado e aplicado a pacientes, familiares e médicos internistas (GRAU; SCULL, 2013). No Reino Unido, Wheeler e Hyland (2008) elaboraram uma escala, denominada Questionário de Conexão Espiritual, sobre a base de considerar a espiritualidade como algo além das crenças religiosas e que permite avaliar o sentido especial de conexão que estabelecem as pessoas com o mundo que as rodeia; em seus 48 itens, explora felicidade, sentido de conexão com outros, conexão com lugares, com a natureza e com o universo em qualquer de suas modalidades. Elaborou-se uma versão unidimensional de 14 itens, que foi validada em Cuba com grande ajuste fatorial, na qual possibilita avaliar espiritualidade global e, além disso, a orientação espiritual direta, a aceitação ou rejeição da espiritualidade e a abertura a experiências transcendentes, discriminando entre pessoas ateias, espirituais não religiosas e religiosas (Rodríguez *et al.*, 2012). Essa versão foi utilizada com êxito em doentes renais (Rodríguez, 2014).

Outros instrumentos que não são propriamente de sofrimento, mas que exploram níveis de espiritualidade, podem ajudar a avaliar o sofrimento e as potencialidades pessoais para enfrentá-lo no fim da vida. Recentemente, foi adaptado e validado inicialmente em pacientes renais (García; Araoz, 2015) o instrumento conhecido por Facit-Sp 12, escala complementar para avaliar qualidade de vida espiritual, elaborada por David Cella.

Sobre esses temas e a sustentação de diferentes ferramentas avaliativo-terapêuticas se pode consultar bibliografia especializada.

Considerações finais

De tudo que foi revisado, pode deduzir que a avaliação do sofrimento em cada pessoa constitui um dos dois focos fundamentais de atenção principal na avaliação psicológica no fim da vida. Está claro que deve incluir outras medições não estritamente psicológicas. Mas a conceitualização ideográfica que enfatiza no subjetivo, a respeito do tema da avaliação psicológica, tende a considerar muito mais outros fatores psicossociais intervenientes no fim da vida.

Essa avaliação não pode separar-se dos problemas conceituais, metodológicos e instrumentais envolvidos em qualquer tipo de avaliação psicológica, mas também deverá considerar os aspectos específicos e práticos nesse campo de trabalho.

A criação de novas medidas para avaliar o sofrimento não nega a possibilidade de questionar o efeito das ações terapêuticas em explorações de caráter clínico (interrogatório, diários, etc.) ou com instrumentos que avaliam aspectos pontuais que interessam em um momento determinado, mas com o uso de ferramentas apropriadas podem ser preservados os princípios que são revisados neste trabalho, inclusive em pacientes com severas influências no fim da vida. De qualquer forma, é indispensável que se tenha bem clara a necessidade de contar com avaliações integrais nesses doentes e seus familiares. Os estudos continuarão buscando medidas concretas, válidas e confiáveis que permitam avaliar intervenções e o desenvolvimento de pesquisas comparando diferentes grupos etários e de pacientes em diversos estados, em países diferentes também. A elaboração de instrumentos para avaliar o sofrimento no fim da vida, por mais difícil que seja, continua sendo uma tarefa inadiável.

Referências

ABDULLAH-ZADEH, F. *et al.* Hope in Iranian Cancer Patients. *J Nurs Midwifery Res*, 16, p. 288-91, 2011.

ABEGUNDE, D. *et al.* The Burden and Costs of Chronic Diseases in Low-Income and Middle-Income Countries. *Lancet*, 370, p. 929-1938.

ALMEIDA, A. M. *et al.* Qualidade de vida, autoestima, depressão e espiritualidade em pais cuidadores de menores diabéticos. *Rev Med Res*, 4, p. 94-100, 2012.

ALMEIDA, L. G. C.; LUCCHETTI, G.; GRANERO, A. L. Espiritualidade nos pacientes em hemodiálise: Resultados parciais do estudo multicêntrico Salud. *Anais do XV Congresso Paulista de Nefrologia*, 2009, p. 59.

ALONSO, A.; CAIRO, E.; ROJAS, R. *Fundamentos del psicodiagnóstico. Selección de lecturas*. La Habana: Editorial "Félix Varela", 2003.

ANASTASSI, A. *Tests psicológicos*. La Habana: Ediciones Revolucionaria, 1989.

ASTUDILLO, W.; MENDINUETA, C. Necesidades de los enfermos al final de la vida. *Ars* Médica, v, 11, n. 11, p. 14-21, 2006.

ASTUDILLO, W.; MENDINUETA, C.; ASTUDILLO E. Necesidades de los pacientes en fase terminal. En: ASTUDILLO, W.; MENDINUETA, C.; ASTUDILLO E. (Ed.). *Cuidados del enfermo en fase terminal y atención a su familia*. 4. ed. Barañain, España: Eunsa, 2002. p. 83-92.

BARRETO, P.; BAYÉS, R. El psicólogo ante el enfermo en situación terminal. *Anales de Psicología*, v. 6, n. 2, p. 169-80, 1990.

BATISTA, S.; MENDONÇA, A. R. A. Espiritualidade e qualidade de vida nos pacientes oncológicos em tratamento quimioterápico. *Rev Bioética*, 20, p. 175-88, 2012.

BAYÉS R. Una estrategia para la detección del sufrimiento en la práctica clínica. *Rev Soc Española de Dolor*, 7, p. 70-74, 2000.

BAYÉS, R. *Afrontando la vida, esperando la muerte*. Madrid: Alianza Editorial, 2006.

BAYÉS, R. Debe implicarse el médico en las necesidades espirituales de sus pacientes?. *Jano, Medicina y Humanidades*, 68, p. 843-44, 2005.

BAYÉS, R. *et al.* A Way to Screen for Suffering in Palliative Care. *J Palliat Care*, v. 13, n. 2, p. 22-6, 1997.

BAYÉS, R. *et al.* Assessing Suffering. *Lancet*, 346, 1492, 1995.

BAYÉS, R. *et al.* Propuesta de un modelo integral para una intervención terapéutica paliativa. *Medicina Paliativa*, 3, p. 114-20, 1996.

BAYÉS, R. La percepción del tiempo en la actividad deportiva. Apunts. *Educación Física y deportes*, 53, p. 83-91, 1998.

BAYÉS, R. Los tiempos de espera en Medicina. *Med Clin (Barc)*, 114, p. 464-67, 2000.

BAYÉS, R. Paliación y evaluación del sufrimiento en la práctica clínica. *Med Clin*, 110, p. 740-43, 1998.

BAYÉS, R. *Psicología del sufrimiento y de la muerte*. Barcelona: Martínez Roca, 2001.

BAYÉS, R.; MORERA, M. El punto de vista del paciente en la práctica clínica hospitalaria. *Med Clin (Barc)*, 115, p. 141-44, 2000.

BLINDERMAN C. D.; CHERNY, N. I. Existential Issues do not Necessarily Result in Existential Suffering: Lessons from Cancer Patients in Israel. *Pall Medicine*, 19, p. 371-80, 2005.

BUELA-CASAL, G.; CABALLO, V. E.; SIERRA, J. C. *Manual de evaluación en Psicología Clínica y de la Salud*. Madrid: Siglo XXI de España Editores SA, 1996.

BUELA-CASAL, G.; SIERRA, J. C. (Ed.). *Manual de evaluación y tratamientos psicológicos*. Madrid: Editorial Biblioteca Nueva SL, 2001.

BUELA-CASAL, G.; SIERRA, J. C. Concepto de evaluación psicológica. En: BUELA-CASAL, G.; SIERRA, J. C. (Ed.). *Manual de evaluación psicológica. Fundamentos, técnicas y aplicaciones*. Madrid: Siglo XXI de España Editores SA, 1997. p. 71-102.

BUELA-CASAL, G.; SIERRA, J. C. Evolución histórica de la evaluación psicológica. En: BUELA-CASAL, G.; SIERRA, J. C. (Ed.). *Manual de evaluación psicológica. Fundamentos, técnicas y Aplicaciones*. Madrid: Siglo XXI de España Editores SA, 1997, p. 3-48.

CALLAHAN, D. Death and the Research Imperative. *N Engl J Med*, 342, 654-56, 2000.

CASSELL, E. J. Pain and Suffering. In: REICH, W. T. (Ed.). *Encyclopedia of bioethics*. New York: Simon & Schuster, 1995, p. 1897-1905.

CASSELL, E. J. Recognizing Suffering. *Hastings Center Reports*, may-june, p. 24-31, 1991.

CASSELL, E. J. *The Nature of Suffering and the Goals of Medicine*. 2nd ed. New York: Oxford University Press, 2004.

CASSELL, E. J. The Person in Medicine. *Int J Integr Care*, 10, p. 50-2, 2010.

Cavaco, V. S. J. *et al. Qual o papel da esperança na saúde da pessoa? Revisão Sistemática*. Rev Referência, 12, p. 93-103, 2010.

CHACÓN, M.; GRAU, J.; REYES, M. C. *Prevención y control del estrés laboral y el desgaste. Guía para profesionales que trabajan con enfermos crónicos avanzados*. La Habana: Ecimed, 2012.

CHAPMAN, C. R.; GRAVIN, J. Suffering and its Relationship to Pain. *J Palliat Care*, 9/2, 513, 1993.

CHAPMAN, C. R.; GRAVIN, J. Suffering: the Contributions of Persistent Pain. *Lancet*, 353, p. 2233-37, 1999.

CHAVES, E. C. L. *et al.* Clinical Validation of Impaired Spirituality in Patients with Chronic Renal Disease. *Rev Latino-Am Enfermagem*, 18, 12-9, 2010.

CRONBACH, L. J. *Fundamentos de la exploración psicológica*. La Habana: Ediciones Revolucionarias, 1977.

DAAR, A. *et al.* Grand Challenges in Chronic Non-Communicable Diseases. *Nature*, v. 450, n. 22, p. 494-496, 2007.

DAMASIO, A. R. *Descartes' Error: Emotion, Reason and the Human Brain*. New York: Putnams' Sons, 1994.DOMÍNGUEZ, B.; OLVERA, Y. *Dolor y sufrimiento humano. Técnicas no invasivas psicológicas para el manejo del dolor crónico*. México: Trillas, 2005.

DUGGLEBY, W. D. *et al.* A Mixed Methods Study of Hope, Transitions, and Quality of Life in Family Caregivers of Persons with Alzheimer's Disease. *BMC Geriatr*, 22, 88, 2011.

FERNÁNDEZ-BALLESTEROS, R. *Introducción a la evaluación psicológica*. Madrid: Pirámide, 1992.

FERNÁNDEZ-LÓPEZ, J. A.; HERNÁNDEZ-MEJÍA, R. Calidad de vida: algo más que una etiqueta de moda. *Med Clin (Barc)*, 101, p. 576-78, 1993.

FORDYCE, W. E. Pain and Suffering: What Is the Unit?. *Quality of Life Research*, v. 3, n. 1, p. 551-56, 1994.

GALVÃO, M. T. G. *et al.*. Esperança em mulheres portadoras de HIV. *Rev Esc Enferm USP*, 46, p. 38-44, 2012.

GARCÍA MÁRQUEZ, G. *Del amor y otros demonios*. México: Editorial Diana, 1994.

GARCÍA, L.; ARAOZ, M. L. *Validación inicial del instrumento de espiritualidad FACIT-SP 12*. 4. ed. Trabajo final de investigación del Diplomado Nacional en Cuidados Paliativos. Facultad "Manuel Fajardo", Universidad de Ciencias Médicas de La Habana, 2015.

GATCHEL, R. J.; TURK, D. C. *Psychosocial Factors in Pain: Critical Perspectives*. NY: Guilford Press, 1999.

GÓMEZ SANCHO, M.; GRAU, J. *Dolor y sufrimiento al final de la vida*. Madrid: Arán, 2006.

GONZÁLEZ, F. M. *Instrumentos de evaluación psicológica*. La Habana: Ecimed, 2007.

GRAU, J. (2009). Alleviating Cancer Patients Suffering: Whose Responsability Is It?. *Viewpoint in Medicc Review*, v. 11, n. 3, p. 52, Summer 2009.

GRAU, J. Enfermedades crónicas no transmisibles: una mirada panorámica. Conferencia central en el módulo de Enfermedades Crónicas, Especialidad de Psicología de la Salud, Facultad de Ciencias Médicas "Manuel Fajardo", Universidad de Ciencias Médicas de La Habana, 2016d. (Documento não publicado).

GRAU, J. Factores psicosociales y enfermedades crónicas: el gran desafío. *Rev Latinoamericana de Medicina Conductual*, v. 6, n. 2, p. 103-112, 2016a.

GRAU, J. Factores psicosociales y enfermedades crónicas: una revisión. En: Plegable 10 del curso Universidad para todos. Hacer y pensar la Psicología, La Habana, 2015.

GRAU, J. La evaluación y la intervención en las enfermedades crónicas: retos para la Psicología. Rev Latinoamericana de Medicina Conductual, v. 6, n. 1, p. 41-52, 2016b.

GRAU, J. La identificación del sufrimiento. Perspectivas para la Psicología de la Salud. Conferencia magistral en el II CONGRESO LATINOAMERICANO DE PSICOLOGÍA DE LA SALUD, Cartagena de Indias, Colombia, septiembre de 2003.

GRAU, J. Psicología de la Salud y enfermedades crónicas: el gran desafío. Conferencia magistral en el VII CONGRESO LATINOAMERICANO DE PSICOLOGÍA DE LA SALUD (Alapsa 2016), mayo 2016. Cali, Colombia.

GRAU, J. Sufrimiento y tiempos de espera en pacientes oncológicos: una metodología evaluativa. Conferencia magistral en el Congreso Iberoamericano de Psicología de Santiago de Chile, 2004.

GRAU, J. *Vivir con una enfermedad crónica*. Guadalajara: Unidapsa, 2017.

GRAU, J.; CHACÓN, M.; LLANTÁ, M. C. La evaluación psicológica del sufrimiento y de la calidad de vida al final de la vida. Una revisión. En: ORTIZ, G. R.;, STANGLE, I. (Comps.). *Psicología de la Salud. Diversas perspectivas para mejorar la calidad de vida*. Puebla: Editora de la Benemérita Universidad Autónoma de Puebla, México, 2015, p. 172-218.

GRAU, J.; CHACÓN, M.; REYES M. C. *Guía de cuidados para familiares de enfermos crónicos avanzados*. La Habana: Ecimed, 2012.

GRAU, J.; MARTÍN, M. La investigación psicológica de los enfermos crónicos en Cuba: una revisión. *Psicología y Salud*, enero-junio, 1993, p. 137-49.

GRAU, J.; SCULL, M. Necesidades psicosociales y espirituales al final de la vida: un reto en la atención a la salud. En: Ortiz G. R. (Ed.). *Tópicos selectos en Psicología de la Salud. Aportes latinoamericanos*. México: Ducere, 2013, p. 165-212.

GREGORY, D. The Myth of Control: Suffering in Palliative Care. *J Palliat Care*, 10, p. 18-22, 1994.

HANSON, M.; gluckman P. Developmental Origins of Health and Disease: Moving From Biological Concepts to Interventions and Policy. International Journal of Gynecology and Obstetrics, v. 115, Suppl 1, S3-5, 2011.

HERNÁNDEZ, L. El sufrimiento en el paciente insuficiente renal. Mañongo; 29 (XV) 2007, Julio-Diciembre: 399-414.

HIRSCHHORN, L. *et al.* Cancer and the "other" Noncommunicable Chronic Diseases in Older People Living with HIV/AIDS in Resource-Limited Settings: a Challenge to Success. *AIDS*, v. 26, Supp. 1, S65-75, 2012.

IRVINE, D. The Perfomance of Doctors: the New Professionalism. *Lancet*, 353, 1174-77, 1999.

JINICH, H. El médico ante los nuevos retos. *Médico Moderno*, 2, 88, 1993.

KAASA, S. Suffering. A Multidimensional Concept in Clinical Practice. *TPCC Bulletin*, v. 12, n. 3, 3, 1995.

KAHN, D. L.; STEEVES, R. H. An Understanding of Suffering Grounded in Clinical Practice and Research. In: ROLLING FERREL, B. (Ed.). *Suffering*. Sudbury, Mass: Jones & Barlett, 1996, p. 3-27.

KELLY, B.; MCCLEMENT, S.; CHOCHINOV, H. M. L. Measurement of Psychological Distress in Palliative Care. *Palliat Med*, v. 20, n. 8, p. 779-89, 2006.

KISSANE D. W.; CLARKE, D. M. Demoralization syndrome: a relevant psychiatric diagnosis for palliative care. *J of Pall Care*, 17, p. 12-21, 2000.

KOJIMA, M. Epidemiologic Studies of Psychosocial Factors Associated With Quality of Life Among Patients With Chronic Diseases in Japan. *Japan Epidemiological Association*, v. 22, n. 1, p. 7-11, 2011.

KRIKORIAN, A.; LIMONERO, J. T.; MATÉ, J. Suffering and Distress and the End of Life. *Psycho-oncology*, 2011. DOI: 10.1002/pon.2087. Consultado en julio 2012.

LAÍN ENTRALGO, P. *El estado de enfermedad*. Madrid: Editorial Moneda y Crédito, 1968.

LLANTÁ M. C. *et al*. Evaluación del sufrimiento en pacientes con quimioterapia del Instituto Nacional de Oncología y Radiobiología. *Psicología y Salud*, v. 18, n. 2, p. 149-154, 2008.

LLANTÁ, M. C. *et al*. La esperanza en el paciente oncológico hacia una reconceptualización. *Psicología y Salud*, v. 15, n. 2, p. 187-94, 2005.

LLANTÁ, M. C.; GRAU, J.; MASSIP, C. La Psicología de la Salud en la lucha contra el cáncer. En: HERNÁNDEZ, E.; GRAU, J. (Eds.). *Psicología de la Salud. Fundamentos y aplicaciones*. Guadalajara: Centro Universitario de Ciencias de la Salud, 2005, p. 467-506.

LOESER J. D.; MELZACK. R. Pain: an Overview. *Lancet*, 353, p. 1607-09, 1999.

LÓPEZ, L. M. *Compendio de instrumentos de evaluación psicológica*. La Habana: Ecimed, 2010.

LORENZO, V.; BORONAT, M. La enfermedad renal terminal asociada con diabetes en las Islas Canarias: un problema de salud pública de elevado sufrimiento humano y alto coste económico. *Nefrologia*, v. 30, n. 4, p. 381-384, 2010. Disponible en: <http://www.revistanefrologia.comhttp://www.revistanefrologia.com>.

MARTÍN, M. *La evaluación psicológica del dolor crónico: estrategias para nuestro medio*. Tesis (doctoral) – Instituto Nacional de Angiología y Cirugía Vascular, La Habana, 2002.

MARTÍN, M.; GRAU, J.; LECHUGA, M. Psicología de la Salud y dolor crónico. En: HERNÁNDEZ, E.; GRAU, J. (Comps.). *Psicología de la Salud: fundamentos y aplicaciones*. Guadalajara: Centro Universitario de Ciencias de la Salud, 2005, p.349-58.

MÉNDEZ, J.; GRAU J. La evaluación psicológica en el enfermo al final de la vida: principios y técnicas. La evaluación del sufrimiento y de la calidad de vida. En: GÓMEZ SANCHO, M. (Ed.). Avances en Cuidados Paliativos. Las Palmas de Gran Canaria, *Gafos*, 2003, p. 151-70.

MILLS, P. J.. The Role of Gratitude in Spiritual Well-Being in Asymptomatic Heart Failure Patients. *Spirituality in Clinical Practice*, v. 2, n. 1, 2015. Disponível em: <http://dx.doi.org/10.1037/scp0000050>.

MONTOYA-JUÁREZ, R.; SCHMIDT RÍO-VALLE, J.; PRADOS PEÑA R. En busca de una definición transcultural de sufrimiento. Revisión bibliográfica, 2002. Disponible en: <http://rua.ua.es/dspace/bitstream/10045/873/1/cultura-cuidados_20_16.pdf>. Consultado en: 13 marzo 2016.

MORITA, T. *et al.* An Exploratory Factor Analysis of Existential Suffering in Japanese Terminally Ill Cancer Patients. *Psychooncology*, 9, p. 164-68, 2000.

MORSE, J. *The Praxis Theory of Suffering*. University of Utah, 1996.

NANDA INTERNATIONAL. *Diagnósticos Enfermeros. Definiciones y clasificación 2009-2011*. Barcelona: Elsevier, 2010.

NIETO, J. *et al. Psicología para las Ciencias de la Salud: estudio del comportamiento humano ante la enfermedad*. Madrid: McGraw Hill OMS. Prevención y control de las enfermedades no transmisibles: aplicación de la estrategia mundial. Resolución de la 122 Reunión del Consejo Ejecutivo de la OMS, enero de 2008.

ORLANDI, F. S.; PRAÇA, N. S.; SOUZA, N. A esperança na vida de mulheres com HIV/AIDS: avaliação pela Escala de Herth. *Texto Contexto-Enferm*, 22, 141-48, 2013.

OTTAVIANI, A. C. *et al.* Esperanza y espiritualidad de pacientes renales crónicos en hemodiálisis: un estudio de correlación. *Rev. Latino-Am Enfermagem*, v. 22, n. 2, p. 248-254, 2014.

PEREIRA, M. A. C. Qualidade de vida e espiritualidade de esclerose múltipla. Dissertação – Faculdade de Ciências Humanas e Sociais da Universidade Fernando Pessoa, Porto, Portugal, 2009.

PINTO, C.; PAIS-RIBEIRO, J. L. Construção de uma escala de avaliação da espiritualidade em contextos de saúde. *Arq Med*, 21, 47-53, 2007.

PINTO, S. M. O. A espiritualidade e esperança da pessoa com doença oncológica: estudo numa população de doentes em quimioterapia. Dissertação – Faculdade de Medicina da Universidade de Porto, Porto, Portugal, 2011.

PIRISI, A. Pain Relief Poor for Erderly Cancer Patients. *Lancet*, 351, 1865, 1998.

PUCHALSKI, C.; ROMER, A. L. Taking a Spiritual History Allows Clinicians to Understand Patients More Fully. *J Palliative Med*, v. 3, n. 1, p. 129-37, 2000.

RAWDIN, B.; EVANS, C.; RABOW, M. V. The Relationships among Hope, Pain, Psychological Distress, and Spiritual Well-Being in Oncology Outpatients. *J Palliat Med*, 16, p. 167-72, 2013.

REIG, A. *et al.* Evaluación del bienestar espiritual en pacientes en hemodiálisis. *Nefrología*, v. 32, n. 6, p. 731-42, 2012.

REZA, M.; AGHAJANI, M.; MORASSAIE, F. The Effects of Spiritual Counselling on the Hope in Hemodialysis Patients: a Clinical Trial Study. *Life Science J*, 10(s), p. 293-97, 2013.

RICHARDSON, C.; POOLE, H. Chronic Pain and Coping: a Proposed Role for Nurses and Nursing Models. *Journal of Advanced Nursing*, 34, p. 659-67, 2001.

RODRÍGUEZ, B. C. *et al.* El Cuestionario de Conexión Espiritual. En: RODRÍGUEZ, B. C.; MOLERIO, O. (Eds.). *Validación de instrumentos psicológicos. Criterios básicos.* Santa Clara, Cuba: Editorial Feijoó, 2012, p. 55-60.

RODRÍGUEZ, B. C.; MOLERIO, O. *Validación de instrumentos psicológicos. Criterios básicos.* Santa Clara, Cuba: Editorial Feijoó, 2012.

RODRÍGUEZ, C. *Caracterización del sufrimiento en pacientes con insuficiencia renal que reciben hemodiálisis iterada.* Tesis (para la opción al grado de Especialista en Psicología de la Salud) – Universidad de Ciencias Médicas de La Habana, octubre 2016.

RODRÍGUEZ, C. *Necesidades espirituales en pacientes que se hemodializan en el Hospital "Salvador Allende".* Trabajo final de investigación del Diplomado Nacional en Cuidados Paliativos. Facultad "Manuel Fajardo", Universidad de Ciencias Médicas de La Habana, 2014.

SALMER, J. L. *Frases célebres.* Barcelona: Liberduplex, 2000, p. 120.

WATZLAWICK, P. *El arte de amargarse la vida.* Barcelona: Herder, 1984.

WHELLER, P.; HYLAND, M. E. The Development of a Scale to Measure the Experience of Spiritual Connection and the Correlation Between this Experience and Values. *Spirituality and Health International*, 9, p. 193-217, 2008.

WIKLUND, L. *Lidandetsomkampoch drama.* Åbo, Finland: Abo Akademis Forla, 2000.

WITTMANN, L. *et al.* Suffering and Posttraumatic Growth in Women with Systemic Lupus Erythematosus (SLE): a Qualitative/Quantitative Case Study. *Psychosomatics*, v. 50, n. 4, p. 362-74, 2009.

YOURCENAR, M. *Memorias de Adriano.* México: Hermes, 1981.

ZHANG, J. *et al.* Relationships Among Hope, Coping Style and Social Support for Breast Cancer Patients. *Chin Med*, 123, p. 2331-35, 2010.

CAPÍTULO 23

Medicalização, biomedicalização e "saudização" do corpo: problematizações necessárias para a psicologia da saúde

André Luiz Machado das Neves
Klaudia Yared Sadala

1. Introdução

O objetivo deste estudo é problematizar os processos de medicalização, biomedicalização e "saudização" dos corpos na sociedade contemporânea por meio do governo da vida. Tais processos são percebidos como modos de subjetivação e nessa perspectiva, propõe-se pensar a prática do psicólogo na saúde por meio da ressignificação de seu papel social, político e crítico na produção de referências teóricas para a Psicologia como ciência e profissão, para além da medicalização.

Para Foucault (1979), a problemática da medicalização dos corpos na sociedade contemporânea se caracteriza pela emergência de um saber-poder das práticas hegemônicas da Medicina, da criação de um "corpo administrativo", o qual é controlado e pensado a partir de atividades médicas, em que o profissional da Medicina torna-se um grande especialista na peritagem corporal, dotado de uma função higienista, passando a ter um status político e socialmente importante como um produtor de "verdades" sobre o sentir, o viver e o existir.

Nesse âmbito, verifica-se a construção de dispositivos propagadores do que atualmente é considerado como um corpo "ideal" e saudável. Sendo assim, torna-se cada vez mais acentuada a vigilância de si e a difusão midiática e empreendedora de como alcançar o corpo ideal. As sociedades ocidentais contemporâneas, regidas pela lógica capitalista e por consequência imediatista, pensa as pessoas e seus corpos como um empreendimento. Essa produção da pessoa-empreendimento geralmente ancora-se em discursos medicalizantes em relação às diferenças, na qual são vendidos serviços e produtos de saúde que buscam esquadrinhar corpos que subvertem a lógica ideal preconizada pelas convenções sociais.

O consumismo é uma característica marcante da sociedade capitalista contemporânea. Entre os produtos e serviços mais propagados estão aqueles relacionados aos cuidados e gerenciamento dos corpos. Nunca antes na história da humanidade tem se investido tanto tempo, dinheiro e energia na procura de um padrão de corpo higienista e saudável, proposto e permanentemente reforçado pelas produções midiáticas. Proposições essas que promovem subjetividades por meio do enlevo da supremacia do corpo como objeto de poder, disciplina e aceitação social, na busca dos variados cuidados corporal e higienista.

A cultura do corpo, dentro de padrões sociais "ideais", é um sintoma nessa sociedade, a qual manifesta sua insatisfação pautada no narcisismo, sendo este um dos mecanismos utilizados para explicar o funcionamento psicossocial de grupos que lutam por um padrão que despreza e desvaloriza as diferenças, ultrapassando os próprios limites para compra de uma ideia preestabelecida para o corpo com viés fortemente consumista e produtivo (Azevedo, 2007).

O processo de medicalização dos corpos e consequentemente da vida se entrelaça cada vez mais às formas de ser e existir desse sujeito social e político no mundo, alcançando corpos, comportamentos, sentimentos e processos de aprendizagem, traduzindo assim a tentativa de normalização dessas características subjetivas e diversas à lógica reducionista e simplificadora ditada pelos processos de normalização e medicalização. Essas inconsistências no pensar a subjetivação dos sujeitos não contemplam a análise dos processos de saúde e doença afetados por questões políticas, históricas, socioculturais e econômicas, inviabilizando uma avaliação e investigação mais complexa desses fenômenos (Galindo *et al.*, 2016).

A busca por características que recebam a aquiescência social, conforme Ortega (2003), se projeta na formação de bioidentidades (também chamadas de identidades somáticas), as quais, segundo ele, "têm deslocado para a exterioridade o modelo internalista e intimista de construção e descrição de si" (p. 69). Corpos que não se enquadram no modelo preconizado na sociedade contemporânea são considerados patológicos e abjetos, perdem sua inteligibilidade e seu *status* de normalidade.

Canguilhem (2002), em sua obra intitulada *O normal e patológico*, faz uma crítica que debate a polaridade e a definição instrutiva sobre o sentido que a palavra normal adquire na Medicina. Ainda sob a perspectiva desse mesmo autor, o normal "é a vida em si mesma, e não a apreciação médica, que faz do normal biológico um conceito de valor, e não um conceito de realidade estatística" (p. 50). Nesse sentido, a ideia de normalização é questionada e a saúde é pensada sobre um exercício que se dá nas condições reais do indivíduo.

A partir desse contexto, discorremos a seguir sobre os modos de subjetivação que emergem no cenário capitalista na imanência do cuidado em saúde no que tange à busca de corpos "ideais/normais", pautados na lógica de cuidado de si com relação a futuros riscos de saúde, conforme se orientam atividades sobre o corpo, sejam por meio de atividade física, cirurgias plásticas, sejam por meio de alimentações-dietas adequadas, traduzindo o modo de ser e de existir que simboliza e significa esse sujeito nessa lógica.

2. Medicalização, biomedicalização e "saudização"

A modernidade trouxe consigo tempos de incertezas e mudanças profusas. As modificações políticas, econômicas, tecnológicas e relacionais que ocorreram nos últimos tempos marcaram de maneira determinante e complexa as relações sociais. Esses fenômenos são profundamente percebidos pelas populações, resultando em mudanças consideráveis na produção de subjetividades e influenciando na formação de sua identidade (Gonzaga, 2011).

Na esteira das observações da ética política na modernidade, Foucault (1979) ilumina um vasto campo de problematizações das relações entre o direito e o poder nos efeitos de controle da vida, fomentando discussões acerca das técnicas de governo e regulação das populações (Souza; Sabatine; Magalhães, 2011). Conforme a crítica foucaltiana, as fábricas, as celas sujas e com espaço físico bastante restrito, bem como as próprias prisões, hospitais e as políticas de saúde, as instituições escolas, entre outras, produzem discursos e subjetividades e conformam vidas para "viver bem" (Galindo *et al.*, 2016; Foucault, 1979).

Nessa perspectiva, os mecanismos expressos no biodireito como meio regulatório-normalizante da população atuam para a produção da conduta correta e regulamentar, possibilitando a contenção da multiplicidade de vivências em benefício de um modelo social que despreza a diversidade de formas de ser e existir dos sujeitos e de seus corpos. A biopolítica antevê, contorna e rege a felicidade dos homens e as crises que atingem as populações, contabilizando as vulnerabilidades sociais.

É nesse contexto que emerge o desenvolvimento do conceito de medicalização oriundo das críticas de Foucault (1979), que a define em linhas gerais como as explicações e as formas de ser, viver, existir e sentir dos sujeitos humanos a partir de uma relação causal centrada no saber biomédico, em detrimento aos outros tantos aspectos que perpassam a existência humana e a produção da saúde, e que pode abarcar os mais variados aspectos da vida (sexualidade, aprendizagem, afetividade, etc.). E, posteriormente, tendo variações como o conceito cunhado por Conrad (2007, p. 4), que considera que "a medicalização descreve o processo pelo qual problemas não médicos são tratados e definidos como problemas médicos, geralmente em torno de doenças e transtornos".

Sendo assim, se tem o conceito de "biomedicalização o qual tem sido usado para realçar a expansão e reconfiguração dos processos de medicalização impulsionados pelas inovações tecnológicas da biomedicina" (Clarke *et al.*, 2003, p. 164). Nesse contexto, "bio" se refere às transformações que tais tecnologias produzem em processos biológicos da vida humana e envolve não apenas controle, mas também transformação de corpos, da saúde e da vida, sendo a produção de medicamentos um dos elementos-chave e propulsores desse processo (Faro *et al.*, 2013).

Dessa forma, outro conceito emergente no âmbito das discussões sobre medicalização é o de "saudização", a partir de receitas de vida saudável que pode ser traduzida como uma versão positivada de biomedicalização que proporcionam o autoaperfeiçoamento proveniente da constituição de um indivíduo autovigilante que orienta suas identificações comportamentais com relação a práticas que são consideradas como promotoras de uma melhor qualidade de vida e longevidade, ou mesmo de estratégias de autocuidado que afastem e/ou o distanciem de processos de adoecimento (Crawford, 1980).

Nessa perspectiva, a sociedade tem um discurso que proclama que a saúde ocupa lugar central, ainda que muito ambíguo. Na visão de Crawford (1980), a "saudização" de nossa sociedade no nível de seus valores fundamentais permite um modelo em curso na representação da saúde e da doença. Esses patamares estendem-se à metáfora do corpo social como um lugar de expressão privilegiada de nossas relações.

No caso do corpo entendido na perspectiva dos "ideais sociais", observam-se práticas legais e ilegais de uso de medicamentos, suplementos, hormônios e empresas que se especializam na produção de alimentos considerados saudáveis. Nesse âmbito, o dispositivo da cultura do corpo que atenda aos modelos sociais ideais tem produzido insatisfação naqueles que não se enquadram nos padrões criados e fomentados de todas as formas possíveis pela sociedade contemporânea, possibilitando que o sujeito se perceba deslocado e por vezes como alguém indesejável e insociável.

Assim sendo, a biomedicalização e a "saudização" surgem como "fórmulas" encantadoras, mágicas, imediatas e de libertação de outras formas de tratamento mais demorados, as quais possibilitam o enquadre na norma estabelecida pela cultura do corpo ideal. Entendemos aqui como as práticas de biomedicalização e "saudização" que resultam na busca do indivíduo moderno por contínua informação e peritagem sobre ele mesmo.

Ortega (2003), nesse sentido, analisa que as práticas de abstinência que se originam da necessidade do indivíduo pelo enquadramento biossocial às regras preestabelecidas enfatizam "os procedimentos de cuidados corporais, médicos, higiênicos e estéticos na construção das identidades pessoais que se constituem como bioidentidades" (p. 70).

A reflexividade do *self* e do corpo na geração de bioidentidades é oriunda da medicalização e compensadas pela biomedicalização e "saudização". Ortega (2003) considera que a reflexividade do *self* e do corpo ocorre pelas práticas de bioasceses, como as aplicadas à dieta e ao *fitness*, as quais têm como produto final a "boa" forma física ou a boa saúde física. Na atualidade, o ato de se alimentar não se limita ao prazer ou à necessidade, os alimentos consumidos pela sociedade moderna implicam uma seleção reflexiva sobre estilo de vida e adoção de hábitos, conforme pregado pela "saudização". Dessa forma, "o corpo e o self são modelados pelo olhar censurante do outro que leva à introjeção da retórica do risco", ou seja, pela medicalização (Ortega, 2003, p. 71).

Com as regras ditadas para a sociedade pela disciplina dos corpos, o sujeito contempla uma subjetividade a ser recusada e outra a ser alcançada, sendo que aquela a ser alcançada significa para ele a verdadeira identidade orientada pela medicalização e "saudização". O fenômeno social se dá pela perspectiva do outro, o olhar do observador estimula e formula a percepção do indivíduo, provocando reações positivas ou negativas segundo o grau de afinidade do observador com a prática medicalizadora construída.

A biomedicalização do corpo a partir de padrões sociais ideais é definida por critérios fisicistas, reducionistas, corporais, materiais e uniformizantes. A inconstância ou a irresponsabilidade são termos utilizados para descrever aqueles que não conseguem manter um padrão de exercícios ou uma dieta na "superação dos limites biológico-corporais, na manutenção de uma existência livre de riscos" (Ortega, 2003, p. 64).

Sendo assim, aqueles que não conseguem se enquadrar nos padrões predeterminados para o corpo são considerados indivíduos de uma vontade fraca. A ideologia da saúde e da perfeição corporal faz o indivíduo crer que um corpo não definido ou uma saúde debilitada advém de forma exclusiva de um problema de caráter pessoal, sendo o sujeito então apontado como único culpado (Ortega, 2008).

A formação de bioidentidades é, em geral, motivada pelo consumismo desenfreado da sociedade capitalista, a qual estimula a competitividade da indústria do corpo (corpo pensado como mercadoria de consumo), em uma sociedade cada vez mais preocupada com os cuidados e gerenciamento da apresentação dos corpos, dos controles das emoções e das altas performances nas áreas da saúde, trabalho, aprendizagem, sexualidade, etc., a partir dos contornos preconizados pelos padrões midiáticos.

3. Medicalização e processos de subjetivação

Vivemos em uma sociedade de contornos capitalista, científico-tecnológica e predominantemente urbana, inscritos em tecnologias de governo da vida e das condutas, por meio da aplicação de uma variedade de técnicas de vigilância, regulações e produções de vida, dos corpos e das subjetividades (Prado Filho, 2010). Além disso, as estratégias de regulação para intervir no aumento da longevidade, controlar acidentes, epidemias, melhorar as ditas "deficiências genéticas" humanas, gerir os usos de drogas e as políticas para regular os usos são alguns exemplos das práticas de controle biopolítico descritas por Foucault (1999).

Nas últimas décadas, presenciou-se um crescente investimento em drogas e procedimentos que permitem a prevenção, a gestão de riscos, o aumento de desempenhos e capacidades, bem como o incentivo às práticas de atividade física, psicoterapias, treinamentos, cirurgias, receitas de sucessos de relacionamentos e dietas pautadas em resultados em curto prazo e na rentabilidade das performances, permitindo a governança e comercialização da saúde e da vida (Galindo *et al.*, 2016).

Diante desse contexto, é necessário problematizar a formação médica, a qual privilegia o normal e a normalidade e considera a doença um desvio de normas fixas, além disso, busca estabelecer cientificamente essas normas para seguir a teoria e trazer o organismo de volta ao estado de saúde, de normalidade, por meio do restabelecimento da norma, da qual o organismo havia se afastado. O homem normal é um homem normativo, sendo a normatividade própria do ser vivo, a normalidade consiste na capacidade de adaptação, de variação do organismo às mudanças circunstanciais do meio externo ou interno, que, por sua vez, é variável. A vida é a tentativa de criar novas normas (Canguilhem, 2002).

Nessa perspectiva, o discurso e as práticas medicalizantes se instauram de forma sutil no cotidiano das relações sociais e têm uma influência direta nos processos de subjetivação, instituídos nas práticas médicas, na psiquiatria organicista e patologizante e de algumas vertentes da clínica psicológica. Além disso, esses mecanismos, segundo Palma e Vilaça (2012), operam por meio de tecnologias prevencionistas e por uma inserção avassaladora desses pressupostos na vida cotidiana, forjando patologias, estereotipias e apresentando soluções instantâneas para tais demandas. Nesse sentido, as instituições farmacêuticas, a produção científica na área, a biomedicina e o *marketing* se articulam em uma rede de saber-poder que englobam o sentir, o pensar, os corpos dos sujeitos e consequentemente suas subjetividades (Galindo *et al.*, 2016).

No que tange aos processos psíquicos, Guarido (2007) comenta que atualmente estamos envoltos em uma produção de sentimentos/sofrimentos codificados pelo discurso médico, que se socializam amplamente e passam a ordenar a relação do sujeito com a sua subjetividade e, diante disso, as dimensões conflitivas, as condições de imprevisibilidade naturais dos processos existenciais vêm sendo negadas e ou invisibilizadas, pois tem sido ordinariamente tratadas como simples abstrações psicanalítico-filosóficas.

Nesse cenário de modificações e incursões políticas emanadas pelo biopoder, segundo Lins (1997), criam-se subjetividades flexíveis à modulação do mercado das performances e de novas e alternadas exigências de saúde e de "*kits* de existência", alvo das novas tecnologias da gestão dos afetos, das trocas relacionais e dos corpos (Galindo *et al.*, 2016). Considera-se então que a vida afetiva das pessoas é alvo e condição para novas formas contemporâneas de governabilidade (Anderson, 2012), nas quais relações de afeto e amor são ferramentas de poder e controle dos corpos e arregimentam a capitalização da vida.

Diante disso, torna-se urgente um olhar crítico e problematizado dos processos de saúde e doença, das práticas do psicólogo na área da saúde e do permanente questionamento de práticas profissionais reducionistas e homogeneizantes encontradas e observadas nas mais variadas instituições de saúde pública e privada no Brasil. Importante ressaltar o paradoxo do ponto de vista dos impactos dos conhecimentos da Medicina e das práticas medicalizantes, pois é inegável sua contribuição para a longevidade e qualidade de vida das populações, por meio dos avanços nas pesquisas nas mais diversas áreas.

4. Considerações finais

A partir do cenário político e crítico apresentado, não se tem a pretensão de rejeitar toda e qualquer produção de diagnósticos psico/patológicos ou de conhecimentos advindos da produção médico-científica e seus evidentes efeitos positivos tanto na vida das pessoas como na possibilidade de transformação do sistema de cuidados e tratamentos, como reconhecidamente ocorreu com a manifestação de sintomas psiquiátricos nos séculos anteriores, como corrobora Patto (2000, *apud* Patto, 2000). Porém evidenciar os efeitos de um discurso que banaliza a existência, produz e naturaliza os sofrimentos e culpabiliza os indivíduos por terem corpos diversos do que é socialmente preconizado como saudável é problematizar a atuação do psicólogo diante de uma prática da economia neoliberal, disfarçada de promoção à saúde.

O biologismo e o psicologismo, segundo Guarido (2007), não podem estar alheios à estrutura social e à sua historicidade, pois se assim for estarão mantendo uma análise a-histórica, ou até mesmo anti-histórica, das relações sociais que sempre se apresentam de forma antagônica nas sociedades industriais capitalistas, entendendo que esses contextos enfatizam os elementos integrativos e normativos da vida social. A constituição de corpos dóceis promovidas pela vigilância sobre o corpo resulta nas incertezas sobre ele, colocando em prejuízo a liberdade oriunda da diversidade de corpos existentes (Foucault, 1999).

Observa-se que tal fenômeno social de desejo de enquadre pode ser denotado nas políticas públicas no Brasil, que foi fundamentada em uma Medicina puramente biológica. A busca pelo corpo e pelas formas de ser e existir, que atenda às necessidades criadas e forjadas historicamente pelas estruturas de poder e fomentadas pelos discursos midiáticos cria elevada insatisfação nos sujeitos que desejam cumprir tais metas e estar engajados nesse "projeto ideal" sob o discurso da "saudização".

A Psicologia como ciência e profissão, e diante de seu projeto político, não poderá se furtar em questionar esses modelos e problematizar essas questões nos espaços de produção da saúde e na formação de psicólogas e psicólogos, produzindo referências técnicas que permitam repensar os mecanismos sociais e políticos de produção de subjetividades em sociedades ocidentais capitalistas.

Referências

AZEVEDO, S. N. *Em busca do corpo perfeito: um estudo do narcisismo.* Curitiba: Centro Reichiano, 2007. Disponível em: <www.centroreichiano.com.br/artigos.htm>. Acesso em: 12 nov. 2015.

CANGUILHEM, G. *O normal e o patológico.* Rio de Janeiro: Forense Universitária, 2002.

CLARKE, A. *et al.* Biomedicalization: Technoscientific Transformations of Health, Illness, and U.S. Biomedicine. *American Sociological Review*, v. 68, p.161-194, apr. 2003.

CONRAD, P. *The Medicalization of Society: on the Transformation of Human Conditions into Treatable Disorders.* Baltimore: The Johns Hopkins Press, 2007.

CRAWFORD, R. Healthism and the Medicalization of Everyday Life. *International Journal of Health Sciences*, v. X, p. 365-388, 1980.

FARO, L. *et al.* Homem com "H": ideais de masculinidade (re)construídos no marketing farmacêutico. *Cad. Pagu*, Campinas , n. 40, p. 287-321, jun. 2013. Disponível em: <http://www.scielo.br/scielo.php?script=sci_arttext&pid=S0104-83332013000100009&lng=en&nrm=iso>. Acesso em: 16 ago. 2016.

FOUCAULT, M. *Em Defesa da Sociedade.* São Paulo: Martins Fontes, 1999.

FOUCAULT, M. *Microfísica do poder.* Petrópolis: Vozes, 1979.

GALINDO, D. C. G. Medicalização e governo da vida e subjetividades: o mercado da saúde. *Estudos e Pesquisas em Psicologia*, Rio de Janeiro, v. 16, n. 2, p. 346-365, 2016.

GONZAGA, E. S. F. *As práticas de modificações corporais e a formação de identidades somáticas.* 2011. Dissertação (Mestrado em Comunicação) – Faculdade de Comunicação e Biblioteconomia, Universidade Federal de Goiás, Goiânia, 2011.

GUARIDO, R. A medicalização do sofrimento psíquico: considerações sobre o discurso psiquiátrico e seus efeitos na Educação. Universidade de São Paulo. *Revista Educação e Pesquisa*, São Paulo, v. 33, n. 1, p. 151-161, jan./abr. 2007.

ORTEGA, F. Biopolíticas da saúde: reflexões a partir de Michel Foucault, Agnes Heller e Hanna Arendt. *Interface – Comunicação, Saúde, Educação*, v. 8, n. 14, p. 9-20, 2004.

ORTEGA, F. *O corpo incerto: corporeidade, tecnologias médicas e cultura.* Rio de Janeiro: Garamond, 2008.

ORTEGA, F. Práticas de ascese corporal e constituição de bioidentidades. *Cadernos Saúde Coletiva*, Rio de Janeiro, v. 11, n. 1, p. 59-77, 2003.

PALMA, A.; VILAÇA, M. Conflitos de interesse na pesquisa, produção e divulgação de medicamentos. *História, Ciências, Saúde*, Manguinhos, Rio de Janeiro, v. 19, 3, p. 919-932, 2012.

PATTO, M. H. S. Para uma crítica da razão psicométrica. In: PATTO, M. H. S. *Mutações do cativeiro: escritos de Psicologia e política*. São Paulo: Edusp, 2000. p. 65-83.

PRADO-FILHO, K. Uma genealogia das práticas de normalização nas sociedades ocidentais modernas. In: CAPONI, S. *et al.* (Org.). *Medicalização da Vida: Ética, Saúde Pública e Indústria Farmacêutica*. Palhoça: Unisul, 2010. p. 183-191.

ROLNIK, S. Toxicômanos de identidade. Subjetividade em tempo de globalização. In: LINS, D. (Org.). *Cultura e subjetividade. Saberes nômades*. Campinas: Papirus, 1997, p. 19-24.

SOUZA, L. A. F.; SABATINE, T. T.; MAGALHÃES, B. R. (Org.). *Michel Foucault: sexualidade, corpo e direito. Oficina Universitária*. Marília: Cultura Acadêmica, 2011.

CAPÍTULO 24

A medicalização do fracasso escolar: narrativas médicas e pedagógicas que constroem as patologias da educação

David Sergio Hornblas
Dante Marcello Claramonte Gallian

Em fevereiro de 2012, a publicação semanal alemã *Der Spiegel* informou em sua reportagem de capa que Leon Eisenberg – considerado o "pai científico do Déficit de Atenção" – falou de atenção e hiperatividade em sua entrevista final, sete meses antes de sua morte. Disse que o TDA/H era o principal exemplo de uma "doença inventada". Eisenberg observou que, em vez de prescrever uma "pílula", os psiquiatras devem determinar se existem razões psicossociais que podem levar a problemas de comportamento. Sua carreira foi estranhamente impulsionada e sua "doença fictícia" gerou significativos aumentos nas vendas de certos medicamentos. Eisenberg trabalhou ainda no Comitê que desenvolveu o V Manual Diagnóstico e Estatístico de Transtornos Mentais (DSM-V) e a 12ª Classificação Internacional de Doenças (CID-12), da Associação Norte-Americana de Psiquiatria. Depois de tudo isso, Leon Eisenberg recebeu o Ruane Prize for Child and Adolescent Psychiatry Research. Ele foi um líder na psiquiatria infantil por mais de 40 anos com seus trabalhos nas áreas de tratamentos farmacológicos, pesquisa, ensino, políticas sociais e por suas teorias sobre autismo e Medicina social. Note-se que Jörg Blech, o autor do artigo da publicação *Der Spiegel*, é crítico do setor de saúde e autor de um livro intitulado *Inventar doença e empurrando pílulas: empresas farmacêuticas e a medicalização da vida normal* (2006).

Mas há controvérsias nessa declaração: alegam interpretação errônea na tradução do alemão para o inglês e daí para o português e que as afirmações a respeito da existência ou não do TDA/H não estão suficientemente explicitadas.

Mas algo é inegável, segundo Eisenberg (2012), "os psiquiatras devem determinar se existem razões psicossociais que podem levar a problemas de comportamento".

> O corpo é uma realidade biopolítica; a medicina é uma estratégia biopolítica. (Foucault, 1977)

A *desmedicalização* da vida pode ser considerada como um processo de humanização em Educação e Saúde? O termo *medicalização*[1] foi originalmente usado por Ivan Ilich ao alertar que a ampliação e extensão do *poder médico* minavam as possibilidades das pessoas de lidarem com sofrimentos e perdas decorrentes da própria vida e com a morte, transformando as *dores da vida* em doenças. A vida estava sendo medicalizada pelo sistema médico (Moysés; Collares, 2007).

Assim, não se fala das precárias e sofríveis condições de trabalho, principalmente dos professores, mas sim da *Síndrome de Burnout*; ou de indivíduos questionadores, mas de portadores de *Transtorno Opositor Desafiador*. A Educação encontra suporte nessa lógica medicalizante à medida que dificuldades decorrentes do processo ensino-aprendizagem, ampliadas no interior de um sistema educacional ultrapassado, são facilmente identificadas como supostos transtornos, o que acaba por aliviar o mal-estar de famílias e profissionais de saúde e educação (Correia, 2013).

Nessa perspectiva, termos como "Transtorno de Déficit de Atenção e Hiperatividade" (TDAH) e "Dislexia" têm sido usados não somente para classificar alunos na categoria "dificuldades de aprendizagem" como também para justificar, em muitos casos, a não efetividade de trabalhos/práticas didático-pedagógicos realizados em sala de aula.

Segundo Correia (2013, p.32),

> [...] esses termos remetem a quadros biológicos, e mesmo entre aqueles que advogam a existência deles, há controvérsias sobre sua incidência na população em processo de escolarização. Portanto, há uma tendência de usá-los de forma inconsequente, o que, obviamente, precisa ser combatido. Inclusive, muitos profissionais comprometidos, das mais diversas áreas de atuação, e que lidam com o fracasso escolar em seus cotidianos de trabalho, tanto na escola privada como na pública, concordam que o sistema educacional tem de ser revisto [...].

Além disso, não só deve-se diferenciar *doença* de *não doença* como também distinguir a medicalização que vem de cima por coerção (médicos) e de medicalização que vem de baixo, por escolha. Não é por mera coincidência que essas estratégias combinam duas funções jurídico-sociais paradigmáticas em saúde mental: 1. Compromisso na defesa da insanidade; e 2. Controle social/justificativas (Szasz, 2007).

A humanização na saúde implica uma mudança na gestão dos sistemas de saúde e seus serviços. Essa mudança altera o modo como usuários e trabalhadores

[1] Entende-se por medicalização o processo por meio do qual as questões da vida social – complexas, multifatoriais e marcadas pela cultura e pelo tempo histórico – são reduzidas a um tipo de racionalidade que vincula artificialmente os desvios em relação às normas sociais a um suposto determinismo orgânico que se expressaria no adoecimento do indivíduo (Fórum sobre medicalização da Educação e da Sociedade).

interagem entre si. A humanização nesse segmento tem como um dos seus principais objetivos fornecer um melhor atendimento dos beneficiários e melhores condições para os que nele trabalham.

Humanizar a saúde também significa que a mentalidade dos indivíduos deva sofrer mudanças positivas e criar novos procedimentos e profissionais mais capacitados para, assim, melhorar o sistema como um todo (Correia, 2013).

Na definição dicionarizada, o processo de *Hominização* é bio-antropológico.[2] O de *Humanização*[3] é sociocultural. Mas como *humanizar* o humano? Qual o sentido da expressão tendo em vista que se nasce humano e ainda assim precisa tornar-se um?

Na história da Medicina, tornar-se *humanizado* implica num conjunto de ações, posturas e entendimentos sobre aquele que recebe o tratamento (e escuta) guardando os seguintes sentidos: oposição à violência institucional; qualidade do atendimento associando excelência técnica com capacidade de acolhimento e resposta, cuidados com as condições de trabalho dos profissionais e ampliação da capacidade de comunicação entre usuários e serviços (Deslandes, 2004).

No entanto e por vezes de forma generalista, a expressão *humanizar* ganhou sentidos outros, distintos de sua etimologia – com eufemismos e metáforas diversas –, tais como tornar certas ações mais docilizadas, acolhedoras, de menor impacto, assistencialistas e desculpabilizadoras de um *status quo* abissal entre profissionais da saúde, pacientes, instituições e biopolítica.

Dessa forma e para evitar o *isolamento heurístico*, muitas perguntas serão produzidas neste texto, recorrendo a um breve percurso histórico do processo de humanização em saúde, tendo como recorte a Psicologia.

Nos hospitais, por exemplo, *as salas de brincar*, o invólucro das bolsas de quimioterápicos infantis adornadas (escondidas) com imagens de personagens diversos, paredes pintadas com temas infantis, grupos de visitas teatrais e até animais especialmente treinados para interação com idosos e crianças[4] são algumas das ações tidas como *humanizadoras*, que têm, como função básica, tornar a vida nua, menos nua.

Nessa mesma lógica, a Psicologia – base epistemológica deste estudo – iniciou suas ações em ambientes hospitalares com esse objetivo: humanizar o hospital, a saúde e sensibilizar pessoas – pacientes e profissionais – em diferentes formatos: atendimento clínico, acolhimento, escuta, orientação familiar, capacitação das equipes técnicas etc. Tais procedimentos eram anteriormente exercidos por voluntários e religiosos, e na contemporaneidade ganhou *status científico* e certificou-se por meio de pesquisas e ações de valor inquestionável.

[2] Aquisição de caráter ou atributos distintivos da espécie humana em relação às espécies ancestrais (HOUAISS, 2009).

[3] Ato ou efeito de humanizar(se), de tornar(se) benévolo ou mais sociável (HOUAISS, 2009).

[4] TAA: Terapia Assistida por Animais.

Os primeiros artigos publicados no Brasil sobre Psicologia Hospitalar datam dos anos 1960 com ações pontuais da Profa. Dra. Mathilde Nader.[5] No entanto, projetos estruturados nessa área surgiram apenas na década de 1970 e visavam produzir uma nova leitura em unidades de saúde *não mental* – hospital geral –, qual seja: *humanizar* a instituição e os atores nela inseridos. Embora relutantes no início, paulatinamente esses serviços ganharam espaço e credibilidade.

Em 1980 ocorreu em uma universidade de São Paulo o primeiro congresso sobre humanização do hospital e da saúde,[6] oferecendo debates e experiências diversas, em diferentes aspectos que propuseram um espaço mais humanizado. Desse período em diante, inúmeros cursos de capacitação para a área de Psicologia Hospitalar surgiram para atender à enorme demanda. Hoje programas de pós-graduação *lato* e *stricto sensu* são oferecidos regularmente por diversas universidades, que tornaram essa área reconhecida e certificada com titulação de especialista pelo Conselho Federal de Psicologia.

Passou-se então, a entender que a presença de psicólogos em hospitais é parte integrante do *processo de humanização*, sendo que as ações visam, em especial, melhorar a qualidade de vida das pessoas em tratamento ou até em seu processo terminal. Atualmente, a maioria das unidades hospitalares conta com psicólogos em suas equipes. Contudo, isso levou mais de 30 anos. O serviço público da cidade de São Paulo iniciou a contratação de psicólogos para área hospitalar apenas em meados dos anos 1980.

Segundo Rios (2009), em 2001, quando a Secretaria de Estado da Saúde de São Paulo fez um levantamento dos hospitais públicos do Estado que desenvolviam ações humanizadoras, praticamente todos faziam alguma coisa nesse sentido. O mesmo se verificou em 94 hospitais de referência no país, escolhidos pelo Ministério da Saúde, praticamente na mesma época. A iniciativa partia dos próprios trabalhadores, independentemente de incentivo ou determinação dos gestores locais. Tratava-se de uma resposta a uma necessidade sentida e reconhecida pelas pessoas em seus ambientes de trabalho. E lá estava a Psicologia como uma das ações humanizadoras.

Ainda segundo Rios (2009, p. 37), humanizar, então, não se refere a uma progressão na escala biológica ou antropológica, o que seria totalmente absurdo, mas o reconhecimento da natureza humana em sua essência e a elaboração de acordos de cooperação, de diretrizes de conduta ética, de atitudes profissionais condizentes com valores humanos coletivamente pactuados.

Neste estudo, propõe-se uma discussão semelhante, porém, conectada a outra realidade: a Educação e a construção de diagnósticos biologizantes ligados ao

[5] Em 1967, sua atividade em reabilitação foi registrada em artigo de própria autoria, divulgado pela Organização das Nações Unidas (ONU), na publicação Psychological Services in the Rehabilitation of the Disabled.

[6] I Congresso Brasileiro de Humanização do Hospital e da Saúde – PUC/SP – 24 e 25 de julho de 1980.

desempenho desigual e aos comportamentos nomeados como inadequados, desatentos ou hiperativos – ambos no contexto escolar, para ações mais humanizadas e menos patologizantes. A partir desses fenômenos, questiona-se se tais modalidades de funcionamento humano são de fato pertencentes à nosografia clássica médica ou se seu enquadre encontra explicações em outras searas, tais como o processo de adestramento do *bios*, entendimento equivocado de professores, e se a lógica humanizadora pode, efetivamente, dar seu quinhão de contribuição para melhor conduzir essas questões.

A natureza biológica da Medicina pode silenciar demandas que surgem numa análise primeira, mas podem ser, de fato, provenientes de outras matrizes, cuja arqueologia se altera quando inserida no formato epistemológico do saber médico.

O curso de Medicina tem por objetivo formar profissionais para compreensão, manejo e tratamento do *bios*, suas características, funcionamento típico e atípico e particularidades. Assim, a abordagem organicista ofusca uma possível leitura eidética, qual seja, a redução ao fenômeno original mínimo possível, para depois obter-se uma compreensão ampliada e considerar outros fatores, como o binômio psicossocial.

Nem todas as patologias têm origem estritamente biológica, embora possam se manifestar no organismo por meio de sintomas das mais variadas matizes. Sigmund Freud demonstrou originariamente isso com estudos clínicos sobre histeria e outros transtornos mentais (particularmente as neuroses). E a psicossomática avançou muito. Nessa mesma lógica, é de fundamental importância tratar o sintoma e, sobretudo, os agentes causadores.

Ainda assim e primordialmente, a leitura das questões trazidas ao médico (e outros profissionais de saúde) segue a lógica biologizante, tendo em sua semiologia, procedimentos e dispositivos que transformam *toda e qualquer queixa* em questões de saúde.

Para a Medicina e disciplinas afins, o corpo deve ser tratado a partir da leitura orgânica e sintomatológica, entendendo-se que se funciona mal ou diferente do esperado está adoecido. A isso se nomeia biopolítica e biopoder. Os conceitos foucaultianos de biopolítica e biopoder[7] surgiram como o ponto terminal de sua genealogia dos micropoderes disciplinares, iniciada nos anos 1970.

Para Foucault (1975, p. 12), "a Psicologia nunca pôde oferecer à Psiquiatria o que a Fisiologia deu à Medicina: o instrumento de análise que, delimitando o distúrbio, permitisse encarar a relação funcional deste dano ao conjunto da personalidade".

[7] O biopoder é a gestão da vida como um todo, técnicas de poder sobre o biológico (corpo) que vira central nas discussões políticas. Modificá-lo, transformá-lo, aperfeiçoá-lo são objetivos do biopoder, além de, é claro, produzir conhecimento, saber sobre ele, para melhor manejá-lo. A essa estratégia denomina-se biopolítica, e sua força reguladora, biopotência. O termo biopolítica apareceu pela primeira vez na obra do filósofo francês Michel Foucault numa conferência proferida em 1974 no Rio de Janeiro sob o título "O nascimento da medicina social" (JUNGES, 2007).

Ao mesmo tempo em que eram depositários de um conjunto de análises e conceituações previamente estabelecidas, tais conceitos também inauguraram deslocamentos em relação àquilo que o autor havia pensado anteriormente em obras como *A verdade e as formas jurídicas* e *Vigiar e punir* (DUARTE, 2006). "Não se pode negar a existência de doenças reais que, num amplo espectro, incapacitam em maior ou menor grau, pessoas para certas atividades do cotidiano" (MOYSÉS; COLLARES, 2007).

As questões aqui evidenciadas são aquelas silenciadas pelas narrativas biologizantes produzidas pelos atores envolvidos na Educação, seus pares e profissionais de diferentes áreas da saúde, que criam padrões de resposta escolar e comportamental, construídos na base binária 1-0 (doente e não doente), em que os transtornos de natureza orgânica explicam *todas* as razões do baixo rendimento escolar ou dos comportamentos problemáticos.

Alguns desempenhos humanos *diferentes* são considerados patológicos, quando não atendem à distribuição normal (curva de Gauss)[8] estabelecida. Esse modelo engessa a possibilidade de uma análise amplificada dessas demandas e legitima uma lógica biologizante que explica, por exemplo, o fracasso escolar ou comportamentos inadequados como sendo questões de saúde. Um reducionismo da ciência médica moderna que normatiza e legisla sobre o que é saúde e o que é doença, tendo em vista suas raízes positivistas. E a formação do médico contemporâneo *parece* reforçar essa ideia.

Normalmente, fracassar na escola encontra explicações biologizantes, tais como o inescrutável Transtorno do Déficit de Atenção com ou sem Hiperatividade (TDA/H),[9] dislexia, disgrafia etc., além de casuísmos genéricos como *pais separados, adoção, lutos, histórico de doença mental na família, alcoolismo* etc. Um *arsenal* de doenças e generalizações intermináveis que se renovam a cada revisão dos manuais de classificação das doenças – DSM e CID.

As ações médicas advindas das queixas escolares, costumeiramente desencadeiam processos medicalizantes, quando qualificam a fraca produção escolar e estigmatizam padrões de comportamento tido como inadequados, por meio de *narrativas singulares* que excluem da aula os alunos *problemáticos*, encaminhando-os às instâncias superiores – orientadores educacionais, psicólogos, coordenadores pedagógicos e direção – para *providências cabíveis*. Na sequência, mobilizam os pais

[8] A distribuição normal é uma das mais importantes distribuições da estatística, conhecida também como Distribuição de Gauss ou Gaussiana. Foi primeiramente introduzida pelo matemático Abraham de Moivre. Além de descrever uma série de fenômenos físicos e financeiros tem grande uso na estatística inferencial. É inteiramente descrita por seus parâmetros de *média e desvio padrão*, ou seja, *conhecendo-se esses valores consegue-se determinar qualquer probabilidade em uma distribuição Normal*.

[9] A *teoria científica* atual defende que no TDA/H existe uma disfunção da neurotransmissão dopaminérgica na área frontal (pré-frontal, frontal motora, giro do cíngulo), nas regiões subcorticais (estriado, tálamo médio-dorsal) e na região límbica cerebral (núcleo acumbens, amígdala e hipocampo).

e normalmente orientam para algum procedimento[10] na área da saúde: médicos, psicólogos, fonoaudiólogos costumam ser os formadores de opinião e por, conseguinte, a construção de diagnósticos explicativos.

Um desses diagnósticos mais frequentes – que se inicia com o olhar, fala e interpretação do professor Transtorno do Déficit de Atenção com ou sem Hiperatividade.[11]

Como procedimento padrão, ocorre o encaminhamento para neurologistas, psiquiatras ou psicólogos, sendo que o diagnóstico costuma ser de natureza biológica. Ato contínuo, como tratamento, médicos prescrevem substâncias psicoativas do grupo metilfenidato. Para psicólogos e psicopedagogos, a verificação e confirmação da hipótese são feitas por meio de instrumentos como o SNAP-IV, ETDAH-AD.[12]

No Brasil, a Ritalina® (metilfenidato de ação curta – 3 a 5h) é a droga mais popular, embora já exista outra mais recente, o Concerta® (metilfenidato de ação prolongada – 8 a 12h). Essas drogas são estimulantes do sistema nervoso central e têm venda controlada pela Agência Nacional de Vigilância Sanitária (Anvisa); porém, a mídia revela que, em apenas quatro anos, de 2000 a 2004, a venda desses medicamentos aumentou 940% – os dados são do Instituto Brasileiro de Defesa dos Usuários de Medicamentos e são confirmados pela Anvisa, que declara que o número de caixas vendidas entre 2003 e 2004 cresceu 51% (Tófoli, 2006), excetuando-se a cidade de São Paulo, onde há legislação específica[13] para tal.

Já quando a conduta é determinada por psicólogos, o protocolo é a psicoterapia, eletroestimulação por *neurofeedback*, psicopedagogia clínica etc. Raramente se propõem alternativas *não medicalizantes* com entendimento de que os motivos que produziram a queixa (fracasso e os comportamentos tidos como inadequados) podem transcender a esfera do *bios* em suposto funcionamento patológico.

Alunos podem, por exemplo, não gostar da escola ou não se adaptar a certos modelos pedagógicos. Podem ser mais lentos ou mais rápidos (altas habilidades). Podem não estar biológica, emocional e cognitivamente maduros para a aprendizagem coercitiva dos conteúdos programáticos definidos, via de regra, com base numa distribuição estatística normal ou variadas políticas públicas que mudam, de tempos em tempos, as Leis de Diretrizes e Bases da Educação nacional (LDB). Raramente a prontidão para aprendizagem é verificada, o que poderia avaliar o

[10] "Seria conveniente pedir a opinião de um médico, psicólogo, fonoaudiólogo" [*sic*].

[11] Ainda não está claro quais são as causas diretas e imediatas do TDA/H, apesar dos avanços científicos e tecnológicos no domínio das técnicas de imagens neurológicas e genéticas. Existe a promessa de esclarecer essa questão num futuro próximo. A maioria dos pesquisadores suspeita que a causa do TDA/H é genética ou biológica, apesar de reconhecer que o ambiente da criança ajuda a determinar seus comportamentos específicos (MIRANDA *et al.*, 2008).

[12] *Testes psicológicos para diagnóstico do TDA/H: SNAP-IV* – Swanson, Nolan e Pelham-IV (domínio público) e *ETDAH-AD – Escala de Transtorno do Déficit de Atenção e Hiperatividade* (Editora Vetor).

[13] Portaria nº 986/2014.

momento de desenvolvimento em que a criança se encontra. Especialmente na escola pública, onde a progressão é (ainda) automática, independentemente de resultados. Sendo assim, a medicalização é inexorável.

Para Mesquita (2009), apesar da submissão e da aproximação da Educação ao discurso médico, existe a possibilidade de se construir uma resposta à problemática do TDA/H (e outras patologias),[14] resposta que não se reduz simplesmente a nomear, segregar e medicar as crianças. Dessa forma, a relação professor-aluno foi referenciada pelos educadores como a principal intervenção.

De fato, a coerência de uma vida psicológica parece assegurada de maneira diversa que não a coesão do organismo; a integração dos segmentos tende, nesse caso, a uma unidade que torna cada um deles possível, mas resume e recolhe-se em cada um: é o que os psicólogos chamam no seu vocabulário tomado à fenomenologia, a unidade significativa das condutas, que encerra em cada elemento – sonho, crime, gesto gratuito, associação livre – o comportamento geral, o estilo, toda a anterioridade histórica e as implicações eventuais de uma existência. "A abstração não pode, então, fazer-se do mesmo modo em Psicologia e em Fisiologia; e a delimitação de um distúrbio patológico exige na patologia orgânica métodos diversos dos da patologia mental" (Foucault, 1975).

Nas sociedades ocidentais, é crescente o deslocamento de problemas inerentes à vida para o campo médico, com a transformação de questões coletivas, de ordem social e política, em questões individuais e biológicas (Moysés; Collares, 2007).

Dessa forma, as demandas que escapam desse enquadre recebem inexoravelmente o status de *patológico*, numa ordem *medicalizante* e de cunho higienista.

As práticas atuais em saúde regulam procedimentos que visam garantir uma estratégia de controle, construída com capilaridade de segurança máxima: inescapável. Quando os tratamentos das mais diversas naturezas são propostos diz-se *protocolo definido pela ciência* ou genericamente como *pesquisas comprovadas*. Impõe-se uma responsabilidade culpabilizadora ao corpo em funcionamento atípico, avalizado pelas instâncias que governam a vida.

Na escola não é diferente: os chamados *problemas de aprendizagem* normalmente são encaminhados para profissionais de saúde, visando à construção de motivos biológicos que expliquem tais questões (fracasso e indisciplina). Esses são, portanto, os agentes dessa estratégia.

Assim, a escola presume ter cumprido seu papel e ao receber laudos contendo informações técnicas que explicam esse fracasso e indisciplina pais, professores e educadores em geral aquietam-se: o problema foi encontrado. A partir daí, inicia-se alguns tipos de intervenções (tratamentos), como já mencionadas anteriormente: psicoterapia, medicação, fonoaudiologia, eletroestimulação por *neurofeedback*,

[14] Nota do autor.

dentre tantas outras. Por estarem muitas vezes no âmbito da saúde, seguem a lógica biologizante, sendo que alguma questão orgânica sempre explicará a demanda.

Essa é uma manifestação evidente da *biopolítica* que governa a vida em todos os seus vértices, sendo o *biopoder* e sua força reguladora – *biopotência* – as ferramentas básicas. Raramente se questiona um laudo médico ou psicológico. São as *verdades insofismáveis* garantidas pelo saber científico empoderado.

Esse processo parece ter dois nascedouros:

1. A *leitura do professor*, que se desresponsabiliza ante o aluno que fracassa ou não se aquieta, dentro dos padrões tidos como *normais*. Exclui o *diferente* da aula e terceiriza a responsabilidade aos superiores, pais ou responsáveis, alertando-os sobre *um sério problema*, e sugere a visitação a algum profissional de saúde para análise, avaliação e eventuais providências (leia-se aqui *tratamento*).
2. *O olhar médico*, por vezes cartesiano, que acolhe tais narrativas e a partir delas constrói diagnósticos (normalmente sumários) e propõe tratamentos de forma indiscriminada, haja vista a quantidade prescrita de certos medicamentos de uso controverso, tais como o metilfenidato – em poucos anos, o Brasil tornou-se o segundo maior consumidor mundial desse produto (Tófoli, 2006).

Uma enorme inquietude se oferece ante o quadro anteriormente proposto, em que narrativas de diferentes fontes parecem encontrar ressonância diante da queixa: professores que sugerem diagnósticos, médicos que os legitimam, pais que acatam e estudantes que são alvos desses procedimentos.

Durante muitos anos, este autor atuou como orientador educacional e psicólogo escolar em escolas de porte médio (700 a 1.200 alunos). Nelas, conviveu com fatos e fenômenos como os descritos e uma insistente postura de *negação* para considerar outras leituras a respeito das razões que levam crianças e jovens a fracassar na escola ou comportarem-se de forma diferente (indisciplina, inquietação).

Normalmente era voto vencido na análise das demandas psicopedagógicas e comportamentais, pois prevaleciam sempre as mesmas ideias e procedimentos disciplinadores/medicalizantes, que impossibilitavam uma *discussão educacional*, de forma a propiciar a busca de outras soluções tidas como *inacessíveis à educação*.

Também como supervisor de estágio em Processos Educativos,[15] palestras e capacitações diversas oferecidas em outras unidades educacionais, a visão jamais

[15] Como supervisor de estágio em Processos Educativos, psicólogos estagiários relatam situações semelhantes nos programas que desenvolvem de intervenção psicológica na área educacional: discursos quase sempre biologizantes e que explicam e/ou justificam o fracasso escolar e os comportamentos tidos como inadequados. Não raro encontram alunos "laudados" ou sob alguma modalidade de tratamento de natureza psíquica, neurológica, fonoaudiológica etc.

foi diferente. Eventualmente, algo menos agudo, mas com mesmo teor ideológico: problemas de saúde explicam os fenômenos em discussão.

O discurso, sempre solene: professores não erram, não repensam suas práxis, estão bem preparados e motivados e seguem a lógica de que os métodos adotados funcionam adequadamente para a maioria; a estrutura da aula é irretorquível e o modelo de gestão escolar, impecável. Quem fracassa está apenas incluído nas estatísticas previstas. Os atores da educação estão legitimados por micropoderes que governam todo processo educacional.

Essas questões sempre encontraram ancoragem nas ciências da saúde – Medicina, Psicologia, Fonoaudiologia etc. –, salvaguardando a (des)responsabilidade da escola, do professor e dos pais. Com o diagnóstico feito, e identificada a natureza da demanda – quase sempre biologizante –, livra-se dos problemas e atribui-se a terceiros o encargo de resolvê-los.

A partir daí, crianças e jovens recebem tratamento tido como *adequado* para a queixa inicial, normalmente de natureza médica. Raramente se faz leitura sócio -histórica ou psicopedagógica dessas questões, haja vista que o discurso em saúde tem maior credibilidade, considerando sua propedêutica e diagnóstico sumários.

Ao indicar soluções quase instantâneas para os sintomas, rapidamente se tem os resultados esperados, tais como "aquietação" e "melhor focalização" do que é tratado em sala de aula. Estão, por fim, *docilizados*. Em se tratando do TDA/H, por exemplo, os resultados são imediatos. Em alguns dias o *problema* estará "resolvido". Importante lembrar que a utilização do metilfenidato é recomendada para uso *durante a semana* e *suspenso aos sábados, domingos, feriados e no período de férias*. Controla os sintomas tidos como *inconvenientes em sala de aula*.

Na maioria absoluta das escolas, essa mesma lógica prevalece e converte problemas de aprendizagem e/ou comportamento em problemas de saúde. Dessa forma, cria-se uma nova ordem, que produz uma população jovem portadora dos mais variados transtornos, e muitos deles tratados à base de psicotrópicos (metilfenidato, antidepressivos, ansiolíticos, hipnóticos etc.). Isso vale também para outras ações em saúde – *não médicas* –, tais como a psicoterapia, eletroestimulação por *neurofeedback*, procedimentos fonoaudiológicos e psicopedagógicos.

Importante ressaltar que as intervenções *não médicas* não são necessariamente menos medicalizantes. Quando se encaminha um aluno que fracassa ou se comporta de forma inadequada para o consultório de um psicólogo, fonoaudiólogo ou psicopedagogo clínico, utiliza-se a mesma *lógica*, tão biologizante quanto a da Medicina, ou seja, a de que haverá sempre uma doença/transtorno em curso e que deverá ser "tratada".

Especificamente no âmbito médico, no tratamento farmacológico, os riscos estão evidenciados nas próprias bulas desses medicamentos,[16] o que, infelizmente,

[16] A bula de Ritalina® informa: "Os pacientes em uso de Ritalina normalmente se queixam de desconforto abdominal, náusea, azia, nervosismo e insônia no início do tratamento. Essas queixas diminuem

não serve de alerta para refletir sobre essas ações: vive-se na contemporaneidade tempos muito velozes, líquidos, cobranças de resultados instantâneos como alfabetização precoce, respostas cognitivas sempre anteriores ao tempo médio, tendo em vista as urgentes necessidades de interação social, por meio das ferramentas midiáticas de alta *performance*. Afinal, crianças e jovens medicados, quando devidamente ocupados, não aborrecem ninguém: em casa ou na escola.

Existe uma métrica social que considera sentimentos e comportamentos legítimos como sintomas patológicos. Muitas vezes, esses casos são tratados com os chamados tarja preta, que têm sérias sequelas (Correia *apud* Proença, 2013).

Lutos, entristecimentos, excitação psíquica, recusas de diversas naturezas, questionamentos constrangedores feitos por alunos etc., são alguns exemplos de comportamentos tidos como problemáticos e transformados em doenças (TOD, TDA/H, depressão, ansiedade etc.). Não há espaço para o singular e, portanto, devem ser objeto de intervenções na esfera da saúde. E por vezes, coercitivamente, em especial crianças e adolescentes.

É preciso repensar essas práticas que patologizam e reduzem uma gama enorme de conflitos silenciados pela lógica científica que desconsidera a subjetividade do ser humano, em especial daqueles em desenvolvimento. Cristaliza-se numa ordem reguladora e definida por meio de estratégias de entrelinhas e pouco esclarecidas, tendo por objetivo o sucesso das terapêuticas biológicas. Ao oferecer o processo de Humanização como nova leitura para esses fenômenos, pretende-se verificar se esse caminho, de fato, produzirá ações menos medicalizantes.

Se for possível ao médico, professor e pais a compreensão de que o *Humano* aprende e comporta-se por vezes de forma singular, pode-se ter uma Educação mais inclusiva, menos consumidora de medicamentos psicoativos e substituição dos controvertidos tratamentos clínicos ligados ao processo de escolarização por intervenções mais humanizadas.

No âmbito dos usuários – estudantes em geral –, evidenciam-se em inúmeras pesquisas, como as de Ortega *et al.* (2010), Lima (2005) e Tófoli (2006), melhora na *performance* escolar e aquietação (como um todo). Efeitos colaterais indesejáveis são desconsiderados, haja vista os benefícios obtidos. Em outras palavras, essas reações adversas são uma espécie de *preço a ser pago* pela melhora dos *sintomas* apresentados. Tal *lógica* atenua e desresponsabiliza pais e prescritores desse tipo

espontaneamente ou após alguns dias, tomando-se os comprimidos durante as refeições. Ritalina pode causar diminuição de apetite e isso pode resultar em perda de peso ou atraso de crescimento (peso e altura), especialmente em crianças. Podem ocorrer outras reações como dor de cabeça, sonolência, tontura, dificuldade na realização dos movimentos voluntários, alterações nos batimentos cardíacos, febre e reações alérgicas. *A suspensão regular do medicamento nos fins de semana e nas férias* ajuda a restringir os efeitos indesejados ao mínimo, mas tal esquema somente deve ser adotado sob orientação do médico. A retomada de crescimento normalmente ocorre após a descontinuação do tratamento" (Ritalina®. Bula, Novartis Biociências S/A).

de medicação, baseada numa premissa inicialmente compreensível, qual seja, o *alto grau de sofrimento familiar* diante das inúmeras dificuldades no manejo de crianças e jovens com esse tipo de demanda. Em tempos líquidos, a melhora de respostas gerais de forma sumária atende anseios diversos, em especial daqueles que devem lidar com questões singulares, como na produção escolar e nos comportamentos sociais nomeados como mais adequados. Por essa razão, essa medicação recebe o apelido de *droga da obediência* e produz o chamado efeito *zombi like* (Moysés; Collares, 2011).

Contudo, o *Fórum sobre medicalização da Educação e da Sociedade*, por meio do grupo de trabalho (GT) "Educação & Saúde", publicou em 2012 um manual de "Práticas não medicalizantes" destinado a profissionais e serviços de Educação e Saúde, oferecendo reflexão e outras possibilidades de ações não biologizantes para as mesmas questões aqui pontuadas. Em 17 de fevereiro de 2016, Secretaria de Educação Continuada, Alfabetização, Diversidade e Inclusão (Secadi), por meio do Ofício Circular nº 01/2016, encaminhou aos sistemas de ensino as Recomendações do Ministério da Saúde para adoção de práticas não medicalizantes e para a adoção de protocolos estaduais e municipais de dispensação do metilfenidato na perspectiva de prevenir e combater a excessiva medicalização de crianças e adolescentes. Essa iniciativa se justifica face à preocupante constatação de que o Brasil é o segundo mercado consumidor mundial.

Os responsáveis pelos alunos ao consultarem o médico (normalmente pediatras, psiquiatras ou neurologistas) reproduzem o discurso da escola (queixa escolar) sem questionamentos relevantes, tendo em vista estarem familiarizados com os relatos sobre mau desempenho e/ou comportamentos inadequados. Para eles, a condução do problema precipita e aceita as ações propostas, considerando o imenso desgaste emocional histórico em que vivem há muito tempo. Pais relaram com certa frequência que "não aguentam mais essa vida caótica" [*sic*]. Este autor foi testemunha irrefutável, por diversas vezes, de discurso semelhante.

Portanto, uma intervenção que produza respostas velozes e sanitizadoras do problema será sempre bem-vinda. Essa é a lógica medicalizante.

Mas há, sem dúvida, a singularidade do discurso do professor que encontra certo ancoradouro em suas próprias questões pessoais que excluem uma compreensão dialética (e conveniente) da forma como exercem suas atividades pedagógicas: atribuem a terceiros a tarefa de resolver as demandas com as quais *não sabem ou não conseguem lidar*. A alegação mais frequente é a de que *não foram capacitados para isso e alunos problemáticos são responsabilidade dos pais (ou família)*.

Essa lógica se encontra muito distante de qualquer leitura humanizadora e produz, por vezes, resultados devastadores em crianças e adolescentes com consequências futuras nefastas, tais como abuso de substâncias psicoativas lícitas (álcool, tabaco etc.), ilícitas (cocaína, crack etc.) e fármacos de ação no SNC (estimulantes, ansiolíticos e antidepressivos).

Professores da Educação dos anos iniciais aprendem em sua formação que as dificuldades escolares existem e são, via de regra, de natureza biológica. Ao analisar a grade curricular dos cursos de Licenciaturas, Pedagogia e Psicologia, encontrar-se-á sempre, pelo menos, uma disciplina que aborda tais questões: Psicologia Escolar e Problemas de Aprendizagem, subdividida em tópicos por características sintomatológicas, que estudam as "doenças" da Educação. Há diagnósticos para tudo: para leitura e escrita: dislexia, disgrafia, disortografia etc.; para aprendizagem de matemática: discalculia, discalculia léxica; para a fala: dislalia, disartria; para fracasso geral: transtorno do processamento auditivo (TPA); para comportamentos inadequados: transtorno do déficit de atenção com ou sem hiperatividade (TDA/H), transtorno opositor desafiador (TOD) etc.

O processo educacional reforça a dominação na sociedade cujos mecanismos reproduzem, sem reelaboração, *as referências ideológicas e as relações sociais*. No entanto, contraditoriamente à Educação, pode criticar e superar esses conteúdos ideológicos e assim atuar na resistência à dominação da sociedade, contribuindo para reações político-sociais menos opressoras e tonar-se uma prática transformadora (Severino, 2001). Mas não é efetivamente o que acontece: professores acríticos em suas práticas cotidianas reproduzem esses dispositivos sem questionamentos ou novos entendimentos. Dessa forma, garantem o discurso medicalizante, tendo em vista a *zona de segurança* que eles – os diagnósticos – os mantêm.

Já para a Medicina e o olhar ocidental para as questões mencionadas, por exemplo, o déficit de atenção e TDA/H, existe tão somente o olhar biológico em funcionamento patológico: daí a frequente prescrição de medicamentos e sugestão de outras intervenções em saúde, como a certificação de exames de imagem – PET SCAN – que indicam um marcador biológico (hipoestimulação de certa área cerebral) suficiente para *comprovação científica do transtorno.* Mas há controvérsias. Inúmeras. Esse fenômeno (hipoestimulação) tem sido resolvido em alguns países com ações pedagógicas, dentro e fora da escola.

Quando do enfrentamento dessas questões, os pais – no limite do esgotamento físico e psíquico – buscam soluções rápidas, universais e definitivas, no sentido de se *autoajudarem* diante este panorama reconhecidamente espinhoso.

A produção de diagnósticos sumários costuma silenciar outras questões que ancoram diferentes níveis de subjetivação, demandas familiares e sociais.

Os estudantes medicalizados por essa mesma lógica estruturante pouco podem fazer: a governabilidade de sua existência (e corpo) está a cargo dos responsáveis e raramente são escutados, seja pela natureza bioempoderada desse procedimento, seja pela impossibilidade (momento do desenvolvimento, faixa etária etc.) de produzir questionamentos e tomar decisões outras.

> O mundo é feito de histórias, não de átomos, pois, são as histórias que a gente conta, escuta, recria e multiplica, é que permitem transformar o passado em presente, o distante em próximo, possível e visível. (Galeano)

A concepção sócio-histórica afirma que o ser humano é um ser ativo, social e histórico. Constrói sua existência a partir de ações sobre a realidade, que tem por objetivo satisfazer suas necessidades. Essa perspectiva quebra velhos paradigmas, tais como *os fenômenos psicológicos são construídos tão somente a partir das experiências pessoais*. Para a Psicologia sócio-histórica, a constituição do sujeito se dá no âmbito coletivo e cultural. Assim, os elementos construtores da subjetividade não são um *a priori*, mas uma conquista humana a partir de sua atividade e sua intervenção transformadora sobre o mundo. Estudar e compreender o fenômeno psicológico exige a compreensão de ser este um processo construído historicamente, ou seja, o aparecimento de formas de subjetivação construídas no tempo histórico (Bock, 2008).

A subjetividade individual representa a constituição histórica de relações sociais do sujeito dentro de um sistema individual. O indivíduo, ao viver relações sociais e experiências determinadas em uma cultura que tem ideias e valores próprios, vai se constituindo, ou seja, vai construindo sentido para as experiências que vivencia. Esse espaço pessoal dos sentidos que se atribui ao mundo se configura como a subjetividade Individual (Bock, 2008).

A subjetividade social é exatamente a aresta subjetiva da constituição da sociedade. Refere-se ao sistema integrado de configurações subjetivas (grupais ou individuais), que se articulam nos distintos níveis da vida social (Bock, 2008).

Nessa perspectiva, a percepção que professores (educação básica) e médicos (psiquiatras e neurologistas) contemporâneos têm dos problemas escolares não são diferentes dos médicos e professores do século passado: a lógica preponderante que explica os motivos que levam crianças e jovens ao fracasso escolar em nada mudou, tendo em vista o formato verticalizado da Educação através dos tempos, bem como o entendimento médico desses fenômenos. Salvo em algumas propostas pedagógicas inovadoras, o médico e professor do século passado exerciam suas ações da mesma forma que na contemporaneidade, ou seja, empoderada, governada por micropoderes, assimétricas em relação à compreensão da realidade à qual se inserem os *aprendentes e pacientes*, sem considerar novas possibilidades.

É evidente que mudanças ocorreram, tendo em vista estar o conhecimento científico constantemente em desenvolvimento, pesquisa, revisão, experimentação, produzindo novos saberes, propostas e leituras.

As escolas se modernizaram fisicamente, a tecnologia pedagógica se aperfeiçoou, novas estratégias foram desenvolvidas, mas o que aqui se questiona é a ideologia mantida nas práticas educacionais utilizadas na construção dos saberes médicos e pedagógicos que produzem profissionais perpetuadores de tais entendimentos. Numa leitura rasa, o modelo filosófico cartesiano ainda é imperativo quando se estabelece predominantemente relações de causa-efeito.

Também aqui se pretendeu melhor entender as razões pelas quais pais *optam* pelo uso do metilfenidato – mesmo considerando as diversas possibilidades de efeitos colaterais adversos – como panaceia universal para solução das demandas informadas pela escola e vivenciadas em seus cotidianos.

Ao buscar a compreensão de quais leituras são feitas por médicos e professores – a partir da História Oral de Vida –, foram nas matrizes técnicas e ideológicas utilizadas investigados os múltiplos significados atribuídos ao fenômeno *medicalização* originários em suas próprias experiências formativas.

Já no âmbito familiar e estudantil, buscou-se entender as matrizes que explicam a opção pelo uso de metilfenidato, bem como as vivências advindas dos efeitos previstos e não previstos.

Os procedimentos que visam dar credibilidade e consistência às narrativas são os da *imersão e cristalização.*

Imersão refere-se ao processo de aprofundamento na leitura dos dados coletados, observando cuidadosamente todos os detalhes. Para dar consistência, a *cristalização* é o processo de suspensão temporária do processo de análise ou leitura dos dados (imersão), a fim de refletir sobre a experiência de análise e tentativa de identificar e articular padrões ou temas notados durante o processo de imersão (Borkan, 1999).

O conceito de transcrição em História Oral foi introduzido por Sebe (2017) e busca reconstruir do ponto de vista linguístico e transformar a narrativa em texto fluido, o mais próximo possível da realidade intencionada no discurso. Para compreender melhor a relação que se estabelece entre o comportamento humano, conceitos e sentimentos, deve-se partir das manifestações verbais dos professores e médicos.

Excetuando-se as evidentes patologias incapacitantes – transtornos do neurodesenvolvimento, déficits sensoriais, quadros sindrômicos –, as demais – TDA/H, dislexia, disgrafia, disortografia, discalculia, discalculia léxica e TOD – são de etiologia discutível, sem comprovadas evidências científicas que as certifiquem. Mas continuam em franca utilização, tendo em vista que, por meio delas, desresponsabiliza-se diante do aluno, creditando a terceiros a responsabilidade de resolvê-las.

O presente estudo é a resultante preliminar de estudo prospectivo transversal em andamento, no Centro de História e Filosofia das Ciências da Saúde – Departamento de Saúde Coletiva – Unifesp – Universidade Federal de São Paulo, que investiga o processo de medicalização e patologização do fracasso escolar. É possível afirmar inicialmente que todos os atores da Educação têm seu quinhão de responsabilidade sobre esse fenômeno (fracasso escolar), mas a elucidação em busca está no nascedouro do processo, para que se torne possível, em esforço produtivo, propor intervenções que visam, sobretudo, repensar práticas biologizantes, haja vista a excessiva dispensação de medicamentos considerados de alto risco e uso indiscriminado no Brasil, qual seja, o metilfenidato. A metodologia utilizada – História Orla de Vida – traz narrativas sobre os fazeres médicos, pedagógicos e familiares que poderão elucidar o que aqui se investiga.

A pesquisa que referendou o presente estudoestá em curso e devidamente registrada e autorizada pelo Comitê de Ética em Pesquisa (CEP) da Universidade Federal de São Paulo (Unifesp) e Plataforma Brasil sob o nº 0713.0133.06/2017 e CAAE nº 70467817.8.0000.5505.

Referências

ABDA – Associação Brasileira do Déficit de Atenção, Transtorno do Déficit de Atenção com Hiperatividade. *Guia para início de tratamento. Kit Inicial de Tratamento.* Novartis Biociências S/A, 2008.

BENJAMIN, W. *O narrador: considerações sobre a obra de Nikolai Leskov. Magia e técnica, arte e política: ensaios sobre literatura e história da cultura.* São Paulo: Brasiliense, 1994.

BLIN, J. F., DEUFELOU, C. G. *Classes difíceis: ferramentas para prevenir e administrar os problemas escolares.* Porto Alegre: Artmed, 2005.

BOCK, A. M.M., *Psicologias: uma introdução ao estudo da Psicologia*/Ana Mercês Maria Bock, Odair Furtado, Maria de Lourdes Trassi Teixeira – 14° edição, São Paulo: Saraiva, 2008.

BORKAN J. Immersion/Crystallization. In: MILLER, W. C.; Crabtree, B. F. *Doing Qualitative Research*, Thousand Oaks, CA: Sage Publications, 1999.

CAMARGO JR., K. A relevância do uso de técnicas qualitativas em pesquisa sobre a biomedicina. *Ciência e Saúde Coletiva*, v. 13, n. 4, p. 1327-1330, 2008.

CONSELHO REGIONAL DE PSICOLOGIA. *Medicalização de crianças e adolescentes: conflitos silenciados pela redução de questões sociais a doenças de indivíduos.* Organizadores: Conselho regional de Psicologia de São Paulo, Grupo Institucional Queixa Escolar. São Paulo: Casa do Psicólogo, 2011.

CONSELHO REGIONAL DE PSICOLOGIA. *Recomendações de práticas não medicalizantes para profissionais e serviços de Educação e Saúde, Grupo de Trabalho: Educação e Saúde.* São Paulo, 2012.

CORREIA, M. V. G..*RHS – Rede Humaniza SUS.* 2013.

DESLANDES, S. F. Análise do discurso oficial sobre humanização da assistência hospitalar. *Ciênc. saúde colet.*, v. 9, n. 1, p. 7-14, 2004.

DESLANDES, S. F. *Pressupostos Epistemológicos da Avaliação Educacional.* Papirus: Campinas, 2003.

EINSENBERG, L., Tristeza sem vergonhs, Der Spiegel, Alemanha, N° 6, 2012

FERACINE, L. *O professor como agente de mudança social.* São Paulo: EPU, 1990.

FÓRUM SOBRE MEDICALIZAÇÃO DA EDUCAÇÃO E DA SOCIEDADE. *Recomendações de Práticas Não Medicalizantes para Profissionais e Serviços de Educação e Saúde.* Grupo de Trabalho Educação & Saúde, São Paulo, 2012.

FOUCAULT, M. *A Arqueologia do saber.* Rio de Janeiro: Forense Universitária, 2008.

FOUCAULT, M. *Microfísica do poder.* Rio de Janeiro: Graal, 2004.

FOUCAULT, M. *Nascimento da Biopolítica.* São Paulo: Martins Fontes, 2008.

FOUCAULT, M. *O nascimento da clínica.* Rio de Janeiro: Forense Universitária, 1980.

FOUCAULT, M. *Saúde e Doença em Psicologia.* Rio de Janeiro: Tempo Brasileiro, 1975.

FOUCAULT, M. *Verdades e formas jurídicas.* Rio de Janeiro: Nau,1998.

FOUCAULT, M. *Vigiar e punir.* Petrópolis: Vozes, 1990.

GALLIAN, D. M. C. A (re)humanização da medicina. *Psiquiatria na prática médica,* v. 33, n. 2, p. 5-8, 2000.

GALLIAN, D. M., RUIZ, R. O Bem, o Mal – é tudo igual? O drama das palavras e paixões em Macbeth de Shakespeare. *Memoramdum,* v. 23, p. 198-209, out. 2012.

GALLIAN, D. M.; PONDÉ, L. F.; RUIZ, R. Humanidades, Humanismos e Humanidades: problematizando conceitos e práticas no contexto da saúde no Brasil. *Revista Internacional de Humanidades Médicas,* v. 1, n. 1, p. 5-16, out./dez. 2012.

HEIDEGGER, M. *Língua da tradição e língua técnica.* Lisboa, 1995.

HOUAISS. *Dicionário Eletrônico.* Ed. Objetiva, 2009.

ILLICH, I. *A expropriação da saúde: nêmesis da medicina.* São Paulo: Nova Fronteira, 1975.

ILLICH, I. *Sociedade sem escolas.* Petrópolis: Vozes, 1985.

ITABORAHY, C. *A Ritalina no Brasil: uma década de produção, divulgação e consumo.* Dissertação (Mestrado) – Instituto de Medicina Social, Universidade do Estado do Rio de Janeiro, 2009.

JUNGES, J.R., Biopoder / Biopolítica, Universidade do Vale dos Sinos, Porto Alegre, 2007.

LIMA, C. *Somos todos desatentos? O TDA/H e a construção de bioidentidades.* Rio de Janeiro: Relume Dumará, 2005.

MARÇAL, V. P. B.; SILVA, S. M. C. A queixa escolar nos ambulatórios públicos de saúde mental: práticas e concepções. *Revista Psicologia Escolar e Educacional,* Campinas, v. 10, n. 1, jun. 2006.

MARCO, M. A. Do modelo biomédico ao modelo biopsicossocial: um projeto de educação permanente. *Revista Brasileira de Educação Médica,* v. 30, n. 1, p. 60-72, 2006.

MEIER, M.; GARCIA, S. *Mediação da aprendizagem – contribuições de Feuerstein e de Vygotsky.* 5. ed. Curitiba: Edição do Autor, 2009.

MEIHY, J. C. S. B.; HOLANDA, F. *História oral – como fazer, como pensar.* São Paulo: Contexto, 2010.

MESQUITA, R. C. *A implicação do educador diante do TDAH: repetição do discurso médico ou construção educacional?*. Dissertação (Mestrado) – Faculdade de Educação, Universidade Federal de Minas Gerais, Belo Horizonte, 2009.

MIRANDA *et al.* *Questionário SNAP-IV*: A utilização de um instrumento para identificar alunos hiperativos. Rio de Janeiro, UFRJ ABRAPEC, VIII ENPEC, resumos/R0463-2.

MORIN, E. *Os sete saberes necessários à educação do futuro*. Tradução de Catarina Eleonora F. da Silva e Jeanne Sawaya; revisão técnica de Edgard de Assis Carvalho. 2. ed. São Paulo: Cortez; Brasília: UNESCO, 2000.

MOYSÉS, M. A.; COLLARES, C. A história não contada dos distúrbios de aprendizagem. *Cadernos CEDEM*, São Paulo n. 28, 1992.

MOYSÉS, M. A.; COLLARES, C. *Medicalização: elemento de desconstrução de direitos. In: Direitos Humanos: O que temos a ver com isso?* Rio de Janeiro: CRP-RJ, 2007.

NASCIMENTO, A. C. *A persistirem os sintomas o médico deverá ser consultado: isto é regulação?*. Dissertação (Mestrado em Saúde Coletiva) – Instituto de Medicina Social, Universidade do Estado do Rio de Janeiro, Rio de Janeiro, 2003.

ORTEGA, F., *et al.* *A ritalina no Brasil: produções, discursos e práticas*. Rio de Janeiro: UERJ, 2010.

RIOS, I. C., *Caminhos da humanização na saúde: prática e reflexão*, São Paulo: Áurea Editora, 2009.

SEBE, J. C. B.M; Holanda, F., *História oral: como fazer, como pensar – 2ª ed., 5ª reimpressão. São Paulo: Contexto, 2017.*

SEVERINO, J. *A. Educação, sujeito e História*. São Paulo: Olho d'água, 2001.

SPAZZIANI, M. L.; COLLARES, C. *Medicalização de Jovens e Adolescentes*. Conselho regional de Psicologia de São Paulo, Grupo Institucional Queixa Escolar. São Paulo: Casa do Psicólogo, 2011.

SZASZ, T. *A fabricação da loucura*. São Paulo: Ed. Zahar, 1977.

SZASZ, T., *The Medicalization of Everyday Life: Selected Essays*. New York: Syracuse University Press,, 2007.

TÓFOLI, D. País vive febre da "droga da obediência". *Folha de S.Paulo*, São Paulo, p. C1, 15 jan. 2006. (Folha Cotidiano).

Os autores

ORGANIZADOR

Valdemar Augusto Angerami – Psicoterapeuta existencial; professor de pós-graduação em Psicologia da Saúde na PUC-SP. Professor de pós graduação em Psicologia da Saúde na Universidade Federal do rio Grande do Norte (UFRN). Professor convidado do programa de pós-graduação em Psicologia e Câncer da UNICAMP. Coordenador do Centro de Psicoterapia Existencial. Membro da Comissão Justiça e Paz de São Paulo. Autor com o maior número de livros publicados em psicologia no Brasil e adotados em universidades de Portugal, México, Canadá e América Latina.

AUTORES

Afonso Henrique Iwata Yamanari – Psicólogo pelo curso de Psicologia da Universidade Estadual de Maringá (UEM/PR).

Analu Zimermann – Psicóloga. Especialista em Ciências da Família (UNIPAN). Especialista em Gestão Pública com Ênfase em Direitos Humanos (UEPG). Funcionária Pública Estadual, pela Secretaria de Segurança Pública e Administração Penitenciária, tendo atuado também na Secretaria da Justiça e Cidadania – PR. Atua com Psicologia Jurídica/Criminal no Sistema Penitenciário do Paraná (DEPEN – PR). Desenvolve trabalhos de atendimento psicológico à população privada de liberdade e também na Escola de Formação e Aperfeiçoamento Penitenciário (ESPEN), na coordenação de cursos de formação e capacitação voltados ao servidores do Departamento Penitenciário do Estado do Paraná (DEPEN – PR).

André Luis Sales da Costa – Psicólogo. Mestre em Saúde pelo Programa Multi-Institucional do Centro de Pesquisas Leônidas & Maria Deane da Fundação Oswaldo Cruz em parceria com a Universidade Federal do Amazonas – CPqLMD/FIOCRUZ/UFAM. Especialista em Gerontologia e Saúde do Idoso pela Universidade Aberta da Terceira Idade em parceria com a Universidade do Estado do

Amazonas (UnATI/UEA). Atua no campo da saúde, especificamente em serviços de Oncologia (Serviço de Terapia da Dor e Cuidados Paliativos da Fundação Centro de Controle em Oncologia do Amazonas – STDCP/FCECON/AM) ancorado nos referenciais da Psicologia Fenomenológico-Existencial. Membro Efetivo da Sociedade Brasileira de Psicologia – SBP.

André Luiz Machado das Neves – Professor da Universidade do Estado do Amazonas. Psicólogo, mestre em Psicologia pela Universidade Federal do Amazonas (UFAM). Doutorando em Saúde Coletiva pelo Instituto de Medicina Social (IMS) da Universidade do Estado do Rio de Janeiro (UERJ). Coordenador do Núcleo de Estudos Psicossociais sobre Direitos Humanos e Saúde (NEPDS).

Bruno Gonçalves – Psicólogo clínico com formação em Psicoterapia Fenomenológico-Existencial pelo Centro de Psicoterapia Existencial. Atua como Psicólogo da Saúde no Centro de Atenção Psicossocial de Porto Feliz e como psicoterapeuta nas cidades de Indaiatuba e Salto.

Claudia Rodríguez Ramírez – Licenciada en Psicología, Especialista y Máster en Psicología de la Salud, Diplomada en Cuidados Paliativos. Psicóloga del Hospital Clínico Quirúrgico "Salvador Allende", La Habana, Cuba.

Cleide da Silva Basgal – Psicóloga pelo Instituto Esperança de Ensino Superior (IESPES). Realiza atividades na área de Psicologia Social mediante o estágio profissional II, no Centro de Atenção Psicossocial II (CAPS II) em Santarém – Pará. Possui experiência em atuação no contexto Hospitalar, na Clínica Médica e Cirúrgica, com ênfase no atendimento a adultos e idosos. Realiza palestra psicoeducativas com adolescentes no ambiente escolar e em situações de vulnerabilidade social, abordando temáticas referentes a sexualidade, autocuidado e uso e abuso de substâncias lícitas e ilícitas. Possui conhecimento e experiência no atendimento individual a adolescentes no contexto escolar/educacional. Realizou atividades com crianças de 0 a 5 anos por meio da musicalização, por trabalho voluntário no projeto de pesquisa e extensão "Musicaliza Bebê".

Daniela Ribeiro Schneider – Psicóloga. Pós-Doutora em Psicologia. Docente do Departamento de Psicologia da Universidade Federal de Santa Catarina. Coordenadora do Núcleo de Pesquisas em Psicologia Clínica – PSICLIN.

Dante Marcello Claramonte Gallian – Diretor do Centro de História e Filosofia das Ciências da Saúde da Universidade Federal de São Paulo (Unifesp). Mestre em História Social pela Universidade de São Paulo. Doutor em História Social pela Universidade de São Paulo e pós-doutor pela École des Hautes Études en Sciences Sociales de Paris, França.

David Sergio Hornblas – Psicólogo. Mestre em Psicologia de Educação. Doutorando em Saúde Coletiva. Professor universitário e supervisor de Processos Educativos (estágio em Psicologia Escolar). Orientador Educacional e consultor psicopedagógico.

Érica Enéas Rodrigues – Psicoterapeuta. Graduada em Psicologia pela Unip. Trabalha desde 2013 como psicóloga na Secretaria de Administração Penitenciária Paulista. Formação em Psicoterapia Fenomenológico-Existencial pelo Centro de Psicoterapia Existencial.

Eunice Moreira Fernandes Miranda – Psicóloga especialista em educação e em psicologia hospitalar. Supervisora em Psicologia Clínica (Abordagem Centrada na Pessoa) e em Psicologia Hospitalar. Professora do Curso de especialização em psicologia da saúde e hospitalar do Instituto de ensino e Pesquisa da Associação de Combate ao Câncer de Goiás. Professora do curso interdisciplinar Fenomenologia/ Saúde Mental e do curso de Pós-graduação lato sensu em Psicoterapia Humanista/ Existencial/Fenomenológica da Faculdade de Ciências Médicas de Minas Gerais (FCM-MG). Docente do Instituto de Ensino e Pesquisa da Santa Casa de Belo Horizonte. Tem diversas publicações na área.

Fabíola Langaro – Psicóloga. Doutoranda em Psicologia pela Universidade Federal de Santa Catarina.

Fernanda Tabita Zeidan de Souza – Mestra em Psicologia pelo Programa de Pós-graduação em Psicologia da Universidade Federal do Maranhão (2013 – 2015). Especialista na modalidade de Residência Multiprofissional em Saúde com ênfase na Atenção à Saúde Renal como Psicóloga (2011- 2013). Possui graduação em Psicologia pela Universidade Federal do Maranhão (2011). Tem experiência na área de Psicologia Hospitalar, com ênfase em Tratamento e Prevenção Psicológica. Atuou como Psicóloga do Centro de Referência da Assistência Social (CRAS). Membro parecerista do Comitê de Ética e Pesquisa. Docente na Instituição Faculdade de Itaituba/Pará (FAI).

Ícaro Juan Rodrigues Pessoa – Psicólogo pelo Instituto Esperança de Ensino Superior (IESPES). Possui experiência acadêmica em estágio profissional na área de Psicologia com orientação no enfoque Analítico-Comportamental, com ênfase em Psicologia Clínica, e em Pesquisa e Extensão (voluntário). Experiência em atuação voluntária voltada à área da Psicologia Social, Saúde e Hospitalar.

Imacolada Marino Gonçalves – Psicóloga Hospitalar/Psicoterapeuta clínica. Doutora em Ciências da Saúde, especialista em Psicologia Hospitalar e Psicologia da Saúde; Distúrbios de nutrição e metabolismo; Saúde da Mulher e Sexualidade.

Coordenadora dos cursos de extensão e pós-graduação (*lato sensu*) do Centro de Referência da Saúde da Mulher do Hospital Pérola Byington. Professora convidada do Programa de Residência Médica em Ginecologia e Obstetrícia do Hospital Peróla Byington.

Jorge A. Grau Abalo – Doctor en Ciencias Psicológicas, Especialista en Psicología de la Salud, Diplomado en Cuidados Paliativos. Investigador Titular del Instituto cubano de Oncología y Radiobiología. Profesor Titular de la Facultad de Ciencias Médicas "Manuel Fajardo" de la Universidad de Ciencias Médicas de La Habana.

José Carlos Riechelmann – Médico Sexologista. Mestre em Ciências pela Faculdade de Saúde Pública da USP. MBA em Gestão de Saúde pela FGV. Título de Especialista em Ginecologia-Obstetrícia e Certificado em Sexologia, ambos pela FEBRASGO/AMB. Terapeuta Sexual certificado pela SBRASH. Formação interdisciplinar em saúde, com pós-graduações *lato sensu* em Psicologia Médica, Medicina Psicossomática, Sexualidade Humana, Saúde Pública e Administração Hospitalar. Ex-Presidente do Comitê Científico Multidisciplinar de Sexualidade Humana e atual Presidente do Departamento Científico de Medicina Psicossomática da Associação Paulista de Medicina. Presidente (2000-2002) da Associação Brasileira de Medicina Psicossomática. *Fellow, International College of Psychosomatic Medicine. Member, International Society for Sexual Medicine.* Criador e coordenador do *Psychosomatics in Brazil* <www.psicossomatica.net>, primeiro sítio brasileiro na internet sobre interdisciplinaridade na saúde. Cocriador e Coordenador Médico (1986-1992) do Serviço de Atenção à Sexualidade (SASEX) do Hospital Municipal Maternidade-Escola de Vila Nova Cachoeirinha "Dr. Mário de Moraes Altenfelder Silva", primeiro serviço de saúde pública de São Paulo dedicado ao atendimento de queixas sexuais.

Klaudia Yared Sadala – Graduada em Psicologia (Universidade da Amazônia – UNAMA/Belém, PA). Mestre em Teoria e Pesquisa do Comportamento (Universidade Federal do Pará – UFPA/Belém, PA). Doutoranda em Sociedade, Natureza e Desenvolvimento pela Universidade Federal do Oeste do Pará – UFOPA, Santarém/PA. Docente de graduação e pós-graduação do Instituto Esperança de Ensino Superior – IESPES, Santarém/PA. Professora Supervisora da Liga Acadêmica de Psicologia Social/LAPS.

Leanndru Guilherme Pires Reis Sussmann – Psicólogo formado pela UNESP de Assis. Psicólogo clínico com ênfase em esquizoanálise e psicologia social pela Universidade Estadual Júlio de Mesquita Filho (UNESP – Assis). Mestre em ciências pela Faculdade de Medicina da Universidade de São Paulo(FM-USP). Atua desde 2012 em consultório particular e desde 2014, em Unidade Básica de Saúde na cidade de São Paulo desenvolvendo e acompanhando grupos reflexivos e terapêuticos.

Luiz José Veríssimo – Psicólogo clínico (PUC-RJ). Graduado, mestre, doutor e pós-doutor em Filosofia (UERJ). Professor de Psicologias Existenciais e Humanistas, Psicologia Analítica, Ética na Universidade Veiga de Almeida (UVA) e supervisor clínico na UVA. Professor do curso de Pós-Graduação-Especialização em Psicologia Fenomenológico-Existencial na UNIPAR; do Curso de Pós-Graduação em Psicologia Junguiana, Arte e Imaginário na PUC-RJ; do Curso de Formação em Psicoterapia Vivencial. Publicou livros, capítulos e artigos nas áreas de Psicologia Existencial, Psicologia Analítica, Amor e afetividade, Ética, Filosofia da Religião.

Marcela Alves Silva – Psicóloga pela Universidade Federal de Minas Gerais. Especialista em Psicologia da Saúde pelo Programa de Residência Integrada Multiprofissional do Hospital das Clínicas da UFMG. Psicóloga Clínica da Fundação Mendes Pimentel da UFMG.

Marco A. Portela – Psicólogo clínico e hospitalar. Mestre em Psicologia pela UFMG. Especialista em Saúde Mental e Psicologia Hospitalar. Vinte e três anos de atuação em hospital de urgência e emergência de grande porte de Belo Horizonte.

Margarita Chacón Roger – Doctora en Ciencias de la Salud, Máster en Psicología de la Salud, Licenciada en Enfermería, Diplomada en Cuidados Paliativos. Investigadora Titular del Instituto cubano de Oncología y Radiobiología. Profesora Titular de la Facultad de Ciencias Médicas "Manuel Fajardo" de la Universidad de Ciencias Médicas de La Habana.

Maria da Glória G. Gimenes – Diretora do Serviço de Psico-oncologia da Clinonco – Clínica de Oncologia Médica/SP. PHD pelo Illinois of Technology, Chigago, USA. Presidente da Sociedade Brasileira de Psico-oncologia, 1998-2000.

Mariana Costa Brasil Pimentel – Possui graduação em Psicologia pela Pontifícia Universidade Católica de Goiás – PUC Goiás, especialização em *Gestalt*-terapia pelo Instituto de Treinamento e Pesquisa em *Gestalt* Terapia de Goiânia – ITGT. Mestre em Psicologia pela PUC – Goiás. Docente, supervisora de estágio e orientadora no Curso de Psicologia do Centro Universitário Alves Faria (UNIALFA). Orientadora e Pesquisadora no ITGT. Psicoterapeuta na Vivence Psicologia (realizando atendimentos individuais, orientação profissional e supervisão clínica). Tem experiência na área de Psicologia Clínica, Psicologia da Saúde e na Educação, com ênfase em Métodos e Técnicas de Ensino Psicoterápico, atuando principalmente nos temas: *gestalt*-terapia, processo psicoterapêutico, método fenomenológico, fenomenologia, existencialismo dialógico, pesquisa qualitativa.

Mauro Fraga Paiva – Psicólogo formado pela UERJ e atualmente é Professor Adjunto da Faculdade de Ciências Médicas da UERJ – FCM/UERJ na cadeira de

Psicologia Médica. Tem Doutorado e Mestrado em Saúde Coletiva pelo Instituto de Medicina Social da UERJ – IMS/UERJ com Estágio Doutoral na Universidade de Lisboa no Instituto de Ciências Sociais – ICS/UL. É também Especialista em Teorias e Práticas Psicológicas em Instituições de Saúde – HGVF/FMN e Especialista em Hipnose Clínica – HMMC/SMS-RJ.

Miguel Mahfoud – Doutor em Psicologia Social. Professor Associado da Universidade Federal de Minas Gerais de 1996 a 2016.

Orestes Diniz Neto – Doutor em Psicologia Clínica. Professor Adjunto da Universidade Federal de Minas Gerais e tutor no Programa de Residência Integrada Multiprofissional do Hospital das Clínicas da UFMG.

Priscila Ferreira de Oliveira – Psicóloga. Graduada em Psicologia pela Universidade Estadual de Maringá (UEM/PR). Pós-graduada em Urgência e Emergência pelo Programa de Residência Integrada Multiprofissional em Saúde na Atenção à Urgência e Emergência da Universidade Estadual de Maringá (UEM/PR). Mestranda em Psicologia pelo Programa de Pós-Graduação em Psicologia (UEM/PR).

Quetie Mariano Monteiro – Psicóloga Clínica e Terapeuta Sexual. Especialista em Psicologia da Saúde e Hospitalar, Sexualidade, Medicina Psicossomática e Psico-oncologia. Sexóloga do Setor de Sexologia do Centro de Referência da Saúde da Mulher – Hospital Pérola Byington e Professora da Pós-Graduação em Educação, Saúde e Terapia Sexual do Centro de Estudos do Hospital Pérola Byington. Psicóloga Hospitalar no Conjunto Hospitalar do Mandaqui.

Sebastião Benício da Costa Neto – Orientador de mestrado e doutorado no Programa de Pós-Graduação em Psicologia, da Pontifícia Universidade Católica de Goiás (PUC Goiás). Possui graduação, licenciatura e bacharelado, em Psicologia pela PUC Goiás – antes Universidade Católica de Goiás; especialização em psicologia hospitalar (CEPAN/Goiânia); mestrado em Psicologia pela Universidade de Brasília; doutorado em Psicologia pela Universidade de Brasília (Estágio doutoral no Hospital Universitário Gregório Maranon/Unidade Oncológica Príncipe de Astúrias – Madrid); e pós-doutorado em psicologia pela Universidade Federal do Rio Grande do Sul, com trabalho na área de Editoração de Revista Científica em Psicologia. Foi Coordenador do Serviço de Psicologia da Fundação Leide das Neves Ferreira, trabalhando com radioacidentados pelo Césio-137, em Goiânia (1989-1991). Atualmente é psicólogo hospitalar da Universidade Federal de Goiás, Ex-Chefe da Seção de Psicologia do HC/UFG, Ex-Coordenador dos Serviços Multiprofissionais de Saúde do HC/UFG; Ex-Coordenador Geral dos Programas de Residência Multiprofissional e em Área Profissional do Hospital das Clínicas da UFG (2013-2015), Ex-Coordenador da Comissão de Residência

Multiprofissional em Área da Saúde da Universidade Federal de Goiás (COREMU UFG – 2014/2016), Professor Adjunto II da PUC Goiás e Ex-Diretor da Associação Brasileira de Ensino de Psicologia (ABEP – 2010/2012; 2013/2015). Pesquisador associado do Nêmeton Centro de Estudos e Pesquisa em Psicologia e Saúde (2005-2012). Atuou como Conselheiro Efetivo do Conselho Regional de Psicologia 9ª Região – Goiás e Tocantins (2007-2010), tendo criado a *Revista Eletrônica de Psicologia e Políticas Públicas* do CRP09. Tem certificação em Psicologia da Saúde pela Associação Latino-americana de Psicologia da Saúde (ALAPSA Brasil). Pesquisa, principalmente, os seguintes temas: qualidade de vida e saúde, psico-oncologia, psicologia positiva e saúde; residência multiprofissional em saúde e educação interprofissional em saúde.

Sueli Guerreiro – Psicóloga clínica com formação em Psicoterapia Fenomenológico-Existencial pelo Centro de Psicoterapia Existencial. Atua com pessoas em situação de rua desde 2014.

Sylvia Mara Pires de Freitas – Psicóloga. Docente do curso de Graduação em Psicologia e do Programa de Pós-Graduação em Psicologia (Mestrado/Doutorado) da Universidade Estadual de Maringá (UEM/PR). Doutora em Psicologia pelo Programa de Pós-Graduação em Psicologia (UEM/PR). Mestre em Psicologia Social e da Personalidade pela Pontifícia Universidade Católica do Rio Grande do Sul (PUC/RS). Especialista em Psicologia do Trabalho pelo Centro de Ensino Universitário Celso Lisboa (CEUCEL/RJ). Formação em Psicologia Clínica Existencialista pelo Núcleo de Psicoterapia Vivencial (NPV/RJ).

Thiago Rodrigues de Paula – Psicólogo clínico pela UNESP/Assis, com ênfase em esquizoanálise e psicologia social. Sanitarista pelo Instituto de Estudos em Saúde Coletiva da UFRJ. Atualmente é psicólogo de uma Unidade Básica de Saúde de São Paulo, onde coordena diversos projetos, como o grupo reflexivo para autores de violência, além da participação na implementação da Linha de Cuidado de Saúde Mental.

Yadira Grau Valdés – Licenciada en Psicología. Máster en Psicología Médica. Profesora Auxiliar de Psicología en la Facultad de Ciencias Sociales de la Universidad Central de Las Villas, Santa Clara, Cuba.

Este livro foi composto com tipografia Bembo
e impresso em papel Lux Cream LD 70g. na Gráfica Formato.